AF828198

Meyer · Hansen
Vertriebsinformatik

Vertriebsinformatik

Ein Lehr- und Handbuch

von

Prof. Dr. Carl W. Meyer und Dr. Hans R. Hansen

und dem Studienkreis Vertriebsinformatik
an der Universität Würzburg

mit 132 Abbildungen

Walter de Gruyter · Berlin · New York · 1973

© Copyright 1973
by Walter de Gruyter & Co., vormals G. J. Göschen'sche Verlagshandlung, J. Guttentag Verlagsbuchhandlung, Georg Reimer, Karl J. Trübner, Veit & Comp., Berlin 30.

Alle Rechte, insbesondere das Recht der Vervielfältigung und Verbreitung sowie der Übersetzung, vorbehalten. Kein Teil des Werkes darf in irgendeiner Form (durch Photokopie, Mikrofilm oder ein anderes Verfahren) ohne schriftliche Genehmigung des Verlages reproduziert oder unter Verwendung elektronischer Systeme verarbeitet, vervielfältigt oder verbreitet werden. Printed in Germany.

Satz und Druck: Mercedes-Druck, Berlin 61

Library of Congress Catalog Card Number: 72-91883

ISBN 3 11 0036703

An dem von Prof. Dr. Carl W. Meyer und Dr. Hans R. Hansen geleiteten Studienkreis Vertriebsinformatik an der Universität Würzburg haben mitgewirkt:

Ernst Bäuerle, Hans Bürkle, Bernhard Conrads, Wolfgang Gutberlet, Jürgen Heinrich, Markus Kienle, Peter Lamm, Henner Lang, Gerd Müller, Dr. Kurt Nagel, Gunar N. Patt, Friedrich Roithmayr, Thomas Thiele, Heinz Peter Waibel, Andreas Weydringer und Harald B. Wolf

Vorwort

Der Erfolg eines Unternehmens wird im Markt durch die Erzielung gewinnbringender Erlöse realisiert. Da das Marktgeschehen immer rascheren Wandlungen und ständig wechselnden Einflüssen der Marktfaktoren unterworfen ist, müssen die Unternehmensziele, -methoden und -grundsätze nicht nur auf den Markt ausgerichtet, sondern auch ständig auf ihre Aktualität hin überprüft und korrigiert werden, um ihre Bedingungsentsprechung und Wirksamkeit zu sichern.

Diesen Erfordernissen einer dynamischen, marktorientierten Unternehmenspolitik und -steuerung kommt die EDV durch die systematische Erfassung, Analyse und Darstellung betriebsrelevanter Informationen entgegen. Grundsätzlich lassen sich beim Einsatz der EDV für vertriebliche Zwecke die folgenden Anwendungsebenen unterscheiden:

1. Ausführungsarbeiten
   (bei sich ständig wiederholenden Abläufen, wie z. B. der Fakturierung, dem Versand und der Lagerhaltung)
2. Informationserschließung
   (Erfassung von Informationen über das vertriebspolitische Instrumentarium und die marktliche Bedingungslage und deren Aufbereitung nach herkömmlichen betriebsstatistischen Methoden, z. B. Bildung von Zeitreihen, Verhältniszahlen u. ä.)
3. Unterstützung der Entscheidungsbildung durch die Verbesserung der Entscheidungsgrundlagen mittels quantitativer Methoden der Unternehmensforschung und qualitativer Methoden der Entscheidungsfindung.

Wegen der zunehmenden Komplexität der Aufgabenstellungen von Stufe 1 nach 3 beschränkte sich die vertriebliche Automatisierung in der Vergangenheit überwiegend auf den Bereich der Routinedatenverarbeitung (Stufe 1) und einfachen Statistik. Das Interesse konzentrierte sich in Theorie und Praxis während der 60er Jahre auf die elektronische Abwicklung einzelner, in sich geschlossener, vertrieblicher Bereiche. Erst in der jüngeren Vergangenheit setzte – sehr viel später als in anderen betrieblichen Funktionsbereichen – eine Ganzheitsbetrachtung aller absatzbezogenen Tätigkeiten einer Unternehmung im Hinblick auf den Computereinsatz ein. In diesem Lichte ist die gegenwärtig sehr lebhafte Diskussion über den Aufbau von Marketing-Mix-Modellen und computergestützten Marketing-Informationssystemen zu sehen.

Der Studienkreis Vertriebsinformatik an der Universität Würzburg wurde im SS 1971 mit der Zielsetzung konstituiert, das vorhandene Wissen um den Einsatz der Datenverarbeitung im Vertrieb systematisch zu erfassen und zu analysieren. Darüber hinaus wurde angestrebt, in wöchentlichen bzw. 14tägigen

Arbeitssitzungen neue anwendungsorientierte Erkenntnisse der Vertriebsinformatik zu erarbeiten, die unmittelbar auf die Bedürfnisse der Praxis bezogen sind.
Eine enge Verbindung von Wissenschaft und Wirtschaft wurde dadurch gewährleistet, daß unter der Leitung eines Hochschullehrers und eines aus dem Hause eines Computerherstellers kommenden Fachmannes wissenschaftliche Mitarbeiter und Diplomanden des Instituts für Wirtschaftsprüfungs- und Beratungswesen der Universität Würzburg, die fortgeschrittene Datenverarbeitungskenntnisse aufwiesen, mit erfahrenen Praktikern aus den verschiedensten Unternehmungen zusammenarbeiteten. Von vorneherein wurde geplant, die Ergebnisse der Arbeit des Studienkreises Interessenten aus Wirtschaft, Wissenschaft und Verwaltung durch eine selbständige Veröffentlichung zugänglich zu machen.
Die Forschungsarbeit vollzog sich in mehreren, sukzessiven Stufen. Die erste Arbeitsphase diente einer globalen Übersichtsgewinnung dadurch, daß die Zielsetzungen des Studienkreises fixiert und eine Rahmenkonzeption für die Analyse des Erkenntnisobjekts festgelegt wurde. Als Ergebnis der Voruntersuchung wurde der zu bearbeitende Stoff nach funktionalen Gesichtspunkten gegliedert, und es wurden Sach- und Zeitpläne für die folgende Detailuntersuchung aufgestellt. Im Rahmen dieser zweiten Phase wurde das über die Vertriebsinformatik vorliegende Sekundärmaterial erfaßt und aufbereitet. Hieraus entstand eine gesondert veröffentlichte Bibliographie. Darüber hinaus erfolgte durch Betriebsbegehungen bzw. Befragungen die Sammlung von Informationen über die besonderen Probleme des Einsatzes der EDV in der Vertriebspraxis.
Diese Erfassung des aktuellen empirischen und literarischen Wissens war die Ausgangsbasis für die Gestaltung der inhaltlichen Konzeption der einzelnen Abschnitte dieser Publikation, die durch einzelne Studienkreismitglieder bzw. -gruppen formuliert wurden. Die Texte wurden in den Arbeitssitzungen des Studienkreises vorgetragen und durch die Mitglieder diskutiert. Die modifizierten Entwürfe wurden sodann von den Leitern des Studienkreises Vertriebsinformatik in Abstimmung mit den jeweiligen Autoren überarbeitet und vervollständigt.
Das nunmehr vorliegende Ergebnis der Arbeit des Studienkreises wurde vor allem dadurch gefördert, daß die Mitglieder trotz starker beruflicher Inanspruchnahme bereitwillig an der Durchführung dieses Forschungsvorhabens mitwirkten. Die Leiter des Studienkreises danken für diese wertvolle Zusammenarbeit.

Würzburg und Stuttgart, Mai 1973

Carl W. Meyer und Hans R. Hansen

Inhaltsverzeichnis

1. Grundlagen der Vertriebsinformatik

1.1 Informatik als Wissenschaftsgebiet

Wissenschaft ist nach *E. Kant* ein nach Prinzipien geordnetes Ganzes an Erkenntnis. Die verschiedenen Wissenschaftsgebiete werden gekennzeichnet durch den Gegenstand, nach dessen Erkenntnis sie jeweils trachten. Gegenstand der Informatik als Wissenschaft sind Informationsprozesse und -systeme. Ausgangspunkt der Informatik bilden also Informationen.
Informationen sind zur Verfügung gestelltes Wissen über bestimmte Sachverhalte. Dieses Wissen wiederum setzt sich aus einzelnen Daten, d.h. aus vorgefundenen Tatbeständen, zusammen [17]. Mit jeder Information ist demnach das Merkmal des Zurverfügungstellens verbunden. Wissen, das nicht zur Verfügung gestellt wird, ist keine Information. Das Erarbeiten von Informationen verlangt die Kollektion von Informationen, die Transformation von Informationen und die Kommunikation von Informationen. Zur Kollektion von Informationen ist es notwendig, Informationsquellen zu erschließen und die Informationen aus ihnen zu gewinnen. Die Transformation von Informationen bedingt die Zusammenstellung und die Aufbereitung der Informationen. Die Kommunikation macht es schließlich erforderlich, die Informationen darzustellen und die Empfänger der Informationen zu bestimmen. Information ist somit bei näherer Betrachtung nichts Statisches, sondern etwas Dynamisches: Information ist ein Prozeß der Wissensermittlung, der Wissensverarbeitung und der Wissensvermittlung [34, S.582 f.]. Diesen Prozeß in ein System zu bringen, steht im Mittelpunkt der Informatik.
Ein System ist ein nach bestimmten Prinzipien und Gesichtspunkten strukturiertes Ganzes von Zusammenhängen bestimmter Sachverhalte. Ausgangspunkt dafür bilden die in ein System zu bringenden Sachverhalte. Ihre Zusammenhänge müssen analysiert und zu einem Ganzen geformt werden. Für die dann notwendige Gestaltung und Verknüpfung der festgestellten Zusammenhänge sind Prinzipien und Gesichtspunkte heranzuziehen, die entweder aus den zugrunde liegenden Sachverhalten selbst hervorgehen oder von außen herangetragen werden. Aus diesem Grunde kann es verschiedenartige Gestaltungsmöglichkeiten für ein auf die gleichen Sachverhalte bezogenes System geben, je nachdem, welche Prinzipien und Gesichtspunkte Anwendung finden.
Die Definitionen von Information und System ergeben zusammengefaßt, daß ein Informationssystem ein nach bestimmten Prinzipien und Gesichtspunkten strukturiertes Ganzes des Zusammenhangs der Zurverfügungstellung von Wissen über Sachverhalte darstellt, d.h. einen auf bestimmte Weise strukturierten

Informationsprozeß. Die von der Informatik zu gewinnenden Erkenntnisse lassen sich je nach Art der Strukturierung von Informationsprozeß und -system unterscheiden.
Nachdem es bei der Information um einen Prozeß geht, kann für die Strukturierung des Informationszusammenhangs als Ganzes die logische Folge seines Ablaufs als Prinzip herangezogen werden. Danach gilt für ein Informationssystem die nachstehende Grundstruktur:

Abb. 1: Strukturelemente eines Informationssystems

Die einzelnen Teile dieses nach dem Ablauf des Informationsprozesses ausgerichteten Systems sind dann nach weiteren Prinzipien und Gesichtspunkten aufzugliedern. Dazu können als Prinzip die Schritte des Vorgehens auf dem jeweiligen Informationsgebiet und die für den Inhalt jeweils relevanten Gesichtspunkte herangezogen werden. Das zeigt das folgende Bild:

Informationsquellenerschließung ↓	Informationsgewinnung ↓	Informationszusammenstellung ↓	Informationsaufbereitung ↓	Informationsdarstellung ↓	Informationsempfängerbestimmung ↓
was?	was?	was?	was?	was?	was?
wer?	wie?	wie?	wie?	wie?	wer?
wodurch?	wo?	wo?	wozu?	wodurch?	wozu?
wann?	wann?	wann?	wann?	wann?	wann?

Abb. 2: Strukturelle und inhaltliche Elemente eines Informationssystems

Wie sich daraus entnehmen läßt, ist eine stets wiederkehrende Frage die nach dem „Was", d. h. nach dem Inhalt der Informationen. Ebenso erhebt sich immer wieder die Frage nach der Informationszeit. Beides läßt sich als „Informationsprogramm" kennzeichnen. Die Frage nach dem „Wer" taucht bei den Informationslieferanten und -empfängern auf, diejenige nach dem „Wo" bei der Informationsgewinnung und -zusammenstellung. Da im konkreten Fall beides räumlichen Bezug hat, kann es als „Informationsbereich" bezeichnet werden. Die von der Informationsgewinnung bis zur Informationsübermittlung durchlaufende Frage nach dem „Wie" und die bei Informationsquellen und -übermittlung auftretende Frage nach dem „Wodurch" lassen sich als „Informationsverfahren" zusammenfassen. Es sei deshalb am Rande vermerkt, daß ein Informationssystem auch durch eine Strukturierung nach Informationsprogramm, -bereich und -verfahren gekennzeichnet werden könnte. Hier soll jedoch an dem nach Ablauf ausgerichteten, in Abbildung 1 dargestellten System festgehalten werden.

Es ist jedoch noch eine in Abbildung 2 auftauchende Frage, und zwar diejenige nach dem „Wozu" auf Seiten der Informationsempfänger, besonders hervorzuheben. Die Information als zur Verfügung gestelltes Wissen impliziert im allgemeinen einen bestimmten Zweck, sei es einen von Seiten der Informationsübermittler bei den Informationsempfängern verfolgten Zweck oder einen von den Informationsempfängern verfolgten Zweck, oder beides. Diese Zwecke stellen einen ausschlaggebenden Faktor für ein Informationssystem dar. Durch sie werden die anderen Fragen der Strukturierung im einzelnen maßgeblich bestimmt, und zwar sowohl die der Informationsquellenerschließung, Informationsgewinnung, -zusammenstellung, -aufbereitung, -darstellung und -empfängerbestimmung, als auch die des was, wann, wer, wo, wie und wodurch. Vor allem wirkt sich der mit den Informationen verfolgte Zweck naturgemäß auf ihren Inhalt aus. Er zeitigt aber auch Auswirkungen auf die anderen materiellen und formalen Fragen. Das gilt auch dann, wenn ein anders strukturiertes Informationssystem zugrunde gelegt wird. Am Endpunkt der Informatik stehen deshalb die mit den Informationsprozessen und -systemen verfolgten Zwecke. Nach ihnen muß sich die Informatik bei der Erkenntnisgewinnung orientieren.

Die verfolgten Zwecke lassen sich für eine Aufteilung des Wissenschaftsgebietes der angewandten Informatik heranziehen, ausgehend von großen Zweckbereichen bis hin zu einzelnen Zwecken. So kann z. B. zwischen medizinischer, juristischer, technischer und wirtschaftlicher Informatik unterschieden werden. Die Wirtschaftsinformatik wäre weiter zu unterteilen in volkswirtschaftliche und betriebswirtschaftliche, die betriebswirtschaftliche in Verwaltungs- und Unternehmensinformatik. Die Unternehmensinformatik kann nach Funktionsbereichen beispielsweise in Einkaufs-, Vertriebsinformatik usw., nach Anwendungsgebieten z. B. in operationale, administrative und Managementinformatik oder nach einzelnen Verwendungszwecken, etwa in Planungs-, Steuerungs-, Entscheidungsinformatik usw. aufgegliedert werden [1, S. 12].

Doch zurück zu den Informationssystemen selbst. Neben der bisher umrissenen Aufteilung horizontaler Art aufgrund der einzelnen Ablaufphasen müssen noch Verbindungen vertikaler Art zwischen und innerhalb der vom Informationssystem umfaßten Phasen geschaffen werden. Dies kommt durch die mehr oder weniger formalen, insbesondere technischen Mittel, die für die Durchführung des Informationssystems und damit für den Prozeßablauf eingesetzt werden, zustande. Mit Hilfe dieser Mittel findet die Verarbeitung der Daten, aus welchen sich die Informationen zusammensetzen, statt. Mit dem Informationspro-

zeß läuft daher ein Datenverarbeitungsprozeß gleich. In seinem Rahmen erfolgen Datenlieferung bzw. -erfassung, die Datenerfassung bzw. -eingabe, die Datenspeicherung, die Datenumwandlung, die Datendarstellung und die Datenausgabe.
Ein Informationssystem umfaßt daher einerseits einen – im wesentlichen zweckorientierten – Informationsprozeß und andererseits einen – im wesentlichen technisch orientierten – Datenverarbeitungsprozeß. Zwischen diesen beiden Prozessen muß selbstverständlich eine Verbindung bestehen. Sie wird hergestellt durch die Übertragung der Fragen des Informationsprozesses auf den Datenverarbeitungsprozeß, was mit Hilfe der Programmierung geschieht. Bestimmend dafür ist in erster Linie der Zweck der Informationen und die Art des Informationsprozesses, so daß der Programmierung eine Problemanalyse und die Bildung eines Systems vorausgehen muß. Damit erweist sich die Programmierung ebenfalls als ein Prozeß, als Programmierungsprozeß, der Problemanalyse, Systembildung und Programmierung umfaßt. Dieser Prozeß ist zweck-, aber auch technisch orientiert. Er kann das ganze Informationssystem betreffen oder nur Teile davon, je nach Inhalt und Ausführung des Systems. Seine Gestaltung hängt davon ab, welche Mittel für die Durchführung des Datenverarbeitungsprozesses eingesetzt werden.

Für die Durchführung des Datenverarbeitungsprozesses werden heute überwiegend EDV-Anlagen herangezogen. Die von ihnen gebotenen Möglichkeiten der Datenverarbeitung im weitesten Sinne gaben überhaupt den Anstoß zur Entwicklung der Informatik. Es muß jedoch darauf hingewiesen werden, daß die oben umrissenen Prozesse keineswegs EDV-Anlagen voraussetzen, sondern auch manuell und mit geringeren technischen Hilfsmitteln durchgeführt werden können und durchgeführt wurden. Auf betriebswirtschaftlichem Gebiet befaßte sich damit das betriebliche Berichtswesen, sozusagen als Vorläuferin der Wirtschafts- und besonders der Unternehmensinformatik. Damit sind jedoch die vielfältigen Möglichkeiten für Informationssysteme nicht auszuschöpfen,.sondern diese lassen sich – wie schon gesagt – erst durch EDV-Technik realisieren. Bei Einsatz von EDV-Anlagen steht deshalb ebenfalls die anlagentechnische Seite des Datenverarbeitungsprozesses stark im Vordergrund. Es bedarf der Aufnahmemedien und -geräte (z. B. Lochkarten und Locher), der Speichermedien und Verarbeitungsanlagen (Datenbank, Methodenbank, Zentraleinheit mit Rechenanlage) und schließlich der Ausgabemedien und -geräte (z. B. Listen und Drucker, Bildschirm-Terminals).

Aus den bisherigen Ausführungen geht hervor, daß Informationssysteme eine mehrschichtige Struktur aufweisen. Wird für ihre Realisierung die elektronische Datenverarbeitung herangezogen, so ergibt sich insgesamt das folgende Bild.

Die Informatik als Wissenschaftsgebiet umfaßt danach drei große Erkenntnisbereiche:

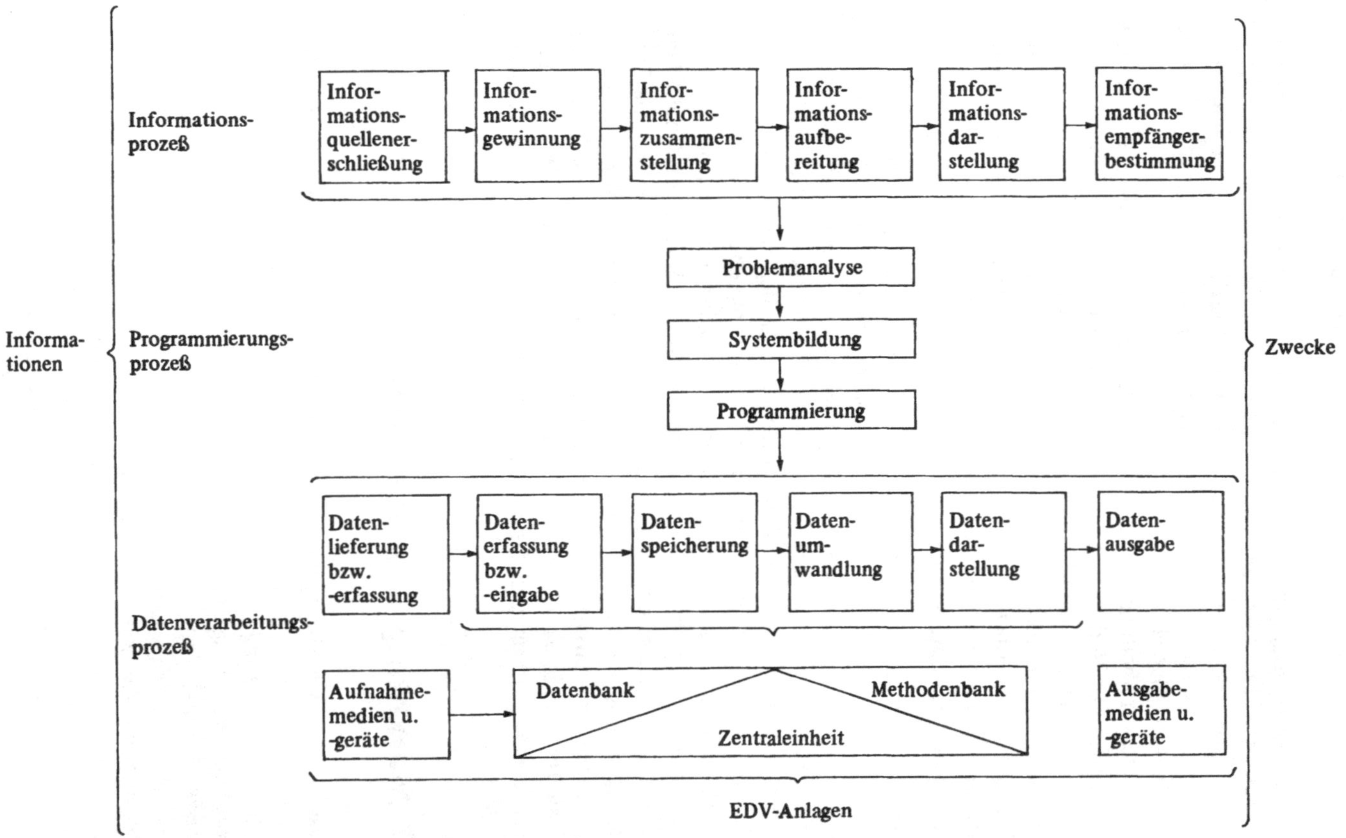

Abb. 3: Grundstruktur eines mit EDV arbeitenden Informationssystems

- den Informationsprozeß, als vom Zweck eines Informationssystems her zu untersuchenden und zu gestaltenden Bereich;
- den Programmierungsprozeß, als sowohl vom Zweck ebenso wie von der technischen Seite eines Informationssystems her zu untersuchenden und zu gestaltenden Bereich;
- den Datenverarbeitungsprozeß, als von der technischen Seite eines Informationssystems in Verbindung mit den zu seiner Durchführung eingesetzten Mitteln zu untersuchender und zu gestaltender Bereich.

Hinsichtlich der Zusammenhänge zwischen diesen Bereichen kann wohl festgestellt und hervorgehoben werden, daß der zweckbezogene Informationsprozeß weitgehend bestimmend für den Programmierungsprozeß und den Datenverarbeitungsprozeß einschließlich der Datenverarbeitungsanlagen sein dürfte.

Informationssysteme insgesamt werden also vom Zweck her determiniert, was für ihre formale Gestaltung vom Informationsprozeß über den Programmierungsprozeß bis hin zum Datenverarbeitungsprozeß in abnehmendem Maße, bezüglich ihres materiellen Inhalts jedoch für alle drei Bereiche in gleichem Maße gilt. Gemeinsam ist allen drei Bereichen weiterhin, daß sie sich mit der Strukturierung von Prozessen befassen, was eine Integration durch Sicherung der auftretenden Wirkzusammenhänge verlangt. Dadurch kommt noch ein organisatorischer Aspekt in allen Bereichen hinzu. Die Informatik befaßt sich daher mit zweckbezogenen organisatorisch-technischen Systemen für die Zurverfügungstellung von Informationen. Auf die Unternehmensinformatik bezogen heißt es, daß Erkenntnisse über organisatorisch-technische Systeme zu gewinnen sind, die Informationen für die Zwecke eines Unternehmens liefern können. Solche Zwecke können z. B. diejenigen des Marketing und des Vertriebs sein.

1.2 Marketing und Vertrieb

Angesichts der Zweckbezogenheit von Informationssystemen muß im Hinblick auf eine Marketing- und Vertriebsinformatik zunächst geklärt werden, worum es sich beim Marketing und beim Vertrieb eines Unternehmens handelt. Von einer solchen Fixierung der Ausgangspunkte ist abhängig, wie die für Zwecke des Marketing und Vertriebs zu schaffenden Informationssysteme entwickelt und gestaltet werden können.

Der Begriff des Marketing ist schon seit rund zwei Jahrzehnten in der angloamerikanischen ebenso wie in der deutschsprachigen Literatur immer wieder Gegenstand der Diskussion. Dabei kommen die verschiedensten Ansichten zu Tage. *C. W. Meyer* hat bereits im Jahre 1958 eine Analyse und Gegenüberstellung der Meinungen vorgenommen, zu der sich auch heute kaum etwas hinzufügen läßt [24]. Es muß höchstens festgestellt werden, daß die Verwirrung – besonders im deutschsprachigen Bereich – eher noch größer geworden ist.

Aus der Diskussion um den Begriff des Marketing lassen sich im Grunde zwei verschiedene Aspekte herauskristallisieren [21]. Einmal ist unter Marketing das marktorientierte Handeln der Unternehmensführung zu verstehen. Diese Marktorientierung bei der Führung von Unternehmen bezieht sich einerseits auf die gesamte Unternehmenstätigkeit und andererseits auf alle Märkte des Unternehmens, wobei in der Regel der Absatzmarkt im Vordergrund steht. Es geht also um die Ausrichtung des gesamten Unternehmens auf den Markt, um seine Koordination mit dem Markt [22]. In diesem Sinne verstanden, bedeutet Marketing eine bestimmte unternehmerische Geisteshaltung und Denkweise, eine Idee oder Konzeption für die Unternehmensführung, die insbesondere eine absatzorientierte Ausrichtung der unternehmerischen Maßnahmen fordert.

Zum anderen wird unter Marketing die Aktivierung und zielbewußte Durchführung des Absatzes durch das Unternehmen verstanden. Hierbei handelt es sich um die Zusammenfassung aller absatzbezogenen Tätigkeiten des Unternehmens und um ihren geschlossenen Einsatz zur Gewinnung von Märkten. Das Marketing schlägt sich also – anders ausgedrückt – in einem unternehmerisch geführten Vertrieb nieder, wobei unter „Vertrieb" alle absatzbezogenen Tätigkeiten des Unternehmens zu verstehen sind. Der Absatz ist dann Ziel und Ergebnis des Vertriebs. So gesehen, bedeutet Marketing das systematische Ergreifen und zielgerichtete Durchsetzen von Vertriebsmaßnahmen, ein bestimmtes vertriebliches Handeln oder Vorgehen. Auf diesem zuletzt umrissenen Gebiet dürfte der konkrete Schwerpunkt des Marketing liegen, da erst dadurch das Schaffen von Märkten, wie *P. F. Drucker* das Marketing definiert, oder die Produktion von Nachfrage, wie *H. Gross* das Marketing interpretiert, erreicht wird.

Wie eben gesagt, bezieht sich das Marketing im Sinne konkreter Maßnahmen auf den Vertrieb und damit auf alle absatzbezogenen Tätigkeiten des Unternehmens. Diese Tätigkeiten umfassen die Absatzvorbereitung, die Absatzdurchführung und die Absatzkontrolle [23]. Zur Vorbereitung des Absatzes gehören die Vertriebsforschung und Vertriebsplanung. Zur Durchführung des Absatzes ist es notwendig, das Vertriebsprogramm festzulegen, d.h. das, was abgesetzt werden soll, weiter den Absatzbereich zu bestimmen, d.h. wo abgesetzt werden soll, und schließlich die Vertriebsverfahren festzulegen, d.h. wie abgesetzt werden soll. Die Kontrolle des Absatzes als dritte Gruppe absatzbezogener Tätigkeiten besteht in der Vertriebskontrolle und in der Marktkontrolle. Eine weitere Aufgliederung der in diese Gruppen fallenden Tätigkeiten führt zu dem folgenden Bild der im Sinne des Marketing zu ergreifenden konkreten Vertriebsmaßnahmen [23].

I. Absatzvorbereitung
  A. Vertriebsforschung
    1. Gesamtmarktforschung
    2. Absatzmarktforschung
    3. Erforschung des eigenen Unternehmens
  B. Vertriebsplanung
    1. Absatz- (Umsatz-)planung
    2. Durchführungsplanung
    3. Vertriebskostenplanung

II. Absatzdurchführung
  A. Vertriebsprogramm
    1. Produktwahl und -gestaltung
    2. Sortimentsbildung
    3. Preisgestaltung
  B. Absatzbereich
    1. Vertriebswegewahl
    2. Händlerwahl
    3. Verbraucherabgrenzung
  C. Vertriebsverfahren
    1. Auftragserlangung
      a) Verkäufereinsatz
      b) Werbemitteleinsatz
    2. Auftragserledigung
      a) Absatzabwicklung
      b) Absatzfinanzierung
    3. Vertriebsbevorratung
      a) Verkaufsförderung
      b) Lagerhaltung und Vorausabschlüsse

III. Absatzkontrolle
  A. Vertriebskontrolle
    1. Umsätze
    2. Kosten, Deckungsbeiträge, Gewinne
    3. Vertriebstätigkeiten
  B. Marktkontrolle
    1. Gesamtmarkt
    2. Branchenmarkt
    3. Absatzmarkt

Abb. 4: System der Vertriebsmaßnahmen

1.3 Zur Marketing-Informatik

1.31 Ansatzpunkte

Es wurde darauf hingewiesen, daß sich die unterschiedlichen Auffassungen über das Marketing naturgemäß darauf auswirken, was unter einem Marketing-Informationssystem verstanden wird und wie dieses aussieht. Wird von der hier genannten Konzeption ausgegangen, so sind die für das Marketing unter den beiden angeführten Aspekten notwendigen Informationen zur Verfügung gestelltes Wissen über Sachverhalte des konkreten Marketing, d. h. des Vertriebs des Unternehmens selbst sowie über Sachverhalte, die für das Marketing des Unternehmens relevant sind. Beide Gruppen von Informationen entspringen den konkreten Marketingtätigkeiten, wenn diese im oben dargelegten Sinne aufgefaßt werden. Die Informationen über das Marketing des Unternehmens selbst gehen dann aus den Tätigkeiten hervor, die mit der Absatzdurchführung verbunden sind. Die anderen, für das Marketing des Unternehmens relevanten Informationen hingegen ergeben sich aus denjenigen Tätigkeiten, die mit der Absatzvorbereitung und der Absatzkontrolle verbunden sind.
Ein Marketing-Informationssystem ist also das nach bestimmten Prinzipien und Gesichtspunkten strukturierte Ganze des Zusammenhangs der Informationen (des Zurverfügungstellens von Wissen) über das Marketing des Unternehmens und der dafür relevanten Sachverhalte. Sein Zweck ist die Unterstützung der Arbeit des Management eines Unternehmens im Sinne des Marketing durch Lieferung entsprechender Informationen.
Wird von dem im vorangegangenen Abschnitt umrissenen Rahmen für ein Informationssystem ausgegangen, so sind zur Entwicklung eines Marketing-Informationssystems zunächst die in Betracht kommenden Informationsquellen festzulegen. Als solche bieten sich nach dem oben Gesagten die einzelnen Vertriebstätigkeiten, d. h. die vertrieblichen Funktionen der Absatzvorbereitung, Absatzdurchführung und Absatzkontrolle an. Angesichts der hervorgehobenen Bedeutung der Zwecke der Information für die Entwicklung des Systems sollten daneben auch schon die Informationsempfänger bestimmt werden. Dies erfordert das Herausfinden und Festlegen der Stellen in der Unternehmenshierarchie, die mit Marketing-Informationen versorgt werden müssen, unter Berücksichtigung der Zwecke, für die sie diese Informationen benötigen.
Das Gewinnen der Informationen erfolgt dann dadurch, daß die mit den vertrieblichen Funktionen betrauten Mitarbeiter Informationen über die Durchführung und die Ergebnisse ihrer Funktionen liefern oder daß diese von dritter Seite bei ihnen eingeholt werden. Dazu bedarf es bestimmter Informationsmittel, wie z. B. Gespräche, Meldungen, Berichte, die in bestimmter Form ihren

Niederschlag finden. Die gewonnenen Informationen müssen dann zusammengestellt werden, z. B. jeweils nach den einzelnen Vertriebsfunktionen oder nach anderen und weiteren Gesichtspunkten. Bei der Aufbereitung der Informationen müssen diese eine Umwandlung erfahren, um sie für die Zwecke der Informationsempfänger geeignet zu machen, z. B. mittels statistischer oder mathematischer Methoden. Im Rahmen der darauf folgenden Darstellung der Informationen sind die umgewandelten Informationen in eine bestimmte Form zu bringen, z. B. in Form von Berichten, die wiederum den jeweiligen Informationsempfängern und ihren Zwecken entsprechen sollten. Schließlich müssen die Informationsempfänger die für sie bestimmten Informationen erhalten bzw. erhalten können, z. B. durch Zusenden der Berichte oder Abruf aus einem Terminal.

Ein wesentliches Problem des Marketing-Informationssystems bildet die Frage nach dem „was", d. h. das Festlegen des Informationsinhaltes. Dieses zentrale Problem verlangt die Klärung dessen, was die Informationsempfänger brauchen und die Informationsquellen daher liefern sollen. Aus der Festlegung der Informationsquellen, der Bestimmung der Informationsempfänger und der Antwort auf die Frage nach dem Informationsinhalt geht die grundlegende Konzeption eines Marketing-Informationssystems hervor.

1.32 Informationsquellen und -empfänger

Es wurde schon mehrfach darauf hingewiesen, daß als Quellen für Marketing-Informationen die vertrieblichen Funktionen in Betracht kommen, sofern diese im eingangs dargestellten Sinne aufgefaßt werden. Es sind deshalb diese Tätigkeiten im einzelnen daraufhin zu untersuchen, was von ihnen als Objekt für die gewünschten Informationen geboten werden kann. Die von den Vertriebsfunktionen in allgemeiner Sicht zu vermittelnden Informationsobjekte werden in der nachstehenden Aufstellung wiedergegeben. Im konkreten Fall eines Unternehmens können sie naturgemäß anders aussehen. Außerdem läßt sich jedes der genannten Objekte noch weiter untergliedern nach den einzelnen Informationen, was wiederum je nach der speziellen Situation des Unternehmens und den Informationszwecken erfolgen muß.

Werden nun die Informationsempfänger betrachtet, so zeigt sich, daß als solche alle Stufen der Unternehmenshierarchie und die verschiedensten Bereiche, Abteilungen und Stellen in Frage kommen können. Marketing-Informationen werden in der Regel überall im Unternehmen benötigt, allerdings in Bezug auf verschiedene Sachverhalte und in unterschiedlichem Verdichtungsgrad. Doch erst wenn die möglichen Empfänger für Marketing-Informationen bekannt sind, und darüber hinaus die Zwecke, für welche sie diese Informationen brauchen, können Gegenstand und Verdichtungsgrad der Informationen festgelegt werden.

Abb. 5: Quellen und Objekte von Marketing-Informationen

Informationsquellen	Informationsobjekte
I. Absatzvorbereitung	
A. Vertriebsforschung	
1. Gesamtmarktforschung	Gesamtwirtschaft Branche Beschaffungsmärkte (Kapital, Arbeit, Waren)
2. Absatzmarktforschung	Verbraucher Händler Konkurrenz
3. Erforschung des eigenen Unternehmens	Produkte Vertriebstätigkeit (Verkauf, Werbung, Versand, Kundendienst usw.) andere Unternehmensbereiche (Einkauf, Fertigung usw.)
B. Vertriebsplanung	
1. Absatz- (Umsatz-)planung	produktmäßiger Plan gebiets-/kundenmäßiger Plan zeitlicher Plan
2. Durchführungsplanung	Programmplanung Bereichsplanung Verfahrensplanung
3. Vertriebskostenplanung	Gesamt-Vertriebskosten Kosten der Produkte Kosten der Absatzsegmente
II. Absatzdurchführung	
A. Vertriebsprogramm	
1. Produkte	Art der Gestaltung Absatzmengen Absatzzeiten
2. Sortimente	Zahl der verschiedenartigen Produkte Zahl der Varianten jeder Produktart Absatzgewicht der Produkte
3. Preise	Preise und Preisklassen der Produkte Rabatte nach Art und Höhe Gewinne bzw. Deckungsbeiträge der Produkte
B. Absatzbereich	
1. Vertriebswege	Art der Vertriebswege Art und Zahl der Absatzmittler Einsatzgewicht der Vertriebswege und Absatzmittler
2. Händler	Art der Händler Zahl der Händler Funktion der Händler
3. Verbraucher	Art der Verbraucher Zahl der Verbraucher Bedarfsart der Verbraucher

C. Vertriebsverfahren 1. Auftragserlangung	Verkäufereinsatz Art der Verkäufer Gebiete der Verkäufer Entlohnung der Verkäufer
	Werbemitteleinsatz Art der Werbemittel Art der Werbeträger Art der Werbeempfänger
2. Auftragserledigung	Absatzabwicklung: Liefertermine und -bedingungen Fakturierung Versand
	Absatzfinanzierung: Barzahlung Zielzahlung Teilzahlung
3. Vertriebsbevorratung	Verkaufsförderung: Unterstützung von Verkauf und Werbung Unterstützung der Händler Kundendienst und -pflege
	Lagerhaltung und Vorausabschlüsse: Lagerbestände Lagergestaltung Vorausabschlüsse
III. Absatzkontrolle	
A. Vertriebskontrolle 1. Umsätze	Insgesamt und nach Absatzsegmenten (Produkte, Gebiete, Vertriebswege, Kunden) Auftragsgrößen/-zeiten
2. Kosten, Deckungsbeiträge, Gewinne	jeweils insgesamt und nach Absatzsegmenten (Produkte, Gebiete, Vertriebswege, Kunden) Auftragsgrößen/-zeiten
3. Vertriebstätigkeiten	Verkaufs-Innen- u. Außendienst Werbemaßnahmen und erfolg Lagerung, Versand, Kundendienst
B. Marktkontrolle 1. Gesamtwirtschaft	Konjunktur Vor- und nachgelagerte Bereiche Indikatoren
2. Branchenmarkt	Branchennachfrage Branchenangebot Branchen-Indikatoren
3. Absatzmarkt	Verbraucher Händler Konkurrenten

Die Zwecke, für welche die verschiedenen Stellen die Marketing-Informationen benötigen, können naturgemäß in allgemeiner Form nicht dargestellt werden, sondern hängen vom individuellen Fall und den gegebenen Bedürfnissen ab. Sie

müssen also jeweils für sich untersucht werden, wobei auf aktuelle Zwecke, aber auch auf potentielle Zwecke geachtet werden sollte. Es läßt sich dazu hier nur so viel feststellen, daß es entweder Zwecke der Planungstätigkeit, Zwecke der Durchführungstätigkeit oder Zwecke der Kontrolltätigkeit des jeweiligen Informationsempfängers und dabei jeweils wieder operative, administrative oder dispositive Zwecke sein können. Es sollte also bei der Ermittlung der möglichen Zwecke nach operativen, administrativen und dispositiven Maßnahmen der Planung, Durchführung und Kontrolle im Rahmen der Tätigkeit des Informationsempfängers unterschieden werden.
Die als Empfänger von Marketing-Informationen in einem Unternehmen in Frage kommenden Stellen sollen ebenfalls in Form einer Übersicht wiedergegeben werden, wie folgt:

Unternehmensführung	Inhaber bzw. Gesellschafter Aufsichtsrat Geschäftsleitung Stabsstellen der Geschäftsleitung
Marketing-Bereich	Marketing-Leiter Stabsstellen des Marketing-Leiters
	Verkaufsleiter Verkaufsinnendienst Verkaufsaußendienst andere Verkaufsorgane (z.B. auch Händler)
	Werbeleiter
	Lagerleiter Versandleiter
	andere Vertriebsorgane (z.B. Kundendienst)
Andere Unternehmensbereiche	Produktionsleiter Einkaufsleiter Leiter der Finanzen Buchhaltungsleiter andere Unternehmensorgane (Z.B. Innenrevision)

Abb. 6: Stellen des Unternehmens als Empfänger von Marketing-Informationen

Wenn Informationsquellen und Informationsempfänger sowie die Zwecke, für die sie Informationen benötigen, bekannt sind, kann daran gegangen werden, den Informationsinhalt näher zu umreißen.

1.33 Informationsinhalt

Der Inhalt der von einem Marketing-Informationssystem zu liefernden Informationen leitet sich aus den Bedürfnissen der Informationsempfänger und damit

aus den Zwecken, für welche sie die Informationen benötigen, ab. Es ist demzufolge eine entsprechende Analyse durchzuführen.
Allgemein gesehen, läßt sich zum Informationsinhalt feststellen, daß für die Zwecke des Marketing sowohl betriebsinterne Informationen als auch externe, d.h. Marktinformationen gebraucht werden, wie bereits aus der Kennzeichnung der Informationsobjekte hervorging. Was diese im einzelnen enthalten sollen, hängt im wesentlichen von der individuellen Lage des Unternehmens ab. Betriebsinterne Informationen sollten sich auf jeden Fall auf Zielsetzungen, Leistungen bzw. Gewinne und Kosten sowie auf Durchführung und Ergebnisse der vertrieblichen Tätigkeiten beziehen. Marktinformationen hingegen sollten die Entwicklung auf den verschiedenen Märkten wiedergeben und insbesondere über Verbraucher, Händler und Konkurrenten auf dem Absatzmarkt Aussagen machen.
Wird weiterhin daran gedacht, daß die Informationen generell operativen, administrativen und dispositiven Zwecken der Planung, der Durchführung und der Kontrolle der Marketing-Maßnahmen zu dienen haben, so ist hinsichtlich des Informationsinhaltes die Zeitbezogenheit der Informationen von Bedeutung. Sie können vergangenheitsorientiert oder zukunftsorientiert sein. Die Vergangenheit kann das Geschehen des gerade laufenden Tages, der vorhergegangenen oder früheren Perioden umfassen, die Zukunft den nächsten oder die nächsten Tage oder spätere Perioden. Die jeweilige Fristigkeit ist daher zu beachten. Für Planungszwecke sind überwiegend zukunftsorientierte Informationen erforderlich und diese wiederum möglichst langfristig. Für Zwecke der Durchführung der Maßnahmen werden in der Regel vergangenheitsorientierte, aber möglichst kurzfristige, und ebenso zukunftsorientierte, wieder kurzfristige, Informationen gebraucht. Für Kontrollzwecke dagegen sind vergangenheitsorientierte, kurz- und längerfristige Informationen sowie frühere zukunftsorientierte, auf die Gegenwart bezogene Informationen, d.h. Sollwerte, notwendig, die beide einander gegenübergestellt werden. Diese Gegenüberstellung von Soll-Ist-Werten in den Informationen ist darüber hinaus auch für Durchführungszwecke erforderlich, wenn ein Management by Exception (Führung nach dem Ausnahmeprinzip) vorliegt.
Zu den jeweils vergangenheitsorientierten Informationen sind also diejenigen zu rechnen, welche Daten der Vergangenheit lediglich wiedergeben oder auch einander gegenüberstellen und diejenigen, welche Vergangenheitsdaten den auf die Gegenwart bezogenen Solldaten gegenüberstellen, d.h. Soll-Ist-Vergleiche bringen und Abweichungen aufzeigen. Die zukunftsorientierten Informationen bestehen demgegenüber in der Vermittlung von Daten über zukünftige Erwartungen, wie Planzahlen oder Schätzungen, und von Unterlagen für die Entscheidungsfindung, z.B. Daten über die Möglichkeiten zukünftiger Entwicklungen, die aus Modellen hervorgingen. Es zeigt sich also, daß der Informationsinhalt von Marketing-Informationssystemen sowohl vergangenheits-, als auch

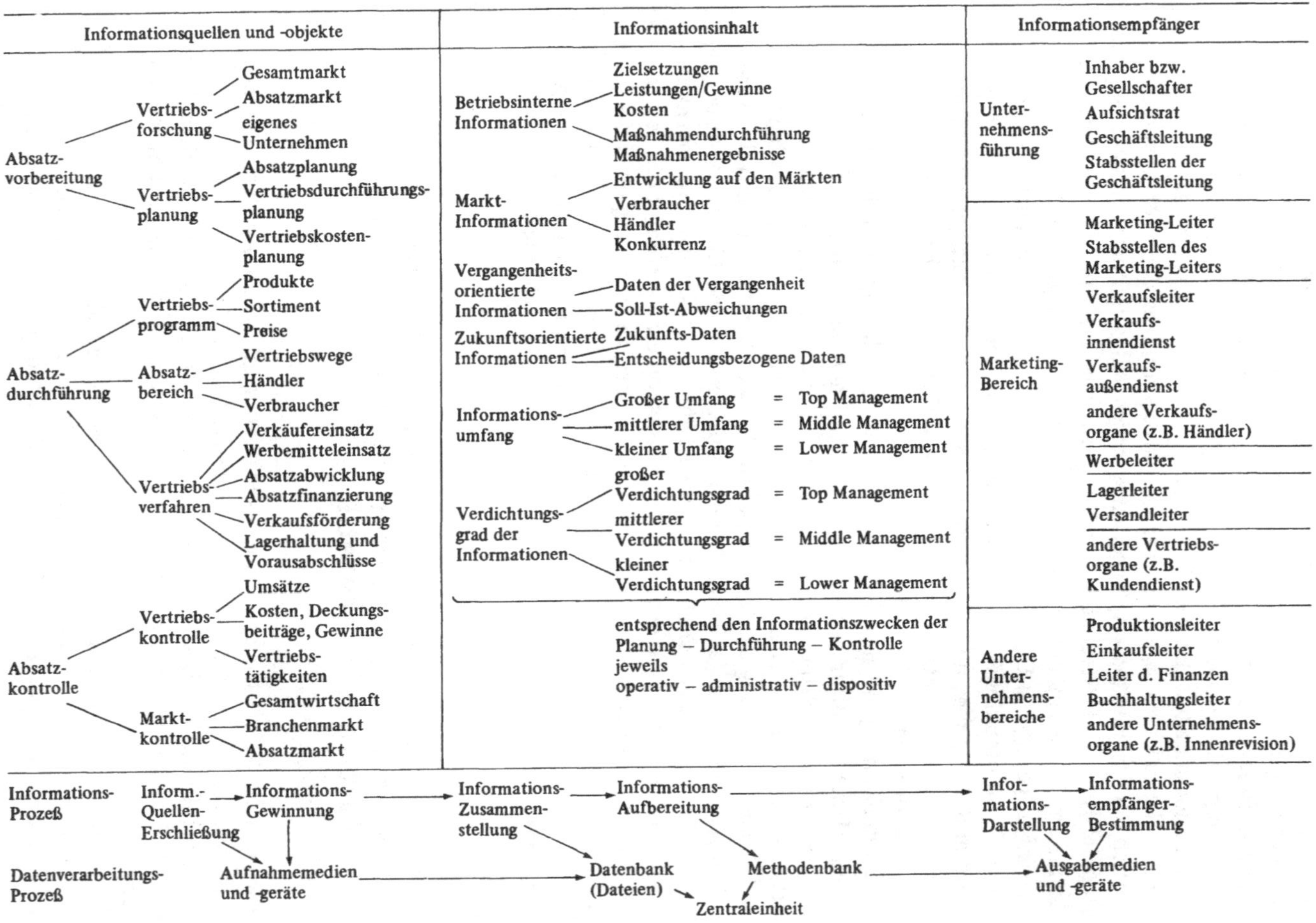

Abb. 7: Grundriß eines Marketing-Informationssystems

zukunftsorientiert sein sollte, und zwar jeweils wieder kurz- und langfristig, wenn es die genannten Zwecke möglichst voll zu erfüllen gilt.
Aus den Zwecken der Informationsempfänger, die mit ihrer Stellung in der Unternehmenshierarchie verbunden sind, resultiert ein weiteres Problem des Informationsinhaltes: das des Umfangs und Verdichtungsgrades der Informationen. Hierzu ist zu sagen, daß der Informationsumfang dem Verantwortungsbereich der Informationsempfänger entsprechen sollte und der Verdichtungsgrad der Höhe ihrer Stellung in der Unternehmenshierarchie. Es bedeutet, daß für Informationsempfänger auf unteren Ebenen des Management der Informationsinhalt geringeren Umfang und einen geringeren Verdichtungsgrad haben sollte, für Informationsempfänger auf der oberen Managementebene hingegen einen großen Umfang und großen Verdichtungsgrad. Im einzelnen sind beide Fragen naturgemäß entsprechend den individuellen Gegebenheiten des Unternehmens zu lösen.
In Zusammenhang mit dem Informationsinhalt tritt häufig noch die Frage auf, ob ein Marketing-Informationssystem dem Informationsinhalt nach funktionsorientiert oder problemorientiert sein sollte. Hierzu ist zu sagen, daß dies keine Frage des entweder – oder sein dürfte. Es liegt nahe, daß für die Gewinnung und Zusammenstellung der Informationen sich die Orientierung nach den vertrieblichen Funktionen anbietet. Bei der Aufbereitung und Übermittlung der Informationen hingegen erscheint es zweckmäßig, sich nach den Problemen zu orientieren oder diese zumindest in den Vordergrund zu stellen. Im Zuge der bei der Informationsaufbereitung durchzuführenden Umwandlung der Informationen sollte daher auch eine Umwandlung von der Funktionsorientierung zur Problemorientierung stattfinden. Auch das ist eine Frage, deren Klärung von den Zwecken, die mit der Information verfolgt werden, abhängt.

1.4 Grundriß eines Marketing-Informationssystems und seiner Entwicklung aus der Vertriebsinformatik

Nachdem die für die Konzeption eines Marketing-Informationssystems besonders wesentlichen Fragen der Informationsquellen, der Informationsempfänger und des Informationsinhaltes durchleuchtet wurden, läßt sich bereits daraus der Grundriß für ein solches System ableiten. Er wird im nachfolgenden Schaubild dargestellt.
Ein derart umfassendes Marketing-Informationssystem dürfte zunächst noch eine Konzeption sein und erst vor einer Realisierung stehen. Ansatzpunkte dazu können aber gesehen werden in der Entwicklung und im Ausbau der Ver-

triebsinformatik. Es gilt also vertriebliche Informationssysteme zu entwickeln, deren Integration und Verdichtung dann in Richtung eines integrierten Marketing-Informationssystems weiterführen könnte.
Dies möge folgendes Schaubild verdeutlichen:

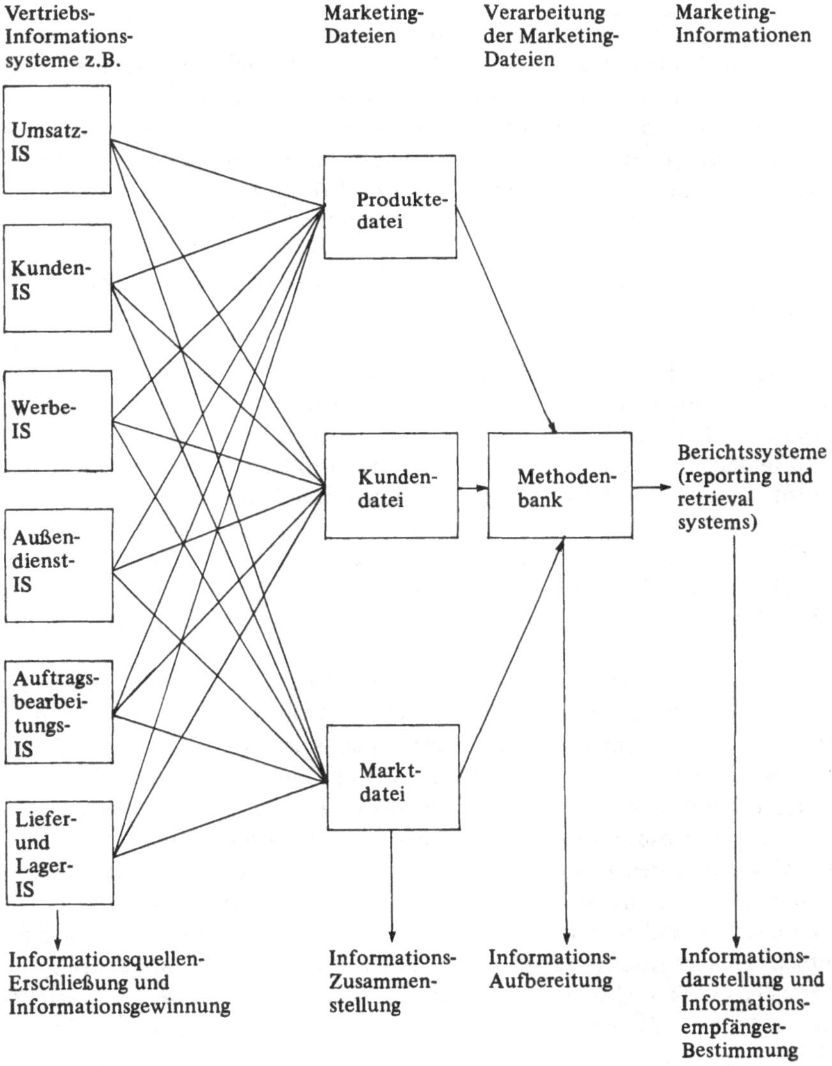

Abb. 8: Von Vertriebs-Informationssystemen zum Marketing-Informationssystem

Die Vertriebsinformatik kann daher als Grundlage und Ausgangspunkt der Marketinginformatik angesehen werden.

1.5 Über Probleme der Vertriebsinformatik

Die bisherigen Ausführungen zeigten, daß eine enge Verbindung zwischen Marketing und Vertrieb eines Unternehmens besteht und es sich als zweckmäßig erweist, die Entwicklung eines Marketing-Informationssystems aus vertrieblichen Informationssystemen heraus vorzunehmen. Diese sind Gegenstand der Vertriebsinformatik. Sie befaßt sich mit der Erkenntnisgewinnung über organisatorisch-technische Systeme, die Informationen für Vertriebszwecke liefern.
Solche Vertriebs-Informationssysteme können unterschiedlich ausgerichtet sein. So ist es möglich, für jede der vorn genannten Vertriebsfunktionen ein Informationssystem zu schaffen. Andererseits kann auch der Einsatz von EDV-Anlagen für operative Arbeiten des Vertriebs, z. B. für Auftragsbearbeitung und Rechnungschreiben, für Informationszwecke verwertet werden. Das ist beispielsweise der Fall bei Weiterverarbeitung der durch EDV erfaßten Aufträge oder Rechnungen zu Statistiken. Schließlich läßt sich auch beides miteinander verbinden, d.h. der operative und administrative Einsatz der EDV wird für funktional orientierte Informationssysteme zusätzlich genutzt oder in Richtung auf funktionale Systeme ausgebaut. Ein besonderes Anliegen der Vertriebsinformatik ist dann über die operativen und administrativen Zwecke hinaus, vor allem dispositiven Zwecken, z. B. durch Anwendung von Optimierungsverfahren, zu dienen.
Wird an die Entwicklung von Marketing-Informationssystemen gedacht, so dürfte eine Ausrichtung der vertrieblichen Informationssysteme nach den einzelnen Vertriebsfunktionen im zuletzt umrissenen Sinne empfehlenswert sein. Unter diesem Aspekt werden die Probleme der Vertriebsinformatik in den weiteren Ausführungen beleuchtet. Es geht dabei zunächst um eine Untersuchung der vertriebsbezogenen strukturellen Gegebenheiten in Bezug auf Kommunikation, Datenverarbeitungsanlagen und Datenverarbeitungsmethoden sowie hinsichtlich der Kunden, auf welche die Vertriebstätigkeit abzielt. Danach werden Möglichkeiten der Entwicklung von Informationssystemen für die wesentlichsten vertrieblichen Funktionen im Hinblick auf eine Unterstützung der Vertriebspolitik – also zur Verwertung für dispositive Zwecke – dargestellt. Die Beiträge lassen die vertriebsbezogenen Probleme der Informatik unter verschiedenen Blickwinkeln erkennen und zeigen jeweils Lösungsmöglichkeiten für die Gestaltung und Nutzung vertrieblicher Informationssysteme auf.

2. Vertriebliche Kommunikationsstruktur

"Communication comes from the Latin communis, common. When we communicate we are trying to establish a 'commoness' with someone. That is, we are trying to share information . . ." [67, S. 3]. Kommunikation im Sinne von „Teilhaben“ [9, S. 17] bildet also eine Grundvoraussetzung menschlichen Zusammenlebens.

Um zu einem eindeutigen Begriff der Kommunikation zu kommen, muß das Objekt der Kommunikation umrissen werden. Ohne auf die verschiedenen Definitionen in der Literatur einzugehen, die mehr oder weniger deutlich den Zusammenhang von Information und Kommunikation aufzeigen, soll hier Kommunikation als Informationsfluß zwischen einem Informationssender und -empfänger verstanden werden. Damit bezieht sich die Kommunikation sowohl auf den innerbetrieblichen Informationsfluß als auch auf den bedeutsamen Informationsfluß zwischen Markt und Unternehmung. Im Gegensatz zu *Albach* werden beispielsweise auch Verkaufsverhandlungen zwischen Kunden und Verkäufer als Kommunikation bezeichnet [53, S. 356 f.].

Zerlegt man die Informationsübertragung in ihre Grundelemente, so kann die Aufnahme und Abgabe von Information mittels eines Senders und Empfängers nicht als Kommunikation bezeichnet werden, sondern es handelt sich „um einen Akt der Informationsverarbeitung“ [13, S. 21]. Der Sender trifft eine Auswahl aus der sich anbietenden Informationsmenge und sein Wissensstand wird nach der Übertragung erhöht.

Es ist hierbei zu berücksichtigen, daß allein die Gelegenheit, der Anspruch oder die Pflicht zur Benutzung eines Kommunikationswegs auf die Existenz einer kommunikativen Verbindung hinweist.

Im Rahmen des gesamten vertrieblichen Kommunikationssystems lassen sich neben den formalen Kommunikationsbeziehungen, die zur Koordination und Durchführung der Vertriebstätigkeiten bewußt geplant und gestaltet werden, auch Kommunikationen anderer Art nachweisen, die inoffiziell und von privater Natur sind und die zumeist unabhängig von der Aufgabenerfüllung auftreten. Obgleich wegen ihrer Instabilität der Systembegriff nicht zutreffend erscheint, soll hier in Übereinstimmung mit der Literatur von einem informalen Kommunikationssystem gesprochen werden [19, S. 24 ff.]. Die sich aufgrund persönlicher Wünsche, Ziele und Gewohnheiten entwickelnden informellen Kontakte besitzen unterschiedlichen Einfluß auf das formale Kommunikationssystem: sie können den Informationsfluß hemmen, beschleunigen, seine Richtung ändern oder zusätzliche Verbindungen entstehen lassen [5, S. 177 ff.].

Bei der Gestaltung des formalen Kommunikationssystems sind neben der Berücksichtigung informeller Erscheinungen drei besondere Nebenbedingungen

zu beachten, die aus der großen Zahl denkbarer die für die vertriebliche Aufgabenerfüllung geeigneten Kommunikationssysteme herausschälen. Diese drei Prämissen sind quantitativer, qualitativer und zeitlicher Art [53, S. 250].
Die quantitative Bedingung besagt, daß die Kapazität der Kommunikationswege dem Informationsfluß, welcher sich aus dem Zusammenwirken der Stellen ergibt, angepaßt sein muß. Die qualitative Bedingung betrifft die Ausschaltung von Verzerrungen und Störungen im Kommunikationsprozeß und die zeitliche Bedingung regelt die Informationsübermittlung, die so gestaltet werden soll, daß „keine unnötigen Verzögerungen in der Weiterleitung der Information entstehen" [53, S. 250]. Auf der anderen Seite müssen in das Kommunikationssystem Informationsspeicher eingebaut werden.
Diese drei Nebenbedingungen verkörpern die Grundsätze für die Errichtung zulässiger formaler Kommunikationssysteme. Optimale Kommunikationssysteme im Vertrieb lassen sich aus der Zahl der zulässigen Systeme mit Hilfe bestimmter Kriterien, wie z. B. das der Wirtschaftlichkeit, ermitteln.

2.1 Behandlung des Kommunikationsproblems auf der Grundlage der traditionellen Organisationslehre

2.11 Wesen und Bedeutung des vertrieblichen Kommunikationssystems

2.111 Bedeutung hinsichtlich der vertrieblichen Aufgabenteilung

Eine wesentliche Aufgabe der Vertriebsführung besteht darin, im Rahmen der Vertriebssteuerung für eine arbeitsteilige und zielkonforme Verwirklichung der Vertriebspolitik zu sorgen.
Die Einteilung nach den Hauptaufgabengebieten, d.h. nach Verrichtungen, Produkte, Abnehmern oder geographischen Gebieten kann Gesichtspunkt bzw. Prinzip bei der Aufteilung der vertrieblichen Gesamtaufgabe darstellen. Diese so im Wege der Analyse gewonnenen Teilaufgaben werden mittels Zusammenfassung (Aufgabensynthese) auf die im Vertrieb beschäftigten Personen verteilt. Hiermit wird der „Verteilungszusammenhang" [23, S. 77] geschaffen, der nach *Kosiol* als „das Grundsystem des organisatorischen Aufbaus" [23, S. 77] betrachtet werden kann. Mit anderen Worten, es sollen „die innerhalb des Unternehmens mit der Vertriebstätigkeit befaßten Funktionsträger durch Gliederung, Einteilung und Ordnung zu einem aus Abteilungen, Unterabteilungen und Stellen zusammengesetzten Ganzen" [80, S. 43] erfaßt werden.

Den praktischen Gegebenheiten entsprechend wird der Vertriebsaufbau unter dem Gesichtspunkt des Tätigwerdens in den Innen- und Außendienst geteilt. Der Aufbau des Vertriebsinnen- und Außendienstes kann nach den geschilderten Gliederungskriterien vorgenommen werden. Die Hauptaufgabengebiete des Vertriebs werden zumeist in den Abteilungen Verkauf, Werbung und Versand institutionalisiert [80, S. 43], wobei der Verkauf in den Innen- und Außendienst gegliedert wird.

Eine weitere Unterteilung der Hauptaufgabengebiete kann nach den zu verkaufenden Produkten erfolgen. Der Marketingauffassung entspricht dabei besonders die Marktressort- oder Divisionsgliederung, die durch das Merkmal einer intensiven oder extensiven Marktbearbeitung noch eine erhöhte Aussagekraft erhält [28, S. 35].

Die Gliederung nach Verkaufsbezirken oder nach Abnehmergruppen beinhaltet weitere Untergliederungsmöglichkeiten für den Vertriebsinnen- und -außendienst.

„Der durch Gliederung, Einteilung und Ordnung der vertrieblichen Funktionsträger geschaffene Aufbau des Vertriebs reicht allein keineswegs aus, um das Funktionieren des Vertriebs im Sinne einer schlagkräftigen Entwicklung der einzusetzenden Wirkungskräfte zu erreichen“ [80, S. 48]. Erst im Zusammenspiel und Zusammenwirken der vertrieblichen Funktionsträger und in der Koordination ihrer Entscheidungen kann die Vertriebsabteilung ihrer Marketingaufgabe gerecht werden. Es genügt aber nicht allein das Zusammenspiel, sondern es muß die Sicherung des Zusammenwirkens erstrebt werden. Die übersichtsmaximale Wirkzusammenhangsicherung [41, S. 20], die erst die Organisation des Vertriebs ausmacht, kann erreicht werden durch die Analyse der vertrieblichen Zusammenhänge, durch Kompentenzverteilung, durch Errichtung von Kommunikationswegen und durch organisatorische Kontrollen [80, S. 48 ff.]. Bei der Analyse der Zusammenhänge werden die Funktionen des Vertriebs den durch den Aufbau gegebenen Abteilungen und Stellen gegenübergestellt; diese Gegenüberstellung kann übersichtlich durch Funktionendiagramme dargestellt werden.

Durch die Kompetenzverteilung werden die vertrieblichen Abteilungen nach dem Gesichtspunkt des Ranges in „eine Ordnung der Stellen nach über-, unter- und nebengeordneten Verteilungseinheiten“ [23, S. 77] zusammengeführt. Die Stellen erhalten zu ihren Aufgaben Befugnisse und Verantwortung und werden dadurch in ein Abhängigkeitsverhältnis gebracht, das die Formen des Linien-, Stab-Linien- und Funktionssystems aufweisen kann.

Ein weiteres bedeutsames Mittel, die Organisationseinheiten des Vertriebs in einen gesicherten Wirkzusammenhang zu bringen, besteht in der Gestaltung der Kommunikationswege und der organisatorischen Kontrollen. „Die Notwendigkeit, Informationen . . . zu übertragen, resultiert aus der Tatsache aufgaben- bzw. arbeitsteiligen Vollzuges der Erreichung des Unternehmungszieles. Grundsätzlich verlangt jede Aufgabenteilung . . . kommunikative Beziehungen irgendwelcher Art zwischen den Aufgabenträgern. . . . Die Kommunikation, die Beziehungen zwischen den personalgetrennten Aufgaben, räumlich getrennten Aufgabenträgern . . . herstellt, fungiert daher als Mittel der Koordination der Aufgabenerfüllung . . ." [5, S. 130 f.]. Die Art und Tiefe der vertrieblichen Aufgabengliederung setzt eine Richtgröße für das Kommunikationssystem, auf deren Existenz eine Gestaltung der Beziehungen aufgebaut werden muß.

2.112 Prinzipien der Vertriebsgliederung und das Kommunikationssystem

Es ist die Frage zu prüfen, ob zwischen den verschiedenen Möglichkeiten des Vertriebsaufbaus und dem darauf aufbauenden Kommunikationssystem eine Abhängigkeit gegeben ist: „Gliederung und Verkehr sind daher zwei Hauptprobleme der Organisation, und es ist naheliegend, zu fragen, ob zwischen beiden ein Zusammenhang besteht". Gemäß *Acker* wird zwar überall in der Organisationslehre dieser Zusammenhang vorausgesetzt, aber nirgendwo wurde er eindeutig bewiesen.
Um die Abhängigkeit näher zu untersuchen, soll von zwei vereinfachten Beispielen unterschiedlicher Vertriebsgliederung einer Firma der Elektroindustrie ausgegangen werden [vgl. 1, S. 90 ff.]. Im ersten Beispiel soll eine Gliederung des Vertriebs auf der Abteilungsebene nach den Hauptaufgabengebieten ‚Verkauf' und ‚Versand' angenommen werden. Jede dieser beiden Abteilungen bildet wieder die Stellen ‚Radiogeräte' und ‚Funkgeräte'.
Im zweiten Beispiel entstehen auf der Abteilungsebene die Ressorts ‚Radiogeräte' und ‚Funkgeräte', während jeweils auf der Stellenebene eine Aufteilung nach ‚Verkauf' und ‚Versand' durchgeführt wird. Es ist nun die Frage zu untersuchen, ob durch diese verschiedenen Gliederungsprinzipien der organisatorische Verkehr beeinflußt wird.
Im ersten Beispiel werden in den Abteilungen dieselben Objekte (Radio und Funkgeräte) bearbeitet. Die Tätigkeiten innerhalb der Unterabteilungen Verkauf und Versand müssen in bezug auf das jeweilige Objekt aufeinander abgestimmt, insbesondere muß – sofern nicht festgelegt – über die zeitliche Reihenfolge, die Strategie usw. eine Einigung getroffen werden. Wie die Einigung jedoch erfolgt, d. h. über welche Kommunikationswege eine Verständigung getroffen wird, kann aus der Gliederung nicht ersehen werden. Die Abteilungsleiter können sich einigen, indem sie sich untereinander abstimmen und dies ihren Unterabteilungen mitteilen. Auf der anderen Seite können sich auch die Stellenleiter über die anstehenden Probleme unterrichten. Des weiteren kann aber auch die Vertriebsführung selbst alle Fragen und Entscheidungen festlegen und diese mit allen Beteiligten besprechen. Auf diese Weise brauchen die Stellen ‚Radiogeräte' und ‚Funkgeräte' nicht zueinander in Kontakt treten;

die Stellen sind auch dann voll arbeitsfähig, wenn zwischen ihnen kein Informationsfluß besteht.

Auch im zweiten Beispiel läßt sich keine eindeutige Beziehung zwischen der Vertriebsgliederung und den Kommunikationswegen feststellen. Eine Abhängigkeit besteht zwar zwischen den Stellen Verkauf und Versand; auf welche Weise sie jedoch übereinkommen, kann anhand der Vertriebsgliederung nicht zweifelsfrei bestimmt werden.

Die Ursachen der Kommunikation sind in der Abhängigkeit der Organisationseinheiten zu erblicken, die wegen der direkten oder indirekten Beteiligung an den verschiedenen Vertriebsaufgaben zueinander in Kontakt treten. Obwohl *Holzinger* versucht, einen Einfluß der Aufgabengliederung auf bestimmte Arten von Verbindungswegen aufzuzeigen [22, S. 70 ff.], dürften derartige Aussagen „leicht zu Widersprüchen führen" [3, S. 86].

Ein direkter Einfluß der Vertriebsgliederung auf die Abhängigkeit der einzelnen Abteilungen und damit auf die vertrieblichen Kommunikationswege läßt sich somit nicht feststellen; es müssen hier Faktoren berücksichtigt werden, die in keiner Berührung zu diesen Gliederungsprinzipien stehen.

2.113 Zusammenhang zwischen Kompetenz- und Kommunikationssystem

In der älteren Literatur wurde oft nicht eindeutig zwischen „Gebildetyp, Anordnungsart und den Verbindungswegen" [22, S. 66] unterschieden. Durch das Kompetenzsystem werden die Vertriebsabteilungen jedoch nur in einen Zusammenhang der Über-, Gleich- und Unterordnung gebracht. Innerhalb des Vertriebsbereiches werden nicht nur Anordnungen übermittelt, sondern hauptsächlich Informationen ohne Befehlscharakter. Im Rahmen der Zusammenarbeit zwischen den Vertriebsabteilungen treten zunehmend Informationen auf, deren Übermittlung sich nicht an den starren Befehlsweg binden läßt. Bei alarmierenden Nachrichten über Markt- und Konkurrenzeinflüsse wird die Vertriebsleitung direkt und sofort benachrichtigt; die übergangenen Vertriebsstellen sollten jedoch zumindest nachträglich informiert werden [31, S. 106].

Die Befehlslinien des Kompetenzsystems bilden also nur einen Teil des vertrieblichen Kommunikationssystems, welches als das umfassendere Beziehungsnetz zu bezeichnen ist. Theoretisch wäre es zumindest denkbar, daß alle vertrieblichen Informationen an den Befehlsweg gebunden sind. Dieser Instanzenzug ist jedoch im Vertrieb, wo es auf Flexibilität und Entschlußkraft ankommt, wegen der Langsamkeit und Umständlichkeit der Informationsübermittlung nicht angebracht. Eine Gleichsetzung des vertrieblichen Kommunikationssystems mit dem Kompetenzsystem stellt für den Vertrieb lediglich einen unrealistischen Ausnahmefall dar [vgl. 20, S. 70].

Die verschiedenen Erscheinungsarten des Weisungssystems prägen sich in den vertrieblichen Organisationsformen aus. Die Linienorganisation, die *Koch* auch als das „autoritative System“ [24, S. 136] bezeichnet, ist durch den *Fayol*'schen Grundsatz der ‚unite de commandement‘ gekennzeichnet. Der strenge Befehlsweg dieser Organisationsform wird jedoch selbst nicht bei allen Informationen anweisenden Charakters eingehalten. Statt sich an den gemeinsamen Vorgesetzten zu wenden, können sich beispielsweise die gleichrangigen Abteilungen Versand und Verkauf direkt untereinander absprechen, sofern dies nicht besonderen Anstoß erregt. Es werden damit Verbindungswege geschaffen, die von der Organisationsform her nicht vorgesehen sind. Diese sich zumeist bei der täglichen Vertriebsarbeit ergebenden Kontakte treten auf allen Ebenen zwischen den Vertriebsabteilungen auf.

Bei der funktionellen Vertriebsorganisation muß eine Vermehrung der Befehlswege beachtet werden, da mehrere höhere Stellen gegenüber rangmäßig tieferen Stellen nebeneinander Weisungsrechte besitzen. Dies kann z. B. dann der Fall sein, wenn die Außenverkäufer von mehreren Stellen der Vertriebsleitung Direktiven erhalten.

Bei der Stab-Linienorganisation tritt neben den Befehlsweg noch ein zusätzlicher Informationsweg, der beispielsweise von der Stabsstelle Marktforschung seinen Ausgang nimmt und „alle Instanzen des Vertriebes mit den von ihr gesammelten und bearbeiteten Marktinformationen“ [28, S. 33] versorgt.

Zusammenfassend kann festgestellt werden, daß die Befehlswege der verschiedenen Organisationsformen nur einen kleinen Teil des vertrieblichen Kommunikationssystems offenlegen; das vertriebliche Kompetenzsystem bildet daher nur eine besondere Art kommunikativer Beziehungen.

2.12 Gestaltung des vertrieblichen Kommunikationssystems

2.121 Vielfalt der Gestaltungsmöglichkeiten

Bei Wachstum der Gesamtunternehmung erfolgt normalerweise auch eine Erweiterung und Differenzierung der Vertriebsorganisation. Eine Aufspaltung der Vertriebsaufgaben ist durch den Einsatz zusätzlicher Funktionsträger möglich. Im Extremfall würde sich jede vertriebliche Abteilung statt mit einem Funktionskomplex nur noch mit einer vertrieblichen Einzelfunktion beschäftigen, wobei noch unter Mengengesichtspunkten beliebig unterteilt werden könnte. Aufgrund der Notwendigkeit des Zusammenwirkens und Koordinierens der vertrieblichen Handlungen und Entscheidungen entstehen in solchen Großorganisationen äußerst umfangreiche Kommunikationsbeziehungen. Diese Beziehungen können in einem geschlossenen System einer festen Regelung oder in

einem offenen System keiner Kommunikationsbeschränkung unterworfen werden [53, S. 377]. In einem offenen System kann jede Abteilung die benötigten Informationen auf eigene Faust besorgen; bei Unkenntnis des Informationsentstehungsortes müßte jede Vertriebsabteilung mit jeder anderen in Kontakt treten. Es ergeben sich hierbei schon bei wenigen Abteilungen eine unübersehbar große Zahl von Kommunikationsbeziehungen. Bei 8 Vertriebsabteilungen mit einem Vertriebsleiter werden z. B. bereits maximal 1080 Beziehungen erreicht [vgl. 3, S. 82], die sich noch vervielfachen, wenn jede Abteilung aus mehreren Personen besteht. Mit Hilfe der Graphentheorie und Matrizenrechnung lassen sich Berechnungen und Formeln über die Gesamtzahl der Kommunikationswege bei allen möglichen Verbindungsstrukturen erstellen, von den einfachen ‚span of control'-Untersuchungen bis hin zur Berücksichtigung horizontaler und vertikaler Gruppenbeziehungen.
Die Komplexität derartiger Verbindungen erzwingt eine Festlegung und Sicherung der erforderlichen vertrieblichen Verbindungswege. Eine Festlegung kann getroffen werden in bezug auf die Kommunikationsinhalte, die Kommunikationsrichtung, die -zeit und -form.

2.122 Gestaltungsfaktoren

2.122.1 Festlegung der Kommunikationsinhalte

Eine Unterschiedung der Kommunikationsinhalte steht in engem Zusammenhang mit der vertrieblichen Aufgabenverteilung. Wegen dieser festen Bindung lehnen einige Autoren eine Trennung der Kommunikationsinhalte ab [11, S. 100]. Für *Bössmann* kommt allein die Unterscheidung zum Tragen, ob es sich um Befehle handelt oder nicht [8, S. 37]. *Albach* unterscheidet in Anlehnung an *Ackoff* neben der instruierenden und informierenden noch die motivierende Kommunikation [53, S. 378]. Die differenzierteste Unterscheidung ist bei *Schnutenhaus* aufzufinden, der 9 verschiedene Arten von Nachrichtenübermittlungswegen aufzählt [41, S. 153]. In Anlehnung an *Schnutenhaus* berücksichtigt *C. W. Meyer* im Vertrieb den Befehlsweg, den Mitspracheweg, den Beratungsweg, den Berichtsweg und den Meldeweg [80, S. 53 f.]. Diese Verbindungswege ergeben sich, wenn auf die Art der Beteiligung der vertrieblichen Funktionsträger an den Vertriebsfunktionen abgestellt wird. So sind z. B. aufgrund der Beratungsbefugnisse des Außendienstes im Hinblick auf die Vertriebsfunktion Absatzplanung Beratungswege zur Vertriebsleitung, die über die Funktion zu entscheiden hat, anzulegen. Die Mitsprachebeteiligung der Versandleitung bei der Einsatzplanung bedingt wiederum Mitsprachewege zur Vertriebsleitung. Eine Beteiligung an der Funktion Preisbildung wird z. B. durch die Einrichtung eines Berichtsweges von der Stabsabteilung zu der Vertriebsleitung

gesichert oder durch einen Meldeweg von dem Außen- und Innendienst zu der Vertriebsleitung. Befehlswege gehen bei den wichtigsten Vertriebsfunktionen direkt von der Geschäfts- oder Vertriebsleitung aus. Die Vertriebsleitung trifft z. B. über die Preisbildung die alleinige Entscheidung und teilt diese dem Verkaufsleiter sowie dem Innen- und Außendienst mit. An der Entscheidungsbildung, die zu der Festsetzung der Preise führt, ist jedoch die Verkaufsleitung mit Beratungsrechten und Meldepflichten beteiligt. Die Information der Verkaufsabteilung ermöglicht erst eine sachgerechte Entscheidung über die Preisbildung, die mit der vertrieblichen Bedingungslage in Übereinstimmung stehen soll. Die Inhalte der verschiedenen Kommunikationswege sind also als ein Ausfluß der bei der vertrieblichen Instanzenbildung vorgenommenen Übertragung der Befugnisse anzusehen, welche in bezug auf die Funktionsausübung von ausführender über beratender und mitentscheidender bis zu allein entscheidender Art sein können. Diese Beziehungen, die sich aus der Instanzenbildung und den vertrieblichen Führungsfunktionen ergeben, vernachlässigen die aus den Routinehandlungen unterer Stellen sich ergebenden Informationen, welche der operierenden Ebene zuzurechnen sind.
In diesem Zusammenhang soll jedoch betont werden, daß keine Trennung in eine Aufbau- und Ablaufbetrachtung der Kommunikation vorgenommen werden soll [vgl. dagegen 25, S. 152 ff. und S. 194 ff.]. Im Grunde besteht nämlich eine Identität der beiden Betrachtungsweisen, da die Abbildung des räumlich-zeitlichen Informationsflusses, welcher nach *Kramer* die Ablaufkommunikation ausmacht, die Aufbaustrukturierung der Kommunikationswege aufzeigt. Das Schwergewicht unserer Erörterungen liegt in der Stellung der Kommunikation innerhalb des Vertriebsaufbaus, womit sich u. a. die herkömmliche Organisationslehre beschäftigt, und innerhalb des Entscheidungsprozesses, welcher hinsichtlich der Informationsverarbeitung ablaufmäßige Betrachtungen enthält.
Nach diesem Exkurs soll noch als letzter Kommunikationsweg der Weg der betrieblichen Mitwirkung erwähnt werden. Er soll die „Präferenzstruktur der Abteilungen beeinflussen“ [53, S. 378] und wird als „Arbeitsfeld der sogenannten human relations“ [53, S. 378] durch eigene Wege oder durch vertriebliche Zusammenkünfte gesichert.

2.122.2 Einrichtung von Informationsknotenpunkten

Eine besondere Bedeutung als Informationsknotenpunkte haben die verschiedenen Konferenzen des Vertriebs erlangt. *Kosiol* und Mitarbeiter stellten bei empirischen Untersuchungen die verschiedenen Formen der Vertriebspostkonferenz, der Verkaufsbesprechung, des Werbeausschusses, des Verkaufsausschusses, des Informationskollegiums, der Vertriebssitzung und der Vertreterbesprechung fest [60, S. 136 ff.]. Diese Kollegien dienen der Herbeiführung von bestimmten Entscheidungen, werden als Zentralstellen für die vertikale Informationsweiter-

leitung benutzt und geben eine Möglichkeit der gegenseitigen Konkurrenz, des Kennenlernens und der Motivation der Mitglieder. In einigen Unternehmen werden auch Konferenzen ins Leben gerufen, die besonders auf das vertriebliche Vorschlagswesen und die zusätzliche Förderung der Absatzleistung ausgerichtet sind.
Besonders in der Werbeabteilung sind oft ‚brain-storming'-Konferenzen anzufinden, welche der Gewinnung neuer Ideen durch die Förderung kreativen Denkens dienen. Die Vertriebspostkonferenz findet auf der Rangebene der Abteilungsleiter statt und führt zu einer gemeinsamen Entscheidungsbildung. Verkaufsbesprechungen stellen die Koordination mit anderen betrieblichen Teilbereichen her. Der Werbeausschuß und der Verkaufsausschuß betätigt sich auf einer niedrigeren Rangebene, allerdings werden auch Vertreter der Vertriebsleitung hinzugezogen. Kennzeichen für die beschriebenen Kollegien ist der gegenseitige Informationsaustausch, dem die Vorbereitung und Durchführung vertrieblicher Entscheidungen folgen.
Einseitige Informationsübermittlungen sind nach der genannten Untersuchung bei den Vertriebssitzungen und den Vertreterbesprechungen vorgeschrieben [61]. Bei der Vertriebssitzung berichtet der Vertriebsleiter über anstehende Maßnahmen und Marktforschungsvorhaben, während die anderen Teilnehmer dazu nur Fragen stellen, ihrerseits aber keine Informationen bereitstellen. Bei den Vertreterbesprechungen teilen die Vertreter dem Vertriebsleiter ihre Erfahrungen über die Kunden, die eigenen Produktpreise und die Konkurrenz mit; der Vertriebsleiter nimmt die Berichte zur Kenntnis, gibt aber selbst keinen Kommentar. Anstehende Fragen werden dann an besondere Ausschüsse weitergeleitet.
„Informationen können auf verschiedene Weise ausgetauscht werden. Kollegien bilden nur eines der zahlreichen möglichen Verfahren. Der besondere Vorteil seiner Anwendung liegt jedoch in der starken zeitlichen Verkürzung des Informationsaktes. Es findet durch das Kollegium gegenüber dem Schriftweg eine räumliche und zeitliche Straffung des Verkehrszusammenhanges der beteiligten Dienststellen und Instanzen statt" [60, S. 207].
Diese „Unternehmensführung durch Ausschüsse", die auch als „multiple management" bezeichnet wird, findet in den USA weite Verbreitung; bei einer allzu großen Ausschußfreudigkeit ist jedoch ein „gewisser gesunder Skeptizismus" durchaus angebracht [39, S. 39].

2.122.3 Bestimmung der Kommunikationsrichtung

Eine weitere Bindung des vertrieblichen Kommunikationssystems erfolgt durch die Festlegung der Kommunikationsrichtung. Hierunter wird in der Literatur sowohl der ein- und zweiseitige als auch der horizontale und vertikale Weg verstanden [vgl. 15, S. 51; 22, S. 81]. In der Regel besteht eine feste Beziehung zwischen den vertrieblichen Kommunikationsinhalten und der Kommunikationsrichtung. Beispielsweise werden die Verkäufer von der Vertriebsführung über Werbekampagnen und Marktaktionen über einseitige Verbindungswege unterrichtet [vgl. 52, S. 41 ff.], die Rückfragen meist ausschließen. Die Verkaufsabteilung wiederum schickt diesbezügliche Marktinformationen über einen einseitigen vertikalen Meldeweg zur Vertriebsleitung.

In besonderer Weise bedürfen die Mitberatungs-, Einspruchs- und Informationswege, die quer durch das vertriebliche Weisungsgefüge laufen und zumeist in beiden Richtungen zu benutzen sind, einer festen Regelung. Die kommunikativen Verbindungen auf gleicher Rangebene, also z. B. zwischen Verkaufs- und Versandabteilung, sind zweckmäßigerweise zweiseitig und bedürfen keiner so festen Handhabung wie der vertikale Weg.

Einseitige Kommunikationswege müssen in ihrer Aussage klar und verständlich sein. Beispielsweise hat die Vertriebsleitung ihre Entscheidungen über Preis- und Sortimentsbildung den Verkaufsleitern unmißverständlich mitzuteilen.

Zweiseitige Verbindungen dagegen erreichen durch ihr ‚feed-back', welches sich in Rückfragen äußern kann, auch bei ungenauen Übertragungen eine höhere Sicherheit.

2.123 Zusätzlich zu berücksichtigende Faktoren

2.123.1 Berücksichtigung der Kommunikationszeiten

Eine Festlegung von Kommunikationszeiten ermöglicht eine bessere Ausnutzung der Kapazität des vertrieblichen Kommunikationssystems. Normalerweise fallen die Informationen jedoch nicht kontinuierlich an, sondern treten zu bestimmten Stoßzeiten und Terminen verstärkt auf. Ein gleichmäßiger Fluß von Marktinformationen kann beispielsweise durch die zeitliche und inhaltliche Bestimmung der Außenverkäuferberichte erreicht werden. Im Vertrieb ergeben sich ferner laufend Informationen über Marktprognosen, Verkaufserfolge u. a., die nicht sofort verwendet werden können. Diese Informationen werden nun auf den vorgeschriebenen Bahnen an den Empfänger übermittelt. Dort können sie in Aktennotizen auf dem Schreibtisch oder im Gedächtnis des vertrieblichen Funktionsträgers gespeichert werden, bis sie für die vertriebliche Entscheidungsbildung abgerufen werden. Bei größerem Umfang der Vertriebsaufgaben multiplizieren sich jedoch die Unzulänglichkeiten dieser natürlichen Speicher. Durch den Einsatz der EDV werden die vertrieblichen Funktionsträger von diesen Speicheraufgaben entlastet. Im Rahmen eines Marketing-Informations-Systems können Datenbanken für Forschungs-, Planungs- und Kontrollzwecke eingerichtet werden.

2.123.2 Auswahl von Kommunikationsformen

Größere Bedeutung in der vertrieblichen Praxis als in der Theorie kommt der Bestimmung der Mittel oder Formen der Kommunikation zu, welche auch das Gebiet der Verfahrenstechnik berühren.
Groß unterscheidet grundsätzlich die Formen der mündlichen persönlichen Kommunikation, welche in Einzel- oder Versammlungsgesprächen auftreten, ferner die fernmündliche, die schriftliche, die akustische und die Kommunikation durch Handeln oder Verhalten [15, S. 117 f.]. Besondere Aufmerksamkeit sollte dabei den Verbindungen zu den Außendienststellen geschenkt werden; wegen der Langsamkeit des schriftlichen Verkehrs sollte auch in einigen wichtigen Fällen die Gelegenheit des fernmündlichen Verkehrs gegeben sein.
Bei besonderen Objekten, wie z. B. bei größeren Investitionsvorhaben, können die Außenstellen und Verkäufer durch Rundschreiben oder genormte Formulare informiert werden [vgl. 61, S. 81].
Allerdings reicht auch hier die Schaffung des Vordrucks gewöhnlich nicht aus, der „mündliche Verkehr muß in fast jedem Fall ergänzend hinzutreten" [61, S. 83]. Soweit es technisch möglich ist, sollte also der Außendienst, welcher gerade die Besonderheit des vertrieblichen Kommunikationssystems ausmacht, regelmäßig Zusammenkünfte abhalten, wo sich jeder aussprechen kann, die Richtlinien der Vertriebspolitik auseinandergesetzt bekommt und etwas über die Leistungen der Kollegen und des Unternehmens insgesamt erfährt. Unpersönlich wirkende Kommunikation wie Vordrucke, Anschläge usw. sollte möglichst beschränkt werden. Das Wie der Kommunikation wird über die Abhängigkeit von Rangfragen zu einem Problem der praktischen Menschenführung. Im Vertrieb sollte sich jeder angesprochen fühlen, weil dadurch eine „bessere Wirksamkeit des Kommunikationssystems" [15, S. 121] eintritt.

2.13 Untersuchung und Darstellung des vertrieblichen Kommunikationssystems

2.131 Gebrauch herkömmlicher Hilfsmittel

2.131.1 Unzulänglichkeiten der Organisationspläne

Bei der Darstellung und Beschreibung kommunikativer Beziehungen im Vertrieb soll es sich nicht nur um eine rein formale Betrachtung handeln, sondern es sollen sich auch materielle Gesichtspunkte zur Auswahl geeigneter vertrieblicher Kommunikationssysteme ergeben. Unter diesem Blickwinkel erscheinen die in der Literatur und Praxis anzutreffenden Organisationspläne wenig aussagefähig. Aus einfachen Organisationsplänen, die den Vertrieb in Abteilungen und Stellen gliedern, und den ausführlicheren Aufgabengliederungs- und Funk-

tionenverteilungsplänen kann keine Aussage über die aus der Aufgabenteilung erforderlichen Koordinations- und Kommunikationserfordernisse gewonnen werden [8, S. 38]. Eine Weiterentwicklung in der geschilderten Richtung stellt das Funktionendiagramm dar [vgl. 36, S. 89], in dem die vertrieblichen Funktionen und Kompetenzen gegenseitig abgegrenzt oder, mit anderen Worten ausgedrückt, die vertrieblichen Funktionen auf die vertrieblichen Institutionen verteilt werden [8, S. 38].
Wie die Ausführungen zu den Kommunikationsinhalten zeigten, werden hiermit gleichzeitig die Beteiligungen der einzelnen vertrieblichen Institutionen an den vertrieblichen Funktionen festgelegt. Zur Sicherung dieser Zusammenhänge sind die verschiedenen Kommunikationswege einzurichten, die unterschiedliche Beteiligungsrechte und -pflichten gewähren. In Hinsicht auf die Kommunikationsinhalte ergeben sich dabei für das vertriebliche Kommunikationssystem nützliche Aussagen. Als ein Mangel dieser Darstellung ist jedoch zu berücksichtigen, daß – abgesehen von der geringen Übersichtlichkeit – sich bei diesen strukturellen Beziehungen nur die Kontakte, die mit den vertrieblichen Leitungsfunktionen zusammenhängen, darstellen lassen [vgl. 2, S. 57]. Es werden also zumeist nicht diejenigen Kontakte aufgezeichnet, die „im normalen Geschäftsablauf" [2, S. 57] auftreten. Bei der Planung, Untersuchung oder Darstellung des vertrieblichen Kommunikationssystems sollten alle wichtigen Kommunikationen einbezogen werden, insbesondere auch die bei diesen Strukturanalysen außer acht gelassenen Außenbeziehungen [vgl. 2, S. 57]. Ferner bleiben Zeitaufwand und Häufigkeit der vertrieblichen Kommunikationen unerwähnt; sie sind jedoch als Qualitätsnebenbedingung des Kommunikationssystems unbedingt zu beachten.

2.131.2 Aussagekraft von Kommunikationsdiagrammen

Eine Berücksichtigung der Kommunikationszeiten ergibt sich indes in den Kommunikationsdiagrammen, die in Dreieck-, Kreis- oder Vieleckform darzustellen sind [vgl. 74, S. 114].
Bei der Dreiecksform des Diagramms werden in einer Vorspalte die vertrieblichen Abteilungen aufgeführt. Die Kommunikationszeiten, die mittels ausführlichen Analysen durch mündliche Befragung, Registrierung aller Außenkontakte usw. ermittelt werden, sind in die Felder einzutragen, in denen sich nach dem Schema die Zeilen und Spalten von zwei Vertriebsstellen treffen. Eine weitere, oft anzutreffende Art der Darstellung stellt die Kreisform des Diagramms vor. Der Innenraum des Kreises wird durch Linien durchkreuzt, die die Verbindungswege zwischen den Vertriebsabteilungen widerspiegeln. Mit diesem Schaubild kann auch die Stärke der Kommunikationsbeziehungen kenntlich gemacht werden, wenn die Strichbreiten den analysierten Kommunikationszeiten entsprechen [2, S. 59 ff.].

2.131.3 Verwendbarkeit der Arbeitsablaufdiagramme

Ein weiteres Beispiel für die Darstellung von Kommunikationszusammenhängen bieten die vertrieblichen Arbeitsablaufdiagramme. Bezugnehmend auf den Arbeitsbegriff, welcher die Erfüllung einer Vertriebsaufgabe an Vertriebsobjekten durch Menschen und Arbeitsmittel beinhaltet, werden zuerst die von den Vertriebsmitarbeitern zu erfüllenden Arbeitsteile analysiert. Danach werden die Arbeitsteile zu Arbeitsgängen zusammengefügt, wobei auch Probleme der Zeitstudien, Arbeitspädagogik, -physiologie und -psychologie zu beachten sind [vgl. 44, S. 38 f.].

Ausgangspunkt der Arbeitsgänge in den Flußdiagrammen (flow diagrams) sind z. B. eingehende Bestellungen oder Kundenanfragen. Der Verlauf der Bearbeitungsgänge des Auftrages kann durch die aufeinanderfolgenden Vertriebstätigkeiten oder durch den Informationsfluß zwischen den beteiligten Vertriebsstellen aufgezeigt werden. Je nach Art der zu verkaufenden Produkte erfolgen auch Anfragen an die Geschäftsleitung, Buchhaltung, Produktionsabteilung und Lagerhaltung. Den Abschluß der Bearbeitungsgänge bilden das Versenden der Ware durch die Versandabteilung und der Rechnungsausgang, worüber der Außendienst eine Mitteilung erhalten soll.

Wie *Churchman* an einem Beispiel aus einer Motorenfabrik erläutert, erfordern solche Arbeitsablaufanalysen äußerst umfangreiche Untersuchungen über die zeitliche Beanspruchung und den Arbeitsanfall bei den beteiligten Vertriebs- und Produktionsabteilungen [10, S. 98 ff.]. Bei einem normalen Vertriebsablauf hat jede hinzugezogene Stelle Entscheidungen zu treffen, deren Handlungsalternativen vorgezeichnet sind; bei außergewöhnlichen Vorkommnissen sind nach dem Prinzip des management by exception die vorgesetzten Vertriebsstellen heranzuziehen.

Ein Vorteil des Vertriebsablaufdiagramms ist seine Übersichtlichkeit und vielseitige Verwendbarkeit; neben den Kommunikationsprozessen in Form von mündlichem, fernmündlichem oder schriftlichem Verkehr können auch der Güterfluß und vorgesehene Kontrollen in dem Schema berücksichtigt werden.

2.132 Verwendung mathematischer Betrachtungsweisen

2.132.1 Terminierung mit Hilfe von Netzplänen

Weitere Formen der Darstellung der vertrieblichen Kommunikationszusammenhänge ergeben sich durch die Methoden der Doppik, der Netzwerktechnik, der Graphentheorie und der Matrizenrechnung.

Die Anwendung der Doppik zur Darstellung von Verkehrsbeziehungen ist in Literatur und Praxis ungebräuchlich.

Die Netzwerkanalyse dagegen hat sich in jüngster Zeit durch Einführung besonderer Verfahrenstechniken neue Anwendungsgebiete erschlossen.
Allgemein läßt sich ein Netzplan dadurch kennzeichnen, daß mit seiner Hilfe eine „genaue Erfassung aller für ein Terminobjekt relevanten Informationen ermöglicht" [6, S. 154]. Obgleich damit der Netzplan nur eine andere Form eines Ablaufdiagramms darstellt, scheint er doch zu „einer Zauberformel wissenschaftlicher Unternehmensführung" [55, S. 17] geworden zu sein. So werden in neuerer Zeit auch Netzwerkanalysen für Entscheidungen gebraucht, die in den Bereich des Marketing fallen, z. B. Netzpläne für Werbefeldzüge, für die Einführung neuer Produkte u. a. (Vgl. hierzu im einzelnen 4.222.). Ein Netzplan gibt jedoch nur jeweils besondere Fälle kommunikativer Beziehungen wieder. Allerdings wächst die Bedeutung der Netzwerktheorie mit der Entwicklung automatisierter Kommunikationssysteme.

2.132.2 Graphentheoretische Modellbetrachtung

Die Graphentheorie erzwingt eine stark modellbildende Betrachtungsweise, aber „wegen ihres anschaulichen Charakters erfreut sie sich bei Ökonomen beträchtlicher Beliebtheit" [77, S. 81]. Einige grundsätzliche Probleme des vertrieblichen Kommunikationssystems können mit diesen Modellen besser erkannt und berücksichtigt werden.
Das Untersuchungsgebiet der Graphentheorie, die ein Teil der allgemeinen Mengenlehre darstellt, erstreckt sich auf geordnete Mengen von Knoten (oder Punkten) und die sie verbindenden Kanten (Verbindunglinien). Bei der Übertragung der graphentheoretischen Theoreme auf vertriebliche Problemstellungen werden die Punkte als vertriebliche Funktionsträger aufgefaßt und die Verbindungswege als die Kommunikationswege. Ohne tiefer auf das mathematische Modell einzugehen, lassen sich mit dieser Feststellung schon nützliche Aussagen erzielen. So kann z. B. die Stufigkeit der Übermittlungsprozesse in einem Informationsnetz aufgezeigt werden. Bei Berücksichtigung sämtlicher vorhandener Netze können Überlastungen einiger besonders beanspruchter Verbindungswege erkannt werden. Dieser Überbeanspruchung – wie dies oft bei Einbeziehung des Außendienstes in das vertriebliche Kommunikationssystem der Fall ist – kann Abhilfe geschaffen werden durch Rationalisierung oder durch Einrichtung zusätzlicher Wege. Es ergeben sich hierbei oft interessante Zusammenhänge. wenn die Stellung des einzelnen vertrieblichen Funktionsträgers im Kommunikationsgraphen ermittelt und mit seiner Bedeutung für die vertriebliche Aufgabenerfüllung verglichen wird.
Je nach Vertriebsorganisation oder Lage im vertrieblichen Ranggefüge bilden sich typische Kommunikationsstrukturen heraus, deren Muster vom vollständig verbundenen bis zum ketten- oder strahlenförmigen Graphen reichen [3, S. 83]. Hier verdienen die Zentralpunkte besondere Bedeutung, da sie mit allen ande-

ren Stellen durch kürzeste Verbindungen gekoppelt sind. Alle leitenden vertrieblichen Funktionsträger sollten eine solche Zentralposition innehaben, weil sie einen sicheren Zugang zu den Informationen und einen schnellen und störungsfreien Kommunikationsfluß gewährt [11, S. 90 ff.].

Im Gesamtzusammenhang des vertrieblichen Kommunikationssystems stellen die Zentralstellen sogenannte Artikulationspunkte dar, bei deren Wegfall der Graph in mehrere Teile zerfällt. Laufen beispeilsweise zahlreiche Informationen der Außendienstmitarbeiter zur Vertriebszentrale über den Bezirksleiter, so stellt dessen Lage einen solchen Artikulationspunkt dar. Bei Überlastung dieser Stellen müssen die Vertriebsleitung und die Absatzvorbereitung auf wichtige Marktinformationen verzichten oder mit erheblichen zeitlichen Verzögerungen und Verzerrungen der Nachrichten rechnen. Diese Nachteile können ausgeschaltet werden, wenn bei diesen Informationen direkte Verbindungen zum Innendienst vorhanden sind; dieses ist allerdings nicht immer zweckmäßig [11, S. 92 ff.].

Eine entscheidende Bedeutung für den Vertrieb und damit für das ganze Unternehmen kommen den sogenannten äußeren Punkten im vertrieblichen Kommunikationsgraphen zu. Diese äußeren Stellen, deren Positionen die Außenverkäufer, Filialstellen, Verkaufsfahrer, Kundendienstmitarbeiter oder selbst die Vertriebsführung einnehmen können, sorgen für den stetigen Informationsfluß zwischen dem Unternehmen und der Umwelt. Da Kommunikationsstörungen sich von hier über den ganzen Betrieb fortpflanzen, ist leicht einzusehen, daß die Organisation an diesen Außenstellen besonders leicht verwundbar ist.

Auf der anderen Seite repräsentieren die Außenstellen das gesamte Unternehmen; sie empfangen die Verhaltenserwartungen, die die Umwelt an die Unternehmung richtet, „unverfälscht" und sozusagen „im Rohzustand" [27, S. 221]. Weiterer Konfliktstoff resultiert daraus, daß „das Mitglied an der Grenze . . . Mitglied in zwei Systemen wird" [27, S. 226]: einerseits Mitglied der Unternehmensorganisation, andererseits Partner bei Kundenverhandlungen.

Als Folge hiervon ergibt sich, daß gegenüber anderen Unternehmensbereichen besonders im Vertrieb das Autoritätsmodell als vorherrschende Kommunikationsbeziehung versagt, da die Außenverkäufer, die zumeist untere Ränge bekleiden, häufig besser und schneller informiert sind als ihre Vorgesetzten [27, S. 75]. Wie die Ausführungen ergeben, obliegt damit den Außenstellen eine besondere Verantwortung für das vertriebliche Kommunikationssystem.

Zusammenfassend kann gesagt werden, daß die Beschreibung mit graphentheoretischen Mitteln eine Berücksichtigung der gesamten vertrieblichen Kommunikationsstruktur ermöglicht. Es sind jedoch auch einige Nachteile in Kauf zu nehmen. Insbesondere können die Verbindungen nicht nach ihrer Bedeutung gewichtet, die kommunikative Belastung der Vertriebsstellen kann nicht berücksichtigt und es kann keine Folgerung über die Effizienz des vertrieblichen Kommunikationssystems gezogen werden [vgl. 8, S. 75].

2.132.3 Matrizenverfahren

Grundsätzlich lassen sich mittels einfacher mathematischer Operationen Netzpläne und Graphen in Matrizen und Tabellen umwandeln. Damit wird jedoch nicht allein eine andere Darstellungsweise des vertrieblichen Kommunikationssystems mitteln numerischer Werte gegeben. Vielmehr kann auch die Richtung des Informationsflusses und seine Übertragungsstufen bis zu dem Empfänger, z. B. der Vertriebsleitung, durch Potenzierung der vertrieblichen Kommunikationsmatrix bestimmt werden. Um das Treffen wichter vertrieblicher Entscheidungen zu ermöglichen, kann vorher durch das Matrizenkalkül die Zahl und die Richtung der benötigten Kommunikationsprozesse errechnet werden [11, S. 94 f.].
Dies setzt allerdings voraus, daß bekannt ist, welche Informationen benötigt werden und wo diese zur Verfügung stehen. Sind diese Voraussetzungen gegeben, so lassen sich durch Multiplikation der Matrizen, welche die Informationsverteilung, den Informationsbedarf und die Entscheidungsbefugnisse darstellen, die für die Marketingentscheidung erforderlichen Kommunikationsprozesse errechnen.

2.133 Besondere Darstellungsarten

2.133.1 Schematische Aufzeichnungen

Ein Mangel der bisherigen Beschreibungen liegt darin, daß der vielgestaltige Informationsfluß zwischen dem Vertrieb und der Umwelt nicht genau verfolgt wird. Hierfür können schematische Darstellungen angefertigt werden, die beispielsweise die Betreuungslinie vom Kunden bis zum Vertriebsdirektor oder den Informationsverlauf Kunde – Außendienst – Innendienst oder die Beeinflussungslinien nachgelagerter Veredelungsstufen darstellen. Diese Schemata vermögen einen allgemeinen Überblick über einen zweckmäßig gegliederten Arbeits- oder Informationsablauf zu geben, indem die Tätigkeiten des Innen- und Außendienstes und der Informationsfluß zwischen Kunden, Außen- und Innendienst umrissen werden. In ähnlicher Weise kann in einem Schema eines Kommunikationsprozesses der Verlauf von Botschaften, die von den Sendern Werbung, Verkaufshilfen u. a. ausgehen, zu den Käufern verfolgt werden [47, S. 291 ff.].

2.133.2 Ein Informationsmodell

Eine weitere aufschlußreiche Beschreibung von Kommunikationsstrukturen entlang bestimmter Absatzwege ist in einer Abhandlung *Leitherers* zu finden

[62, S. 291 ff.]. Obgleich er die Ableitung speziell für Innovationsbotschaften konzipiert, sind seine Gedanken auch für andere Kommunikationsprozesse anwendbar, die sich auf dem Wege der zu verkaufenden Ware zum Kunden ergeben.

Leitherer entwickelt hierbei drei Organisationsformen für die Nachrichtenübermittlung: *single strand chain, cluster chain* und *probability chain.* Eine Nachrichtenorganisation, die dem „single strand chain"-Muster entspricht, stellt in Richtung zum Markt einen strengen und geschlossenen Kommunikationsweg dar, welcher jederzeit direkt mittels Rückkoppelung überprüft werden kann.

Ein Vorteil dieses Kommunikationsweges, der bei weisungsgebundenen Herstellerfilialen und Reisenden anzufinden ist, besteht in der genaueren Übertragung der Informationen; die geringe Reichweite der Kommunikation in den Markt setzt der Anwendung jedoch Grenzen.

Eine Annäherung an die Kommunikationsstruktur der ‚cluster chain' stellt der selektive Vertrieb über ausgewählte Händler dar. Obgleich zumeist eine lose Bindung der Händler an das Unternehmen vorliegt, ist hierbei eine Steuerbarkeit der Kommunikationsprozesse bis zum Kunden nicht möglich. Eine Kommunikationsstruktur, die dem Muster der „probability chain" entspricht, findet sich bei der ungezielten Distribution über fremde Absatzorganisationen. Bei diesem Kommunikationsweg sind Verfälschungen der Information durch Störungen und unrichtige Übermittlung und die Langsamkeit der Übertragung wegen fehlender Kontrolle und Durchsetzungskraft in Kauf zu nehmen, während durch die Verstärkerwirkung des Groß- und Einzelhandels eine größere Reichweite zu erzielen ist.

Soll eine Auswahl unter den beschriebenen Formen der Informationsübermittlung getroffen werden, so muß von der jeweiligen vertrieblichen Bedingungslage und den Vertriebszielen des Unternehmens ausgegangen werden.

Abschließend läßt sich feststellen, daß mit dieser Beschreibung von Kommunikationskanälen eine starke Formalisierung und Kalkülisierung erzwungen wird [50, S. 207].

Die Anwendung von informationstheoretischen Erklärungen beschränkt sich dabei jedoch nicht auf die Einführung neuer Begriffe, sondern es werden die Absatz- und Informationswege besser erkannt und analysiert [62, S. 303 f.].

2.2 Organisationstheoretische Ansatzpunkte zur Bearbeitung vertrieblicher Kommunikationsprobleme

2.21 Zusammenhänge zwischen vertrieblichen Entscheidungs- und Kommunikationsproblemen

2.211 Vertrieb als ein zielgerichtetes Entscheidungssystem

Die moderne amerikanische Organisationstheorie versucht, die Absatzentscheidungen sowie sämtliche Entscheidungen im Unternehmen nicht als eine Einheit begreiflich zu machen, sondern als komplexe Phänomene, welche aus vielen Entscheidungs- und Kommunikationskomponenten zusammengesetzt und räumlich sowie zeitlich bestimmt werden müssen [71, S. 241]. Eine oberste Entscheidung, beispielsweise einen maximalen oder branchenüblichen Gewinn zu erzielen, zieht Entscheidungen über Produktions-, Beschaffungs-, Finanzierungs- und Absatzmöglichkeiten nach sich, die wiederum den Rahmen für weitere Entscheidungen vorgeben. Der Entscheidungsprozeß wird in seine Komponenten zerlegt und diese werden bestimmten Abteilungen zugeordnet; so werden die Entscheidungen über die Absatzgegebenheiten an die Vertriebsführung delegiert, die wiederum daraus folgende Entscheidungen an die Leitungsorgane weitergibt. Die gesamte Unternehmung sowie deren Teilgebiete bilden zielgerichtete Sozialgebilde, deren Mitglieder als ‚decision maker and problem solver' aufgefaßt werden [50, S. 50].

Um die Entscheidungskomponenten im Sinne der obersten Führungsentscheidung zu koordinieren, sind für die Entscheidungsbereiche von oben Unterziele vorgegeben. So kann aus der obersten Unternehmungsentscheidung für die Führungsentscheidungen des Vertriebs das Ziel des Marketing abgeleitet werden, welches als Oberziel wiederum für die unteren Vertriebsstellen Unterziele beinhaltet. Je nach Absatz-, Kunden- und Konkurrenzsituation kann z. B. der Verkaufsabteilung die Entscheidungsregel vorgegeben sein, die gewinngünstigen Produkte zu fördern oder für die Werbeabteilung kann u. a. das Unterziel gesetzt sein, eine antizyklische Werbung zu betreiben.

Dabei ist aber zu bedenken, daß diese dem Vertrieb vorgegebenen Ziele sehr leicht untereinander und mit den Zielen anderer Unternehmensbereiche in Konflikt treten können [42, S. 68 und S. 85]. Der Vertriebsaufbau wird also mit dem vertrieblichen Entscheidungssystem gleichgesetzt, während die Vertriebsabläufe dem Untersuchungsgebiet des ‚Operations Research' vorbehalten bleiben [50, S. 18].

Es ist nun allerdings die Frage, ob hiermit die Organisationstheorie etwas Neues im Vergleich zu der traditionellen Organisationslehre zum Ansatz bringt. Die Organisationslehre geht von dem Grundbegriff der Aufgabe aus, wobei nach *Kosiol* die Entscheidung als eine Teilaufgabe unter dem Kriterium des Ranges eingestuft wird. Das Anliegen der Organisationstheorie besteht dagegen darin, alle Entscheidungen im Unternehmen, also auch die Entscheidungen im Vertriebsbereich, aus der engen Verknüpfung mit Anordnung und Leitung zu lösen [13, S. 55]. Nach *Domeier* wird damit durch die Organisationstheorie lediglich eine andere Perspektive vorgeschlagen [13, S. 49], da durch die Berücksichtigung des vertrieblichen Entscheidungsprozesses die Probleme des Kommunikationssystems im Vertrieb besser berücksichtigt werden können. Das Entscheidungsdenken, wie *Schnutenhaus* die geistige Einstellung von *H. A. Simon* bezeichnet [42, S. 102], läßt den Vertrieb als ein System interdependenter Entscheidungen erscheinen, auf welches im Hinblick auf das Marketingziel ein funktionsgerechtes Kommunikationssystem abgestimmt sein muß. Hierbei werden auch die individuellen Entscheidungsprozesse der vertrieblichen Stelleninhaber berücksichtigt. Nach der Entscheidungstheorie bestimmen die Zielsetzung, die möglichen Handlungsalternativen, die Umweltsituation und die sich daraus ergebenden Konsequenzen die Entscheidungssituation für ein Entscheidungssubjekt. Zusätzliche Informationen erhöhen den Wissensstand des Entscheidungssubjektes und ermöglichen damit eine rationale Entscheidungsfindung.

2.212 Vertriebliche Entscheidungen als Grundlage des Kommunikationssystems

Den Übergang von den vertrieblichen Entscheidungsproblemen zu den Kommunikationsproblemen bietet *Simon*'s Hinweis, daß Informationen zu den Voraussetzungen jeder Entscheidung zählen und Kommunikation jenen Vorgang bilde, durch den die Entscheidungsgrundlagen weitergereicht werden [8, S. 53]. Das Kennzeichen des Vertriebs im Sinne der Organisationstheorie besteht in dem vertrieblichen Entscheidungsprozeß, der in den Vertriebsstellen institutionalisiert ist, und in dem dadurch bedingten Kommunikationssystem. Die vertrieblichen Entscheidungsträger müssen zueinander in Beziehung stehen; dies geschieht durch das Kommunikationssystem. Einerseits bedürfen die vertrieblichen Entscheidungen über Grundsatz- oder Einzelfragen der Information, die von über-, unter- und gleichgeordneten Vertriebsinstanzen eingeholt und geliefert werden müssen. Auf der anderen Seite müssen die getroffenen Entscheidungen, damit sie realisiert werden können, den anderen Mitgliedern des Vertriebs, anderen Unternehmensbereichen sowie den Kunden mitgeteilt und von ihnen auf- und angenommen werden.
Wie sich bei den Vertriebsablaufdiagrammen zeigt, besteht ein Großteil der für eine Entscheidung (z. B. Absenden der Ware an den Kunden) benötigten Infor-

mationen aus den Entscheidungsergebnissen anderer Vertriebsstellen (z. B. geprüfte Bonität der Kunden usw.).

Bislang wird allerding nur die Betrachtungsweise der traditionellen Organisationslehre mit neuen Begriffen umschrieben. Erst wenn der Zusammenhang „zwischen Aufbau und Funktionsweise des Kommunikationssystems einerseits und den Eigenschaften des Entscheidungsprozesses" [8, S. 56] andererseits untersucht wird, können neue Gesichtspunkte für die Lösung von Kommunikationsproblemen im Vertrieb gewonnen werden.

Dabei erweist sich im besonderen Maße die Klassifizierung der vertrieblichen Entscheidungen in programmierbare und nicht programmierbare Sachverhalte als fruchtbarer Ansatz.

Falls im Vertrieb Entscheidungen programmierbar gemacht werden können, erfordern sie einen festen Satz von Handlungsalternativen, wiederkehrende Absatzsituationen, die sich in wiederkehrenden Informationen spiegeln, und eine Voraussehbarkeit der sich daraus ergebenden Konsequenzen [13, S. 68].

Programmierbare Entscheidungen verlangen programmierbare Kommunikationsprozesse [50, S. 77]; diese stellen nur geringe Anforderungen an das vertriebliche Kommunikationssystem, da die Kommunikationskapazität sich an dem vorgegebenen Informationsfluß zwischen dem Vertrieb, Unternehmen und Markt ausrichten kann. Werden also z. B. gewisse Kundenanfragen an den Verkäufer herangetragen, so weiß dieser sofort aufgrund der vorgegebenen Programme, wie er zu entscheiden und an welche Vertriebsstellen er sich gegebenenfalls zu wenden hat, also z. B. unmittelbar an die Vertriebsführung, an den Verkaufschef, an seinen direkten Vorgesetzten oder an die Kundendienst- bzw. Auftragserledigungsabteilung.

Dabei muß die Sicherheit der Informationsübermittlung garantiert sein, motivbedingte Störungen durch Spannungen zwischen den Vertriebsabteilungen müssen ausgeschaltet sein, und es müssen unter Umständen Rückfragen und Kontrollen in den programmierten Kommunikationsprozeß eingebaut sein.

Damit ist die Voraussetzung gegeben, auf diesen programmierten Entscheidungen weitere programmierbare Entscheidungen aufzubauen und damit eine Entscheidungssequenz zu schaffen, die beispielsweise auch in den Vertriebsabläufen gegeben ist.

Die Möglichkeit, den vertrieblichen Entscheidungsprozeß zu programmieren, nimmt mit wachsender Unsicherheit der Marktverhältnisse ab, während die Notwendigkeit, den Entscheidungsprozeß zu programmieren, mit wachsender Unsicherheit des Informationsflusses steigt [53, S. 398].

2.22 Teamtheoretische Ansätze zur Lösung vertrieblicher Kommunikationsprobleme

2.221 Voraussetzungen zur Ermittlung optimaler Kommunikationsstrukturen

Die Betrachtungsweise der Organisationstheorie, die ein Sozialgebilde durch sein Entscheidungs- und Kommunikationssystem gekennzeichnet sieht, bietet zahlreiche Ansatzpunkte für die Erfassung dieser Probleme mittels mathematischer Kalküle. Bei der Modellbildung wird allerdings eine Vereinfachung vorgenommen, da die komplexen Beziehungen, die z. B. in großen Vertriebsabteilungen auftreten, auf überschaubare Beziehungen innerhalb kleiner Personengruppen reduziert werden.

Die Teamtheorie, die Anfang der 50iger Jahre von *J. Marschak* [63] entwickelt und durch weitere Beiträge ausgebaut und vervollständigt wurde, versucht den Ertrag zusätzlicher Informationen zu ermitteln. Bei Vorliegen der zeitlichen, qualitativen und quantitativen Bedingungen werden alle Kriterien für ein vorteilhaftes Kommunikationssystem am Ziel der Gewinnmaximierung gemessen [73, S. 103 ff.]. Alle Versuche, den Ertrag zusätzlicher Informationen direkt zu ermitteln, waren jedoch bisher zum Scheitern verurteilt [7, S. 9].

Mehr oder bessere Informationen z. B. über die Konkurrenz oder die eigene Absatzsituation, stellen für sich gesehen keinen Wert dar; damit kann auch nicht der Wert der hierfür eingerichteten Kommunikationsverbindungen ermittelt werden. Zusätzliche Informationen bieten nur bessere Positionen für zukünftige vertriebliche Entscheidungen; es wird beispielsweise ein besserer Einsatz der absatzpolitischen Instrumente ermöglicht und damit eine Verhaltensänderung der Vertriebsführung hervorgerufen. Es müssten also vertriebliche Entscheidungen, die aufgrund zusätzlicher Information getroffen werden, mit denjenigen Entscheidungen verglichen werden, die diese Information nicht zur Verfügung hatten [13, S. 151].

Damit ist der Ausgangspunkt der Teamtheorie umrissen: Bei gegebener Entscheidungsverteilung sollen Entscheidungsregeln und Informationsstrukturen durch mathematische Operationen so bestimmt werden, daß sich als Erfolg des Entscheidungsprozesses ein maximaler Gewinn ergibt. Zielkonflikte der beteiligten Personen bei Erfüllung ihrer Aufgabe werden ausgeschlossen.

Das Ergebnis, der Payoff (u), wird ermittelt aus der Umweltlage (x) und der Aktion (a) des Entscheidungssubjektes: $u = f(a, x)$. Die Entscheidung wird dabei als eine Funktion der Information und diese als eine Funktion der Umwelt angesehen. Durch Vergleich verschiedener Informationsstrukturen, für die optimale Entscheidungsregeln vorgegeben sind, wird die optimale Verteilung der Information an die Teammitglieder ermittelt und am Payoff abgelesen. Dieser Bruttopayoff muß um die Kosten der Kommunikation vermindert werden, welche allerdings schwer zu ermitteln und zuzurechnen sind.

Die Informations- und Entscheidungsstruktur bilden die beiden veränderlichen Größen, während die Wahrscheinlichkeitsverteilung der Absatzverhältnisse, der Payoff und die Kommunikationskosten als gegeben unterstellt werden. Die Informationsstruktur zeigt die Verteilung der Informationen auf die Teammitglieder und bestimmt die Regelung von Beobachtungen der Umwelt und der durchzuführenden Kommunikationen. Bei partieller Information kennt jedes Teammitglied nur die Größen seiner Informationsvariante, die es durch Beobachtung gewinnt.

2.222 Anwendung des Modells auf vertriebliche Problemstellungen

2.222.1 Marschaks Beispiel einer Werft

Ein typisches Beispiel für Teamentscheidungsprobleme, das auch Eingang in die Literatur gefunden hat und z. B. bei *Gutenberg* in leicht veränderter Form vorzufinden ist [17, S. 142 f.], gibt *Marschak* an Hand von Vertriebsentscheidungen eines Schiffsbauunternehmens [63].
Das Unternehmen arbeitet auf den beiden Absatzmärkten Inland und Ausland, die von zwei Verkäufern als Teammitglieder betreut werden. Unter Berücksichtigung der Produktionskosten und des Ziels der Gewinnmaximierung werden Entscheidungsregeln darüber gesucht, zu welchen Preisen die Aufträge entgegengenommen werden sollen. Aufgrund verschiedener Informationsstrukturen sind zwei gegensätzliche Entscheidungssysteme denkbar, wobei jedoch eine Vielzahl von Zwischenformen auftreten kann. Beim zentralisierten Entscheidungsprozeß wird entweder die Entscheidung von der Vertriebsführung getroffen, wohin alle Informationen weitergeleitet werden, oder die Vertriebsstellen treten untereinander in Kommunikation und treffen dann selbst die Entscheidungen. Beim dezentralisierten Entscheidungsprozeß nehmen die Vertriebsstellen auch selbst die Entscheidungen vor, jedoch steht ihnen nur der Teil der Informationen zur Verfügung, den sie selbst beobachten; zu den anderen Vertriebsstellen treten sie nicht in Kommunikation. Durch eine Wahrscheinlichkeitsverteilung werden die möglichen Verkaufsabschlüsse der anderen Stellen berücksichtigt. Auf der Grundlage der den Entscheidungsregeln zugeordneten Gewinnerwartungen wird durch Vergleich die optimale Informationsstruktur ermittelt.
Beispiel [vgl. 13, S. 18 ff.]:
Die Werft arbeitet auf den beiden Absatzmärkten I (Ausland) und II (Inland), die von den beiden Verkäufern I und II als Teammitglieder betreut werden. Auf den Märkten sind folgende Preise möglich:

I:	$x_1 = 20$	II:	$z_1 = 28$
	$x_2 = 35$		$z_2 = 32$.

Dabei betragen die Kosten für einen Auftrag $K_1 = 19$, für einen 2. Auftrag in derselben Zeitperiode sind die höheren Kosten $K_2 = 32$ infolge der Überbeanspruchung der Anlagen erforderlich. Es ergeben sich dabei folgende Gewinne:

Preis = Erlös (E)	Gewinn $u_1 = E - K_1$	Gewinn $u_2 = E - K_2$
$x_1 = 20$	1	– 12
$x_2 = 35$	16	+ 3
$z_1 = 28$	9	– 4
$z_2 = 32$	13	0

Die Wahrscheinlichkeiten des Eintretens aller 4 möglichen Situationen sei gleich.

Bei voller Information der beiden Verkäufer lautet die optimale Entscheidungsregel: der Auftrag wird aus dem Markt angenommen, in dem der Preis hoch ist. Damit erscheint die Ausführung eines zusätzlichen Auftrages unter dem Ziel der Gewinnmaximierung nicht sinnvoll:

$$\text{Brutto-Payoff } u_1 = \frac{9 + 13 + 16 + 16}{4} = 13^1/_2 \ .$$

Bei partieller Information lautet die Entscheidungsregel für die beiden Verkäufer: I nimmt bei hohem Preis den Auftrag entgegen, II bei jedem Preis. Es ergibt sich also folgendes Schema:

	I	II
$x_1\ z_1$	–	+
$x_1\ z_2$	–	+
$x_2\ z_1$	+	+
$x_2\ z_2$	+	+

Hieraus ersieht man, daß trotz der hohen Kosten des 2. Auftrages es in der Hälfte der Fälle von Vorteil ist, auch den 2. Auftrag entgegenzunehmen.

$$\text{Brutto-Payoff } u_2 = \frac{9 + 13 + 16 - 4 + 16}{4} = 12^1/_2 \ .$$

Die Differenz zwischen dem Payoff bei voller Information und partieller Information beträgt:

$$u_1 - u_2 = 13^1/_2 - 12^1/_2 = 1 \ .$$

Dies bedeutet, daß es für den 2. Fall dann sinnvoll erscheint, volle Information zwischen den beiden Teammitgliedern herzustellen, wenn die Kosten der Kommunikation unter 1 liegen!

2.222.2 McGuires Untersuchung einer Großbäckerei

Ein ähnliches Problem berechnet *McGuire* für die Verkaufsorganisation einer amerikanischen Großbäckerei. Dieser empirische Befund soll kurz umrissen werden, um die Anwendbarkeit der Teamtheorie für praktische Probleme eines vertrieblichen Kommunikationssystems aufzuzeigen [79, S. 101 ff.].
Auch wird hier der Einfluß unterschiedlicher Informationsverteilung auf die Struktur der zu bestimmenden Entscheidungsregel untersucht. Die Bäckerei tätigt ihren Absatz über Verkaufsfahrer, die ihre Abnehmer in räumlich begrenzten Absatzbereichen beliefern. Am Ende einer Verkaufsfahrt muß für den nächsten Tag eine Bestellung aufgrund der gegenwärtigen und zukünftig geschätzten Nachfrage in der Vertriebszentrale vorgenommen werden. Das Problem für die Teammitglieder besteht darin, die optimale Höhe der Aufträge zu ermitteln, da bei falscher Einschätzung der Nachfrage die Ware nicht ausreicht oder verdirbt.
In dem Modell können noch zusätzliche Daten berücksichtigt werden, so z. B. daß die Produktionskapazität begrenzt, die Ware nicht lagerfähig und die sich aus den Werbungsausgaben ergebende Nachfrage nur von kurzer Dauer ist.
Bei der zentralen Informationsstruktur kennt der Verkaufsfahrer die Preise (bzw. die Nachfrage) auf allen anderen Märkten, bei der dezentralen Informationsstruktur nur die Daten seines Absatzbereiches. Dabei kann das Modell weiter ausgebaut werden, je nachdem, ob die Fahrer Informationen nur durch eigene Beobachtung oder durch Kommunikation mit anderen Fahrern, durch Besprechungen mit den Fahrleitern, die die Tagesberichte der Verkaufsfahrer empfangen, durch Konferenzen mit dem Vertriebsinnendienst oder nur durch eigene Schlußfolgerungen beziehen.

2.222.3 Beckmanns Studie über Flugkartenverkaufssysteme

Die empirische Studie von *Beckmann,* welche die organisatorische Gestaltung des Buchungssystems von Fluggesellschaften untersucht, zeigt ebenfalls die Bezugnahme von teamtheoretischen Modellen auf praktische vertriebliche Sachverhalte [72, S. 134 ff.]. In diesem Fall liegt die Entscheidungsvariable allerdings bei der Zentralstelle und das Untersuchungsobjekt bildet das optimale Kommunikationssystem zwischen den Verkaufsstellen und der Zentrale.
Für die Regelung der Kommunikation innerhalb des Teams bieten sich drei in der Praxis vorzufindende Systeme an. Bei dem *sell and record system*, das heute bei nahezu allen Fluggesellschaften gebräuchlich ist, nimmt jede örtliche Verkaufsstelle Platzbuchungen vor und unterrichtet darüber sofort die Zentralstelle, die gegebenenfalls ein Stopsignal für den weiteren Verkauf gibt. Zusätzliche Buchungen werden in eine Warteliste eingetragen, die zusammen mit den Rücktritten der Zentrale gemeldet wird; diese verteilt dann die restlichen Plätze.

Bei dem *request and confirm system* nimmt die Verkaufsstelle bei jeder Buchung eine Anfrage bei der Kontrollstelle vor. Erst dann erfolgt der Verkauf mit einer Bestätigung an die Zentrale. Bei diesem System entstehen bis zu 50% mehr Informationen als im ersten System.
Bei dem *quota system* wird jeder Verkaufsstelle ein bestimmter Anteil an der Maschinenkapazität zugewiesen. Ist das Limit überschritten, wird eine Warteliste angelegt. Kurz vor Abflug der Maschine erfolgt eine Meldung an die Zentrale, welche die noch freien Plätze zuweist.
Beckmann untersucht nun die Kommunikationskosten dieser verschiedenen Systeme und kommt zu dem Ergebnis, daß im Hinblick auf die Verzögerungskosten, die durch ein Kommunikationslag entstehen, dem „sell and record system" der Vorzug zu geben ist.

2.223 Beurteilung des Erkenntniswertes für vertriebliche Kommunikationsprobleme

Das Anliegen der Teamtheorie kann generell darin gesehen werden, für veränderliche Informations- und Entscheidungsstrukturen optimale Kommunikationsverbindungen zu bestimmen. Wie die Beispiele gezeigt haben, werden die Bedingungen untersucht, aufgrund derer bei zentralen oder dezentralen Entscheidungsstrukturen verschiedene Kommunikationssysteme als optimal erscheinen.
Die Anwendbarkeit der teamtheoretischen Modelle auf die vertriebliche Praxis ist jedoch nur bei einer Anzahl von einschränkenden Voraussetzungen gegeben. So setzen die Modelle voraus, daß der Payoff zahlenmäßig zu ermitteln ist, daß die Wahrscheinlichkeitsverteilung der Absatzverhältnisse bekannt und unveränderlich ist (womit programmierbare Entscheidungs- und Kommunikationsprozesse eingerichtet werden können), daß die Kommunikationskosten zu bestimmen sind und die Problematik in der Ermittlung eines optimalen Wertes aus einer Anzahl von Entscheidungsvariablen bei einer bestimmten Informationsstruktur besteht.
Damit werden Zielkonflikte zwischen den einzelnen Vertriebsstellen, Suchprozesse nach neuen Absatz-Alternativen, Bewertungsfragen und psychologische sowie organisatorische Probleme, die in den Vertriebsabteilungen auftreten, ausgeklammert. Es handelt sich ferner nicht um dynamische, sondern um statische Modelle, bei dem schon bei kleineren Erweiterungen der Rechenaufwand unübersehbar groß wird.
Der Beitrag der Teamtheorie ist also mehr auf „methodisch-instrumentalem Gebiet" [50, S. 117] zu sehen. Obgleich sich die Forschung noch in der Anfangsphase befindet [8, S. 135; 18, S. 280], liefert sie jedoch schon wertvolle Erkenntnisse über optimale vertriebliche Entscheidungs- und Kommunikationsregeln.

2.23 Einflüsse automatisierter Entscheidungsprozesse auf das vertriebliche Kommunikationssystem

2.231 Wandlungen des herkömmlichen vertrieblichen Kommunikationssystems

Die Untersuchungen über das vertriebliche Kommunikationssystem erstreckten sich bislang allein auf die Kommunikation zwischen Menschen, wobei der Einsatz von Arbeits- und Sachmitteln eine untergeordnete Rolle spielte. Neben diesen Kommunikationen zwischen Personen, die in sogenannten „Mensch-Systemen" stattfinden, lassen sich auch Kommunikationen zwischen Personen und Sachmitteleinheiten in „Mensch-Maschine-Systemen" und Kommunikationen zwischen Maschineneinheiten in Maschinen-Systemen aufzeigen [14, S. 107]. Kommunikationen zwischen Mensch und Maschine erfolgen beim Einsatz der elektronischen Datenverarbeitung; soll der Einfluß der EDV auf die vertriebliche Kommunikationsstruktur geprüft werden, so muß auch auf die durch die Automatisierung bedingte Wandlung der vertrieblichen Informationsbearbeitung und der vertrieblichen Entscheidungsprozesse eingegangen werden.

2.232 Änderungen durch den Einsatz der EDV

Im Gegensatz zu personenorientierten Organisationen, in denen aufgrund der Flexibilität der menschlichen Aufgabenerfüllung eine exakte Regelung der Aufgabenverteilung, Vertriebsabläufe und der Kommunikationen häufig nicht unbedingt erforderlich erscheint, ergibt sich bei der Verwendung realtechnischer Sachmittel der Zwang zu einer genauen Analyse und Reorganisation des gesamten Vertriebsgeschehens.
Bei einer rationellen Anwendung der EDV im Vertrieb kann der Computer viele Aufgaben der Führung und Leitung, der administrativen vertrieblichen Stabsstellen und der operierenden Ebene übernehmen. Durch die Konzentration der Datenverarbeitung im Rechenzentrum erfolgt eine Umwandlung des vertrieblichen Abteilungsgefüges, welche durch eine Änderung der Abteilungszahl und -aufgaben Einfluß auf die vertriebliche Kommunikationsstruktur ausübt [14, S. 109].
Als Resultat ergibt sich, daß zumeist das kommunikative Beziehungsnetz im Vertrieb von Grund auf neu gestaltet werden muß. Die von den einzelnen vertrieblichen Stellen dezentralisiert erfaßten Informationen werden an die EDV-Abteilung geleitet, von dort werden die aufbereiteten Daten an die Stellen zurückübermittelt; die technische Entwicklung ermöglicht dabei direkte Kommunikationskanäle über Leitungen, die einen laufenden Austausch aktueller Informationen ohne zeitliche Verzögerungen ermöglichen. Neben der Änderung des vertrieblichen Stellengefüges ergibt sich der Einfluß der EDV auf das ver-

triebliche Kommunikationssystem durch eine Rezentralisation der vertrieblichen Entscheidungsfunktionen.
Während in der Vergangenheit größere Unternehmen häufig nur dezentral geleitet werden konnten, gibt nun der Computer die Möglichkeit, periphere Informationen schnell zu sammeln, zu verdichten und als Entscheidungsgrundlagen der Vertriebsführung zu übermitteln. So kamen bisher beispielsweise vertriebliche Maßnahmen in der Praxis häufig darüber zu Fall, daß sie nicht rechtzeitig als spezielle Vorgaben an alle Funktionsträger weitergegeben werden konnten. Wie *Martin* veranschaulicht, war es z. B. einem Vertriebschef auf einem internationalen Absatzmarkt mit Tausenden von Kunden und einer Vielzahl von Verkäufern, Bezirksleitern und Verkaufsdirektoren erst mit Hilfe der Elektronik möglich, allen Außendienstmitarbeitern bekanntzugeben, was sie wann mit welchem Mitteleinsatz erreichen sollen [28, S. 103].
Die Vertriebsführung hat damit auch in Großunternehmen wieder die Möglichkeit, direkt zu entscheiden. Sir rückt ‚näher an den Markt' heran, da der Computer die notwendigen Entscheidungsunterlagen selbst für räumlich stark dezentralisierte Organisationen rechtzeitig und vollständig erarbeiten kann.
Mit der Übernahme vertrieblicher Verrichtungen durch die Datenverarbeitungsstelle werden ferner Informationsübertragungen ausgeschaltet, die ohne Computer zwischen den beteiligten Vertriebsstellen notwendig wären. Wird beispielsweise vom Außendienst eine Kundenbestellung auf ablochfähigen bzw. maschinenlesbaren Belegen nach Prüfung durch den Innendienst an die zentrale Datenverarbeitungsstelle weitergegeben, so kann hier die Auftragserledigung maschinell in einem Arbeitsgang durchgeführt werden, ohne daß weitere Informationen von anderen Vertriebsstellen angefordert werden müssen. Der Computer ruft von der Datenbank benötigte Informationen ab, ermittelt Preise und Liefertermine, druckt eine Auftragsbestätigung an den Kunden und gibt die Arbeitspapiere an die Produktion oder Lagerabteilung weiter; dann werden mehrere Versandpositionen zusammengestellt und die Rechnung sowie die Lieferanzeige an den Kunden ausgedruckt.

2.3 Empirische Untersuchungen zur Ermittlung der Eigenschaften formaler vertrieblicher Kommunikationsstrukturen

2.31 Grundlagen der Versuche und Bestimmung der vertrieblichen Beurteilungskriterien

Aufgrund des realwissenschaftlichen Charakters der Betriebswirtschaftslehre sollten sich die Erörterungen über die Gestaltung und den Problemkreis betrieblicher Kommunikationssysteme auf empirisch gesicherte Begründungen stützen [5, S. 19 ff.].

Leider fehlen zu dem zu betrachtenden Gebiet jedoch weitgehend brauchbare empirische Feldforschungen; es liegen fast ausschließlich Experimentaluntersuchungen vor, deren Modellzustand bei einer Beurteilung der Ergebnisse zu beachten ist.
Nach amerikanischen Veröffentlichungen [vgl. 75, S. 233 ff.] fanden die Versuche, die gegen Anfang der 50er Jahre von einer Reihe amerikanischer Forscher durchgeführt wurden, auch in der neueren deutschen Organisationsliteratur Eingang [vgl. 5, S. 154 ff.; 8, S. 78 ff.; 13; 50]. Ähnlich wie im Ansatz der Teamtheorie wird in den Experimenten die Vorteilhaftigkeit von Kommunikationsbeziehungen innerhalb kleiner Personengruppen untersucht. Im Gegensatz zum mathematischen Lösungsweg versuchen aber die Experimente die Auswirkungen unterschiedlich strukturierter Kommunikationsnetze zwischen realen Personen nachzuweisen, wobei entsprechende Versuchsanordnungen und Testreihen statistisch gesicherte Aussagen erlauben.
Bei Durchführung der Versuche werden den beteiligten Personen zumeist nur bestimmte Kommunikationsmöglichkeiten z. B. durch Schlitze in abgetrennten Kammern oder über Brief- oder Telefonverkehr gestattet. Der Versuchsleiter verteilt dann die Ausgangsinformationen auf die Gruppenangehörigen und stellt ihnen je nach Untersuchungszweck einfachere oder schwierigere Aufgaben, deren Lösung den kommunikativen Kontakt der Personen erfordert.
Die Aufgaben sind zumeist von einfacher Art, wie z. B. einfache Suchaufgaben oder auch umfassendere Textrechenaufgaben; zum Teil erfolgen aber auch wirklichkeitsnähere Aufgabenstellungen bei der Simulation von militärischen Operationen oder von Verkäufer- und Produzentenaktivitäten auf einem fiktiven Markt.
Als frei veränderlich wird bei den Versuchen der kommunikative Netzwerktyp, welcher mehr oder weniger zentral angelegt ist, betrachtet. Entsprechend den graphentheoretischen Modellen und der zu betrachtenden Wirklichkeit gelten als Grundlagen das ungebundene Kommunikationssystem, das sogenannte Rad, das kreisförmige und das sternförmige Netz.
Neben dem Einfluß des Netzwerks werden die Wirkungen der Art und Schwierigkeit der Aufgabenstellung und -erfüllung, der Informationsverteilung zu Versuchsbeginn, der Kommunikationsstörungen, des Führungsstils u. a. gemessen.
Die zu erfassende abhängige Variable bildet die Effektivität der Aufgabenerfüllung, welche als einzig mögliches ökonomisches Kriterium jedoch nur dann von Bedeutung ist, wenn die Informationsübertragung zur Lösung der Aufgabenstellung beiträgt [5, S. 36 und S. 146].
Da Kommunikationssysteme eine unterschiedliche formale Ausprägung besitzen können, zeigt sich dann eine bessere Aufgabenerfüllung, wenn die Anforderungen des Entscheidungsprozesses an das Kommunikationssystem und dessen formale Eigenschaften besser aufeinander abgestimmt sind
[vgl. 13, S. 163 f.].

Während in der Teamtheorie der Nettoertrag das Kriterium für den Beitrag der kommunikativen Verbindung für die Aufgabenerfüllung darstellt, werden in den Experimenten als entsprechende Maßgrößen die Informationsverarbeitungskapazität, die Schnelligkeit, die Kommunikationsdichte, die Fehlerzahl, die Länge der Kommunikationswege, die auftretenden Kommunikationsstörungen, die Zufriedenheit der Mitglieder des Netzes u. a. benutzt.
Trotz der Problematik der Übertragung von Ergebnissen der Laborversuche auf die Wirklichkeit scheinen die Experimente doch „Erklärungsmöglichkeiten für gewisse reale Phänomene“ [50, S. 196] zu geben. So bestehen auch große Vertriebsabteilungen aus Unterabteilungen mit mehr oder weniger großen Arbeitsgruppen, die bei Durchführung der ihnen gestellten vertrieblichen Teilaufgaben zueinander in Beziehung treten und dabei gewisse formale Netzstrukturen bilden. Auf der anderen Seite stellen die Maßgrößen für die Beurteilung der Effizienz der Netzstrukturen auch für reale vertriebliche Kommunikationssysteme wichtige Bezugsgrößen dar.
Als von besonderer Bedeutung für die praktische Vertriebsarbeit erscheinen dabei die Kriterien der Schnelligkeit und Genauigkeit der Informationsübermittlung sowie die dadurch erreichte Zufriedenheit der vertrieblichen Kommunikationspartner.

2.311 Schnelligkeit der Kommunikation

Sollen entsprechend der Marketingkonzeption die vertrieblichen Aktivitäten gestaltet werden, so bedeutet dies für das Kommunikationssystem, daß alle wichtigen Informationen über die vertriebliche Bedingungslage und den Erfolg der Maßnahmen so schnell wie möglich an die vertrieblichen Entscheidungszentren geleitet werden müssen, da sie sonst von einem fortschreitenden Marktgeschehen überholt werden. Ebenso gibt es gewisse Informationen, die erst kurz vor einer anstehenden vertrieblichen Entscheidung zu beschaffen sind und deshalb auf schnellstem Wege über die vorhandenen Kommunikationswege weiterzuleiten sind. Daten, die zu spät kommen, sind für die vertriebliche Entscheidungsfindung wertlos.
Das Kriterium der Schnelligkeit der Informationsübertragung ist also ein wichtiges Beurteilungskriterium für den Beitrag der Kommunikation zur besten Erfüllung der Marketingaufgabe.

2.312 Genauigkeit der Kommunikation

Ein weiteres Merkmal, das für praktische Verhältnisse eine Rolle spielt, ist das der Genauigkeit. Aus der Art der zu treffenden vertrieblichen Entscheidungen können sich hohe Anforderungen an die Qualität der zu übermittelnden Information ergeben. So müssen beispielsweise Informationen über das Kunden- und Konkurrenzverhalten möglichst exakt übermittelt werden, d.h. die Vertriebsführung muß bei der Festlegung der Vertriebspolitik darauf vertrauen können, dieselben Informationen empfangen zu haben, die der Außendienst bzw. die beauftragten Marktbeobachter abgaben. Erst wenn die erforderliche Genauigkeit gewährt ist, können der Marktsituation entsprechend genau abgestufte Entscheidungen getroffen werden.

2.313 Zufriedenheit der Kommunikationspartner

Als drittes Kennzeichen für die Beurteilung vertrieblicher Kommunikationssysteme bietet sich das Kriterium der erreichbaren Zufriedenheit der vertrieblichen Mitarbeiter an. Während in den mathematischen Modellen Zielkonflikte voraussetzungsgemäß ausgeschlossen werden, enthalten Kommunikationen in der Wirklichkeit neben sachlichen auch gefühlsmäßige Komponenten. Die Vertriebsabteilung kann erst dann optimal funktionieren, wenn alle Mitglieder mit ihrer Aufgabe und ihrer Stellung im Kommunikationsnetz zufrieden sind; diese Zufriedenheit schlägt sich indirekt über die Bereitschaft zur Zusammenarbeit in der vertrieblichen Aufgabenlösung nieder.
Infolge der Stellung einzelner Glieder innerhalb des Kommunikationsnetzes – wie z.B. bei den Außenstellen – ist allerdings u.U. in manchen Positionen keine genügende Befriedigung zu erzielen. Eine mögliche Unzufriedenheit kann jedoch durch Anreize anderer Art, wie z.B. hohe Bezahlung, Aufstiegschancen und zusätzliche Motivationen ausgeglichen werden.
Anhand dieser Kriterien, deren Bedeutung auch für die vertriebliche Praxis aufgezeigt wurde, soll nun die Wirksamkeit der in den Versuchen getesteten Kommunikationsnetze geprüft werden.

2.32 Ergebnisse der Versuche

2.321 Schnelligkeit der Kommunikation

In den Versuchsreihen ließ sich erkennen, daß von den erprobten Netztypen der Stern eine gestellte Aufgabe am schnellsten löste. Bei einer mehrfachen Wiederholung der Versuche glich sich jedoch die Lösungsdauer der verschiedenen Netze an.
Einige Autoren ziehen aus dieser Tatsache den Schluß, daß unter dem Gesichtspunkt der Schnelligkeit keinem der Kommunikationsnetze der Vorzug zu geben sei; sie seien im Grunde gleichwertig, nur haben die verschiedenen Struk-

turen unterschiedliche Schwierigkeiten, eine passende Arbeitsteilung innerhalb ihres Netzes zu finden [11, S. 109 f.]. Den Kern des Problems scheint jedoch die weitergehende Feststellung zu treffen, daß es sich letzten Endes um ähnlich strukturierte Kommunikationssysteme wie das des Sterns handelt, welches damit die optimale Form darstellt [13, S. 168]. Das Rad und der Kreis benötigen nur eine längere Zeit, eine sternförmige Entscheidungs- und Kommunikationsstruktur zu entwickeln.
Allerdings handelt es sich hierbei – ähnlich wie in rangmäßig tieferen Vertriebsstufen – um verhältnismäßig einfache Aufgabenstellungen. Bei schwierigeren und umfangreicheren Problemen, wie sie auch in der oberen Führungsebene anzutreffen sind, ließ sich jedoch nachweisen, daß Kreis- und Radgruppen schneller zu einer Lösung gelangten als Sterngruppen. Eine Erklärung für diese Erscheinung bietet wohl der Umstand, daß bei umfangreichen Aufgaben die Zentralpositionen des Stern auf den überströmenden Nachrichtenfluß nur mit zeitlicher Verzögerung eingehen können. Unter allen Vorbehalten bezüglich der Anwendbarkeit ist eine Parallele dazu in der Einrichtung von Vertriebskonferenzen zu sehen.
In den Versuchen traten entsprechende Verarbeitungs- und Koordinierungsschwierigkeiten bei dem Übergang von Klein- zu wirklichkeitsnäheren Großgruppen dann auf, wenn ein zentrales Kommunikationsnetz beibehalten wurde. Geeigneter für eine schnelle Aufgabenlösung zeigte sich hierbei ein zentrales Entscheidungssystem und ein nichtzentrales Kommunikationssystem. Das Vorhandensein einer zentralen Entscheidungsinstanz oder einer autoritären Führung erwies sich darüber hinaus bei jedem Netztyp als vorteilhaft für eine schnelle Aufgabenerfüllung [50, S. 186].

2.322 Genauigkeit der Kommunikation

Ein weiteres Ziel für eine optimale Gestaltung vertrieblicher Kommunikationssysteme ist in der Forderung nach Genauigkeit und Fehlerfreiheit der Informationsübertragung zu erblicken. Als Ergebnis der Experimente ist festzuhalten, daß im Gegensatz zu einfachen Aufgaben bei komplexen Problemen Sterngruppen mehr Fehler machten als Radgruppen. Da auch bei autoritärer Führung weniger Fehler vorkamen, ergibt sich damit eine Analogie zu dem Kriterium der Schnelligkeit.
Obgleich die Fehlerbildungen in den Übertragungen unterschiedliche Ursachen aufweisen können, spielen hierbei doch die Informationsrichtung, die Kommunikationsweglänge und die Zahl der Übermittlungsstellen eine maßgebende Rolle. Für eine größtmögliche Übertragungsgenauigkeit ist es erforderlich, Zweiwegkanäle, die durch ihr „feed-back" die Möglichkeit einer Fehlerkorrektur haben, aufzubauen. Wie die Experimente aber zeigen, kommt es auch auf die Art der übermittelten Informationen an. Entsprechend den alltäglichen vertrieblichen

Problemen ergaben sich in den Versuchen bei wiederholten Übertragungen durch Lerneffekte Routineprobleme, für deren genaue Übermittlung kostengünstige Einwegkanäle ausreichen, da Sender und Empfänger der Nachricht mit der Problematik bereits vertraut sind.
Neben der Verzerrung des semantischen Informationsgehaltes durch technische Übermittlungsstörungen kann bei größerer Informationsweglänge über mehrere Vermittlungsstellen das Problem der Filterung und Verzerrung auftreten. Kurze Kommunikationswege sind dann einzurichten, wenn bewußte oder unbewußte Manipulationen unerwünschte Verzerrungen verursachen.
Der Ausleseprozeß der Information in Richtung auf die Belange der Vertriebsführung stellt dagegen einen positiven Blickwinkel des Filterns dar; durch Heraussieben unwichtiger und Zusammenstellen bedeutender Informationen wird eine Voraussetzung für rationale vertriebliche Entscheidungen geschaffen.

2.323 Zufriedenheit der Kommunikationspartner

Bei der Untersuchung der Zufriedenheit innerhalb des Kommunikationssystems muß eine Unterscheidung vorgenommen werden zwischen der Zufriedenheit des gesamten Kommunikationsnetzes und der Zufriedenheit der einzelnen, darin befindlichen Partner. Übereinstimmend zeigte sich in den Versuchen, daß zentralisierte Kommunikationsstrukturen insgesamt eine höhere Unzufriedenheit ihrer Mitglieder aufweisen als dezentrale Strukturen; in der Sternstruktur waren jedoch die Zentralstellen mit ihrer Position durchweg einverstanden, während die Peripheriestellen ihre aufgezwungenen Rollen ablehnten. Konnten dagegen die Versuchsteilnehmer bei demokratischer Leitung Verantwortung übernehmen, wußten sie über die Problemstellung Bescheid, waren sie weniger abhängig und konnten sie auch Einfluß und Eigeninitiative entwickeln, so erklärten sie sich fast durchweg mit ihrer Position einverstanden. Ungleichmäßige Verteilung der Ausgangsinformationen und das Einschleusen unwichtiger Informationen steigerten jedoch die ablehnende Haltung.
Inwieweit diese Unzufriedenheit, die in manchen Fällen – wie z. B. beim Außendienst – aufgrund aufgabenbezogener Kommunikationsbeschränkungen unumgänglich erscheint, durch andere Anreize substituierbar ist, wurde in den Experimenten nicht geprüft. Aber gerade der Grad dieser Ersetzbarkeit, etwa durch ein ausgefeiltes Entlohnungssystem, spielt im täglichen Vollzug der Vertriebsaufgaben eine große Rolle.

2.33 Probleme der Anwendbarkeit auf praktische vertriebliche Problemstellungen

Die Experimente weisen einen vermuteten Wirkzusammenhang zwischen der Organisationsstruktur und der Ergiebigkeit der Aufgabenlösung nach; die Effi-

zienz der Aufgabenerfüllung wurde dabei an den für das vertriebliche Kommunikationssystem bedeutsamen Kriterien gemessen. Es zeigte sich aber auch, daß die Formalstruktur eines Netzes nur eine neben anderen Einflußgrößen, wie z. B. Aufgabenschwierigkeit, Aufgabenart u. a., verkörpert.
Während die sternförmige Struktur bei einfachen Aufgaben die größten Leistungen, aber auch die größte Unzufriedenheit entwickelte, erschien bei schwierigeren Problemen die Radstruktur sowohl hinsichtlich der Schnelligkeit und Genauigkeit als auch hinsichtlich der Zufriedenheit vorziehenswürdig. Ferner ergab sich, daß bei allen drei Kommunikationsstrukturen eine zentrale Entscheidungsstruktur am vorteilhaftesten war. Denkbar ist allerdings, daß in realen Vertriebsorganisationen über eine längere Zeitdauer hinweg die Schnelligkeit der Übermittlung bei zentralen Strukturen nachläßt und dezentrale Strukturen wegen der höheren Zufriedenheit der Mitglieder mehr Vorteile erringen.
Es erscheint jedoch verfrüht, aus diesen Ergebnissen greifbare Gestaltungsvorschläge – wie z. B.: Vollstrukturen gehören in die Ebene der Vertriebsführung, Sternstrukturen zur unteren operierenden Ebene – abzuleiten. Denn die Problematik der Versuchsergebnisse liegt in den besonderen Umständen einer Experimentalforschung, welche den Einfluß gewisser Faktoren nur bei Konstanz aller anderen Variablen als statistisch bedeutsam nachweist. Hierin besteht der Vorteil wie auch der Nachteil der Laborforschung gegenüber der Feldforschung, deren Durchführung im Vertrieb in diesem Bereich auf größere Schwierigkeiten stößt.
Vorbehalte bezüglich der Anwendbarkeit werden auch geltend gemacht, weil im Gegensatz zu realen Vertriebsabteilungen in den Versuchen erst die Arbeitsteilung gefunden werden mußte, bestimmte Kommunikationskanäle nicht zu benutzen waren und die Gruppenleistung von jedem einzelnen Mitglied negativ beeinflußt werden konnte [50, S. 195]. Wichtiger für die Übertragbarkeit der Ergebnisse auf größere Personengruppen in Vertriebsorganisationen sind noch die Fragen, die sich aus dem speziellen Aufgabencharakter der Vertriebsarbeit ebenso wie aus der kurzfristigen Zusammenarbeit in den Versuchen, ihrer wirklichkeitsfremden Art der Mitgliedschaftsbindung und anderer informeller Einflüsse ergeben [8, S. 91].
Die Versuche erzielen also keine Nachbildung der vertrieblichen Wirklichkeit, jedoch können sie über das Erfassen gewisser Wirkzusammenhänge Aufschlüsse für reale vertriebliche Erscheinungen bieten und stellen somit „ein wichtiges Vorstadium zur empirischen Feldforschung" [50, S. 196] dar.

3. Maschinelle Anlagen zur vertrieblichen Datenverarbeitung

Im kommerziellen Anwendungsbereich werden unter elektronischen Datenverarbeitungsanlagen Maschinen verstanden, welche nach fest vorgegebenen Regeln diskrete Werte verarbeiten und darstellen können und deren Technik auf der nahezu trägheitslosen Übertragung digitaler, elektronischer Impulse beruht [vgl. 5, S. 24]. Unter diesen vorgegebenen Regeln sind sowohl anlagenspezifische Vorschriften zu verstehen, als auch die Steuerung der Datenverarbeitungsprozesse durch einzugebende Programme.

Die technischen Einrichtungen von EDV-Systemen werden unter dem Begriff Hardware zusammengefaßt [13, S. 216]. Dabei kann es sich um Einzel-Datenverarbeitungssysteme oder um Systeme, die aus mehreren Maschinen bestehen, handeln. Bei Änderung des Datenanfalls kann durch die Austauschbarkeit der Einzelwerke eines Anlagensystems eine Anpassung an die neuen Anforderungen vorgenommen werden, während Einzelsysteme in diesem Fall geschlossen ausgewechselt werden müssen [8, S. 39]. Zu diesen Einzelsystemen zählen beispielsweise elektronische Buchungs- und Abrechnungsmaschinen sowie die Systeme der „Mittleren Datentechnik".

Abgesehen von den Einzelanlagen, welche eine Sonderstellung im Rahmen der EDV-Systeme einnehmen, lassen sich die Maschinen zur elektronischen Datenverarbeitung analog zur den Phasen Dateneingabe, Datenspeicherung, Datentransformation und Datenausgabe aufteilen: Eingabegeräte (z. B. Lochkarten- und Lochstreifenleser), Speicher (z. B. Magnetplatten- oder Magnetbandeinheiten), Verarbeitungsgeräte (Zentraleinheiten) und Ausgabegeräte (z. B. Stanzer, Plotter, Drucker). Die Dimensionierung eines Anlagensystems ist prinzipiell von der Zielsetzung abhängig, d. h. welche Aufgaben der EDV mit welchem wirtschaftlichen Aufwand übertragen werden. Die innere Struktur einer EDV-Anlage zielt auf die Schaffung einer optimalen Kombination der Eigenschaften, Funktionen und Einrichtungen der verschiedenen Anlagenteile, wobei auch generelle Kriterien wie Zuverlässigkeit, Flexibilität und Kompatibilität zu berücksichtigen sind [75, S. 117].

In den folgenden Ausführungen werden die wichtigsten Geräte der elektronischen Datenverarbeitung mit ihren charakteristischen Eigenschaften beschrieben. Wegen der Unterschiedlichkeit der Leistungsdaten der einzelnen Geräte können meist nur ‚von – bis' Angaben gemacht werden. Um das Bild von Durchschnittsstandards ungefähr skizzieren zu können, wurden extrem niedere und hohe Daten – wenn nicht besonders erwähnt – nicht berücksichtigt.

3.1 Geräte zur Datentransformation

Innerhalb eines Anlagensystems führt die Zentraleinheit die Datentransformation durch, während bei den Anlagen der Mittleren Datentechnik das System als solches diese Aufgabe übernimmt.

Die Entwicklung von Anlagen der Mittleren Datentechnik begann in den 60er Jahren mit dem Ziel, die leistungs- und kostenmäßige Lücke zwischen der klassischen Büromaschinentechnik und der Computertechnik zu schließen. Ein wesentliches Merkmal dieser Anlagen ist die primär tastaturgesteuerte Dateneingabe und – wenn hierfür Einrichtungen angebracht sind – die manuelle Zuführung der Daten in Form von Magnetkonten [6, S. 415]. Man kann daher auch von tastaturorientierten Computern mit und ohne Magnetkontenverarbeitung sprechen [7, S. 220]. Die Tastatureingabe und die Druckwerke können durch weitere Ein- und Ausgabeeinrichtungen für Lochkarten, Lochstreifen und Streifenkarten ergänzt werden [11, S. 17 ff.].

Das Magnetkonto ist eine formularmäßig aufgeteilte Karte, welche am Rand einen Magnetstreifen trägt [13, S. 317]. Auf diesem Magnetstreifen werden die auf dem Konto geschriebenen Daten aufgezeichnet, womit das Magnetkonto maschinell und visuell lesbar ist. Es handelt sich dabei vor allem um häufig wiederkehrende Daten wie Kundennummern, Kontonummern, Salden etc. Bei Änderungen der Daten werden die alten Werte auf dem Magnetstreifen überschrieben und die neuen gespeichert [7, S. 356].

Der allgemeine Aufbau von Anlagen der Mittleren Datentechnik ist prinzipiell der gleiche wie bei großen Datenverarbeitungsanlagen. Neben frei programmierbaren Anlagen finden sich hier auch solche, die mit einem festen Programm versehen sind [11, S. 19 ff.]. Die zur Verwendung kommende Software steht oftmals in speziellen Assemblersprachen zur Verfügung. Die Programmeingabe erfolgt dabei über die Tastatur oder mit Programm-Lochkarten.

Die Einsatzmöglichkeiten von Anlagen der Mittleren Datentechnik ist nicht auf bestimmte Betriebsgrößen festgelegt. In Klein- und Mittelbetrieben konzentriert sich die Anwendung im allgemeinen auf die Gebiete der Verkaufsabrechnung und -analyse, wobei sich die Inhalte der Magnetkonten nach den unterschiedlichsten Gesichtspunkten auflisten lassen. Als Beispiele können Artikelverkaufsstatistiken, Verkäuferabrechnung, Auftragsbearbeitung, Filialabrechnung usw. genannt werden [vgl. hierzu 2, S. 356 ff.; 7, S. 185 ff.].

In Großbetrieben bieten sich hauptsächlich zwei Anwendungsmöglichkeiten an. So können sie als dezentrales Datenverarbeitungssystem zur Basisdatenverarbeitung eingesetzt werden, d.h. die Ergebnisse von Verarbeitungsprozessen können beispielsweise in Form von Lochkarten oder Lochstreifen an eine Großrechenanlage weitergegeben werden. Anlagen der Mittleren Datentechnik bilden somit eine Ergänzung zur zentralen EDV-Anlage [7, S. 219].

Anlagen der Mittleren Datentechnik, die an der oberen Grenze zu kleinen Systemen von Großrechenanlagen stehen, ersetzen ganz oder teilweise die Magnetkonten durch Magnetplatten [11, S. 17]. Diese Systeme können über Datenfernverarbeitungseinrichtungen on-line an den Zentralcomputer angeschlossen werden. Weiter terminalfähige Anlagen können ihrerseits nochmals eine Reihe von Datenendstationen aufnehmen und wirken gegenüber der Großanlage als Datenvorverarbeitungsstation. Damit sind bereits vor der Übertragung Misch-, Sortier- und Verdichtungsoperationen durchführbar. Diese Anlagen überschreiten jedoch bereits teilweise die Grenzen der Mittleren Datentechnik und werden daher eher als Kleincomputer bezeichnet [11, S. 17 ff.].

Mittelpunkt und gleichsam das „Gehirn" eines Anlagensystems ist die Zentraleinheit, welche als Peripherie die verschiedenen Datenerfassungsgeräte, Ein- und Ausgabegeräte und externe Speicher besitzt [8, S. 41]. Diese Geräte können mit der Zentraleinheit verbunden (on-line) oder ganz bzw. zeitweise getrennt (off-line) sein. Die Verbindungen werden durch Kanäle hergestellt, wobei zwischen Steuer- und Datenkanälen einerseits und Selektor- und Multiplexkanälen andererseits unterschieden wird [13, S. 234]. Selektorkanäle sind für Ein- und Ausgabegeräte mit hohen Übertragungsgeschwindigkeiten geeignet, lassen jedoch nur eine schrittweise Durchführung der Übertragungsoperationen zu [13, S. 446]. Multiplexkanäle entsprechen ihrer Funktion nach mehreren Unterkanälen, d.h. es sind mehrere Ein- und Ausgabeoperationen ineinander verschachtelt gleichzeitig ausführbar [9, S. 22 f.]. Eine Angabe über Art und Anzahl der verfügbaren Kanäle gibt somit Auskunft, wie viele periphere Geräte an die Zentraleinheit angeschlossen werden können und nach welchem Ablauf sich die Datenübertragung vollzieht.

Damit die Zentraleinheit Daten festhalten, verarbeiten und den Ablauf der Programme steuern kann, besteht sie aus drei gegeneinander abzugrenzenden Komponenten. Auf diese Einheiten (Rechenwerk, Steuerwerk und interner Speicher) verteilen sich die Register der Zentraleinheit, welche dem Programmierer zugänglich sind und folgende Funktionen übernehmen: Datenaufnahme, Datenspeicherung, Durchführung von logischen Operationen und Datenübertragung. Die Anzahl der Register und die Größe ihrer Stellenzahl beeinflussen wesentlich die Leistungsfähigkeit der Zentraleinheit, da sie die Verarbeitungszeit verkürzen und die Flexibilität der Anlage erhöhen.

Das Rechenwerk hat die Aufgabe, die arithmetische und logische Verarbeitung der Daten durchzuführen und teilt sich in vier Einrichtungen auf [9, S. 12 f.]: Dezimal-, Festkomma-, Gleitkommaarithmetik und die Schaltkreise für Operationen. Die Dezimalarithmetik arbeitet mit Dezimalzahlen, die ein Vorzeichen besitzen und wird hauptsächlich bei kommerzieller Anwendung benutzt. Ebenfalls für kaufmännische Zwecke wird meist die Festkomma-Arithmetik verwandt, d.h. bei der Programmierung muß die Kommafestsetzung stellengerecht erfolgen. Daneben erlaubt diese Arithmetik Adreßrechnungen, das Versetzen von Stellen und die logische Bearbeitung von Adreßkomponenten [9, S. 13]. Eine Gleitkomma-Einrichtung veranlaßt automatisch eine richtige Kommafestsetzung und erhöht bei begrenzter Registergröße wesentlich die Rechenkapazität. Diese Einrichtung wird hauptsächlich für technisch-wissenschaftliche Aufgaben eingesetzt. Die Steuerung von logischen Operationen (z. B. Vergleichen, Übersetzen, Aufbereiten, d. h. Steuerung von Vorzeichen und Dezimalpunkt [9, S. 13]) beruht auf Grundschaltungen elektronischer Bauelemente (Transistoren, Dioden, integrierte Schaltungen, Monolithbausteine usw.).

Das Steuerwerk überwacht den Ablauf der Programminstruktionen durch die interne automatische Selektion, Interpretation, Ausführung und Kontrolle der Befehlsschritte. Dabei werden aus dem Speicher die Operationsschlüssel der Befehle in das Befehlsregister und die Operandenadressen in das Adreßregister des Steuerwerks übertragen [vgl. 3, S. 135]. Wie beim Rechenwerk bestimmen auch hier wieder die Zahl und Größe der verfügbaren Register die Leistungsfähigkeit. Hierzu zählen des weiteren die Reaktionen der Anlage auf Unterbrechungen (z. B. Programmierfehler, Zeitgeber auf Null, Ende einer Operation [9, S. 16 f.]), wobei das laufende Programm abgebrochen, unterdrückt oder fortgeführt werden kann [5, S. 121]. Diese Reaktionen wie Abrufen der Programme, Einleitung und Beendigung von Operationen, Speicherplatzzuteilung in Direktzugriffseinheiten [9, S. 23] werden durch Steuerprogramme geregelt, welche resident in der Anlage gespeichert sind. Der jeweilige „Zustand" der Anlage wird dabei an der Bedienungstafel und an der Konsole angezeigt, wo auch manuelle Steuerungen und Kontrollen vorgenommen werden können.

Der interne Speicher (Arbeitsspeicher) kann gedanklich als eine Art Weiche zwischen Rechen- und Steuerwerk gesehen werden: beim Lesevorgang nimmt er zum einen die Programminstruktionen auf und leitet sie an das Steuerwerk, zum anderen werden die zu verarbeitenden Daten zum Rechenwerk übertragen.

Beim Schreiben (Ausgabevorgang) werden die Verarbeitungsresultate zwischengespeichert und an die Ausgabegeräte weitergegeben. Als Speichermedien werden z. B. Magnetkernspeicher, Dünnschicht-Filmspeicher, Monolithspeicher und Magnetdrahtspeicher verwendet [1, S. 14 ff.]. Die Leistungsangaben für die Zentraleinheit wie Zugriffszeit, Zykluszeit, Speichergröße, Ausbaufähigkeit, Ein- und Ausgabepuffer, Gestaltung der Ein- und Ausgabebereiche und die Datensicherung beziehen sich überwiegend auf den internen Speicher. Ein weiterers Leistungskriterium stellt die Ausbaufähigkeit des internen Speichers dar, womit ohne Austausch der gesamten Zentraleinheit eine Anpassung an neue Aufgaben ermöglicht wird.

Betrachtet man die gesamte Zentraleinheit, dann lassen sich die vielzähligen Leistungskriterien in quantitative und qualitative Angaben unterscheiden, d. h. die mengenmäßige Aufnahmefähigkeit und Verarbeitungsgeschwindigkeit einerseits und den „Komfort" der Anlage andererseits (z. B. Einrichtungen für

Multiprogramming, Real-time-Arbeitsweise). Diese Faktoren werden im folgenden näher analysiert.
Die Aufnahmekapazität an numerischen Zeichen dient in der Regel als Vergleichsgröße für Zentraleinheiten verschiedener Systeme. Für die Systeme des derzeit größten Computerherstellers liegen diese Werte beispielsweise zwischen 8000 und weit über 1 Million Zeichen [1, S. 30]. Aus diesen Größen und aus der Kenntnis des Verhältnisses (gemessen in Bytes) zwischen numerischen Zeichen, alphamerischen Zeichen (Buchstaben und Sonderzeichen) und Worten können weitere Kapazitätskennzahlen errechnet werden (IBM definiert beispielsweise: 2 Bytes = 1 numerisches Zeichen, 4 Bytes = 1 alphanumerisches Zeichen = 1 Wort). Gleichzeitig ergibt sich durch dieses Verhältnis die Art der internen Datenstruktur, sowie die Anzahl an Bytes für die kleinste adressierbare Einheit.
Weitere Angaben werden die absolute Anzahl der verwendbaren Ziffern, Buchstaben und Sonderzeichen ausweisen, wobei es für größere Anlagen selbstverständlich ist, daß alle Ziffern und Buchstaben in der natürlichen Reihenfolge zu gebrauchen sind. Besonders für die Programmierung und für Sortierarbeiten (Vergleich der Zeichen auf größer und kleiner) ist die logische Folge der Zeichen von großer Wichtigkeit [vgl. 5, S. 119].
Neben diesen überwiegend mengenorientierten Kennzahlen ergeben sich durch Hinzuziehung des Faktors ‚Zeit‘ weitere Leistungsdaten. So wird der Zeitraum, der für die Übertragung einer Stelle (oder eines Wortes) vom internen Speicher in das Rechenwerk benötigt wird, als Zugriffszeit definiert [1, S. 8]. Beim Lesen der Zeichen aus dem internen Speicher werden die entsprechenden Speicherstellen gelöscht und müssen wieder aufgebaut werden. Die Zeit, die für den Lesevorgang und für die Regeneration gebraucht wird, bezeichnet man als Zykluszeit [12, S. 194]. Bei modernen Zentraleinheiten liegen diese Zykluszeiten zwischen 0,25 und 2,5 Mikrosekunden. Die Leistungsfähigkeit der verschiedenen Zentraleinheiten wird in der Praxis häufig auch durch Vergleiche der Rechenzeiten (z. B. für einfache Additionen, Multiplikationen und Divisionen ($a + b = c$; $a x b = c$; $a : b = c$)) von mehrstelligen Zahlen getestet [1, S. 8]. Für den Vergleich der Ausführungszeiten für Programmbefehle gibt es eine Reihe von Mixverfahren (z. B. GAMM-Mix, Gibbson-Mix [12, S. 195]). Diese Zeiten hängen wesentlich vom Speicherzugriff ab, d. h. wieviele Bytes pro Zugriff angesprochen werden können.
Der maschinelle Ablauf der Programme kann seriell, parallel, simultan oder in Mehrfach-Programmverarbeitung erfolgen. Während bei serieller Verarbeitung die Signale einer Information zeitlich sukzessiv übertragen werden, erfolgt bei paralleler Arbeitsweise die Übertragung und Verarbeitung gleichzeitig einer Informationseinheit [5, S. 119]. Die simultane Verarbeitung, d. h. die quasi gleichzeitige Abarbeitung mehrerer Programme wird vor allem für die Teilhabersysteme benötigt. Damit können beispielsweise Terminalabfragen unmittel-

bar in der Reihenfolge ihres Eintreffens vom Computer bearbeitet werden [13, S. 418 f.]. Die Mehrfachprogrammierung (Multiprogramming) erlaubt die gleichzeitige echte Verarbeitung mehrerer Programme, wobei die einzelnen Operationen, entsprechend festzulegender Prioritäten, verzahnt ausgeführt werden.

3.2 Geräte zur Datenerfassung

Zur Datenerfassung zählen Geräte, deren Aufgabe es ist, die zur elektronischen Datenverarbeitung benötigten Datenträger herzustellen. Die ursprünglichste Form der Datenerfassung ist dabei die Übertragung von Belegdaten mittels Locher auf Lochkarten bzw. Lochstreifen. Beide Datenträger besitzen jedoch sehr hohe Zugriffszeiten, sind nicht löschfähig und beanspruchen viel Platz zur Datenspeicherung. Hinzu kommt bei der Lochkarte der begrenzte Speicherplatz pro Karte und beim Lochstreifen die fehlende Sortierfähigkeit. Die Leistungsfähigkeit der Bedienungskräfte zur Erstellung der maschinenlesbaren Datenträger beträgt beim Lochen und Prüfen ca. 6000 bis 9000 Zeichen/Stunde, wobei die Fertigkeit in der Maschinenbedienung und der Schwierigkeitsgrad der Unterlagen ausschlaggebend sind [4, S. 53].
Die Erstellung von Lochkarten und Lochstreifen wird in zunehmendem Maße von Magnetbandbeschriftungsgeräten abgelöst. Bei diesen Geräten werden die Daten manuell über eine Tastatur dem Gerätespeicher eingegeben, welcher die Daten in einen 6- oder 8-Bitcode umwandelt und auf ein Magnetband aufzeichnet [8, S. 71].
Gegenüber Lochstreifen- und Lochkartengeräten ergeben sich durch Einsatz dieser Maschinen Leistungssteigerungen von 25 bis 40% bei durchschnittlich von den Bedienungskräften erreichbaren Anschlägen von 6000 bis 15 000 je Stunde [4, S. 59]. Wesentliche Vorteile der Datenerfassung auf Magnetbändern sind der geringe Raumbedarf dieser Speicherungsform (z. B. können Kassetten Verwendung finden, wie sie auch bei Tonbändern benützt werden), eine hohe Lebensdauer und die große Einlesegeschwindigkeit in die Datenverarbeitungsanlage (bis zu 1000 Zeichen/Sekunde) [4, S. 59].
Die Herstellung von maschinenlesbaren Datenträgern ist weiterhin durch Geräte möglich, welche Strichmarkierungen lesen. Dabei werden Lochkarten verwendet, auf welchen die zu speichernden Daten auf vorgegebenen Feldern durch Striche markiert werden. Die Striche können von diesen Maschinen identifiziert werden und veranlassen die entsprechenden Lochungen. Die Strichmarkierungsleser haben damit eine Ähnlichkeit zum Doppler der konventionellen Datenverarbeitung. Um die Strichmarkierungen lesen zu können, wurden verschiedene

Verfahren entwickelt, so das elektromechanische, fotoelektrische und elektromagnetische Umsetzungsverfahren [4, S. 56 f.].
Die Strichmarkierungsleser werden im Vertrieb hauptsächlich dort Verwendung finden, wo geringe Mengenstückelungen verschiedener Artikel bestellt und verbucht werden. Die Mengen der jeweiligen Artikel werden auf den vorgedruckten Lochkarten durch die Striche angegeben.

3.3 Geräte zur Datenein- und Datenausgabe

Als Datenein- und -ausgabegeräte werden Maschinen verstanden, die an eine Zentraleinheit angeschlossen sind und bei denen die Eingabedaten durch die EDV bearbeitet werden bzw. die Ausgabedaten ein Ergebnis dieser Verarbeitung darstellen. Die Ein- und Ausgabegeräte ermöglichen die Kommunikation zwischen Mensch und Computer. Dieser Prozeß vollzieht sich, indem in oder aus der Zentraleinheit Zeichen übertragen werden, die dem Menschen bzw. den Maschinen verständlich sind. Die Ein- und Ausgabegeräte lassen sich durch die verschiedenen Modifikationsmöglichkeiten den Einsatzplänen und den Anforderungen anpassen. Allgemeine Leistungskriterien dieser Geräte sind ihre Anschlußmöglichkeiten, Art und Anzahl der benötigten Kanäle, vorhandene Pufferspeicher, zeitliche Beanspruchung der Zentraleinheit, Datentransfersicherung und die Art der Datenträger.

3.31 Drucker, Lochkarten- und Lochstreifengeräte

Sicherlich kann der Drucker als das wichtigste Datenausgabegerät bezeichnet werden. Da unter diesem Sammelbegriff alle druckenden Einheiten der Datentechnik bezeichnet werden können, nennt man die zur Datenausgabe eingesetzten Geräte mit hohen Leistungen Schnelldrucker [13, S. 144]. Sie arbeiten meist mit Typenwalzen oder Druckketten, wobei sich auf einer Kette oder Walze mehrere alphanumerische Gruppen einschließlich Sonderzeichen zusammensetzen lassen [3, S. 55 f.]. Die Druckleistungen liegen bei alphanumerischer Ausgabe zwischen 25 000 und 100 000 Zeilen/Stunde, die Druckpositionen (Zeichen/Zeile) gehen von 100 bis 160 und die Anzahl der Drucksymbole der Ketten oder Walzen liegen zwischen 37 und 64 [1, S. 67 f.]. Weitere Leistungswerte ergeben sich aus der Art und Auswechselbarkeit der Drucksymbole, den Variationsmöglichkeiten der Schreibstellen, der Dichte und Fähigkeit zur unterschiedlichen Einstellung der Zeichen, Zeilen und Zeilenabstände, der maximalen

und minimalen Formularbreite, der Steuereinrichtungen (Papiertransport per Vorschublochstreifen und/oder Programm), Umwandlungsmöglichkeit verschiedener Codes, Kopierfähigkeit und mögliche Zusatzeinrichtungen (Trennvorrichtungen, zweite Papierbahn u. ä.).
Lochkarten- und Lochstreifengeräte können sowohl zur Datenein- als auch Datenausgabe verwendet werden (Leser und Stanzer). Sind beide Funktionen in einem Gerät zusammengefaßt, d. h. werden die Karten zuerst gelesen und dann gestanzt, spricht man von einem Lesestanzer. Bei einer Kartenabfühl- und Stanzeinheit bilden die Lese- und Stanzseite jeweils Einheiten für sich und können daher parallel und unabhängig arbeiten [9, S. 105 ff.].
Lochkarten besitzen in der Regel eine Kapazität/Karte von 80 Zeichen (Ausnahmen sind z. B. die Lochkarten des Systems IBM/3), während eine Lochstreifenrolle etwa 125 000 Zeichen aufnehmen kann [12, S. 199]. Es besteht jedoch beim Lochstreifen keine Kapazitätsbeschränkung, da Rolle für Rolle bearbeitet werden kann. Im Gegensatz zu den Lochkarten, die meist in einem besonderen Arbeitsgang erstellt werden, erfolgen die Lochungen der Lochstreifen häufig bei anderen Arbeiten als Nebenprodukt (zu weiteren Vor- und Nachteilen beider Datenträger [vgl. 12, S. 200]).
Die Leistungen der Lochkartenleser betragen ca. 20 000 bis 80 000 Karten/Stunde [1, S. 69 f.], wobei Spitzenleistungen bis 120 000 Karten/Stunde möglich sind [1, S. 70]. Die Lochkartenstanzer bewältigen etwa 5000 bis 30 000 Karten/Stunde [1, S. 71 f.]. Weitere Leistungsmerkmale der Lochkartenmaschinen sind Möglichkeiten zur Umschlüsselung, Fassungsvermögen von Magazin und Ablage, Kartennachlegung und -entnahme bei Betrieb, Zahl und Art der Ablagefächer sowie maschineninterne Prüfungen [5, S. 127]. Lochstreifenleser besitzen eine Leistungsfähigkeit von 100 bis 1000 Zeichen/Sekunde, für die entsprechenden Stanzer ergeben sich Werte von 100 bis 150 Zeichen/Sekunde [9, S. 73 f.]. Die Lochstreifengeräte sind weiter zu beurteilen nach der Start/Stoplänge, Anzahl der Streifenkanäle, Standard- und Zusatzcodes, mögliche und notwendige Zusatzeinrichtungen sowie den maschinellen Prüffunktionen [5, S. 127].

3.32 Beleglesende Geräte

Beleglesende Geräte sind in der Lage, Daten direkt der Verarbeitung durch die EDV-Anlage zuzuführen. Damit entfällt die Erstellung eines Datenzwischenträgers [8, S. 96]. Bei diesen Geräten sind die zu lesenden Belege innerhalb bestimmter Grenzen frei gestaltbar [4, S. 59]. Entsprechend den Zeichenerkennungsverfahren werden die beleglesenden Geräte in Markierungsleser, Magnetschriftleser, Klarschriftleser, Handschriftleser und in Kombinationsformen dieser verschiedenen Geräte (z. B. Mehrfunktionsleser) eingeteilt [4, S. 59 f.]. Die *Markierungsleser* als Dateneingabegeräte lesen die auf Belegen an vorgegebenen Stellen anzubringenden Strichmarkierungen [8, S. 69]. Bei der optischen Zeichenerkennung werden die Markierungen aufgrund des Hell-Dunkel-Unterschiedes identifiziert. Die Belege werden an einer starken Lichtquelle vorbeigeführt, wodurch die Leseoptik feststellen kann, an welchen Stellen das Licht durch die markierten Zeichen nicht reflektiert, sondern absorbiert wird. Bei der fotoelektrischen Zeichenerkennung wird unterhalb der durchlaufenden Belege eine Lichtquelle angebracht und das durch die Markierungen entstehende Schattenbild wird von einer Fotozellenreihe abgetastet. Andere Verfahren benützen die elektrische Leitfähigkeit von Graphitstrichen, wobei beim Lesevorgang ein Kontakt zwischen Abtastbürsten oder -stiften geschlossen wird.

Damit können sowohl für Lochkarten (vgl. die vorhergehenden Ausführungen) als auch für Belege Markierungsleser eingesetzt werden. Die Einsatzmöglichkeiten beider Geräte entsprechen sich weitgehend, doch lassen sich auf einem Beleg wesentlich mehr Daten speichern. So können beispielsweise auf einem Auftragsformular der Größe DIN A 4 neben Kunden-Nr. und Vertreter-Nr. 74 verschiedene spezifizierte Artikel mit jeweils fünf verschiedenen Mengenangaben aufgenommen werden [13, S. 331].

Für die *Magnetschriftleser* werden genormte Zeichen mit magnetisierbarer Farbe auf die Belege geschrieben. Die gebräuchlichsten Magnetschriften sind unter den Bezeichnungen CMC 7 (Zeichendarstellung durch sieben Striche) und E 13 B bekannt [3, S. 50 ff.]. Diese, auch vom menschlichen Auge gut erkennbaren Zeichen, werden beim Lesevorgang an einer Station vormagnetisiert und an einer zweiten durch Abtasten des Magnetfeldes gelesen.

Gegenüber Verschmutzungen sind die durch Magnetschrift-Schreibmaschinen erstellten Belege relativ unempfindlich. Dieses Verfahren kommt überwiegend bei Banken zur Anwendung (beispielsweise tragen die ab 1972 eingeführten ‚Euro'-Schecks eine Magnetschriftzeile zur Massensortierung). Die Leseleistungen betragen bei Magnetschriftlesern bis zu 96 000 Belege/Stunde, wobei gleichzeitig auch nach maximal 13 Kriterien sortiert werden kann [9, S. 79 f.].

Klarschriftleser erkennen sämtliche Ziffern und/oder Buchstaben sowie eine Reihe von Sonderzeichen. Die Belege können dabei mit elektrischen Schreibmaschinen oder durch Drucker der EDV-Anlage erstellt werden [9, S. 98 f.]. Beim Lesevorgang werden die Belege von einer Lampenreihe ausgeleuchtet, wobei die Zeichen über eine fotoelektrische Erkennung zeichentypische Impulse auslösen, die nach einer Verstärkung mit gespeicherten Mustern verglichen und identifiziert werden.

Belege für Klarschriftleser müssen sorgfältig gegen Verschmutzungen geschützt werden [3, S. 58]. Die Verarbeitungsgeschwindigkeiten sind von der Länge der Belege abhängig und erreichen Werte zwischen 18 000 und 25 000 Belege/ Stunde [9, S. 99]. Durch Anbau von Zusatzeinrichtungen können zwei Zeilen sowie handschriftliche Markierungen erkannt werden. Kreditkarten mit Klarschrifteintragungen können beispielsweise zur Rationalisierung der Verkaufsabrechnung benutzt werden (dieses Verfahren wird mit Erfolg in der Mineralölbranche eingesetzt) [4, S. 63]. Weitere Leistungsmerkmale ergeben sich durch die Lesegeschwindigkeit (Belege/Zeiteinheit), die Art, Zahl und Dichte der Zeichen, die Zeilendichte, Abmessung der Belege, Aufnahmefähigkeit des Belegzuführungsmagazins und der Belegablagefächer, die Fehleranfälligkeit und die Beleg- und Verarbeitungskontrollen.

Handschrift-Leseeinrichtungen werden als Zusatzgeräte für Mehrfunktionsleser angeboten, da reine Handschriftleser durch verschiedene Einschränkungen und die hohen Kosten für die Praxis gegenwärtig kaum wirtschaftlich einsetzbar wären. Diese Mehrfunktionseinheiten sind in der Lage, neben der Erkennung von Handschriftzeichen auch Klarschrift von Journalstreifen oder Belegen sowie Strichmarkierungen zu lesen [39, S. 9 ff.].

Die alphanumerischen Zeichen, welche vom Handschriftleser identifiziert werden können, beschränken sich derzeit auf die Ziffern von 0 bis 9 und die Buchstaben C, S, T, X und Z. Beim Schreiben müssen bestimmte Regeln beachtet werden: keine Schnörkel, vollständig geschlossene Schleifen, keine Unterbrechung durchgehender Linien, Blockschriftcharakter der Schriftzeichen und die amerikanische Schreibweise der Eins (ohne Aufstrich) und Sieben (ohne Querstrich).

Die Zeichenerkennung erfolgt durch die Suchbewegung eines Elektronenstrahls, welcher kreisförmig in tangential zur Kontur des Zeichens verschobenen Schritten die Figur des Zeichens umwandert, wobei die Erkennungslogik des Lesers die Bewegungen als Zeichen erkennt. Kann ein Zeichen nach 10 Versuchen nicht gelesen werden, besteht die Möglichkeit, es auf einem Bildschirm dem Bediener anzuzeigen, welcher das Zeichen mit einer on-line-Korrektur eingeben kann. Ferner kann ein Beleg mit nicht lesbaren Zeichen in ein Rückweisfach gesteuert werden [9, S. 97].

Die Leistungsfähigkeit von Mehrfunktionslesern mit der Zusatzeinrichtung ‚Lesen Handschrift' hängt wesentlich von der sorgfältigen Ausfüllung der handbeschriebenen Belege ab. So ist es möglich, daß trotz Schulung und Überwachung des die Belege ausstellenden Personals 0,2% bis 0,3% aller geschriebenen Zeichen nicht gelesen werden und damit zu einer Rückweisung der betreffenden Belege führen. Der Prozentsatz ‚gelesene Belege' zu ‚zurückgewiesene Belege' ist von der durchschnittlichen Zeichendichte pro Beleg abhängig. So können bei einer Zeichenfehlerquote von 0,3% bezogen auf die gesamte Anzahl der Belege Rückweisungen bis zu 30% möglich sein [4, S. 64].

Diese Notwendigkeit zur sorgfältigen Beschriftung bringt es mit sich, daß die Handschrift-Leseeinrichtung i. d. R. nur für die innerbetriebliche Belegverarbeitung eingesetzt werden kann, da nur fimenzugehörige Personen zu einer formgerechten Belegausfüllung angeleitet werden können. Es ist jedoch beispielsweise möglich, auf Auftragsformularen die für Markierungsleser verwendet werden, einen zusätzlichen Raum für handschriftliche Eintragungen der Reisenden vorzusehen, womit zusätzliche Informationen gewonnen werden können.

3.33 Datenendstationen und Geräte zur Datenfernverarbeitung

An mittlere und größere EDV-Anlagen können Datenein- und -ausgabegeräte angeschlossen werden, die ihren Standort unabhängig von der räumlichen Entfernung zur zentralen Verarbeitung einnehmen. Diese Datenendstationen (Terminals) können an ein firmeninternes Leitungsnetz angeschlossen werden oder es sind die Einrichtungen der Bundespost in Anspruch zu nehmen. Zur Datenfernverarbeitung stehen dabei gegenwärtig folgende Leitungen zur Verfügung: Telefonnetz, Fernschreibnetz, Datexnetz und Breitbandstromwege (geplant für 1975: EDS-Netz).
Die Datenendstationen können durch unterschiedliche Ausstattungen auf Einzelplätze ‚zugeschnitten' werden. Für die Dateneingabe stehen zur Verfügung [10]: Tastatur, Lochkarte und -streifen, Ausweisleser, Telefon und Bildschirm mit Impulsstift. Die Ausgabemöglichkeiten unterscheiden sich dadurch, daß statt Tastatur ein Drucker und statt Telefon eine phonetische Ausgabe verwendet wird [12, S. 206].
Die Datenendstationen sind in der Regel einzelne Geräte mit einer geringen Anzahl verschiedener Funktionen. Datenfernverarbeitungssysteme bestehen dagegen aus mehreren Geräten mit unterschiedlichen Funktionen (z. B. besteht das System IBM 1050 maximal aus: Steuereinheit, Drucker, Lochstreifen- und Lochkartenleser, Lochstreifen- und Lochkartenstanzer und Schreiblocher [9, S. 129]). Neuerdings wird noch ein Schritt weitergegangen, indem Kleincomputer als ‚intelligente' Terminals für Großcomputer eingesetzt werden [11, S. 17]. Diese Computer-Terminals mit Kernspeichergrößen bis zu etwa 16 K sind meist mit Plattenspeichern ausgerüstet [11, S. 19 f.]. Als Beispiel könnten die Anlagen IBM System/3 Modell 6 (Kernspeicher von 8 bis 16 K) oder das Nixdorf System 800 genannt werden. Ein großer Vorteil dieser Systeme besteht darin, daß Eingabedaten von den Datenendstationen durch das ‚intelligente' Terminal vor Weitergabe an die Groß-EDV-Anlage vorverarbeitet werden (Misch-, Sortier- und Verdichtungsarbeiten) und daß die Datenübertragung mit hohen Geschwindigkeiten erfolgen kann.
Zwischen den Terminals und der zentralen EDV-Anlage sind zur Datenfernverarbeitung weitere Einrichtungen notwendig. Verfolgt man den Weg zu den Datenendstationen, so ist an die Zentraleinheit als erstes eine Ferndatensteuereinheit anzuschließen. Diese Einheit steuert den Datenfluß zwischen EDV-Anlage und den Terminals. Für jedes Terminal ist nach der Steuereinheit ein

Modem notwendig, welches digitale Signale in Tonfrequenzsignale moduliert bzw. demoduliert. Danach folgt das Leitungsnetz zur Überbrückung der räumlichen Entfernungen. Es endet wieder bei einem Modem, welches dem Terminal vorgeschaltet ist.

Um die Einrichtungen zur Datenfernübertragung wirkungsvoll einsetzen zu können, sind bestimmte Voraussetzungen notwendig:

1. Real-time-Arbeitsweise, d.h. die Abfragen oder Dateneingaben werden unmittelbar in der Reihenfolge ihres Eintreffens ausgeführt [13, S. 418 f.].
2. Multiprogramming, d.h. die gleichzeitige Verarbeitung von mehreren Programmen, wobei die einzelnen Operationen verzahnt ausgeführt werden. Hierbei werden Prioritäten der Programme berücksichtigt.
3. Pufferspeicher für die Ein- und Ausgabeoperationen, um die Geschwindigkeit dieser Operationen mit der internen Verarbeitung auszugleichen.

Bei der Anwendung von Terminals werden die Funktionen des Computers dezentralisiert [10], und es bieten sich im Vertrieb eine Vielzahl von Einsatzmöglichkeiten an, so z.B.:

1. Anfragen von Verkaufsfilialen, ob und in welchen Lagern bestimmte Artikel für den Verkauf zur Verfügung stehen (evtl. mit Preisen, vorhandenen Mengen, Rabattangaben usw.).
2. Verkaufsfilialen übertragen an die zentrale EDV-Anlage Tagesumsätze und Verkaufsdaten zur Gesamttagesumsatzermittlung [10] und sonstigen Verkaufsstatistiken.
3. Dialogverkehr der Außenverkäufer und Filialen mit der zentralen Vertriebsdatenbank.

3.4 Geräte zur externen Datenspeicherung

Unter externen Speichern werden Geräte verstanden, die Daten vom Arbeitsspeicher aufnehmen und sie bis zur weiteren Verarbeitung ‚zwischenspeichern' können [3, S. 85]. Diese Geräte müssen daher on-line mit der Zentraleinheit verbunden sein. Die Speicherungstechnik beruht bei den externen Speichern auf Magnetisierungsvorgängen. Neben einer Unterteilung in externe Speicher mit und ohne wahlfreien Zugriff (d.h. Abhängigkeit von der Speicherordnung) sind folgende Leistungskriterien für die Beurteilung heranzuziehen: Zugriffszeit, Speicherkapazität, Darstellungsart (seriell, parallel, Kombinationsformen), Speicherpermanenz, Löschfähigkeit, periodische Verfügbarkeit, Zuverlässigkeit, Widerstandsfähigkeit, Dichte und Kosten [5, S. 123].

Magnetbandgeräte eignen sich durch die geringen Kosten im Vergleich zu anderen Externspeichern besonders zur Speicherung großer Datenmengen. Die zu speichernden Daten werden auf dem Magnetband in Sätzen zusammengestellt

und erhalten je Satz einen Sortierbegriff. Zwischen den Sätzen müssen für Start und Stop (Beschleunigungs- und Bremszeiten) Zwischenräume gelassen werden, die jedoch durch Blockungen z. T. eliminiert werden können, d. h. es erfolgt eine Zusammenfassung von Sätzen zu einem geblockten Magnetbandsatz mit einem Sortierbegriff. Suchvorgänge nehmen durch die notwendige sequentiellen Abarbeitung des Datenvolumens relativ viel Zeit in Anspruch. Auch das Updating (Aktualisierung der Datenbestände) erfordert einen meist großen zeitlichen Aufwand. Dafür müssen mindestens zwei Bandeinheiten beansprucht werden: Stammband plus Bewegungsdaten ergibt das aktuelle Stammband.
Als Leistungskriterien zum Vergleich der verschiedenen Geräte zählen die Anzahl der Bandspuren, Bandlänge und -breite, Bandgeschwindigkeit, Zeichendarstellung, Zeichendichte (bits/cm), Satz bzw. Blocklänge, Blockzwischenraum (cm), Start/Stopzeit (ms), Übertragungsgeschwindigkeit, Geschwindigkeit für Lesen und Schreiben, Rücklaufgeschwindigkeit, Anzahl der Laufwerke, Bandfunktionen (Schreiben und Lesen vorwärts und rückwärts) und -instruktionen und Prüffunktionen (Lese- und Schreibkontrolle, Datensicherung) [1, S. 64 ff.; 5, S. 123].
Die Speicherung mit *Magnetplattengeräten* ist gegenüber Magnetbandgeräten bei Vergleich von Kosten/Byte pro Periode (Miete) ungefähr dreimal teurer [12, S. 197]. Dafür läßt sich mit diesen Geräten ein direkter Zugriff zu den gespeicherten Daten realisieren, wobei die Zugriffszeiten zwischen 90 und 200 Millisekunden bei Kapazitäten von 7 bis 207 Millionen Zeichen betragen [1, S. 62]. Neben Angaben über Kapazität und Zugriffszeit gelten für die Magnetplattengeräte, wie auch für die folgenden Geräte mit mehr oder weniger wahlfreiem Zugriff Leistungskennzeichen wie Speicherpermanenz, Auswechselbarkeit der Speicherträger, Zahl der Antriebe, Möglichkeit des überlappten Suchens auf mehreren Einheiten bei gleichzeitigem Schreiben/Lesen auf einer oder verschiedenen Einheit (en), Dupliziergeschwindigkeit, Datenprüfung und -sicherung. Des weiteren ist von Bedeutung, wie die Verhältnisse von Anschlußmöglichkeiten zwischen Zentraleinheit, Steuereinheit und Speichereinheit sind [5, S. 124 f.].
Die Daten sind auf den Magnetplatten in konzentrischen Spuren gespeichert. Durch die Verwendung von Plattenstapeln und sogenannten Zugriffskämmen als Schreib- und Leseeinrichtungen wird erreicht, daß zur gleichen Zeit immer zu den gleichen Spuren verschiedener Platten zugegriffen werden kann. Gleiche Spuren werden deshalb zu Zylindern zusammengefaßt und zur schnellen Verarbeitung der Daten werden diese ebenfalls zylindrisch abgespeichert [13, S. 320 ff.]. Die Datenelemente werden bei Plattenspeicherung durch ‚Hardware'-Adressen angesprochen, welche folgende Angaben enthalten: Modul, Zylinder, Lesekopf (Spur), relative Blocknummer und Blockung. Adressen dieser Art werden auch zum Zugriff zu Daten auf Magnettrommel-, Magnetkarten- und Magnetstreifenspeichern verwendet.

Beim *Magnettrommelspeicher* werden die Daten auf einer sich schnell drehenden magnetisierbaren Trommel gespeichert. Die Trommel wird dabei in Spuren aufgeteilt, wobei es die Möglichkeit gibt, für jede Spur eine stationäre Schreib- und Leseeinrichtung einzurichten oder für mehrere Spuren einen beweglichen Schreib- und Lesekopf vorzusehen [3, S. 95 f.]. Die Speicherkapazität einer Trommel wird durch ihre Größe bestimmt, wobei jedoch die Zugriffszeit bei zunehmendem Durchmesser und konstanter Umdrehungsgeschwindigkeit abnimmt.

Die Leistungswerte der Magnettrommelgeräte liegen relativ weit auseinander. Die Speicherkapazitäten betragen durchschnittlich zwischen 1 und 5 Millionen Zeichen (Extremwerte von 0,03 bis 130 Millionen Zeichen) bei mittleren Zugriffszeiten von 5 bis 20 Millisekunden [1, S. 61]. Diese Geräteart bietet somit ein meist sehr günstiges Verhältnis von Speicherkapazität zu Zugriffszeit.

„Der *Magnetkartenspeicher* ist im Prinzip ein Magnettrommelspeicher mit auswechselbaren Trommelmänteln, den Magnetkarten" [13, S. 315]. Die Magnetkarten haben in Längsrichtung die Datenspuren und sind am oberen Rand mit Ausschnitten versehen. Die Karten werden an Kerbstangen aufgehängt, die gleichzeitig den Auswahlmechanismus bilden. Eine ausgewählte Karte wird auf eine rotierende Trommel aufgespannt, wobei die Zahl der Lese- und Schreibköpfe gleich oder geringer (bewegliche Köpfe) als die Zahl der Spuren sein kann. Die Kapazitäten dieser Geräte sind sehr groß und schwanken zwischen 300 und 600 Millionen Zeichen bei mittleren Zugriffszeiten von 200 bis 300 Millisekunden [1, S. 63].

Beim *Magnetstreifenspeicher* werden Magnetstreifen karussellartig angeordnet. Durch Drehung des Karussells wird der gesuchte Streifen an die Schreib- und Leseeinrichtung transportiert und wieder auf eine rotierende Trommel aufgezogen. Die Daten dieser Geräte entsprechen etwa denen der Magnetkernspeicher [3, S. 103].

Großkernspeicher unterscheiden sich hinsichtlich Speicherungsart, Zugriffszeit und Kosten erheblich von den bisher vorgestellten Externspeicher. Der technische Aufbau dieser Geräte ist prinzipiell der gleiche wie beim Kernspeicher einer Zentraleinheit, d. h. der Speicherungsvorgang beruht auf der Magnetisierung von Ferritkernen, welche auf Matrizen aufgezogen sind. Jeder Ferritkern kann ein Bit (binary digit), die kleinste Darstellungseinheit für binäre Werte, aufnehmen. Acht übereinanderliegende Bits werden zu einem Byte zusammengefaßt. Man spricht daher auch im Zusammenhang mit dieser Speicherungstechnik von sogenannten Bytemaschinen. Großkernspeicher können mehrere Millionen alphanumerische Zeichen der Zentraleinheit als zusätzlichen Speicherplatz zur Verfügung stellen. Der Speicherinhalt kann dabei in direktem Anschluß an den Hauptspeicherbereich adressiert werden [9, S. 18]. Der Großkernspeicher stellt damit praktisch eine Vergrößerung des internen Speichers dar. Daraus erklären sich auch die hohen Aufwendungen, die für diese Geräte erbracht werden müssen, da dieser Speicher mit dem Arbeitsspeicher einer Zentraleinheit eher verwandt ist als mit den anderen Externspeichern.

3.5 Software zur Steuerung der Systemkomponenten

Die Software als die Gesamtheit der zum Betrieb eines elektronischen Datenverarbeitungssystems zur Verfügung stehenden Programmierhilfen, läßt sich nach funktionalen Gesichtspunkten in die Elemente Programmiersystem und Betriebssystem unterteilen.
Das Programmiersystem dient der Überbrückung der zwischen Mensch und Maschine bestehenden sprachlichen Unterschiede; in maschinell ausführbare Einzelschritte zerlegte Problemlösungen werden in geeigneten maschinenverständlichen Sprachen den realtechnischen Sachmitteln mitgeteilt, wodurch bei der maschinellen Abwicklung eine programmkonforme Steuerung der Systemfunktionen erfolgt. Die Programmierung in der Maschinensprache, die dem jeweiligen Computer unmittelbar verständlich ist, ist schwierig, da die Verschlüsselung der Befehlsworte im internen Binärcode zu erfolgen hat und die Berücksichtigung der technischen Eigenschaften der Maschinen erfordert. Deshalb erfolgt die Ablaufbeschreibung mittels in Syntax und Grammatik wesentlich einfacheren Programmiersprachen, die maschinell in die von der Hardware allein verstandene Form, die Maschinensprache als Folge von Binärworten, umgewandelt werden. Die Übertragung der einzelnen Sprachelemente in die jeweilige Maschinensprache erfolgt mittels Übersetzungsprogrammen, die sich je nach Art der verwendeten Programmiersprachen in Assembler, Compiler und Generatoren unterteilen lassen.
Assembler ermöglichen als erzeugende Übersetzungsprogramme die Herstellung des Maschinenprogramms aus auf die verwendeten Anlagen zugeschnittenen, d. h. maschinenorientierten Pseudoprogrammen durch das System selbst. Dieses Programmiersystem besteht somit aus einer spezifischen, in mnemonischer Form geschriebenen Sprache und aus einem Umwandlungsprogramm, das den Pseudocode in den Maschinencode übersetzt. Die Pseudobefehle haben die gleiche oder eine ähnliche Struktur wie die erzeugten Befehle (1 : 1-Zuordnung). Maschinenorientierte Programmiersprachen werden etwa seit Mitte der 50er Jahre angewandt (z. B. Autocoder der IBM 650); ihre Leistungsfähigkeit ergibt sich aus der Anzahl der vorhandenen Assembler-Versionen, deren Fähigkeiten und kapazitativen Erfordernissen. „Die Fähigkeiten der einzelnen, dieselbe Sprache verwendenden Assembler-Versionen unterscheiden sich durch die Zahl der in dem mnemotechnischen Code ausdrückbaren Maschinen-Befehle, die Adressierbarkeit der Speicherstellen durch mehrere, verschiedene symbolische Namen, die Zahl, Zeiten und Ergebnisse der Assemblierläufe des eigentlichen

Umwandlungsvorgangs und die Zahl und Art der möglichen Direktiven. Die Leistung des Übersetzungsprogramms wird ferner durch die Möglichkeiten zur Programmsegmentierung (bzw. die Möglichkeit, getrennt geschriebene Programmsegmente in einem Konsolidierungslauf zu einem einheitlichen Programm zusammenzufügen), zur Aufnahme von Segmenten und Unterprogrammen, die in einer anderen Sprache geschrieben sind und das Vermögen zur Verwendung impliziter Definitionen, der Bildung von Literalen und der Erzeugung von Makro-Befehlen, bestimmt. Makro-Befehle dienen der Vereinfachung der Programmierung, da jeder Befehl eine Reihe von Einzelinstruktionen bzw. Bibliotheksprogramme aufruft, welche während der Assemblierung in das Programm eingefügt werden." [5, S. 131].

Problemorientierte Sprachen gestatten das Schreiben von Programmen ohne Berücksichtigung eines bestimmten maschinellen Systems und seines spezifischen Aufbaus. Ihre Sprachelemente eignen sich für die Formulierung bestimmter technischer und/oder kommerzieller Probleme besonders dadurch, daß die verwendeten Sprachelemente der jeweiligen natürlichen Fachsprache näherstehen als dem internen Code. Bei den seit etwa 1958 eine größere Bedeutung erlangenden problemorientierten Programmiersprachen lassen sich drei Entwicklungslinien unterscheiden:

a) Sprachen für technisch-wissenschaftliche Probleme, wie z. B. das die mathematische Symbolik benahe unverändert benutzende ALGOL (Algorithmic Language) und das ursprünglich für IBM-Anlagen entwickelte, später standardisierte und ebenfalls auf der mathematischen Symbolik basierende FORTRAN (Formula Translation System). ALGOL (gegenwärtige Version ALGOL 68) wird primär im Universitätsbereich verwendet; für Lehrzwecke eignet sich diese Sprache besonders wegen des klaren, logischen Aufbaus. Da FORTRAN (gegenwärtige Version FORTRAN IV) in seinen Definitionen bestimmte maschinen-technische Eigenschaften berücksichtigt, zeichnet sich diese Programmiersprache durch hohe Verarbeitungsgeschwindigkeiten bei langwierigen Rechenprozessen aus und wird dementsprechend vorwiegend in großen Forschungsinstituten (auch in der Wirtschaft) angewendet.
b) Sprachen für kaufmännische Probleme, wie z. B. COBOL (Common Business Oriented Language). Diese für kommerzielle Aufgaben gegenwärtig am häufigsten eingesetzte Sprache wurde 1959/1960 von der CODASYL-Arbeitsgruppe (amerikanischer Herstellerfirmen und Anwender aus der Wirtschaft) definiert und entspricht in ihrer Syntax einer Untermenge der englischen Sprache.
c) Sprachen für technisch-wissenschaftliche und kaufmännische Probleme, wie z. B. PL/1 (Programming Language/One). PL/1 wurde ab 1963 von der Firma IBM in Zusammenarbeit mit der Benutzerorganisation SHARE entwickelt, wobei folgende Entwurfskriterien zugrundegelegt wurden:
   – Eignung für wissenschaftliche und kommerzielle Aufgaben

- Maschinenunabhängigkeit
- Leichte Erlernbarkeit, Verständlichkeit und Selbstdokumentation
- Modularer Aufbau, für spezielle Aufgaben und kleinere Datenverarbeitungsanlagen einschränkbar (Subsets)
- Erweiterungs- und Ausbaufähigkeit
- Eignung zur wirkungsvollen Zusammenarbeit mit den umfangreichen Betriebssystemen der Computer der 3. Generation.

Die Vorzüge dieser höheren Programmiersprachen ergeben sich durch die Vereinfachung der Programmierung und die Austauschbarkeit von Programmen verschiedener Anlagen, was sich wesentlich auf die Entwicklungs- und Instandhaltungskosten der Programme auswirkt. Da sich die einzelnen Sprachen in ihrer Eignung für die Lösung vertrieblicher Aufgaben unterscheiden, ist es wesentlich, welche Übersetzer für das jeweilige Anlagensystem zur Verfügung stehen. Leistungskriterien von Compilern sind die erforderliche Speicherkapazität des Übersetzungsprogramms, die Umwandlungszeiten, die Wirksamkeit der während der Compilierung durchgeführten Fehlerprüfungen und die Möglichkeiten zur Einarbeitung von Verbesserungen und Einfügungen in die fertigen Programme.

Insbesondere für Arbeitsabläufe der kommerziellen Datenverarbeitung, die durch eine einheitliche Ablaufstruktur gekennzeichnet sind (wie z. B. alle buchhalterischen Arbeiten im Rahmen der Verkaufsabrechnung), wurden seit etwa 1955 sogenannte generierende Sprachen entwickelt. Diese ebenfalls problemorientierten Programmiersprachen zeichnen sich dadurch aus, daß nicht mehr der vollständige Programmablauf umfassend beschrieben werden muß, sondern nur noch die vom normalen Prozeß abweichenden Bestandteile. Anweisungen, die nicht vom Programmierer explizit formuliert werden, werden aufgrund des vorgegebenen Sprachgerüsts durch eingebaute Mechanismen hinzugeneriert; bei Standardabläufen genügt es somit die benutzten Symbole zu definieren. Da die Programmlogik ganz oder teilweise fest vorgegeben ist, sind diese impliziten Sprachen nicht mehr universell anwendbar. Zur Spezifizierung der Parameter und der damit möglichen individuellen Aufgabenanpassung stehen im allgemeinen spezielle Vordrucke zur Verfügung, so daß diese Programmiersprachen auch häufig „Formularsprachen“ genannt werden. Bei einer Übersicht über die gebräuchlichen Formularsprachen lassen sich Sprachen für Einzweckprogramme (Programme zur Datenumspeicherung, zur Datenumorganisation, für Standardfunktionen und für Standardanwendungen) und Sprachen für Mehrzweckprogramme unterscheiden, die den Übergang zu den Formel-Sprachen bilden. Bekannte Beispiele für Einzweckprogramme sind die STAR-Programme (Standard-Routinen), die im wesentlichen die Funktionen der konventionellen Lochkartenanlagen (Programm für Mischerfunktionen, Programm für Dopplerfunktionen, Listprogramm und Sortierprogramm) simulieren oder die Standardanwendungen des MINOCS-Systems (Modular Inventory Control System) und des

MOSCOR-Programms (Modular System for Computation of Requirements) im Rahmen der Lagerdisposition. Die bekannteste Sprache für Mehrzweckprogramme ist RPG (Report Program Generator), die für sehr viele Anwendungen im Vertrieb gut geeignet ist. Dem Vorteil von Zeiteinsparungen sowohl beim Schreiben als auch beim Austesten der Programme steht der Nachteil einer relativ großen Standardisierung und damit begrenzten Einsatzfähigkeit zur Lösung vorgegebener Problemstellungen gegenüber. Wesentliche Gesichtspunkte für die Beurteilung der Generatoren ergeben sich deshalb aus der Art der vorhandenen Programme, dem notwendigen Speicherbedarf und den Generierzeiten.

Das Betriebssystem hat die Aufgaben, die Programmverarbeitung einer Datenverarbeitungsanlage zu koordinieren, die Operationen der Systemkomponenten zu initialisieren und zu steuern, sowie den Programmablauf zu überwachen. Es ist der Mittler zwischen dem Bediener und allen Systemelementen der Hardware, so daß das Betriebssystem auf die besonderen Merkmale spezieller Maschinenkonfigurationen abgestimmt sein muß. Zu den Hauptfunktionen gehören [5, S. 133 f.]:

a) Laden von Programmen;
b) Zuordnung von Speicherplätzen und peripheren Anlagen an die Aufgaben und Teilaufgaben der Programme;
c) Interpretation der Aufgabendurchführung;
d) Einleitung der Aufgabendurchführung;
e) Steuerung peripherer Übertragungen;
f) Gegebenenfalls Programmumschaltung nach Vorrang zur optimalen Ausnutzung der Systemkomponenten;
g) Interpretation und Ausführung von Bediener-Anweisungen;
h) Überwachung des Programmablaufs und gegebenenfalls der Überlappung von Programmen;
i) Gegebenenfalls Schutz gegen fehlerhafte Speicherzugriffe anderer Benutzerprogramme;
j) Bedarfsabhängiges Ein- und Aussteuern von Programm-Routinen;
k) Diagnose, Interpretation und Anzeige von Fehlern der Zentraleinheit, der peripheren Geräte und der Programme;
l) Unterrichtung des Bedieners über den Programmablauf und Bedingungen, die sein Eingreifen erfordern;
m) Auswahl und Transfer der Ausgabedaten;
n) Dokumentation des Programmablaufs, der Bedienungseingriffe und der aufgetretenen Ausnahmebedingungen

Diese Funktionen werden je nach Größe der Betriebssysteme (z. B. umfaßt das IBM OS/360 in der Version von 1968 ca. 2 500 000 Instruktionen, das zum gleichen Datum freigegebene Betriebssystem IBM Modell 20 Platte jedoch nur 140 000 Instruktionen) in unterschiedlichem Umfange durch die Steuerprogramme und Dienstprogramme realisiert. Weitere Komponenten eines Be-

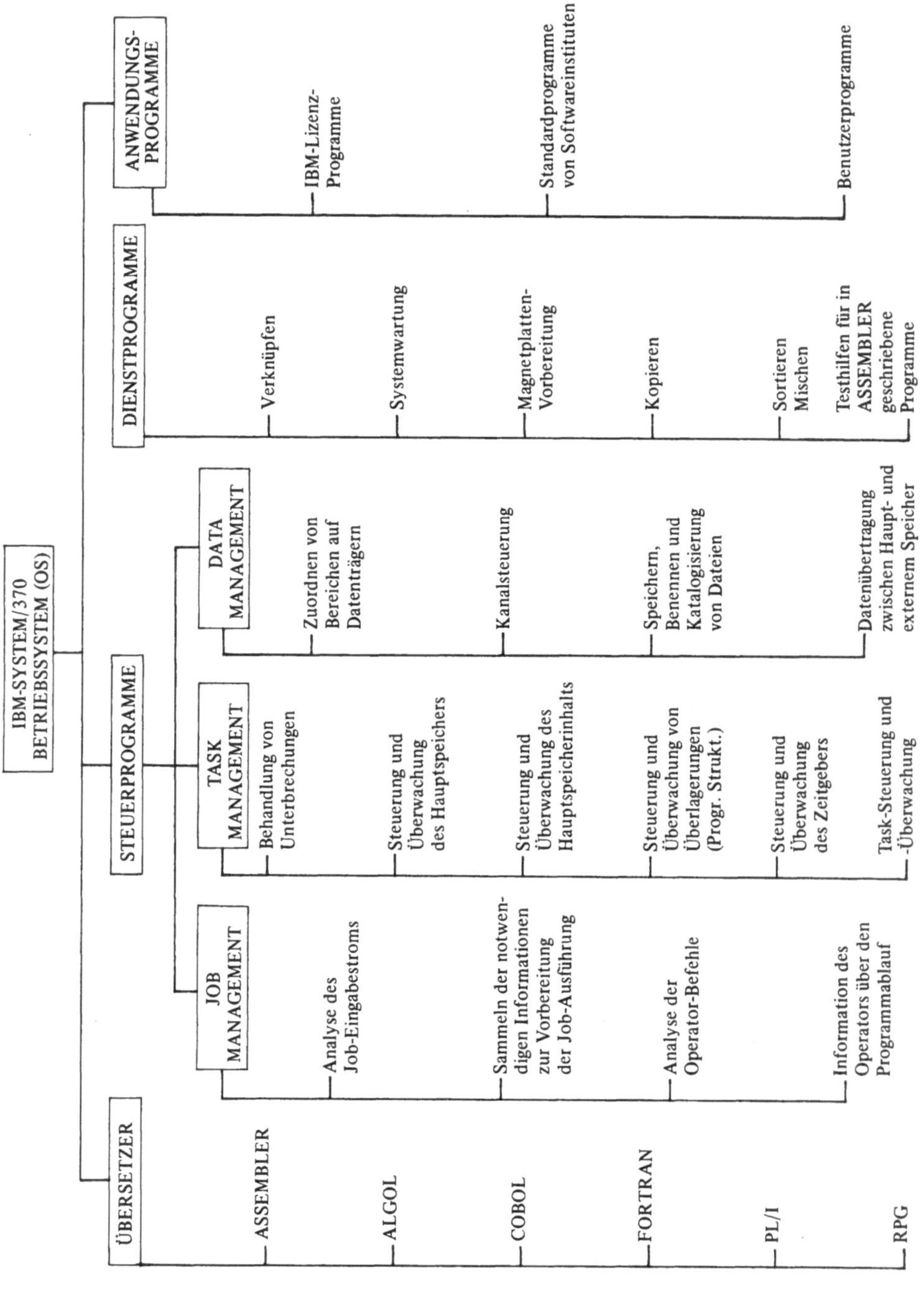

Abb. 9: Funktionen eines Betriebssystems

triebssystems sind die bereits erwähnten Übersetzer und die Anwendungsprogramme. Letztere sind entweder vom Benutzer erstellte Programme oder Standardprogramme von Computerherstellern bzw. Software-Instituten, die im allgemeinen für häufig wiederkehrende, gleichbleibende Arbeiten angeboten werden. Vgl. Abb. 9. Für vertriebliche Zwecke steht insbesondere im Rahmen der Routine-Datenverarbeitung, aber auch für höhere Anwendungen bereits eine Vielzahl von standardisierten Programmen zum nachträglichen Einbau in Betriebssysteme zur Verfügung (z. B. enthält die European Program Library der IBM in Paris mehrere hundert kommerziell einsetzbare Anwendungsprogramme). Diese Standardprogramme werden teilweise als symbolische, teilweise als echte Programme auf verschiedenen Speichermedien geliefert und bei der Systemgenerierung in das Benutzer-Betriebssystem integriert. Ihre Anwendungsmöglichkeiten erweitern sich, wenn die programmierten vertrieblichen Funktionsabläufe in Unterprogramme aufgegliedert sind, für die alternative programmierte Verrichtungsmöglichkeiten zur Verfügung stehen. Durch die Zusammenfügung dieser Programmblöcke wird eine sinnvolle Anpassung der Standardlösungen an die spezifischen Vertriebsfunktionen einer Unternehmung erleichtert.
Die nachfolgend betriebene Systemanalyse des Vertriebs erfolgt ausschließlich unter dem Blickpunkt des Einsatzes der elektronischen Datenverarbeitung, da diese realtechnischen Sachmittel universell einsetzbar sind und damit eine umfassende Automatisierung der Vertriebsfunktionen erlauben. Für zahlreiche der beschriebenen Lösungsvorschläge sind Standardprogramme erhältlich; einige Anwendungsprogramme wurden zusätzlich von Mitgliedern des Studienkreises Vertriebsinformatik entwickelt (so z. B. für die dynamische Programmierung, die Deckungsbeitragsrechnung nach Produkten und Kunden, oder das Produkt Screening).

4. Methoden der vertrieblichen Datenverarbeitung

4.1 Steuerung des Vertriebsprozesses

4.11 Aufgaben eines Steuerungs- und Informationssystems im Vertrieb

Die Unternehmen streben heute danach, von der improvisierten Führung zur organisierten Führung zu gelangen. Voraussetzung dazu ist die zielgerichtete Organisation der Information. Das Informationsproblem ist gegenwärtig das eigentliche Führungsproblem. Dies gilt im Grunde für alle Bereiche der Unternehmung. Besonders bedeutsam ist der Vorteil eines besseren Steuerungs- und Informationssystems im probabilistischen Vertriebsbereich. Mit den konservativen organisatorischen Mitteln ist es jedoch im allgemeinen sehr schwierig, ein entsprechendes Steuerungs- und Informationssystem aufzubauen. Hier geben uns insbesondere die elektronische Datenverarbeitung sowie die Erkenntnisse bzw. Methoden der Kybernetik und des Operations Research die Möglichkeit, das herkömmliche Vertriebssystem zu einem Steuerungs- und Informationssystem auszubauen.

Ein solches System hat im wesentlichen folgende Aufgaben zu erfüllen:

Automation von Massenarbeiten

Automation von Routine-Entscheidungen

Lieferung von Informationen für den Planungs- und Zielsetzungsprozeß.

Die Automation von Massenarbeiten ist für ein Steuerungs- und Informationssystem im Vertriebsbereich im Grunde problemlos, da sich diese Arbeiten im wesentlichen eindeutig beschreiben lassen und somit auch relativ einfach programmiert werden können.

Zu den Aufgaben eines Steuerungs- und Informationssystems im Vertriebsbereich gehört es, den Ablauf zahlreicher vorformulierbarer Entscheidungsprozesse vollmaschinell zu steuern. Optimale maschinelle Entscheidungen, die insbesondere dort möglich sind, wo von sicheren Erwartungen ausgegangen werden kann, setzen voraus, daß die Zielsetzungen quantifiziert werden können, und daß die entsprechenden Optimierungsmodelle in einem solchen System bereits aufgebaut sind.

Bei in die Zukunft gerichteten vertriebspolitischen Entscheidungen ist eine Automatisierung der Entscheidungsprozesse nur schwer möglich, da nie alle Informationen vorhanden sind und da keine genauen Vorhersagen über Art, Ausmaß und Zeit von Störungen möglich sind. Das Steuerungs- und Informationssystem ist daher als lernfähiges, offenes System zu organisieren. Es muß dem Management im Vertrieb für die Planungs- und Zielsetzungsprozesse aus den verfügbaren Informationen alle relevanten liefern können. Die Komplexität dieser Informationen muß dabei um so größer sein, je höher die Führungskräfte in der Unternehmenshierarchie stehen.

4.12 Kybernetische Erkenntnisse für die Steuerung des Vertriebsprozesses

4.121 Forschungsfeld der Kybernetik

Primärer Aspekt für alle Forschungsobjekte der Kybernetik ist das „System". Dabei kann man das System allgemein definieren als eine Menge von Elementen, die in einem organisierten Zusammenhang stehen. Aus den Beziehungen der Elemente ergibt sich die Struktur eines Systems, aufgrund derer es zu bestimmten Funktionen fähig ist.
Systeme können nach verschiedenen Kriterien klassifiziert werden. Bekannt ist die von Stafford Beer [3, S. 27 ff.] entwickelte Klassifikation nach
- der Beschreibbarkeit und
- der Vorhersagbarkeit.

Nach der *Beschreibbarkeit* unterscheidet Beer zwischen:
- einfachen Systemen (völlig einsichtig und vollständig beschreibbar, z. B. Lineal)
- komplexen Systemen (zwar vollständig, aber nur schwierig beschreibbar, z. B. Auto)
- äußerst komplexen Systemen (nicht vollständig beschreibbar, z. B. ein Wirtschaftsunternehmen).

Hinsichtlich der *Vorhersagbarkeit* werden zwei Systemklassen unterschieden:
- deterministische Systeme (die Teile des Systems wirken in vollständig vorhersagbarer Weise aufeinander ein, z. B. Lichtschalter mit Glühbirne)
- probabilistische Systeme (keine genauen, detaillierten Voraussagen möglich, z. B. Aktienmarkt).

Das eigentliche Forschungsfeld der Kybernetik sind die äußerst komplexen Systeme, die das Systemziel des Überlebens haben. Aufgrund dieses Zieles müssen solche Systeme lern- und anpassungsfähig sein. Das Erreichen des Zieles hängt von der Qualität des Regelkreises ab. Um das Problem der Regelung zu erkennen, ist eine strenge Unterscheidung zwischen den Begriffen „Steuerung" und „Regelung" notwendig. Unter *Steuerung* versteht man im allgemeinen die Anweisung an ein System, sich in einer bestimmten Art zu verhalten. Von *Regelung* spricht man, wenn der vorgegebene Wert einer Größe (Führungsgröße oder Sollwert) aufgrund von Messungen dieser Größe (Regelgröße oder Istwert) ständig konstant gehalten wird. Eine solche Selbstregelung des Systems kann durch Rückkopplung (feed back), d.h. Wiedereinschalten der Ergebnisse in das System selbst, erreicht werden. Der wesentliche Unterschied zwischen Steuerung und Regelung besteht also darin, daß sich die Regelung in einem geschlossenen Wirkungskreis vollzieht.

Das Ziel von Steuerung und Regelung ist es, in einem System *Stabilität* herzustellen und zu erhalten. Diese ist dann erreicht, wenn das System im Hinblick auf gewisse Störungen (nicht auf jede beliebige Störung; man spricht daher auch nicht von einer absoluten, sondern besser von einer relativen Stabilität) stabil ist. Die Eigenschaft von Systemen, eine Regelgröße gegenüber bestimmten Typen von Störungen innerhalb eines vorgegebenen Regelbereiches zu halten, wird als *Homöostase* bezeichnet.

4.122 Regelungsvorgänge in der Unternehmung

Betrachtet man die Unternehmung als kybernetisches System, dann ist die *Zielfunktion* der Unternehmung die originäre Führungsgröße. Die Zielfunktion umfaßt die Gesamtheit aller Ziele, die das Unternehmen verfolgt; sie bestimmt die Grundrichtung aller Entscheidungen. Als Existenzbedingung ist dabei für die Unternehmung eine angemessene Rentabilität auf lange Sicht erforderlich. Daneben können aber weitere, sich ergänzende oder miteinander konkurrierende Teilziele verfolgt werden. Mit Hilfe der *Planung* wird die Zielfunktion konkretisiert. Es werden zahlreiche Planungsgrößen für den Vertrieb-, Personal-, Finanz-, Beschaffungs- und Produktionsbereich gesetzt. In der Phase der *Steuerung* werden die operativen Größen für die unmittelbare Beeinflussung der betrieblichen Prozesse (Regelstrecken) erzeugt. Die *Realisierung* ist mit der Durchführung befaßt. Ergebnis der Realisierung sind Regelgrößen. Die *Kontrolle* vergleicht die tatsächlichen mit den geplanten Ergebnissen. Die Ergebnisse der Kontrolle führen entweder über die Steuerung zu einem direkten Eingriff in die Regelstrecke (Gestaltungsmaßnahmen) oder zur Änderung von Plänen (Anpassungsmaßnahmen) (s. Abb. 10).

Die Unternehmung ist ein äußerst komplexes probabilistisches System mit homöostatischem Charakter. Dabei ist festzustellen, daß die Beschreibbarkeit und Vorhersagbarkeit in den verschiedenen Bereichen der Unternehmung recht unterschiedlich ist. So ist z. B. der Produktionsbereich weitgehend deterministisch. Er kann in seiner Struktur und in seiner Wirkung fast vollständig beschrieben werden. Eine Prozeßautomatisierung ist möglich, da alle zur Steuerung und Regelung relevanten Daten verfügbar sind.

Die Beschreibbarkeit der Unternehmensbereiche nimmt mit wachsendem Umwelteinfluß ab. Die Informationen können nicht mehr vollständig zusammengetragen werden. Neben den beherrschbaren internen Daten gewinnen die

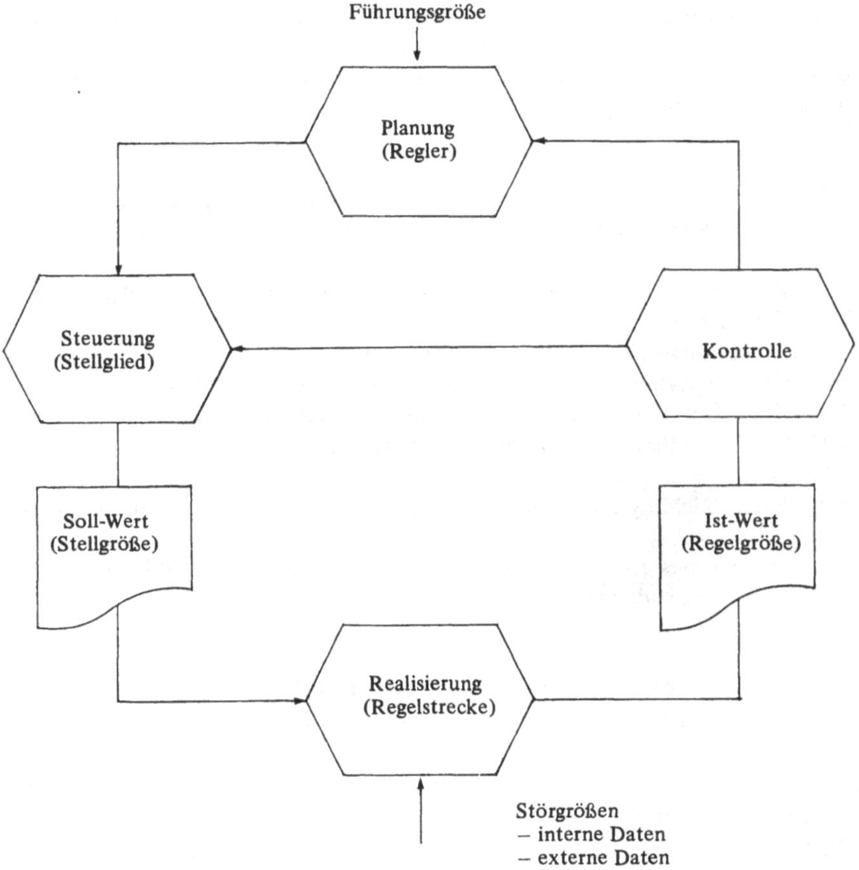

Abb. 10: Regelsystem

externen Daten eine immer größere Bedeutung. Die Unsicherheiten in der Planung bestehen dabei vor allem darin, daß man meist nicht alle auf das System einwirkenden Faktoren kennt und daß somit das Ausmaß der Störwirkungen nicht erkannt werden kann. Die Umwelt der Systeme „Unternehmen" kann bis heute nur ungenügend beschrieben werden. Da das Wirkungsziel der Unternehmung aber in der Umwelt, genauer: in dem am wenigsten beschreib- und vorhersagbaren Systembereich – nämlich dem Vertriebsbereich – liegt, müssen hier die Regelungsmechanismen besonders anpassungsfähig und flexibel sein. Die Unternehmung ist also nicht als einziger Regelkreis anzusehen, sondern sie umfaßt eine Vielzahl miteinander in Verbindung stehender Regelkreise. Dabei beeinflußt jeder Regelkreis mehr oder weniger auch die anderen, d. h. das

System „Unternehmung" ist interdependent. Für den praktischen Aufbau eines Steuerungs- und Regelungsmechanismus in der Unternehmung bedeutet dies, daß alle Subsysteme in der Unternehmung im Hinblick auf das Gesamtziel ausgerichtet werden müssen.

4.123 Bedeutung der Kybernetik für den Aufbau von Steuerungs- und Informationssystemen

Die Möglichkeiten, die uns die Kybernetik beim Aufbau von Steuerungs- und Informationssystemen gibt, sind u. a. [22, S. 21 ff.]:
- Der Beschreibbarkeitsgrad kann erhöht werden
- Mit Hilfe der Kybernetik läßt sich die Vorhersagbarkeit verbessern
- Über die Informations- und Kommunikationstheorie sowie über die Modell- und Automatentheorie kann ein höherer Automatisierungsgrad erreicht werden
- Eine Versachlichung und Objektivierung der Unternehmensführung ist möglich
- Der Informationsgrad und der Informationsservice kann und soll mit Hilfe der Kybernetik verbessert werden.

4.13 Regelungsvorgänge im Vertrieb, dargestellt am Beispiel der Beschreibungskriterien für die Kunden-Bonitätsziffer

Die Bonitätsziffer, eine Kennziffer zur Beurteilung eines Kunden, kann bei verschiedenen Arbeitsgebieten im Vertrieb (z. B. Kreditprüfung, Mahnungen) benützt werden. Sie gewinnt um so mehr an Aussagekraft, je mehr Kriterien zu ihrer Ermittlung herangezogen werden. Dabei sind für alle Kriterien Bewertungsskalen aufzustellen. Diese Bewertungsskalen werden dann zur Ermittlung der Bonitätsziffer miteinander verknüpft.
Nachfolgend soll die Bonitätsziffer durch folgende Kriterien ermittelt werden:
- Zahlungsgewohnheiten
- Auftragsgrößen
- Bestellkontinuität
- Reklamationshäufigkeit

a) Zahlungsgewohnheiten
Bei den Zahlungsgewohnheiten könnte folgende Klassifizierung gelten:
Hervorragende Zahler . . . . = 1
(z. B. erfolgt die Bezahlung zwischen dem 1. und 10. Tag nach der Rechnungsausstellung)
Prompte Zahler . . . . = 2

(z. B. erfolgt die Bezahlung zwischen dem 11. und 30. Tag nach der Rechnungsausstellung)
Befriedigende Zahler . . . . = 3
(z. B. erfolgt die Bezahlung zwischen dem 31. und 50. Tag nach der Rechnungsausstellung)
Schlechte Zahler . . . . = 4
(z. B. erfolgt die Bezahlung nach dem 51. Tag seit der Rechnungsausstellung)

b) Auftragsgrößen
Für jeden Kunden wird der Durchschnittsbetrag pro Auftrag ermittelt.
Die Bewertungsskala für die Auftragsgrößen könnte sein:
Aufträge ⩾ 1000,– DM . . . . = 1
Aufträge ⩾ 500,– DM – 1000,– DM . . . . = 2
Aufträge ⩾ 100,– DM – 500,– DM . . . . = 3
Aufträge ⩾ 50,– DM – 100,– DM . . . . = 4
Aufträge < 50,– DM . . . . = 5

c) Bestellkontinuität
Bei der Bestellkontinuität könnte folgende Klassifizierung gelten:
sehr gute Bestellkontinuität . . . . = 1
(z. B. pro Monat mindestens eine Bestellung)
gute Bestellkontinuität . . . . = 2
(z. B. pro Quartal mindestens eine Bestellung)
befriedigende Bestellkontinuität . . . . = 3
(z. B. pro halbes Jahr mindestens eine Bestellung)
keine Bestellkontinuität . . . . = 4

d) Reklamationshäufigkeit
Die Reklamationshäufigkeit eines Kunden kann nur dann etwas aussagen, wenn sie in Beziehung zur Anzahl der Bestellungen gesetzt wird.
Die Bewertungsskala für die Reklamationshäufigkeit sei dann:
Der Kunde macht keine unberechtigten Reklamationen . . . . . . = 1
Der Kunde macht selten unberechtigte Reklamationen . . . . = 2
(weniger als 5% der Warenlieferungen werden unberechtigt beanstandet)
Der Kunde reklamiert öfters . . . . = 3
(bis zu 20% der Warenlieferungen werden unberechtigt beanstandet)
Der Kunde reklamiert sehr häufig . . . . = 4
(über 20% der Warenlieferungen werden unberechtigt beanstandet).
Aus diesen einzelnen Kriterien wird die Gesamtbonität des Kunden ermittelt:

Beispiel

Für den Kunden Nr. 5831 sollen folgende Strukturdaten gelten: Er zahlte die Rechnungen immer innerhalb der ersten 10 Tage. Seine Dispositionsziffer ist somit	= 1
Die Aufträge bewegten sich im wesentlichen zwischen 50,– bis 100,– DM. Seine Bewertungsziffer hinsichtlich der Auftragsgröße ist daher	= 4
Der Kunde gab in jedem Quartal eine Bestellung auf. Die Bestellkontinuität ist somit.	= 2
Unberechtigte Reklamationen wurden in der Vergangenheit nicht gemacht. Die Bewertungsziffer hinsichtlich der Reklamationshäufigkeit ist deshalb	= 1
	8 : 4 = 2

Dividiert man die Summe der Bewertungsziffern durch die Anzahl der untersuchten Kriterien, dann erhält man für diesen Kunden die Bonitätsziffer 2.
Je nach der Bedeutung des einzelnen Kriteriums kann nun aber auch gewichtet werden. Soll in unserem Fall z. B. größerer Wert auf die Auftragsgrößen gelegt werden, so wäre folgende Gewichtung vorstellbar:

Bewertungsziffer x Multiplikator	
Dispositionsziffer	1 x 1 = 1
Auftragsgröße	4 x 3 = 12
Bestellkontinuität	2 x 1 = 2
Reklamationshäufigkeit	1 x 1 = 1
	16 : 6 = 2,66

Der Kunde Nr. 5831 würde bei einer solchen Gewichtung die Bonitätsziffer 3 erhalten.
Aufgrund derartiger Bonitätsziffern kann man z. B. eine Kreditwürdigkeitsprüfung vollmaschinell durchführen (siehe Abbildung 11). Hier muß dann nicht mehr der Sachbearbeiter entscheiden, was bei der Überschreitung des Kreditlimits mit dem Kundenauftrag geschieht. Die Entscheidungen werden also aus dem subjektiven Bereich herausgenommen – was zweifellos ein wesentlicher Vorteil ist – und aufgrund objektiver Kriterien automatisch getroffen.
Aus diesem einfachen Beispiel läßt sich erkennen, daß maschinelle Datenverarbeitungsanlagen erst dann sinnvoll für Steuerungsprozesse im Vertriebsbereich eingesetzt werden können, wenn die Detailbeschreibung vorgenommen, die Informationswünsche fixiert und die entsprechenden Regeln (Planungsregeln, Grenzwertregeln, Entscheidungsregeln und Auswertungsregeln) aufgebaut sind.

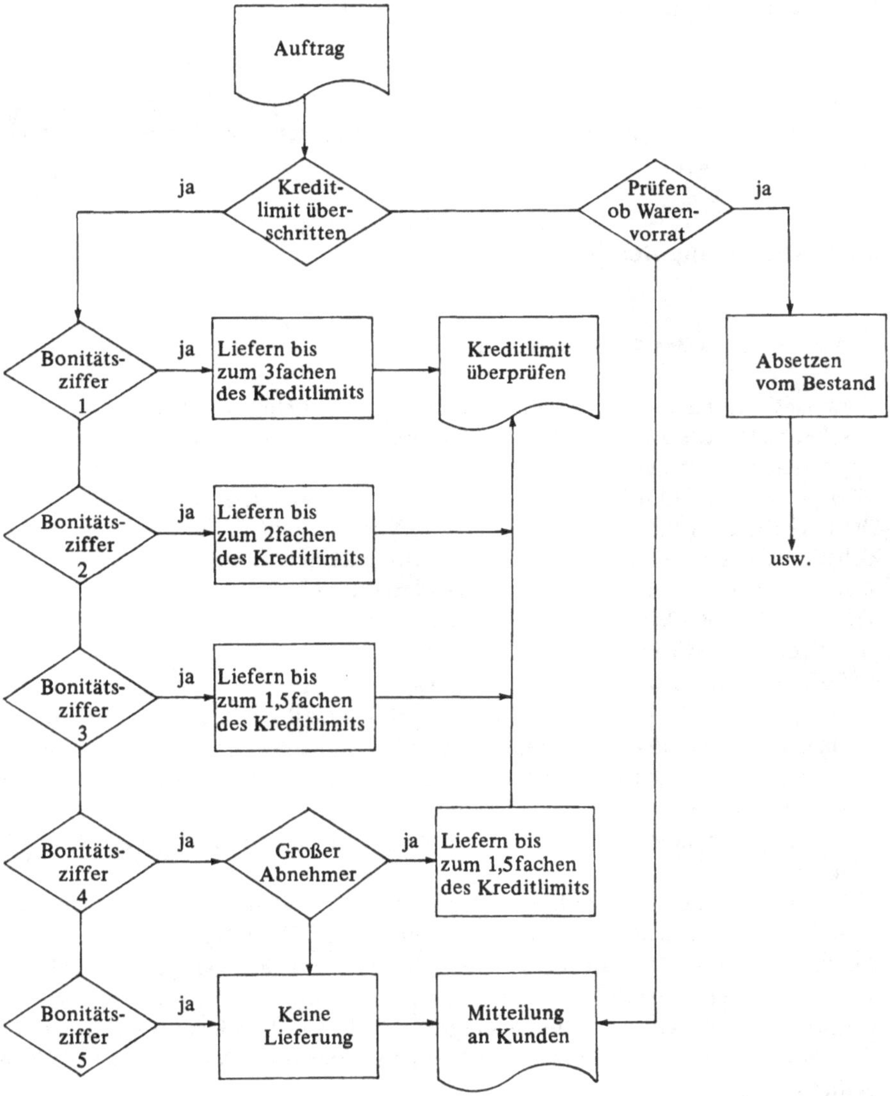

Abb. 11: Beispiel einer maschinell durchgeführten Kreditwürdigkeitsprüfung mit Hilfe von Bonitätsziffern

4.2 Vertriebliche Planungsmodelle

Im folgenden Abschnitt wird gezeigt, wie der Vertriebsprozeß insgesamt mit Methoden der Unternehmensforschung und dem Einsatz von Computern unterstützt werden kann[1].

4.21 Beurteilung der Marktlage

4.211 Schätzung des Absatzpotentials

Voraussetzung für die Ausrichtung der vertriebspolitischen Aktivitäten auf die Gegebenheiten des Marktes ist eine Schätzung des Marktpotentials. Dies bedeutet, daß alle möglichen Umsätze eines Produkts oder einer Dienstleistung mit allen potentiellen Abnehmern (Kunden und Interessenten) ermittelt werden. Die Potentialermittlung kann sich auf jene Produkte oder Dienstleistungen beziehen, die das Unternehmen zu diesem Zeitpunkt bereits anbietet. Es können aber auch solche Produkte oder Dienste in die Schätzung einbezogen werden, die noch nicht marktreif sind. Im einzelnen sind für die Potentialschätzung die folgenden Schritte notwendig:

1. Definition und Abgrenzung des Marktes;
2. Schätzung des Marktpotentials, also der Gesamtheit der möglichen Umsätze eines Produkts oder einer Dienstleistung für alle Anbieter;
3. Schätzung des Absatzpotentials, d.h. des Anteils am Marktpotential, den das eigene Unternehmen maximal erreichen kann;
4. Nachfrageprognose als Vorhersage des Realisierungsgrads des eigenen Absatzpotentials.

Die Identifizierung eines Marktes und die Ermittlung seines Potentials setzt die Kenntnis aller maßgeblichen Einflußfaktoren auf die Nachfrage nach einem Produkt oder einer Dienstleistung voraus. In der Praxis hat sich gezeigt, daß wesentliche Merkmale eines Nachfragers nach Investitionsgütern seine Branchenzugehörigkeit und seine Unternehmensgröße sind. Auf dem Konsumgütermarkt sind Einkommen, Alter, Familienstand und Kinderzahl der Verbraucher wichtige Einflußgrößen.

Geeignete Methoden zur Schätzung des Marktpotentials sind unter anderen die multiple Regressionsanalyse, die Verbraucherbefragung und die Testmarkt-

[1]) Die Ausführungen zu Abschnitt 4.2 sind ein modifizierter Nachdruck des von Mitgliedern des Studienkreises Vertriebsinformatik veröffentlichten Beitrags ‚Marktorientierte Unternehmensführung mit Computern' (1), IBM Nachrichten, 22. Jg., Heft 209 (Februar 1972), S. 25–31.

methode. Bei der multiplen Regressionsanalyse wird mit Hilfe einer multiplen Regressionsgleichung das Marktpotential vorausberechnet, indem erwartete Werte für die Variablen (z. B. Bruttosozialprodukt, Güterpreise) in die Regressionsgleichung eingesetzt werden. Bei der Verbraucherbefragung werden die Kaufabsichten eines repräsentativen Durchschnitts auf die Gesamtheit der potentiellen Kunden hochgerechnet. Ähnlich wird auch bei der Testmarktmethode verfahren, indem man die Aufnahmefähigkeit für ein Produkt in einem repräsentativen Absatzgebiet bestimmt und auf das Gesamtgebiet hochrechnet.
Zwei weitere Methoden zur Ermittlung des Marktpotentials basieren auf der Überlegung, daß man den Absatz eines Produktes oder einer Dienstleistung ausweiten kann, indem man

1. die Verkäufe an den vorhandenen Kundenstamm erhöht (= Erhöhung der Marktdurchdringung) oder
2. potentielle Kunden zu tatsächlichen Kunden zu machen versucht (= Erhöhung der Marktbesetzung). Sowohl auf der Basis der Marktdurchdringung als auch der Marktbesetzung läßt sich unter Zugrundelegung eines Zielsetzungskatalogs das Marktpotential abschätzen.

Nach der Schätzung des Marktpotentials muß entschieden werden, welchen Anteil des gesamten Potentials die Unternehmung selbst maximal ausschöpfen möchte. Allerdings ist eine vollkommene Ausschöpfung des eigenen Absatzpotentials aus verschiedenen Gründen nicht möglich. Das realisierbare Absatzpotential kann sowohl durch interne Faktoren begrenzt werden, wie z. B. durch Unternehmensgrundsätze und Ressourcen, als auch durch externe Faktoren wie etwa die gesamtwirtschaftliche Entwicklung, Strategien der Mitbewerber und rechtliche Normen.

4.212 Absatzprognosen

Das voraussichtliche Volumen des eigenen Absatzes, das zur Festlegung des Absatzplans dient, kann nach verschiedenen Prognoseverfahren berechnet werden. Die größte Bedeutung, insbesondere unter dem Gesichtspunkt der Anwendungsmöglichkeiten der Datenverarbeitung, haben die Extrapolationsprognosen und die Regressions- und Korrelationsrechnung. Weitere Prognosemethoden sind: die Persistenzprognose, die von einer absoluten Konstanz der Größen ausgeht, sowie „Lead"-Serien, die davon ausgehen, daß bestimmte Variablen immer mit einer bestimmten zeitlichen Differenz gegenüber der Prognosegröße variieren. Außerdem gibt es Analogprognosen (Analogie zwischen der Entwicklung einer Variablen und der zu prognostizierenden Größe) und persönliche Schätzungen. Bei der letzteren Methode kommt eine Unterstützung durch EDV nur für die Sammlung von historischen Daten und den Vergleich zwischen Prognose- und effektiven Daten in Betracht.

Bei den Verfahren der *Extrapolationsrechnung* wie der Methode der einfachen und gleitenden Mittelwerte und der exponentiellen Glättung (exponential smoothing) handelt es sich um Extrapolationen von Vergangenheitsdaten in die Zukunft. Der Zukunftswert ergibt sich direkt aus den Vergangenheitswerten, ohne daß Kausalitätsbeziehungen zwischen der Nachfrage und den sie beeinflussenden Faktoren ermittelt werden. (Bei einer vernünftigen Benützung von Extrapolationsrechnungen sollten Kausalitätsbeziehungen auf keinen Fall unberücksichtigt bleiben.) Die Resultate der klassischen Extrapolationsmethoden wie z. B. der Methode der gleitenden Mittelwerte werden mitunter durch strukturelle Veränderungen negativ beeinflußt. Zudem werden bei der Berechnung der gleitenden Durchschnitte alle betrachteten Perioden gleich stark gewichtet, so daß kurzfristige Änderungen der Nachfrageentwicklung eventuell nicht ausreichend berücksichtigt werden. Diese Nachteile können mit der Methode der exponentiellen Glättung vermieden werden. Dieses Verfahren wurde im Hinblick auf die Bedarfsvorhersage bei der Lagerbewirtschaftung entwickelt und ist heute Bestandteil der meisten elektronischen Bestands- und Bestellrechnungssysteme (vgl. z. B. das IBM-Lagerhaltungsmodell IMPACT).
Bei konstanter Nachfrageentwicklung wird die exponentielle Glättung 1. Ordnung verwendet, zur Vorhersage von Trendverläufen (z. B. linear, parabolisch, logarithmisch) die exponentielle Glättung 2. bzw. 3. Ordnung. Bei saisonaler Nachfrage werden zur Berechnung des Vorhersagewertes nicht die zum unmittelbar davorliegenden Intervall gehörenden Werte benutzt, sondern man greift auf die korrespondierenden Werte der vorhergehenden Saison zurück.
Als besondere Vorteile der exponentiellen Glättung sind zu nennen:
- kurze Verarbeitungszeiten infolge des einfach strukturierten Rechenvorgangs
- geringer Speicherbedarf, da nur wenige Daten gespeichert werden müssen, was besonders ins Gewicht fällt, wenn Projektionen für eine größere Anzahl von Produkten erstellt werden sollen
- Flexibilität und Reaktionsfähigkeit des Systems auf Strukturwandlungen
- exponentielle Abnahme des Einflusses von zufälligen Störungen in der Vergangenheit, so daß sich das System der tatsächlichen Nachfrageentwicklung immer besser anpaßt.

Die *Regressions- und Korrelationsrechnung* geht davon aus, daß der Absatz eines Gutes von ganz bestimmten Faktoren abhängt, deren Einfluß es zu isolieren gilt. Mit Hilfe dieser Methodik können qualitativ bekannte bzw. vermutete Einflüsse quantitativ bestimmt werden. Die Regressions- und Korrelationsrechnung befaßt sich mit der Beantwortung zweier Fragen:

a) Welcher Art ist der Zusammenhang zwischen den unabhängigen Variablen und den abhängigen Variablen?

b) Wie fest ist dieser Zusammenhang, bzw. bis zu welchem Grad wird er durch zufällige bzw. nichtzufällige Einflüsse verwischt?

Zur Darstellung des Zusammenhangs wird eine Regressionsgleichung ermittelt, welche die erkannten funktionellen Zusammenhänge darstellt und deren Fortrechnung die gesuchten Absatzwerte für die Zukunft ergibt. Zur Prüfung der Bestimmtheit des Zusammenhangs zwischen den Bewegungen der abhängigen Variablen und den Bewegungen der unabhängigen Variablen dient der Korrelationskoeffizient. Er zeigt an, ob eine statistisch gesicherte Beziehung zwischen den Variablen besteht.

Voraussetzung für die Auswahl einer geeigneten Regressionsgleichung ist, daß der Absatzverlauf über einen möglichst langen Vergangenheitszeitraum bekannt ist.

Die Korrelations- und Regressionsanalyse kann sowohl für kurzfristige als auch für langfristige Absatzprognosen benutzt werden. Das Verfahren ist in beiden Fällen grundsätzlich dasselbe. Jedoch ist die Auswahl der Variablen nach unterschiedlichen Gesichtspunkten zu treffen. Zudem sollten bei langfristigen Absatzprognosen die Substitutionsmöglichkeiten zwischen einzelnen Produkten (z. B. zwischen natürlichen und künstlichen Fasern) sowie Sättigungsgrenzen berücksichtigt werden, die man bei kurzfristigen Absatzprognosen meist unbeachtet lassen kann.

Im Bereich marktorientierter Unternehmensführung kann die Regressions- und Korrelationsanalyse auch angewandt werden, um die Zusammenhänge zwischen dem Einsatz einzelner vertriebspolitischer Instrumente bzw. des Instrumentarium-Mix in seiner Gesamtheit und deren größenmäßiger Auswirkung auf den Absatz zu ermitteln. Z. B. bezieht Kotler in einem Modell neben der Werbung auch die absatzpolitischen Instrumente Distribution/Verkauf (Etat) und Preisgestaltung in die Überlegungen ein und errechnet für alternative Gestaltungsmöglichkeiten dieser Einflußgrößen Erwartungswerte des Umsatzes, des Gewinns und der damit verbundenen Risiken [56].

Ein *Vergleich* zwischen der Methode der Regressions- und Korrelationsanalyse und der exponentiellen Glättung ergibt folgendes:

1. Vom theoretischen Konzept aus betrachtet ist die Regressionsanalyse für Absatzprognosen grundsätzlich der exponentiellen Glättung vorzuziehen. Werden die richtigen unabhängigen Variablen benützt und deren zukünftige Werte richtig erkannt, so läßt sich ein beliebig gutes Prognoseresultat erreichen.
2. Der Vorteil der exponentiellen Glättung gegenüber der Regressionsanalyse liegt in der praktischen Anwendungsmöglichkeit, da das Verfahren sehr einfach ist. Infolge des einfachen Rechenvorgangs ist die Bearbeitungszeit sehr kurz. Die geringe erforderliche Speicherkapazität ist der entscheidende systemtechnische Vorteil gegenüber den anderen Extrapolationsmethoden.

Bei der Anwendung der exponentiellen Glättung und der Regressions- und Korrelationsrechnung für Prognosezwecke ist der Einsatz der EDV insbesondere für die folgenden Aufgaben von großem Nutzen:

a) Sammlung von historischen Daten (Aufzeichnung, Speicherung, Sortierung);
b) Quantifizierung der hypothetisch aufgestellten Beziehungen (Funktionstyp);
c) eigentliche Prognoseaufstellung;
d) Vergleich zwischen Prognose und effektiven Daten (Berechnung von Differenzen).

4.22 Gestaltung von Marketingstrategien

Ein Problem der Vertriebsführung ist die Gestaltung der möglichen Marketingstrategien in intensitätsmäßiger und zeitlicher Hinsicht. Eine rationale Ausgestaltung der alternativen Kombinationen des vertriebspolitischen Instrumentariums ist abhängig von den Möglichkeiten der Ermittlung und Einbeziehung ihrer Konsequenzen. Hierfür wurden unterschiedliche Analysetechniken vorgeschlagen; jedoch nur die Verfahren, welche die Strategien quantifizieren, erweisen sich für eine automatisierte Lösung mit Computern als brauchbar. Von den zahlreichen Ansätzen zur Bestimmung des intensitätsmäßigen Einsatzes marktorientierter Strategien soll hier auf die Decision Tree Analysis eingegangen werden, die bereits in vielen amerikanischen Unternehmen zur Entscheidungsfindung herangezogen wird. Um auch eine optimale zeitliche Koordination und Integration der marktbezogenen Tätigkeiten mit Hilfe der Datenverarbeitung zu gewährleisten, bedienen sich zahlreiche amerikanische und europäische Unternehmen der Netzplantechnik.

4.221 Decision Tree Analysis

Die Decision Tree Analysis [57] ist ein Verfahren zur Bestimmung intensitätsmäßig unterschiedlicher Strategien, zur Formulierung ihrer quantitätsmäßigen Konsequenzen und damit zur Beurteilung der optimalen Alternativen. Dabei wird folgendermaßen vorgegangen:
a) Analyse der Strategie in bezug auf zu treffende Entscheidungen und deren mögliche Alternativen;
b) Ermittlung aller bedeutenden möglichen Ereignisse, die nicht durch eigene Handlungen beeinflußt werden können, jedoch den Erfolg der Strategie mitbestimmen (z. B. Mitbewerberaktionen);
c) Ordnung der zu treffenden Entscheidungen und Ereignisse mit ihren möglichen Auswirkungen in zeitlicher Reihenfolge zu einem Entscheidungsbaum, der in seinen Ast-Enden alle möglichen Endzustände nach Durchführung der Strategie widerspiegelt;
d) Prognose der zu erwartenden Umsätze bzw. Gewinne für alle möglichen Endzustände;

e) Schätzung der Wahrscheinlichkeiten, mit der die möglichen, von der Unternehmung selbst nicht beeinflußbaren Ereignisse eintreten werden;
f) Berechnung der Erwartungswerte, die einzelnen intensitätsmäßig unterschiedlichen Alternativen der Strategie zugeordnet sind (Multiplikation der geschätzten Ergebniswerte mit ihren zugehörigen Wahrscheinlichkeiten und Addition der Ergebnisse für die möglichen Auswirkungen eines Ereignisses);
g) Entscheidungsfindung durch Vergleich der Erwartungswerte (die Alternative mit der größten Maßzahl ist die beste).

Die Decision Tree Analysis eignet sich insbesondere für mehrstufige Marketingentscheidungen. Das sind Entscheidungen, die fortlaufende, voneinander abhängige Teilentscheidungen erfordern, beispielsweise wenn ein neues Produkt oder eine neue Vertriebsstrategie eingeführt wird oder wenn auf Maßnahmen der Mitbewerber reagiert werden soll. Der Vorteil dieser Methode besteht darin, daß eine Entscheidung auf quantifizierten, nachvollziehbaren Überlegungen beruht, die in den Erwartungswerten und den Wahrscheinlichkeiten zum Ausdruck kommen. Hier lassen sich durch Computer wesentliche Vorteile erzielen, z. B. durch die Errechnung von Prognosen und die Bereitstellung ausreichender Hintergrundinformationen über Kunden- und Mitbewerberreaktionen in der Vergangenheit. Ferner wird der Computer für die Durchrechnung der Entscheidungsbäume herangezogen, die wegen der Dynamik der meisten Märkte periodisch mit revidierten Werten wiederholt werden muß.

4.222 Netzplantechnik

Unter dem Begriff Netzplantechnik werden alle Verfahren zusammengefaßt, die das Gesamtgeschehen eines komplexen Projektes in eine logische Folge von Tätigkeiten zerlegen und den Zusammenhang der Tätigkeiten in einem netzwerkähnlichen Vektordiagramm darstellen [48, S. 172]. Die bekanntesten Netzplanmethoden sind:

CPM (Critical Path Method),
PERT (Program Evaluation and Review Technique),
MPM (Metra Potential Method),
PDM (Precedence Diagramming Method).

Die Netzplantechnik wird als Instrument des Marketing überall dort angewandt, wo für viele einzelne Tätigkeiten eine zeitliche Ablauffolge optimiert werden soll. Außerdem wird, abhängig von der Terminplanung, der Einsatzmittelbedarf erfaßt und auf der Basis der notwendigen Einsatzmittel die Kostenplanung durchgeführt. Am bekanntesten sind die Planungsansätze zur zeitlichen Optimierung der Einführung neuer Produkte [47], zur zeitlichen Abstimmung von Werbekampagnen, die aus vielen Einzeltätigkeiten bestehen, zur Überwachung des Zeit- und Kostenaufwands bei umfangreichen Markt- und Meinungsforschungsprojekten, zur Vorbereitung von Messen und Ausstellungen, zur Errichtung von Niederlassungen und zur Neuorganisation des Vertriebs.

Die Netzplantechnik als Mittel zur Projektplanung hat folgende Vorteile:

- Die Aufstellung eines Netzplans zwingt zu einer sorgfältigen Planung des gesamten Projektes und zur Berücksichtigung aller wichtigen Einflußfaktoren
- die Konsequenzen alternativer Entscheidungen können vorausberechnet werden
- kritische Vorgänge werden bereits im Planungsstadium erkennbar
- die graphische Darstellung macht die Beziehungen zwischen den durchzuführenden Tätigkeiten überschaubar, was eine laufende Überprüfung aller Tätigkeiten und eine zuverlässige Fortschrittskontrolle möglich macht
- Verschiebungen und deren Auswirkungen werden schnell und exakt erkannt, eine schnelle Reaktion bzw. Umdisponierung erleichtert.

Der besondere Vorteil der Netzplantechnik per Computer liegt darin, daß bei Änderungen der Plandaten im Laufe der Projektdurchführung umgehend korrigierte Pläne mit wenig Aufwand erstellt werden können. Die untere Grenze von Netzwerken, die heute mit Computern in Stapelverarbeitung berechnet werden, liegt bei 100 bis 150 Aktivitäten. Die Wirtschaftlichkeit des EDV-Einsatzes nimmt mit der Anzahl der Aktualisierungsläufe zu [23]. Weitere Vorteile der maschinellen Bearbeitung ergeben sich durch die mehrfache Verwendung programmierter Subnetzwerke für mehrere ähnlich strukturierte Projekte, z. B. bei gleich ablaufenden Werbekampagnen. Ein organisatorischer Vorteil der maschinellen Bearbeitung ergibt sich schließlich dadurch, daß für alle an einem Projekt beteiligten oder von ihm tangierten Funktionsbereiche ohne Mehraufwand Listen erstellt werden können, welche die jeweils anstehenden Tätigkeiten mit den entsprechenden Terminen enthalten.

4.23 Auswahl von Marketingstrategien

Das größte Problem, dem die vertrieblichen Entscheidungsträger gegenüberstehen, ist die optimale Kombination der absatzpolitischen Instrumente. Die Bestimmung des optimalen Mix hilft, die gesetzten Markterschließungs- und -ausschöpfungsziele in bestmöglicher Form zu erreichen. Sie stößt aber wegen der Interdependenz der unternehmenspolitischen Aktionsparameter (und der dadurch fast unübersehbar großen Zahl von möglichen Kombinationen) und wegen der Abhängigkeit des Erfolgs der eigenen Maßnahmen von Aktionen der Mitbewerber auf beträchtliche Schwierigkeiten. Im letzten Jahrzehnt sind – vorwiegend in den USA – eine Reihe von Erklärungs- und Entscheidungsmodellen entwickelt worden, die Ansätze zur Lösung dieser Entscheidungsprobleme enthalten. Diese Modelle dienen zur Bestimmung der Marktwirkung vertriebspolitischer Strategien und werden nach der Art der verwendeten mathematischen Verfahren eingeteilt in Simulationsmodelle (gezielte Suche nach einer möglichst guten Lösung; keine volle Formalisierung des Lösungsvorgangs) und analytische Modelle (gesteuerte Suche nach der Optimallösung; volle Formalisierung des Lösungsvorgangs) [18].

4.231 Simulationsmodelle

Simulation bedeutet das wiederholte Durchrechnen eines Modells mit verschiedenen Alternativen. Der Zweck der Simulation ist die Beantwortung der Frage *Was ist, wenn?* –, leichteres Bestimmen der Zielrichtung und Fällen von optimalen Entscheidungen. Die Durchführung der Simulation erfolgt in zwei Hauptschritten, und zwar

a) der Modellkonstruktion mit den Phasen Datensammlung, Bestimmung der Variablen und der Parameter und deren systematischer Verknüpfung in Form von Gleichungen und Ungleichungen und
b) der Berechnung alternativer Einzelfälle durch Variieren der unabhängigen Variablen und Parameter.

Der Vergleich der Ergebnisse in bezug auf den Untersuchungszweck erbringt die unter den berechneten Simulationsvorgängen relativ beste Lösung. Da Marktprozesse häufig so komplex sind, daß realistische Modelle dieser Prozesse auf analytischem Wege nicht abgeleitet werden können, bedient man sich der Simulationstechnik. Die Untersuchung komplexer Probleme mit dieser Methodik erfordert eine so große Zahl von Berechnungsvorgängen, daß sie wirtschaftlich nur mit Hilfe von EDV-Anlagen durchgeführt werden kann. Um die Zeit für die Programmierung von Simulationsmodellen zu reduzieren, wurde eine Reihe von speziellen Programmiersprachen für die Simulation entwickelt. Diese Programmiersprachen wie z. B. GPSS (General Purpose Simulation System) enthalten bereits fertig programmierte Programmteile für Aufgaben, die bei der Durchführung von Simulationen häufig in gleicher Form wiederkehren (z. B. die Erzeugung von Zufallszahlen).

Für die Vertriebsführung stellt die Simulation eine neue, wirksame Entscheidungshilfe dar. Simulationsmodelle bieten die Möglichkeit, die Auswirkungen bestimmter marktorientierter Strategien auf alle wesentlichen Komponenten zu untersuchen und damit den eigentlichen Entscheidungsprozeß fundiert vorzubereiten. Um die Dynamik und Komplexität des Marktes und die Wirksamkeit der vertriebspolitischen Maßnahmen auf diesem Markt durch Simulationen zu testen, ist in der Regel die Aufstellung eines spezifischen Firmenmarktmodells erforderlich. Bevor eine Überprüfung der Entscheidungskonsequenzen möglich ist, muß getestet werden, ob das Simulationsmodell die wirklichen Verhältnisse richtig wiedergibt.

Die ersten betriebswirtschaftlichen Marktsimulationsmodelle wurden Anfang der sechziger Jahre erprobt. Bekanntgeworden ist das umfassende Simulationsmodell eines Bauholzmarktes an der Westküste der USA, welches von Balderston und Hoggat zur Untersuchung der Interaktionen zwischen Herstellern, Großhändlern, Einzelhändlern und Letztverwendern konzipiert wurde [2]. Dieses Modell arbeitet mit annähernd 16 000 Variablen. Preston und Collins modifizierten dieses Modell, um zu überprüfen, in welchem Ausmaß eine Reduzierung der Anzahl der Marktteilnehmer zu Änderungen des Angebots und der Marktpreise führt [34]. Neuere Modelle in den USA beziehen sich insbesondere auf Konsumgütermärkte. Das bekannteste, hochentwickelte Marketingsimulationsmodell ist die von Claycamp und Amstutz ausgearbeitete Monte-Carlo-Simulation zur Bestimmung der Marketingstrategie eines Herstellers verschreibungspflichtiger Arzneimittel [9]. Das Modell simuliert die Beziehungen zwischen Patienten (mit den einzelnen Krankheitssymptomen und Behandlungsprozessen) und den Ärzten (mit ihren Kenntnissen über die Wirksamkeit von Arzneimitteln und ihrem Verhalten beim Verschreiben, das teilweise durch Verkaufsförderungsmaßnahmen der verschiedenen Hersteller beeinflußt ist). Im Modell bestimmen diese Beziehungen die gegenwärtigen Behandlungsprozesse und das Verschreiben der Arzneimittel, die ihrerseits Einfluß auf die Genesung der Patienten und das zukünftige Entscheidungsverhalten der Ärzte haben.
In ähnlicher Weise sind auch andere mikroökonomische Modelle aufgebaut. Zuerst wird die Gesamtstruktur eines Marktes in seiner Komplexität durch Subsysteme bzw. Marktfaktoren dargestellt; es werden die bedeutsamen Variablen jedes Subsystems ermittelt und die Beziehungen zwischen den Subsystemen festgestellt. In der zweiten Stufe werden diese Subsysteme detailliert untersucht, vor allem hinsichtlich der Bestimmungsfaktoren, die das Verhalten der Elemente in bestimmtem Ausmaß und in bestimmter Richtung beeinflussen. Dazu sind häufig umfangreiche Umfragen, Tests und Verhaltensstudien erforderlich. Entsprechend den dabei gewonnenen Erkenntnissen wird sodann das Simulationsmodell aufgebaut.
In Abschnitt 4.4 wird an einem praktischen Beispiel die Struktur eines Simulationsmodells und die Technik der Modelleinführung beschrieben.

4.232 Analytische Modelle

Analytische Modelle ermöglichen mit Hilfe eines formalisierten Optimierungsalgorithmus die Ermittlung der absoluten optimalen Lösung. Bei der analytischen Lösung vertriebspolitischer Entscheidungsprobleme stehen insbesondere die Verfahren der mathematischen Programmierung – lineare, nicht-lineare und dynamische Programmierung – im Vordergrund. Die größte Bedeutung hat hier die von Bellmann konzipierte dynamische Programmierung erlangt, die zur

Lösung des mehrstufigen Entscheidungsprozesses bei der Bestimmung des optimalen Mix am besten geeignet erscheint [5]. Die Hauptschwierigkeit bei der praktischen Anwendung analytischer Modelle für die Kombination der vertriebspolitischen Instrumente ist die Bestimmung der Marktwirkung der einzelnen Maßnahmen. Zur Lösung dieses Schlüsselproblems wurden in jüngster Zeit einige stochastische Ansätze bekannt, die den Markterfolg einer bestimmten Strategie als Ergebnis eines probabilistischen Prozesses betrachten. Das Problem der Beschreibung und Prognose der Effizienz der vertriebspolitischen Maßnahmen wird – unter der Annahme, daß die eigenen Maßnahmen, das Mitbewerberverhalten und die Marktstruktur gegeben sind – auf das Problem reduziert, Wahrscheinlichkeitsannahmen über Kundenreaktionen aufzustellen bzw. zu verifizieren. Derartige Modelle wurden bisher insbesondere zur Untersuchung des Käuferverhaltens bei der Produktwahl und den damit verbundenen Fragen der Markentreue sowie des Absatzerfolgs in zeitlicher und regionaler Hinsicht herangezogen [26].
Dichtl unternimmt einen interessanten Versuch, aus der Synthese der Bayes'schen Entscheidungstheorie mit der dynamischen Programmierung die Wirksamkeit einzelner absatzpolitischer Strategien unter Einwirkung unterschiedlicher Umweltbedingungen festzustellen [10]. Es handelt sich jedoch dabei um einen theoretischen Ansatz, der wie die meisten wissenschaftlichen Abhandlungen über die dynamische Programmierung, nicht bis zur Programmreife weiter entwickelt wurde.
Der nachfolgende Abschnitt soll die Anwendungsmöglichkeiten der dynamischen Programmierung im Bereich des Marketing aufzeigen, wobei anhand eines praktischen Beispiels, das ausgehend von der Problemstellung bis zur Problemlösung von F. Roithmayr durchgearbeitet wurde, die Möglichkeiten und Grenzen dieses Verfahrens aufgezeigt werden.

4.3 Anwendung der dynamischen Programmierung im Vertrieb

4.31 Gegenüberstellung der dynamischen Programmierung zu anderen Verfahren der mathematischen Programmierung

4.311 Lineare Programmierung – Dynamische Programmierung

Es gibt kaum einen betrieblichen Teilbereich, in dem die lineare Programmierung bisher noch nicht Anwendung gefunden hat.
Wie bereits der Name „Lineare Programmierung" sagt, verlangt dieses Verfahren von dem zu lösenden Problemkomplex lineare Strukturen, d. h. sowohl die

Restriktionen als auch die Zielfunktion müssen die Bedingung der Linearität erfüllen. Für viele betriebswirtschaftliche Probleme sind lineare Lösungsmodelle ausreichend.

Die dynamische Programmierung hingegen stellt an die Problemstruktur keinerlei Bedingungen der Linearität. Gestattet die Methode der linearen Programmierung noch die Verwendung eines Standardcomputermodells, das für die verschiedensten Problemstellungen ohne wesentliche Änderungen eingesetzt werden kann, so muß bei der dynamischen Programmierung für jede Problemstellung ein eigenes Computermodell entwickelt werden. Der Grund dafür liegt in der meist völligen Verschiedenheit der Struktur der Gleichungen, die die Verwendung eines Standardmodells nicht ermöglichen. Außerdem lassen sich lineare Programmierungsmodelle im Gegensatz zu dynamischen Modellen, noch auf verhältnismäßig kleinen Rechenanlagen wirtschaftlich lösen [54].

Jedes lineare Programmierungsproblem kann als n-stufiges Entscheidungsproblem aufgefaßt werden, und ist somit auch mittels dynamischer Programmierung lösbar. Versucht man jedoch ein allgemeines lineares Programmierungsproblem mit Hilfe der dynamischen Programmierung zu lösen, so wird man schon sehr bald, aufgrund des Rechenaufwandes, auf Grenzen stoßen [14]. Zur Lösung linearer Probleme ist demnach die lineare Programmierung der dynamischen Programmierung weitaus überlegen.

4.312 Nichtlineare Programmierung – Dynamische Programmierung

Die Lösung nichtlinearer Programmierungsprobleme ist um vieles schwieriger, als die Lösung linearer Aufgaben. Die dynamische Programmierung ist ein Verfahren, das zur Lösung spezieller Typen nichtlinearer Programmierungsprobleme verwendet wird. Das Verfahren wurde ursprünglich bei Problemen eingesetzt, in welchen zeitliche Veränderungen eine wesentliche Rolle spielten.

Die dynamische Programmierung läßt sich aber auch auf Systeme anwenden, bei denen der Zeitfaktor nicht beachtet zu werden braucht. Es soll somit unter dynamischer Programmierung ein Rechenverfahren verstanden werden, das auf der Basis der Funktionalgleichungen aufbaut und zur Lösung von Problemen mit speziellen nicht-linearen Strukturen verwendet wird.

Theoretisch läßt sich das Verfahren auf eine Vielfalt nichtlinearer Programmierungsprobleme anwenden. Aus den weiteren Ausführungen wird jedoch hervorgehen, daß die praktische Anwendung des Verfahrens zur numerischen Lösung dieser Probleme rasch an Grenzen stößt.

4.32 Theorie der dynamischen Programmierung

4.321 Aufgabe der dynamischen Programmierung

4.321.1 Aufgabenstellung bei Entscheidungsfolgen

Bei den mittels dynamischer Programmierung behandelten Beispielen tritt eine gemeinsame Fragestellung auf: Ein Prozeß, der durch eine Folge von Entscheidungen gekennzeichnet ist, ist so zu steuern, daß eine bestimmte Gütefunktion unter Beachtung der angegebenen Restriktionen zu einem Optimum wird. Versucht man das Problem in den betriebswirtschaftlichen Bereich zu übertragen, so läßt sich das etwa folgendermaßen darstellen:
Ein Unternehmen verfügt über eine bestimmte genau definierte wirtschaftliche Größe, wobei diese möglichst weit gefaßt verstanden werden muß. So schließt diese etwa ein: Lagerraum, Geld, Maschinen, Treibstoff, menschliches Potential usw. Diese wirtschaftliche Größe kann nun auf verschiedene Art und Weise eingesetzt werden, d.h. dem Unternehmen stehen verschiedene Aktivitäten zur Verfügung. Seine Entscheidungen werden sich nun in einem bestimmten Entscheidungsraum abspielen, der im Falle der Aufteilung von Budgetmitteln auf mehrere Betriebe, durch das zur Verfügung stehende Budget limitiert wird. Innerhalb dieses Rahmens können nun verschiedene Entscheidungen getroffen werden. Bei unserem Beispiel kann zwischen dem alleinigen Zuweisen der Gesamtsumme auf A oder B und allen dazwischenliegenden Möglichkeiten variiert werden. Die dynamische Programmierung ist nun ein Ansatz, der die Frage nach der optimalen Entscheidungsfolge zu lösen versucht.

4.321.2 Begriff der dynamischen Programmierung

Von verschiedenen Autoren wird der von R. Bellman geprägte Begriff des „Dynamic Programming“ als nicht sehr glücklich für die damit beschriebene Methode bezeichnet. So schlägt z.B. Nemhauser den Ausdruck der „Rekursiven Optimierung“ vor [31, S. 8]. Der Begriff des dynamic programming muß aus historischer Sicht gesehen werden, denn die bei diesem Verfahren angewandte Technik resultiert aus Untersuchungen Bellmans, bei denen der Faktor Zeit eine wesentliche Rolle spielt.
“The problems we treat are programming problems, to use a terminology now popular. The adjective DYNAMIC, however, indicates that we are interested in processes in which time plays a significant role, and in which the order of operations may be crucial” [5, S. XI].
Beckmann definiert: “Dynamic programming is the analysis of multistage decisions in the sequential mode” [4, S. VII].

Kaufmann kennzeichnet die dynamische Programmierung folgendermaßen: "la programmation dynamique est une méthode d'optimisation des systèmes ou de leur représentations mathématiques dans laquelle on opère par phases ou séquences" [17, S. 83].
Analysiert man diese und andere Definitionen über die dynamische Programmierung, so kann man erkennen, daß es sich bei dieser Methode um ein rekursives Optimierungsverfahren handelt, mit dessen Hilfe man in der Lage ist, mehrstufige komplexe Entscheidungsprozesse schrittweise zu lösen, indem ein n-dimensionales Problem in n-eindimensionale Probleme zerlegt wird.

4.322 Theoretisch-mathematisches Modell der dynamischen Programmierung

4.322.1 Allgemeine Modelldarstellung

Betrachten wir ein physikalisches System S, dessen Zustand zu jedem Zeitpunkt durch einen Vektor p definiert ist: Dementsprechend werden die Variablen des Vektors als Zustandsvariable bezeichnet. Die Komponenten des Vektors können nun einerseits fest definierte Größen sein, wie z. B. Angebot und Nachfrage, andererseits können diese auch Wahrscheinlichkeiten darstellen. Auf Grund deterministischer oder stochastischer Vorgänge soll nun das System im Laufe der Zeit seinen Zustand ändern.
Mathematisch gesprochen heißt das, die Variablen des Systems werden einer Transformation unterworfen. Einen Prozeß, bei dem man die Möglichkeit hat, aus einer Anzahl von Transformationen eine bestimmte auszuwählen, nennt Bellman einen Entscheidungsprozeß, wobei eine Entscheidung einer Transformation des Systems entspricht. Trifft man eine einzelne Entscheidung, so spricht man von einem einstufigen Entscheidungsprozeß, fällt man eine Reihe aufeinanderfolgender Entscheidungen, so nennt man das einen mehrstufigen Entscheidungsprozeß.
Will man nun mit einer Transformation das System beeinflussen, so soll diese Entscheidung dergestalt getroffen werden, daß eine bestimmte Zielfunktion zu einem Maximum bzw. Minimum wird.

4.322.2 Mehrstufige Entscheidungsprozesse

Bei der Lösung komplexer Systeme bedient man sich vornehmlich der Methode der Dekomposition, d. h. das zu lösende Problem wird in eine Reihe kleinerer Teilprobleme zerlegt und diese werden so kombiniert, daß eine optimale Lösung für das ganze System erreicht wird.
Beim einstufigen Ansatz versucht man ein System, das durch den Anfangsvektor X_0 beschrieben ist, so zu transformieren, daß man in einem Schritt das System in den Endzustand, dargestellt durch den Vektor X_N bringt.

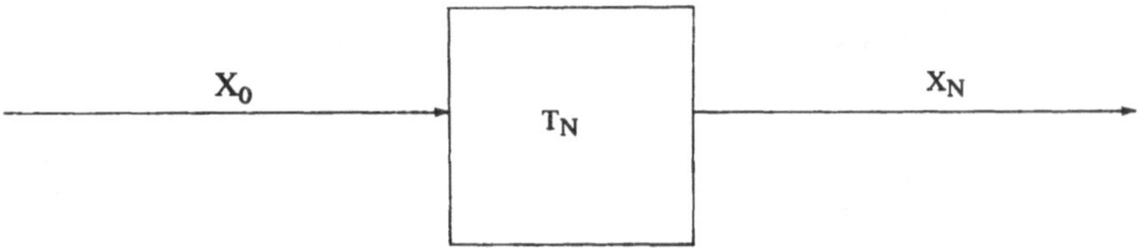

Mathematisch ausgedrückt heißt das, es gilt eine Transformation T_N zu finden, die das System in einem Schritt aus dem Zustand X_0 in den Endzustand X_N bringt.

$$X_N = T_N (X_0)$$

Geht man nun von der Annahme aus, es existiere eine bestimmte Funktion, die das System vom Zustand X_{N-1} in den Zustand X_N transformiert, so läßt sich das mathematisch folgendermaßen darstellen:

$$X_N = t_N (X_{N-1}) .$$

Betrachtet man das ursprüngliche Problem, so muß nur noch die Transformation bestimmt werden, die das System vom Zustand X_0 in den Zustand X_{N-1} bringt. Ist T_{N-1} eine solche Transformation, so läßt sich dieser Schritt folgendermaßen beschreiben:

$$X_N = t_N (T_{N-1} (X_0))$$

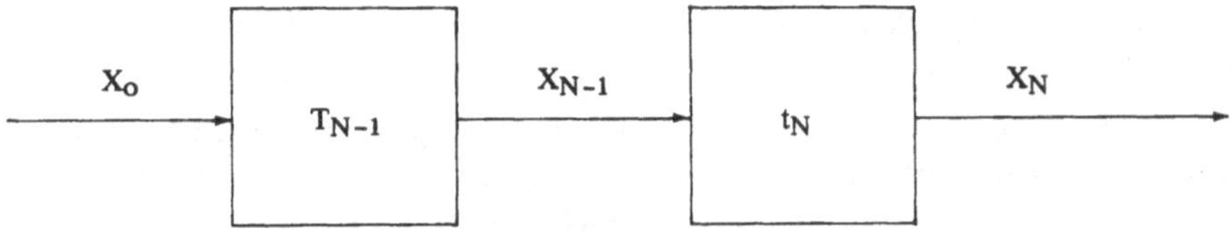

Das komplette System $X_N = T_N (X_0)$ wurde nun in zwei Teilprobleme zerlegt.

1. $X_N = t_N (X_{N-1})$,
2. $X_{N-1} = T_{N-1} (X_0)$.

Man kann nun mit der Zerlegung des Problems solange fortfahren, bis man beim Anfangszustand anlangt. Der in diesem Abschnitt behandelte Ansatz ist einer der Grundgedanken der dynamischen Programmierung [30, S. 34 ff.].

4.322.3 Entwicklung des rekursiven Ansatzes

Es soll nun versucht werden, das Verfahren der dynamischen Programmierung an dem folgenden nichtlinearen Programmierungsmodell zu erläutern [14, S. 423 ff.].

$$\sum_{j=1}^{n} a_j x_j \leq b \; ; \qquad a_j > 0, \; j = 1, 2, \ldots, n$$
$$x_j \geq 0, \; j = 1, 2, \ldots, n$$

$$\max z = \sum_{j=1}^{n} f_j(x_j) \; . \qquad (1)$$

Diese Aufgabenstellung enthält eine trennbare Zielfunktion[1] und nur eine Restriktion. Probleme dieser Art treten in der Praxis sehr häufig auf. Ein typisches Beispiel ist das Beladen von Fahrzeugen. b stellt den gesamten zur Verfügung stehenden Laderaum dar und a_j ist der von einer Einheit des Gutes j eingenommene Raum.

Bezeichnet man das absolute Maximum von z mit z*, so kann man diese Beziehung folgendermaßen schreiben

$$z^* = \max_{x_1 \ldots x_n} \left\{ \sum_{j=1}^{n} f_j(x_j) \right\} , \qquad (2)$$

wobei über alle x_j maximiert wird, die der Bedingung

$$\sum_{j=1}^{n} a_j x_j \leq b \qquad (3)$$

genügen.

Man wählt nun irgendeinen Wert von x_n, hält diesen fest und maximiert z über die verbleibenden $x_1, x_2, \ldots x_{n-1}$ Werte.

Die Werte $x_1, x_2, \ldots x_{n-1}$, die z maximieren, hängen natürlich vom gewählten Wert x_n ab. Führt man das für alle zulässigen Werte x_n durch, so erhält man mit z* den größten aller z-Werte. Stellt man das soeben verbal aufgezeigte in Form einer Gleichung dar, so ergibt sich folgende Funktion:

$$\max_{x_1 \ldots x_{n-1}} \left\{ \sum_{j=1}^{n} f_j(x_j) \right\} = \left[f_n(x_n) + \max_{x_1 \ldots x_{n-1}} \sum_{j=1}^{n-1} f_j(x_j) \right] . \qquad (4)$$

Ist x_n einmal gewählt, so kann der Ausdruck $f_n(x_n)$ ausgeklammert werden, da er von $x_1 \ldots x_{n-1}$ unabhängig ist und die restlichen Werte $x_1 \ldots x_{n-1}$ auf Werte beschränkt sein müssen, die der Bedingung

$$\sum_{j=1}^{n-1} a_j x_j \leq b - a_n x_n \qquad (5)$$

genügen.

[1]) Eine Zielfunktion heißt dann trennbar, wenn sie folgende Gestalt hat: $z = f_1(x_1) + f_2(x_2) \ldots + f_n(x_n)$.

Das Maximum der Funktion

$$\max_{x_1 \dots x_{n-1}} \sum_{j=1}^{n-1} f_j(x_j)$$

hängt aber nun ab von $b - a_n x_n$. Man kann somit schreiben:

$$\Delta_{n-1}(b - a_n x_n) = \max_{x_1 \dots x_{n-1}} \sum_{j=1}^{n-1} f_j(x_j) \ . \qquad (6)$$

Wobei über alle Werte $x_1, x_2, \dots x_{n-1}$ maximiert wird, die der Bedingung (5) genügen. Berechnet man $\Delta_{n-1}(b - a_n x_n)$ für jeden zulässigen Wert von x_n, so ist z^* das Maximum.

$$z^* = \max_{x_n} [f_n(x_n) + \Delta_{n-1}(b - a_n x_n)] \ . \qquad (7)$$

Um nun das Maximum von (7) zu bestimmen, berechnet man für jedes mögliche x_n

$$\Omega_n(x_n) = f_n(x_n) + \Delta_{n-1}(b - a_n x_n) \qquad (8)$$

und wählt den größten Wert aus.
Im folgenden soll auf die Frage der Berechnung von $\Delta_{n-1}(b - a_n x_n)$ eingegangen werden. $\Delta_{n-1}(b - a_n x_n)$ ist durch (6) definiert. Für ein beliebiges positives ξ sei

$$\Delta_{n-1}(\xi) = \max_{x_1 \dots x_{n-1}} \sum_{j=1}^{n-1} f_j(x_j)$$

unter Beachtung der Bedingung

$$\sum_{j=1}^{n-1} a_j x_j \leq \xi \ .$$

Geht man wie bereits früher beschrieben vor, so ist

$$\Delta_{n-1}(\xi) = \max_{x_{n-1}} [f_{n-1}(x_{n-1}) + \Delta_{n-2}(\xi - a_{n-1} x_{n-1})] \ ,$$

wobei

$$\Delta_{n-2}(\alpha) = \max_{x_1 \dots x_{n-2}} \sum_{j=1}^{n-2} f_j(x_j)$$

ist und über Werte $x_1, x_2, \dots x_{n-2}$ maximiert wird, die der Bedingung

$$\sum_{j=1}^{n-2} a_j x_j \leq \alpha$$

genügen.

Dieses Verfahren wird nun solange fortgesetzt, bis beim letzten Schritt nur mehr

$$\Delta_1 (\varphi) = \max_{x_1} f_1 (x_1)$$

zu berechnen ist.

Das Rechenverfahren läßt sich folgendermaßen beschreiben. Man definiert eine Folge von Funktionen

$$\Delta_k (\xi) = \max_{x_1 \ldots x_k} \sum_{j=1}^{k} f_j (x_j), \quad k = 1, 2, \ldots n$$

wobei über diejenigen Werte x_j maximiert wird, die der Bedingung

$$\sum_{j=1}^{k} a_j x_j \leq \xi$$

genügen.

Wie geht man nun bei der Optimierung praktische vor? Zunächst wird die Funktion

$$\Delta_1 (\xi) = \max_{0 \leq x_1 \leq \xi} f_1 (x_1)$$

bestimmt, indem man x_1 in dem angegebenen Intervall variieren läßt. Ist nun $\bar{x}_1 (\xi)$ derjenige Wert von x_1, der $f_1 (x_1)$ maximiert, so läßt sich das folgendermaßen ausdrücken:

$$\Delta_1 (\xi) = f_1 [\bar{x}_1 (\xi)] .$$

Hat man nun $\Delta_1 (\xi)$ erhalten, geht man zur Berechnung von $\Delta_2 (\xi)$ über und bestimmt für alle $\xi = 0, 1, 2 \ldots b$

$$\Delta_2 (\xi) = \max_{0 \leq x_2 \leq \xi} [f_2 (x_2) + \Delta_1 (\xi - a_2 x_2)] .$$

Um für ein bestimmtes ξ den Ausdruck $\Delta_2 (\xi)$ zu ermitteln, berechnet man einfach folgende Ausdrücke und sucht den größten aus; dieser ergibt dann $\Delta_2 (\xi)$.

$$\Omega_2 (0; \xi) = f_2 (0) + \Delta_1 (\xi)$$

$$\Omega_2 (1; \xi) = f_2 (1) + \Delta_1 (\xi - x_2 a_2)$$

. . . .

. . . .

$$\Omega_2 (\xi; \xi) = f_2 (\xi) + \Delta_1 (\xi - \xi)$$

4.33 Konkretisierung des theoretisch-mathematischen Ansatzes am Beispiel der optimalen Zuordnung von Außenverkäufern auf verschiedene Marktgebiete

Nachdem im vorigen Abschnitt versucht wurde, das mathematisch-theoretische Modell der dynamischen Programmierung zu entwickeln, soll nun der eben behandelte Algorithmus an einem praktischen Beispiel angewendet werden [39, S. 204 ff.].
Ein Unternehmen verfügt über eine gewisse Anzahl von Außenverkäufern (Reisende, Handelsvertreter), die zur Betreuung verschiedener Marktgebiete eingesetzt werden. Der Gewinn in den einzelnen Marktgebieten ist abhängig von der Zahl der eingesetzten Verkäufer. Der Unternehmensleitung stellt sich nun die Frage, wie diese auf die einzelnen Marktgebiete aufzuteilen sind, um einen maximalen Gewinn zu erhalten.
Betrachten wir ein Unternehmen, das sechs Außenverkäufer beschäftigt und zwei Marktgebiete zu bearbeiten hat. Wie die Tabelle 1 zeigt, gibt es sieben Möglichkeiten, diese Verkäufer einzusetzen.

Tab. 1:

x_1	0	1	2	3	4	5	6
x_2	6	5	4	3	2	1	0
$f_1(x_1)$	38	41	48	58	66	72	83
$f_2(x_2)$	82	75	66	60	50	42	40
z	120	116	114	118	116	114	123

Ist x_1 die Anzahl der im Marktgebiet eins eingesetzten Verkäufer bzw. x_2 die Anzahl der im Marktgebiet zwei tätigen Verkäufer, so bezeichnet die Funktion $f_1(x_1)$ den Gewinn im Marktgebiet eins, bei Einsatz von x_1 Verkäufern bzw. $f_2(x_2)$ den Gewinn im Marktgebiet zwei bei Einsatz von x_2 Verkäufern. Wie aus der Tabelle 1 zu ersehen ist, besteht nun die Möglichkeit, dem Marktgebiet eins keinen Verkäufer zuzuordnen, dafür aber dem zweiten Marktgebiet sechs Verkäufer zuzuteilen. Diese Kombination erbringt einen Gesamtgewinn von z = 120. Man kann aber auch dem Gebiet eins einen Verkäufer zuteilen und dem Gebiet zwei fünf Verkäufer usw.
Man wird nun die Aufteilung der Verkäufer so vornehmen, daß der Gewinn z ein Maximum wird. Die Aufgabe besteht somit darin, aus den folgenden Ausdrücken den größten auszuwählen:

$$[f_1(0) + f_2(6)], [f_1(1) + f_2(5)] \ldots [f_1(6) + f_2(0)] .$$

Mathematisch läßt sich dieses Gewinnmaximum folgendermaßen ausdrücken:

$$z = \max_{0 \leq x \leq 6} [f_1(x) + f_2(6 - x)] . \tag{1}$$

Bezeichnet man mit F_2 (6) den maximalen Gewinn, der durch den Einsatz von 6 Verkäufern in den beiden Marktgebieten erzielt werden kann, so läßt sich (1) folgendermaßen darstellen:

$$F_2(6) = \max_{0 \leq x \leq 6} [f_1(x) + f_2(6 - x)] . \tag{2}$$

Allgemein kann für den Einsatz von A Verkäufern in zwei Marktgebieten die optimale Politik folgendermaßen ausgedrückt werden:

$$F_2(A) = \max_{0 \leq x \leq A} [f_1(x) + f_2(A - x)] . \tag{3}$$

Die nachfolgende Tabelle 2 enthält alle möglichen Werte der Funktion (2).

Tab. 2: Anzahl der Verkäufer im Marktgebiet 1

Anzahl der Verkäufer 2. Marktgebiet	$f_1(0)$	$f_1(1)$	$f_1(2)$	$f_1(3)$	$f_1(4)$	$f_1(5)$	$f_1(6)$
$f_2(0)$	78*	81*	88*	98*	106*	112	123*
$f_2(1)$	80	83	90	100	108	114	
$f_2(2)$	88	91	98	108	116		
$f_2(3)$	98	101	108	118			
$f_2(4)$	104	107	114				
$f_2(5)$	113*	116					
$f_2(6)$	120						

Wie daraus zu ersehen ist, erhält man den maximalen Gewinn (z = 123), indem man dem Marktgebiet eins alle sechs Verkäufer zuteilt.

Wesentlich aufwendiger wird das Verfahren bereits, wenn wir drei Marktgebiete betrachten. Durch einfaches Probieren sieht man, daß sechs Außenverkäufer in drei Marktgebieten auf einundzwanzig verschiedene Möglichkeiten eingesetzt werden können.

Die erweiterte Fragestellung lautet somit: Es sind sechs Verkäufer auf drei Marktgebiete so aufzuteilen, daß der Gesamtgewinn über alle Marktgebiete ein Maximum wird. Die Gewinnfunktion für das dritte Marktgebiet ist durch die folgende Tabelle 3 gegeben.

Tab. 3:

x_3	0	1	2	3	4	5	6
$f_3(x_3)$	60	64	68	78	90	102	109

x_3 bezeichnet die Anzahl der im Marktgebiet drei tätigen Verkäufer. $f_3(x_3)$ gibt den Gewinn im Marktgebiet drei in Abhängigkeit von x_3 an.

Die optimale Aufteilung von 6 Außenverkäufern auf drei Marktgebiete erhält man, indem man die folgende Funktion maximiert:

$$F_3(6) = \max_{0 \leq x \leq 6} [F_2(x) + f_3(6 - x)] \tag{4}$$

Tab. 4: Anzahl der Verkäufer im 1. und 2. Marktgebiet

	$F_2(0)$	$F_2(1)$	$F_2(2)$	$F_2(3)$	$F_2(4)$	$F_2(5)$	$F_2(6)$
	78	81	88	98	106	113	123
$f_3(0)$	138	141	148*	158*	166	173	183
$f_3(1)$	142*	145	152	162	170	177	
$f_3(2)$	146	149	156	166	174		
$f_3(3)$	156	159	166	176			
$f_3(4)$	168*	171	178				
$f_3(5)$	180*	183					
$f_3(6)$	187*						

oder allgemein für den Einsatz von A Verkäufern

$$F_3(A) = \max_{0 \leq x \leq A} [F_2(x) + f_3(A - x)] \,. \tag{5}$$

Die obige Tabelle 4 enthält die Werte der Funktion (4). Wie hieraus zu ersehen ist, erhält man den maximalen Gewinn, indem man dem dritten Marktgebiet alle sechs Verkäufer zuteilt.

Man will aber nicht bei drei Marktgebieten stehenbleiben, sondern es soll eine allgemeingültige Methode für n Marktgebiete gefunden werden. Es besteht somit die Aufgabe darin, das Maximum der Funktion

$$z = \max f_1(x_1) + f_2(x_2) \ldots + f_n(x_n) \tag{6}$$

zu finden. Das Problem läßt sich nun ohne Schwierigkeiten auf n Marktgebiete erweitern. Durch Maximieren der Funktion (7) erhält man somit die optimale Aufteilung von A Außenverkäufern auf n Marktgebiete.

$$F_n(A) = \max_{0 \leq x \leq A} [F_{n-1}(x) + f_n(A - x)] \tag{7}$$

4.34 Struktur dynamischer Prozesse

Nachdem vorstehend die Methode der dynamischen Programmierung entwickelt und schließlich an einem praktischen Beispiel konkretisiert wurde, soll in diesem Abschnitt die Struktur dynamischer Prozesse behandelt werden [53, S. 7 f.]. Die Probleme, die mittels dynamischer Programmierung gelöst werden können, haben gemeinsame Merkmale [5]:

- Es existiert ein physikalisches System, das durch eine Anzahl von Zustandsvariablen charakterisiert ist.
- Die Prozesse sind mehrstufig, wobei auf jeder Stufe eine Wahlmöglichkeit bei den Entscheidungsvariablen besteht.

- Die Wahl der Entscheidungsvariablen wirkt sich in einer Transformation der Zustandsvariablen aus.
- Die Vergangenheit beeinflußt den Zustand des Systems nicht. Der Zustand des Systems zum Zeitpunkt N ist lediglich abhängig vom Zustand des Systems zum Zeitpunkt N – 1 und der Entscheidung, die das System in den Zustand N bringt[1].
- Das Ziel der Operation besteht in der Maximierung einer Funktion der Zustandsvariablen.

Da jedes Problem eine individuelle Definition der Größen verlangt, ist die hier gegebene Formulierung bewußt sehr allgemein gefaßt.
Diese einzelnen Größen sollen nun am Beispiel des optimalen Verkäufereinsatzes erläutert werden.
In diesem Beispiel stellt das physikalische System ein Unternehmen dar, das eine Anzahl von Außenverkäufern auf mehrere Marktgebiete verteilen will.
Die Zustandsvariablen sind die Zahl der auf jeder Stufe zur Verfügung stehenden Verkäufer und der auf jeder Stufe erzielte Gewinn.
Die Entscheidung auf jeder Stufe bestand in der Zuordnung der Verkäufer auf die einzelnen Marktgebiete. Der Zustand des Systems auf der Stufe drei, d.h. die Aufteilung von A Verkäufern in drei Marktgebieten, war nur abhängig von der Stufe zwei, also von der Aufteilung der Verkäufer in den beiden ersten Marktgebieten und der Entscheidung auf der Stufe drei.
Das Ziel der Operation bestand in einer Maximierung des Gewinns über alle drei Marktgebiete, unter Beachtung der Restriktion, daß nur sechs Außenverkäufer zur Verfügung standen.

4.35 Dynamische Programmierung und optimale Kombination des vertriebspolitischen Instrumentariums

Nachfolgend soll zur Einführung an einem einfachen Beispiel demonstriert werden, inwiefern sie Ansatzpunkte zur Optimierung der Kombination des absatzpolitischen Instrumentariums bietet [13, S. 496 ff.]. Weitere Anwendungsbeispiele werden einer vertieften Analyse dieser Problematik dienen.

Ein Unternehmen bringt ein neues Produkt auf den Markt. Der Marketingmanager hat die Möglichkeit, für das neue Produkt in vier verschiedenen Zeitschriften zu werben. Für die Werbung sollen im ganzen drei Zeitschriftenseiten verwendet werden. Der Manager muß nun diese drei Seiten auf die vier Zeitschriften so verteilen, daß der Gesamtgewinn ein Maximum wird. Durch ein-

[1]) Die Rekursionsgleichung der dynamischen Programmierung bringt dieses Merkmal typisch zum Ausdruck.

faches Probieren sieht man, daß es zwanzig verschiedene Möglichkeiten der Aufteilung gibt. Die folgende Tabelle 5 zeigt den Gewinn, den die einzelnen Zeitschriften bei x Einschaltungen erbringen. $f_n(x_n)$ ist der Gewinn, den die n-te Zeitschrift bei x_n Einschaltungen erbringt.

Tab. 5:

	$f_1(x_1)$	$f_2(x_2)$	$f_3(x_3)$	$f_4(x_4)$
x = 0	0	0	0	0
x = 1	4	3	2	1
x = 2	9	7	3	6
x = 3	7	6	3	10

Der Lösungsweg ist nun sehr einfach. Man beginnt zunächst mit einer zweistufigen Optimierung, d.h. es wird die bestmögliche Aufteilung der drei Einschaltungen auf nur zwei Zeitschriften analysiert. Es muß also das Maximum des folgenden Ausdrucks gesucht werden:

$$F_2(3) = \max_{0 \leq x \leq 3} [f_1(x) + f_2(3 - x)] . \tag{1}$$

Allgemein gilt für eine zweistufige Optimierung bei A Einschaltungen:

$$F_2(A) = \max_{0 \leq x \leq A} [f_1(x) + f_2(A - x)] . \tag{2}$$

Führt man nun die hier beschriebene Optimierung mit den in Tabelle 5 angegebenen Werten durch, so enthält Tabelle 6 die einzelnen Werte der Funktion (1).

Tab. 6:

	$f_1(0)$	$f_1(1)$	$f_1(2)$	$f_1(3)$
$f_2(0)$	0	4*	9*	7
$f_2(1)$	3	7	12*	
$f_2(2)$	7	11		
$f_2(3)$	6			

Wie aus der Tabelle zu ersehen ist, erhält man den maximalen Gewinn von 12, indem man zwei Einschaltungen in der ersten Zeitschrift macht und eine Einschaltung in der zweiten Zeitschrift.

Alle anderen Verknüpfungen bringen einen geringeren Gewinn.

Durch Einbeziehen der dritten Zeitschrift wird nun das Problem zu einem dreistufigen Prozeß erweitert, und man erhält folgende Funktionalgleichung:

$$F_3(3) = \max_{0 \leq x \leq 3} [f_2(x) + f_3(3 - x)] . \tag{3}$$

Die Werte dieser Funktion enthält Tabelle 7.

Tab. 7:

	Zeitschrift 1 und 2			
	$F_2(0)$	$F_2(1)$	$F_2(2)$	$F_2(3)$
3. Zeitschrift	0	4	9	12
$f_3(0)$	0	4*	9*	12*
$f_3(1)$	2	6	11	
$f_3(2)$	3	7		
$f_3(3)$	3			

Erweitert man das Problem, indem man die vierte Zeitschrift einbezieht, so gilt es jetzt, das Maximum der Funktion

$$F_4(3) = \max_{0 \leq x \leq 3} [f_3(x) + f_4(3 - x)] \tag{4}$$

zu suchen.

Für A Einschaltungen in n Zeitschriften erhält man die bereits bekannte Funktionalgleichung der dynamischen Programmierung:

$$F_n(A) = \max_{0 \leq x \leq A} [f_{n-1}(x) + f_n(A - x)] \ .$$

Nachstehende Tabelle enthält die Werte der Funktion (4).

Tab. 8:

	Zeitschrift 1, 2 und 3			
	$F_3(0)$	$F_3(1)$	$F_3(2)$	$F_3(3)$
	0	4	9	12
$f_4(0)$	0	4*	9*	12*
$f_4(1)$	1	5	10	
$f_4(2)$	6	10		
$f_4(3)$	10			

Beginnt man mit der rekursiven Ermittlung der Optimalstrategie, so sieht man, daß man den maximalen Gewinn von 12 nur dann erhält, wenn die drei Werbeseiten auf die Zeitschriften 1, 2 und 3 verteilt werden. Mit diesem Ergebnis ersieht man aus Tabelle 7, daß ein Gewinn von 12 nur dann erreicht werden kann, wenn man auch in der Zeitschrift drei keine Werbung betreibt. Auf der letzten Stufe des rekursiven Vorgehens (Tabelle 6) läßt sich erkennen, daß sich die Werbung auf zwei Zeitschriften beschränken muß, um den maximalen Gewinn von 12 zu erreichen. Die Optimalstrategie ergibt sich somit, indem man in der ersten Zeitschrift zwei Seiten und in der zweiten Zeitschrift eine Seite Werbung belegt.

Die mit einem Stern (*) bezeichneten Werte sind die Maxima entlang der schrägen Linien. Diese Werte geben den maximalen Gewinn auf einer Stufe bei Einsatz von x-Einheiten eines Werbemittels an.

Bei dem vorangegangenen Beispiel standen dem Unternehmen verschiedene Werbeaktionen in einer bestimmten Intensität zur Verfügung und es konnte gezeigt werden, daß die dynamische Programmierung die Entwicklung einer Optimalstrategie ermöglicht. Was aber hier nur für den Bereich der Werbung gezeigt wurde, läßt sich ohne Schwierigkeiten auch auf andere absatzpolitische Instrumente anwenden, bzw. auch zwischen den einzelnen absatzpolitischen Instrumenten, ohne daß sich die Problemstruktur ändert. Das Optimierungsverfahren wird lediglich aufwendiger, und die Problemlösung kann wahrscheinlich mittels der vorher gezeigten Tabellenform nicht mehr erreicht werden.

4.36 Dynamische Programmierung als eine Methode zur Auswertung von Verkaufsstatistiken in der Konsumgüterindustrie

In einem Aufsatz aus dem Jahre 1966 hat Wedekind den Versuch unternommen, eine weitere Anwendungsmöglichkeit der dynamischen Programmierung aus dem Vertriebsbereich aufzuzeigen [60, S. 19 ff.].

4.361 Darstellung des Problems

Die Verkaufsabteilung eines Unternehmens der Konsumgüterindustrie will das vorhandene statistische Material nicht nur für herkömmliche statistische Auswertungen verwenden, sondern geht einen Schritt weiter und versucht aus den Vergangenheitsergebnissen eine optimale Verkaufspolitik zu entwickeln.
Für jede Warenart bzw. Warengruppe stehen in der Konsumgüterindustrie eine Fülle absatzfördernder Maßnahmen zur Verfügung. Die Wirksamkeit dieser Maßnahmen auf den zukünftigen Umsatz läßt sich aber nur sehr schwer prognostizieren, da zu viele andere nicht quantifizierbare Größen in die Umsatzvorhersage einfließen. Trotz dieser Imponderabilien soll im folgenden nur der Vertriebskosteneinsatz als Umsatzeinflußgröße betrachtet werden. Man hat in der Konsumgüterindustrie die Erfahrung gemacht, daß sich durch erhöhten Vertriebskosteneinsatz der mengenmäßige Umsatz nur unwesentlich steigern läßt und sehr bald eine Umsatzsättigung erreicht wird [60, S. 19].
Das Unternehmen hat nun die Möglichkeit, für jede Warenart bzw. Warengruppe verschiedene absatzfördernde Maßnahmen zu ergreifen, die im folgenden mit Strategien bezeichnet werden sollen (z. B. Werbung in der Zeitung A, Werbung in der Zeitung B, Rundfunkwerbung, Fernsehwerbung usw.).
Die Strategien werden mit j, $j = 1, 2 \ldots n$ bezeichnet, die Warenarten bzw. Warengruppen mit i, $i = 1, 2 \ldots m$. e_{ij} ist der Vertriebskosteneinsatz für die Ware i bei Verwendung der Strategie j, während u_{ij} den entsprechenden mengenmäßigen Umsatz darstellt.

4.362 Modellrestriktionen

Die Datenerfassung stellt insbesondere im Absatzbereich eines der Hauptprobleme dar. Wenn nun im folgenden ein Lösungsversuch mittels der Methode der dynamischen Programmierung gezeigt werden soll, so werden im wesentlichen nur zwei Gruppen von Daten benötigt: Einerseits Daten auf der Kostenseite, zum anderen Daten auf der Umsatzseite. Beide Gruppen von Daten lassen sich bei EDV ohne große Schwierigkeiten aus den vorhandenen Statistiken ermitteln.
Die Tatsache, daß die Umsätze u_{ij} bei steigenden Vertriebsaufwendungen e_{ij} sehr rasch einer Sättigung zustreben, zeigt Abb. 12.

Abb. 12: Umsatzverlauf bei steigenden Vertriebsaufwendungen

Diese Abbildung gilt aber nur dann, wenn man von Markteinbrüchen, Struktur- und Qualitätsänderungen absieht. Ferner darf für eine Warenart bzw. Warengruppe nur eine Strategie eingesetzt werden, da es nicht möglich ist, die Wirksamkeit der einzelnen Strategien in Bezug auf den Umsatz getrennt zu beurteilen. Wurde z. B. für eine bestimmte Warenart sowohl über Rundfunk als auch über Fernsehen geworben, so wird dadurch eine eigene Strategie begründet, die unabhängig ist von der Strategie Rundfunkwerbung bzw. Fernsehwerbung.
Das heißt mit anderen Worten, eine Strategie kann mehrere verkaufsfördernde Maßnahmen umfassen und braucht sich nicht notwendigerweise auf ein Medium zu beziehen. Eine weitere Restriktion ist noch zu beachten, nämlich, daß die einzelnen Warenarten bzw. Warengruppen i am Markte nicht miteinander konkurrieren dürfen.
Unter den soeben aufgezeigten Bedingungen kennt der Vertriebsleiter die Werte $\bar{e}_{ij}$ bzw. $\bar{u}_{ij}$, also die Sättigungswerte für eine bestimmte Waren-Strategienkombination.

4.363 Lösungsversuch mit einem zweidimensionalen Ansatz

Die charakteristischen Werte $\bar{e}_{ij}$ bzw. $\bar{u}_{ij}$ sind also bekannt. Somit verfügt der Vertriebsleiter über eine Kostenmatrix und eine Umsatzmatrix, die die entsprechenden Kosten- bzw. Umsatzwerte für jede Waren-Strategienkombination enthalten.
Für jedes Element dieser Matrix gilt:

$$\bar{e}_{ij} \geq 0 \,,$$
$$\bar{u}_{ij} \geq 0 \,.$$

Außerdem existiert ein bestimmtes Werbebudget E, das nicht überschritten werden darf.
Es gilt nun eine optimale Verkaufspolitik zu entwickeln, d.h. es ist für jede Warenart bzw. Warengruppe diejenige Strategie zu suchen, die die Summe der Umsatzwerte über alle Warenarten bzw. Warengruppen maximiert. Es muß jedoch die Restriktion, daß die Summe der Kostenwerte $\bar{e}_{ij}$ kleiner oder gleich der Budgetsumme E ist, erfüllt sein.

4.363.1 Entwicklung der Funktionalgleichung

Für die Herleitung der Funktionalgleichung definiert man eine Zeile der Matrix als Stufe. Jede Stufe wird mit i bezeichnet und stellt somit eine Warengruppe bzw. Warenart dar.
Für die *Stufe 1* definiert man folgende Funktion:

$$f_1(E) = \max(u_{1j}) \qquad j = 1, 2 \ldots n \qquad (1)$$
$$\bar{e}_{1j} \leq E \,.$$

Um nun $f_1(E)$ zu bestimmen, beginnt man mit einem Budgetwert E = 0 und ermittelt den maximalen Umsatzwert $\bar{u}_{1j}$ über alle Spalten j, j = 1, 2 . . . n, unter Beachtung der Restriktion $\bar{e}_{1j} \leq E$. Der maximale Umsatzwert wird gleich $f_1(0)$ gesetzt. Anschließend wird E sukzessiv erhöht und wiederum über alle Spalten j der maximale Umsatzwert für die neue Budgetsumme ermittelt. Um welchen Betrag E zu erhöhen ist, hängt von der jeweiligen Problemstellung ab. Das für dieses Problem geschriebene Computerprogramm läßt es dem Benutzer frei, um welchen Betrag er E erhöhen will. Das Ergebnis der geschilderten Operation ist schließlich die Funktion $f_1(E)$.

2. Stufe (i = 2)

Wendet man nun auf der Stufe zwei die Strategie j mit den zugehörigen Werten $\bar{e}_{2j}$ bzw. $\bar{u}_{2j}$ an, so verbleibt für die Stufe eins nur mehr ein Budgetrest in der Höhe von $E - \bar{e}_{2j}$. $f_1(E - \bar{e}_{2j})$ liefert dann den maximalen Umsatzwert für die

erste Stufe, aber nicht mehr für das Gesamtbudget E, sondern nur mehr für den Budgetrest $E - \bar{e}_{2j}$, da $\bar{e}_{2j}$ bereits auf Stufe zwei verbraucht wurde.
$\bar{e}_{2j}$ ist der Teilbetrag, der für die Stufe zwei aufgewendet wird, $E - \bar{e}_{2j}$ derjenige Teilbetrag, der für die erste Stufe aufgewendet wird. Entsprechend stellt $\bar{u}_{2j}$ den Umsatz auf der Stufe zwei dar und $f_1(E - \bar{e}_{2j})$ den Umsatz auf der Stufe eins. Das Ziel besteht nun darin, den maximalen Umsatz für beide Stufen zu finden. Mathematisch kann man das folgendermaßen ausdrücken:

$$f_2(E) = \max\left[f_1(E - \bar{e}_{2j}) + \bar{u}_{2j}\right] \tag{2}$$

unter Berücksichtigung der Bedingung

$$\bar{e}_{2j} \leq E\ .$$

3. Stufe (i = 3)

Wendet man für die dritte Stufe (d.h. für die Warenart drei) die Strategie j an, so führt das zu Kosten in der Höhe von $\bar{e}_{3j}$. Es verbleibt also für die Stufe zwei (d.h. für die Waren eins und zwei) nur mehr ein Budgetrest von $E - \bar{e}_{3j}$. Die entsprechenden Umsätze sind:

– für die dritte Stufe $\bar{u}_{3j}$
– für die zweite Stufe $f_2(E - \bar{e}_{3j})$.

Für die dritte Stufe erhält man somit folgende Funktionalgleichung:

$$f_3(E) = \max\left[f_2(E - \bar{e}_{3j}) + \bar{u}_{3j}\right] \qquad j = 1, 2, \ldots, n$$

$$\bar{e}_{3j} \leq E$$

. . . .

. . . .

Erweitert man das Modell auf n Stufen, so gilt für die n-te Stufe folgende Funktionalgleichung:

$$f_n(E) = \max\left[f_{n-1}(E - \bar{e}_{nj}) + \bar{u}_{nj}\right] \qquad j = 1, 2 \ldots n$$

$$\bar{e}_{nj} \leq E\ .$$

4.363.2 Praktisches Beispiel

Ein Unternehmen vertreibt drei Warenarten, und es stehen für jede Warenart fünf Strategien zur Verfügung. Die entsprechenden Kosten bzw. Umsatzwerte $(\bar{e}_{ij}, \bar{u}_{ij})$, gehen aus folgenden Matrizen hervor:

$$\bar{E}_{ij} \begin{vmatrix} 2 & 3 & 4 & 1 & 0 \\ 3 & 2 & 3 & 1 & 0 \\ 3 & 0 & 2 & 4 & 0 \end{vmatrix} \qquad \bar{U}_{ij} \begin{vmatrix} 3 & 0 & 8 & 4 & 2 \\ 4 & 3 & 6 & 2 & 1 \\ 2 & 0 & 1 & 3 & 1 \end{vmatrix}$$

Im ersten Schritt wird die Funktion $f_1(E)$ ermittelt. Man geht von der Warenart eins, d.h. von der Zeile eins der Matrizen aus, indem man mit einem Budgetwert von 0 beginnt und über alle Spalten j, j = 1, 2 . . . n maximiert, unter Berücksichtigung der Restriktion, daß $\bar{e}_{1j}$ den Budgetwert nicht überschreiten darf. Man sieht, daß bei einem Budget von 0 der maximale Umsatz bei Verwendung der Strategie fünf erreicht wird.
Man erhöht nun den Budgetwert auf eins und maximiert neuerlich über alle u_{1j}, j = 1, 2 . . . 5 und sieht, daß der maximale Umsatz durch das Element $\bar{U}(1, 4) = 4$ gegeben ist, d.h. bei Verwendung der Strategie j = 4.

Man erhöht nun E solange bis $E_{max,1}$ erreicht ist. Wenn man das maximale Element einer Zeile mit a_i bezeichnet,

$$a_i = \max_j (\bar{e}_{ij})$$

so ist

$$E_{max,m} = \sum_{i=1}^{m} a_i .$$

Demnach ist also $E_{max,m}$ diejenige Obergrenze des E-Wertes, mit der man in die m-te Stufe eintritt. Bei unserem Beispiel ist $E_{max,m}$ auf der dritten Stufe durch $E_{max,3} = 11$ gegeben. Es hat also keinen Sinn, die Budgetmittel über diesen Wert hinaus zu erhöhen, da ab dieser Grenze die Budgetmittel nicht mehr knapp sind.

Bezeichnet man mit b_i das kleinste Element der Matrix $\bar{E}_{ij}$

$$b = \min_j (\bar{e}_{ij}) ,$$

so ist $E_{min,m}$ die entsprechende Untergrenze

$$E_{min,m} = \sum_{i=1}^{m} b_i .$$

Wird diese Untergrenze unterschritten, so gibt es für das Problem keine zulässige Lösung mehr. In diesem Fall sind die Budgetmittel zu knapp, um für alle Waren eine Strategie einzusetzen. Interessant sind demnach nur Budgetwerte, die der Bedingung

$$E_{min,m} \leq E \leq E_{max,m}$$

genügen.

Zwei Sonderfälle sind noch zu beachten. Ist $E = E_{max,m}$, so läßt sich die optimale Strategie leicht erkennen. Man muß nur die maximalen $\bar{e}_{ij}$ jeder Zeile suchen und die entsprechenden $\bar{u}_{ij}$ bilden dann den maximal erreichbaren Umsatz.

Ist $E = E_{min,m}$ so erhält man die optimale Verkaufspolitik ebenfalls sehr leicht, indem man die minimalen Werte von $\bar{e}_{ij}$ jeder Zeile sucht; die dazugehörigen $\bar{u}_{ij}$ ergeben dann den maximal erreichbaren Umsatz.
Das Maximum der zweiten Stufe erhält man, indem man das Maximum der Funktion $f_2(E)$ bildet. Man beginnt die Optimierung wiederum mit einem E-Wert von 0 und erhöht E anschließend kontinuierlich bis $E = E_{max,2}$ erreicht ist.
Schließlich gilt es noch die Funktion $f_3(E)$ zu bestimmen; die Optimierung wird genauso wie auf Stufe zwei durchgeführt.
Tabelle 9 zeigt diese Optimierung und die daraus resultierenden $f_n(E)$-Tabellen, mit den entsprechenden $\bar{e}_{ij}$-Werten. Will man für ein beliebiges Budget die optimale Strategie ermitteln, so geht man folgendermaßen vor:
Nehmen wir an, für einen Budgetwert von 11 solle die optimale Strategie ermittelt werden. Man geht mit diesem Budgetwert in die dritte Stufe und findet einen maximal erreichbaren Umsatz von $f_3(E) = 17$. Wie ferner aus der Tabelle hervorgeht, werden Kosten in der Höhe von $\bar{e}_{34} = 4$ verursacht. Man bildet nun den Budgetrest $E = 11 - 4$ und erhält einen neuerlichen E-Wert von 7. Mit diesem neu errechneten E-Wert geht man in Stufe zwei und findet unter $f_2(E) = f_2(7)$ einen Betrag von 14. Es ergeben sich Kosten in der Höhe von $\bar{e}_{23} = 3$. Man bildet nun nochmals einen Budgetrest $E = 7 - 3 = 4$, mit dem man in die letzte Stufe geht. Für ein Budget in der Höhe $E = 4$ ergibt die Funktion $f_1(E)$ einen Umsatz von 8 unter Verwendung der Strategie $\bar{e}_{13}$.

Tab. 9:

1. Stufe (Warenart 1)

E	0	1	2	3	4	5	6	....
$\bar{e}_{ij}$	15	14	14	14	13	13	13	....
$f_1(E)$	2	4	4	4	8	8	8	....

2. Stufe (Warenart 2)

E	0	1	2	3	4	5	6	7	8	....
$\bar{e}_{2j}$	25	25	24	23	23	24	22	23	23	....
$f_2(E)$	3	5	6	8	10	10	11	14	14	....

3. Stufe (Warenart 3)

E	0	1	2	3	4	5	6	7	8	9	10	11	12 . .
$\bar{e}_{3j}$	35	35	35	35	35	35	35	35	35	35	31	34	34 . .
$f_3(E)$	4	6	7	9	11	11	12	15	15	15	16	17	17 . .

Wählt man nun $\bar{e}_{13}$, $\bar{e}_{23}$, $\bar{e}_{34}$, d.h. für die Warenart eins die Strategie drei, für die Warenart zwei ebenfalls die Strategie drei und für die dritte Warenart die Strategie vier, so erhält man bei einem Budgetwert von E = 11 den maximal erreichbaren Umsatz von 17.

Da $E = 11 = E_{max,3}$ braucht man nur die maximalen $\bar{e}_{ij}$-Werte jeder Zeile zu nehmen und sieht, daß der maximale Umsatz von 17 erreicht wird. Dieser Ansatz wurde auch mittels Computer durchgerechnet und die Lösungen finden sich auf den Tabellen der nächsten Seiten. Diese Lösungstableaus beinhalten die Optimalstrategie für vier Budgetwerte.

Tab. 10: Eingabe

Gebiet	Ware	Strategie	Kosten	Umsatz
1	1	1	2	3
1	1	2	0	0
1	1	3	4	8
1	1	4	1	4
1	1	5	0	2
1	2	1	3	4
1	2	2	2	3
1	2	3	3	6
1	2	4	1	2
1	2	5	0	1
1	3	1	3	2
1	3	2	0	0
1	3	3	2	1
1	3	4	4	3
1	3	5	0	1

Tabelle 10 zeigt in etwas anderer Form den Inhalt der beiden Matrizen $\bar{E}_{ij}$ bzw. $\bar{U}_{ij}$.

Tab. 11: Lösungstableau

Gesamtbudget = 0					
	Budget	Max. Umsatzsumme	Kosten	G W S	B-Rest
1. Stufe	0	4	0	1 3 5	0
2. Stufe	0	3	0	1 2 5	0
3. Stufe	0	2	0	1 1 5	0

Tab. 12: Lösungstableau

Gesamtbudget = 11					
	Budget	Max. Umsatzsumme	Kosten	G W S	B-Rest
1. Stufe	11	17	4	1 3 4	7
2. Stufe	7	14	3	1 2 3	4
3. Stufe	4	8	4	1 1 3	0

Tab. 13: Lösungstableau

Gesamtbudget = 4					
	Budget	Max. Umsatzsumme	Kosten	G W S	B-Rest
1. Stufe	4	11	0	1 3 5	4
2. Stufe	4	10	3	1 2 3	1
3. Stufe	1	4	1	1 1 4	0

Tab. 14: Lösungstableau

Gesamtbudget = 5					
	Budget	Max. Umsatzsumme	Kosten	G W S	B-Rest
1. Stufe	5	11	0	1 3 5	5
2. Stufe	5	10	1	1 2 4	4
3. Stufe	4	8	4	1 1 3	0

G = Gebiet
W = Ware
S = Strategie

Tabelle 11 gibt die Optimalstrategie für einen Budgetwert $E = 0 = E_{min,m}$ an. Eine maximale Umsatzsumme von vier erhält man, indem man für die Ware drei die Strategie fünf anwendet, für die Waren zwei und eins ebenfalls die Strategie fünf. Dieses Vorgehen läßt sich an Hand der Tabelle 9 überprüfen. Tabelle 12 enthält die Optimalstrategie für einen Budgetwert $E = 11 = E_{max,m}$. Praktisch interessant sind aber nur Budgetwerte, die sich zwischen diesen beiden Extremwerten befinden. Die Methode der dynamischen Programmierung gestattet aber auch festzustellen, wie sich Budgetänderungen auf den Umsatz auswirken. Wie aus den Tabellen 13 und 14 hervorgeht, ist es gleichgültig, ob man eine Budgetsumme von vier oder fünf Einheiten zur Verfügung stellt. Der Gesamtumsatz ist in beiden Fällen gleich. Überall werden die Budgetmittel vollkommen aufgebraucht. Der Unterschied besteht lediglich darin, daß bei einer Budgetsumme von vier für die Ware zwei die Strategie drei verwendet werden muß und für die Ware eins die Strategie vier.

Verfügt man hingegen über ein Budget von fünf, so verwendet man bei Ware zwei die Strategie vier und bei Ware eins die Strategie drei. Der Gesamtumsatz von 11 wird in beiden Fällen erreicht, nur die Teilumsätze in den einzelnen Marktgebieten verschieben sich.

4.364 Erweiterung des zweidimensionalen Ansatzes zu einem dreidimensionalen Modell

In dem nachfolgenden Absatz soll versucht werden, das von Wedekind skizzierte Problem durch Einbeziehung einer dritten Dimension zu erweitern und mittels der Methode der dynamischen Programmierung zu lösen.
Die bereits bekannten Größen Warenart bzw. Warengruppe und Strategie werden beibehalten, und als dritte Dimension soll das Marktgebiet eingeführt werden. In diesem Modell hat also ein Unternehmen mehrere Marktgebiete zu bearbeiten. In den einzelnen Marktgebieten werden verschiedene Warenarten bzw. Warengruppen angeboten, die bei Verwendung der Strategie k einen Umsatz von $\bar{u}_{ijk}$ erbringen. Die entsprechenden Kosten einer Strategie sind durch $\bar{e}_{ijk}$ gegeben. Mit anderen Worten: Bei Verwendung der Strategie k für die Ware j im Marktgebiet i führt das zu einem Umsatz von $\bar{u}_{ijk}$. Die Kosten $\bar{e}_{ijk}$ und die entsprechenden Umsätze $\bar{u}_{ijk}$ werden wiederum als bekannt vorausgesetzt, wie auch sonst alle im zweidimensionalen Modell gesetzten Restriktionen hier ihre Gültigkeit beibehalten.
Um die durchzuführende dreidimensionale Optimierung leicht überschaubar zu machen, wurden bei dem Beispiel für das zweite Marktgebiet dieselben Bedingungen angenommen, wie sie im ersten Marktgebiet Geltung haben.
Im folgenden sei ein Unternehmen betrachtet, das zwei Marktgebiete zu bearbeiten hat. In jedem Marktgebiet werden drei Warenarten bzw. Warengruppen angeboten, wobei für jede Ware fünf Strategien zur Verfügung stehen. Das Ziel der Operation besteht darin, eine gegebene Budgetsumme auf die beiden Marktgebiete und Waren so zu verteilen, daß der Gesamtumsatz über beide Marktgebiete ein Maximum wird.
Die Ermittlung der Optimalstrategie im dreidimensionalen Modell erfolgt analog der zweidimensionalen Optimierung.

1. Stufe (i = 1; j = 1; k = 1, 2 . . . kend)

Man definiert eine Funktion

$$f_1(E) = \max(\bar{u}_{11k}) ,$$
$$\bar{e}_{11k} \leq E .$$

Man beginnt die Optimierung im Marktgebiet eins mit der Warenart eins, indem man für einen Budgetwert von Null den maximal erreichbaren Umsatz ermittelt.

Dieser Wert wird gleich $f_1(0)$ gesetzt. Anschließend wird E kontinuierlich erhöht, bis $E_{max,1}$ und für jeden E-Wert die Optimalstrategie ermittelt.

2. Stufe (i = 1; j = 2; k = 1, 2 . . . kend)

Wendet man auf der zweiten Stufe (Warenart zwei, Marktgebiet eins) die Strategie j an, so führt das zu Kosten in der Höhe von $\bar{e}_{12k}$ bei einem entsprechenden Umsatz von $\bar{u}_{12k}$. Für die Stufe eins bleibt somit nur mehr ein Budgetrest in der Höhe von $(E - \bar{e}_{12k})$, der für diese Stufe einen Umsatz von $f_1(E - \bar{e}_{12k})$ erbringt. Den maximalen Umsatz für beide Stufen ergibt dann folgende Funktionalgleichung:

$$f_2(E) = \max\,[f_1(E - \bar{e}_{12k}) + \bar{u}_{12k}]\ .$$

3. Stufe (i = 1; j = 3; k = 1, 2 . . . kend)

Wenn man nun auf der dritten Stufe, d. h. im Marktgebiet eins für die Ware drei die Strategie k anwendet, so entstehen Kosten in der Höhe von $\bar{e}_{13k}$ bei einem entsprechenden Umsatz von $\bar{u}_{13k}$. Für die Stufe zwei verbleibt somit nur mehr ein Budgetrest in der Höhe von $(E - \bar{e}_{13k})$. Entsprechend dem Algorithmus erhält man für eine dreistufige Optimierung folgende Funktionalgleichung:

$$f_3(E) = \max\,[f_2(E - \bar{e}_{13k}) + \bar{u}_{13k}]\ .$$

Mit diesem dreistufigen Prozeß ist die Optimierung im ersten Marktgebiet beendet, und die vierte Stufe ist bereits die erste Optimierungsphase im zweiten Marktgebiet.

4. Stufe (i = 2; j = 1; k = 1, 2 . . . kend)

Die Optimierung wird hier genauso durchgeführt wie in den bisherigen Fällen. Die Entwicklung der Funktionalgleichungen wird solange fortgesetzt, bis schließlich die letzte Stufe, in unserem Beispiel die Stufe sechs, erreicht ist. Für diese letzte Stufe gilt:

$$f_6(E) = \max\,[f_5(E - \bar{e}_{23k}) + \bar{u}_{23k}]\ .$$

Gehen wir nun zurück zum Lösungstableau Tabelle 11. Bei einem Gesamtbudget von Null konnte maximal ein Umsatz von 4 erreicht werden. Nachdem im dreidimensionalen Modell (also bei zwei Marktgebieten) im Marktgebiet zwei dieselben Bedingungen herrschen, wie im Marktgebiet eins, müßte eine optimale Strategie einen Umsatz von 8 erbringen. Wie Tabelle 16 zeigt, wird

Tab. 15: Eingabe

Gebiet	Ware	Strategie	Kosten	Umsatz
1	1	1	2	3
1	1	2	0	0
1	1	3	4	8
1	1	4	1	4
1	1	5	0	2
1	2	1	3	4
1	2	2	2	3
1	2	3	3	6
1	2	4	1	2
1	2	5	0	1
1	3	1	3	2
1	3	2	0	0
1	3	3	2	1
1	3	4	4	3
1	3	5	0	1
2	1	1	2	3
2	1	2	0	0
2	1	3	4	8
2	1	4	1	4
2	1	5	0	2
2	2	1	3	4
2	2	2	2	3
2	2	3	3	6
2	2	4	1	2
2	2	5	0	1
2	3	1	3	2
2	3	2	0	0
2	3	3	2	1
2	3	4	4	3
2	3	5	0	1

bei einer Optimierung über zwei Marktgebiete, bei einem Budget von E = 0, diese maximale Umsatzsumme erreicht.

Für dieses Beispiel erhält man $E_{max,6}$ aus Tabelle 15. Für einen Budgetwert $E = E_{max,6} = 22$, müßte demnach eine optimale Strategie, nachdem in beiden Marktgebieten dieselben Bedingungen herrschen, einen Umsatz von 34 erbrin-

Tab. 16: Lösungstableau

Gesamtbudget = 0					
	Budget	Max. Umsatzsumme	Kosten	G W S	B-Rest
1. Stufe	0	8	0	2 3 5	0
2. Stufe	0	7	0	2 2 5	0
3. Stufe	0	6	0	2 1 5	0
4. Stufe	0	4	0	1 3 5	0
5. Stufe	0	3	0	1 2 5	0
6. Stufe	0	2	0	1 1 5	0

Tab. 17: Lösungstableau

Gesamtbudget = 22					
	Budget	Max. Umsatzsumme	Kosten	G W S	B-Rest
1. Stufe	22	34	4	2 3 4	18
2. Stufe	18	31	3	2 2 3	15
3. Stufe	15	25	4	2 1 3	11
4. Stufe	11	17	4	1 3 4	7
5. Stufe	7	14	3	1 2 3	4
6. Stufe	4	8	4	1 1 3	0

Tab. 18: Lösungstableau

Gesamtbudget = 11					
	Budget	Max. Umsatzsumme	Kosten	G W S	B-Rest
1. Stufe	11	26	0	2 3 5	11
2. Stufe	11	25	3	2 2 3	8
3. Stufe	8	19	1	2 1 4	7
4. Stufe	7	15	0	1 3 5	7
5. Stufe	7	14	3	1 2 3	4
6. Stufe	4	8	4	1 1 3	0

gen. Wie aus der entsprechenden Tabelle zu erkennen ist, wird dieser Umsatz bei Verwendung der Optimalstrategie erreicht.
Die Tabellen 18 und 19 geben schließlich noch Optimalstrategien für Budgetwerte an, die sich zwischen E_{min} und E_{max} bewegen.

Tab. 19: Lösungstableau

Gesamtbudget = 10					
	Budget	Max. Umsatzsumme	Kosten	G W S	B-Rest
1. Stufe	10	24	0	2 3 5	10
2. Stufe	10	23	3	2 2 3	7
3. Stufe	7	17	0	2 1 5	7
4. Stufe	7	15	0	1 3 5	7
5. Stufe	7	14	3	1 2 3	4
6. Stufe	4	8	4	1 1 3	0

Durch Erweiterung der Tabelle 9 auf sechs Stufen, kann die hier mittels Computer durchgeführte dreidimensionale Optimierung auch manuell nachvollzogen werden.

4.365 Übergang zum N-dimensionalen Modell

Nachdem in den vorigen Abschnitten Lösungsversuche mit zwei- bzw. dreidimensionalen Modellen demonstriert wurden, soll nun allgemein ein Lösungsweg für ein n-dimensionales Modell aufgezeigt werden. Gingen wir zunächst von den Dimensionen Warenart bzw. Warengruppe und Strategie aus, führten schließlich als dritte Dimension das Marktgebiet ein, so könnten wir in einer vierten Dimension z. B. nach Kundengruppen differenzieren usw. Im Algorithmus der dynamischen Programmierung führt diese Erweiterung des Modells zu keiner Änderung, und es läßt sich entsprechend der Grundgleichung der dynamischen Programmierung für den n-dimensionalen Ansatz folgende Funktionalgleichung aufstellen:

$$f_n(E) = \max\,[f_{n-1}(E - \bar{e}_{ijk\ldots m}) + \bar{u}_{ijk\ldots m}]$$

unter Berücksichtigung der Restriktion

$$\bar{e}_{ijk\ldots m} \leq E\,,$$

wobei

$$\begin{aligned} i &= 1, 2 \ldots \text{iend} \\ j &= 1, 2 \ldots \text{jend} \\ k &= 1, 2 \ldots \text{kend} \\ &\ldots\ldots\ldots\ldots \\ &\ldots\ldots\ldots\ldots \\ m &= 1, 2 \ldots \text{mend}\,. \end{aligned}$$

Erweitert man aber das Modell über drei Dimensionen, so tritt die Frage des Rechenaufwandes – auch für Computer – bereits sehr stark in den Vordergrund.

4.37 Bellman's Prinzip der Optimalität

Bellman's Prinzip der Optimalität bildet den Grundgedanken der dynamischen Programmierung. Dieses von Bellman etwas unklar definierte Prinzip wird man jetzt leichter verstehen, nachdem die theoretischen und praktischen Voraussetzungen der dynamischen Programmierung geschaffen wurden.
"An optimal policy has the property, that, whatever the initial state and initial decisions are, the remaining decisions must constitute an optimal policy with regard to the state resulting from the first decision" [5, S. 83].
Mathematisch findet dieses Prinzip seinen Ausdruck in der Rekursionsgleichung der dynamischen Programmierung.

$$f_n(X_n) = \max\,[r_n(X_n D_n) + f_{n-1}(X_{n-1})] \; .$$

Unter D_n soll eine Entscheidung verstanden werden, die eine Transformation des Systems vom Zustand X_{n-1} in den Zustand X_n bewirkt.
Um dieses Prinzip leichter verständlich zu machen, soll „state" mit „Stufe" übersetzt werden. Zerlegen wir die Definition, so heißt das, daß der Optimierungsprozeß mit irgendeiner Stufe beginnen kann.
Unter „decision" ist die Erstellung einer $f_1(E)$, $f_2(E)$, . . . , $f_n(E)$ Funktion zu verstehen.
Betrachten wir das zweidimensionale Optimierungsproblem, das sich über drei Stufen erstreckte:

$$f_1(E) = \max\,[(u_{1j})] \; ,$$

$$f_2(E) = \max\,[f_1(E - \bar{e}_{1j}) + \bar{u}_{2j}] \; ,$$

$$f_3(E) = \max\,[f_2(E - \bar{e}_{2j}) + \bar{u}_{3j}] \; .$$

Durch das Treffen einer Entscheidung, d.h. durch die Bestimmung einer $f_n(E_n)$-Funktion, wird jedem beliebigen E-Wert ein $\bar{e}_{ij}$ und ein $\bar{u}_{ij}$-Wert zugeordnet. Liegen die Funktionen $f_1(E)$, $f_2(E)$, $f_3(E)$ vor, so läßt sich das Optimalitätsprinzip etwa folgendermaßen beschreiben:
Bei der ersten Entscheidung bestimmt man für einen bestimmten E-Wert die optimalen Werte $\bar{e}_{3j}$ und $\bar{u}_{3j}$ mit Hilfe der Entscheidungsfunktion $f_3(E)$. Es ist nun einsichtig, daß die verbleibenden Entscheidungen, nämlich die Festlegung des neuen E-Wertes für die zweite Stufe, der durch den Rest $(E - \bar{e}_{3j})$ gegeben ist, und die Bestimmung der $\bar{e}_{2j}$ und $\bar{u}_{2j}$-Werte mittels der Entscheidungsfunktion $f_2(E)$, unabhängig von der ersten Entscheidung optimal bleiben müssen.

Denn für jeden beliebigen E-Wert liefert die Entscheidungsfunktion $f_2(E)$ völlig unabhängig von vorhergehenden Entscheidungen eine optimale Politik.
Nehmen wir an, die Unternehmensleitung will für ein Gesamtbudget von E = 5 die optimale Strategie ermitteln. Wie die Tabellen 9 und 14 zeigen, muß für die Ware drei die Strategie fünf angewendet werden, was Kosten von $\bar{e}_{15} = 0$ verursacht. Für die Ware zwei muß die Strategie vier angewendet werden und für die Ware eins die Strategie drei, um einen maximalen Umsatz von 11 zu erhalten.
Geht man nun von der Annahme aus, die Unternehmensleitung habe auf Stufe drei entschieden an Stelle von Strategie fünf, die keine Kosten verursacht, die Strategie drei anzuwenden, die zu Kosten von zwei führt, so ist dies im Hinblick auf das Umsatzmaximum eine Fehlentscheidung. Es verbleibt somit nach dieser Entscheidung ein Budgetrest von E = 5 – 2 = 3. Mit diesem neuen Budgetrest von drei geht man in die Stufe zwei. Tabelle 9 zeigt, daß mit einem Budget von drei ein maximaler Umsatz von acht für die Stufen eins und zwei erreicht werden kann, wenn die Unternehmensleitung im Marktgebiet zwei die Strategie drei und im Marktgebiet eins die Strategie zwei anwendet. Wie aus diesem Beispiel zu ersehen ist, beeinflußt die Fehlentscheidung wohl das erreichbare Umsatzmaximum, nicht aber die Entscheidungen der Stufen eins und zwei. Die restlichen Entscheidungen sind im Hinblick auf den Zustand des Systems, der aus der Fehlentscheidung entstanden ist, wieder optimal.

4.38 Versuch zur Optimierung der Organisationsstruktur einer Vertriebsorganisation mittels dynamischer Programmierung

4.381 Neue Wege bei Entscheidungen über Organisationsstrukturen

Bereiche der Organisation wurden bisher von quantitativen Methoden der Betriebswirtschaftslehre kaum berührt. Obwohl Entscheidungen über Organisationsstrukturen zu den schwierigsten Problemen zählen, ist es kaum zur Entwicklung praktisch anwendbarer Methoden gekommen. Hanssmann hat in einer Studie einen ersten Versuch unternommen, ein Organisationsproblem aus dem Vertriebsbereich mit Hilfe der dynamischen Programmierung zu lösen [49].

4.382 Situationsbeschreibung

Eine Großfirma, die Haushaltsgeräte im Direktvertrieb absetzt, verfügt über eine relativ planlose Organisationsstruktur im Vertriebsbereich. Die Unternehmensleitung war der Auffassung, einige Distriktsleiter verdienen mittlerweise soviel, daß ein Leistungsanreiz nicht mehr gegeben ist, obwohl das Marktpotential bei weitem noch nicht erschöpft ist. Diese Feststellung berührt nicht nur das Gehaltschema der Unternehmung, sondern wirkt sich auch auf die hierarchische Struktur aus. Außerdem tritt die Frage der Änderung der Distriktsgrößen auf. Es muß ferner beachtet werden, daß die Leistung eines Mitgliedes der Organisation nicht nur durch monetäre Faktoren bedingt ist, sondern auch abhängig ist von der Größe der übertragenen Aufgabe (so spielt z. B. die Kontrollspanne, das ist die Zahl der unterstellten Mitarbeiter, eine wesentliche Rolle). Daneben beeinflussen eine Reihe anderer Faktoren, wie z. B. die Spezialisierung der Mitarbeiter nach Produktgruppen, diesen Problemkomplex.

4.383 Modellaufbau

Hanssmann nimmt in seinem Modell eine Vertriebsorganisation mit vier Ebenen an.

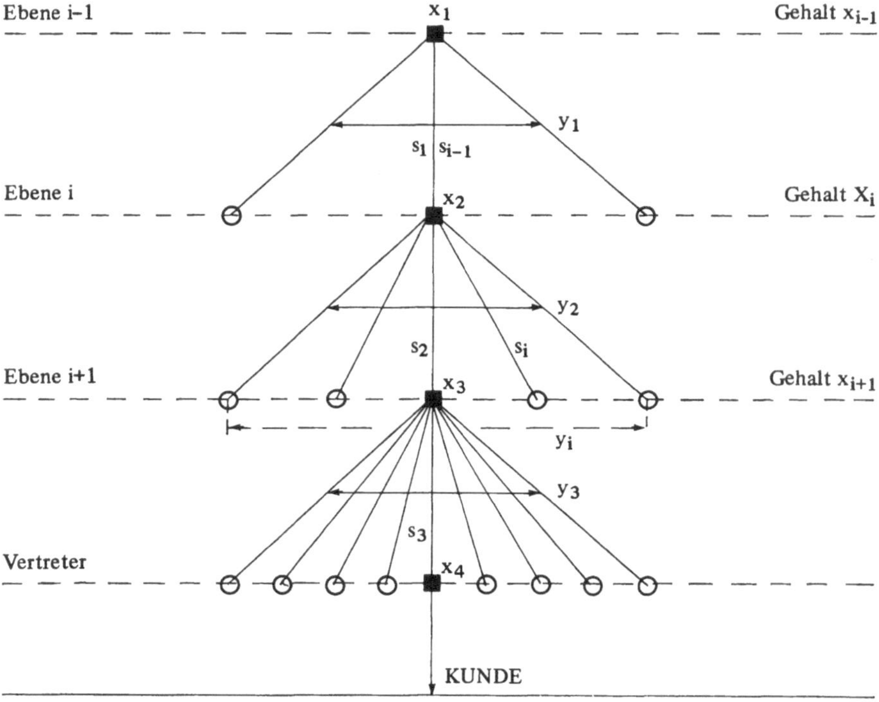

Abb. 13: Vierstufige Vertriebsorganisation

Der Einfachheit halber sei unterstellt, alle Mitarbeiter einer organisatorischen Ebene hätten die gleiche Aufgabe. Auf jeder organisatorischen Ebene wird nur ein Gehalt und nur eine Kontrollspanne unterschieden. Einer jeden Position auf der Ebene i werden nun die Größen

x_i = Gehalt (in Währungseinheiten/Jahr),

y_i = Kontrollspanne

zugeordnet.

x_i und y_i bilden somit die Entscheidungsvariablen des Systems.

Ferner soll der Begriff des Leistungsmaßes eingeführt werden. Hanssmann bezeichnet die organisatorische Leistung einer Person auf der Ebene i als die Qualität der Aufsicht, die sie über die unterstellten Personen führt. Jede unterstellte Person kann nun die Qualität der empfangenen Aufsicht auf einer Punkteskala von 0 bis 10 auftragen. Ordnet man jeder Person auf der Ebene i die Größen s_i bzw. s_{i-1} zu, so stellt

s_i die Qualität der produzierten Aufsicht bezogen auf eine Person der Ebene i + 1 dar.

s_{i-1} ist die Qualität der empfangenen Aufsicht bezogen auf eine Person der Ebene i.

Somit gilt:

$$0 \leq s_i \leq 10 \quad (i = 1, 2 \ldots n - 1) . \tag{1}$$

Für die Vertreterebene sei s_n als die jährliche durchschnittliche Umsatzleistung eines Vertreters definiert. Eine Führungskraft einer höheren Ebene muß ihre Aufmerksamkeit auf wesentlich mehr unterstellte Personen verteilen, als eine Führungskraft einer unteren Ebene. Demnach läßt sich definieren, daß s_i eine abnehmende Funktion der Kontrollspanne y_i ist. Zugleich kann man sie aber als zunehmende Funktion des monetären Anreizes x_i, sowie der empfangenen Aufsicht s_{i-1} definieren.

$$s_i = u_i(x_i, y_i, s_{i-1}) \qquad (i = 1, 2 \ldots n - 1) . \tag{2}$$

Übertragen wir das auf die oberste Organisationsebene so gilt:

$$s_1 = u_1(x_1, y_1) , \tag{3}$$

da ja diese Ebene keine Aufsicht, in dem oben definierten Sinne, zu empfangen hat. Auf der anderen Seite gilt für die Vertreterebene:

$$s_n = u_n(x_n, s_{n-1}) . \tag{4}$$

Die Funktion u_i hat natürlich in Bezug auf ihre Argumente abnehmende Grenzerträge.

Durch entsprechende Wahl der Entscheidungsvariablen y_i kann die Vertreterzahl und somit der Umsatz beliebig geändert werden. Steigert man y_i beliebig, so wird auch hier das Gesetz abnehmender Erträge wirksam. Der Gleichung (4) muß aber ein bestimmter Marktanteil unterstellt werden, um ihr einen Sinn zu geben. Der jeweilige Marktanteil sei definiert durch:

$$a = h(x_n, s_{n-1}) \; . \tag{5}$$

Wobei sich a zwischen 0 und 1 bewegt. Man erhält diese Funktion auf Grund subjektiver Schätzungen. a soll als gewinnoptimaler Marktanteil für ein bestimmtes x_i bzw. s_{i-1} verstanden werden. Nimmt man mit M das jährliche Umsatzpotential aller konkurrierenden Firmen an, so wird der erreichbare Marktanteil nur dann realisiert, wenn man die äquivalente Vertreterzahl einsetzt.

$$V = \frac{M\,h(x_n, s_{n-1})}{u_n(x_n, s_{n-1})} \; . \tag{6}$$

Um das soeben Besprochene zu konkretisieren, betrachte man folgende Größen: Für ein bestimmtes x_n sei s_n, also die durchschnittliche jährliche Umsatzleistung eines Vertreters 1000. Der entsprechende Marktanteil a sei 0.2. Nimmt man das jährliche Umsatzpotential aller konkurrierenden Firmen mit M = = 100 000 an, so wird der durch (5) angegebenen Marktanteil nur dann realisiert, wenn die entsprechende Vertreterzahl V eingesetzt wird. Auf Grund der Funktion (6) ergibt sich für V = 50. Die Zahl der Personen der Ebene i ist durch

$$n_i = y_1 \ldots y_{i-1} \qquad (i = 1, 2 \ldots n) \tag{7}$$

gegeben. Bezeichnet man mit b den vom Vertreter erwirtschafteten Deckungsbeitrag, so ist nach Hanssmann die organisationsabhängige Gewinnkomponente durch folgende Funktion gegeben.

$$G = b\,M\,h(x_n, s_{n-1}) - x_1 - y_1 x_2 - y_1 y_2 x_3 \ldots - y_1 \ldots y_{n-1} x_n \tag{8}$$

Diese Zielfunktion gilt es nun zu maximieren.

4.384 Lösungsversuch mittels dynamischer Programmierung

Berücksichtigt man zunächst nur die Kosten der Ebenen k, . . . , n, so gelangt man zu einer verkürzten Gewinnfunktion, die folgendes Aussehen hat:

$$G_k = b\,M\,h(x_n, s_{n-1}) - \sum_{i=k}^{n} y_1 \ldots y_{i-1}, x_i \qquad (k = 1, \ldots, n) \tag{9}$$

Bezeichnet man mit t_{k-1} die Anzahl der Personen auf der Ebene k

$$t_{k-1} = y_1 \ldots y_{k-1} = n_k \; , \tag{10}$$

so gelangt man über verschiedene Funktionsentwicklungen zur Rekursionsgleichung der dynamischen Programmierung

$$f_k(s_{k-1}, t_{k-1}) = \max [f_{k+1}(s_k, t_k) - t_{k-1} x_k] . \qquad (11)$$

Man beginnt die Optimierung auf der Vertreterebene, indem man zunächst das Maximum folgender Funktion ermittelt:

$$f_n(s_{n-1}, t_{n-1}) = \max [M h(x_n, s_{n-1}) - t_{n-1} x_n] . \qquad (12)$$

Der weitere Optimierungsvorgang folgt dann den Grundsätzen der dynamischen Programmierung. Bei jedem Schritt wird eine weitere Ebene der Organisation dazugenommen bis man schließlich an der Spitze der Hierarchie anlangt. Das Ergebnis dieser Optimierung ist dann eine bestimmte Anzahl von Personen auf jeder Ebene mit einem bestimmten Gehalt.

Die Lösung dieses Modells mittels der Methode der dynamischen Programmierung ist adäquat. Gewisse Bedenken werden jedoch durch die Konstruktion des Modells begründet, da es doch auf sehr vielen subjektiven Größen bzw. Schätzungen aufbaut.

Verfügt man jedoch über die einzelnen Funktionen, so bereitet der Lösungsweg keinerlei Schwierigkeiten und man erreicht mit dieser Methode ein absolutes Optimum.

4.39 Weitere vertriebliche Anwendungen der dynamischen Programmierung, Ungewißheits- und Rechenprobleme

4.391 Anwendungsstrukturen

Eine weitere Einsatzmöglichkeit der dynamischen Programmierung bietet das „Travelling-Salesman Problem“[1]. Das Problem kann etwa folgendermaßen beschrieben werden: Gegeben ist eine Anzahl von Städten, die es zu besuchen gilt. Die Entfernung zwischen den einzelnen Städten ist bekannt. Ausgangspunkt und Endpunkt der Reise sind fixiert und es ist nun die Reseroute so zu wählen, daß die Optimalroute zugleich der Weg mit der geringsten Entfernung ist. Zur Lösung des Travelling-Salesman-Problems gibt es jedoch bessere Methoden als die dynamische Programmierung.

Marketingagenturen setzen die dynamische Programmierung für die Planung von Marktforschungsprojekten ein, für Werbemittelanalysen sowie für die Lancierung neuer Produkte. So wird etwa in der Chemiewirtschaft mit dieser Methode er-

[1]) Zur Lösung des Travelling-Salesman-Problem existiert ein für die IBM 7090 in FORTRAN/FAP geschriebenes Programm. Vgl. IBM Form H20.8167.

rechnet, in welcher Reihenfolge die einzelnen Werbemaßnahmen bei Einführung neuer Plastikerzeugnisse durchgeführt werden sollen [52, S. 12]. Für Marketingmaßnahmen, die sich auf das Image des Unternehmens oder auf das Image eines Produktes beziehen, ist die dynamische Programmierung ebenfalls eine sehr flexible Methode. Images können nur über längerfristige Zeiträume geschaffen bzw. geändert werden. Man hat es also hier nicht mit einer Einzelentscheidung zu tun, sondern mit einer Folge von Entscheidungen, so daß sich die dynamische Programmierung für diese Zwecke außerordentlich gut eignet.

4.392 Entscheidungen bei Risiko und Unsicherheit

Die bisher behandelten Modelle hatten die Eigenschaft, daß der Ertrag eindeutig mit der Festlegung der Werte für die Entscheidungsvariablen bestimmt war. In diesen Fällen handelte es sich also um deterministische Entscheidungen, oder Entscheidungen unter sicheren Voraussetzungen. Aber gerade Marketingentscheidungen enthalten sehr viele Unsicherheitsfaktoren, so daß auch dieses Problem hier kurz erwähnt werden muß, ohne jedoch auf Lösungsmöglichkeiten näher einzugehen [vgl. hierzu 10].
Durch die herrschende Unbestimmtheit ist es oft nicht möglich, den Ertrag durch die Festlegung von Werten für die Entscheidungsvariablen zu spezifizieren. Es gibt somit für jede Entscheidungspolitik eine Menge von möglichen Erträgen.
Man unterscheidet verschiedene Grade von Unbestimmtheit [12, S. 59]:

- Entscheidungen unter Sicherheit: Eine unternehmenspolitische Maßnahme führt zu einem eindeutigen Ergebnis. Dieser Zustand herrschte bei den bisher behandelten Modellen.
- Eine Maßnahme muß nicht zu einem eindeutigen Ergebnis führen, sondern es können mehrere Ergebnisse eintreten, wobei aber die Wahrscheinlichkeit ihres Eintretens bekannt ist.
- Von Entscheidungen unter Unsicherheit spricht man dann, wenn das Ergebnis einer Maßnahme je nach Situation verschieden ist. Über die möglichen Ergebnisse existieren keine Wahrscheinlichkeiten, es herrscht absolute Unsicherheit.

Bei vielen vertrieblichen Entscheidungen hängt der Zustand des Systems nicht nur von der getroffenen Entscheidung ab, sondern auch in gewissem Maße von Zufallsgrößen.
Stochastische Probleme der dynamischen Programmierung lassen sich etwa folgendermaßen formulieren: Es existiert ein physikalisches System, das im Zeitablauf seinen Zustand ändert. Diesen Prozeß kann man nur in einem gewissen Maße beeinflussen, aber ihn nicht vollständig kontrollieren, da neben der Steuerung auch noch Zufallsgrößen am Prozeßablauf mitwirken. Durch Auf-

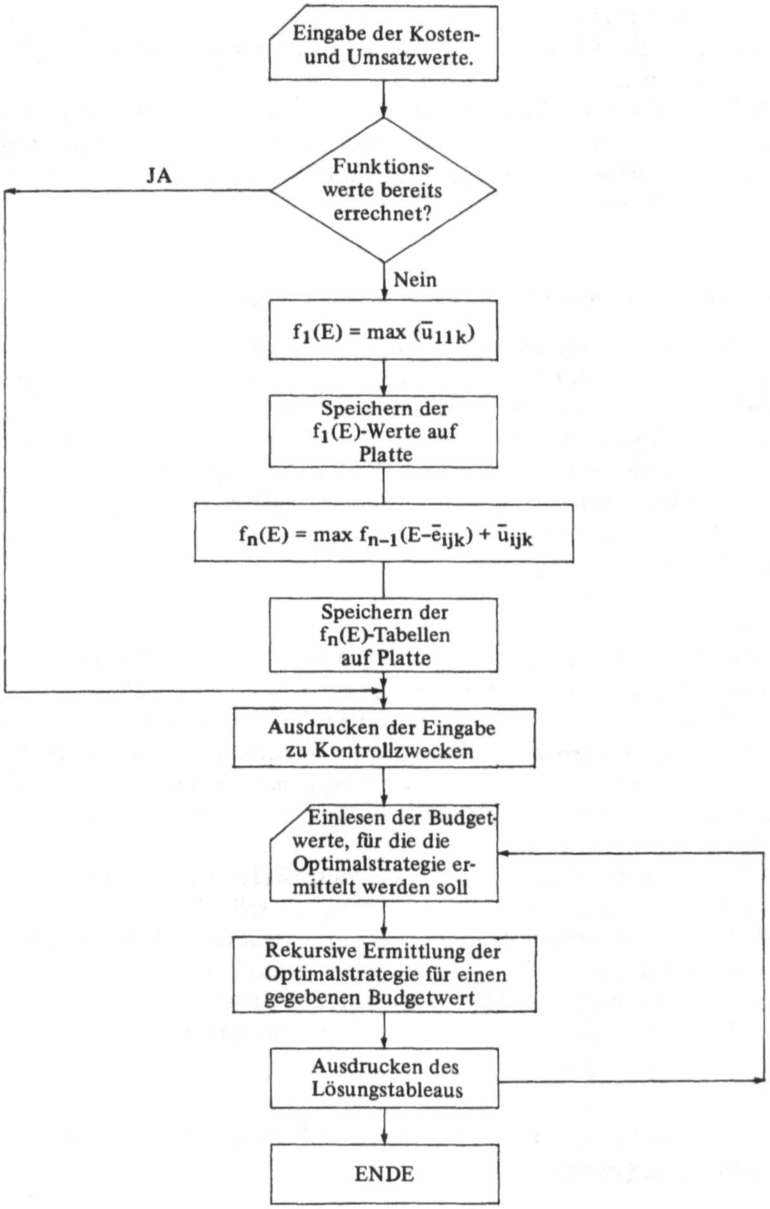

Abb. 14: Grobflußdiagramm einer dynamischen Optimierung

nahme einer Zufallsvariablen in die Rekursionsgleichung erhält das Problem einen stochastischen Charakter und kann ebenfalls mit der Methode der dynamischen Programmierung gelöst werden.
Die wichtigste Klasse stochastischer Optimierungsprobleme bilden Markowsche Entscheidungsprozesse. Es handelt sich dabei um einen stochastischen Prozeß, dessen Zustand auf jeder Stufe, nur vom vorhergehenden Systemzustand und von bekannten Wahrscheinlichkeiten abhängt.

4.393 Rechnerische Aspekte der dynamischen Programmierung

Soll die dynamische Programmierung sinnvoll eingesetzt werden, so setzt das voraus, daß man über entsprechende Arbeits- und Betriebsmittel verfügt. Beim Durcharbeiten des praktischen Beispiels war bereits zu erkennen, wie rechen- und speicheraufwendig das Verfahren ist. Zum Ermitteln der F_n(E)-Tabellen, für das im Abschnitt 4.363.2 gerechnete Beispiel benötigte ein IBM-System 1130 nur wenige Sekunden. Hingegen dauerte das Erstellen der F_n(E)-Tabellen für 5 Marktgebiete 10 Warenarten und 10 Strategien, bei 100 E-Wert-Erhöhungen beinahe vier Stunden.
Es müssen deshalb an die EDV folgende Forderungen gestellt werden:
a) *Hardware*
Die Grenze der Einsatzmöglichkeit der dynamischen Programmierung wird vor allem durch zu geringe Rechengeschwindigkeiten vieler Rechenanlagen begründet und nicht so sehr durch deren geringe Speichergrößen, obwohl natürlich entsprechende Externspeicher vorhanden sein müssen, um die F_n(E)-Tabellen zu speichern. Als externe Speichermedien eignen sich Speicher mit Direktzugriff, aber auch Magnetbänder bringen keine großen Nachteile mit sich.
b) *Software*
Bei der Erstellung des Programms sind alle Möglichkeiten auszunutzen, um eine optimale Programmierung zu erreichen. Womöglich sollten Programmteile, die sehr oft durchlaufen werden, in einer maschinenorientierten Programmiersprache geschrieben werden, um dadurch an Rechenzeit einzusparen.
Der Programmablaufplan in Abb. 14 zeigt die Funktionsverrichtungen bei der Durchrechnung eines dynamischen Programmierungsproblems.

4.4 Implementierung eines Simulationsmodells im Vertrieb

Der nachfolgende Abschnitt behandelt die Einführung eines Simulationsmodells zur Ermittlung des Marktpotentials für EDV-Anlagen bei einem Computer-Her-

steller[1]. Da es sich beim Computermarkt um einen Markt sowohl für Produkte als auch für Dienstleistungen handelt, kann davon ausgegangen werden, daß die Technik der Einführung eines derartigen Modells nicht nur speziell für diesen Markt Gültigkeit besitzt, sondern auch allgemein bei Modellen für Produkte und Dienstleistungen Verwendung finden kann.
Die Suche nach einem geschlossenen, logischen und durchsichtigen Konzept für die Prognose des Marktpotentials wurde bei dem betreffenden Computer-Hersteller (IBM Deutschland) durch die nachfolgenden Probleme initiiert, mit denen gegenwärtig sicherlich auch andere Marktforschungsabteilungen größerer Unternehmen konfrontiert sind:
permanenter Zeitdruck,
unvollständige Information bzw. Unsicherheit durch scheinbar unvollständige Information,
keine Protokollierung der Annahmen,
lückenhafte Protokollierung der Aussagen,
Nichtvergleichbarkeit der Aussagen,
stetes Wiederholen vollständiger Analysen bei geringfügig veränderter Situation,
ungenügende Kontrolle der Abweichungen,
keine Abweichungsanalyse sowohl bei negativer als auch bei positiver Abweichung.
Um diese Schwierigkeiten zu beseitigen und um bei der wachsenden Komplexität des Marktgeschehens Fragen der Unternehmensführung möglichst kurzfristig beantworten zu können, wurde nach einer Analyse der zur Verfügung stehenden Methoden die Erstellung eines Simulationsmodells zur Ermittlung des DV-Marktpotentials in der Bundesrepublik Deutschland beschlossen.

4.41 Modellentwicklung

Nach der Überprüfung der Ressourcen an qualifizierten Mitarbeitern, Mitteln und Zeit entstanden Durchführungspläne mit mehreren Möglichkeiten. Schon hier wurde eine monatliche Überprüfung des Projekts auf seine Durchführbarkeit und Zielerreichung festgelegt. Die schwierigste Phase war die Bildung eines geeigneten Teams, wobei sich die Vervollständigung des Teams durch hochqualifizierte Systemfachleute (System gemeint im weitesten Sinne) am zeitraubendsten erwies. Parallel zu diesen Tätigkeiten fand die Modellsuche statt. Eine Recherche innerhalb und außerhalb des Unternehmens ergab, daß über-

[1]) Die Ausführungen zu Abschnitt 4.4 sind ein modifizierter Nachdruck des von einem Mitglied des Studienkreises Vertriebsinformatik veröffentlichten Beitrags ‚Marktorientierte Unternehmensführung mit Computern (2), IBM Nachrichten, 22. Jg., Heft 210 ([April] 1972).

raschend viele Modelle vorhanden waren. Bei der ersten Auslese wurde in theoretische und funktionierende (respektive wahrscheinlich funktionierende) Modelle geschieden. Die zweite Kategorie – zehn Modelle, davon sechs unternehmenseigene – wurde sodann detaillierter geprüft. Eine relativ grobe Entscheidungsmatrix gab den Ausschlag für ein bereits existierendes, von der britischen Schwestergesellschaft entwickeltes Marktsimulationsmodell. Durch Übernahme dieses Modells gelang es, einen Zeitgewinn von rund 18 Monaten zu erzielen. Die Zeitdauer für die Implementierung und Einführung betrug damit nur noch 12 Monate.
Die Analyse vorhandener Modelle bestätigte die Annahme des Modellteams, daß wahrscheinlich jedes Unternehmen zur Lösung firmenspezifischer Probleme ein eigenes Marktmodell haben muß.

4.42 Modellstruktur und Modelleinführung

4.421 Ablaufbeschreibung

Nachfolgend werden die Abläufe bei der Einführung des Modells synchron mit der Modellstruktur beschrieben. Auf Details der Modellstruktur wird zugunsten der Ablaufbeschreibung bewußt verzichtet. Die Beschreibung folgt der Modell-

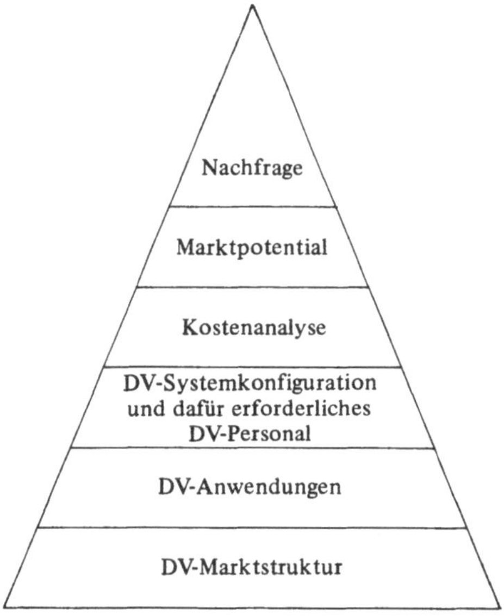

Abb. 15: Ablaufbeschreibung und vereinfachte Strukturdarstellung des Simulationsmodells.

struktur; die Teilschritte der Beschreibung entsprechen der Reihenfolge der Modellstrukturmoduln (Abb. 15).
Zum besseren Verständnis seien einige Begriffe genauer definiert: Unter Marktpotential ist im folgenden die Summe aller Produkte und Dienstleistungen zu verstehen, die nach wirtschaftlichen Gesichtspunkten in allen Bereichen des Marktes aufgenommen werden könnten. Nachfrage wird definiert als der von allen Anbietern in diesem Markt erzielte Umsatz pro Jahr. Bei den im folgenden DV-Benutzer Genannten handelt es sich um Kunden bzw. potentielle Kunden des Computer-Herstellers.
Unter DV-Anwendungen verstehen wir Systemlösungen der DV-Benutzer für einen bestimmten Bereich, wie z. B. Vertrieb, Verwaltung, Einkauf usw. Eine Anwendungsgruppe stellt eine Zusammenfassung von DV-Anwendungen dar, mit deren Hilfe man die Probleme in Systembereichen wie z. B. Vertrieb, Verwaltung, Einkauf usw. lösen kann.
In der ersten Phase untersuchte das Team die branchenmäßige Struktur des Gesamtmarktes. Es konnten 180 Unterbranchen einschließlich der öffentlichen Dienste bestimmt werden. Diese Unterbranchen wurden entsprechend verfügbarer Meßgrößen und klassentypischer Abgrenzungsmerkmale in bis zu sechs Größenklassen eingeteilt.
Die Analyse bezog sich auf einen Zeitraum von zehn Jahren. Für jede Größenklasse einer Unterbranche wurden Teilanalysen des realen Wachstums, der Kosteninflationsrate und der Zusammenschlüsse durchgeführt sowie alle Ereignisse quantifiziert, die die Struktur der betroffenen Klasse verändern können.
Die zweite Phase begann mit einer Untersuchung aller möglichen DV-Anwendungen jeder Größenklasse einer Unterbranche und der Bildung einer typischen Anwendungsgruppe. Es galt die Annahme, daß nicht alle Anwendungsgruppen in allen Größenklassen einzelner Branchen wirtschaftlich sein können. Infolgedessen wurde versucht, die ökonomischen Gründe für den Einsatz der DV-Anwendungen durch den DV-Benutzer sowie den wahrscheinlichen Zeitpunkt des Einsatzes zu ermitteln. Bisher praktizierte Systemlösungen für einzelne DV-Anwendungsgruppen wurden mit Lösungen verglichen, die zu erreichen gewesen wären beim Einsatz angebotener DV-Produkte bzw. DV-Dienstleistungen. Die Kosten des alten Verfahrens für die betreffende Anwendung wurden in Beziehung gesetzt zu einer Meßgröße, wie z. B. Umsatz.
In der dritten Phase der Einführung wurden die DV-Hardware bzw. DV-Dienstleistungen pro Anwendungsgruppe und die Anzahl der erforderlichen Mitarbeiter nach Qualifikationsmerkmalen zusammengestellt. Die Preisaspekte und besonders die Kostenaspekte der erforderlichen DV-Systemkonfiguration und des dafür erforderlichen DV-Personals fanden in der nächsten, der vierten Phase, Berücksichtigung.
Die Informationen ermöglichten nunmehr einen jährlichen Vergleich zwischen DV-Gesamtkosten und den zu erwartenden Einsparungen sowie zusätzlichen

Anwendungsgewinnen pro Anwendungsgruppe für jede Größenklasse einer Unterbranche.
Der Vergleich erfolgte unter der Annahme, daß sich kein DV-Benutzer für den Einsatz der im Markt angebotenen DV-Hardware und DV-Dienstleistungen entscheidet, ohne eine Wirtschaftlichkeitsrechnung anzustellen. Hierbei wurde sowohl der direkte Kostenvorteil als auch – soweit möglich – der indirekte Kostenvorteil quantifiziert.
In der fünften Phase werden die Ergebnisse der vorangegangenen Phasen hochgerechnet; sie ergeben das Brutto-Marktpotential. Nach Ermittlung der Entscheidungswahrscheinlichkeiten der DV-Benutzer für konkurrierende DV-Hardware und DV-Dienstleistungen wird das Netto-Marktpotential getrennt nach DV-Hardware und DV-Dienstleistungen ausgewiesen.
Die Nachfrage wird von zahlreichen Faktoren bestimmt. Bei der Projektion der Nachfrage stellt *eine* der Einflußgrößen die Nachfrageentwicklung der Vergangenheit dar. Eine andere ist das ermittelte Marktpotential, in dem wiederum alle eingegebenen Kennzahlen (Zahl der DV-Benutzer, reales Wachstum, Kosteninflationsrate, Fusionen und Wanderungen, Produktpreise usw.) zum Ausdruck kommen.
In dieser sechsten Phase erstellte man für jede Größenklasse eine Dokumentation der Nachfrageentwicklung in der Vergangenheit und projizierte die Nachfrage aus dem Netto-Marktpotential mit einer logistischen Funktion für jedes Jahr über einen Zeitraum von zehn Jahren in die Zukunft.

4.422 Eingabedaten

Die für das Simulationsmodell benötigten Daten des DV-Marktes lassen sich in vier Bereiche aufteilen (Abb. 16).

a) *Branchenstruktur*
Diese Daten beschreiben die Marktstrukturierung der DV-Benutzer über den Projektionszeitraum des Simulationsmodells, wie z. B. Anzahl der Unternehmen, Unternehmensgröße, reales Wachstum je Größenklasse, Preissteigerungen, Konzentrationen und Wanderungen der Unternehmen von einer Größenklasse zur anderen.

b) DV-*Anwendungen*
Hier werden die möglichen DV-Anwendungen nach gewählter Branchenstruktur beschrieben. Außerdem sind die Kostenersparnis sowie zusätzliche Anwendungsgewinne durch Einsatz von DV-Anlagen im Vergleich zu den Gesamtkosten des DV-Benutzers zu quantifizieren.

c) DV-*Hardware* / DV-*Dienstleistungen*
Die Daten beschreiben die DV-Hardware der DV-Benutzer respektive die DV-Dienstleistungen der Hersteller und ihre Gruppierung nach Funktionen ein-

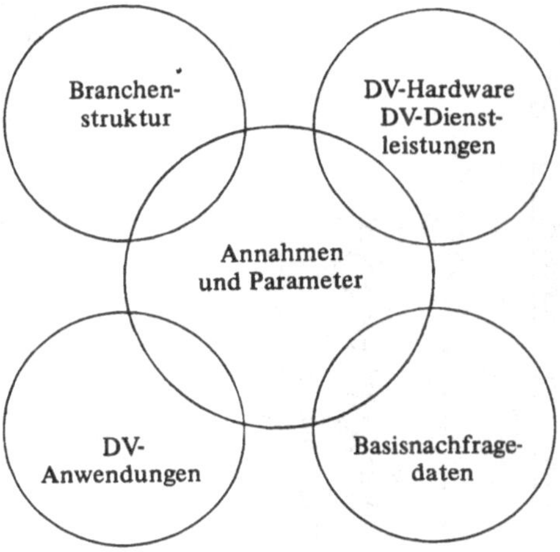

Abb. 16: Datenstruktur des Simulationsmodells

schließlich einer Preisfunktion über zehn Jahre hinweg sowie den Personalbedarf der DV-Benutzer.

d) *Basisnachfragedaten*
Der vierte Bereich beschreibt die Vergangenheitsdaten der DV-Benutzer, wie z. B. den bei den Benutzern installierten Bestand an DV-Hardware pro Jahr, das Wachstum der verkauften bzw. vermieteten Hardware pro Jahr usw.
Der größte Teil dieser Daten kann aus firmeninternen Quellen, wie Berichten, Archiven, Büchereien und aus externen Quellen, wie amtlichen Statistiken, Verbandsstatistiken oder durch Umfragen beschafft werden. Der Rest basiert auf Annahmen und Schätzungen.

Vor Beginn der Ermittlung der DV-Benutzerdaten wurde ein erfolgreich verlaufener Expost-Vergleich mit einer Testbranche durchgeführt. Zur Kontrolle sämtlicher Arbeiten des geschilderten Ablaufs diente ein Netzplan. Er wurde mit dem IBM-Programm 370 ALPERT (MINIPERT) erstellt (Abb. 17 und 18).

4.423 Rechnerische Aspekte

Das Simulationsmodell (Abb. 19) läuft auf einem IBM-System /360-50 bzw. /370-155. Es benötigt eine minimale Hauptspeicherpartition von 148 KB.
Der ursprüngliche Hauptspeicherbedarf von 260 KB konnte durch Modularisierung auf den jetzigen Bedarf gesenkt werden, er wird jedoch bei der geplanten und weiter unten erläuterten Erweiterung des Modells ansteigen.
Das Programm ist in FORTRAN IV geschrieben. Die maximale CPU-Zeit für einen Gesamtlauf beträgt je nach Computermodell 21 bzw. sieben Minuten,

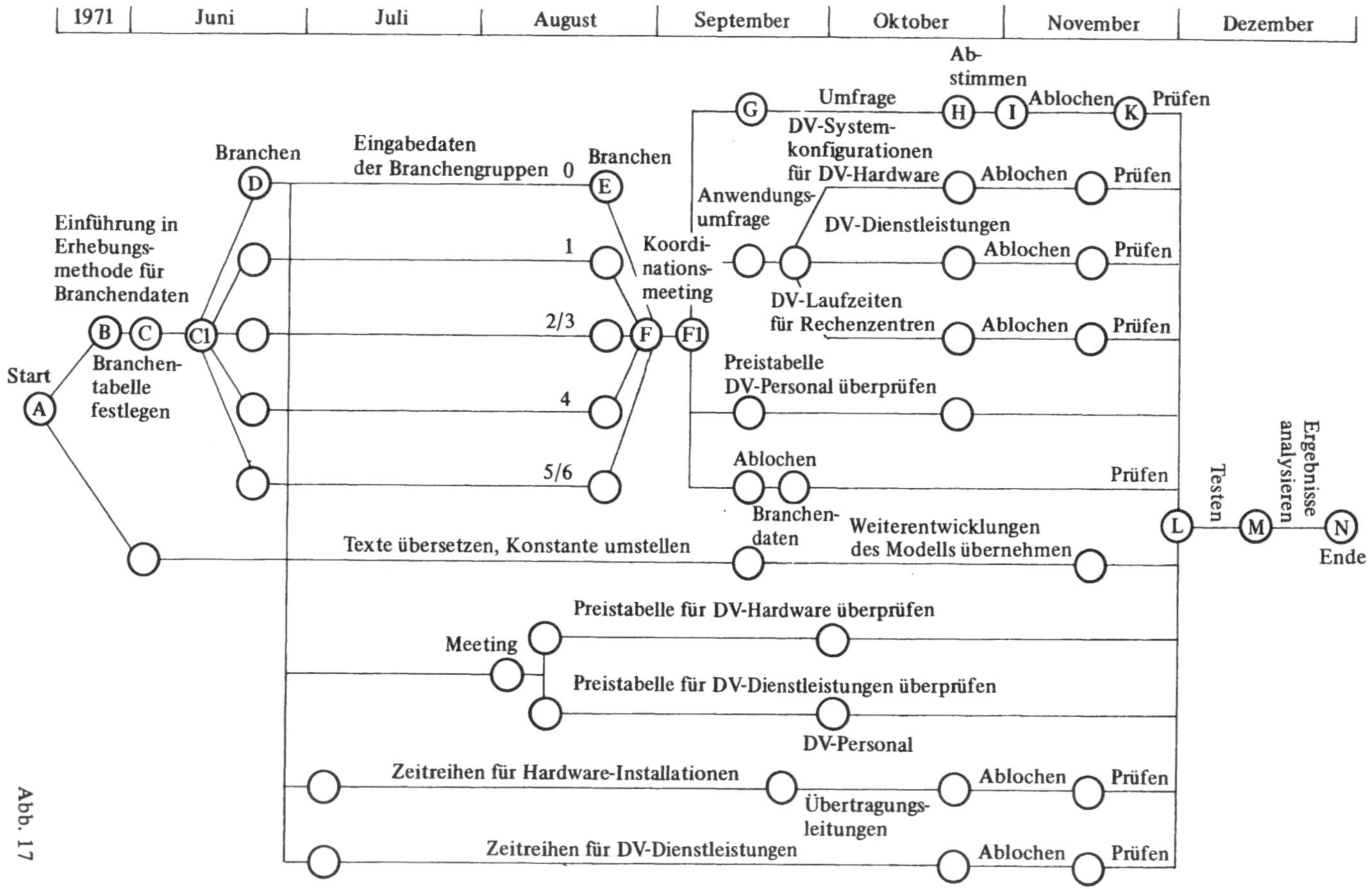
1971
Juni
Juli
August
September
Oktober
November
Dezember
Start
A
B
C
Einführung in Erhebungsmethode für Branchendaten
Branchentabelle festlegen
C1
Branchen
D
Eingabedaten der Branchengruppen
0
1
2/3
4
5/6
Branchen
E
F
Koordinationsmeeting
F1
G
Umfrage
Abstimmen
H
I
Ablochen
K
Prüfen
DV-Systemkonfigurationen für DV-Hardware
Anwendungsumfrage
DV-Dienstleistungen
DV-Laufzeiten für Rechenzentren
Ablochen
Prüfen
Preistabelle DV-Personal überprüfen
Branchendaten
Texte übersetzen, Konstante umstellen
Weiterentwicklungen des Modells übernehmen
Meeting
Preistabelle für DV-Hardware überprüfen
Preistabelle für DV-Dienstleistungen überprüfen
DV-Personal
Zeitreihen für Hardware-Installationen
Übertragungsleitungen
Zeitreihen für DV-Dienstleistungen
L
Testen
M
Ergebnisse analysieren
N
Ende

Abb. 17

Start	Ende-ereignis	Tätigkeitsbeschreibung
A	B	Meeting: Anfangsbesprechung des Arbeitsteams
B	C	Branchentabelle festlegen (bis zu Branchensegmenten)
C	C1	Meeting: Einführung in das Erhebungsverfahren für Branchendaten
D	E	Erstellen der Brancheneingabedaten für Branchengruppe Grundstoffindustrie (0)
E	F	Abstimmen der Brancheneingabedaten für Branchengruppe 0
F	F1	Meeting: Koordination der Arbeitsschritte für die Ermittlung der DV-Anwendungen, DV-Hardware und -Dienstleistungen sowie Annahmen und Parameter für diese Bereiche
G	H	Umfrage: Kundenentscheidungsverhalten ermitteln
H	I	Abstimmen der Kundenentscheidungsdaten mit den beteiligten Stabsabteilungen
I	K	Lochen der Eingabedaten
K	L	Prüfen der Eingabedaten
L	M	Testen
M	N	Ergebnisse analysieren

Abb. 17: Die Termine des Simulationsmodells wurden anhand eines Netzplans (vereinfachte Darstellung) überwacht, der mit APL-Programmen erstellt wurde

die durchschnittliche Laufzeit für eine Branchengruppe beträgt etwa zwei Minuten.

Der Testaufwand für Verbesserungen des Simulationsmodells (Programme) betrug auf einem System /360-50 und 40 CPU-Stunden. Halb so hoch war im Vergleich dazu der Aufwand für die Datenläufe bei der Einführung des Simulationsmodells (Abb. 19).

Die Ausgabe der Ergebnisse des Modell-Laufs erfolgt in Listenform. Die gesamten Eingabedaten sind in der Reihenfolge ihrer Eingabe dokumentiert. Die Ausgabedokumentation ist klar gegliedert und weist stufenweise Zwischenergebnisse aus. Nicht gewünschte Details der Eingabedaten und der Ergebnisse können unterdrückt werden. Detaillierte Analysen der Ergebnisse des Modell-Laufs können im Dialog über APL auch unabhängig von einem Computerlauf stattfinden.

4.43 Modellergebnisse

Die ersten Datenlaufergebnisse überraschten durch ihre starke Abweichung von den Zahlenwerten, die mit bisher benutzten Methoden wie Teilmodellen oder multiplen Regressionsverfahren errechnet wurden. Die Abweichungen wurden durch eine Ursachenanalyse hinreichend erklärt. Der Zeitaufwand für diese Analyse verkürzte sich aufgrund der übersichtlichen Ausgabe um den Faktor 10. Die Simulationen bestätigten zum größten Teil die Richtigkeit bisheriger Annahmen, brachten aber auch völlig neue Ergebnisse.

Project: U K Marktmodell ohne Endtermin   Printed 09 / 17 / 71 AT 17.25.30

Timenow date used:

Sorted by pred-succ

Pred	Succ	Dur	ES	EF	LS	LF	Slack	Schd	Description
A	B	1.00	06/01/71	06/02/71	06/01/71	06/02/71	0		Meeting: Anfangsbesprechung
B	C	5.00	06/02/71	06/09/71	06/02/71	06/09/71	0		Branchentabelle festlegen
C	C1	1.00	06/09/71	06/11/71	06/09/71	06/11/71	0		Meeting: Erhebungsverfahren
D	E	40.00	06/28/71	08/23/71	07/26/71	09/20/71	4.00		Erstellen der Brancheneingabedaten
E	F	5.00	08/23/71	08/30/71	09/20/71	09/27/71	4.00		Abstimmen der Brancheneingabedaten
F	F1	1.00	09/27/71	09/28/71	09/27/71	09/28/71	0		Meeting: Koordination der Arbeitsschritte
G	H	30.00	10/05/71	11/18/71	10/05/71	11/18/71	0		Umfrage: Kundenentscheidungsverhalten
H	I	5.00	11/18/71	11/25/71	11/18/71	11/25/71	0		Abstimmen der Kundenentscheidungsdaten
I	K	5.00	11/25/71	12/02/71	11/25/71	12/02/71	0		Lochen der Eingabedaten
K	L	1.00	12/02/71	12/03/71	12/02/71	12/03/71	0		Prüfen der Eingabedaten
L	M	10.00	12/03/71	12/17/71	12/03/71	12/17/71	0		Testen
M	N	10.00	12/17/71	01/05/72	12/17/71	01/05/72	0		Ergebnis analysieren

Project: Printed 09 / 17 / 71 AT 18.35.44

Timenow date used:

Sorted by pred-succ

○ - span of early start to early finish
★ - span of late start to late finish
□ - completed activity early start to early finish

Start- Ereignis	Ende-	P	JFMAMJJASOND 1970	Jan Feb Mar 1Q : Apr May Jun 2Q : 1971 Jul Aug Sep 3Q : Oct Nov Dec 4Q	JFMAMJJASOND 1972	JFMAMJJASOND 1973	F
				: : Timenow			
A	B			: ★★★★○ : ↑ :			
B	C			: ★★★★○○ : ↑ :			
C	C1			: ★★★★○ : ↑ :			
D	E			: ⊕ : ⊕⊕⊕⊕⊕⊕⊕⊕ ↑ :			
E	F			: : ⊕ ↑ :			
F	F1			: : ★★★★○ :			
G	H			: : ★★★ : ⊕⊕⊕○○○○			
H	I			: : ↑ : ★★★★○○			
I	K			: : ↑ : ★★★★○○			
K	L			: : ↑ : ★★★★○			
L	M			: : ↑ : ★★★★○○○			
M	N			: : ↑ : ★★★○○	○		

Abbildung 18: Diese APL-Auszüge zeigen einen Ausdruck aus den Tätigkeitsbeschreibungen (oben) und eine graphische Darstellung des Netzplans, jeweils gegliedert nach Start/Ende-Ereignissen

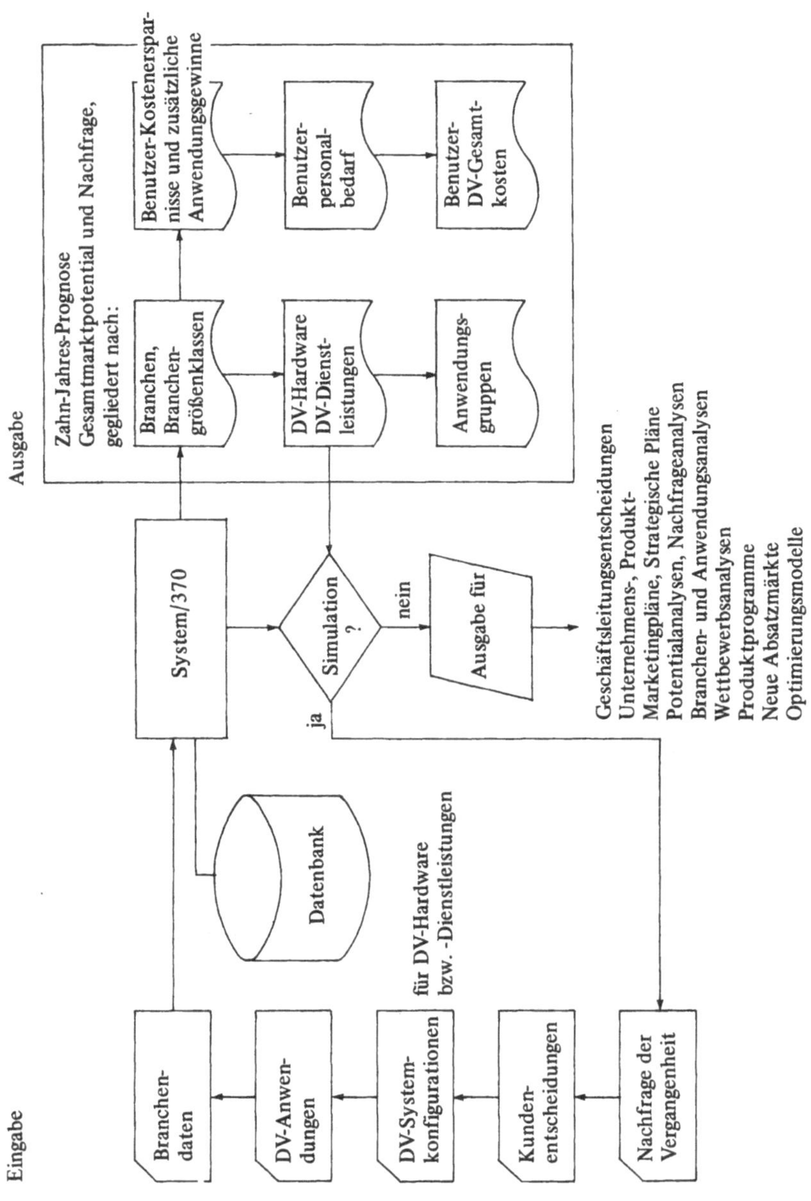

Abb. 19: Ein/Ausgabe eines Simulationslaufs auf einem System /370

Der bisher erkannte Nutzen des Modells bei der Ermittlung des Marktpotentials besteht im folgenden:
Das Marktpotential wird unter Einbeziehung der kleinsten erfaßbaren Detailinformation von Grund auf ermittelt. Das Vorhandensein derartiger Marktdaten ermöglicht die periodische Überprüfung der Teilmärkte hinsichtlich ihrer augenblicklichen Probleme und ihrer Entwicklung.
Vor allem aber läßt sich der Effekt von Veränderungen verschiedener Einflußgrößen simulieren, um ihre Bedeutung für das Marktpotential und die Nachfrage zu ermitteln (z. B. Simulation mit variierenden Annahmen über Inflationsraten, Wachstumsraten, Preis/Nutzen-Faktor usw.). Bei Änderungen der Annahmen oder Marktgegebenheiten können neue Planziffern schnell und einfach durch Computerläufe errechnet werden.
Die Notwendigkeit zur gedanklichen Disziplin bei Anwendung von Computern sichert eine größere Folgerichtigkeit bei der Datensammlung und -analyse, was die Aussagefähigkeit der Ergebnisse beträchtlich verbessert.
Es sind vielschichtige Analysen der Ausgabe möglich, wie z. B. nach DV-Systemen, ihren wechselnden Anteilen im Markt usw.
Die Verfügbarkeit tief gegliederter aussagefähiger Gesamtmarktdaten verschafft allen interessierten Planungsabteilungen Zugang zu Basisdaten, z. B. der Personalplanung bei der Analyse der Gehaltskostenentwicklung.
Die Entwicklung von Anschlußmodellen wie z. B. Finanzmodellen, Vertriebsoptimierungsmodellen usw. wird erleichtert bzw. ermöglicht. Neben der detaillierten Aussage über das Marktpotential und die Nachfrage der Größenklassen einzelner Branchen ist die Aufdeckung von Marktnischen, in denen der DV-Benutzer den größten Nutzen hat, mit Hilfe der Kostenanalyse die interessanteste Erkenntnis.
Die Komplexität der Zusammenhänge des Marktgeschehens wird transparenter, allerdings nur im Vergleich zum bisherigen Erkenntnisstand.
Die über den Markt gewonnenen Erkenntnisse haben zahlreiche neue Fragen aufgeworfen, die Ausgangspunkt der geplanten Weiterentwicklung des Simulationsmodells sind. Ein zu diesem Zweck aufgestellter Plan soll erkannte Schwächen des Modells beseitigen:

- das Wirtschaftswachstum soll auch die jährlichen Veränderungen der Konjunktur berücksichtigen;
- der Produktkatalog soll erweitert werden;
- es soll möglich werden, die Konzentration und das Wachstum pro Branche, unabhängig von den anderen Einflußgrößen zu errechnen;
- die Verwendung zusätzlicher Funktionen für die Nachfrageprojektion soll die Ermittlung einer idealen Funktion ermöglichen;
- Standardanalysen von Zwischenergebnissen und Endresultaten sollen vom Programm durchgeführt werden.

5. Elektronische Kundenanalyse als Ausgangsbasis vertriebspolitischer Entscheidungen

5.1 Bedeutung der Kundenanalyse

„Die Problematik, sich mit der Kundenpolitik richtig auseinanderzusetzen, ist mehr oder weniger das Kernstück einer systematischen Gewinnerzielung im Markt, denn letzten Endes ist es der Kunde entweder als Absatzmittler oder als Verbraucher, der für den Erlös der aufgewandten Herstellungs- und Verkaufsbemühungen Sorge tragen soll" [14, S. 122]. Mit dieser Feststellung hebt Schnutenhaus die bedeutungsvolle Rolle des Kunden für jede Unternehmung hervor, welche seine Analyse unter den verschiedensten Gesichtspunkten geradezu herausfordert. Unter dem Begriff „Kundenanalyse" versteht man dabei die Tätigkeit, bei der der Kunde hinsichtlich der verschiedenen Kriterien einer genauen Betrachtung unterzogen wird. Den Kunden zu analysieren heißt, ihn bezüglich bereits eingetretener, also unveränderlich bestehender Tatbestände zu untersuchen. Während sich einerseits die Kundenanalyse als Tätigkeit auf die Ermittlung von Ist-Daten und deren Aufbereitung verlegt, spricht man vom Ergebnis dieser Tätigkeit, einer schriftlichen Unterlage mit den entsprechenden Informationen, gleichfalls von einer Kundenanalyse. Diese Kundenanalyse hat den Zweck, die Verhaltensweisen des Kunden oder ganzer Kundengruppen sichtbar zu machen und damit Unterlagen für vertriebs- bzw. kundenpolitische Entscheidungen, wie sie bei Außenverkäuferbesuchen, Korrespondenz und direkten Verhandlungen notwendig sind, zu erhalten [17, S. 79]. Im Hinblick auf das Gewinn- und Kostenverhalten des Kunden spricht Jancke von der Kundenanalyse als einer Erkenntnisquelle für den Ansatz von Rationalisierungsmaßnahmen, wobei das Instrumentarium der möglichen Maßnahmen von der Gewährung von Rabatten und Sonderkonditionen für gewinnbringende Kunden über die Sonderbelastung von wenig rentablen Kunden mit Mindermengen-, Anbruchs- oder Frachtzuschlägen bis zur völligen Ausschaltung von verlustbringenden Kunden führt [8, S. 159 ff.]. Die Kundenanalyse spielt somit eine bedeutungsvolle Rolle für ein gewinnorientiertes Handeln am Markt.

5.2 Stellung der Kundenanalyse im Vertrieb

Die mit dem Wandel vom Verkäufermarkt zum Käufermarkt immer mehr an Bedeutung gewinnende, von rationalem Denken und Handeln geprägte Vertriebstätigkeit findet ihren Ausdruck in der Konzeption einer modernen Absatzpolitik. Diese Absatzpolitik ist im Rahmen ihrer Aufgaben der Markterschließung, der Absatzsicherung und der Marktausschöpfung auf die entsprechenden Elemente, den Vertrieb, die Konkurrenz und die Abnehmer der Unternehmung ausgerichtet. Die Kundenanalyse schlägt sich nun innerhalb des Systems der Absatzpolitik mit ihren 3 Komponenten: Vertriebs-, Konkurrenz- und Kundenpolitik sowohl in der Vertriebspolitik, als auch im Komplex der Kundenpolitik nieder.

Im Rahmen der Methoden der Vertriebspolitik dient die Kundenanalyse als Unterlage für die Abgrenzung des Absatzbereiches in Bezug auf die Abnehmer und somit als Grundlage zur Bestimmung der Wirkungstiefe des Vertriebs, wobei es hierbei um das Problem einer gezielten oder ungezielten Kundenabgrenzung geht. Die Entscheidung, ob nun am Markt bzw. in einem bestimmten Verkaufsbezirk, alle Kunden oder nur einige wenige, d.h. ein ganz spezieller Kundenkreis angesprochen werden soll, kann von den verschiedensten Kriterien, wie etwa der Größe des Kundenverbrauchs, der spezifischen Art des Bedarfs bzw. der Verwendung der Verkaufsobjekte durch den Kunden, der Geltung bzw. der Stellung des Kunden sowie den mit dem Kunden bisher getätigten Umsätzen, seinem bisherigen Gewinn- oder auch Deckungsbeitrag für die Unternehmung abhängig sein.

Im Rahmen der Kundenpolitik dient die Kundenanalyse als Anhaltspunkt und Entscheidungsgrundlage zur Erreichung der Kundensicherung, der Kundenselektion, d.h. der Gewährleistung eines auf Dauer gewinnbringenden Kundenstammes sowie der Kundenerziehung. Die Erreichung der genannten Ziele erfolgt durch die Anwendung der kundenpolitischen Methoden der Kundenbindung, der Kundenausschaltung sowie der Kundenförderung, die sich an den allgemeinen Grundsätzen der Absatzpolitik sowie den speziellen Grundsätzen der Kundenpolitik, wie Primat der Dauerkunden, der systematischen Maßnahmenkombination und der Aufrechterhaltung enger Kundenkontakte, orientieren.

Voraussetzung rationalen Vorgehens ist die Erforschung der die zukünftigen Entscheidungen beeinflussenden Gegebenheiten. Während sich hierbei die Produktforschung dem Verkaufsobjekt und die Marktforschung den externen Gegebenheiten auf dem Markt widmet, konzentriert sich die Unternehmungsforschung auf die Untersuchung der absatzrelevanten internen Verhältnisse [11, S. 273]. Eine sehr wesentliche Rolle spielen innerhalb dieses Komplexes die Untersuchungen der Verhältnisse und Gegebenheiten auf dem Vertriebsbereich in Form von sog. Vertriebsanalysen. Die Untergliederung dieser Totalanalysen in die verschiedenen partiellen Analysen (Absatzwege, Aufträge, Gebiete, Werbung etc.) führt schließlich auch zum Begriff der Kundenanalyse [9, S. 42 f. u. S. 61]. Der Kundenanalyse kommt durch die enge Verflechtung und das Zusammenwirken vertriebs- und kundenpolitischer Maßnahmen im Hinblick auf ein gewinnorientiertes, marktgerechtes Denken und Handeln sowohl beim Einsatz vertriebspolitischer Methoden, als auch beim Einsatz kundenpolitischer Maßnahmen eine entscheidende Bedeutung zu.

5.3 Kriterien zur Klassifizierung der Kunden

Die kritische Betrachtung der Kunden einer Unternehmung im Sinne einer aussagefähigen und als Entscheidungsgrundlage brauchbaren Kundenanalyse kann nach den verschiedensten Gesichtspunkten erfolgen. Das Problem der Wahl der hierfür in Betracht zu ziehenden Kriterien hängt weitgehend von den individuellen Ansprüchen und Anforderungen ab, die die jeweilige Unternehmung in ihre Kundenanalyse setzt [13, S. 23 f.]. Die subjektive Beurteilung der Aussagefähigkeit der verschiedenen Kriterien durch die Unternehmungsführung im Hinblick auf die spezifischen Belange der Unternehmung spielt dabei eine nicht unwesentliche Rolle. So mag der Aussagewert eines Kriteriums von Unternehmung zu Unternehmung, je nachdem es sich um einen Produktions-, Handels- oder Dienstleistungsbetrieb handelt, ja selbst von Branche zu Branche, sehr verschieden eingeschätzt werden. Die sich daraus ergebende Vielseitigkeit der Möglichkeiten einer Kundenklassifizierung kann durch die Einteilung nach qualitativen und quantitativen Kriterien geordnet werden.

5.31 Qualitative Kriterien

Die Beurteilung eines Kunden nach quantitativen Kriterien ist primär von den wertmäßigen Bewegungen zwischen ihm und der Unternehmung abhängig. Die Aussagen der qualitativen Merkmale konzentrieren sich dagegen auf den Kunden als solchen und geben Auskunft über die Art seiner Tätigkeit, seine wirtschaftliche, soziale sowie geographische Position, seine Entwicklungstendenzen, Möglichkeiten und Schwächen innerhalb des wirtschaftlichen Gefüges. Es handelt sich hier um Kriterien wie etwa Branche, Standort, Bonität oder entsprechend der persönlichen Wertschätzung der Unternehmung um Kriterien, durch welche die Kunden eine Klassifizierung als Erst-, Gelegenheits-, Dauer-, Klein-, Groß- oder auch einfach Vorzugskunden erhalten. Eine besondere Problematik ergibt sich bei den qualitativen Kriterien in der Bewertung, bei der unter Berücksichtigung verschiedenwertiger Gewichtungsfaktoren die Aussagekraft der Kriterien in einer Kennziffer ausgedrückt wird, welche die Möglichkeit einer ordinalen bzw. auch kardinalen Rangordnung und Vergleichbarkeit eröffnet.

Kriterium: Branchen

	Aspekte: Marktposition	Entwicklungstendenz	Bestellgröße	Handelsspanne	Artikelsortiment	Punkt-zahl	Kenn-zahl
Gewichtung:	3	2	2	1	1		
Eisenfachgeschäfte	(2) 6	(3) 6	(4) 8	(2)2	(2)2	24	2
Ofenfachgeschäfte	(4)12	(4) 8	(5)10	(2)2	(2)2	34	6
Geschäfte für sanit. Anlagen	(3) 9	(3) 6	(3) 6	(3)3	(2)2	26	4
Verarbeitende Industrie	(2) 6	(2) 4	(1) 2	(3)3	(1)1	16	1
Baugewerbe	(1) 3	(1) 2	(1) 2	(4)4	(3)3	14	0
Installateure	(3) 9	(2) 4	(3) 6	(3)3	(3)3	25	3
Ofensetzer	(5)15	(4) 8	(5)10	(4)4	(4)4	41	9
Andere Handwerker	(3) 9	(3) 6	(4) 8	(3)3	(3)3	29	5
Ländliche Gemischtwarenhändler	(4)12	(5)10	(5)10	(3)3	(2)2	37	7
Andere Grossisten	(5)15	(4) 8	(4) 8	(4)4	(3)3	38	8

Abb. 20: Beispiel einer Quantifizierung qualitativer Kriterien

5.32 Quantitative Kriterien

Im Gegensatz zu den qualitativen Kriterien geben die quantitativen Kriterien lediglich Aufschluß über die mit einem Kunden geführte Geschäftstätigkeit und sind somit von Einflüssen subjektiver Bewertung weniger betroffen. Sie ermöglichen dem Unternehmer, die wirtschaftlichen Vorgänge mit den Kunden exakt zu erfassen und diese in monetären bzw. sonstigen Meßzahlen auszudrücken.

Die Beurteilung des Kunden nach dem quantitativen Kriterium seines bisher getätigten Umsatzes mit der Unternehmung ist dabei die in der Praxis am häufigsten angewandte Methode einer Kundenklassifizierung [5, S. 28]. Darüberhinaus lassen sich jedoch von diesen Umsatzwerten ausgehend, durch entsprechende Analysen und Berechnungen, noch weitere aufschlußreiche quantitative Angaben über einen Kunden gewinnen.

In Anbetracht der Tatsache, daß der Erfolg einer Unternehmung nicht in erster Linie am Umsatz, sondern am Gewinn gemessen wird, empfiehlt es sich darüberhinaus bei der Klassifizierung des Kunden von dessen Gewinnbeitrag für die Unternehmung auszugehen [3, S. 8]. Das Erfolgsdenken der freien Marktwirtschaft ist nämlich unlösbar mit dem Kunden verbunden, dem Wirtschafts-

Jahresabnahmemenge in DM	Kundenzahl = Zahl der besuchten Kunden	in %	Umsatz in DM	in %	Zahl der Aufträge	in %	ϕ Auftragsgröße in DM (angenähert)
kein Umsatz	3150	25	–	–	–	–	–
1 – 250	4800	39	593000	14	17000	40	34,9
250 – 500	2600	20	922000	22	10200	24	90,4
501 – 1000	1100	9	968000	23	6600	16	146,7
1001 – 2000	550	4	824000	20	5240	12	157,3
über 2000	400	3	917000	21	3200	8	286,6
Summe	12600	100	4224000	100	42240	100	

Jahresabnahmemenge in DM	Besuchshäufigkeit (Zahl der Besuche)	in %	ϕ Besuchszahl je Kunde u. Jahr (angenähert)	ϕ Umsatz je Kundenbesuch in DM (angenähert)
kein Umsatz	9450	13	3	–
1 – 250	28800	38	6	20,6
251 – 500	19600	26	7,5	47,0
501 – 1000	8250	11	7,5	117,3
1001 – 2000	5500	7	10	149,8
über 2000	4000	5	10	229,25
Summe	75600	100		

Abb. 21: Umsatzanalysen [vgl. 8, S. 162]

subjekt, das den Gewinn erst möglich macht [14, S. 122]. Man geht dabei vom Nettogewinn, als der Differenz zwischen dem mit dem Kunden getätigten Nettoerlös und der ihm zugerechneten Kosten aus. Dabei liegt das Kernproblem in der Ermittlung des Nettogewinnes bei der Kostenerfassung und deren verursachungsgerechten Zurechnung auf den Kunden. Die Kostenanalyse versucht diese problematische Aufgabe zu lösen, wobei festzustellen ist, daß die Kostenanalyse für den Produktionsbereich in der Regel keine größeren Schwierigkeiten bereitet, während sich die Frage der Abhängigkeit der Vertriebskosten des Absatzbereiches von den einzelnen Segmenten nicht immer eindeutig beantworten läßt.

Die im Rahmen einer Kundenanalyse durchzuführende Ermittlung des Nettogewinnes eines einzelnen Kunden stellt demnach an die Vertriebskostenanalyse besonders hohe Ansprüche. Jedoch ist die auf den Kunden ausgerichtete Vertriebskostenanalyse in der Lage, die Frage: „. . . welche Kunden sind gewinnbringend und welche sind es nicht? . . .“ [6, S. 29 ff.] zu beantworten. Aus diesem Grunde sollte man die Vertriebskostenanalyse nicht nur als Technik der Kostenrechnung, sondern im Rahmen der Kundenanalyse auch als Mittel für Führungsentscheidungen im Absatzbereich, d. h. als Steuerungsinstrument in der Unternehmenspolitik betrachten [7, S. 126 ff.]. Im Hinblick auf die Ver-

	Gesamt	Verteilungsgrundlage	kein Umsatz	Jahresabnahmemenge 1,– bis 250,–	251,– bis 500,–	501,– bis 1000,–	1001,– bis 2000,–	über 2000,–
Kundenzahl	12.600	lt. Umsatzanalyse	3.150	4.800	2.600	1.100	550	400
Auftragszahl	42.240		–	17.000	10.200	6.600	5.240	3.200
Besuchszahl	75.600		9.450	28.800	19.600	8.250	5.500	4.000
Umsatz p.a.	4.224.000		–	593.000	922.000	968.000	824.000	917.000
ϕ Jahresumsatz der Kunden	335,–		–	123,–	335,–	880,–	1.498,–	2.292,–
- Einstandswert (62,16%)	2.625.466		–	368.438	573.115	601.708	512.198	570.007
Bruttospanne	1.598.534		–	224.562	348.885	355.292	311.802	346.993
in % vom Umsatz	37,84		–					
Vertreterverdienst	353.303	pro Besuch 4,67	45.165	134.591	91.596	38.555	25.703	18.693
Reisendenprovision	125.000	2,96% v. Umsatz	–	17.546	27.283	28.643	24.382	27.146
Lagerung	79.359	1,88% v. Umsatz	–	11.141	17.322	18.186	15.480	17.230
Auftragsbearbeitung	193.107	pro Auftrag 4,57	–	77.690	46.614	30.162	23.946	14.695
Versand	157.781	3,74% v. Umsatz	–	22.150	34.439	36.158	30.778	34.250
Marktforschung	35.541	–,84% v. Umsatz	–	4.981	7.745	8.131	6.921	7.763
Werbung	169.137	n. Sonderberechnung	–	7.454	11.859	53.617	45.640	50.837
Finanzierung, Skonti, Umsatzsteuer	219.498	5,20% v. Umsatz	–	30.814	47.910	50.301	42.818	47.655
Erlöseingangskontrolle	51.533	pro Auftrag 1,22	–	20.740	12.444	8.052	6.393	3.904
Mengenrabatte	147.840	n. Sonderberechnung	–	–	18.440	29.040	32.960	67.400
Ges.-Vertr.Kosten bis dahin	1.532.099	im Verhältnis d. Ver-	44.165	327.107	315.382	300.845	255.021	280.579
Verkaufsleitung	38.149	triebskosten 0,25%	1.104	8.178	7.885	7.521	6.376	7.085
Vertriebskosten total	1.570.248		45.269	335.285	323.267	308.366	261.397	296.664
in % vom Umsatz	37,17		–	56,54	35,06	31,85	31,72	32,35
Nettospanne	28.286		-45.269	-110.723	25.618	57.926	50.405	50.329
in % vom Umsatz	0,67			-18,70	2,78	5,99	6,12	5,49

Abb. 22: Kundenanalyse [aus: 8, S. 166/167]

besserung der Ertragslage liegt es nahe, die verlustbringenden Kunden zugunsten einer intensiveren Bearbeitung und Betreuung der übrigen Kunden zu vernachlässigen. Dabei ist die Möglichkeit eines eventuellen völligen Ausschließens eines Kunden oder einer Kundengruppe eine durchaus praktikable Lösung im Sinne der Verbesserung der Gewinnlage einer Unternehmung. Jedoch würde sich die Annahme, den Gesamterfolg um den Betrag der *„negativen Gewinnbeiträge"* der betreffenden Kunden bzw. Kundengruppen zu erhöhen, in der Praxis nicht bestätigen. Die Kosten dieser Kunden würden nämlich keineswegs in voller Höhe wegfallen, ein Teil würde sogar weiterentstehen und somit das Gesamtergebnis verschlechtern, anstatt es zu verbessern. (Vgl. hierzu Abb. 22.)
Aus diesem Grunde erklärt sich auch die Tendenz zur Einführung der Bruttogewinnrechnung bzw. Deckungsbeitragsrechnung. Der insbesondere im Einzel- und Großhandel seit alters her gebräuchliche Begriff des Bruttogewinns schiebt sich vor den Netto- oder auch Reingewinn und enthält sowohl Kostenbestandteile, als auch Gewinnanteile. Unter dem Deckungsbeitrag oder auch Grenzbeitrag versteht man dabei den Beitrag eines zusätzlichen Segments zur Deckung solcher Kosten, die dem Segment direkt nicht zurechenbar sind sowie den Beitrag zum Gewinn, wobei auf die Problematik der Trennung von direkt und nicht direkt zurechenbaren Kosten im Rahmen dieser Abhandlung nicht weiter eingegangen wird. Der Nettogewinn ergibt sich dann durch Abzug des gesamten nicht direkt zurechenbaren Fixkostenblocks von der Summe aller Grenzbeiträge [8, S. 192 f.]. Die Deckungsbeiträge können häufig mit weniger Büroarbeit erfaßt werden, als es für die Ermittlung der Nettoerfolgswerte notwendig ist. Diese Tatsache wirkt sich besonders vorteilhaft bei Firmen aus, deren Geschäftsleitung schnelle Entscheidungen fällen muß, wie das bei absatzorientierten Betrieben besonders der Fall ist. „Weiterhin vermeidet die Benutzung des Grenzbeitrags den Streit um den richtigen Verteilungsschlüssel der Fixkosten auf die Segmente" [2, S. 173]. Die Ermittlung der effektiven Gewinnergiebigkeit des Kunden im Rahmen einer Kundenanalyse wird folglich mit der immer mehr an Bedeutung gewinnenden Deckungsbeitragsrechnung möglich [1, S. 17].
In Anlehnung an das bereits angeführte Beispiel einer Kundenanalyse (Abb. 22), bei welcher lediglich der Nettogewinn ermittelt wurde, ergibt sich bei Zugrundelegung der Deckungsbeiträge für die einzelnen Kundengruppen ein völlig neues Bild.
Während nach der Nettoerfolgsrechnung sowohl Kundengruppe I, als auch Gruppe II für den Gesamterfolg der Unternehmung als Verlustfaktor ausgewiesen wurden, stellt sich nach der Deckungsbeitragsrechnung lediglich noch Gruppe I als effektiver Verlustfaktor heraus. Damit bestätigt sich die bereits gemachte Annahme, daß sich bei Wegfall der Gruppen I und II der Gesamtgewinn der Unternehmung nicht um DM 45 269.– und DM 110 723.–, also insgesamt um DM 155 992.– erhöht, sondern, daß die Ertragslage der Unternehmung durch die Selektion der Gruppe I um DM 34 018.–, die durch diese Gruppe

Kundengruppe:		I	II	III	IV	V	VI
Umsatz	4.224.000	–	593.000	922.000	968.000	824.000	917.000
./. Einstand	2.625.466	–	368.438	573.115	601.708	512.198	570.007
Bruttospanne	1.598.534	–	224.562	348.885	366.292	311.802	346.993
variable Kosten:							
Vertreterdienst	153.219	34.018	48.214	39.715	15.340	8.130	7.802
Reisendenprovision	120.000	–	12.546	27.283	28.643	24.382	27.146
Lagerung	45.211	–	8.191	15.215	7.104	10.200	4.501
Auftragsbearbeitung	53.032	–	17.110	13.985	10.420	4.525	6.992
Versand	117.329	–	14.031	33.020	26.010	29.893	14.375
Marktforschung	19.821	–	3.450	4.989	6.000	.895	4.487
Werbung	110.989	–	8.950	14.850	15.718	22.347	49.124
Mehrwertsteuer	200.250	–	27.915	40.138	43.212	39.890	49.095
Erlöseingangskosten	11.100	–	3.700	3.403	1.205	1.450	1.342
Mengenrabatt	142.913	–	–	18.021	28.040	29.701	67.151
Gesamte var. Kosten	973.864	34.018	144.107	210.619	181.692	171.413	232.015
Deckungsbeitrag	624.670	./. 34.018	80.455	138.266	184.600	140.389	114.978
fixe Kosten:							
Lager	14.148						
Akquisition	305.084						
Auftragsbearbeitung	110.075						
Versand	40.452						
Marktforschung	5.720						
Werbung	20.148						
Erlöseingangskosten	40.433						
Verkaufsleitung	60.324						
Gesamte fixe Kosten = Fixkostenblock	506.384						
Nettospanne	28.286	./. 45.269	./.110.723	25.618	57.926	50.405	50.329

Abb. 23: Kundenanalyse – Deckungsbeitragsrechnung [vgl. 8, S. 190 f.]

effektiv verursachten direkten Kosten verbessert werden kann. Die Aufgabe der Gruppe II würde sogar für den Gesamterfolg der Unternehmung einen Verlust von DM 80455.–, den Deckungsbeitrag dieser Gruppe, bedeuten. Daraus läßt sich entnehmen, daß es für eine Unternehmung im Hinblick auf den Gesamterfolg durchaus von Vorteil sein kann, Kunden zu halten, welche zwar nicht lukrativ sind, jedoch dazu beitragen, einen bestehenden Vertriebsapparat besser auszulasten und mit ihrem Deckungsbeitrag anteilsmäßig zur Abdeckung des Fixkostenblocks beitragen [12, S. 85]. Natürlich schließt die Anwendung der Deckungsbeitragsrechnung im Rahmen einer Kundenanalyse die Notwendigkeit einer Totalanalyse bis hin zum Nettoerfolg insofern nicht aus, als auf lange Sicht selbstverständlich jegliche Kosten, d.h. auch die fixen Kosten, gedeckt sein sollten.

5.4 Erstellung einer Kundenanalyse mittels EDV

5.41 Datenerfassung und Eingabe

Grundlage für die Erstellung einer Kundenanalyse mittels EDV bildet die Erfassung aller Kundenstammangaben, welche von entsprechender Beständigkeit sind und vielseitige Verwendungsmöglichkeiten, auch für die Abwicklung verschiedener anderer Programme und der darin enthaltenen Probleme, bietet. Sie enthalten Angaben wie Kundennummer, Name, Adresse, besondere Vertragsbedingungen, Rahmenabschlüsse, Zahlungsziele, Rabattbedingungen, Kreditlimit etc. Dazu kommen noch Schlüssel, welche über die Eigenschaften des Kunden Auskunft geben, wie Branche, Standort und Bonität, jedoch nur, soweit diese qualitativen Kriterien einer Kundenanalyse von gewisser Beständigkeit sind. Die genannten Daten lassen sich meist vorliegenden Kundenkarteien entnehmen. Sollten solche und ähnliche Daten jedoch noch nicht vorliegen, so müßten diese entsprechenden Außenverkäuferberichten bzw. Berichten über Vertragsverhandlungen mit den Kunden entnommen werden. Die Unterteilung des Datenmaterials hinsichtlich der Häufigkeit seiner Verwendung stellt neben die Stammdaten die Gruppe der Bewegungsdaten. Im Gegensatz zu den Stammdaten lösen diese jeweils nur einmalige Berechnungen aus, unter Umständen jedoch in verschiedenen Programmen. Es handelt sich hierbei um die zu verarbeitenden Geschäftsvorfälle einer Unternehmung [4, S. 112]. Für die Durchführung einer Kundenanalyse sind diese in erster Linie die Kundenaufträge, Zahlungseingänge, Zahlungsausgänge, Retouren, Lieferungen, Stornierungen sowie Daten über die dem Kunden anzulastenden Kosten im Hinblick auf die Ermittlung seines Deckungsbeitrags. Die meist unregelmäßig (da auftragsabhängig) anfallenden Bewegungsdaten werden aus Gründen der wirtschaftlicheren Verarbeitung in der Regel auf externen Speichern erfaßt, um sie dann bei entsprechendem Umfang gesammelt zu verarbeiten. So können beispielsweise die einzelnen Kundenaufträge auf Band geschrieben werden, um sie dann periodisch in den einzelnen Programmen abzuarbeiten. Die Verdichtung solcher Bewegungsdaten nach den verschiedensten Gesichtspunkten und ihre Speicherung für eine spätere Verwendung führt zum Begriff der Archivdaten. Grundlage dieser, von den ständig laufenden Programmen aufgebauten, internen Archivdaten sind die Bewegungsdaten. Entsprechend den Anforderungen an die Kundenanalyse müssen die aktuellen Daten den bereits aufgebauten Archivdaten vergangener Perioden gegenübergestellt werden. Die Aktualisierung von Archivdaten erfolgt in verschiedenen Programmläufen mit eingebundenen Unterprogrammen. Die Daten werden dabei zweckmäßigerweise nach Kunden, Kundengruppen und Abrechnungsperioden gruppiert [17, S. 83]. Das geordnete und mit Zuordnungskriterien versehene Archivmaterial enthält dann etwa die bisher getätigten Aufträge eines jeden Kunden bzw. seine bisherigen Deckungsbeiträge innerhalb eines bestimmten Zeitabschnitts zusammengefaßt. „Auf diese Vorgruppierung bauen dann die Bildung von Summen und Durchschnitten und der Vergleich einzelner oder zusammengefaßter Datengruppen auf" [17, S. 106]. Gerade bei den Archivdaten ist die Speicherung auf Platte wegen der Möglichkeit des direkten Zugriffs von besonderem Vorteil. Jedoch hat sich aus Wirtschaftlichkeitserwägungen in der Praxis wegen des teilweise großen Datenumfanges auch die Speicherung auf Band bewährt. Bei der dabei notwendigen sequentiellen Speicherung unter Begriffen wie Kundennummer bzw. Kundengruppen muß eine bestimmte Reihenfolge der darunter gespeicherten Einzeldaten und weiterhin eine numerische Ordnung gleicher Begriffe vorhanden sein. Die gleichen Ordnungsbedingungen gelten bei der simultanen Speicherung der Einzeldaten hinsichtlich des Adressensystems. Bei der Ordnung eines Archivspeichers sollte man die am häufigsten vorkommenden Aufgabenstellungen sowie die Möglichkeit und Notwendigkeit zukünftiger Umgruppierungen, entsprechend den Wünschen der Vertriebsleitung, bereits berücksichtigen. Ebenso empfiehlt es sich, bereits bei der Speicherung der Archivdaten den Aufbau des Speichermediums den formalen Forderungen an die spätere Druckliste anzupassen, um durch eine weitgehende Übereinstimmung der Ordnung auf dem Magnetband mit den Daten des Schriftbildes die Speicherkapazität des Kernspeichers so wenig wie möglich in Anspruch nehmen zu müssen [17, S. 107].

5.42 Datenverarbeitung und Ausgabe

Aus der Unterscheidung hinsichtlich der zeitlichen Durchführung der DV in periodische und sofortige DV und hinsichtlich der DV gemäß den Aufgabenstellungen anderer Programme in einzelne und parallele Verarbeitung, ergeben sich die verschiedenen Formen der Programmorganisation. So günstig dabei die Organisationsform der Sofortverarbeitung für die Erstellung einer Kundenanalyse hinsichtlich der Aktualität ihrer Ergebnisse und Aussagekraft auch sein mag, so erscheint der Aufwand für ihre Organisation und Durchführung für die durchschnittlichen Belange zu teuer. In der Regel wird bei der Erstellung einer Kundenanalyse mittels EDV eine periodische Verarbeitung der anfallenden Daten den Ansprüchen der Unternehmung genügen. Die bei einer periodischen Verarbeitung der Kundenanalyse bei Benutzung von Sequenzspeichern erforderlichen Verarbeitungsvorgänge wie Sammeln, Ordnen, Mischen, Umsortieren und Verteilen der angefallenen Datenmengen eignen sich besonders günstig zur Parallelverarbeitung mit Programmen ähnlicher Verarbeitungsvorgänge. Im übrigen liegt es bei dieser Organisationsform im Ermessen der Unternehmensführung, die Aktualität der Ergebnisse der Kundenanalyse durch eine entsprechende Verkürzung der Ablaufperioden zu erhöhen und somit den betrieblichen Anforderungen gerecht zu werden. Sollte jedoch diese Maßnahme dennoch nicht genügen, so besteht weiterhin die Möglichkeit, eine gemischte Organisationsform zu wählen, bei der diejenigen Daten, die ständig für beliebige Auskünfte und sofortige Bearbeitung bereitstehen müssen, simultan, die übrigen jedoch sequentiell für eine periodische Verarbeitung gespeichert werden.

Im Rahmen der periodischen Abarbeitung der Kundenanalyse können dem Programm die verschiedensten Aufgabenstellungen zugrundegelegt werden:
- Vergleiche zwischen den Daten (Umsatz, Deckungsbeitrag) eines Kunden bzw. einer Kundengruppe zu den entsprechenden Daten vorangegangener Abrechnungsperioden, unter Umständen unter Berücksichtigung der verschiedenen Fristigkeiten.
- Vergleiche zwischen den Daten verschiedener Kunden bzw. Kundengruppen in derselben Abrechnungsperiode.
- Vergleiche zwischen vorher zugrundegelegten Sollvorgaben und den tatsächlich festgestellten Ist-Daten je Kunde, Kundengruppe und Abrechnungsperiode.
- Vergleiche des Abnehmerverhaltens im Zeitablauf bezüglich des Artikelsortiments einer Unternehmung.
- Anteile des Kunden oder von Kundengruppen am Gesamtumsatz und/oder Gesamtdeckungsbeitrag wieder mit der Möglichkeit der Berücksichtigung verschieden langer Zeiträume.

Entsprechend der Organisationsform einer periodischen Einzel- oder Parallelverarbeitung werden die Ergebnisse der Kundenanalyse gemäß einem vorher festgelegten periodischen Programmbearbeitungsrhythmus zu festen Terminen in Form von Drucklisten (unter Umständen auf Vordruckformularen) ausgegeben. Dabei läßt sich der Umfang des ausgegebenen Datenmaterials durch die Eingabe von Toleranzen in Form von Soll- oder Grenzwerten einschränken. Diese Möglichkeit, mit der Verminderung der Ausgabe die Aussagefähigkeit des ausgedruckten Datenmaterials zu erhöhen, entspricht dabei gleichzeitig dem in der Wirtschaft immer mehr an Bedeutung gewinnenden Prinzip des „management by exception" [4, S. 126].

5.5 Integration einer Kundenanalyse in ein innerbetriebliches, mittels EDV bearbeitetes Deckungsbeitragssystem

Die DV-Vorgänge bei der Erstellung einer Kundenanalyse knüpfen an die Auftragseingänge des Kunden an, wobei die erforderlichen Bewegungsdaten über die elektronische Fakturierung in das Deckungsbeitragssystem einfließen und

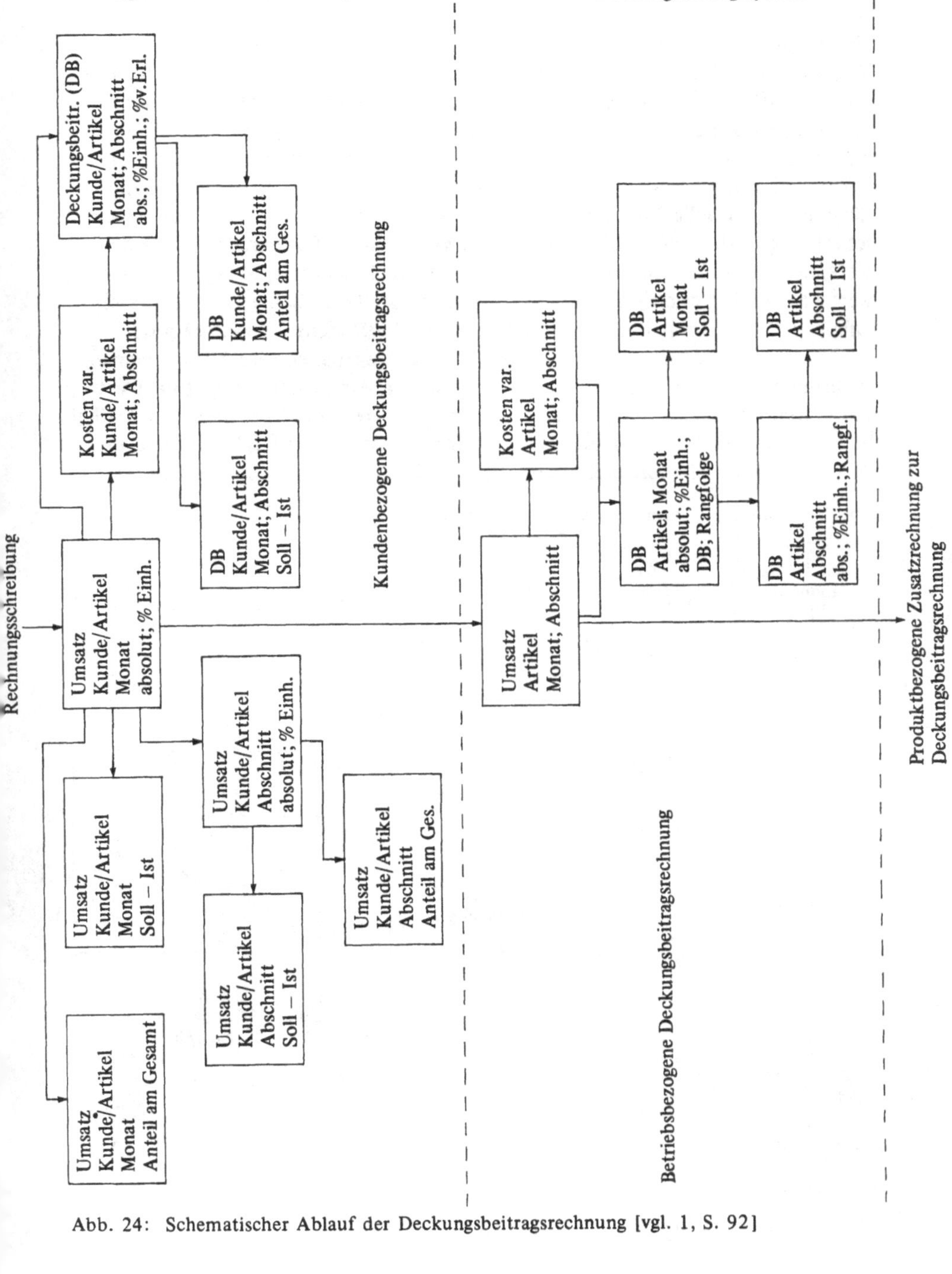

Abb. 24: Schematischer Ablauf der Deckungsbeitragsrechnung [vgl. 1, S. 92]

die entsprechenden Verarbeitungen mit den Stamm- und Archivdaten auslösen. Die nachfolgend aufgeführten schematischen Darstellungen des Ablaufes und Datenflusses dieser Verarbeitungsweise zeigen darüberhinaus den Zusammenhang zwischen der kundenbezogenen und betriebsbezogenen Abrechnung innerhalb des Deckungsbeitragssystems (Abb. 24). Das Schema zeigt, wie die bei periodischer Verarbeitung vorteilhafterweise auf Band gespeicherten und für eine sequentielle Verarbeitung bereits geordneten Daten der Rechnungsschreibung in die EDVA einfließen. „Das gespeicherte Datenmaterial aus der Verkaufsrechnung – Kunden, Anschrift, Artikel, Stückpreis, Menge, Verkaufswert pro Artikel und Gesamt –, . . . ist die Grundlage für die Umsatzdarstellung pro Kunde im laufenden Monat und des abgelaufenen Zeitabschnitts. Durch die Abgleichung der in die Elektronik eingegebenen Plan-Umsatzwerte ermittelt man den laufenden Umsatz-Soll/Ist-Vergleich nach Menge und Wert und durch Rechenoperation: Umsatz ÷ eingegebene variable Kosten pro Artikel bzw. Kunde den DB pro Kunde und Artikel sowohl im laufenden Monat als auch für den abgelaufenen Zeitraum“ [1, S. 89]. Ohne auf eine bestimmte

Abb. 25: Blockdiagramm Deckungsbeitragsrechnung [vgl. 1, S. 94]

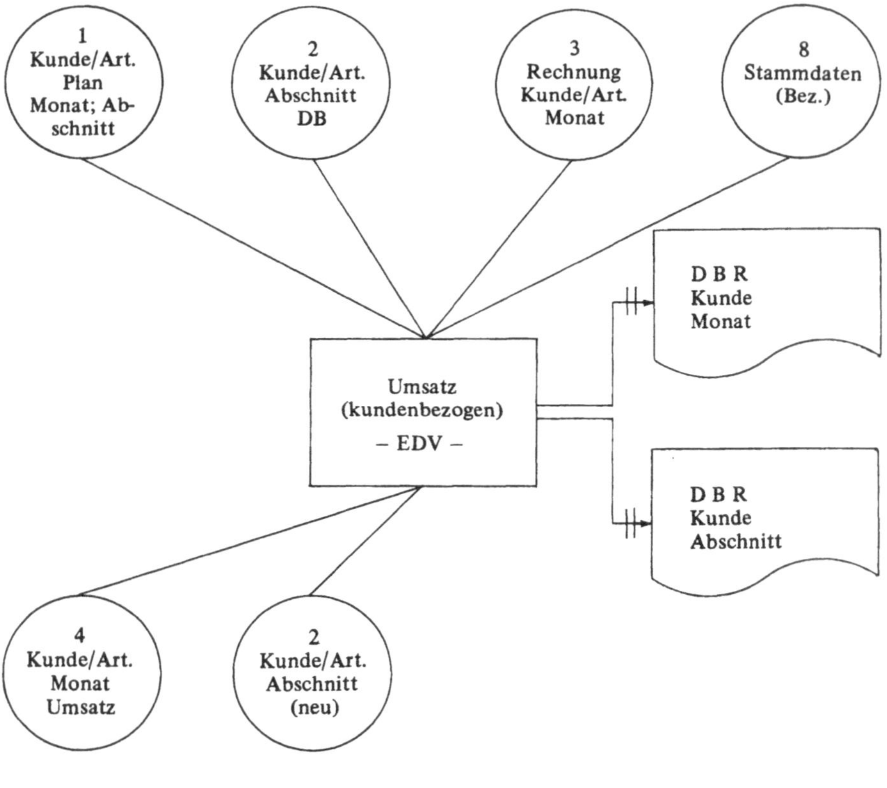

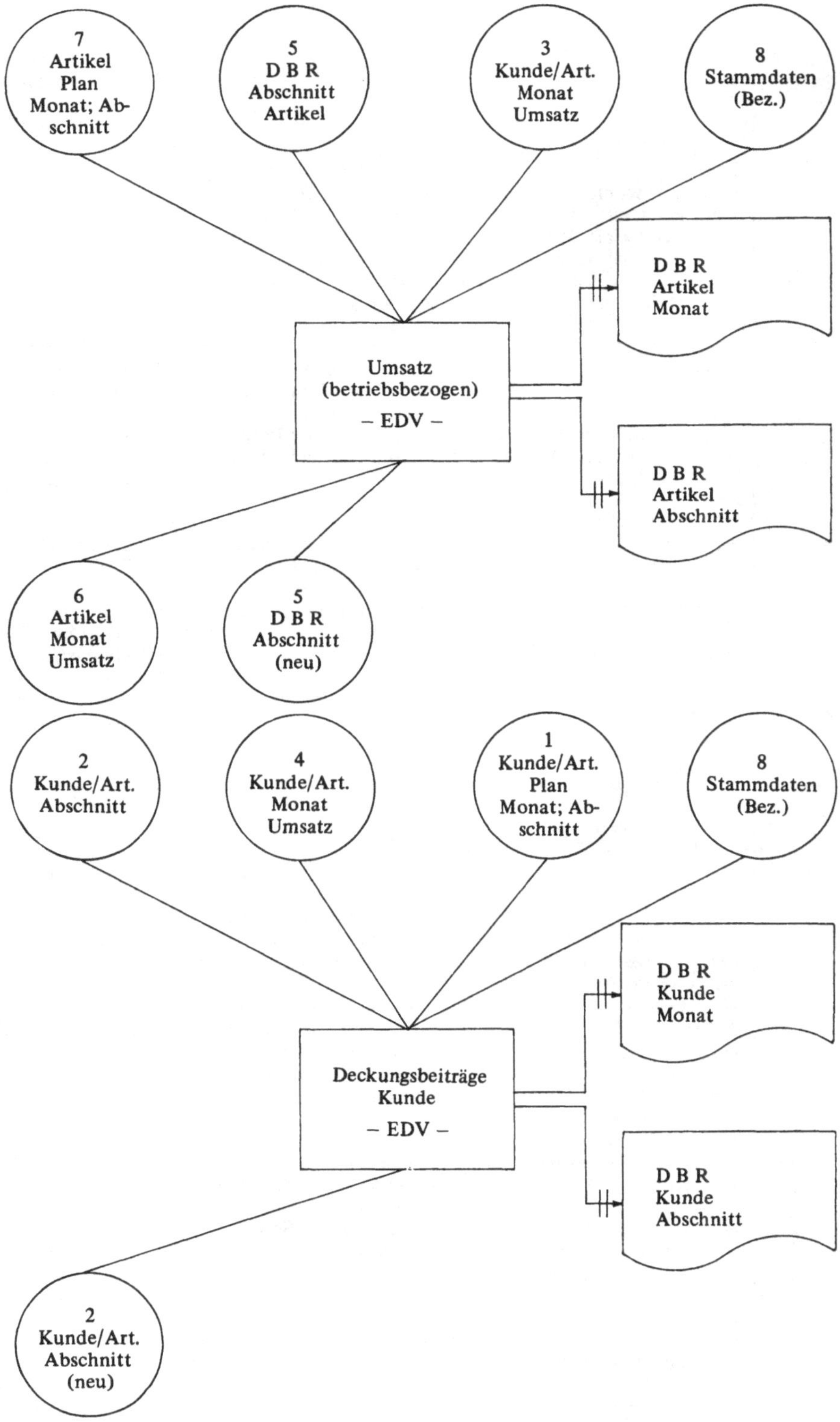
7
Artikel
Plan
Monat; Abschnitt
5
D B R
Abschnitt
Artikel
3
Kunde/Art.
Monat
Umsatz
8
Stammdaten
(Bez.)
Umsatz
(betriebsbezogen)
– EDV –
D B R
Artikel
Monat
D B R
Artikel
Abschnitt
6
Artikel
Monat
Umsatz
5
D B R
Abschnitt
(neu)
2
Kunde/Art.
Abschnitt
4
Kunde/Art.
Monat
Umsatz
1
Kunde/Art.
Plan
Monat; Abschnitt
8
Stammdaten
(Bez.)
Deckungsbeiträge
Kunde
– EDV –
D B R
Kunde
Monat
D B R
Kunde
Abschnitt
2
Kunde/Art.
Abschnitt
(neu)

Band Nr.	Kurzbezeichnung	Stammdaten	Bewegungsdaten
1	Kunde/Art. Plan Monat; Abschnitt = alle kundenbezogenen Plandaten für die DBR pro Monat und Abschnitt	a) Ordnungsbegriffe wie: Zeitraum, Kundennummer, Artikelnummer, Definition der Mengeneinheit (Berechnungs-, Verpackungsmenge) Geschäftsart etc. b) Plandaten: ϕ Preis pro Einheit, Menge, variable Kosten	
2	Kunde/Art. Abschn. DBR = fortgeschriebene, kundenbezogene DBR aller Monate im Abschnitt	Artikel- u. kundenbezogene Ordnungsbegriffe mit Kunden- u. Artikelbezeichnungen. Sonstige Daten wie: Datum, Betriebssumme, Betriebsbezeichnung etc.	Entsprechend Listenbild mit Zwischensummen: z.B. für DB pro Kunde oder Kundengruppen
3	Rechnung Kunde/Art. Monat = vorverdichtete oder unverdichtete Bänder aus der Rechnungsschreibung, Umsätze pro Kunde und Artikel	Artikel- und kundenbezogene Ordnungsbegriffe wie: Geschäftsart, Betriebsstellennummer, Artikelnummer, Mengeneinheit, Kundennummer	Je Kunde und Artikel: Mengen, Netto-, Bruttoerlöse (Rechnungswerte)
4	Kunde/Art. Monat Umsatz = pro Kunde u. Artikel verdichtete Umsätze nach Menge u. Wert pro Monat	wie 3	Je Kunde und Artikel Mengen und Werte
5	DBR Abschnitt Artikel = fortgeschriebene artikelbezogene DBR aller Monate im Abschnitt	Artikelbezogene Ordnungsbegriffe mit Artikelkurzbezeichnungen. Sonstige Daten wie: Datum, Betriebsnummer, Betriebsbezeichnung, Zeitraum etc.	Entsprechend Listenbild mit Zwischensummen z.B. für Artikelgruppen
6	Artikel Monat Umsatz = pro Artikel verdichteter Umsatz nach Menge und Wert pro Monat	Artikelbezogene Ordnungsbegriffe wie Artikelnummer etc. Sonstige Daten wie: Betriebsstellennummer, Datum etc.	Umsätze pro Artikel nach Menge, nach Wert
7	Artikel Plan Monat; Abschnitt = betriebsbezogene Solldaten pro Monat und Abschnitt	Artikelbezogene Ordnungsbegriffe pro Artikel Sollmenge, ϕ Preis (Soll) variable Kosten	–
8	Stammdaten Bez. = Alphatexte für Bezeichnungen	Alpha-Texte zu Schlüsselnummern: Betriebsstellen-, Artikel-, Kundenbezeichnungen etc.	–

Abb. 26: Beschreibung des Informationsinhaltes der Magnetbänder in den schematischen Blockdiagrammen [vgl. 1, S. 95]

Maschinenkonfiguration einzugehen, verdeutlicht das folgende Blockdiagramm die bereits im schematischen Flußdiagramm enthaltenen, abrechnungstechnischen Vorgänge der kundenbezogenen Deckungsbeitragsrechnung im Hinblick auf die maschinelle Verarbeitung (Abb. 25). Hier wird deutlich, wie die auf Band gespeicherten Daten ineinanderfließen und wie nach entsprechender interner Verarbeitung entweder neue Bänder aufgebaut oder/und – je nach Aufgabenstellung – Listen ausgedruckt werden können. Die jeweils nur mit Kurzbezeichnungen versehenen durchnumerierten Datenträger enthalten dabei die in Abb. 26 aufgeführten Informationen (Abb. 26). Die nach dem obigen Schema zu erstellende Kundenanalyse ermöglicht das Ausdrucken der Kunden-Favoriten-Übersicht. Bei der Erstellung einer artikelbezogenen Kundenanalyse wird für jeden Kunden ein Druckbild ausgegeben, das im wesentlichen folgende Informationen enthält:
Der obere Teil des Listenbildes enthält die vorgedruckten alphanumerischen Bezeichnungen in den, entsprechend dem Formular, vorgegebenen Bereichen. Es erfolgen Eintragungen über die Abrechnungsperiode, den Hinweis auf den Namen des Kunden, die Anschrift, die Kundennummer sowie numerische Vermerke hinsichtlich der Rangfolge des Kunden gemessen am Umsatz und Dekkungsbeitrag absolut sowie entsprechende Änderungen innerhalb dieser Angaben zur vorhergehenden Abrechnungsperiode. Im Anschluß an diesen Kopfteil der Liste erfolgen im Hauptteil die Abrechnungen und Analysen der verschiedenen quantitativen Kriterien. Auf der linken Seite werden, entsprechend dem vom Kunden getätigten Umsatz, die einzelnen Artikel in der Reihenfolge ihrer absoluten Gewinnergiebigkeit mit Artikelnummer, Bezeichnung und Mengeneinheit ausgedruckt. Die Analyse betrachtet die vom Kunden getätigten Aufträge in verschiedenen Teilbereichen nach Menge, Umsatz und Deckungsbeitrag und fügt schließlich im Anschluß an diese Informationsbereiche einen Auswertungsteil an. Die 3 Teilbereiche werden in zeitlicher Hinsicht untergliedert nach laufendem Monat und Abschnitt, wobei unter Abschnitt der seit Jahresbeginn abgelaufene Zeitraum zu verstehen ist. In den einzelnen Bereichen erfolgen nun verschiedene Vergleiche, wobei die Information über die Gewinnergiebigkeit der einzelnen Artikel bei den jeweiligen Kunden den interessantesten Beitrag liefern. Den Deckungsbeitrag erhält man dabei durch Rechenoperationen zwischen Band 4 und Band 1, während die Grundlage für die Abschnittsrechnung Band 2 bildet, das mit der Rechenoperation zwischen Band 4 und Band 1 jeweils aufgestockt wird.
Die an die Daten dieser Teilbereiche anschließende Ermittlung von Prioritätskennzahlen sowie die Auswertung nach verschiedenen Schwerpunkten ist vorwiegend artikelbezogen, d.h. mehr auf die speziellen Belange eines Produktionsbetriebes abgestellt. Erst die Addition der vom Kunden getätigten Einzelaufträge und ihre analoge Auswertung gibt schließlich einen interessanten Einblick in das Gesamtverhalten des Kunden bezüglich Umsatz und Gewinnergie-

bigkeit. „Diese Gewinnergiebigkeit könnte selbstverständlich um Kostenpositionen geschmälert werden, die man direkt einem Kunden zuordnen kann, z. B. direkt anrechenbare Kosten aus dem Bereich der Verkaufsinstanzen – Beratungsingenieure und dergl. –, spezielle Verpackung, Frachten u. ä. Man könnte diese Positionen, ausgenommen evtl. Verkaufsinstanzkosten, direkt der Verkaufsrechnung (Band 3) oder über die gespeicherten Plandaten (Band 1) einfließen lassen“ [1, S. 100].
Die Auflistung der Informationen über das Gesamtverhalten der einzelnen Kunden in einer Druckliste und ihre, entsprechend der Größe der Deckungsbeiträge, geordnete Rangfolge führt zur sog. Kunden-Favoriten-Übersicht. Während die Kundenanalyse in der Form einer Artikel-Favoriten-Übersicht das Verhalten des einzelnen Kunden in erster Linie hinsichtlich der von ihm getätigten Teilaufträge bezüglich verschiedener Artikel bzw. Artikelgruppen analysiert und insofern seinen Schwerpunkt auf eine kundenbezogene Artikelanalyse legt, konzentriert sich die Kunden-Favoriten-Übersicht mit ihren Analysen ausschließlich auf das Untersuchungsobjekt ‚Kunde‘ und wird somit dem Begriff der Kundenanalyse weit mehr gerecht. Durch die Zusammenfassung der, bei der Artikel-Favoriten-Übersicht nach einzelnen Artikeln, aufgegliederten Aufträge je Kunde ergibt sich mit der Erstellung einer Kunden-Favoriten-Übersicht nunmehr die Möglichkeit, das Gesamtauftragsverhalten sowie die analoge Abrechnung, Analyse und Auswertung der Daten (Menge, Umsatz, Deckungsbeitrag) der einzelnen Kunden pro Abrechnungsperiode in einer Liste gegenüberzustellen. Die Auflistung der einzelnen Kunden mit den entsprechenden Informationen erfolgt hierbei nach der Rangfolge ihrer absoluten Gewinnergiebigkeit. Auch hier kann das bereits erwähnte Vordruckformular Verwendung finden, wobei sich die im Kopfteil enthaltenen numerischen Vermerke nunmehr auf das Gesamtverhalten des Kundenstammes sowie die entsprechenden Änderungen zur vorherigen Abrechnungsperiode beziehen. Die Kunden-Favoriten-Übersicht gibt wegen der direkten Vergleichsmöglichkeiten zwischen den einzelnen Kunden wertvolle Hinweise für die Steuerung des Verkäuferstabes, für die Kundenbesuche oder auch den gezielten Werbemitteleinsatz und bildet somit die Basis für eine erfolgsorientierte Kundenpflege und Strategie [1, S. 93 und 18, S. 126 ff.]. Aus diesem Grunde ist dem folgendem Abschnitt über die Durchführung einer Kundenanalyse mittels EDV als Zielstellung die Druckliste einer Kunden-Favoriten-Liste zugrundegelegt.

5.6 Durchführung einer Kundenanalyse mittels EDV

Die im folgenden skizzierte Programmierung umfaßt eine periodische Einzelverarbeitung sequentiell gespeicherter Daten mit dem Ziel, als Ergebnis dieser elektronischen Verarbeitung eine, auf die genannten qualitativen und quantitativen Kriterien aufbauende, Kunden-Favoriten-Liste zu erstellen.

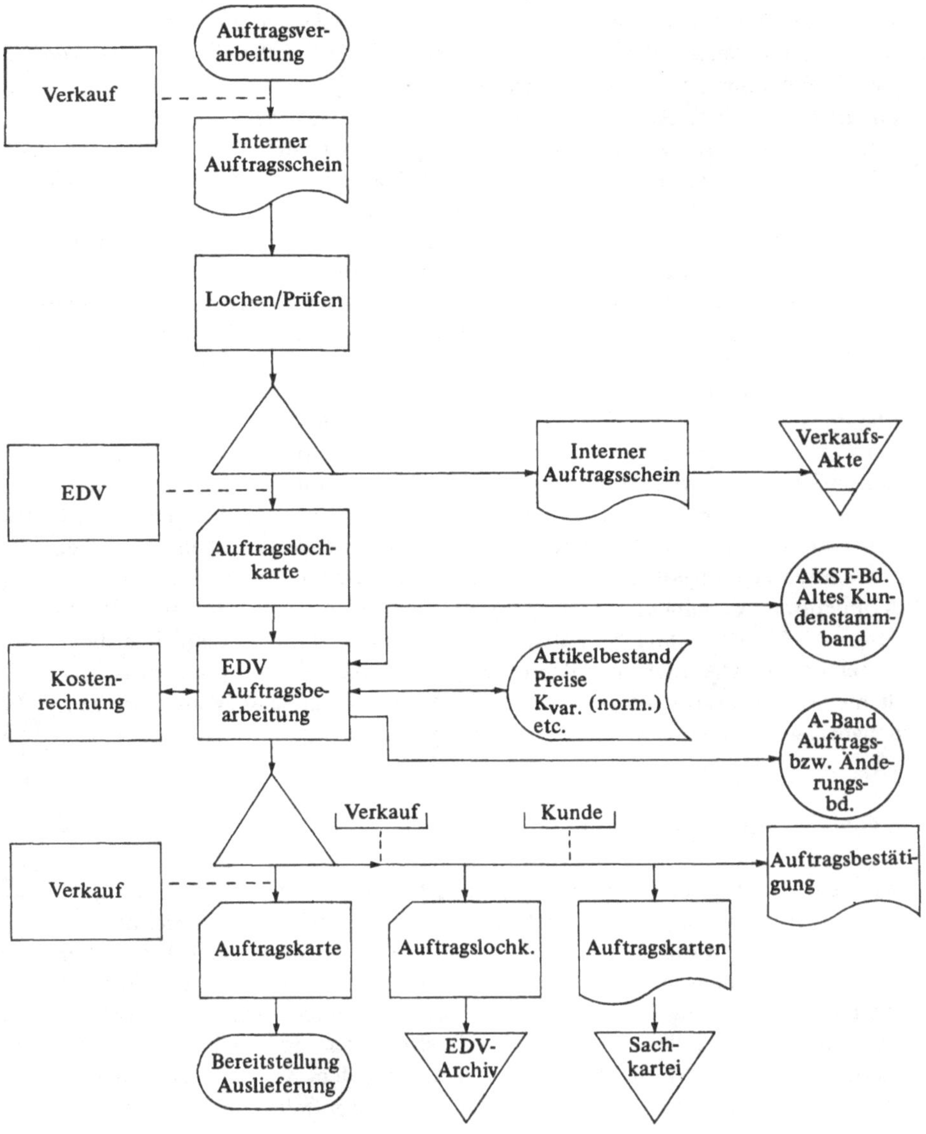

Abb. 27: Datenflußplan (schematisch)

5.61 Datenflußplan und Programmbeschreibung

Die Programmbeschreibung dient dazu, mit Hilfe von standardisierten Symbolen gewisse Vorgänge bildhaft darzustellen und mit Worten zu beschreiben, um auf diese Weise möglichst übersichtliche und klar verständliche Unterlagen für die Programmierung zu schaffen [19, S. 111 ff.].
Die laufenden Aufträge werden auf einen internen Auftragsschein übernommen und an Hand dieser Vorlage gelocht und geprüft (vgl. hierzu die möglichen Verfahren der Auftragsdatenerfassung Kap. 10). Während man den internen Auftragsschein in der Verkaufsakte ablegt, werden die Auftragslochkarten gesammelt und je nach Auftragsanfall täglich bzw. mehrmals täglich nach vorangegangener aufsteigender Sortierung, entsprechend der Kundennummer, in die elektronische Auftragsbearbeitung eingegeben. Hierbei werden in der Auftragslochkarte bereits enthaltene Daten wie Kundennummer, Artikelnummer(n) und Menge(n) des/der bestellten Artikel mit den entsprechenden Stammdaten ergänzt. Erstkunden und neue Artikel bzw. Änderungen der bestehenden Stammdaten werden mit Hilfe von sog. Änderungs- bzw. Zusatzkarten berücksichtigt. Die innerhalb der elektronischen Auftragsbearbeitung für die Rechnungsschreibung, insbesondere aber im Hinblick auf die Kundenanalyse, notwendige Erfassung von in den Stammdaten noch nicht enthaltenen zusätzlichen variablen Kosten je Auftrag erfolgt durch entsprechende Eingaben von Seiten der Kostenrechnungsabteilung. Die Grundvoraussetzung für die periodische Abarbeitung des Kundenanalysenprogrammes liegt in der laufenden Aufbereitung und Aktualisierung des Auftrags- bzw. Änderungsbandes, auf dem die einzelnen Aufträge und die entsprechenden variablen Kosten pro Monat verdichtet werden, um dann gemäß dem folgenden Maschinendiagramm im Kundenanalysenprogramm weitere Verwendung zu finden.

5.62 Maschinendiagramm

Wie sich aus dem Maschinendiagramm entnehmen läßt, gliedert sich der gesamte Programmkomplex in drei Teile. Das mit BO99ZZ gekennzeichnete, umrandete Hauptprogramm umfaßt dabei als eigentliches Kernstück des Kundenanalysenprogrammes die wesentlichen Verarbeitungsvorgänge im Hinblick auf die Durchführung einer Kundenanalyse. Das bereits erwähnte Änderungsband sowie das Kundenstammband, beide aktualisiert und nach Kundennummern aufsteigend sortiert, werden gemeinsam mit dem Kundenanalysenband des vergangenen Monats (aus dem Archiv) in die Zentraleinheit eingegeben. Während das Kundenstammband die qualitativen Kriterien bereitstellt, enthält das Änderungsband die für die weitere Verarbeitung wesentlichen quantitati-

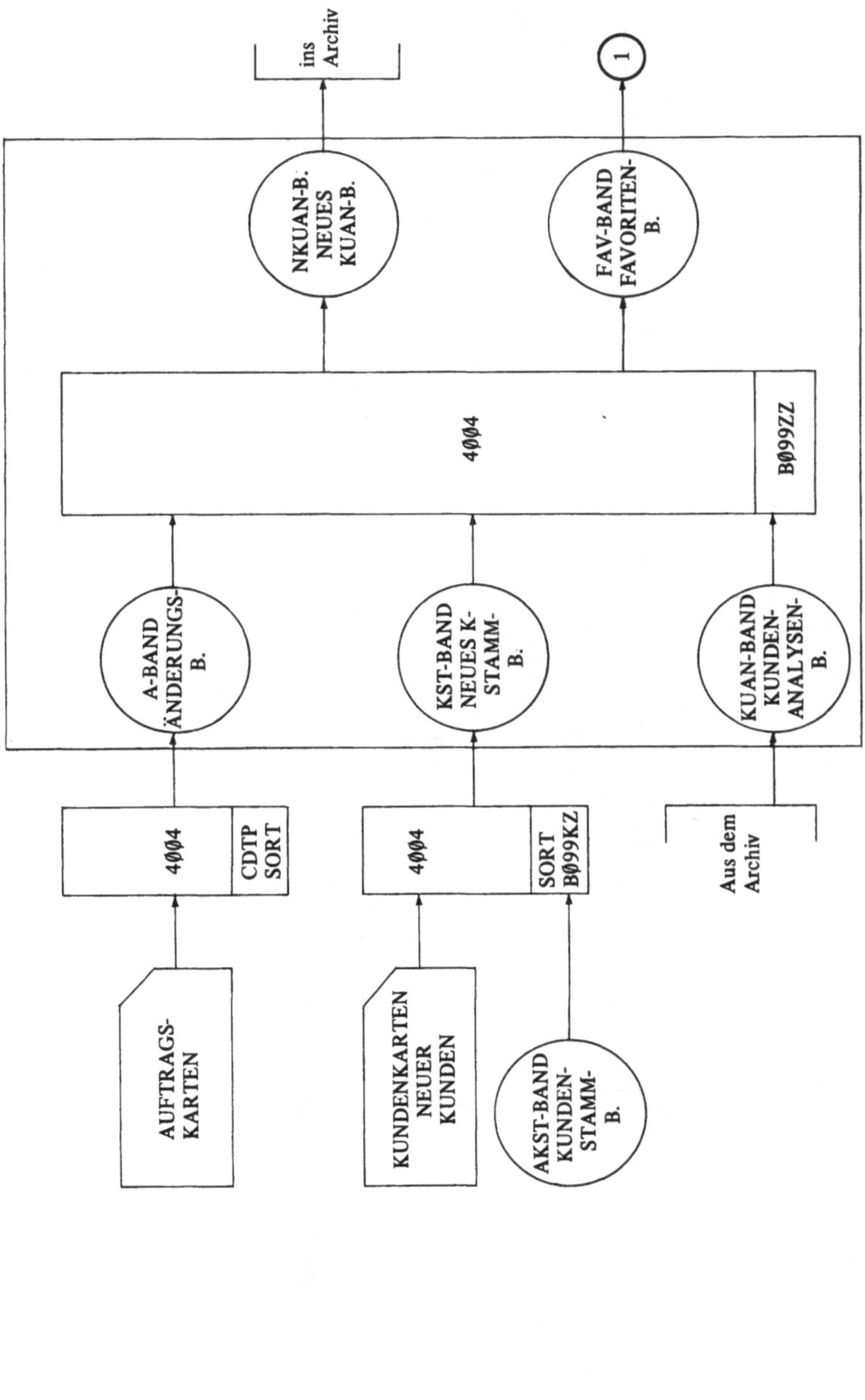
AUFTRAGS-KARTEN
4ØØ4
CDTP SORT
KUNDENKARTEN NEUER KUNDEN
4ØØ4
SORT BØ99KZ
AKST-BAND KUNDEN-STAMM-B.
Aus dem Archiv
A-BAND ÄNDERUNGS-B.
KST-BAND NEUES K-STAMM-B.
KUAN-BAND KUNDEN-ANALYSEN-B.
4ØØ4
BØ99ZZ
NKUAN-B. NEUES KUAN-B.
FAV-BAND FAVORITEN-B.
ins Archiv
1

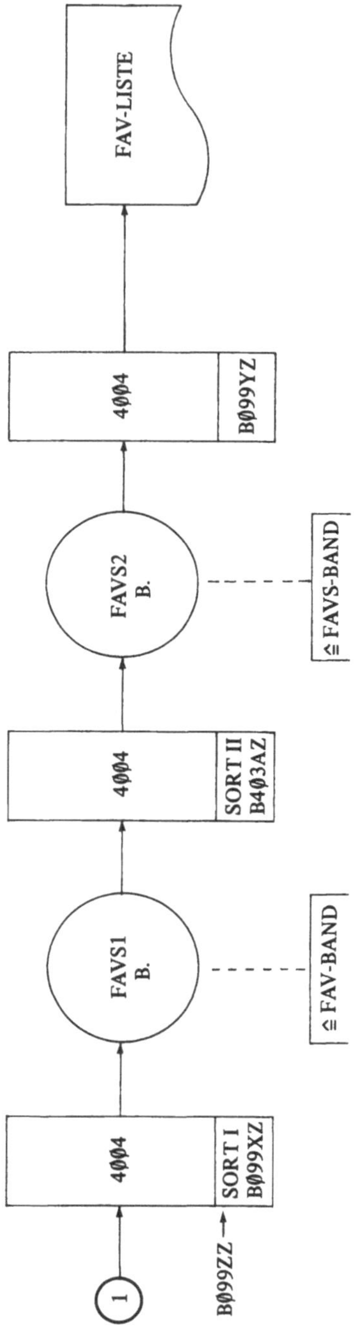

Abb. 28: Maschinen-Diagramm

ven Kriterien (vgl. Speichereinteilung Abb. 29). Diese aktuellen Daten werden nun mit dem, die Daten des/der letzten Programmablaufs/Programmabläufe enthaltenden Kundenanalysenbandes abgeglichen, d.h. die Umsätze und Deckungsbeiträge des laufenden Jahres werden mit den neuen Beträgen kumuliert, es werden neue Basiswerte erstellt sowie die Werte des neuen Monats übernommen. Gleichzeitig wird auf diesem Band der jeweilige Monatsumsatz bzw. Monatsdeckungsbeitrag aller Kunden zusammen gespeichert. Während das neue Kundenanalysenband bis zum nächsten Kundenanalysen-Lauf ins Archiv kommt, enthält das sog. Favoriten-Band bereits die für die Erstellung der Kundenfavoritenliste benötigten Ergebnisdaten. Entsprechend der in der Favoritenliste gewünschten Rangfolge des Kunden schließen sich im Programmteil BO99XZ und B4O3AZ die Sortierläufe an. Während im SORT I-Lauf das Favoritenband (FAV-BAND) aus BO99ZZ für das Platzziffernprogramm BO99XZ nach den Deckungsbeitrag im laufenden Jahr absteigend sortiert und anschließend dem Kunden die Platzziffer zugewiesen wird, die sich aus der Höhe seines Deckungsbeitrages im laufenden Jahr ergibt, wobei der Kunde mit dem größten Deckungsbeitrag die Platzziffer 1 erhält, erfolgt im Anschluß daran der SORT II-Lauf und die dazugehörige Platzziffernzuweisung entsprechend dem Deckungsbeitrag des Kunden im betreffenden Monat. Mit der Weiterverwendung des sortierten und mit Platzziffern ergänzten Favoriten-Bandes (FAVS-BAND) im Programmabschnitt BO99YZ, dem Druckprogramm, wird das Kundenanalysenprogramm mit der Erstellung der gewünschten Kunden-Favoriten-Liste abgeschlossen.

5.63 Speichereinteilung

Die aus dem Maschinendiagramm hervorgehenden Verarbeitungsvorgänge bauen auf die bereits genannten Eingabe- (Input) bzw. Ausgabebänder (Output) auf, deren Inhalt und Aufbau der folgenden Speicherübersicht zu entnehmen ist. Die in dieser Speichereinteilung aufgeführten Abkürzungen bzw. Bezeichnungen haben folgende Bedeutung:

KST-BAND	**Kundenstammband**
KDNR	Kundennummer
QUAL	Qualitative Kriterien (10 Merkmale; je eine Ziffer)
A-BAND	**Auftrags- bzw. Änderungsband**
AKDNR	A-BAND-Kundennummer
ARTNR	A-BAND-Artikelnummer
ME	Menge (Stückzahl pro Artikelauftrag)

Kundenanalyse

Abb. 29: Speichereinteilung

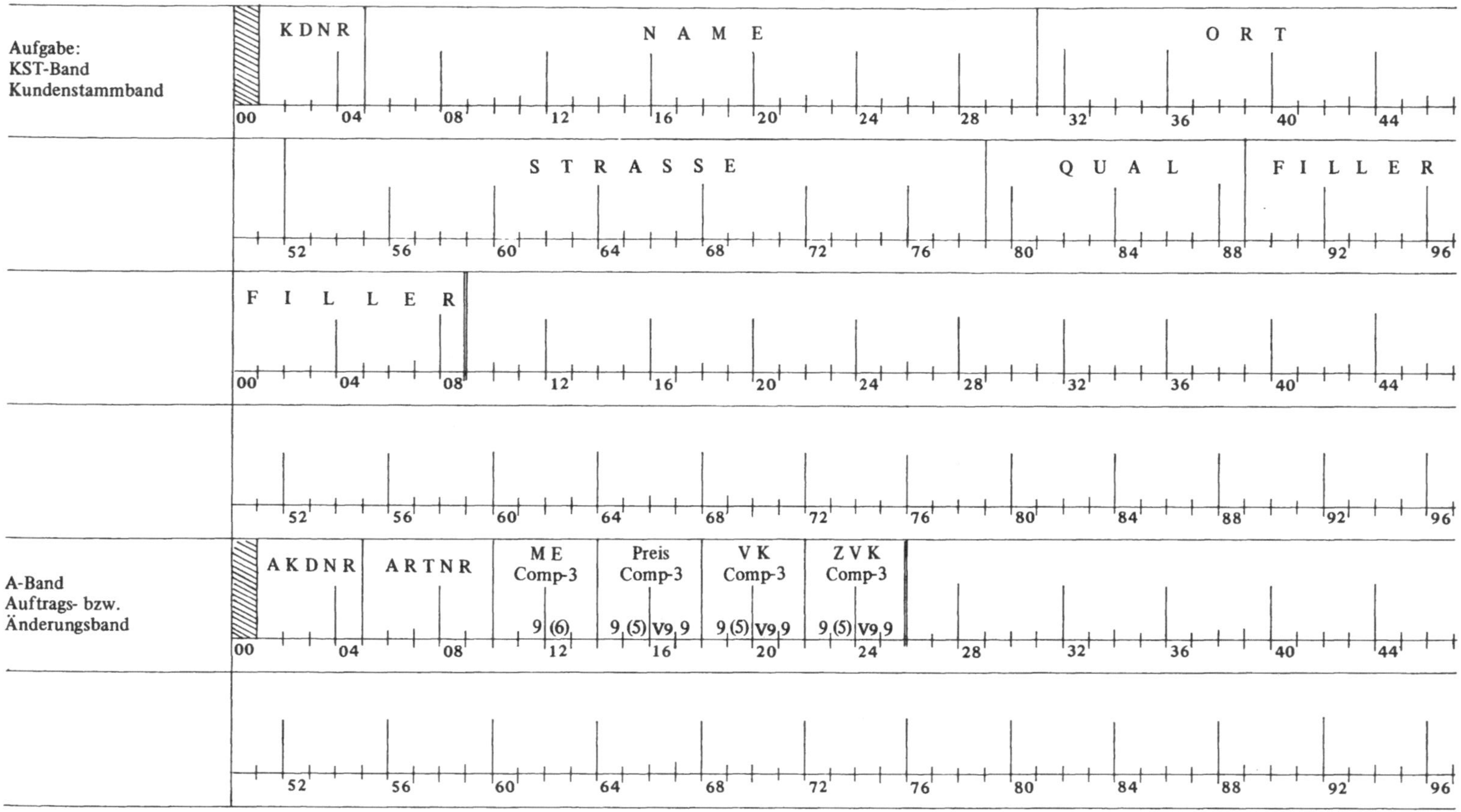

KUAN- bzw. NKUAN-Band
altes bzw. neues Kundenanalysenband

Position	Feld	Format
00–04	KUANKDNR / NKUANKDNR	
04–12	GESKUM / NGESKUM	Comp-3, 9 (8) V9 9
12–20	GESKDB / NGESKDB	Comp-3, 9 (8) V9 9
20–28	AKMUMSATZ / NKMUMSATZ	Comp-3, 9 (8) V9 9
28–36	AKMDB / NKMDB	Comp-3, 9 (8) V 99
68–72	letzter Satz auf dem KUAN- bzw. NKUANBAND	9 9 9 8
76–84	<GESKUM> GESMUM S	Comp-3, 9 (8) V9 9
84–88	<GESKDB> GESMDB	Comp-3, 9 (8) V 99
88–92	ZERO	
92–96	ZERO	

FAV-Band
Favoritenkundenband

Position	Feld	Format
00–04	FAVKDNR	
04–30	F A V N A M E	
30–52	F A V O R T	
52–64	F A V Q U A L	
64–68	FAVKMUMSATZ	Comp-3, 9 (8) V9 9
68–74	FAVKLJUMSATZ	Comp-3, 9 (8) V99
74–76	FAVABK-MUM-SATZ	
76–82	F A V K M D B	Comp-3, 9 (8) V 99
82–88	F A V K L J D B	Comp-3, 9 (8) V 99
88–91	FAVABK-M D B	
91–93	FAVANK-MUMS	
93–95	FAVANK-M D B	
95–96	FAVPZ DBM	
00–04	FAVPZDBLJ	

PREIS	Preis (Verkaufspreis pro Stück)
VK	Variable Kosten je Stück (normal)
ZVK	Zusätzliche variable Kosten für Gesamtauftrag
KUAN-BAND	
NKUAN-BAND	**Altes bzw. neues Kundenanalysenband**
(N)KUANKDNR	(Neue) Alte Kundenanalysenkundennummer
(N)GESKUM	(Neuer) Alter Gesamtkundenumsatz des laufenden Jahres
(N)GESKDB	(Neuer) Alter Gesamtkundendeckungsbeitrag des laufenden Jahres
AKMUMSATZ	Alter Kundenmonatsumsatz
NKMUMSATZ	Neuer Kundenmonatsumsatz
AKMDB	Alter Kundenmonatsdeckungsbeitrag
NKMDB	Neuer Kundenmonatsdeckungsbeitrag
GESKUM	Gesamtumsatz aller Kunden im Monat
GESMUMS	
GESKDB	Gesamtdeckungsbeitrag aller Kunden im Monat
GESMDB	
FAV-BAND	**Favoritenkundenband**
FAVKDNR	Favoritenkundennummer
FAVNAME	Favoritenkundenname
FAVORT	Favoritenkundenort
FAVQUAL	Die dem Favoritenkunden zugeordneten qualitativen Kriterien
FAVKMUMSATZ	Favoritenkundenmonatsumsatz
FAVKLJUMSATZ	Favoritenkundenmonatsumsatz im laufenden Jahr
FAVABKUMSATZ	Abweichung des Monatsumsatzes zum Vormonat
FAVKMDB	Favoritenkundenmonatsdeckungsbeitrag
FAVKLJDB	Favoritenkundendeckungsbeitrag im laufenden Jahr
FAVABKMDB	Abweichung des Monatsdeckungsbeitrags zum Vormonat
FAVANKMUMS	Anteil des Kunden am gesamten Monatsumsatz
FAVANKMDB	Anteil des Kunden am gesamten Monatsdeckungsbeitrag
FAVPZDBM	Favoritenkundenplatzzahl nach dem Monatsdeckungsbeitrag
FAVPZDBLJ	Favoritenkundenplatzzahl nach dem Deckungsbeitrag des laufenden Jahres
9998	9998 (dient als Abfragekriterium; Voraussetzung: alle Kundennummern < 9998

ZERO	Dieser Speicherbereich wird mit Nullen (0) aufgefüllt
COMP-3	Inhalt dieses Speicherbereichs ist dezimal gepackt
9(6)	Gibt die wahre Länge eines Speicherbereichs in dezimal ungepacktem Format an
V	Gedachtes Komma
FILLER	Speicherbereich wird für weitere Daten freigehalten (z. B. für weitere qualitative Kriterien).

5.64 Schematischer Programmablaufplan

Während Datenflußplan und Maschinendiagramm den gesamten Programmkomplex in beschreibender Form darstellen, handelt es sich beim Programmablaufplan bereits um die Konkretisierung der einzelnen Verarbeitungsvorgänge. Die Erstellung des Programmablaufplanes ist dabei sehr eng an eine fest vorgeschriebene, symbolhafte Darstellung gebunden, bei der gleichzeitig, als Vorlage für die anschließende Codierung, die besonderen Eigenheiten der gewählten Programmiersprache (hier COBOL) zu berücksichtigen sind. Die vom Maschinendiagramm übernommene Einteilung in die verschiedenen Programmabschnitte wird nach einer in der Praxis angewandten Norm in verschiedene Programmbereiche, welche jeweils festgelegten Verarbeitungsvorgängen vorbehalten sind, weiter untergliedert.

Abb. 30: Programmablaufplan der Kundenanalyse

I. Hauptprogramm: BØ99ZZ

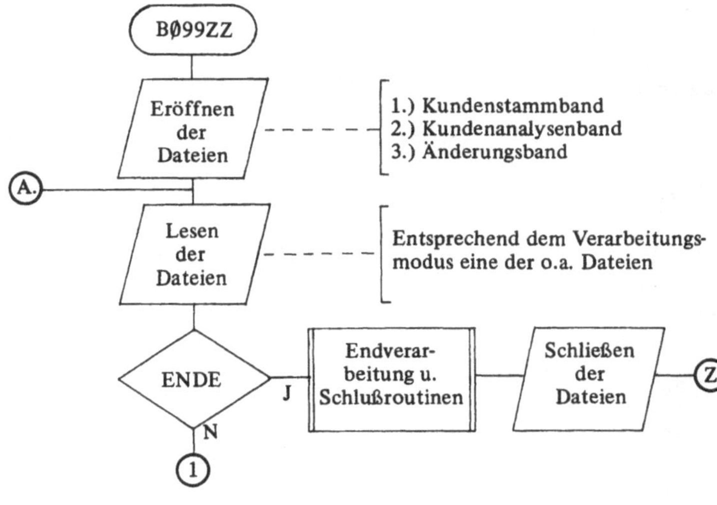

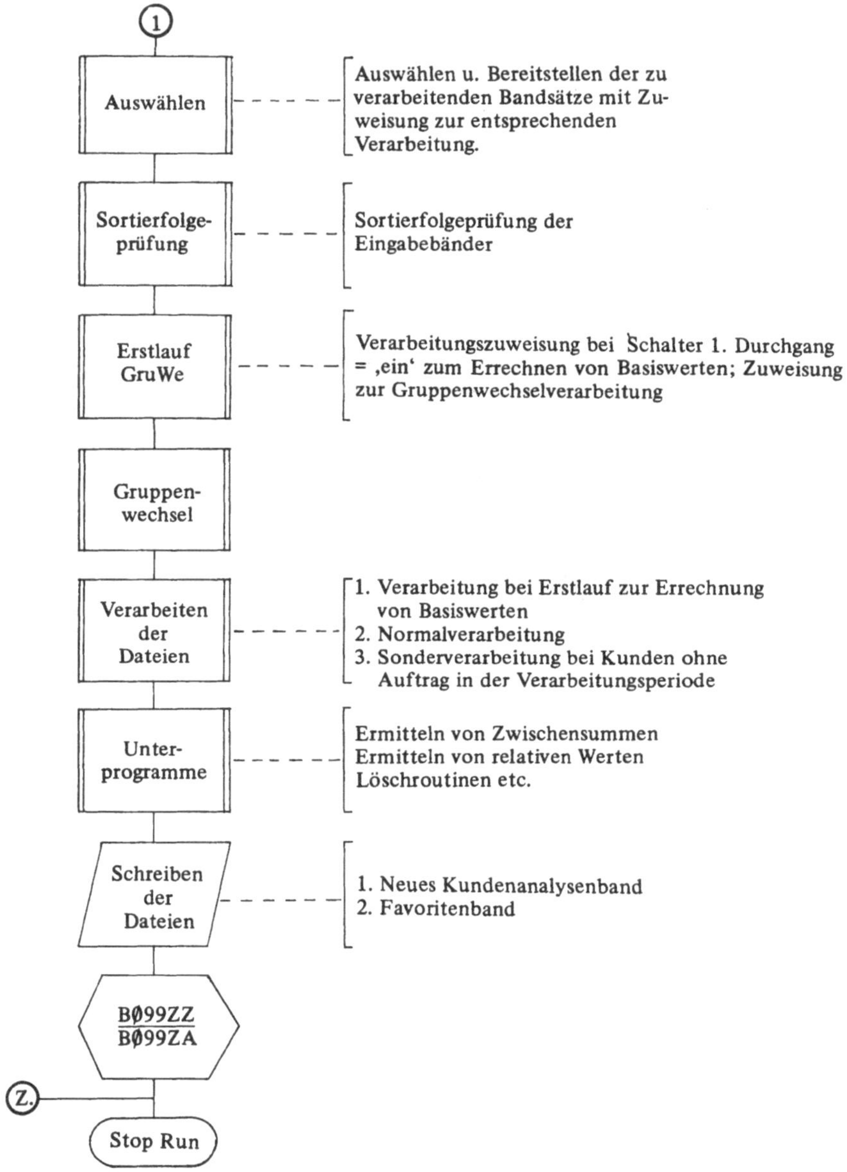
1
Auswählen
Auswählen u. Bereitstellen der zu verarbeitenden Bandsätze mit Zuweisung zur entsprechenden Verarbeitung.
Sortierfolge-prüfung
Sortierfolgeprüfung der Eingabebänder
Erstlauf GruWe
Verarbeitungszuweisung bei Schalter 1. Durchgang = ‚ein' zum Errechnen von Basiswerten; Zuweisung zur Gruppenwechselverarbeitung
Gruppen-wechsel
Verarbeiten der Dateien
1. Verarbeitung bei Erstlauf zur Errechnung von Basiswerten
2. Normalverarbeitung
3. Sonderverarbeitung bei Kunden ohne Auftrag in der Verarbeitungsperiode
Unter-programme
Ermitteln von Zwischensummen
Ermitteln von relativen Werten
Löschroutinen etc.
Schreiben der Dateien
1. Neues Kundenanalysenband
2. Favoritenband
BØ99ZZ
BØ99ZA
Z.
Stop Run

Abb. 30: Fortsetzung

II. Platzziffernprogramme BØ99XZ u. B4Ø3AZ

BØ99XZ (SORT I)
B4Ø3AZ (SORT II)

Beide Programme unterscheiden sich lediglich in einem MOVE-Befehl:

```
MOVE PZ TO FAVDBLJS        (BØ99XZ)
MOVE PZ TO FAVDBMS         (B4Ø3AZ)
```

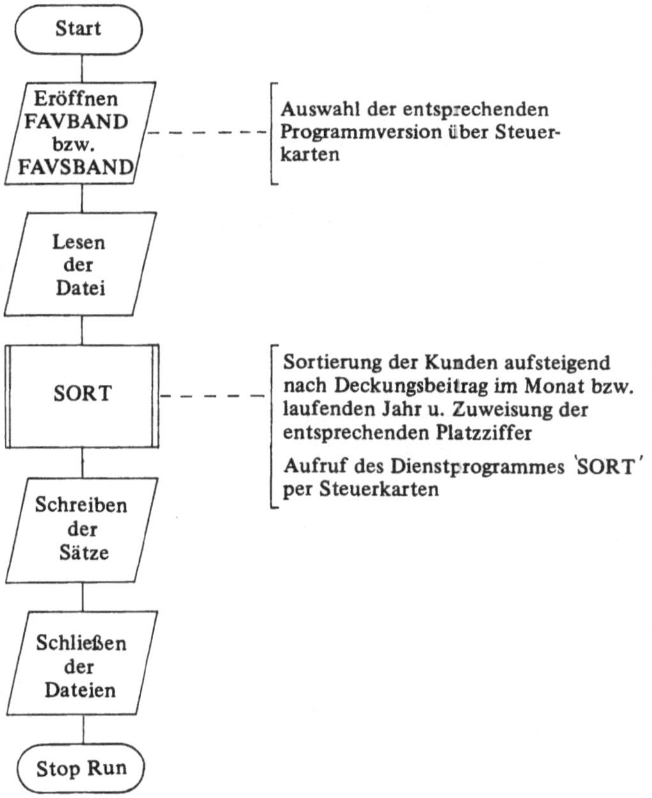

Abb. 30: Fortsetzung

III. Druckprogramm BØ99YZ

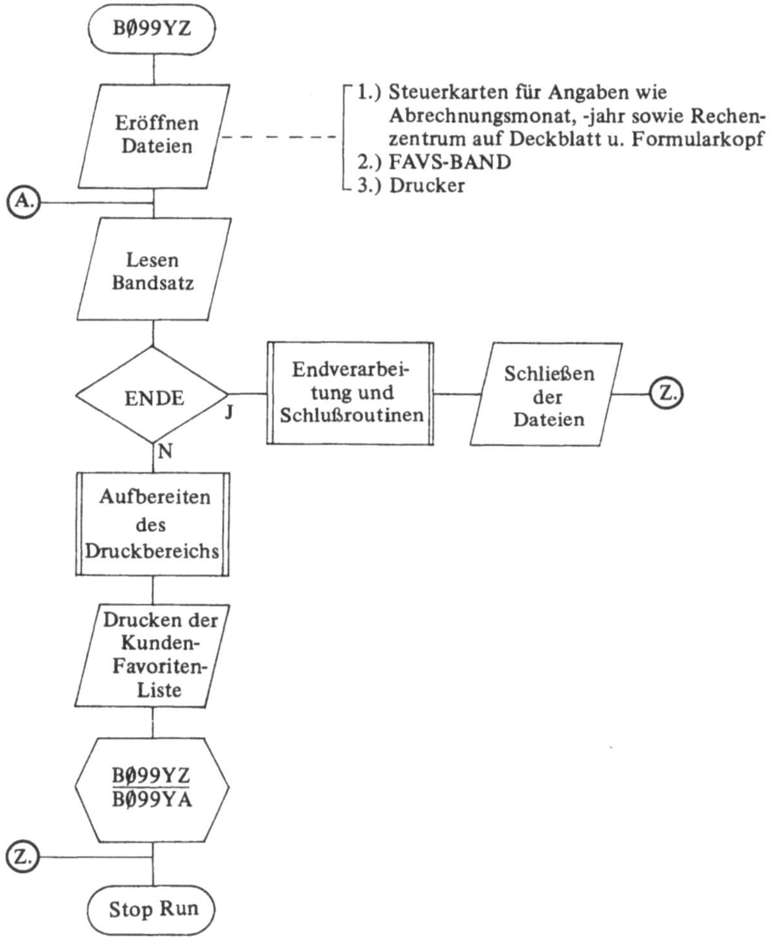

5.65 Druckliste

Als Ergebnis des mittels EDV abgearbeiteten Kundenanalysenprogrammes läßt sich die als Beispiel angeführte Kunden-Favoriten-Übersicht ausdrucken.

Während ein Deckblatt bzw. ein Vorspann Angaben über die Verarbeitungsperiode und die Gesamtumsatz- bzw. Gesamtdeckungsbeitragsänderung der

Abb. 31: Kunden-Favoriten-Übersicht

Monat : Oktober 1970

Umsatzaenderung : 475 %
zum Vormonat

DB-Aenderung : 209 %
zum Vormonat

		Kriterien zur Klassifizierung								Gesamtanteil am Monats-		Plazierung der Kunden nach dem DB im	
		Qualitative Kriterien	Quantitative Kriterien										
			Umsatz			Deckungsbeitrag							
KD-NR	Kunden-Namen	0123456789	Oktober-Umsatz in DM	Laufender Jahresums. in DM	Abw. zum Vorm. in %	Oktober-DB in DM	Laufender Jahres-DB in DM	Abw. zum Vorm. in %	Umsatz in	DB %	Monat	Lauf. Jahr
XXXXX	XXXXXXXXXXXXXXXXXXXXXXXXX	XXXXXXXXXX	XXXXXXXXXXX	XXXXXXXXXXX	XXXX	XXXXXXXXXXX	XXXXXXXXXXX	XXXX	XXXXX	XXX	1	2
.	.	.	.	.	.	.	.	.	.	.	2	3
.	.	.	.	.	.	.	.	.	.	.	3	1
.	.	.	.	.	.	.	.	.	.	.	4	5
											5	4
											6	8
											7	6
											8	11
											9	9
											10	10
											11	19
											12	15
											13	12
											14	13
											15	20
											.	.
											.	.
											.	.

Unternehmung zum Vormonat (Basis 100%) macht, sind in der eigentlichen Kundenanalyse die einzelnen Kunden in der Rangfolge ihres Monatsdeckungsbeitrages aufgelistet. Die nach der Kundennummer und dem Kundennamen aufgeführten 10 qualitativen Kriterien lassen sich mit Hilfe einer bei der Bewertung derselben angefertigten Tabelle decodieren. Die sich anschließenden quantitativen Kriterien geben in den ersten 3 Spalten Auskunft über die Umsatzlage des Kunden in der Abrechnungsperiode und im laufenden Jahr jeweils in DM-Beträgen sowie die Abweichung seines Monatsumsatzes zum Umsatz des Vormonats. Entsprechende Angaben enthalten die folgenden 3 Spalten hinsichtlich des Deckungsbeitrages des einzelnen Kunden. Der Monatsdeckungsbeitrag des einzelnen Kunden dient dabei gleichzeitig als Sortierkriterium im Hinblick auf die Rangfolge. Die sich anschließende Spalte gibt den Anteil des einzelnen Kunden am gesamten Monatsumsatz und am gesamten Monatsdeckungsbeitrag wieder. Aus der vorletzten Spalte der Kunden-Favoriten-Übersicht ist die Rangfolge des Kunden bezüglich des Sortierkriteriums (dem Monatsdeckungsbeitrag) zu ersehen, d.h. die Kunden mit dem größeren Monatsdeckungsbeitrag erscheinen in der Favoriten-Übersicht vor den Kunden mit dem geringeren Monatsdeckungsbeitrag (ordinale Reihung). In der letzten Spalte erscheint schließlich die Rangfolge der Kunden hinsichtlich ihres bisher im laufenden Jahr getätigten Deckungsbeitrages, wobei diese Rangfolge jedoch auf die Reihenfolge der Auflistung der einzelnen Kunden ohne Einfluß bleibt. Die hier als Beispiel aufgeführte Kunden-Favoriten-Übersicht zeigt lediglich eine Möglichkeit, wie mit Hilfe der EDV eine Kundenanalyse in Form einer Druckliste als Grundlage für vertriebs- und kundenpolitische Entscheidungen erstellt werden kann.

6. EDV und Produktpolitik

6.1 Begriffsklärung und Abgrenzung

6.11 Elemente der Produktpolitik

„Unter dem Sortiment . . . verstehen wir die gedankliche Zusammenfassung der für einen bestimmten Zeitpunkt getroffenen Auswahl verschiedenartiger, selbständiger Sachleistungen zum Zwecke der Verwertung im Absatzmarkt . . .“ [8, S. 59].

Das Gesamtsortiment läßt sich i. d. R. in verschiedene Sektoren gliedern, die sich im Hinblick auf Kriterien der Branchenzugehörigkeit, Verwendungsbezogenheit, Preisgestaltung, Abnehmercharakteristik usw. ergeben.
Ein breites Sortiment liegt vor, wenn dieses mehrere Bedarfsarten erfaßt. Fälle von extremer Sortimentsbreite sind z. B. in Großversandhäusern oder Warenhäusern gegeben, deren Angebot Güter des kurz-, mittel- und langfristigen Bedarfes in den verschiedensten Bedarfsarten umfaßt.

Demzufolge ist ein enges oder spezialisiertes Sortiment dann gegeben, wenn es nur zur Deckung „einer Bedarfsart oder eines speziellen Bedarfes aus einer Bedarfsart bestimmt“ [7, S. 392] ist.

Das Kriterium der Sortimentstiefe ist in gewisser Weise abhängig von der Sortimentsbreite. So kann ein Unternehmen sich z. B. veranlaßt sehen, die Attraktionswirkung seines engen Sortiments durch entsprechende tiefe Gliederung zu erhöhen. Mit der Tiefe des Sortiments nimmt i. d. R. auch dessen Spezialisierung zu. „Vom einzelnen Käufer her betrachtet, bietet das tiefe Sortiment in stärkerem Maße alternative und das breite Sortiment additive Kaufmöglichkeiten“ [8, S. 62].

Während unter „Sortiment“ eine gedankliche Einheit verstanden wird, handelt es sich bei den Produkten um die konkreten Elemente, die in ihrer Gesamtheit und individuellen Ausgestaltung mannigfaltiger Art das Vertriebsprogramm des Unternehmens hinsichtlich seines materiellen Inhalts festlegen. Mit Hilfe der Verkaufsobjekte versucht das Unternehmen, den Zweck, Bedarf zu decken, zu erfüllen. Die Bedarfsdeckung ist in dreifacher Hinsicht erforderlich: Zunächst soll der Bedarf Dritter, d. h. der Abnehmer auf dem Markt, dann der Bedarf der im Unternehmen tätigen Mitarbeiter mittelbar in Form von Entlohnung und – last not least – der Bedarf des oder der Unternehmen in Form von Gewinn gedeckt werden [15, S. 11 f.].

Die Bedarfsdeckung wird erreicht durch Absetzen der Produkte am Markt, und zwar wird der Bedarf Dritter durch Verwendung der Produkte und der der Mitarbeiter und Unternehmer durch die für die Produkte vereinnahmten Erlöse gedeckt.

Auf der anderen Seite werden mittels der Verrichtung verschiedener betrieblicher Funktionen (Beschaffung, Produktion, Vertrieb) durch die Produkte Kosten ausgelöst. „Kosten sind wertmäßiger, leistungsverbundener Güterverzehr“ [38, S. 4].

In rein betrieblicher Hinsicht haben die Produkte und deren Absatz für den Betrieb also sowohl belastende (Kosten) als auch entlastende (Erlöse) Auswirkungen.

Die Gestaltung des Sortiments gehört zu den unternehmerischen Maßnahmen, die dazu dienen, das Unternehmen bestmöglich nach den Marktverhältnissen auszurichten; sie ist eine Maßnahme im Rahmen marktorientierter Unternehmensführung. Das Sortiment muß, ganz allgemein, in vieler Hinsicht an die Anforderungen der tatsächlichen, aber auch potentiellen Abnehmerschaft angepaßt werden.

Unter Gestaltung des Sortiments sei in diesem Zusammenhang dessen Ausstattung mit verschiedenen Produkten nach folgenden Gesichtspunkten verstanden [15, S. 29 ff.]:

- Produktwahl, d.h. Entscheidung zunächst darüber, ob ein Produkt aufgenommen bzw. ein bereits im Sortiment befindliches Produkt wieder ausgeschieden werden soll;
- Festlegung der Breite und Tiefe des Sortiments;
- Verwendungs-, Zeit- und Kosten- bzw. preisbezogener Sortimentsausgleich im Hinblick auf eine möglichst gleichmäßige bzw. ausgeglichene, langfristige Ertrags- und Gewinnerzielung.

Die Gestaltung des Sortiments kann sich also einmal auf die mehr umrißartige Rahmenfestlegung und zum anderen auf die detaillierte Einzelplanung, d.h. die Festlegung der ins Sortiment aufzunehmenden Produkte oder Artikel beziehen.

Nachfolgend soll im wesentlichen auf diese Detailplanung bzw. Detailmaßnahmen der Produktpolitik eingegangen werden. Um solch detaillierte Maßnahmen treffen zu können, müssen die Sortimentsteile hinsichtlich ihrer Eignung für die betriebliche Zwecksetzung analysiert werden. Dabei sind sowohl bereits im Sortiment befindliche als auch evtl. neu aufzunehmende Produkte ins Auge zu fassen.

Die Produktpolitik umfaßt demnach einerseits Planungs- und andererseits kontrollmäßig zu charakterisierende Tätigkeiten, nämlich die planerische Analyse neuer Produkte und die Ist-Analyse vorhandener Produkte.

6.12 Verfahren der Produktanalyse

Eine Analyse wird in der Regel ausgelöst durch die Notwendigkeit, bestimmte Sachverhalte hinsichtlich der sie verursachenden Einflußgrößen zu durchleuchten. Ein komplexer Vorgang bzw. Sachverhalt wird in seine Elemente zerlegt, die so erkennbar werden. Das Erkennen dieser Elemente ist das Ziel der Analyse. Beweggrund zur Durchführung einer Analyse ist die Notwendigkeit zur Nachvollziehung oder gezielten Änderung von Vorgängen oder Sachverhalten. Soll eine Entscheidung getroffen werden, die von der Ausgangslage abhängig ist, so wird der Entscheidungsträger durch das Veranlassen oder Selbstdurchführen einer Analyse versuchen, die Ausgangslage zu erkennen.
Im Vertrieb müssen häufig Entscheidungen gefällt werden, deren Bezugsobjekte unterschiedlich sind. So kennt man auch unterschiedliche Analysen, wie z.B. Verkaufsbezirksanalysen, Kundenanalysen oder Produktanalysen. Sie sind jeweils speziell auf die Sachverhalte bezogen, über die Entscheidungsgrundlagen geschaffen werden sollen.
Die Produktanalyse als eine dieser Spezialanalysen gehört einerseits zu den quantitativen Grundlagen der Absatzplanung [36, S. 8], andererseits müssen in ihr auch qualitative Elemente enthalten sein, um eine umfassende Beurteilung hinsichtlich objekt- und umweltbedingter Gegebenheiten zu ermöglichen. Durch die Produktanalyse wird ein Teil der Voraussetzungen zur Erkenntnis und Ausrichtung der Unternehmung nach der vertrieblichen Bedingungslage geschaffen. In diese Analyse gehen sowohl Aussagen über das Verkaufsobjekt, als auch über die Unternehmens- und Marktsituation ein.
Mit Hilfe von statischen Analyseverfahren werden Zustände, nicht jedoch Bewegungen, Wirkungskräfte und somit Ursachen von bestimmten Sachverhalten konstatiert [37, S. 345 f.]. Bei einem Vorgang, gleich welcher Art, ist in der Regel zu beobachten, daß zwischen Verursachung und Reaktion, d.h. der Vollzugshandlung, eine Verzögerung auftritt.
Bei Anwendung von statischen Analyseverfahren wird eine solche Reaktionszeit nicht in die Betrachtung einbezogen. Eine solche Betrachtungsweise entspricht nicht dem wirklichen Ablauf der Dinge, denn dann müßten die Reaktionsgeschwindigkeiten der Variablen unendlich groß sein.
Deshalb ist es auch nicht möglich, Entwicklungen, d.h. Ursache – Wirkung – Zusammenhänge, mit Hilfe statischer Untersuchungen aufzuzeigen.
Reiht man jedoch die Ergebnisse statischer Untersuchungen mehrerer (mindestens zweier) Zeitpunkte aneinander, so läßt sich daraus ein Ablauf erkennen. Ein solches Vorgehen wird als „komparativ-statische Analyse" bezeichnet [37, S. 355].
Voraussetzung für eine dynamische Betrachtungsweise ist die Unterteilung des Beobachtungszeitraumes in mehrere Teilperioden, womit nichts über die Länge

des gesamten Zeitraumes ausgesagt wird. Die gesamte Beobachtungsperiode bei dynamischer Analyse kann durchaus kürzer sein als die bei statischer Analyse [37, S. 346].

Die dynamische Analyse befaßt sich mit Vorgängen bzw. Variablen im Zeitablauf. Dabei werden in erster Linie die Wirkungskräfte, die bei den Variablen Veränderungen hervorrufen, betrachtet.

„Dynamische Analysen befassen sich folglich mit zeitabhängigen Ursache-Wirkungs-Zusammenhängen" [37, S. 348]. Zur Durchführung einer dynamischen Analyse wird man sich in praxi vorwiegend komparativ-statischer Methoden bedienen, wobei die Zeitintervalle zwischen den einzelnen Wertermittlungen so zu wählen sind, daß sich ein der Kontinuität angenäherter Werteverlauf ergibt. Einem solchen Verfahren ist aus wirtschaftlichen Gründen in den meisten Fällen der Vorzug zu geben, zumal die Ergebnisse an Genauigkeit dann einer „echten" dynamischen Analyse kaum nachstehen. Es wird hierbei ein stetiger Ablauf an einer Abfolge von Zeitpunkten betrachtet. Die sich hierbei ergebenden Werte werden wieder aneinandergereiht, wobei sich eine modellhafte Nachbildung der Wirklichkeit ergibt [37, S. 364].

Bei der quantitativen Analyse wird das Untersuchungsobjekt zahlenmäßig genau gekennzeichnet [39, S. 1652 f.].

Es wird im vorhinein festgelegt, welche Werte von Interesse sind, und die Untersuchung liefert dann die konkreten Unterlagen, aufgrund derer bestimmte Entscheidungen getroffen werden können. Hinsichtlich eines Produkts kann die quantitative Analyse z. B. Werte über Umsatz, Kosten und Gewinne, Umschlagshäufigkeit usw. beinhalten. Voraussetzungen für die Verwertbarkeit der Ergebnisse und somit sinnvolle Durchführung einer quantitativen Analyse sind, daß die zu diesem Zweck gesammelten Informationen in ausreichender Menge und sachlich richtig vorliegen. Entscheidungen können aufgrund der Ergebnisse rein quantitativer Analysen jedoch nur dann gefällt werden, wenn eine dritte Voraussetzung erfüllt ist: hinsichtlich der nicht oder nur schwer quantifizierbaren Faktoren, wie z. B. Stimmungen, Umwelteinflüsse mit unwägbarem Charakter, psychologische Einflüsse, muß bei den einzelnen Objekten Gleichheit herrschen, d. h. es dürfen von ihnen keine unterschiedlichen Einflüsse ausgehen.

Die qualitative Analyse befaßt sich mit Sachverhalten, die in ihrer Art Gestaltscharakter haben. Die Merkmale, die untersucht werden sollen, drücken sich zunächst nicht unmittelbar in quantitativen Werten aus. Das bedeutet jedoch nicht, daß sie unquantifiziert bleiben können. Um sie vergleichbar und für eine Analyse nutzbar zu machen, ist eine Quantifizierung sogar unumgänglich. Die Abstufung der Werte, die verschiedenen qualitativen Merkmalen beigelegt werden, ist von den Zielen, die der Untersuchende verfolgt, abhängig. Dies gilt insbesondere für Untersuchungen, die ein Betrieb anstellt. Den ermittelten Sachverhalten muß eine von der betriebsindividuellen Zielsetzung beeinflußte

Bewertung zukommen, die sie erst für die Entscheidungsfindung tauglich macht. Insofern prägt sich die qualitative Analyse letzten Endes auch quantitativ aus. In der Praxis ist die gleichzeitige Verarbeitung qualitativer und quantitativer Merkmale zur Entscheidungsfindung anzustreben. Im Rahmen dieser Abhandlung findet die qualitative Analyse in erster Linie Anwendung bei der vom Betrieb losgelösten, marktbezogenen Beurteilung der Produkte.

6.13 Informatorische Voraussetzungen zur Entscheidungsfindung im Rahmen der Produktpolitik

Entscheidungen werden, von rein intuitiven, gefühlsmäßigen Entscheidungen abgesehen, gefällt aufgrund informatorischer Unterlagen über das Entscheidungsobjekt und die Einflüsse, die sein Verhalten bzw. seine Gestalt im weitesten Sinne bestimmten. Einflüsse können entweder von der Situation, in der sich das Objekt befindet, oder von Handlungen, die unmittelbar auf das Objekt abzielen, ausgehen. Es ist die Aufgabe des betrieblichen Informationswesens, die benötigten Informationen im richtigen Umfang, d. h. die für die Entscheidung benötigte Quantität und Qualität zur richtigen Zeit an die richtigen Empfänger zu liefern. Über das Produkt erhält man spezifische Daten aus dreierlei Sektoren des Betriebs- und Vertriebswesens:

- kostenseitige (leistungsprozeßbezogene) Information
- absatzseitige Information
- marktseitige (außerbetriebliche) Information.

a) *Kostenseitige (leistungsprozeßbezogene) Information*
Zunächst muß das Produkt erstellt werden (Leistungserstellung) und durchläuft i. d. R. verschiedene Stellen innerhalb des Unternehmens, die an der Leistungserstellung direkt oder indirekt beteiligt sind und deren Zusammenwirken in Richtung auf Herstellung und Vertrieb des Produkts als Leistungsprozeß bezeichnet wird. Dementsprechend beziehen sich kostenseitige Informationen einerseits auf rein innerbetriebliche Vorgänge, die Teile des betrieblichen Leistungsprozesses sind.
Andererseits gehören hierzu auch Informationen, die die vorbereitende Ermöglichung des Leistungsprozesses beschreiben, d. h. in erster Linie die Kosten, die mit der Beschaffung und Lagerung der Rohstoffe und Vorprodukte bzw. Handelswaren verbunden sind. Eine Übersicht über diese Informationen vermittelt Abb. 32.
Speziell sollen hier Informationen behandelt werden, die Kostencharakter tragen und bereits quantifiziert vorliegen, d. h. in Form von konkreten Kostenzahlen erfaßt sind. Dies ist gleichzeitig auch der größte Teil der leistungsprozeßbezogenen Daten, da die leistungsprozeßbezogenen Merkmale in die Kosten eingehen.

Abb. 32: Information zur Produktanalyse

Information zur Produktanalyse		
vorwiegend quantifiziert		vorwiegend nicht quantifiziert
Kostenseitige Information (Leistungsprozeßbezogen) (Betrieb)	Absatzseitige Information (Betrieb – Markt)	Marktseitige Information (Markt)
1. *Leistungsprozeß-ermöglichungskosten* 1.1 Bezugsgebühren (Frachten, Zölle) 1.2 Einlagerungskosten 1.3 Auslagerungskosten 1.4 Lagerkosten 1.5 Finanzierungskosten 2. *Transformationskosten* 2.1 Innerbetriebliche Transportkosten 2.2 Fertigungslöhne 2.3 Fertigungsmaterial	A *Kosten* 1. Vertriebsermöglichungskosten 1.1 Einlagerungskosten 1.2 Auslagerungskosten 1.3 Lagerkosten 2. Vertriebskosten 2.1 Verpackungskosten 2.1.1 Verp.Material 2.1.2 Verp.Löhne 2.2 Transportkosten 2.2.1 Fuhrpark 2.2.2 Löhne 2.2.3 Frachten, Zölle 2.3 Verkaufskosten 2.3.1 Provisionen 2.3.2 Spesen 2.3.3 Boni, Skonti 2.3.4 Autokosten 2.4 Werbekosten 2.4.1 Produktwerbung 2.4.2 Sammelwerbung (anteilig) B *Erlöse* 1. Umsätze (Menge x Preis) 1.1 Bezirk 1.2 Jahreszeit (Periode) 1.3 Absatzwege 1.4 Vertreter 1.5 Aufträge 1.6 Erlöse (Faktura) 2. Erlösschmälerungen 2.1 Retouren 2.1.1 Defekt 2.1.2 Kulanz C *Nachfrage absolut* D *Retourenhäufigkeit* E *Umschlagshäufigkeit*	A *Produktbezogen* Aktualität d. Prod. 1. Bekanntheitsgrad 2. Saisonbindung B *Konkurrenzbezogen* 1. Struktur 2. Stärke C *Kundenbezogen* Motivation (Kauf-, bzw. Nichtkauf-Mot.) D *Werbungsbezogen* 1. Eigenwerbung (Erfolg) 2. Konkurrenzwerbung 2.1 Struktur 2.2 Periodizität 2.3 Erfolg

b) *Absatzseitige Information*

Mittels der absatzseitigen Informationserschließung soll Aufschluß über das Berührungsgebiet der Unternehmung mit dem Absatzmarkt gegeben werden.

Um dieser Aufgabe gerecht zu werden, müssen hierfür sowohl Aussagen über die Verhältnisse im Unternehmen als auch im Markt gemacht werden. Nachfolgend sollen unter absatzseitigen Informationen Daten verstanden werden, die im Unternehmen ermittelt werden können. Es handelt sich um bereits quantifiziert vorliegende Aussagen über Sachverhalte, die die vertriebliche Tätigkeit kennzeichnen. Eine Trennung nach Kosten und Erlösen erschien hierbei zweckmäßig (vgl. Abb. 32).

c) *Marktseitige (außerbetriebliche) Information*
In logischer Folge zur vorausgegangenen Unterteilung „Kostenseitige Information“ als rein betriebsbezogenes und „Absatzseitige Information“ als betriebs- und marktbezogenes Wissen sollen in diesem Abschnitt Informationen behandelt werden, die nur im Markt selbst erfaßt werden können (vgl. Abb. 32).
Es handelt sich um qualitative Informationen, die zum Zwecke der Verarbeitung, speziell der automatischen Verarbeitung, quantifiziert werden müssen. Marktseitige Informationen sind durchweg durch speziell dafür konzipierte Erhebungen zu ermitteln. Als betriebseigene Stellen kommen hierfür vornehmlich der Außendienst und die Marktforschung in Betracht. Als betriebsfremde Stellen sind selbständige, d.h. betriebsunabhängig arbeitende Marktforschungsinstitute zu nennen.
Alle so erlangten Informationen bezüglich einzelner Produkte müssen in produktbezogenen Dateien erfaßt werden. Man erhält damit ein Sortiment von Informationen, mit dessen Hilfe eine Beurteilung der Produkte ermöglicht wird. Dieses Sortiment muß im Sinne einer wirtschaftlichen Verarbeitung nach Art und Umfang so aufgebaut sein, daß alle benötigten Informationen darin enthalten sind.

6.2 Informationen zur Produktbeurteilung

6.21 Kostenrechnerische (leistungsprozeßbezogene) Beurteilung der Produkte

Wie bereits einleitend bemerkt wurde, ist die Erstellung der betrieblichen Leistung mit Kosten verbunden. Die Gesamtkosten teilen sich nach ihrem Verhalten bei variierender Produktmenge (Ausbringung) in fixe und variable Kosten. Fixe Kosten haben die Charakteristik, daß sie „sich Produktmengenänderungen gegenüber indifferent verhalten“ [6, S. 326], d.h. daß sie unabhängig vom Grad der Beschäftigung sind. Fixe Kosten werden auch als „Bereitschaftskosten“, „leistungsunabhängige Kosten“, „Kapazitätskosten“ oder „period costs“ bezeichnet [3, S. 70]. Daraus geht hervor, daß fixe Kosten durch die

Erstellung und Erhaltung einer bestimmten Leistungskapazität verursacht werden. Sie „wurden von der laufenden Betriebsleistung in Anspruch genommen, nicht verursacht“ [3, S. 70].
Variable Kosten verhalten sich stark abhängig von der Beschäftigung, treten also nur auf, wenn die Leistungserstellung und -verwertung stattfindet.
Die Höhe der gesamten Kosten ist abhängig von der Menge der eingesetzten Faktoren und deren Preisen. Der Gewinn der Unternehmung ergibt sich als Differenz zwischen den Erlösen und den Kosten einer Periode.
Da sich der Gesamtgewinn bzw. die Gesamtleistung aufspalten läßt in so viele Sektoren, wie das Sortiment der Unternehmung Produkte aufweist, erscheint es zweckmäßig, diesen „Teilleistungen“ die darauf entfallenden „Teilkosten“ gegenüberzustellen und so den Gewinn jedes Produktes zu ermitteln.
Um dieses Vorhaben durchführen zu können, ist es eine selbstverständliche Voraussetzung, daß die Kosten, die mit den einzelnen Erlösen verrechnet werden sollen, exakt festliegen. Eine vorausgehende Kostenanalyse ist folglich für die Durchführung der kostenbezogenen Produktanalyse notwendig.

6.211 Ist-Kosten-Rechnung

6.211.1 Kostenanalyse

Zweck dieser Analyse ist es, festzustellen, welche Kosten in welcher Höhe auf die einzelnen Produkte entfallen. Die gesamten Kosten eines Betriebes setzen sich zusammen aus fixen, beweglichen und einer Mischform dieser beiden Arten, den teilbeweglichen Kosten oder „Mischkosten“ [30]. Wie aber bereits erwähnt wurde, werden die fixen Kosten auch als Kapazitätskosten bezeichnet. Im Zusammenhang mit der Produktanalyse kann man bei variablen Kosten auch von „direkten Artikelkosten“ [3, S. 70] sprechen. Diese beiden Kostentypen sind i. d. R. relativ einfach festzustellen. Dies gilt besonders im Fall der Industrieunternehmung, wo im Interesse einer genauen Vor- und Nachkalkulation das betriebliche Rechnungswesen mit Kostenarten- und Kostenstellenrechnung sehr ausgeprägt ist.
Schwieriger ist die Trennung der teilbeweglichen Kosten in ihren fixen und ihren variablen Anteil. Es ist einleuchtend, daß die Aussagen, die kostenbezüglich über die Produkte gemacht werden können, umso genauer sein werden, je weiter eine Trennung in fixe und variable Kosten gelingt. „Es kommt darauf an, die teilbeweglichen Kosten nach Kostenstellen getrennt mit der jeweiligen betrieblichen Leistung in Verbindung zu bringen, um auf diese Weise den beweglichen Anteil, die Zuwachsrate pro Leistungseinheit, herauszufinden. Dieser Anteil wird dann von dem Block der teilbeweglichen Kosten abgesetzt, der Rest den fixen Kosten zugeschlagen“ [3, S. 71].

Mit Hilfe graphischer und mathematischer Methoden kann für jede Kostenstelle der Fix- und Proportionalkostenanteil je Leistungseinheit errechnet werden. Es kann nicht Sinn dieser Abhandlung sein, ausführlich auf die Verfahrensweise bei der Kostenanalyse einzugehen. Vielmehr wird hier auf die einschlägige Literatur verwiesen [vgl. 30, S. 451 ff.; 21, S. 29 ff.].
Im Zuge der Produktanalyse wird dann auf die Ergebnisse der Kostenanalyse, die die Ausgangsdaten darstellen, zurückgegriffen.

6.211.2 Problematik der Vollkostenrechnung

Wie aus der Bezeichnung Vollkostenrechnung bereits zu entnehmen ist, werden bei dieser Methode sämtliche anfallenden Kosten, d. h. fixe, bewegliche und teilbewegliche Kosten, auf den Kostenträger Produkt verrechnet, wobei die fixen und teilbeweglichen Kosten aufgeschlüsselt werden müssen. Das Ergebnis der produktbezogenen Vollkostenrechnung ist der Netto-Erfolg oder Netto-Gewinn pro Periode und Produkt. Eine Aufschlüsselung der period costs muß jedoch konstruiert sein, denn es handelt sich um beschäftigungsunabhängige Kosten. Da man mehr oder weniger auf Schätzungen angewiesen ist, ist eine verursachungsgerechte Zurechnung kaum möglich; hieraus könnten sich sogar falsche Produktentscheidungen ergeben.
Wäre es möglich, den Nettoerfolg einer Periode und eines Produktes genau, d. h. fehlerfrei, zu ermitteln, dann hätte der Entscheidungsträger in der Unternehmung mit Hilfe der Vollkostenrechnung hervorragende Entscheidungsunterlagen. Da sie jedoch aus den genannten Gründen grundsätzlich mit Fehlern behaftet ist, ist sie nur bedingt für diesen Zweck verwendbar.

6.211.3 Vorzüge der Teilkostenrechnung

In der neueren Zeit haben die Verfahren der Teilkostenrechnung verstärktes Interesse gefunden. Es wird so vorgegangen, daß dem Produkt nur die direkt mit seiner Erstellung verbundenen Kosten zugerechnet werden. Hiermit wird die gesamte Problematik der Fixkostenaufspaltung umgangen. Man geht von den Verkaufserlösen (Umsätzen) des Produkts in einer Periode aus und setzt davon die in dieser Periode dafür angefallenen variablen Kosten ab. Das Ergebnis wird als Brutto-Erfolg oder Deckungsbeitrag bezeichnet. Der Deckungsbeitrag gibt an, inwieweit das Produkt zur Abdeckung des Fixkostenblocks, der „Verlustvorgabe" [3, S. 17], beigetragen hat und darüber hinaus Gewinn bringt. Die Teilkostenrechnung wird somit zu einem Kontrollmittel, das relativ fehlerfrei arbeitet. Bei Anwendung einer kostenmäßigen Produktbeurteilung mittels der Teilkostenrechnung werden die einzelnen Produktergebnisse (Deckungsbeiträge) vergleichbar, was bei der Vollkostenrechnung auf Grund der Fixkostenaufschlüsselung nicht der Fall ist.

Der Nettoerfolg (Gewinn) ergibt sich, wenn der Fixkostenblock von der Summe der Deckungsbeiträge abgesetzt wird.

6.211.4 Deckungsbeitragsrechnung als geeignetes Verfahren zur (kostenbezogenen) Beurteilung der Produkte

Kostenbezogene Beurteilung der Produkte bedeutet Feststellung und Gegenüberstellung der mit den Produkten in Zusammenhang stehenden Kosten unter Bezugnahme auf die mit den Produkten erzielten Erlöse. Durch einen reinen Kostenvergleich läßt sich keine Aussage über das Verhalten der Produkte im Sinne des Unternehmenszieles treffen, es sei denn, die Kostenbelastung übersteigt die zur Verfügung stehenden Mittel der Unternehmung.
Die Feststellung des Gewinns ist, wie oben bereits erläutert wurde, für einzelne Produkte nicht genau durchzuführen (Ausnahme: Ein-Produkt-Betrieb).
Welche sortimentspolitischen Fehlentscheidungen sich bei Vorgehen nach der Vollkostenrechnung ergeben können, sei im folgenden einfachen Beispiel erläutert: Ein Unternehmen stellt 5 Produkte $X_1 - X_5$ her. Zunächst wird für diese Produkte der Gewinn mittels Vollkostenrechnung errechnet. Die Fixkosten werden aufgeschlüsselt. Im Beispiel wird angenommen, daß sie gleichmäßig auf die Produkte verteilt werden.
Die Vollkostenrechnung weist für das Produkt X_5 einen Verlust in Höhe von 50 aus. Dieses Ergebnis könnte die Unternehmensleitung dazu veranlassen, das

Vollkostenrechnung

Produkt	x_1	x_2	x_3	x_4	x_5	Gesamt
Umsatz	200	200	200	200	200	1000
./. Variable Kosten	80	90	100	110	180	560
./. Fixkosten	70	70	70	70	70	350
Gewinn	50	40	30	20	./. 50	90

Deckungsbeitragsrechnung

Produkt	x_1	x_2	x_3	x_4	x_5	Gesamt
Umsatz	200	200	200	200	200	1000
./. Variable Kosten	80	90	100	110	180	560
Deckungsbeitrag	120	110	100	90	20	440
Fixkosten						350
Gewinn						90

Produkt aus dem Produktions- und Vertriebsprogramm zu streichen, um den Verlust einzusparen. Der Gewinn sollte demnach um 50 höher liegen. In Wirklichkeit aber geht durch Streichung des Produkts der Umsatz zurück. Mit dem Produktumsatz fallen zwar auch die direkten, variablen Produktkosten des Produkts X_5 fort, der Fixkostenblock bleibt jedoch in gleicher Höhe bestehen und muß nun aus einem Umsatz von 800, anstatt wie früher 1000, abgedeckt werden. Es ergibt sich folgende Gesamtrechnung:

Umsatz	800
./. Variable Kosten	380
Deckungsbeitrag	420
./. Fixkosten	350
Gewinn	70

Der Gesamtgewinn nach Wegfall des Produkts X_5 ist nicht – wie erwartet – um den eingesparten Verlust gestiegen, sondern um den Deckungsbeitrag X_5 von 20 gefallen, da die Fixkosten gleichgeblieben sind.

Das Verfahren der Deckungsbeitragsrechnung ist auf die modernen Erfordernisse ausgerichtet, die an die Kostenrechnung als „Steuerungsinstrument für die Unternehmensleitung“ [30, S. 449] gestellt werden. Mit ihr wird eine deutliche Kennzeichnung des Verhältnisses von Kosten und Leistung erreicht. Gleichzeitig werden für die Produkte echt vergleichbare Werte errechnet, was auf die Verrechnung artgleicher, d. h. nur variabler, Kosten zurückzuführen ist. Man kommt bei Anwendung dieses modernen Verfahrens dem Ziel näher, „von einer ungenauen, wenig Aussagekraft besitzenden und zudem falschen Rechnung abzugehen und das Rechnungswesen zu einem Mittel auszubauen, das die Möglichkeit der Marktorientierung des Unternehmens fördert . . .“ [43, S. 206].

Als eine Anwendungsmethode, die evtl. zu noch besseren Ergebnissen führen kann als die bislang geschilderte Deckungsbeitragsrechnung ist die von Agthe entwickelte „differenzierende gestufte Fixkostendeckungsrechnung.“

Sie beruht auf der Erkenntnis, daß die fixen Kosten zwar nicht verursachungsgemäß, wohl aber bereichsmäßig, d. h. nach den Bereichen ihres Inanspruchgenommenwerdens, klassifiziert werden können. Daraus läßt sich dann eine „Verursachung“ ableiten. Das Rechenschema würde nach Agthe aussehen wie folgt [30, S. 456]:

Bruttoerlös
./. direkte Vertriebskosten
= Nettoerlös
./. direkte Erzeugniskosten
= Erzeugnisdeckungsbeitrag
./. Erzeugnisfixkosten
= Restdeckungsbeitrag I
./. Erzeugnisgruppenfixkosten
= Restdeckungsbeitrag II
./. Kostenstellenfixkosten
= Restdeckungsbeitrag III
./. Bereichsfixkosten
= Restdeckungsbeitrag IV
./. Unternehmungsfixkosten
= Nettoerfolg

Würde diese Rechnung für ein einzelnes Produkt durchgeführt – wie bei der Produktanalyse –, dann sähe man sich wiederum vor die Notwendigkeit gestellt, die Fixkosten auf die Kostenträger aufzuschlüsseln. Damit wäre an Genauigkeit gegenüber der Vollkostenrechnung nichts gewonnen. Grundsätzlich ist die Rechnung nur bis zum Restdeckungsbeitrag I einwandfrei durchzuführen.

6.212 Plankostenrechnung

Sinngemäß zu der Betrachtung vergangenheitsbezogener Werte mittels der Ist-Kosten-Rechnung lassen sich die o.g. Kostenrechnungsverfahren – speziell die Deckungsbeitragsrechnung – mit geplanten, also zukunftsbezogenen Kostendaten durchführen. Durch eine Gegenüberstellung der entsprechenden Werte der Ist-Kosten-Rechnung einerseits und der Plankostenrechnung andererseits erhält man dann die Planabweichungswerte, die wiederum eine wichtige Dispositionsunterlage für die Unternehmungsleitung sind.
Nach Agthe unterschiedet sich die Plankostenrechnung in Standardkostenrechnung und Budgetierung [1, S. 16ff.]. Die Kostenwerte der Standardkostenrechnung beruhen auf Verbrauchs- und Leistungsmessungen, die im Betrieb durchgeführt werden. Die Budgetierung stützt sich hingegen auf „Schätzung unter Heranziehung von Zahlen der Vergangenheit“ [1, S. 17]. Somit sind auch die Anwendungsbereiche der beiden Varianten bereits festgelegt. Die Standardkostenrechnung wird sich in erster Linie mit der Fertigungssphäre des Betriebes, die Budgetrechnung mit der Marktsphäre befassen.
Für die Zwecke der vorliegenden Untersuchung empfiehlt sich daher in erster Linie die Budgetrechnung. Die hierfür zu errechnenden Kostenplanwerte sind vorausberechnete „Istkosten für bestimmte Bereiche der Unternehmung in einer Zeitspanne“ [1, S. 186].

An dieser Stelle soll nochmals darauf hingewiesen werden, daß es nicht Sinn dieser Abhandlung sein kann, die Vorgehensweise der einzelnen Kostenrechnungsarten und -verfahren darzulegen. Sie bzw. die durch sie bereitgestellten Informationen stellen zwar Voraussetzungen für die Durchführung der Produktanalyse dar, die jedoch hier als gegeben betrachtet werden sollen.

6.22 Absatzseitige Beurteilung der Produkte

Dieser Abschnitt widmet sich den Kenndaten des Produkts, die sich aus dem Zusammenwirken der Unternehmung mit dem Markt (Absatzmarkt) ergeben (vgl. Abb. 1).
Das Produkt wird nach beendeter Herstellung (bzw. Fremdbezug) an den Markt herangetragen, um dort angeboten und verkauft zu werden. Hierzu sind vertriebliche Aktivitäten seitens der Unternehmung vonnöten, die sich innerhalb der Unternehmung in Form von konkreten Daten erkennen und klassifizieren lassen. Teilweise manifestieren sich diese Aktionen wiederum in Form von Kosten und Erlösen, teilweise aber auch in Form von reinen Mengenbewegungsdaten. Werden diese Einzeldaten komprimiert, d. h. rechentechnisch sinnvoll verdichtet, und wird dieser Vorgang für alle Produkte in gleicher Weise wiederholt, so ergibt sich eine Übersicht, die das Absatzverhalten der Produkte im Sortiment widerspiegelt. Durch die Gegenüberstellung der die vertrieblichen Aktivitäten und deren Erfolge beschreibenden Daten aller Produkte wird eine Vergleichsmöglichkeit geschaffen.

6.221 Nachfrage (absolut) nach dem Produkt

Die absolute Nachfrage, die sich am mengenmäßigen Umsatz (bzw. am mengenmäßigen Auftragsvolumen) eines Produktes messen läßt, ist eine Produktinformation, die einerseits einfach zu erlangen, andererseits von wichtigem informatorischen Inhalt ist. Für die wertmäßige Beurteilung nicht geeignet, liefert sie jedoch wichtige Daten für die Marktlage des Produkts. Anhand der mengenmäßigen Nachfragewerte lassen sich unter Hinzuziehung von gesamtmarktlichen Absatzzahlen die betriebs- und produktspezifischen Marktanteile berechnen. Eine Kenntnis der Marktanteile ist in vielen Fällen wiederum die Voraussetzung für die Planung und anschließende Durchführung von Maßnahmen bezüglich der Auftragserlangung und Vertriebsbevorratung.
Die Kenntnis der absoluten Nachfragegrößen reicht selbstverständlich für das Fällen fundierter vertriebspolitischer Entscheidungen nicht aus; vielmehr muß versucht werden, eine möglichst umfassende Informationsdatei aufzubauen.

6.222 Beurteilung hinsichtlich der Umsatzstärke

Unter Umsatzstärke soll hier ein wertmäßiger Ausdruck des Produktmarktes verstanden werden. Er ergibt sich durch Multiplikation des mengenmäßigen Umsatzes mit den Verkaufspreisen. Das Unternehmen lebt vom Absatz und somit von dem damit verbundenen Umsatz, der die Kosten decken und darüber hinaus den Gewinn enthalten soll. Es ist für die Unternehmungsführung somit eine unerläßliche Voraussetzung, genaue Kenntnis über die Umsätze einzelner Sortimentsteile zu haben.

Durch die Kenntnis dieser Daten wird die Unternehmung in die Lage versetzt, Abweichungen von den Erwartungswerten überhaupt erst festzustellen und zur Herstellung des gewünschten, zielkonformen Zustandes die vertriebspolitischen Mittel sinnvoll einzusetzen. Jedoch geht aus den Umsatzwerten – wie zuvor bei den mengenmäßigen Umsätzen geschildert – nicht eindeutig das Verhalten der Produkte hinsichtlich der unternehmerischen Zielsetzung der Gewinnerzielung hervor.

In vielen Unternehmungen wird zwar der Erfolg eines Produkts noch nach den mit ihm erzielten Umsätzen bemessen. Bei solcher Betrachtungsweise werden jedoch die wirtschaftlichen Zusammenhänge innerhalb des Unternehmens außer Acht gelassen. Von fundierter Disposition kann hier keine Rede sein, denn der Umsatz alleine gibt keine Auskunft über die Zielkonformität des Ergebnisses. Die Umsatzwerte können lediglich eine Ausgangsbasis für weitergehende Untersuchungen sein.

6.223 Beurteilung hinsichtlich der Gewinnstärke

Der Gewinn einer Unternehmung ergibt sich, wenn von den Erträgen (Erlösen) die gesamten Aufwendungen einer Periode abgesetzt werden. Da sich der Erlös aus zahlreichen Einzelerlösen der einzelnen Produkte zusammensetzt, ist es naheliegend, den Gewinn der Produkte feststellen zu wollen, indem die entsprechenden Gesamtkosten, die auf das Produkt entfallen, von den Erlösen abgesetzt werden. Man bekäme den Produktgewinn, aus dem die Gewinnintensität abgelesen werden könnte. Um den Anteil am Gesamtgewinn zu ersehen, müßte der Produktgewinn zu diesem in Relation gesetzt werden.

Eine weitere interessante Kennzahl wäre der prozentual vom Produktumsatz ausgedrückte Produktgewinn, an Hand dessen sich die Einhaltung der betriebsgewöhnlichen bzw. planmäßigen Gewinnmarge überprüfen ließe.

Wie an anderer Stelle jedoch dargelegt wurde, ist es nahezu unmöglich, für die Durchführung einer solchen Gewinnerrechnung stimmende Ausgangsdaten zu erhalten. Wohl läßt sich der Produktumsatz exakt ermitteln. Anders verhält es sich dagegen mit den Kosten. Da es sich um Vollkosten, d.h. sowohl fixe

als auch teilbewegliche und bewegliche Kosten handelt, ergibt sich das Problem der verursachungsgerechten Verteilung der Fixkosten.
Um diese Schwierigkeit auszuschalten, bedient man sich im Interesse der Schaffung authentischer Beurteilungsgrundlagen der Errechnung der Deckungsbeiträge, die zur Abdeckung eines Teils der Fixkosten und des Gewinns dienen. Für dieses Verfahren kommen kostenseitig zunächst nur die direkt zurechenbaren, variablen Kosten zur Anrechnung. Die Differenz zwischen Erlös und variablen Kosten, der Deckungsbeitrag, ist in ihrer Aussage wesentlich genauer als der aufgrund zweifelhafter Kostenschlüsselung errechnete Gewinn. Das Verfahren entspricht den Anforderungen gewinnorientierter Unternehmensführung, denn es werden sortimentspolitische bzw. produktpolitische Fehlentscheidungen, die echte Verluste nach sich ziehen können, vermieden.
Es wird deshalb vorgeschlagen, für jedes Produkt den periodenmäßig abgegrenzten Deckungsbeitrag zu ermitteln, und die ermittelten Werte zu vergleichen. Als Ergebnis eines Vergleichs zeigt sich dann, welche Produkte eine Favoritenstellung infolge ihres hohen Deckungsbeitrags einnehmen. Am Ende einer solchen Auflistung sind dann die Produkte zu finden, deren Deckungsbeiträge nur niedrig, gleich null oder negativ sind, aber auch welche Sortimentsteile zwar einen hohen Einzel-, aber auf Grund zu geringen Umsatzes keinen befriedigenden Gesamtdeckungsbeitrag erbingen und daher gefördert werden müssen. Der gesamte Deckungsbeitrag oder Brutto-Erfolg ist durch Aufsummierung der Produktdeckungsbeiträge festzustellen. Von diesem kumulierten Perioden-Deckungsbeitrag kann sodann der Fixkostenblock abgesetzt werden, und man erhält den Perioden-Nettoerfolg oder Periodengewinn der Unternehmung.

6.224 Beurteilung hinsichtlich der Retourenhäufigkeit

Eng im Zusammenhang mit der Umsatz- und Gewinnstärke eines Produkts steht die relative und absolute Anzahl der bei einem Produkt angefallenen Retouren, d.h. der auf Grund von Mängeln, schlechter Absetzbarkeit am Markt oder aus Kulanzgründen in den Betrieb zurückgeflossenen Waren. Retouren sind entweder mit Gutschriften für den Kunden oder Ersatzlieferungen verbunden. In beiden Fällen wirken sie sich umsatz- und somit gewinnmindernd aus, da die Werte, in deren Höhe gutgeschrieben oder Ersatz geliefert wurde, vom Umsatzerlös des Produktes abgesetzt oder den Kosten zugeschlagen werden müssen. Es handelt sich bei Retouren um die teilweise oder ganze Rückgängigmachung eines bereits vollzogenen Verkaufs und evtl. der damit verbundenen konkreten materiellen Transaktionen.
Darüberhinaus ist es für die Unternehmung von großer Bedeutung, Informationen über die technische Tauglichkeit der Produkte im Ge- oder Verbrauch zu gewinnen. Hierüber Aufschluß zu erhalten, ist deshalb wichtig, da letzten

Endes ein dauerhafter Absatz nur mit Produkten möglich ist, die die marktseitig in sie gesetzten Erwartungen erfüllen. Von der Unternehmungsseite ist die Erfassung der Retourenhäufigkeit ein Mittel zur Erkenntnis und Quantifizierung dieser Sachverhalte. Erfaßt man die angefallenen Retouren getrennt nach Defekt- und Kulanz-bedingten Fällen, dann lassen sich die Ursachen besser erkennen. Eine große Anzahl von Defektretouren läßt eindeutig auf die o.g. schlechte technische Tauglichkeit schließen. Häufen sich dagegen die Kulanzretouren, so bedeutet dies mit großer Wahrscheinlichkeit, daß der Abnehmer auf dem Produkt sitzen geblieben ist, d.h. daß ein Absatz am Markt nicht oder nur schwer möglich war.
Auf Grund solcher Informationen können bzw. müssen dann Entscheidungen erfolgen, die die Herstellung der technischen Tauglichkeit oder der Absetzbarkeit auf dem Markt, wie z.B. durch Gestaltung der Erscheinungsform des Produkts u.a.m. zum Inhalt haben.

6.225 Beurteilung hinsichtlich der Umschlagshäufigkeit

Unter Umschlagshäufigkeit versteht man das Verhältnis zwischen Umschlag und durchschnittlichem Lagerbestand:

$$U_{\text{häuf.}} = \frac{\text{Umschlag}}{\phi\text{-Lagerbestand}} .$$

Beispielsweise ergibt sich bei einem Umschlag (≙ mengenmäßigem Umsatz) von 1000 und einem durchschnittlichen Lagerbestand von 250 eine Umschlagsgeschwindigkeit von 4. Im Rahmen der Produktpolitik ist es für die Unternehmung von Interesse, über „das Ausmaß der von den Produkten verursachten Kapitalbindung“ [18, S. 25] informiert zu sein. Ist die Umschlagshäufigkeit eines Produktes bekannt, dann läßt sich der durchschnittliche Kapitalbedarf, der durch Herstellung, Lagerung und Vertrieb entsteht, errechnen, indem man die Kosten aller in der bestimmten Periode hergestellten Produkte (einer Art) durch die Umschlagsgeschwindigkeit dividiert:

$$\phi\text{-Kap.} = \frac{K_{\text{periode}}}{U_{\text{Geschwin.}}}$$

oder indem man die Kosten einer Periode mit der Umschlagsdauer multipliziert:

$$\phi\text{-Kap.} = K_{\text{periode}} \times U_{\text{Dauer}} ,$$

wobei

$$U_{\text{Dauer}} = \frac{\text{Periode } (\triangleq 1)}{U_{\text{Geschwin.}}}$$

oder

$$U_{Dauer} = \text{reziproker Wert der } U_{Geschw.} = \frac{1}{U_{Geschw.}}$$

ist.
Hier tritt wieder das Problem der Kostenaufspaltung auf. Folglich wird man auch hier dem Verursachungsprinzip folgen, das der Deckungsbeitragsrechnung zugrunde liegt, und für den Posten Kosten pro Periode nur die aufgelaufenen variablen Kosten ansetzen. Damit wird – analog zur Deckungsbeitragsrechnung – die Verwendung fehlerbehafteter Fixkostenschlüssel vermieden.
Die Höhe des Gesamt-Produktdeckungsbeitrages ist außer von den Erlösen und den die Erlöse belastenden Kosten von der Umschlagsgeschwindigkeit und -häufigkeit der Produkte abhängig, da mit jedem getätigten Umsatz die Summe der erzielten Deckungsbeiträge aufgestockt wird.

6.226 Beurteilung hinsichtlich Einhaltung von Erfolgsvorgaben bei Werbeaktionen

Führt der Betrieb Werbeaktionen (hier: für ein Produkt) durch, dann geschieht dies in der Regel unter der Zielsetzung, für dieses Produkt mehr Absatz zu erreichen. Dies ist schon deshalb nötig, da mit solchen Aktionen Kosten verbunden sind, die, soll sich das Gesamtergebnis nicht verschlechtern, aufgefangen bzw. überdeckt werden müssen. Im zunächst angenommenen Fall handelt es sich um reine variable Kosten, die durch vertriebliche Tätigkeiten entstehen und somit in voller Höhe den Produkten zurechenbar sind. Es gilt also, zunächst die Grundlage für die Werbeerfolgskontrolle zu schaffen durch Ermittlung der Deckungsbeitragsvorgabe, die sowohl mindestens den alten Deckungsbeitrag als auch die Werbekosten beinhalten soll. Daran schließt sich die Ermittlung der Soll-Absatzmenge nach Durchführung der Aktion an. Im folgenden Beispiel soll an Hand einfacher Zahlen gezeigt werden, wie eine solche Rechnung aufgebaut wird [3, S. 38 f.]:

Absatz der betrachteten Periode: 100 Stück

	DM
ϕ-Erlös gesamt	1500,–
bewegliche Kosten gesamt	1000,–
Deckungsbeitrag gesamt	500,–
Deckungsbeitrag/Stück = $\frac{500}{100}$	5,–
Kosten der gesamten Werbeaktion	5000,–
+ DB alt	500,–
Deckungsbeitrag-Vorgabe incl. Werbung (zur Beibehaltung des ursprüngl. Erfolges)	5500,–

Demnach errechnet sich der mengenmäßige Soll-Umsatz nach Werbung wie folgt:

$$\frac{\text{DB (Vorgabe) DM 5500,–}}{\text{DB/Stück}\quad\text{DM}\quad 5,\text{–}} = 1100 \text{ Stück} .$$

Mit einem Umsatz von 1100 Stück wäre nach der Werbeaktion derselbe absolute Erfolg erzielt wie zuvor. Erst ein mengenmäßiger Umsatz, der über 1100 Stück liegt, brächte eine Erhöhung des Erfolgs. Bei dieser gesamten Betrachtung wird unterstellt, daß der Deckungsbeitrag je Stück bei wachsender Ausbringungsmenge gleich bleibt, was bei Verrechnung rein variabler Kosten theoretisch möglich ist. In praxi wird sich dieser Zustand jedoch in der Regel nicht herbeiführen lassen, da eine solche beträchtliche Kapazitätsausweitung (nämlich 1000%) auch mit über- oder unterproportional verlaufenden variablen Kosten verbunden sein kann.
Ist die Untersuchung durchgeführt, muß der Entscheidungsträger noch folgendes berücksichtigen:

a) Das Unternehmen muß in der Lage sein, die erforderliche Mehrmenge auch am Markt abzusetzen, und
b) evtl. durch verstärkten Absatz eines Artikels können andere im Absatz geschwächt werden, woraus sich wiederum eine Erfolgsminderung ergibt.

Man muß versuchen, diese Werte zu erfassen und zu quantifizieren, um sie in analoger Weise den Werbekosten zuzurechnen, da die Minderungen auch von den Mehrerfolgen des beworbenen Produkts gedeckt werden sollten.

6.23 Marktbezogene Beurteilung der Produkte

In den zuvor geschilderten Untersuchungen wurden Gegebenheiten und Einflüsse betrachtet, denen das Produkt während des Leistungsprozesses durch die Unternehmung ausgesetzt ist. In diesem Abschnitt werden Kräfte und Strömungen zur Beurteilung der Produkte herangezogen, die vom Markt ausgehen, von der Unternehmung nicht oder nur in geringem Maße beeinflußt werden können, aber bezüglich der Erreichung des Unternehmungszieles, durch Absatz gewinnbringende Erlöse zu erzielen, Auswirkungen haben. Die Unternehmung muß folglich versuchen, diese Einflüsse zu erfassen und zu quantifizieren, um seine Vertriebspolitik auf die marktseitigen Gegebenheiten einstellen zu können. Die Kenntnis von Marktgegebenheiten ist nicht allein nötig, um ein Reagieren des Unternehmens auf externe Verhältnisse zu ermöglichen, vielmehr soll die Unternehmung in die Lage versetzt werden, am Markt zu agieren, d. h. durch zielbewußtes Handeln zu versuchen, den Markt in seinen Gegebenheiten zu beeinflussen.

6.231 Aktualität der Produkte

Ein Produkt, das abgesetzt werden soll, muß – zumindest seiner Gebrauchsanwendung nach – beim Abnehmer bekannt sein. Im marktwirtschaftlichen System findet man in der Regel für artgleiche, verwendungsgleiche Produkte eine Vielzahl von Anbietern. Diese Tatsache kommt besonders stark zum Ausdruck auf dem Gebiet der Verbrauchsartikel des täglichen Bedarfs (z.B. Lebensmittel, Körperpflegemittel). Die Hersteller solcher Produkte sind daher gezwungen, dafür zu sorgen, daß ihre eigenen Produkte sich von denen der Konkurrenzunternehmen unterscheiden. Hierfür stehen dem Unternehmen vom Produkt her gesehen drei Mittel zur Verfügung: Qualität, äußere Gestaltung (Form, Verpackung, Farbe, Gewicht usw.) und Preis der Produkte.
Je stärker das Feld der verwendungsgleichen Produkte gestreut ist, desto interessanter ist es für die Unternehmung, zu wissen, welche Bedeutung dem eigenen Produkt in der Masse der Konkurrenzprodukte zukommt. Mit anderen Worten, es gilt festzustellen, wie hoch der Bekanntheitsgrad des Produkts einerseits und die Tauglichkeit für die Bedürfnisse des Marktes bzw. der Abnehmer andererseits ist. Dieser Sachverhalt sei mit Aktualität umschrieben.

6.231.1 Saisongebundenheit

Ein Produkt kann in seiner Verbrauchscharakteristik von Umweltbedingungen der Verbrauchenden starke Abhängigkeit, keine Abhängigkeit und Werte zwischen diesen Extremen annehmen. Das bedeutet, daß sich mit schwankenden Bedingungen von außen und Abhängigkeit des Produkts von diesen Bedingungen der Absatz zyklisch verändert. Beispiele für stark saisonabhängige Produkte finden sich speziell in der Modebranche (Sommer/Wintermode) und in der Landwirtschaft. Es ist grundsätzlich in jeder Branche eine gewisse Abhängigkeit bestimmter Produkte von irgendwelchen Nachfragezyklen zu spüren. Daneben existieren gleichwohl in allen Branchen Produkte, deren Absatz gleichmäßig verläuft, also nicht vom Wechsel der Jahreszeiten, der Mode o.ä. beeinflußt wird. Die Einflüsse, die das Schwanken des Absatzes hervorrufen, gehen vom Markt aus und können von der Unternehmung als Marktteilnehmer praktisch nicht beeinflußt werden. Die Unternehmung kann auf diese Einflüsse nur reagieren. Das wird ermöglicht, indem für die Produkte die Saisonabhängigkeit festgestellt wird. Oft ist dies bereits aus dem Verwendungszweck ersichtlich. Aus der Kenntnis des Ausmaßes der Saisonabhängigkeit heraus lassen sich einerseits Absatz- und Erfolgsschwankungen richtig, d.h. im marktmäßigen Zusammenhang interpretieren, andererseits wird die Disposition und Planung des Einsatzes der vertriebspolitischen Mittel hierdurch sinnvoll ermöglicht.

6.231.2 Bekanntheitsgrad

Wie schon einleitend bemerkt wurde, setzt ein Absatzerfolg die Bekanntheit des abzusetzenden Produkts beim Käufer voraus. Um ein Produkt am Markt richtig präsentieren zu können, muß die Unternehmung im voraus wissen, welche und wieviele potentielle Käufer sie ansprechen will. Beispielsweise ist bei der Planung des Werbeeinsatzes, bei der Auswahl der Werbemedien und ihrer intensitätsmäßigen Festlegung eine Kenntnis des Bekanntheitsgrades nötig. Der Bekanntheitsgrad kann einerseits durch Betriebsangehörige (Außendienst), andererseits durch externe, betriebsunabhängige Stellen (z. B. Marktforschungsinstitute) ermittelt werden.

6.231.3 Marktanteil

Abgesehen vom Umsatz eines Produkts interessiert dessen relativer Umsatz oder Marktanteil. Man stellt hierfür den gesamten am Markt getätigten Umsatz mit Produkten gleicher Art und Verwendung fest. Zu diesem Gesamtumsatz wird der eigene Umsatz in Relation gesetzt. Erst dann kann man ersehen, wie stark die Position des Produkts im Markt ist, ob es sich um ein marktbeherrschendes Gut handelt oder nicht. Eine Kenntnis des Marktanteils ermöglicht – immer im Zusammenhang mit anderen Produktkennzahlen – die Disposition von vertriebspolitischen Mitteln.
Ist z. B. – um nur zwei bestimmende Größen zu nennen – der Deckungsbeitrag pro Stück hoch und der Marktanteil gering, dann liegt es nahe, das Produkt mit absatzfördernden Maßnahmen zu unterstützen. Ist dagegen der Marktanteil hoch und der Deckungsbeitrag niedrig, so muß das Produkt nicht am Markt unterstützt werden, sondern es ist darauf hinzuarbeiten, den Dekkungsbeitrag zu vergrößern.
An dieser Stelle wird deutlich, daß eine Entscheidung über ein Produkt sich niemals auf nur eine Informationsart stützen kann, sondern hierzu immer eine Gesamtinformation, die aus vielen, z. T. interdependenten Informationen zusammengesetzt ist, herangezogen werden muß, wenn die Entscheidung den tatsächlichen Verhältnissen angepaßt sein soll.

6.232 Feststellung und Quantifizierung von Konkurrenzeinwirkungen

Der Fall, daß ein Unternehmen mit den von ihm hergestellten und vertriebenen Produkten allein auf dem Markt erscheint, ist in einem marktwirtschaftlichen System auf Grund der Freizügigkeit der Marktteilnehmer äußerst selten und für das System untypisch. Die Regel ist also, daß eine Produktart von verschiedenen Anbietern abgesetzt wird. Die Nachfrage im Markt wird als kurzfristig

stabil angenommen, sie läßt sich jedenfalls nicht beliebig erweitern oder verkleinern. Folglich muß (bei statischer Betrachtung) die Nachfrage nach dem Produkt eines Unternehmens sinken, wenn ein oder mehrere Anbieter auf dem Markt hinzukommen. Umgekehrt muß der Absatz eines Anbieters steigen, wenn es gelingt, Mitbewerber auszuschalten oder zu umgehen.
Angesichts dieser Zusammenhänge erscheint es ratsam, in die Informationssammlung über ein bestimmtes Produkt Informationen über das Vorhandensein und die Stärke der Konkurrenz und deren Produkte aufzunehmen. Zunächst ist festzustellen, welche Konkurrenzprodukte am Markt vorhanden sind. Darüber hinaus benötigt die Unternehmung detaillierte Informationen über die Gesamtcharakteristik der Vertriebspolitik der Konkurrenzunternehmen. Um eine differenzierte Gegenpolitik konzipieren zu können, müssen die Elemente der eigenen Produktpolitik denen der Konkurrenzunternehmen gegenübergestellt und verglichen werden. Durch diese Gegenüberstellung unter Beachtung der Interdependenzen der einzelnen Werte „soll eine bessere Ausgangsposition für die Kombination der Vertriebsmaßnahmen, das Marketing-Mix, erreicht werden" [29, S. 92].

Abb. 33: Produktpolitik im Vergleich zu Konkurrenzunternehmen. Aus [29, S. 26 f.]

Firmen / Vergleichsangaben	eigene Fa.	Punkt Bew.	Konkurrent A	Punkt Bew.	Konkurrent B	Punkt Bew.
1. *Allg. Daten* Umsätze (Menge/Wert) Gewinn Vertriebskosten Vertr.Finanzkraft Marktanteil Produktimage						
Bewertung der Daten						
2. *Produktbezogene Ziele* Gewinnziele Mengenm. Wachstums- oder Stabilitätsziele Risikoübernahme						
3. *Maßnahmen* 3.1 Produktwahl und -Gestaltung Eigenschaften Grad der Funktionserfüllung Design Verpackung Verwendungsmöglichkeiten						

Abb. 33: Fortsetzung

Firmen / Vergleichsangaben	eigene Fa.	Punkt Bew.	Konkurrent A	Punkt Bew.	Konkurrent B	Punkt Bew.
Bewertung d. Produktwahl und -Gestaltung						
3.2 Preispolitik Einzelpreise Rabatte Boni, Skonti (Valuta) Preisl. Sonderaktionen						
Bewertung der Preispolitik						
3.3 Außenorganisation Spezielle Schulung Vertriebsweg Aufgaben Falls getrennte Auß.Org. eingesetzt werden, s. 1.4						
Bewertung der Außenorganisation						
3.4 Werbung Etat Ziele Objekte Mittel Träger Argumente Zeitliche und regionale Verteilung						
Bewertung der Werbung						
3.5 Verkaufsförderung Etat Ziele Objekte Mittel Personen Zeitliche und regionale Verteilung						
Bewertung der Verkaufsförderung						
3.6 Kundendienst Anforderungen Schulung Funktion d. Ausübg.						
Bewertung des Kundendienstes						

Das Unternehmen wird häufig nicht in der Lage sein, alle Informationen, die das Vergleichsschema der Abb. 33 aufweist, zu beschaffen, vor allem die unter 1 und 2 genannten Aussagen werden schwer zu treffen sein. Von größerer Wichtigkeit, vor allem auch hinsichtlich der Produktanalyse, sind die unter Punkt 3 aufgezählten Maßnahmen. Ihre genaue Kenntnis ermöglicht den Einsatz entsprechender Gegenmaßnahmen, ermöglicht „die schnelle und adäquate Reaktion auf Konkurrenzmaßnahmen" [29, 97].
Sämtliche Informationen über die Konkurrenz sind nicht aus bereits vorliegenden Datenquellen zu entnehmen. Sie müssen vielmehr mittels speziell dafür ausgelegter Untersuchungen ermittelt werden. Als eines der Mittel der Informationsbeschaffung bietet sich der Reisendenbericht an. Der Außendienst ist durch seine Tätigkeit im Markt einer ständigen Konfrontation mit den Konkurrenzaktivitäten ausgesetzt. Es liegt daher nahe, vom Außendienst Informationen über Stärke und Struktur der Konkurrenz und deren Handlungen abzufragen [vgl. hierzu Kap. 9]. Um die auf diese Weise hereingekommenen Daten verwerten zu können, müssen sie – möglichst bereits bei Auswertung der Reisendenberichte – nach betrieblichen Wertvorstellungen quantifiziert, d. h. gewichtet, werden. Durch eine gleichartige Gewichtung der eigenen Vergleichsdaten erhält der Entscheidungsträger Vergleichsunterlagen, die die Ausgangsbasis für neue Maßnahmen speziell konkurrenzbezogener vertriebspolitischer Art bilden.

6.3 Datenquellen für die Produktanalyse

Die Ausgangsdaten für die Produktanalyse gehen teils aus im Geschäftsablauf bereits erstellten Unterlagen (Lohn-, Materialscheine, Kundenaufträge, Ausgangsrechnungen), teils aus eigens für die Erhebung ausgelegten Unterlagen hervor (z. B. Reisendenberichte). Im folgenden sollen sowohl bereits vorhandene als auch zu erstellende Unterlagen auf ihren Gehalt an relevantem Material für die Produktanalyse untersucht werden. In Abb. 34 soll versucht werden, einen systematischen Überblick über die Relevanzbeziehungen zwischen Datenquellen und Produktanalyse zu geben.
In diesem Abschnitt werden nur Datenquellen behandelt, die Informationen enthalten, die in irgendeiner Weise mit dem Betriebs- oder Marktgeschehen in Zusammenhang stehen bzw. dieses beschreiben. Darüber hinaus existiert noch eine Datenquelle, deren Inhalt der Art nach relativ unveränderlich ist: Das Verzeichnis der Stammdaten, d. h. der technischen Daten der Produkte im weitesten Sinne. In dieser Datei befinden sich Angaben über die Produkte wie: Artikelnummer, Abteilungsnummer, Mengeneinheiten, Preis (Abgabepreis),

wenn nötig in Staffeln je nach Mengenabnahme, Angaben über Saisonzugehörigkeit, Qualität, Mode, Eigenschaften hinsichtlich Servicecharakter, Maße, Gewicht, Verpackungsart und die verbale Bezeichnung des Produkts. All diese Daten sind fest mit dem Produkt verbunden und ändern sich nur, wenn sich das Produkt in quantitativer oder qualitativer Hinsicht ebenfalls verändert.

6.31 Vom Außendienst erbrachte Datenquellen

Durch den Ort bzw. Bereich seines Wirkens bedingt ist der Außendienst dazu geeignet, Informationen über das Geschehen im Markt zu beschaffen. Solche Informationen müssen sich nicht notwendigerweise auf die Produkte beziehen; hier soll jedoch speziell auf die produktspezifischen Informationen abgestellt werden (vgl. hierzu im einzelnen Abschnitt 4).
Im erteilten Auftrag eines Kunden des Unternehmens drückt sich folgendes aus: Die Bestellmenge, die Bezeichnung des bestellten Produktes nach Nummer und verbal, und evtl. der Preis des Produkts. Als weitere Information enthält der Kundenauftrag Vereinbarungen über die Lieferungs- und Zahlungsbedingungen (z. B. Terminlieferung, verlängertes Zahlungsziel bzw. Wertstellung (Valuta) der Ausgangs-Rechnung).
Außer diesen, die gewünschte Lieferung und Zahlung umschreibenden Informationen kommt es in der Praxis vor, daß der Außendienstmitarbeiter Waren, die der Kunde zurückgibt, auf dem Auftrag als solche gekennzeichnet festhält und mit der Anweisungsinformation versieht, daß dem Kunden in dieser Höhe Gutschrift oder Ersatz gewährt wird.
Soll dem Kunden zur Unterstützung des Absatzes Werbematerial, Display- oder Probenmaterial zur Verfügung gestellt werden, so wird dies ebenfalls auf dem Auftrag vom Reisenden bzw. Vertreter vermerkt.
Die Reisendenberichte enthalten eine Vielfalt von Informationen über Kunden (tatsächl. und potentielle Abnehmer), Konkurrenz und deren Vertriebsprogramm. Für die Produktanalyse sind vor allem die Daten über die Konkurrenzbeobachtung relevant.
Wie bereits erwähnt, soll ein tiefgehender Vergleich der eigenen mit den fremden produktpolitischen Maßnahmen ermöglicht werden. Die Informationen, die mittels des Reisendenberichtes beschafft werden sollen, müssen dann auch im wesentlichen artgleich mit den in Abb. 33 aufgeführten sein. In der Abb. 34 sollen die Beziehungen zwischen den einzelnen Elementen der Datenquellen und den Elementen der Produktanalyse untersucht und festgehalten werden. Dabei wurde versucht, für die Reisendenberichte einige wichtige Untersuchungspunkte zu nennen.

6.32 Ausgangsrechnungen

Eine Ausgangsrechnung ist ein mengen- und wertmäßiger Beleg über die Ausführung von Umsätzen. Bei Auswertung dieser Belege verschafft sich die Unternehmung Kenntnis sowohl von den Mengentransaktionen als auch von den damit verbundenen wertmäßigen Umsätzen. Wichtige Elemente der Ausgangsrechnung für die Zwecke der Produktanalyse sind die Angaben über Liefermenge, den berechneten Preis und – als Produkt aus diesen beiden Werten – der damit getätigte produktspezifische Einzelumsatz. Die Summe aus sämtlichen Einzelumsätzen bildet den Gesamtumsatz einer Periode. Mit Hilfe der bei der Fakturierung erfaßten Werte lassen sich Aussagen treffen über die Umsatzstärke, die Umschlagshäufigkeit und in Verbindung mit entsprechenden Kostendaten über die Höhe des Deckungsbeitrags und die Einhaltung von Erfolgsvorgaben von Werbeaktionen.

6.33 Eingangsrechnungen

Das Gegenstück zur Ausgangsrechnung ist im Rahmen der Beschaffungsphase die Eingangsrechnung, die Aufschluß gibt über die Mengen und Werte der zum Zweck der Leistungserstellung in den Betrieb eingegangenen Rohstoffe, Vor- und Fertigfabrikate sowie Handelswaren.
Mit den Eingangsrechnungen wird die erste Stufe des betrieblichen Leistungsprozesses, die Beschaffung, hinsichtlich Mengen und Werten der beschafften Ausgangsstoffe festgehalten. Bestandteile der Eingangsrechnungen sind: Mengenangabe, Bezugspreise, Gesamtbeträge der einzelnen Posten, die numerische oder alphanumerische und evtl. verbale Bezeichnung sowie evtl. entstandene Bezugskosten (z. B. Frachten, Zölle).
Bei der Durchführung der Produktanalyse werden die genannten Werte zur Berechnung von Deckungsbeiträgen, Gewinnen und – im Zusammenhang mit den Werten der Umschlagsgeschwindigkeit – der Höhe der Kapitalbindung, die durch das Produkt verursacht wurde, verwendet. Je nach Betriebstyp und Produktart tragen die Werte, die sich in den Eingangsrechnungen vorfinden, mehr oder weniger starken Kostencharakter.
Im Rahmen der vorliegenden Untersuchung werden diese Werte grundsätzlich als Kostenwerte behandelt. Eine solche Betrachtungsweise läuft parallel zu der zu diesem Zweck angewendeten Deckungsbeitragsrechnung. Die Bezugswerte haben vollkommen variablen Charakter. Sie müssen daher voll auf die Produkterlöse angerechnet werden. Bei der Industrieunternehmung muß zu diesem Zweck die betriebliche Kostenrechnung zwischengeschaltet werden, mit deren

Hilfe man ermittelt, in welcher Höhe die Einsatzgüter auf die Produkte entfallen. Handelsunternehmen handhaben die Einsatzwerte in der Weise, daß sie den Umsatz dem Bezugswert direkt gegenüberstellen. Daneben muß natürlich noch eine Kostenrechnung bestehen, die die Werte, die nicht Wareneinsatz sind, zurechnet.

6.34 Betriebliche Kostenrechnung

Moderne Kostenrechnungsverfahren gestatten eine Überwachung des betrieblichen Geschehens, indem ein Vergleich von Ist-Werten mit Planwerten vorgenommen wird. Daraus geht die Notwendigkeit hervor, die Kostenrechnung zweigleisig anzulegen.

Eine andere Kontrollmöglichkeit ergibt sich, wenn Ist-Werte mit vergangenen Ist-Werten verglichen und der Werteverlauf beurteilt wird. Der Trend, der sich daraus ablesen läßt, kann dann als Grundlage wiederum zur Erstellung neuer Planwerte dienen.

Die betriebliche Kostenrechnung zerfällt in drei Durchführungsstufen: Kostenarten-, Kostenstellen- und Kostenträgerrechnung. In der Endstufe Kostenträgerrechnung werden die Kosten auf die Elemente der betrieblichen Leistung, die Produkte, verrechnet. Die Kostenträgerstückrechnung „bildet die Grundlage für die Kalkulation des Angebotspreises" [28, S. 490]. Umgekehrt bildet sie dann die Grundlage für die Kontrolle der erzielten Erlöse. In Abb. 34 sind die Kostenarten aufgeführt, die direkt Eingang in die Produktanalyse finden können und als direkt zurechenbare Werte auch finden müssen. Im Interesse genauer Abgrenzung zwischen fixen und variablen Kosten wurde eine Beschränkung auf die Fertigungskosten, nämlich Fertigungsmaterial plus Fertigungslöhne, vorgenommen. Gelingt es, mittels Kostentrennungsverfahren den Grenzkostenanteil der Gemeinkostenblöcke zu ermitteln, so kann dieser ebenfalls zur Verrechnung herangezogen werden.

Weitere Kosten mit variablem Charakter finden sich auf dem Vertriebssektor. Als Kostenart, die völlig variabel, d. h. in diesem Fall vollständig von der Realisierung des Absatzes abhängig ist, fällt die dem Außendienst für seine Tätigkeit gewährte Provision an. Sie steht mit dem Absatz des Produkts in kausalem Zusammenhang und ist dem erzielten Produktumsatz voll zurechenbar. Fix bzw. nicht exakt zurechenbar hingegen sind die bei vielen Reisenden vorzufindenden Grundgehälter.

Zu den Vertriebskosten zählen weiter die Werbekosten, und zwar die Kosten für Produkt- *und* Unternehmenswerbung. Von diesem Komplex sollen lediglich wieder die direkt zurechenbaren Werbekosten, also die für Produktwerbung angefallenen, für die Analyse herangezogen werden. Bevor ein Produkt den Weg zum Abnehmer antritt, wird es – je nach Unternehmung und Produkt –

mehr oder weniger lange gelagert. Die Lagerkosten gehören ebenfalls zu der Gruppe Vertriebskosten, sind jedoch nur bedingt direkt zurechenbar. Es läßt sich kaum feststellen, wie lange gerade die Produkte, die in der betrachteten Periode abgesetzt wurden, auf Lager gelegen sind. Ein Verfahren, das den Tatsachen jedoch sehr nahe kommt, ist die Rechnung mit durchschnittlichen Lagerzeiten. Sie können mit Hilfe der Anfangs- und Endbestände der Periode ermittelt werden. Die Lagerumschlagsgeschwindigkeit ergibt sich durch Division des Lagerumschlags mit dem durchschnittlichen Lagerbestand. Die Lagerdauer erhält man bei Division der Periode (in Tagen) durch die Lagerumschlagsgeschwindigkeit [46, Sp. 10, 20].

$$\phi\text{-Lagerbestand} = \frac{\text{Anfangsbestand} + \text{Endbestand}}{2}$$

$$\text{Lagerumschlagsgeschwin.} = \frac{\text{Lagerumschlag}}{\phi\text{-Lagerbestand}}$$

$$\phi\text{-Lagerzeit} = \frac{\text{Zeitabschnitt (Periode)}}{\text{Lagerumschlagsgeschwin.}}$$

$$\phi\text{-Lagerzeit} = \frac{\text{Periode} \times \phi\text{-Bestand}}{\text{Lagerumschlag}} = \frac{\text{Periode} \times \text{Anf.} + \text{Endbest.}}{2 \times \text{Lagerumschlag}}.$$

Diese Rechnung kann durch Ermittlung der Endbestände kürzerer Teilperioden und entsprechender Vergrößerung des Divisors verfeinert werden:

$$\phi - \text{L} = \frac{\text{Anfangsbestand} + \text{n Endbestände}}{\text{n} + 1}.$$

Ist die durchschnittliche Lagerzeit ermittelt, dann gilt für die durchschnittlichen Lagerkosten [6, S. 193]:

$$K_{L\phi} = \frac{K_L}{P} \cdot m \cdot t_\phi$$

Wobei P = Anzahl der Lagerplatzeinheiten (m^2, m^3 . . .),
m = Menge der benötigten Lagerplatzeinheiten zur Lagerung des Durchschnittsbestands,
t_ϕ = Durchschnittliche Lagerdauer,
K_L = Lagerkosten gesamt (Miete, Nebenkosten, Löhne, Gehälter, Verzinsung),
$K_{L\phi}$ = Durchschnittliche Lagerkosten

sind.

Grundsätzlich gilt für die Organisation der betrieblichen Kostenrechnung und dir durch sie erarbeiteten Daten, daß diese Daten für die Verarbeitung im Rahmen der Produktanalyse so bereitgehalten werden müssen, daß ein Abruf jederzeit erfolgen kann.

Abb. 34: Relevanzbeziehungen zwischen den Elementen der Datenquellen und der Produktanalyse

Elemente d. Prod. Analyse / Elemente der Datenquellen	Kostenrechnerisch			Absatzseitig							Marktseitig					Allgemein
	Deckungsbeitrag gesamt	Deckungsbeitrag Produkt	Gewinn gesamt	Nachfrage absolut	Umsatz-stärke	Retouren-häufigkeit	Deckungsbeitrags-stärke	Umschlags-häufigkeit	Kapitalbindung	Werbeerfolg	Saison-gebundenheit	Bekanntheits-grad	Marktanteil	Konkurrenz	Markttaug-lichkeit	Kennzeichn. d. Produkte
1. *Kundenaufträge*																
1.1 Bestellmenge				X				X		X		X	X	X		
1.2 Artikelnummer																X
1.3 Preis										X						
1.3.1 Ziel									X					X		
1.3.2 Valuta									X					X		
1.4 Termin														X		
1.5 Retouren																
1.5.1 Menge	X	X	X		X	X	X	X	X							
1.5.2 Art.Nr.																X
1.5.3 Preis (Wert)	X	X	X		X		X		X							
2. *Reisendenberichte*																
2.1 Konkurrenzmaßn.																
2.1.1 Prod.Gestalt.														X		
2.1.2 Preisgestalt.														X		
2.1.3 Rabattierung														X		
2.1.4 Verkäufereins.														X		
2.1.5 Werbung														X		
2.1.6 Kundendienst														X		
2.2 Konk.Verk.Daten																
2.2.1 Umsatz Prod.														X		
2.2.2 Umsatz gesamt														X		
2.3 Erhebgn. Eig.Prod.																
2.3.1 Bekanntheit										X		X				
2.3.2 Geltung										X		X				

Elemente d. Prod. Analyse / Elemente der Datenquellen	Kostenrechnerisch				Absatzseitig						Marktseitig					Allgemein
	Deckungsbeitrag gesamt	Deckungsbeitrag Produkt	Gewinn gesamt	Nachfrage absolut	Umsatzstärke	Retourenhäufigkeit	Deckungsbeitragsstärke	Umschlagshäufigkeit	Kapitalbindung	Werbeerfolg	Saisongebundenheit	Bekanntheitsgrad	Marktanteil	Konkurrenz	Markttauglichkeit	Kennzeichn. d. Produkte
3. *Ausgangsrechnungen*																
3.1 Menge	X	X	X		X		X	X	X	X			X			
3.2 Art.Nr.																X
3.3 Verk.Preis	X	X	X		X		X		X	X				X		
3.4 Umsatz (einzeln)	X	X	X		X		X		X	X						
4. *Eingangsrechngn.*																
4.1 Menge	X	X	X				X	X	X							
4.2 Art.Nr.																X
4.3 Bezugspreis	X	X	X				X		X							
4.4 Bezugswert	X	X	X				X									
4.5 Bezugskosten	X	X	X				X		X							
5. *Betr. Kostenrechng.*																
5.1 Var. Kosten																
5.1.1 Fert.Material	X	X	X				X		X	X						
5.1.2 Fert.Löhne	X	X	X				X		X	X						
5.1.3 MatgemKo.var.	X	X	X				X		X	X						
5.1.4 FertgeKo.var.	X	X	X				X		X	X						
5.1.5 Vertriebsko.	X	X	X				X		X	X						
5.2 Fixe (nicht direkte) Kosten			X						X							
6. *Retourenlieferscht.*																
6.1 Menge	X	X	X		X	X	X	X	X							
6.2 Art.Nr.																X
6.3 Preis	X	X	X		X	X	X	X	X							
6.4 Defektvermerk															X	
6.5 Kulanzvermerk															X	
6.6 Gutschrift-Verm.	X	X	X		X		X									
6.7 Ersatzvermerk	X	X	X		X		X									

Abb. 34: Fortsetzung

Elemente d. Prod. Analyse / Elemente der Datenquellen	Kostenrechnerisch			Absatzseitig							Marktseitig					Allgemein
	Deckungsbeitrag gesamt	Deckungsbeitrag Produkt	Gewinn gesamt	Nachfrage absolut	Umsatz-stärke	Retouren-häufigkeit	Deckungsbeitrags-stärke	Umschlags-häufigkeit	Kapitalbindung	Werbeerfolg	Saison-gebundenheit	Bekanntheits-grad	Marktanteil	Konkurrenz	Markttaug-lichkeit	Kennzeichn. d. Produkte
7. *Gutschriften*	X	X	X		X		X									
8. *Ersatzliefersch.*																
8.1 Menge	X	X	X				X									
8.2 Art.Nr.																X
8.3 Preis	X	X	X				X									
9. *Plandatenquellen*																
9.1 Absatzplan																
9.1.1 Art.Nr.																X
9.1.2 Menge	X	X	X	X	X	X	X	X	X	X			X			
9.1.3 Preis	X	X	X		X		X	X		X			X			
9.1.4 Umsatz	X	X	X		X		X			X			X			
9.2 Kostenplan																
9.2.1 Fert.Mat.	X	X	X				X		X	X						
9.2.2 Fert.Löhne	X	X	X				X		X	X						
9.2.3 MGK variabel	X	X	X				X		X	X						
9.2.4 FGK variabel	X	X	X				X		X	X						
9.2.5 Vertriebsko.	X	X	X				X			X						
9.2.6. Fixko. Block			X													
9.3 Gewinnplan (ergibt sich aus 9.1 und 9.2)																

6.35 Retourenlieferscheine

Retouren, d. h. von Kunden bereits abgenommene und aus verschiedenen Gründen wieder zurückgegebene Waren, sind in der Regel wie jede andere Lieferung mit einem Begleitbeleg versehen, aus dem zunächst Menge, Wert (Preis) und Artikelnummer der gelieferten Produkte ersichtlich sind. In vielen Fällen ist aus diesen Unterlagen auch der Grund für die Rücksendung ersichtlich. Es kommen grundsätzlich folgende Gründe in Frage: Defekt des Produkts und infolgedessen Unverkäuflichkeit, und vom Markt herrührende mehr oder weniger starke Unverkäuflichkeit. In beiden Fällen sieht sich der Abnehmer außerstande, das Produkt für seine Zwecke zu verwerten, und versucht nun, auf dem Wege der Rückübereignung, das in dem Produkt festgelegte Kapital wieder zu verflüssigen, indem er Rückvergütung des Kaufwertes ganz oder teilweise, in Naturalien oder in Form von Gutschriften, verlangt. Eine Bargeldrückvergütung ist denkbar, aber in der Praxis meist nicht üblich. Geht also eine solche Retoure ein, dann muß sie zunächst dahingehend klassifiziert werden, ob es sich um eine Defekt- oder Kulanzretoure handelt. Diese Unterscheidung ist für eine Beurteilung des Produktes hinsichtlich bereits genannter Gesichtspunkte wichtig. Bei Empfang von zurückgesandter Ware sind vom jeweiligen Bearbeiter noch weitere Entscheidungen zu treffen, und zwar bezüglich Art und Umfang der Ersatzleistung. Es muß beurteilt werden, ob die Retoure berechtigt war. Ist dies der Fall, so muß die Art und Höhe der Ersatzleistung festgelegt und festgehalten werden. Eine Kennzeichnung auf dem Retourenlieferschein selbst empfiehlt sich aus Gründen der rationellen Datenerfassung. Das Ausmaß der Inanspruchnahme des Unternehmens durch die retournierten Produkte läßt sich aus dem ergänzten Lieferschein somit bereits ablesen.

Geht eine Rücksendung ein, der kein Lieferschein oder Begleitschreiben beiliegt, so muß im Interesse einheitlicher Bearbeitung ein solcher Beleg erstellt werden. Das Vorhandensein eines Belegs kann zweckmäßig gleich bei Eingang der Rücksendung überprüft werden. Von der Stelle, die die Sendung entgegennimmt, wird dann erforderlichenfalls der Ersatzbeleg erstellt, der inhaltlich einem echten Lieferschein gleich sein muß. Die Daten sowohl des Retourenlieferscheins als auch evtl. des Ersatzbelegs werden abgespeichert.

6.36 Gutschriften bzw. Ersatzlieferscheine

Ist eine Rücksendung seitens eines Kunden erfolgt und von der Unternehmung als berechtigt anerkannt worden, so wird dem Kunden entweder in Form einer Gutschrift oder Lieferung einwandfreier oder neuer Ware ein Äquivalent ge-

währt. Mit dieser Handlung wird in jedem Falle eine Minderung des Absatzerfolgs vollzogen. Folglich sind die Werte, die über solche Vorgänge Auskunft geben, produktanalytisch zu verarbeiten. Sie bilden „negative" Bestandteile der Absatz- und Umsatzwerte.
Bei der Auswertung solcher Datenquellen ergibt sich folgende Schwierigkeit: Handelt es sich um Gutschriften, so ist aus ihnen nicht notwendigerweise ihre produktmäßige Spezifizierung abzulesen. Oftmals enthalten Gutschriften lediglich den gutgeschriebenen Betrag und die Angabe des Grundes, d. h. der Rücksendung selbst. Solche inhaltlich unspezifizierten Belege sind für die Zwecke der Produktanalyse unbrauchbar. Demzufolge ist entweder eine spezifischere Ausgestaltung der Gutschriftformulare hinsichtlich der Gegenstände der Gutschrift und deren Benennung z. B. durch Artikelnummer sowie Mengenangaben anzustreben, oder es ist zur Erfassung von Gutschriften auf die bereits erwähnten Retourenlieferscheine zurückzugreifen, die entsprechende Vermerke tragen können.
Dagegen ist aus einem Ersatzlieferschein die Menge und der Wert sowie die genaue Bezeichnung der ersatzweise gelieferten Produkte genau abzulesen. Diese Daten können sofort an den dafür vorgesehenen Stellen innerhalb der Produktdatei abgespeichert werden. Hinsichtlich des geleisteten Wertes ergibt sich folgendes: Der Kunde wird zwar durch die Ersatzlieferung in voller Höhe (voller Warenwert) entschädigt, da das gelieferte Produkt für ihn potentiellen Umsatz darstellt bzw. er dafür den vollen Bezugspreis hätte bezahlen müssen. Seitens des leistenden Unternehmens aber ergibt sich lediglich eine Belastung in Höhe der Kosten, die durch das Produkt verursacht wurden. Folglich ist bei Ersatzlieferungen nicht der Umsatz zu korrigieren, sondern die Kosten, durch die der Produktumsatz belastet wird, zu erhöhen. Die erforderlichen Kostendaten sind der Kostenträgerrechnung zu entnehmen.
Bei Erteilung einer Gutschrift erleidet das Unternehmen eine finanzielle Einbuße in Höhe des gutgeschriebenen Betrags, der sich negativ auf den Umsatz auswirkt. Diesem Sachverhalt muß durch Kürzung des Produktumsatzes um die Gutschrift Rechenschaft getragen werden.
Zur Veranschaulichung soll folgendes Beispiel dienen:
Es ist eine Retoure auszugleichen in Höhe von DM 100,–

a) durch Ersatzlieferung:	Warenwert	100,–
	Kosten	60,–
b) durch Gutschrift:	DM	100,–

	Kosten	Umsatz
Ersatzlieferung	60,–	± 0
Gutschrift	± 0	– 100,–

Im Falle der Ersatzlieferung bleibt der Umsatz in der selben Höhe bestehen, während die Kosten für diesen Umsatz ansteigen. Die Gutschrift bewirkt keine Kostenerhöhung, sondern eine Umsatzschmälerung.

6.37 Plandatenquellen

Die bislang gemachten Ausführungen über die Datenquellen beziehen sich sämtlich auf Daten, die tatsächlich vorliegende Sachverhalte kennzeichnen und aus der Vergangenheit und Gegenwart stammen (Ist-Daten). Im Rahmen unternehmerischer Entscheidungsfindung ist neben der Betrachtung der Vergangenheitswerte noch die Einbeziehung von Vorstellungen über die zukünftige Entwicklung erforderlich, die in der Planung ihren Niederschlag finden. Der Betrieb braucht Maßstäbe für die Wirtschaftlichkeit seiner Funktionserfüllung, und diese Maßstäbe geben meist die Abweichungen des Ist vom Soll [22, S. 48].
Im folgenden soll auf die Plandatenquellen eingegangen werden, die für den Soll-Ist-Vergleich von Daten einzelner Produkte relevant sind.

6.371 Absatzplan

Unter dem Absatzplan eines Unternehmens sei hier in erster Linie der engere Begriff des Umsatzplans verstanden. Er ist „der mengen- und wertmäßig fixierte Voranschlag, . . . der als Grundlage für alle betrieblichen Dispositionen dient und zugleich ein geeignetes Kontrollinstrument darstellt, . . .“ [22, S. 52].
Es wird in diesen Ausführungen von der Aufstellung von Plänen für die einzelnen Produkte ausgegangen.
Der Absatzplan erfordert zu seiner Aufstellung die Verknüpfung von Vergangenheitsdaten aus Unternehmung und Markt sowie für den Zeitpunkt der Leistungserstellung und -verwertung relevante Informationen, wie Beschaffungsmöglichkeiten und -konditionen, Fertigungsmöglichkeiten und Absatzchancen, die auf Grund von Marktuntersuchungen gewonnen werden. Das Ergebnis dieser Untersuchungen bestimmt dann die mengen- und wertmäßige Festlegung der abzusetzenden Produkte. Damit steht in engem Zusammenhang eine Festlegung der für die Ermöglichung des Absatzes aufzuwendenden Kosten [27, S. 5].
Um einen wirksamen, gezielten Einsatz absatzwirksamer Mittel, speziell Verkäufer- und Werbemitteleinsatz, erzielen zu können, ist es für die Unternehmung angebracht, parallel zu dem Gesamtabsatzplan mehrere Teilpläne zu er-

stellen, die auf die Bedingungslage einzelner Marktsegmente eingehen. In qualitativer Hinsicht, d. h. bezüglich der in den Plänen enthaltenen Datenarten, unterscheiden sich die Teilpläne nicht vom Gesamtplan, so daß eine Konsolidierung der Teilpläne mengen- und wertmäßig den Gesamtplan ergibt. Findet eine Aufteilung in Teilpläne statt, so ist dem bei der Auslegung der Produktanalyse insofern Rechnung zu tragen, als die darin enthaltenen Werte sich ebenfalls auf die Plansegmente beziehen müssen. Folglich ergibt sich die Notwendigkeit einer partiellen Produktanalyse.
Auf die Gewinnung von Plandaten soll in diesem Zusammenhang nicht näher eingegangen werden. Der Absatzplan (Teil- oder Gesamtplan) sollte folgende Werte beinhalten: Die Artikelnummer, die Soll-Absatzmenge, den Soll-Absatzpreis, den Soll-Umsatz des Produkts und die dafür anfallenden Vertriebskosten. Anhand dieser Plandaten sind zu errechnen: Die planmäßigen Deckungsbeiträge, Nachfrage, Umsatzstärke, Umschlagshäufigkeit, Kapitalbindung, Werbeerfolg und Marktanteil. Zur Errechnung des Deckungsbeitrags-Solls werden die benötigten Kostendaten aus dem Kostenplan entnommen.
Werden die so errechneten Plandaten den Ist-Daten gegenübergestellt, so lassen sich Abweichungen von den vorgegebenen Zielvorstellungen lokalisieren und geeignete Maßnahmen planen, um die Ist-Werte den Soll-Werten anzugleichen bzw. die Soll-Werte nach entsprechender Würdigung der Begleitumstände den Ist-Werten anzupassen. In der Regel ist es nicht angebracht, auf jede Abweichung zu reagieren. Daher werden Toleranzgrößen eingeführt, bei deren Überschreitung eine Reaktion in der entsprechenden Richtung ausgelöst wird.

6.732 Kostenplan

Zunächst soll hier auf die Planung von Grenzkosten, d. h. der variablen Kostenteile eingegangen werden. Im wesentlichen handelt es sich hierbei um die Kosten für eingesetztes Fertigungsmaterial und Fertigungslöhne sowie direkte Vertriebskosten.
Im Absatzplan ist festgelegt, welche Produktmengen unter Berücksichtigung der betrieblichen und marktseitigen Gegebenheiten unter Einsatz entsprechender vertriebspolitischer Mittel abzusetzen sind. Aufgrund des vorgegebenen Absatzes lassen sich bei bekannten Anforderungen und Bedingungen auch die Kosten für die Leistungserstellung sowie die hierfür notwendigen Mengen von Einsatzgütern planen.
Bei vorgegebenem, aufgrund von Materialmengenplanung bekanntem Mengenverbrauch an Rohstoffen und planmäßigen Rohstoffpreisen ergibt sich durch Multiplikation der Werte der geplante, wert- und mengenmäßige Verbrauch an Rohstoffen für die Erstellung jedes einzelnen Produktes. Dieser Verbrauch ist bedingt durch die konstruktiven Merkmale des Produkts und die angewandten

Fertigungsverfahren. Folglich kann mit hoher Genauigkeit der Planwert dafür angegeben werden. Die zweite Komponente der Materialkosten ist der Preis des eingesetzten Materials. In seiner planmäßigen Vorausbestimmung ist die Unternehmung auf die Beobachtung des Beschaffungsmarkts angewiesen. Auf Grund der vergangenen Preisentwicklung und unter Berücksichtigung von Einflüssen wie Materialverknappung, politisch bedingten Veränderungen, Veränderungen bei den Zulieferern usw. lassen sich die zukünftigen Preise für das Fertigungsmaterial vorausbestimmen. Unter Kenntnis der Verfahrensweisen in der Fertigung und der Leistungen der technischen Anlagen sowie der Leistungsfähigkeit der Mitarbeiter lassen sich die Arbeitszeiten und somit Lohnanteile, die auf das einzelne Produkt entfallen, vorausbestimmen. Die zu zahlenden Arbeitslöhne sind, zumindest für kürzere Perioden, fest. Aus der Entwicklung in vergangener Zeit und der Lage auf dem Arbeitsmarkt lassen sich die in nächster Zukunft anfallenden Lohnkosten prognostizieren.
Als weiterer Bestandteil variabler Produktkosten sind die variablen Vertriebskosten zu nennen, die in ihrer relativen Höhe von der mengenmäßigen Absatzleistung abhängen. Die absolute Plangröße ergibt sich durch Verbindung der Absatzplandaten mit dem relativen Vertriebskostenanteil. Zunächst fallen an direkten Vertriebskosten die an den Außendienst zu zahlenden Umsatzprovisionen an. Sie werden anteilig von den Umsatzwerten errechnet und sind folglich voll vom Absatz- oder Umsatzplan abhängig.
Kosten für den Einsatz von Produktwerbung stehen nicht unmittelbar in Zusammenhang mit der Vertriebsleistung. Sie werden mit dem Mitteleinsatz für die Werbung geplant und sind ihrer Art nach den Umsätzen der Produkte in der Betrachtungsperiode voll zurechenbar. Hierbei ist zu beachten, daß die Werbewirkung in der Regel mit einer zeitlichen Verzögerung zum Einsatz der Werbemittel eintritt. Daher scheint es nicht gerechtfertigt, die Werbekosten voll der Periode anzulasten, in der die Ausgaben anfallen, sondern sie müßten dort verrechnet werden, wo voraussichtlich die Wirkung in Form erhöhten Absatzes eintritt. Nur so ist eine Kontrolle des Werbeerfolgs durchzuführen. Bei der Planung von Werbeaktionen ist also bereits zu beurteilen, in welcher der folgenden Perioden sich die Aktion erfolgs-, d.h. absatzwirksam einerseits und kostenwirksam andererseits auswirken muß.

6.373 Gewinnplan

Stehen die Daten des Absatzplans und daran anschließend des Kostenplans einschließlich Vertriebskosten fest, so läßt sich aus planmäßigem Umsatz und planmäßigen Kosten der planmäßige Gewinn bzw. Deckungsbeitrag errechnen. Im Rahmen der Produktanalyse muß aus bereits genannten Gründen statt des Gewinns eines Produkts, der mangels exakter Fixkostenzurechnungsmöglichkeit

nicht genau ermittelt werden kann, auf die vom Produkt erbrachten Deckungsbeiträge abgestellt werden. Durch Vergleich der ermittelten Plan-Deckungsbeiträge mit den eingetretenen Ist-Deckungsbeiträgen vermag die Unternehmung nun zu beurteilen, wie die Produkte die in sie gesetzten Erwartungen erfüllt haben.
Bei dem Vergleich kann sich herausstellen, daß die Ist-Werte gleich, größer oder kleiner als die Soll-Werte sind. Entsprechend kann die Unternehmung dann auf solche Abweichungen reagieren.
Zur Beurteilung der Gesamt-Gewinnlage müssen die Produkt-Deckungsbeiträge kumuliert werden. Von dem kumulierten Wert werden die nicht direkten Kosten sodann abgesetzt, und es ergibt sich der planmäßige Periodengewinn der Unternehmung. Auch dieser Wert ist bereits durch Absatz-(Umsatz-)Plan und Kostenplan auf dem Umweg über die Produktwerte festgelegt.

6.4 Durchführung der Produktanalyse

In den vorangegangenen Ausführungen kam zum Ausdruck, von wie vielen Teilinformationen die umfassende Gesamtinformation zur Beurteilung der Produkte abhängig ist, und von welchen Datenquellen diese Informationen bezogen werden können. Das Problem, das sich stellt, wenn man nun eine Produktanalyse durchführen will, ist der mit der Verarbeitung verbundene große rechnerische Arbeitsaufwand, der mit konventionellen Mitteln bis zu einem gewissen Sortimentsumfang zwar bewältigt werden kann, meist aber nicht mit der gewünschten Geschwindigkeit. Wird die Arbeit zu langsam durchgeführt, dann fehlt die erforderliche Aktualität, die für dynamische Entscheidungen notwendig ist. Solche Mängel einer konventionellen Datenverarbeitung lassen sich bei Einsatz der elektronischen Datenverarbeitung ausschalten. Aufgrund der Speicherkapazität und kurzer Verarbeitungszeiten ermöglicht die EDV die Durchführung umfangreicher, tiefgehender, aktueller Untersuchungen im Rahmen der Produktanalyse. Im folgenden soll geschildert werden, wie die gekennzeichneten Ausgangsdaten im Rahmen des Analysevorgangs (Datentransformation) behandelt werden sollen.

6.41 Kostenrechnung

Dieser Abschnitt befaßt sich mit dem Problem, die Ergebnisse der betrieblichen Kostenrechnung, besonders der Kostenträgerrechnung, so zu verarbeiten, daß eine Kontrolle der Produkte hinsichtlich des kostenmäßig zielkonformen Verhaltens ermöglicht wird.

Abb. 35: Artikelsatz

Inhalt und Aufbau des Artikelsatzes (Stamm- und Bewegungsdaten; schwerbewegliche Daten)

Datenart	Ordnungszahl	Inhalt	Speicherungsweise				Speicherplatz
			Klartext	Schlüssel	gepackt	ungep.	Bytes
1. Stammdaten	1.1	Artikelnummer (Produktnummer)	X		X		5
	1.2	Verbale Artikel- (Produkt-)Bezeichnung	X			X	30
	1.3	Verkaufspreis pro Einheit	X		X		5
	1.3.1	Saison-Sonderpreis (bzw. Saisonrabatt in % v.VerkPr.)	X		X		5
	1.3.2	Mengenabnahme-Sonderpreis (bzw. Mg-Rab. in % v.")	X		X		5
	1.3.2.1	Staffelmenge I f. Mengenrabatt[1])	X		X		3
	1.3.2.2	Staffelmenge II f. Mengenrabatt[1])	X		X		3
	1.3.2.3	Staffelmenge III f. Mengenrabatt[1])	X		X		3
	1.4	Produktgruppe (Branche)		X		X	2
	1.5	Abmessungen (z.B. Länge, Breite, Höhe in cm, mm)	X		X		5
	1.6	Gewicht (z.B. in kg, g)	X		X		3
	1.7	Verpackungsart		X		X	2
	1.8	Zulieferer Nr.[2])	X		X		5
	1.9	Zulieferer verbale Bezeichnung[2])	X			X	30
2. Schwerbewegliche Daten (fallen in längeren Zyklen an)	2.1	Saisonabhängigkeit					
	2.1.1	Mode		X		X	1
	2.1.2	Jahreszeit		X		X	1
	2.1.3	Jahreszeit und Mode		X		X	1
	2.1.4	andere Abhängigkeit		X		X	1
	2.2	Kennzeichnung „Serviceartikel"					
	2.2.1	Zähler Kriterium „Abhängigkeit einzelner Produkte"		X		X	2
	2.2.2	Zähler Kriterium „Abhängigkeit des Gesamtabsatzes"		X		X	2
	2.3	Marktdaten					
	2.3.1	Bekanntheitsgrad (Wertigkt. der letzten Ermittlung)	X			X	3
	2.3.2	Marktumsatz					
	2.3.2.1	Gesamtperiode	X		X		6
	2.3.2.2	Teilperiode	X		X		5
	2.3.3	Konkurrenzdaten					
	2.3.3.1	1 Zähler für Anzahl der erfaßten Konkurrenzaussagen	X		X		2
	2.3.3.2	18 Zähler für Schlüsselnummernauswertung	X		X		36

Abb. 35: Fortsetzung

Datenart	Ordnungszahl	Inhalt	Speicherungsweise				Speicherplatz
			Klartext	Schlüssel	gepackt	ungep.	Bytes
3. Bewegungsdaten	3.1	Anfangsbestände					
	3.1.1	Anf. Bestand Gesamtperiode					
	3.1.1.1	Menge	X		X		4
	3.1.1.2	Wert	X		X		5
	3.1.2	Anfangsbestand Teilperiode (z.B. Monat)					
	3.1.2.1	Menge	X		X		4
	3.1.2.2	Wert	X		X		5
	3.2	Zugänge					
	3.2.1	Zug. Gesamtperiode					
	3.2.1.1	Menge	X		X		4
	3.2.1.2	Wert	X		X		5
	3.2.2	Zug. Teilperiode (z.B. Monat)					
	3.2.2.1	Menge	X		X		4
	3.2.2.2	Wert	X		X		5
	3.3	Abgänge					
	3.3.1	Mögliche Abgänge (Bestellungen lt. Kundenaufträgen)					
	3.3.1.1	Menge (= Nachfragemenge)	X		X		4
	3.3.1.2	Wert (= Nachfragewert)	X		X		5
	3.3.2	Abgänge „Ist", Verkauf Gesamtperiode (Umsatz)					
	3.3.2.1	Menge	X		X		4
	3.3.2.2	Wert	X		X		5
	3.3.3	Abgänge Verkauf „Ist" Teilperiode (Umsatz)					
	3.3.3.1	Menge	X		X		4
	3.3.3.2	Wert	X		X		5
	3.3.4	Abgänge Verkauf „Plan" (Planumsätze) Gesamtperiode					
	3.3.4.1	Menge	X		X		4
	3.3.4.2	Wert	X		X		5
	3.3.5	Abgänge Verkauf „Plan" (Planumsätze) Teilperiode					
	3.3.5.1	Menge	X		X		4
	3.3.5.2	Wert	X		X		5
	3.3.6	Abgänge Eigenverbrauch					
	3.3.6.1	Menge	X		X		4
	3.3.6.2	Wert	X		X		5
	3.4	Endbestände akkumuliert (Σ Monatsendbestände)	X		X		5
	3.4.1	Zähler Monatsendbestände	X		X		1

Datenart	Ordnungszahl	Inhalt	Speicherungsweise				Speicherplatz
			Klartext	Schlüssel	gepackt	ungep.	Bytes
	3.5	Retouren					
	3.5.1	Retouren Gesamtperiode					
	3.5.1.1	Kulanz					
	3.5.1.1.1	Menge	X		X		4
	3.5.1.1.2	Wert	X		X		5
	3.5.1.2	Defekt					
	3.5.1.2.1	Menge	X		X		4
	3.5.1.2.2	Wert	X		X		5
	3.5.2	Retouren Teilperiode	X		X		6
	3.5.2.1	Kulanz					
	3.5.2.1.1	Menge	X		X		4
	3.5.2.1.2	Wert	X		X		5
	3.5.2.2	Defekt					
	3.5.2.2.1	Menge	X		X		4
	3.5.2.2.2	Wert	X		X		5
	3.6	Skonti, Boni					
	3.6.1	Skonti Gesamtperiode	X		X		4
	3.6.2	Boni Gesamtperiode	X		X		5
	3.6.3	Skonti Teilperiode	X		X		4
	3.6.4	Boni Teilperiode	X		X		5
	3.7	Istkosten					
	3.7.1	Variable Stückkosten Gesamtperiode (akkumuliert)	X		X		5
	3.7.2	Variable Stückkosten Teilperiode (akkumuliert)	X		X		5
	3.8	Plankosten					
	3.8.1	Variable Plankosten je Stück Gesamtperiode (akk.)	X		X		5
	3.8.2	Variable Plankosten je Stück Gesamtperiode (akk.)	X		X		5
	3.9	Deckungsbeitrag-Index f. Reihenfolge Gesamtperiode	X		X		3
	3.9.1	Deckungsbeitrag-Index f. Reihenfolge Teilperiode	X		X		3
	3.9.2	Rangindex Ist-Umsätze Gesamtperiode (korrig. Ums.)	X		X		3
	3.9.3	Rangindex Ist-Umsätze Teilperiode	X		X		3

[1]) Staffelung in 3 Mengenstaffeln wurde angenommen
[2]) Nur bei Handelsbetrieben bzw. Handelswaren im Industriebetrieb

Wie bereits erwähnt wurde, soll zur kostenmäßigen Produktbeurteilung das Verfahren der Deckungsbeitragsrechnung verwendet werden. Hierzu ist Voraussetzung, daß eine nach Kostenträgern orientierte Kostenanalyse bereits durchgeführt wurde, auf deren Ergebnisse zurückgegriffen werden kann. Weiter wird vorausgesetzt, daß die produktspezifischen Kostendaten bereits maschinell abgespeichert sind. Der Artikelsatz (vgl. Abb. 35) mit seinen Komponenten Stammdaten und Bewegungsdaten sollte auf Speichermedien mit direkter Zugriffsmöglichkeit gespeichert werden; er ist um neu erfaßte Daten laufend zu komplettieren und zu aktualisieren. Bei dieser Organisationsform braucht bei der Verarbeitung folglich jeweils nur ein externer Speicher angesprochen zu werden.

6.411 Behandlung der variablen (dynamischen) Kosten

Den variablen Kosten kommt bei der Durchführung eines Verrechnungsverfahrens wie der Deckungsbeitragsrechnung große Bedeutung zu, ergibt sich doch nach deren Abzug vom Produktumsatz einer Periode der produktspezifische Deckungsbeitrag als Wert, der für die Unternehmung zur Beurteilung eines Produktes von entscheidender Wichtigkeit ist. Im Interesse der Schaffung echter Vergleichsmöglichkeiten nicht nur zu vergangenheitsbezogenen Werten, sondern auch zu solchen, die der Vorstellung der Unternehmung für Gegenwartswerte entsprechen, ist parallel zur Verrechnung der variablen Istkosten eine Verrechnung der variablen Plankosten vorzunehmen, um aus der evtl. auftretenden Planabweichung entsprechende Rückschlüsse ziehen zu können, die die Basis für nachfolgende Entscheidungen sind.
Schematisch dargestellt läuft die Deckungsbeitragsrechnung mit der Fakturierung beginnend ab wie folgt [3, S. 92]:

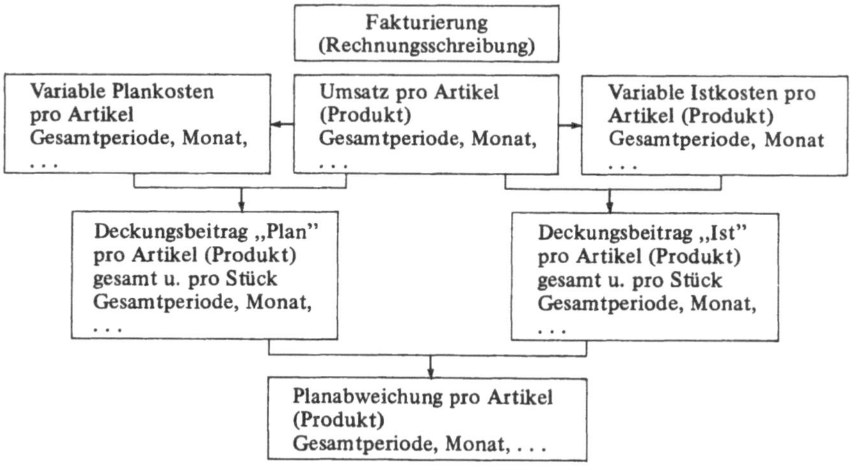

Abb. 36: Schematischer Ablauf der Deckungsbeitragsrechnung mit Soll-Ist-Vergleich

Aus der vorstehenden Abbildung ist zu ersehen, daß eine Bereithaltung der Werte der variablen Istkosten, bezogen auf verschieden große Zeitabschnitte, nötig ist: Im Beispiel handelt es sich einerseits um im Lauf der Gesamtperiode angesammelte (akkumulierte), andererseits um im Lauf des letzten bzw. laufenden Monats angesammelte Kosten, die den auf dieselben Perioden bezogenen Umsätzen gegenübergestellt werden. So wird einerseits die bisherige Entwicklung längerfristig, d.h. z.B. innerhalb des Geschäftsjahres, andererseits die aktuellere, für kurzfristige Entscheidungen evtl. maßgebende Situation dokumentiert. Es ist durchaus möglich, daß die periodenmäßige Einteilung im Hinblick auf betriebliche Belange anders getroffen wird als im geschilderten Beispiel.

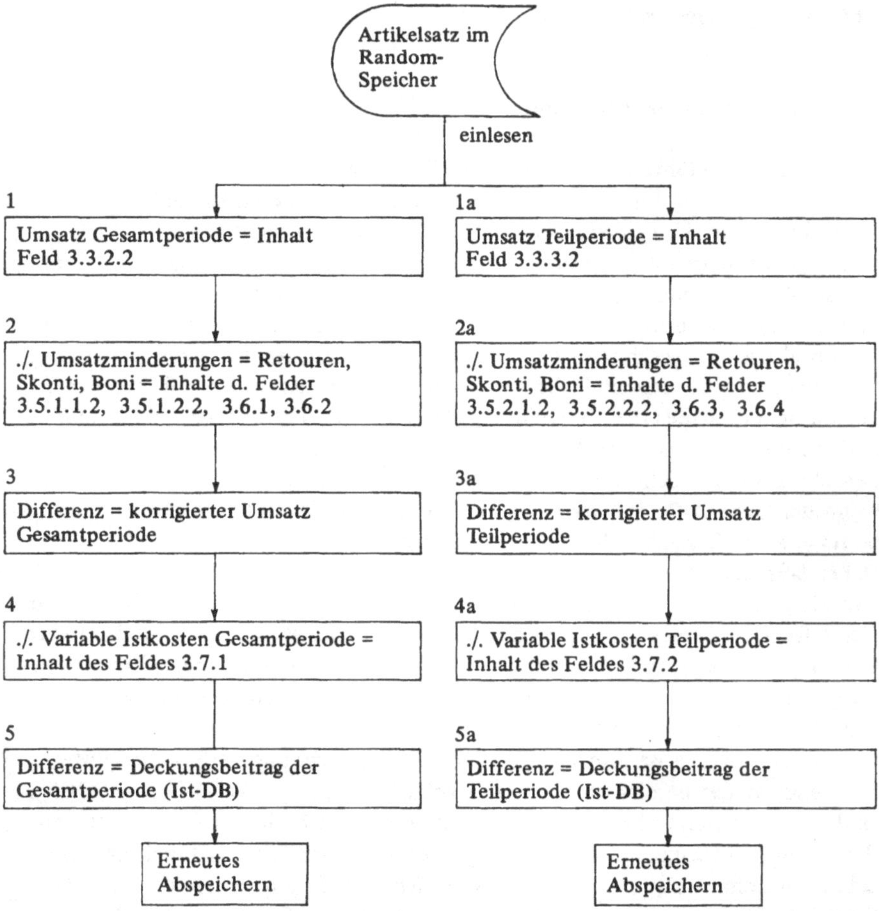

Abb. 37: Schematischer Ablauf der DB-Rechnung bei Verwendung eines bereits abgespeicherten Artikelsatzes (Bezeichnungen der Felder aus Abb. 35 entnommen)

Zur Durchführung der Deckungsbeitragsrechnung im gezeigten Ablauf sind die Daten, die in Abb. 34 unter Punkt 3., 4., 5., 6., 7., 8. und 9.1, 9.2 der Datenquellen aufgeführt sind, grundsätzlich relevant.
Unter Verwendung des in Abb. 35 geschilderten Inhaltes des Artikelsatzes stellt sich der Ablauf der produktbezogenen Grenzkostenrechnung schematisch wie in Abb. 37 gezeigt dar.
Dem Artikelsatz werden die Werte für Umsätze, Umsatzminderungen und variable Kosten, jeweils für Gesamt- und Teilperiode getrennt, entnommen und in der dargestellten Weise verrechnet.
Eine gleichlautende Verrechnung entsprechender Planwerte zur Schaffung von Soll-Ist-Vergleichsmöglichkeiten ist – unter Wegfall der Felder 2 und 2a der Abb. 37 – parallel dazu durchzuführen.

6.412 Behandlung der Fixkosten

Wie bereits ausgeführt wurde, stellt sich für die verursachungsgerechte Verteilung der Fixkosten das Problem der Kostenaufschlüsselung, das auf Grund fehlender Verursachung nicht eindeutig gelöst werden kann.
Um diese Problematik zu umgehen, sieht man in der Deckungsbeitragsrechnung, wie sie für die Produktanalyse hier geschildert werden soll, von einer Aufschlüsselung der period costs weitgehend ab. Die Verrechnung der Fixkosten wird praktisch aufgeschoben bis zu einem Zeitpunkt, wo für die Verrechnung Grundlagen vorhanden sind, die Eindeutigkeit garantieren. Im Fall der Fixkosten bedeutet dies die Verrechnung des gesamten Fixkostenblockes einer Periode mit dem gesamten Bruttoerfolg bzw. Deckungsbeitrag derselben Periode. Eine Verrechnung der Fixkosten kann demnach erst sinnvoll erfolgen, wenn der Gesamt-Deckungsbeitrag als Summe der einzelnen Produkt-Deckungsbeiträge einer Gesamt- oder Teilperiode ermittelt ist.
Daher läßt sich sagen, daß die Fixkostenverrechnung nur in sehr eingeschränktem Maß (z. B. dann, wenn eine in sich geschlossene Fabrikationsanlage mit der Herstellung nur eines Produktes beschäftigt ist) Aussagen für die Produktbeurteilung liefern kann. Die Verrechnung der Fixkosten hat demnach Endabrechnungscharakter entweder bezüglich einer Teilperiode, wahrscheinlicher aber bezüglich der Gesamtperiode.
Folgender Vorgang ist also mit der Fixkostenverrechnung verbunden (unter Verwendung der bereits errechneten Deckungsbeiträge): Die Deckungsbeiträge sind für die laufende Periode zu akkumulieren. Am Ende der Periode ist von der Summe der Einzeldeckungsbeiträge der gesamte Fixkostenblock abzusetzen. Somit sind dann alle Kosten, die in der Periode angefallen sind, mit den Periodenerlösen saldiert, und die Differenz stellt den Gesamtgewinn der Periode dar (= Nettoerfolg).

Aus den vorangegangenen Ausführungen geht hervor, daß die Fixkosten mit der laufenden Analysetätigkeit kaum in Zusammenhang stehen und – auf Grund ihrer schlechten produktmäßigen Spezifizierbarkeit – nicht im Artikelsatz abgespeichert werden können, sondern in einem externen Arbeitsgang verarbeitet werden müssen. Allenfalls käme aus Vereinfachungsgründen eine Abspeicherung der angefallenen Fixkosten auf demselben Speichermedium in Frage, um den Vorteil der schnellen Zugriffsmöglichkeit zu erhalten. Andernfalls müßte gleichzeitig zum Artikelsatz der Zugriff zu einer Kostenarten- bzw. Kostenträgerrechnungsdatei sichergestellt werden.

6.413 Ergebnisse der produktspezifischen Istkostenrechnung

Je nach der Gestaltung der Kostenverrechnung nach betrieblichen Bedürfnissen, d.h. Aufteilung des Gesamtverrechnungszeitraumes in mehrere Unterperioden, ergibt sich für jedes Produkt ein in diese Perioden aufgegliederter Deckungsbeitrag, wobei der Deckungsbeitrag der Gesamtperiode gleich der Summe der DB der Teilperioden ist. Ist die Unternehmungsleitung über diese Werte informiert, dann läßt sich, wenn z. B. das Unternehmungsziel Gewinnmaximierung lautet, bereits eine Favorisierung einzelner Sortimentsteile ableiten, nämlich derjenigen, welche den höchsten absoluten Deckungsbeitrag erbracht haben.
In der Regel ist von diesen Produkten dann anzunehmen, daß sie auch den höchsten Nettogewinn abwerfen.
An Hand der Produktdeckungsbeiträge kann eine Produktfavoritenliste erstellt werden, indem die Deckungsbeiträge ihrer Höhe nach in absteigender Reihenfolge sortiert und unter gleichzeitiger Definition des Produktes, d.h. Nennung der Art.-Nr., verbaler Bezeichnung etc., in Form einer Liste ausgedruckt werden. Wird in einer solchen Übersicht nicht nur der Deckungsbeitrag, sondern auch der ihm zugrundeliegende Produktumsatz samt variablen Kosten ausgewiesen und Umsatz und Deckungsbeitrag auch noch relativ, d.h. in % der jeweiligen Gesamtperiodensumme ausgedrückt, dann lassen sich bereits genauere Aus-

1 Art.Nr.	2 Bezeichnung	3 Umsatz	4 %	5 Variable Ko.	6 %	7 Deckungsbeitrag	8 %	9 Rang
5	Ultra	105.000,–	10,5	36.000,–	9,0	69.000,–	11,5	1.
8	Extra	120.000,–	12,0	56.000,–	14,0	64.000,–	10,66	2.
3	Super	,,	,,	,,	,,	,,	,,	,,
,,	,,	,,	,,	,,	,,	,,	,,	,,
,,	,,	,,	,,	,,	,,	,,	,,	,,
,,	,,	,,	,,	,,	,,	,,	,,	,,
Gesamt		1.000.000,–	100	400.000,–	100	600.000,–	100	

Abb. 38: Produkt-Favoritenliste

Abb. 39: Beispiel einer Produktfavoritenlisten nach Deckungsbeiträgen

1 Art. Nr.	2 Bezeichnung	3 Umsatz DM	4 %	5 Var. Kosten DM	6 %	7 Deckungsbeitrag	8 %	9 DB-Anteil Umsatz %	10 Rang	11 DB. akkumuliert DM
5	Ultra	105.000,–	10,5	36.000,–	9,0	69.000,–	11,5	65,6	1	69.000,–
8	Extra	120.000,–	12,0	56.000,–	14,0	64.000,–	10,66	53,3	2	133.000,–
3	Super	98.000,–	9,8	52.000,–	13,0	46.000,–	7,66	47,0	3	179.000,–
4	Bio	102.000,–	10,2	64.000,–	16,0	38.000,–	6,33	37,2	4	217.000,–
1	Tempo	55.000,–	5,5	19.000,–	4,75	36.000,–	6,0	65,5	5	253.000,–
13	Quick	80.000,–	8,0	47.000,–	11,75	33.000,–	5,5	41,25	6	286.000,–
11	Florett	73.000,–	7,3	49.000,–	12,25	24.000,–	4,0	32,9	7	310.000,–
Nutzenschwelle hiermit erreicht. Fixkosten von DM 300.000,–[1]) durch Deckungsbeitrag abgedeckt										
15	.....	.....	..	.....	...	.....	...	...	.	.....
,,	,,	,,	,,	,,	,,	,,	,,	,,	,,	,,
,,	,,	,,	,,	,,	,,	,,	,,	,,	,,	,,
,,	,,	,,	,,	,,	,,	,,	,,	,,	,,	,,
Gesamt[2])		1.000.000,–	100	400.000,–	100	600.000,–	100			

[1]) Der Fixkostenblock wurde mit DM 300.000,– angenommen

[2]) Werte unter „Gesamt" werden nur bei Auflistung sämtlicher Produkte erreicht

Abb. 39: Beispiel einer Produktfavoritenliste nach Deckungsbeiträgen

sagen über die Effizienz der Produkte treffen. Nimmt man als Durchschnitt für die Effizienz an, daß der prozentuale Anteil am Gesamtumsatz dem prozentualen Anteil der variablen Kosten und damit des Deckungsbeitrages entspricht, dann kann – abweichend von der Rangstufe, die das Produkt aufgrund seines absoluten Deckungsbeitrags einnimmt – dessen Über- bzw. Unterdurchschnittlichkeit beurteilt werden (vgl. Abb. 38).
Die Fixkosten werden von der Gesamtsumme der Perioden-Produktdeckungsbeiträge abgesetzt. Da der Fixkostenblock bekannt ist, wäre folgende Zusatzanalyse mittels Deckungsbeiträgen denkbar: Während der Auflistung werden die Einzeldeckungsbeiträge aufsummiert, und es wird nach jedem Posten verglichen, ob die Höhe der Fixkosten bereits erreicht ist. In dem Punkt, wo Gesamtdeckungsbeitrag gleich Fixkosten ist, ist die Nutzenschwelle des Betriebs erreicht, d. h. ab diesem Punkt sind sämtliche Kosten abgedeckt. Überschießende Deckungsbeiträge stellen Gewinn dar. Wird die Stelle, an der die Nutzenschwelle erreicht wird, entsprechend markiert, dann läßt sich daraus ersehen, wie viele Produkte, mit dem stärksten angefangen, nötig sind, um den Betrieb kostenmäßig zu tragen. In Abb. 39 wurde versucht, eine solche Favoritenliste mit Nutzschwellenanalyse inhaltlich darzustellen. Dabei kamen dieselben Werte wie in Abb. 38 zur Verwendung.
Eine noch detailliertere und aussagefähigere Darstellung läßt sich erreichen, wenn nicht nur der Deckungsbeitrag je Produkt und Periode insgesamt, sondern auch je Stück ausgedrückt wird. Besonders interessant werden diese Daten, wenn die Produkte mit dem niedrigsten absoluten Deckungsbeitrag betrachtet werden. Es ist durchaus denkbar, daß ein Produkt zwar einen hohen Einzel-, aber aufgrund zu niedrigen Umsatzes nur einen kleinen absoluten Deckungsbeitrag erbracht hat. Der Einzeldeckungsbeitrag errechnet sich als Quotient aus absolutem DB und der abgesetzten Menge. Aus Gründen der übersichtlichen Gestaltung empfiehlt es sich, den Einzeldeckungsbeitrag relativ auszudrücken, d. h. den absoluten DB zum Umsatz in Beziehung zu setzen.
Ergibt sich nun bei einem Produkt ein hoher Einzel-DB, aber niedriger Umsatz und absoluter DB, so könnte es sich um einen förderungswürdigen Artikel handeln, aus dessen Absatzsteigerung die Unternehmung eine Nutzensteigerung erlangen könnte. Ein solches Ergebnis kann dann der Anlaß zur Untersuchung der Möglichkeiten der Absatzförderung und des entsprechenden Einsatzes vertriebspolitischer Mittel sein.

6.414 Ergebnisse der produktspezifischen Plankostenverrechnung

Die Kosten, die in den vorangegangenen Abschnitten behandelt wurden, sind die Kostenwerte, die im Laufe der Geschäftstätigkeit tatsächlich angefallen sind (Istkosten).

1 Art.Nr.	2 Bezeichnung	3 Umsatz Ist DM	4 %	3a Umsatz Plan DM	4a Planabw. %	5 Var.Kost.Ist DM	6 %	5a Var.Kost.P DM
5	Ultra	105.000,–	10,5	100.000,–	+ 5	36.000,–	9,0	34.000,
8	Extra	120.000,–	12,0	125.000,–	– 4	56.000,–	14,0	53.200,
3	Super	98.000,–	9,8	95.000,–	– 3,16	52.000,–	13,0	50.000,
,	,	,	,	,	,	,	,	,
,	,	,	,	,	,	,	,	,
,	,	,	,	,	,	,	,	,
Nutzenschwelle hiermit erreicht. Fixkosten von DM 300.000,–[1]) durch Deckungsbeitrag abgedeck								
,	,	,	,	,	,	,	,	,
,	,	,	,	,	,	,	,	,
Gesamt[2])		1.000.000,–	100	950.000,–	+ 5,26	400.000,–	100	383.000,

Abb. 40: Beispiel einer Produktfavoritenliste nach Deckungsbeiträgen mit Nutzenschwellenanalyse und Soll-Ist-Vergleich

Zum Zweck der Kontrolle der Ergebnisse, die durch Herstellung und Vertrieb der Produkte realisiert wurden, kann die Unternehmung die Kostenwerte, die analysemäßig benötigt werden und auch sonstige interessierenden Werte im voraus mit Sollgrößen bestimmen, d.h. planen.

Daß die Plangrößen abhängig sind von den betrachteten Kosteneinflußgrößen (z.B. Beschäftigung) einerseits und dem verwendeten Ermittlungsverfahren andererseits sei hier nur am Rande erwähnt. Liegen die planmäßigen Kosten vor, dann können durch direkten Vergleich mit den Istkosten zunächst die Soll-Ist-Abweichungen der Kosten ermittelt werden. Unter Hinzuziehung von Absatz- bzw. Umsatzplanzahlen für die entsprechende Periode lassen sich dieselben Rechnungen wie in Abschnitt 6.413, jedoch auf Plan- statt Istbasis, durchführen.

Konkret handelt es sich um folgende Abweichungen: Umsatz-, Variable-Kosten- und Deckungsbeitragsabweichung. Mit Hilfe der EDV ist es möglich, im Rahmen einer einmaligen Errechnung der Deckungsbeiträge sogleich die genannten Planwerte in die Rechnung einzubeziehen. Voraussetzung hierzu ist eine Speicherung der Planwerte, die direkten Zugriff ermöglicht.
Abb. 40 zeigt als Weiterentwicklung von Abb. 39 das Beispiel einer Artikelfavoritenliste nach Deckungsbeiträgen mit Nutzenschwellenanalyse und Soll-Ist-Vergleich.

Analog zu der im vorigen Abschnitt erwähnten Möglichkeit der Errechnung der stückbezogenen Deckungsbeiträge zur umsatzunabhängigen Produktbeurteilung kann und sollte dieser Vorgang auch unter Zugrundelegung der Planumsätze,

6a Plan Abw.	7 DB Ist	8 %	7a DB Plan	8a Plan Abw.	9 DB-Anteil Ist-Umsatz %	10 DB-Anteil Plan-Umsatz %	11 Rang	12 DB akkum.
+5,88	69.000,–	11,5	66.000,–	+ 4,54	65,6	66,0	1	69.000,–
+5,26	64.000,–	10,66	71.800,–	- 10,85	53,3	57,4	2	133.000,–
+4,0	46.000,–	7,66	45.000,–	- 2,22	47,0	47,4	3	179.000,–
,	,	,	,	,	,	,	,	,
,	,	,	,	,	,	,	,	,
,	,	,	,	,	,	,	,	,
,	,	,	,	,	,	,	,	,
,	,	,	,	,	,	,	,	,
+4,44	600.000,–	100	587.000,–	+ 2,22				

[1]) Annahme des Fixkostenblocks mit DM 300.000,–
[2]) Werte unter „Gesamt" werden nur bei Auflistung sämtlicher Produkte erreicht.

Plankosten und Plandeckungsbeiträge wiederholt werden, wie dies in Abb. 40 geschehen ist. Im folgenden soll nun ein Beispiel für einen Programmablauf gegeben werden, wie er für die vorausgehend geschilderte kostenrechnerische Beurteilung denkbar wäre. Der Programmablauf soll gleichzeitig als Beispiel für Auswertungsprogramme des Artikelsatzes stellvertretend stehen, auf deren Darstellung in den weiteren Ausführungen verzichtet wird. Zunächst soll eine Übersicht der verwendeten Abkürzungen gegeben werden.

Bisher sind die Werte für eine *Teil*periode errechnet und festgehalten. Zur Ermittlung der *Gesamt*periodenwerte müssen sie mit bereits im Speicher enthaltenen Vergangenheitswerten in Verrechnung gebracht werden, so daß einerseits die Teilperioden-, andererseits die Gesamtperiodenwerte im Speicher stehen. Zunächst ist davon auszugehen, daß zur Archivierung nur die Gesamtperiodenwerte herangezogen werden; es ist aber auch denkbar, daß die angefallenen Teilperiodenwerte in chronologischer Reihenfolge zusätzlich abgespeichert werden, um Vergleiche mit entsprechenden historischen Teilperioden zu ermöglichen (z. B. ein bestimmter Monat wird mit demselben Monat im Vorjahr verglichen).

Definition der Felder im Arbeitsspeicher und der verwendeten Abkürzungen in alphabetischer Reihenfolge:

AKKF Abweichungskennzeichnungskonstante
AVF Abweichungsvorgabe (Schwelle für Management by Exception)
DBF Deckungsbeitrag Ist
DBPF Deckungsbeitrag Plan

DBS	Summe der Deckungsbeiträge Ist
DBPS	Summe der Deckungsbeiträge Plan
DBZ	Deckungsbeitrags-Zwischensumme
EKRI	Endekriterium für Dateien
FKS	Summe der fixen Kosten
KUF	Korrigierter Umsatz; Ums. ./. Eigenverbrauch, Kulanz- und Defektretouren, Skonti und Boni
KUS	Summe der korrigierten Umsätze
NAF	Negative Abweichung des Deckungsbeitrages (Umsatzes) vom Plan
PAF	Positive Abweichung des Deckungsbeitrages (Umsatzes) vom Plan
PUS	Summe der Planumsätze
RNAF	Relative negative Abweichung des Deckungsbeitrages (Umsatzes) vom Plan
RPAF	Relative positive Abweichung des Deckungsbeitrages (Umsatzes) vom Plan
UMA	Umsatz (Ist)-Anteil am Gesamtumsatz
VKA	Anteil der variablen Kosten an den gesamten variablen Kosten
VKPS	Summe der variablen Plankosten
VKS	Summe der variablen Kosten

Hierzu ist außer dem gewählten Speicher, der die Artikelsätze enthält, noch ein zweiter, nicht sequentiell abfragbarer Speicher nötig, der die überprüften und mit Indices versehenen Artikelsätze aufnimmt. Die zwischenzeitliche Abspeicherung wird hintereinander vorgenommen; die nachfolgende Abfrage des Zwischenspeichers zielt auf die Indexwerte ab. In der Reihenfolge dieser Indices werden die Artikelsätze dann weiterverarbeitet und die Ergebnisse anschließend ausgedruckt.

In Fortsetzung der in Abbildung 6-41 durchgeführten Berechnungen wird nun eine Liste erstellt, welche die Produkte nach absteigenden Deckungsbeiträgen ausweist.

Parallel dazu werden noch zusätzliche Produkt-Kennzahlen, wie z. B. die Umsatz-Planabweichung, der %-Anteil des Umsatzes am Gesamtumsatz, die Planabweichung der variablen Kosten, der %-Anteil der variablen Kosten an den gesamten variablen Kosten, der %-Anteil der Ist- und Plan-Deckungsbeiträge am Produktumsatz errechnet und ausgewiesen.

Außerdem werden – im Zuge der Auflistung – die Ist- und Planwerte der Umsätze, der variablen Kosten und der Deckungsbeiträge aufsummiert, wobei der Summe der Deckungsbeiträge besondere Bedeutung zukommt: sie wird nach jedem Additionsvorgang mit dem Wert der fixen Kosten verglichen, um so die Nutzenschwelle lokalisieren zu können. Wurde sie erreicht, so wird in die Liste eine Konstante eingefügt, die diesen Sachverhalt kennzeichnet. Am Ende der Auflistung werden die errechneten Summen ausgedruckt.

Abb. 41a

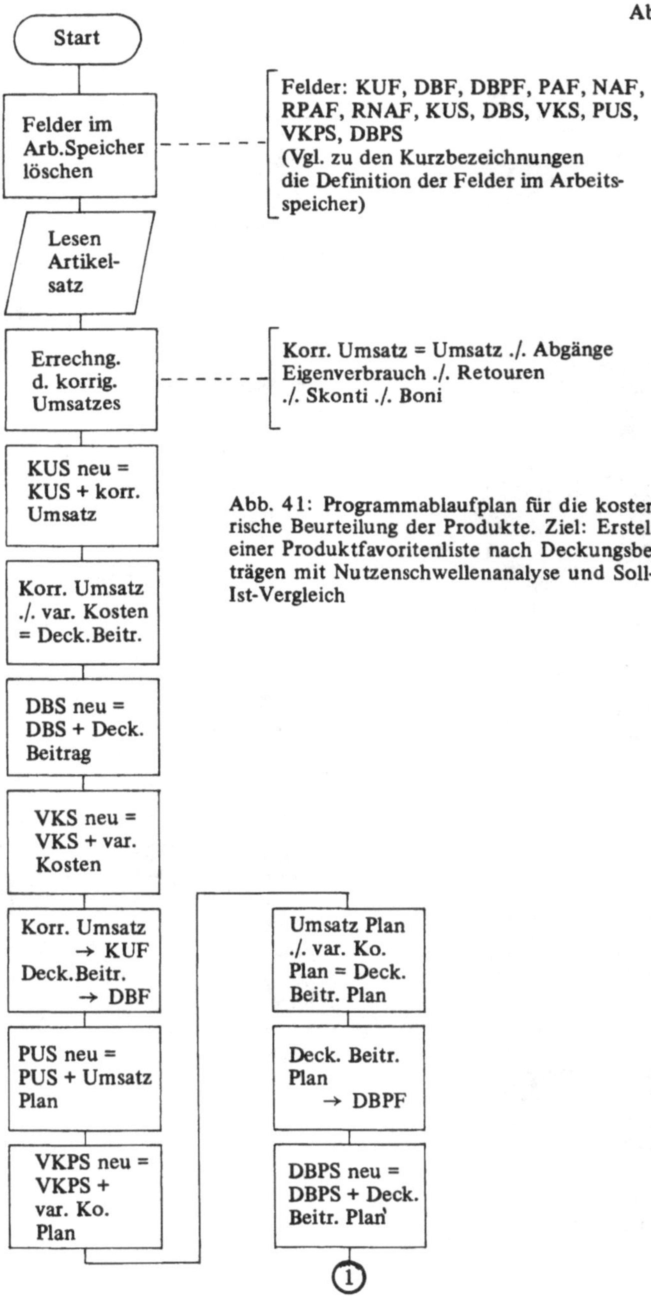

Abb. 41: Programmablaufplan für die kostenrechnerische Beurteilung der Produkte. Ziel: Erstellung einer Produktfavoritenliste nach Deckungsbeiträgen mit Nutzenschwellenanalyse und Soll-Ist-Vergleich

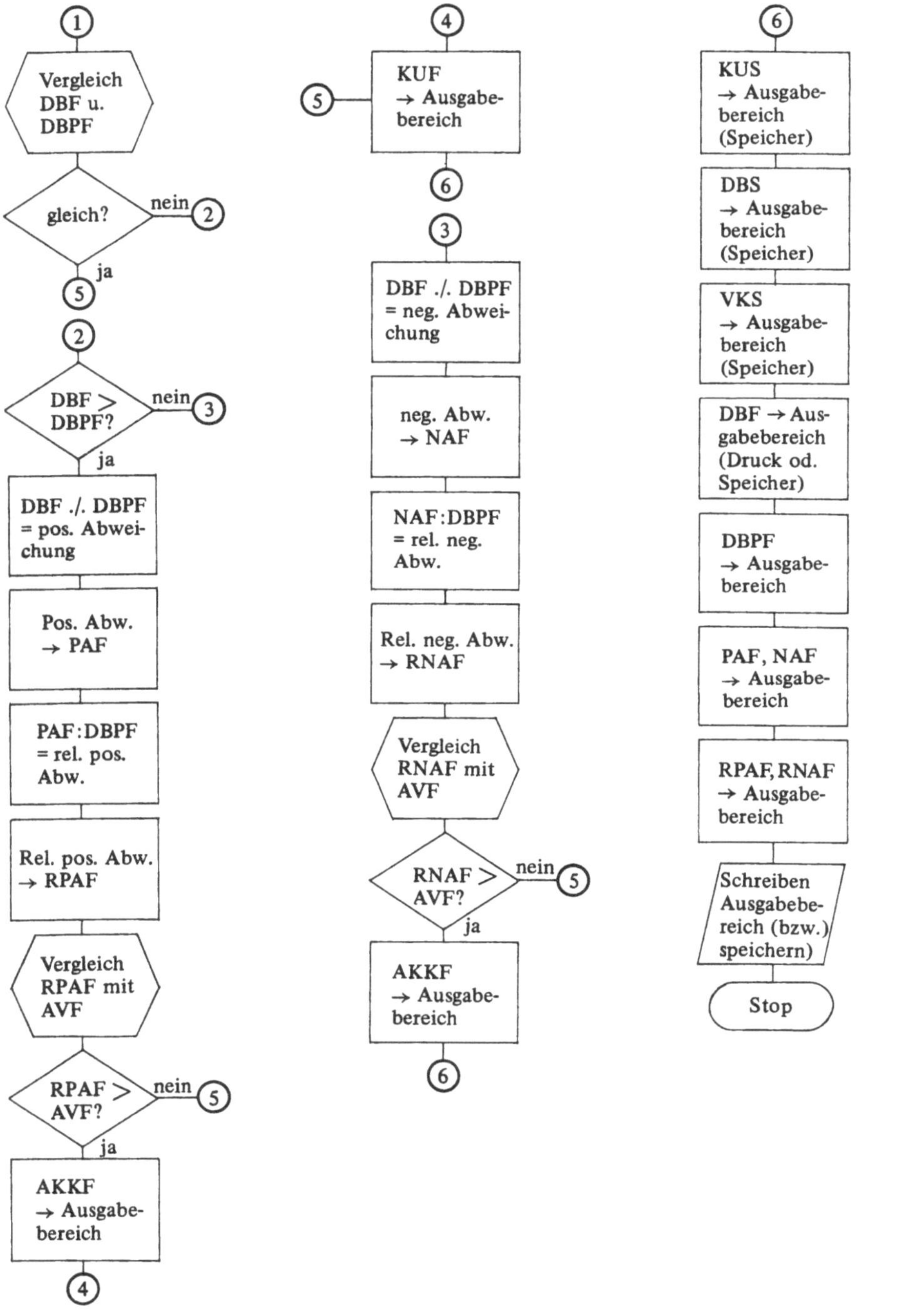
1
Vergleich DBF u. DBPF
gleich?
nein
2
ja
5
2
DBF > DBPF?
nein
3
ja
DBF ./. DBPF = pos. Abweichung
Pos. Abw. → PAF
PAF:DBPF = rel. pos. Abw.
Rel. pos. Abw. → RPAF
Vergleich RPAF mit AVF
RPAF > AVF?
nein
5
ja
AKKF → Ausgabebereich
4
4
5
KUF → Ausgabebereich
6
3
DBF ./. DBPF = neg. Abweichung
neg. Abw. → NAF
NAF:DBPF = rel. neg. Abw.
Rel. neg. Abw. → RNAF
Vergleich RNAF mit AVF
RNAF > AVF?
nein
5
ja
AKKF → Ausgabebereich
6
6
KUS → Ausgabebereich (Speicher)
DBS → Ausgabebereich (Speicher)
VKS → Ausgabebereich (Speicher)
DBF → Ausgabebereich (Druck od. Speicher)
DBPF → Ausgabebereich
PAF, NAF → Ausgabebereich
RPAF, RNAF → Ausgabebereich
Schreiben Ausgabebereich (bzw.) speichern)
Stop

Abb. 41b

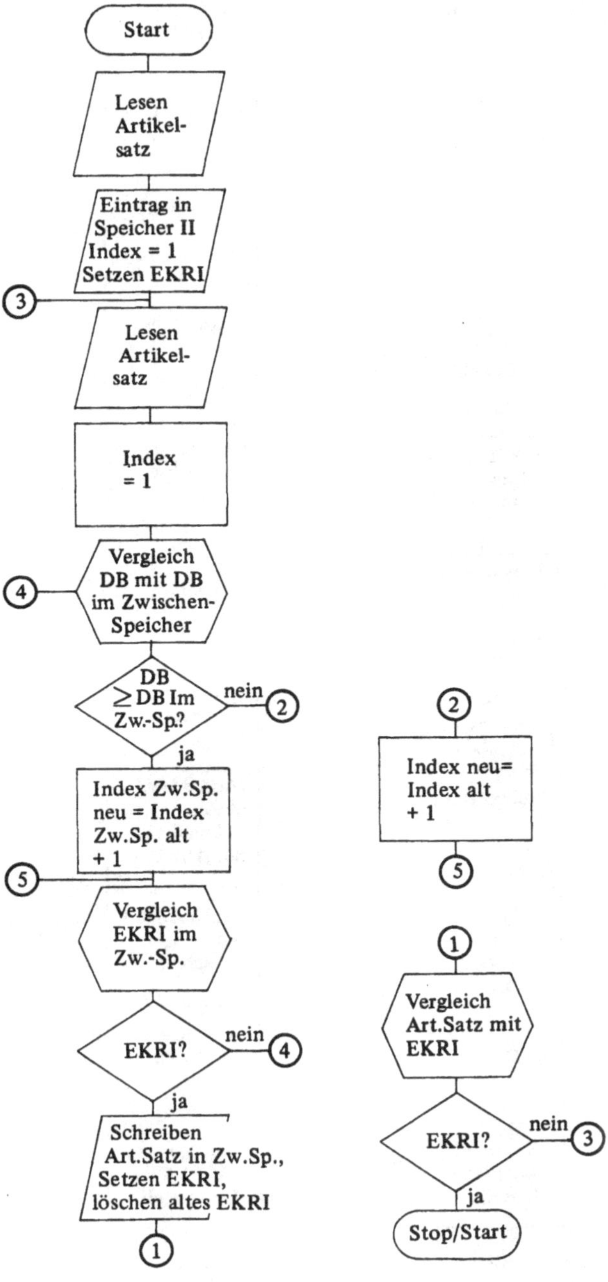
Start
Lesen Artikel-satz
Eintrag in Speicher II Index = 1 Setzen EKRI
3
Lesen Artikel-satz
Index = 1
4
Vergleich DB mit DB im Zwischen-Speicher
DB ≥ DB Im Zw.-Sp.?
nein
2
ja
Index Zw.Sp. neu = Index Zw.Sp. alt + 1
5
Vergleich EKRI im Zw.-Sp.
EKRI?
nein
4
ja
Schreiben Art.Satz in Zw.Sp., Setzen EKRI, löschen altes EKRI
1
2
Index neu= Index alt + 1
5
1
Vergleich Art.Satz mit EKRI
EKRI?
nein
3
ja
Stop/Start

Abb. 41c

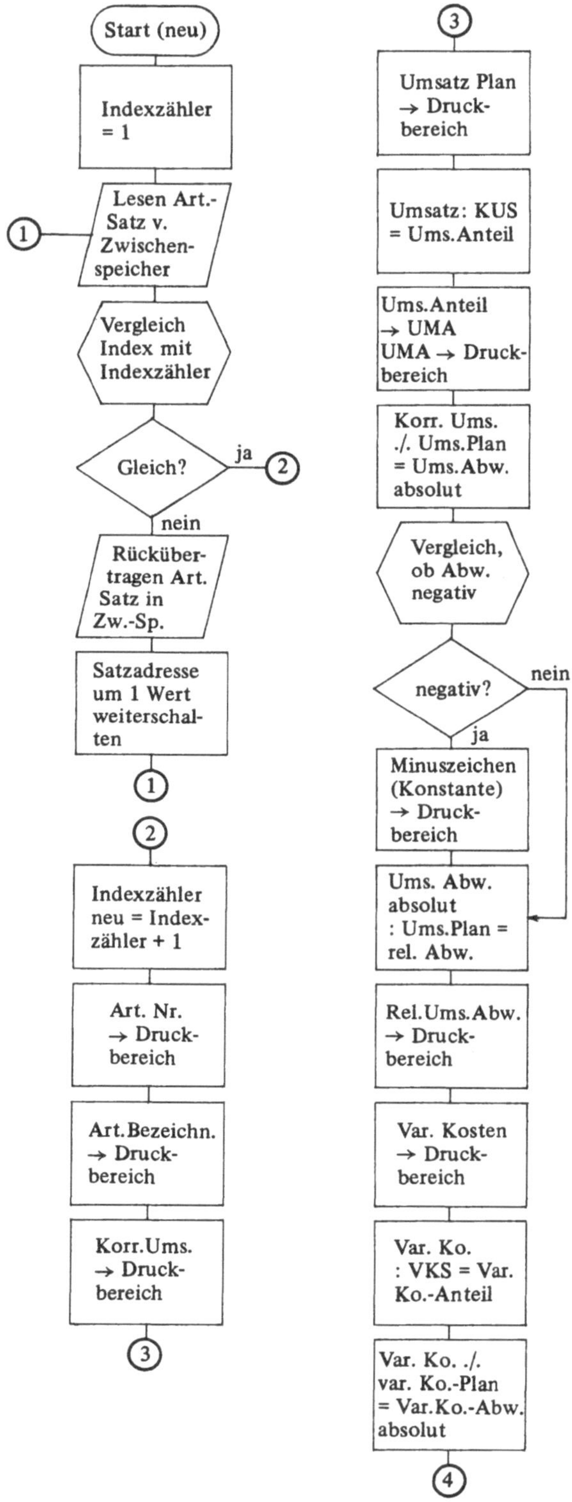
Start (neu)
Indexzähler = 1
Lesen Art.-Satz v. Zwischen-speicher
1
Vergleich Index mit Indexzähler
Gleich?
ja
2
nein
Rückübertragen Art. Satz in Zw.-Sp.
Satzadresse um 1 Wert weiterschalten
1
2
Indexzähler neu = Indexzähler + 1
Art. Nr. → Druckbereich
Art.Bezeichn. → Druckbereich
Korr.Ums. → Druckbereich
3
3
Umsatz Plan → Druckbereich
Umsatz: KUS = Ums.Anteil
Ums.Anteil → UMA
UMA → Druckbereich
Korr. Ums. ./. Ums.Plan = Ums.Abw. absolut
Vergleich, ob Abw. negativ
negativ?
nein
ja
Minuszeichen (Konstante) → Druckbereich
Ums. Abw. absolut : Ums.Plan = rel. Abw.
Rel.Ums.Abw. → Druckbereich
Var. Kosten → Druckbereich
Var. Ko. : VKS = Var. Ko.-Anteil
Var. Ko. ./. var. Ko.-Plan = Var.Ko.-Abw. absolut
4

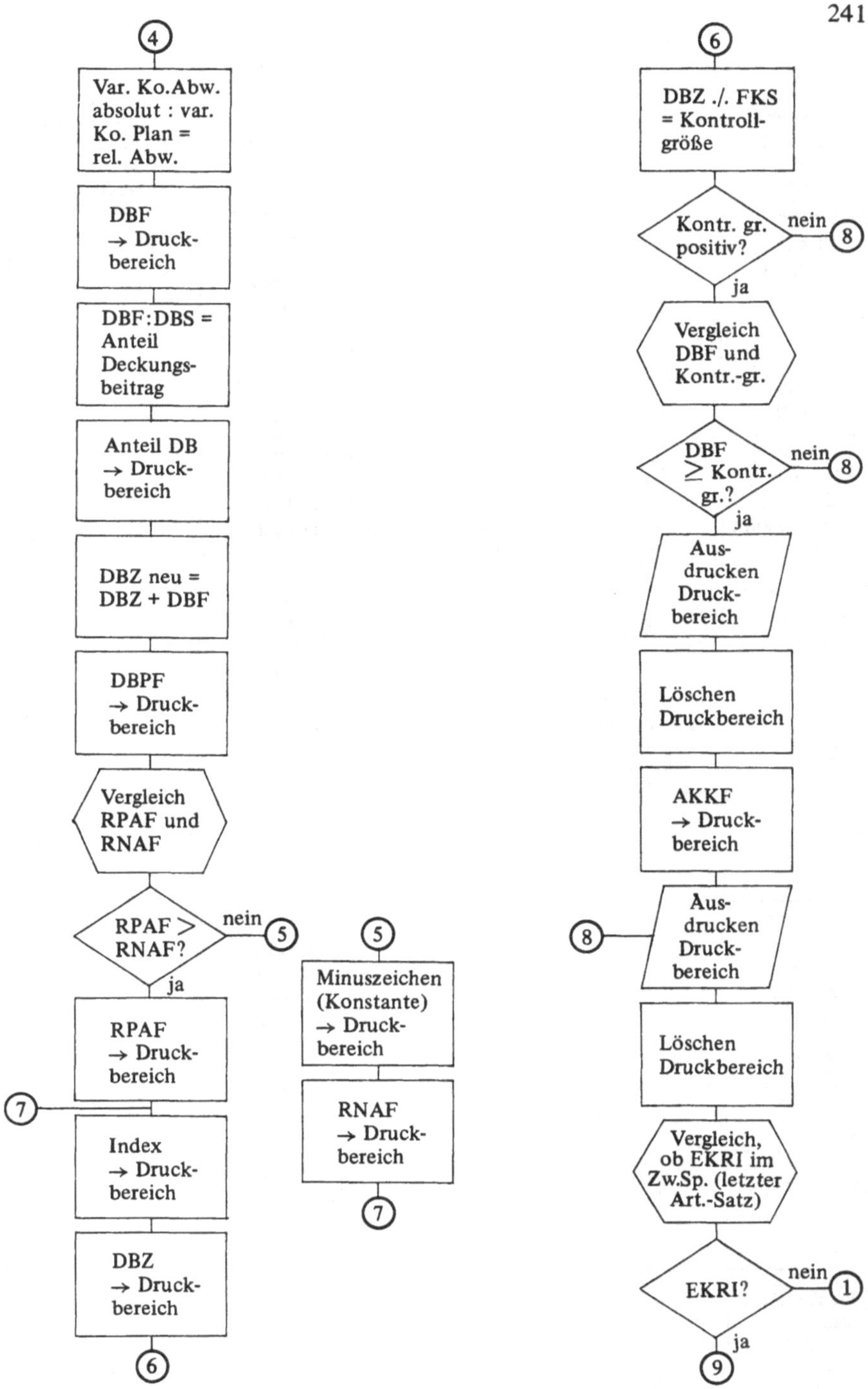
4
Var. Ko.Abw. absolut : var. Ko. Plan = rel. Abw.
DBF → Druckbereich
DBF:DBS = Anteil Deckungsbeitrag
Anteil DB → Druckbereich
DBZ neu = DBZ + DBF
DBPF → Druckbereich
Vergleich RPAF und RNAF
RPAF > RNAF?
nein
5
ja
RPAF → Druckbereich
7
Index → Druckbereich
DBZ → Druckbereich
6
5
Minuszeichen (Konstante) → Druckbereich
RNAF → Druckbereich
7
6
DBZ ./. FKS = Kontrollgröße
Kontr. gr. positiv?
nein
8
ja
Vergleich DBF und Kontr.-gr.
DBF ≥ Kontr. gr.?
nein
8
ja
Ausdrucken Druckbereich
Löschen Druckbereich
AKKF → Druckbereich
8
Ausdrucken Druckbereich
Löschen Druckbereich
Vergleich, ob EKRI im Zw.Sp. (letzter Art.-Satz)
EKRI?
nein
1
ja
9

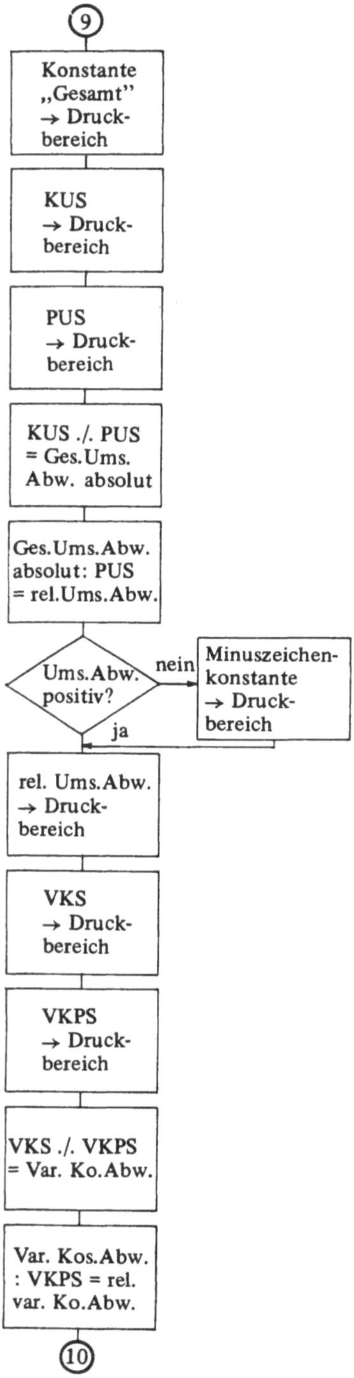
9
Konstante „Gesamt" → Druckbereich
KUS → Druckbereich
PUS → Druckbereich
KUS ./. PUS = Ges.Ums. Abw. absolut
Ges.Ums.Abw. absolut: PUS = rel.Ums.Abw.
Ums.Abw. positiv?
nein
Minuszeichenkonstante → Druckbereich
ja
rel. Ums.Abw. → Druckbereich
VKS → Druckbereich
VKPS → Druckbereich
VKS ./. VKPS = Var. Ko.Abw.
Var. Kos.Abw. : VKPS = rel. var. Ko.Abw.
10

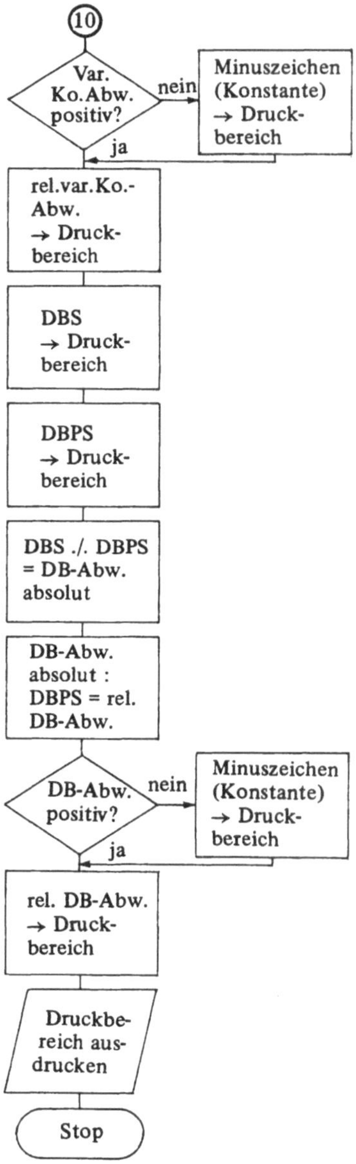
10
Var. Ko.Abw. positiv?
nein
Minuszeichen (Konstante) → Druckbereich
ja
rel.var.Ko.-Abw. → Druckbereich
DBS → Druckbereich
DBPS → Druckbereich
DBS ./. DBPS = DB-Abw. absolut
DB-Abw. absolut : DBPS = rel. DB-Abw.
DB-Abw. positiv?
nein
Minuszeichen (Konstante) → Druckbereich
ja
rel. DB-Abw. → Druckbereich
Druckbereich ausdrucken
Stop

6.42 Absatzbezogene Analyse

Daten, die für den zweiten Teil der Produktanalyse relevant sind, stammen aus Unterlagen, die in der Unternehmung selbst anfallen, aber Aussagen über das Berührungsgebiet der Unternehmung mit dem Markt beinhalten, also Daten, die teilweise Marktgegebenheiten, teilweise betriebliche Gegebenheiten beschreiben.

6.421 Nachfrage

Die Nachfrage eines Produkts bemißt sich nach dem mengenmäßigen Umsatz bzw. nach der Menge, die bei entsprechender Lieferbereitschaft hätte abgesetzt werden können. Letzterer Wert ist aus den Mengenangaben der eingegangenen Kundenaufträge zu entnehmen und wird im Rahmen der Auftragserledigung maschinell gespeichert. Um die Vergleichbarkeit mit tatsächlich als Umsatz realisierter Nachfrage zu gewährleisten, ist die periodenmäßige Abgrenzung analog zu den Umsätzen vorzunehmen.
Ein Vergleich der möglichen mit den tatsächlichen Umsätzen einerseits und den planmäßigen Umsätzen andererseits gestattet eine Beurteilung der mengenmäßigen Unternehmensleistung und deren evtl. Ausweitungsmöglichkeiten.
Stellt man z. B. fest, daß die in Auftrag gegebenen Stückzahlen ständig um 30% höher liegen als die durch Absatz realisierten, dann ist offensichtlich, daß die Produktionskapazität in diesem Fall nicht ausreicht bzw. – im Fall des Handelsbetriebes – aufgrund zu knapper Nachdisposition und Lagerhaltung der Nachfrage nicht nachgekommen werden konnte.
Bei Abfrage der Umsatzwerte kann gleichzeitig auf die akkumulierten Nachfragemengen (Auftragsm.)[1] zugegriffen werden, die dann mit dem mengenmäßigen Soll- und Istumsatz verglichen werden. Wird die mengenmäßige Nachfrageabweichung zum mengenmäßigen Umsatz in Beziehung gebracht, dann läßt sich aus dem resultierenden %-Wert der Grad der Nichtausschöpfung vorhandenen Umsatzpotentials erkennen.

6.422 Umsatzstärke

Auf die Feststellung der Umsatzstärke eines Produkts wurde im Rahmen des Abschnitts 1.411 bereits eingegangen, da die Höhe des Produktumsatzes Voraussetzung zur Verrechnung der produktspezifischen Kosten ist. Davon abgesehen ist es jedoch auch möglich bzw. naheliegend, den Produktumsatz im

[1]) Es erscheint sinnvoll, die Nachfrage mengenmäßig zu erfassen, da so Preisschwankungen und deren Auswirkungen aus der Betrachtung ausgeklammert werden können.

Rahmen des gesteckten Umsatzzieles (des Planumsatzes) absolut zu betrachten. Die einzelnen Produkte als Umsatzträger lassen sich dann je nach dem mit ihnen erzielten Gesamtumsatz klassifizieren und dadurch favorisieren. Das Ergebnis eines solchen Vergleichsverfahrens ist wiederum eine Liste, auf der die Produkte nach Umsätzen in absteigender Reihenfolge aufgeführt sind (analog zu Abb. 38–40, jedoch nach Umsatz-, nicht nach DB-Rang).
Eine solche Auflistung genügt den betrieblichen Anforderungen jedoch weniger als die bisher gezeigten (Abb. 38–40) Auswertungen. Vor allem wird bei einer solchen Betrachtung von der Erfolgsorientierung abgesehen und folglich eine Entscheidung in dieser Richtung zumindest erschwert.
Ein anderer Aspekt ist die Feststellung des Marktanteils an Hand des Produktumsatzes, der zum Marktumsatz mit gleichartigen Produkten in Beziehung gesetzt wird. Der Gesamt-Markt-Umsatz ist zu diesem Zweck mittels Erhebung zu ermitteln.
Der Marktanteil ergibt sich dann als Quotient:

$$\text{Marktanteil} = \frac{\text{Produktumsatz (eigenes Produkt)}}{\text{Marktumsatz}} .$$

Voraussetzung eines aussagefähigen Wertes ist natürlich, daß die Umsätze zu gleichen (artgleichen) Preisen bewertet werden. Man kann nicht einerseits die eigenen Umsätze beispielsweise zu Werksabgabepreisen und andererseits die Marktumsätze zu Markt- bzw. Verbraucherpreisen ansetzen. Ein Ergebnis, das auf solchen Werten beruht, würde zwangsläufig zu einer Unterschätzung der eigenen Marktbedeutung führen.

6.423 Retourenhäufigkeit

Auf die Bedeutung der zahlenmäßigen Auswertung der Retourenvorgänge als Umsatzminderung einerseits und als Kriterium für technische und absatzmäßige Verwendbarkeit andererseits wurde bereits hingewiesen.
Unter der Voraussetzung, daß die Werte bezüglich der Retouren bereits abgespeichert, per saldo erfaßt und abrufbereit sind, ist wie folgt vorzugehen (Werte immer auf dieselbe Periode bezogen):

a) Von dem bereits errechneten korrigierten Umsatz (Umsatz ./. Skonti, Boni) ist zunächst der in Abb. 35 unter den Positionen 3.5.1 bzw. 3.5.2 aufgeführte kumulierte Retourenwert für die betreffende Periode abzusetzen. Dadurch kann der tatsächlich wirksame Umsatz ermittelt werden.
b) Weiter sind die in Abb. 35 unter den Positionen 3.5.1.1.1, 3.5.1.2.1 bzw. 3.5.1.1.2, 3.5.1.2.2 genannten und im Artikelsatz gespeicherten Retourenwerte getrennt nach Defekt und Kulanz zum korrigierten Umsatz in Relation zu setzen:

z. B.:

%-Satz Kulanz Gesamtperiode =

$$\frac{\text{Wert 3.5.1.1.2 (Retourenwert Gesamtperiode)}}{\text{Wert 3.3.2.2 ./. Wert (3.6.1 + 3.6.2)}}$$

(Umsatz Wert Ges. Periode) (Skonti, Boni Wert Ges. Periode)

Und %-Satz Defekt Gesamtperiode =

$$\frac{\text{Wert 3.5.1.2.2 (Retourenwert Defekt Ges. Periode)}}{\text{Wert 3.3.2.2 ./. Wert (3.6.1 + 3.6.2)}}$$

$$\underbrace{\text{(Umsatz Wert Ges. Periode) (Skonti, Boni Wert Ges. Periode)}}_{\text{= korrigierter Umsatz}}$$

Mittels der so erlangten %-Sätze läßt sich die technische Tauglichkeit (Defekt-%-Satz) und die absatzmäßige Tauglichkeit (Kulanz-%-Satz) beurteilen. Dieselbe Untersuchung kann dann noch für die Teilperioden mit den entsprechenden Teilperiodenwerten durchgeführt werden.

6.424 Gewinnstärke

Die Ermittlung der Gewinnstärke eines Produktes ist nur möglich, wenn sämtliche anfallenden Kosten mit den Erlösen verrechnet werden, wenn also eine Vollkostenrechnung stattfindet. Die Ergebnisse einer solchen Rechnung müssen jedoch zwangsläufig mit mehr oder weniger großen Fehlern behaftet sein. Daher eignet sich – wie bereits dargelegt – der errechnete Produktgewinn für die Beurteilung der Produkte hinsichtlich ihrer Erfolgsträchtigkeit nicht. Deshalb ist für die Produktanalyse von der differenzierten Gewinnermittlung abzusehen und lediglich eine Gesamtkostenrechnung dann vorzunehmen, wenn die Erlöse ihrer Zusammensetzung nach dies gestatten, d. h. wenn die Gesamterlöse als Ausgangsbasis der Rechnung vorliegen. Allenfalls ist eine Verrechnungsweise wie in Abb. 39 und 40 gezeigt vertretbar.

1.425 Umschlagshäufigkeit

Die Umschlagshäufigkeit ergibt sich als Quotient aus Umschlag der Periode und durchschnittlichem Lagerbestand, wobei die zu verrechnenden Werte entweder Mengen- oder Wertdaten sein können. Da die Preise als Wertkomponen-

ten Schwankungen unterworfen sind, auf die die Unternehmung keinen oder zumindest nicht ausschließlich Einfluß hat, ist es angebracht, die Berechnung auf Mengenbasis durchzuführen.
Der durchschnittliche Lagerbestand errechnet sich wie folgt:

$$\frac{\text{Anfangsbestand} + \text{Endbestand}}{2} = \phi - \text{L} \,. \tag{1}$$

Dieser Wert läßt sich durch Einbeziehen von mehreren Endbeständen (z. B. Monatsschlußbestände) weiter verfeinern, um z. B. Saisonschwankungen auszugleichen:

$$\frac{\text{Anfangsbestand} + \text{n Endbestände}}{\text{n} + 1} = \phi - \text{L} \,. \tag{1a}$$

Die Endbestände errechnen sich jeweils aus der Differenz zwischen Anfangsbeständen und Zugängen, abzüglich den mengenmäßigen Abgängen (Ziffern bezogen auf Abb. 4):

$$\text{EB} = \underset{3.1.1.1}{\text{AB Ges. Per.}} + \underset{3.2.1.1.}{\text{Zugänge Ges. Per.}} \;./.\; \underset{3.3.2.1}{\text{Abg. Ges. Per.}} \tag{2}$$

Unter Verwendung der oben angeführten Formeln ergibt sich für die Umschlagshäufigkeit:

$$\text{U}_\text{H} = \frac{\text{Umschlag (3.3.2.1)} \cdot 2 \;\; (= \text{mengenmäßige Abgänge} \cdot 2)}{\underset{(3.1.1.1)}{\text{Anf. Best.}} + (\text{Anf. Best. (3.1.1.1)} + \underset{(3.2.1.1)}{\text{Zugänge}} \;./.\; \underset{(3.3.2.1)}{\text{Abgänge}})} \,. \tag{3}$$

(3) drückt die Umschlagshäufigkeit aus, die mit Hilfe der Anfangs- und Endwerte der Gesamtperiode errechnet wurde.
Dementsprechend ist die Berechnung für Teilperioden durchzuführen:

$$\text{U}_\text{HT} = \frac{\text{Umschlag Teilp. (3.3.3.1)} \cdot 2 \; (= \text{mengenmäßige Abgänge} \cdot 2)}{\text{Anf. B. Teilp. (3.1.2.1)} + (\text{Anf. B. Teilp. (3.1.2.1)} + \text{Zug. Tp (3.2.2.1)} \;./.\; \text{Abg. Tp (3.3.3.1)})} \tag{4}$$

Soll in die Berechnung der egalisierte durchschnittliche Lagerbestand (1a) eingefügt werden, so ist zur technischen Durchführung zu beachten, daß die bisher aufgetretenen n Endbestände gesondert abgespeichert werden müssen.
Ein vereinfachendes Verfahren ist die Akkumulation der Endbestände und bei Addition jedes Teilwertes (z. B. Monatsendbestand) die Weiterschaltung eines im Artikelsatz enthaltenen Zählers (n) um einen Wert.
Die eingesetzte Formel für U_H würde dann lauten:

$$\text{U}_\text{H} = \frac{\text{Umschlag (3.3.2.1)} \cdot (\text{n} + 1) \; (= 3.4.1. + 1)}{\text{Anf.Best. (3.1.1)} + \text{Endbest. akkumuliert (3.4)}} \,. \tag{5}$$

Ist die Umschlagshäufigkeit nach einem der oben genannten Verfahren ermittelt, so ergibt sich daraus mittelbar die Umschlagsdauer als Quotient aus der Gesamtperiode und der Umschlagshäufigkeit. Die variablen Kosten, die ein Produkt in der fraglichen Periode verursacht hat, sind ebenfalls bekannt und im Artikelsatz abgespeichert, so daß sich für die Kapitalbindung, die durch Herstellung, Lagerung und Vertrieb eines Produktes entsteht, ergibt:

$$\phi \text{ Gebundenes Kap.} = K_{\text{var.ges.}} \cdot \frac{1}{\text{Umschlagshäufigkeit}} .$$

Dieser Wert repräsentiert jedoch noch nicht die tatsächliche Kapitalbindung, sondern zu deren Errechnung wären noch weiter zu berücksichtigen die Lagerzeit der verarbeiteten Rohstoffe und vor allem die Zeitspanne, für die den Abnehmern durchschnittlich Kredit gewährt wird.

6.426 Überprüfung der Einhaltung von Erfolgsvorgaben bei Werbeaktionen

Die Kosten für eine durchgeführte Werbeaktion für ein Produkt schlagen sich als rein variable Produktkosten bei der entsprechenden Ist-Kosten-Erfassung nieder. Die Kosten für eine geplante Werbekampagne beeinflussen analog die variablen Kostenteile der Kostenträger-Planrechnung, während die durch die Werbung zu erzielende Absatzvergrößerung innerhalb des Gesamtplans festgehalten wird. Im Absatzplan kann abgesehen von der Darstellung der Gesamtwerte der notwendige Absatzzuwachs gegenüber der Vorperiode ausgewiesen werden; ein getrennter Ausweis ist jedoch nicht unumgänglich nötig. Grundsätzlich genügt ein Soll-Ist-Vergleich der Absatzmengen, um die Einhaltung der Erfolgsvorgaben beurteilen zu können. Die Planwerte wurden bereits entsprechend gestaltet, um dies zu gewährleisten. Die Einhaltung des Erfolges in Form von Deckungsbeiträgen ergibt sich aus dem Vergleich des jeweiligen Plan- mit dem Ist-Deckungsbeitrag.

6.43 Marktbezogene Analyse

6.431 Aktualität der Produkte

Die Aktualität eines Produkts wird von vielen Faktoren beeinflußt, z. B.: Konjunkturabhängigkeit, Nutzungsdauer, Verpackung, Gebrauchsanwendung u. a. m. Unter Berücksichtigung der möglichen Untersuchungen soll die Aktualität hier mittels drei maßgeblichen Kriterien bestimmt werden: der Saisongebundenheit, des Bekanntheitsgrades (der mehrere Einflußfaktoren, wie z. B. die Werbewirkung, als Resultierende bereits enthält) und des Marktanteils.

6.431.1 Saisongebundenheit

Aus der Gebrauchsanwendung (Ausdruck für die technische Anwendungsweise) eines Produktes läßt sich die Gebundenheit des Absatzes an Saisonzyklen in vielen Fällen ableiten.
Ist die Saisongebundenheit hieraus nicht zu ersehen, dann besteht die Möglichkeit, aus vorliegenden Absatzdaten vergangener Perioden die jeweilige Entwicklung abzulesen. Hierfür ist es nötig, die Vergangenheitsdaten nach Teilperioden unterteilt zu archivieren. Aus einem Vergleich der bis zum gegenwärtigen Zeitpunkt vorliegenden Teilperioden-Absatzergebnisse läßt sich dann die Saisonabhängigkeit auf Grund der Absatzschwankungen ableiten.
Läßt sich weder aus der Gebrauchsanwendung noch aus Absatz-Archivdaten eine Saisonabhängigkeit erkennen, dann kann man davon ausgehen, daß sich der Absatz des Produkts relativ gleichmäßig über die Periode verteilt und Schwankungen andere, nicht-zyklisch bedingte Ursachen haben. Ist für ein Produkt festgestellt, ob und wie stark es von saisonalen Nachfragezyklen abhängig ist, dann ist die Wahrscheinlichkeit, daß sich diese Aussage für genau dasselbe Produkt ändert, relativ gering. Die Produkte sind entweder saisonabhängig oder nicht. Folglich handelt es sich hier um ein u. U. aus dynamischen (Bewegungs-)-Daten geschlossenes bzw. entwickeltes Stammdatum eines Produkts. Steht für ein Produkt Art und Stärke der Saisonabhängigkeit fest, dann kann dieses Datum in die allgemeinen Kenndaten, die als Stammdaten im Artikelsatz abgespeichert sind, aufgenommen werden.
An Hand der spezifizierten Saisonabhängigkeit (z. B. nach Jahreszeit bzw. Witterung, festl. Ereignisse) und evtl. aufgetretenen Absatzabweichungen lassen sich dann diese charakterisieren. Desgleichen können bzw. müssen in die Absatzplanung die genannten Zyklen Eingang finden, d. h. vor Festlegung der entsprechenden Absatz- und Mengenwerte ist eine evtl. gegebene Saisonabhängigkeit zu berücksichtigen.

6.431.2 Bekanntheitsgrad

Beim Bekanntheitsgrad eines Produktes handelt es sich um ein Merkmal, über das nicht mittels Daten und Datenquellen, die im normalen Geschäftsgang anfallen, Informationen gewonnen werden können, sondern nur durch speziell hierfür angelegte Untersuchungen am Markt.
Als Mittel der Beschaffung solcher Information kommt das Reisendenberichtswesen und die betriebsexterne Marktuntersuchung in Frage; beides funktioniert auf der Basis von Umfragen bei tatsächlichen oder potentiellen Kunden.
Ist die Umfrage z. B. mit Reisendenberichten durchgeführt worden, dann liegen die Ergebnisse in Form von entsprechend ausgefüllten Berichtsformularen vor, die beispielsweise den Bekanntheitsgrad in drei Klassen (oder beliebig mehr)

unterteilen: „gut“, „schon davon gehört“, „nicht bekannt“ o. ä. Werden im Rahmen der Auswertung der Berichte die einzelnen Aussagen mit Punktzahlen gewichtet, beispielsweise „gut“ mit 10, „schon gehört“ mit 5 und „nicht bekannt“ mit 0 Punkten, die Punktzahlen aufsummiert und die Summe durch die Anzahl der Berichte geteilt, so erhält man den durchschnittlichen Bekanntheitsgrad, der zwischen 0 und 10 Punkten liegen kann. Der Bekanntheitsgrad stellt als Produktinformation eine wesentliche Grundlage für die Entscheidung dar, ob und wie ein Produkt zu bewerten ist. Es handelt sich auch hier wie bei der Saisonabhängigkeit um ein u. U. fixes Charakteristikum eines Produkts, das sich zumindest nicht innerhalb kurzer Zeit verändert. Dementsprechend ist eine Abspeicherung des jeweiligen Bekanntheitsgrades im Stammdatenteil bzw. unter der Rubrik „schwerbewegliche Daten“ des Artikelsatzes vertretbar. Gleichwohl ist bei der Durchführung der Produktanalyse und dem Ausweis der Ergebnisse der Bekanntheitsgrad mit auszuweisen, um eventuelle Zusammenhänge der vorliegenden Ergebnisse der Untersuchungsperiode mit den marktseitig gegebenen Voraussetzungen erkennen und in später folgenden Planungs- bzw. Entscheidungsperioden darauf eingehen zu können.
Da ein enger Zusammenhang zwischen dem Bekanntheitsgrad einerseits, der Saisongebundenheit andererseits und dem erreichten Absatz besteht, ist innerhalb der Gesamtanalyse eine Teilbetrachtung dieser Zusammenhänge möglich und eine maschinelle Durchführung innerhalb des Gesamtablaufs denkbar. Tritt also eine Abweichung auf, die über ein vorauszubestimmendes Maß hinausgeht, so ist nachzuprüfen, ob eine gleichlaufende Abhängigkeit saison- oder bekanntheitsbedingter Art gegeben ist. Wenn dies zutrifft, so ist speziell die Abhängigkeit anzugeben, die als zutreffend erachtet wird.

6.431.3 Marktanteil

Der Marktanteil ist der Anteil, den die Unternehmung vom Gesamtabsatz im Markt mit einem Produkt bestimmter Art und Größe für sich in Anspruch nehmen kann. Demnach ist zur Ermittlung des Marktanteils der produktspezifische Unternehmungsumsatz einerseits und der produktspezifische Marktumsatz andererseits nötig. Die Verhältniszahl dieser beiden Werte ergibt den prozentualen Marktanteil:

$$\frac{\text{Unternehmungsumsatz}}{\text{Gesamtmarktumsatz}} \times 100 = \text{Marktanteil in \%}\ .$$

Der Gesamt-Marktumsatz ist z. B. an Hand von Branchen-Statistiken, Marktforschungsberichten oder speziell hierfür angelegten Untersuchungen zu ermitteln. Das Ergebnis ist im Artikelsatz abzuspeichern, von wo es zur Durchführung der o. g. Berechnung abgerufen werden kann.

6.432 Quantifizierung von Konkurrenzeinwirkungen

Konkurrenzeinwirkungen werden erkennbar und u. U. quantifizierbar durch das Feststellen von produktpolitischen Maßnahmen des Konkurrenzunternehmens. In Abb. 33 wurden einige Arten von Maßnahmen geschildert, die hier nochmals aufgezählt werden sollen: Maßnahmen bezüglich Produktwahl und -gestaltung, Preispolitik, Außenorganisation, Werbung, Verkaufsförderung und Kundendienst.

Der Außendienst als geeignete Institution soll hier die Aufgabe zugewiesen bekommen, über Erfahrungen bezüglich der Konkurrenzmaßnahmen im Rahmen von Reisendenberichten Rechenschaft abzulegen. Dabei ist auf eine möglichst weitgehende Komprimierung sowohl der Abfragemedien (Formulare) als auch des Abfrageinhalts zu achten.

Ein Problem stellt die Notwendigkeit der produktmäßigen Spezifizierung der Konkurrenzmaßnahmen dar. Demnach müßte im Rahmen der Reisendenberichte auf die einzelnen Produkte abgestellt werden, was nur bei Unternehmungen mit zahlenmäßig sehr beschränkten Vertriebsprogrammen möglich ist. Ein Verfahren, das eine erhöhte Differenzierung erlauben könnte, ist die Kennzeichnung der Konkurrenzmaßnahmen auf den Auftragsformularen in direkter Beziehung zum angeführten Produkt, d. h., daß in einer gesonderten Spalte jeweils beim betroffenen Produkt vom Reisenden mittels eines Schlüssels die Konkurrenz hinsichtlich ihrer Maßnahmen bezüglich dieses Produkts bzw. des entsprechenden Konkurrenzprodukts genauer beschrieben wird.

Unter Bezugnahme auf die in Abb. 33 unter Punkt 3 aufgeführten Maßnahmen ist dieses Verfahren (Erfassung mittels Kundenaufträgen durch Reisende) nur eingeschränkt durchführbar, und zwar wegen der bereits erwähnten Notwendigkeit der Quantifizierung des Aufwands. Es wird daher vorgeschlagen, in diesem Rahmen eine Globalbeurteilung der Konkurrenzmaßnahmen durchzuführen, d. h. nicht die einzelnen Elemente der Konkurrenzmaßnahmen zu beurteilen, sondern Aussagen zu machen über Oberbegriffe wie z. B. Produktgestaltung, die Elemente wie Eigenschaften, Grad der Funktionserfüllung, Design, Verpackung und Verwendungsmöglichkeiten enthält.

Die genannte Globalbeurteilung beschränkt sich auf subjektiv vom Reisenden empfundene bzw. durch Verkaufsgespräche festgestellte ‚besser oder schlechter'-Relationen. Auf diese Weise ergibt sich pro Zeile eines Kundenauftrags ein 6stelliger Schlüssel (bezogen auf Maßnahmen in Abb. 33). Dieser Schlüssel drückt aus:

1. Stelle:	Produktgestaltung	A = gleich	als eigenes Produkt
		B = besser	
		C = schlechter	

2. Stelle:	Preispolitik Rabattpolitik	A = gleich B = günstiger C = ungünstiger	im Vergleich zur eigenen Preis- und Rabattpolitik
3. Stelle:	Außenorganisation	A = gleichstark B = stärker, leistungsfähiger C = schwächer, nicht so leistungsfähig	im Vergleich zur eigenen Außenorganisation
4. Stelle:	Werbung	A = gleich B = wirksamer C = unwirksamer	als eigene Werbung
5. Stelle:	Verkaufsförderung	A = gleich B = wirksamer C = unwirksamer	als eigene Verk.förd.
6. Stelle:	Kundendienst	A = gleich B = besser C = schlechter	als eigener Kundendienst

Durch den Vergleich der eigenen produktpolitischen Wirkungskomponenten mit Maßnahmen der Konkurrenz-Produktpolitik wird diese qualitativ umrissen, während mit der genannten verschlüsselten Bewertung eine – allerdings gezwungenermaßen ungenaue – Quantifizierung erreicht wird. Soll eine Entscheidung darüber herbeigeführt werden, wie auf Grund der festgestellten Konkurrenzaktivitäten die eigenen Maßnahmen zu treffen sind, so ist eine weitergehende, differenziertere Untersuchung sinnvoll. Die Ergebnisse der hier geschilderten Globalanalyse können nur Anstoß sein bzw. Hinweise darauf geben, wann und wo zweckmäßig anzusetzen ist.

Die Kennziffern sind bei der Auswertung (Abarbeitung) der Kundenaufträge – wie auch z. B. die Werte über die absolute Nachfragestärke – im Artikelsatz zu speichern. Es sind für jede in Frage kommende Ziffer 3 Zähler einzurichten, die – je nachdem, ob A, B oder C genannt wurde, um eine Stelle weitergeschaltet werden. Weiter ist ein Zähler einzurichten, der die absolute Anzahl der abgearbeiteten Kundenaufträge bzw. der abgespeicherten Schlüsselnummern aufnimmt und je Speichervorgang und Nummernbearbeitung um einen Wert weitergeschaltet wird. Insgesamt sind also 19 Stellen für die geschilderte quantitative Erfassung der Konkurrenzaktivitäten nötig.

Bei Auswertung der Zählerinhalte wird festgestellt, wie oft für jede Ziffer die symbolischen Werte „A, B oder C“ genannt wurden und die ermittelte Häufigkeit jeweils mit der gespeicherten Gesamtanzahl der Schlüssel in Relation gesetzt, woraus sich für jede angesprochene Konkurrenzmaßnahmenart der

Anteil der Fälle, in denen die Konkurrenz „besser", „schlechter" oder „gleich" arbeitet, in Prozent ergibt.

6.433 Feststellung von Service-Produkten im Sortiment

Die Praxis zeigt, daß häufig Produkte im Sortiment enthalten sind, die das Unternehmen und sein Vertriebsprogramm in besonderer Weise prägen: der Abnehmer erwartet, dieses Produkt bei dem speziellen Unternehmen beziehen zu können. Hierfür gibt es die verschiedensten Gründe, wie z. B.

- das Produkt ist an sich veraltet und wird nur noch von dem einen Unternehmen hergestellt und vertrieben;
- das Produkt besitzt eine Marke, die ein gutes Verkaufsargument darstellt;
- der Herstellung des Produkts liegt ein Patent zugrunde, dessen Auswertung exklusiv durch die betreffende Unternehmung vorgenommen wird;
- das Produkt ist in seiner technischen Anwendung schlecht durch andere zu ersetzen.

Dabei wird es in der Regel so sein, daß der Absatz anderer Produkte im Vertriebsprogramm der Unternehmung durch das Vorhandensein oder Nichtvorhandensein eines solchen Produktes positiv bzw. negativ beeinflußt wird. Es gilt also, solche Serviceprodukte[1] im Sortiment festzustellen und – wenn möglich – zu analysieren, wie die übrigen Produkte absatzmäßig von deren Anwesenheit beeinflußt werden. Entsprechende verschlüsselte Vermerke müssen dann im Artikelsatz abgespeichert werden. Zur Beschaffung dieser Produktinformationen bieten sich die Verkäufer an, denn Interdependenzen der genannten Art treten am offensichtlichsten anläßlich von Verkaufsgesprächen zutage. Der Mitarbeiter ist dann in der Lage, mittels eines Schlüssels den Servicecharakter eines Produkts zu kennzeichnen. Die Kennzeichnung erfolgt sinnvoll auf dem Formular für Kundenaufträge (wie bei der Konkurrenzanalyse). Die Abspeicherung der Bezeichnungen erfolgt im Rahmen der Bearbeitung der Kundenaufträge, indem die Schlüssel in Form von Ziffern oder Buchstaben bei dem jeweiligen Produkt vermerkt werden. Es ist möglich, die genannten Sachverhalte mittels eines einstelligen Schlüssels auszudrücken, der z. B. aus einer Ziffer bestehen kann:

1 = Abhängigkeit einzelner Produkte von der Anwesenheit des bestimmten Produkts,

2 = Abhängigkeit des Absatzes aller übrigen Produkte von der Anwesenheit des bestimmten Produkts,

0 = keine Abhängigkeit.

[1]) Die Bezeichnung „Serviceartikel" oder „Serviceprodukt" wurde gewählt, weil deren Beibehaltung im Sortiment bzw. deren Aufnahme oder Entfernung in erster Linie von den Präferenzen der Abnehmer abhängt und erst in zweiter Linie vom Erfolg des Produkts.

Zur Messung des Servicegrades sind wiederum 3 Zähler einzurichten, die mit Nennung von 0,1 oder 2 entsprechend angesprochen werden. Die Häufigkeiten der Nennungen, d.h. der Inhalt der Zähler, sind bei Durchführung der Produktanalyse in Relation zu setzen zu der Anzahl der Nennungen, die eventuell bereits in Form eines Zählerinhaltes für die Konkurrenzanalyse vorliegt. Als Ergebnis erhält man wieder – analog zur Feststellung der Konkurrenzstärke – den prozentualen Anteil der Fälle, in denen die Abhängigkeit bezüglich des Gesamtsortiments bzw. bezüglich einzelner Produkte festgestellt wurde.

6.5 Aufbau der Produktdateien

Die produktspezifisch ermittelten primären und sekundären Daten – d.h. Daten, die zum Zweck der Produktanalyse aus vorliegenden Primärdaten generiert werden – sind so bereitzuhalten, daß auf sie im Rahmen des oder der Analyseprogramme zugegriffen werden kann. In den vorangegangenen Darstellungen wurde deutlich, daß hierfür Speichermedien zu wählen sind, deren Kapazität einerseits groß genug ist, die Daten einer Vielzahl von Produkten aufzunehmen, und die andererseits auf diese Daten einen direkten Zugriff gestatten. Im folgenden soll der Aufbau und Inhalt der Dateien beschrieben werden.
Aufgrund der Veränderungsintensität der Daten liegt es nahe, die gesamte Produktdatei in mehrere Teildateien zu untergliedern, die den verschiedenen Veränderungszyklen der in ihnen enthaltenen Daten Rechnung tragen. In Abb. 35 wurde versucht, diesen Sachverhalt bei der Untergliederung der Gesamtdatei innerhalb der Kategorien „1 – Stammdaten“, „2 – Schwerbewegliche Daten“ und „3 – Bewegungsdaten“ zu berücksichtigen.
Weiter ist es zur Durchführung der vorstehend beschriebenen Berechnungen nötig, in der Gesamtdatei einige Daten abzuspeichern, die für das gesamte Sortiment Gültigkeit haben bzw. die nicht produktspezifisch, aber für die Beurteilung der Produkte im Zusammenhang mit dem ganzen Sortiment notwendig sind.

Im einzelnen sind hier zu nennen:

a) Fixkosten der Teilperiode
b) Fixkosten der Gesamtperiode
c) Gesamtumsatz der Teilperiode
d) Gesamtumsatz der Gesamtperiode
e) Gesamtdeckungsbeitrag der Teilperiode
f) Gesamtdeckungsbeitrag der Gesamtperiode.

Am Ende der Datei, d. h. nach dem letzten gespeicherten Artikelsatz, muß ein Kennzeichen abgespeichert werden, aus dem zu entnehmen ist, daß der letzte Artikelsatz abgespeichert wurde und nachfolgende eventuelle Speicherinhalte nicht mehr analyserelevant sind. Dieses Kennzeichen wurde als „Endekriterium“, abgekürzt EKRI, bezeichnet.
Wurden alle Artikelsätze der Reihe nach abgearbeitet, wie z. B. bei dem in Abb. 41 gezeigten Indizierungsverfahren, dann stößt man nach Bearbeitung des letzten Satzes in der Datei auf das Endekriterium; dies bedeutet, daß somit der Programmteil Indizierung abgeschlossen ist und mit dem Auflistungsteil begonnen werden kann.

6.51 Produkt-Stammdatei

Die in Abb. 35 unter Ziffer 1 aufgeführten Daten bilden zusammen den Teilsatz, deren Gesamtheit mit Stammdatei bezeichnet wird. Sie enthält allgemeine Kennzeichnungs- und technische Daten, die – wenn überhaupt – nur langfristigen Änderungen unterworfen sind. Veränderungen der Daten ergeben sich nicht aus dem betrieblichen Geschehen, sondern werden von der Unternehmung subjektiv festgelegt. Daraus ergibt sich, daß diese Teildatei in ihren Veränderungen vom Änderungsdienst bestimmt und aktualisiert wird.
Aufgrund ihres Kennzeichnungscharakters müssen die Produkt-Stammdaten jedoch ebenso leicht aus dem Speicher abgelesen werden können wie die Bewegungsdaten. Bei jeder Manipulation von Bewegungsdaten muß ein Teil des Stammdatensatzes, z. B. Artikelnummer und -bezeichnung, mit übernommen werden, um die Beziehung der eingelesenen und errechneten Werte zu dem konkreten Produkt herzustellen.
Aus diesen Gründen scheint eine zwar logisch getrennte, aber physisch gleiche Abspeicherung angebracht. Der Stammdatensatz soll demnach mit den übrigen Artikelsätzen zusammen einen gesamten Artikelsatz bilden und als solcher geschlossen abgespeichert sein.
In dem Artikelsatz der Abb. 35 sind unter Punkt 1 auch Daten aufgeführt, die zur Produktanalyse nicht unbedingt herangezogen werden müssen, wie z. B. die Angaben über Rabattstaffelungen, Abmessungen, Gewicht usw., die jedoch trotzdem im Artikelsatz enthalten sein sollten, um z. B. eine lückenlose Sortimentsdokumentation (= Ausdrucken von Sortiments- und Preisverzeichnissen) zu ermöglichen. Zum anderen ist es im Zuge zunehmender Integration der betrieblichen Datenverarbeitung denkbar bzw. erforderlich, auch im Rahmen anderer Programme auf die Produktdaten, hier die Stammdaten, zugreifen zu können (beispielsweise während der Durchführung der Fakturierung, wo zur Erstellung der Faktura, Errechnung des Versandgewichts u. ä. die Daten bezüglich Einzelpreis, Rabattstaffeln, Gewicht benötigt werden).

Hinsichtlich der Produktanalyse hat die Stammdatei nur kennzeichnende Funktion, d.h. es brauchen nur Teile des Speicherinhaltes gelesen und verarbeitet zu werden, wie die Artikelnummer, die verbale Produktbezeichnung und evtl. die Produktgruppe und die Zulieferer-Bezeichnung.

6.52 Produktdatei mit schwerbeweglichen Daten

Diese Datei enthält Werte und Bezeichnungen, die in ihren Veränderungszyklen zwischen den reinen Stammdaten und den reinen Bewegungsdaten liegen.
In der Hauptsache handelt es sich um nicht von der Unternehmung bestimmbare Produktmerkmale, sondern um Tatbestände, die sich aus der Marktabhängigkeit des Produktabsatzes für die einzelnen Produkte ergeben.
Die Daten (vgl. Abb. 35) haben Relevanz zur Durchführung der in Abschnitt 6.23, 6.4 geschilderten Untersuchungen. Es ist jedoch denkbar, daß im Zuge der kosten- und absatzseitigen Produktbeurteilung im Sinne des Management by Exception die genannten Daten verarbeitet werden müssen, um eine der Bedingungslage angepaßte Vorgehensweise zu gewährleisten.
Aus Gründen der einfacheren Kombinationsmöglichkeit der schwerbeweglichen mit den Bewegungsdaten empfiehlt es sich, analog zu den Produkt-Stammdaten eine gemeinsame Abspeicherung auf Magnetplatte vorzunehmen. Die Daten werden in der in Abb. 35 beschriebenen Reihenfolge abgespeichert.

6.53 Produkt-Bewegungsdatei

Die Produkt-Bewegungsdatei ist für die Produktanalyse die wichtigste Datei, denn in ihr sind alle relevanten Werte festgehalten, die sich ergeben, wenn der Leistungsvollzug erfolgt, d.h. Rohstoffe und Vorprodukte eingekauft, Produkte hergestellt und diese dann vertrieben werden.
Die unter 6.2, 6.41 und 6.42 beschriebenen Untersuchungen stützen sich auf Ausgangsmaterial, das im Artikelsatz unter der Oberbezeichnung Bewegungsdaten gespeichert wird. Entsprechend der Differenziertheit der Auswertung des vorliegenden Materials ist der Inhalt der Bewegungsdatei umfangreicher und differenzierter als der der beiden bereits geschilderten Dateien.
Die Produkt-Bewegungsdatei enthält jedoch nicht nur sogenannte Ausgangsdaten, sondern auch Daten, die erst durch Verarbeitung von Ausgangsdaten entstehen, d.h. generiert werden. Diese erarbeiteten Produktinformationen, die teilweise in Form von Produktfavoritenlisten bzw. Erfolgsübersichten ausgegeben werden, werden zweckmäßigerweise nach der Ermittlung und Aus-

gabe ebenfalls in der Bewegungsdatei gespeichert, um eine Reproduktion des Outputs zu späteren Zeitpunkten zu ermöglichen und gleichzeitig über Archivmaterial verfügen zu können, das zur Durchführung von Berechnungen über längerfristige Entwicklungen benötigt wird.

6.54 Produkt-Archivdatei

Die Bewegungsdatei enthält jeweils nur die aktuellsten Informationen, d. h. Daten, die die laufende Periode betreffen. Am Ende einer Periode (z. B. Geschäftsjahr) werden die ermittelten Produktkenndaten in die Archivdatei übernommen. Dabei genügt es i. d. R., wenn nur die jeweils interessierenden Endergebnisse der Perioden archiviert werden. Wichtig ist hierbei eine Archivierung der Werte auch für die Teilperioden, denn es muß die Möglichkeit bestehen, neben dem Vergleich der aktuellen mit der zurückliegenden Gesamtperiode auch Vergleiche der Teilperioden vorzunehmen. Ein Beispiel hierfür ist der Vergleich der Produkterfolge der gerade abgelaufenen Periode mit zurückliegenden Perioden (Saisons) bei saisonabhängigen Produkten.
Die Aktualisierung der Archivdatei geschieht nach Ablauf einer Gesamtperiode durch Ersetzen der älteren Archivdatei durch die nächstjüngere usf., so daß die jüngsten Daten die erste Stelle einnehmen und die älteren um jeweils eine Position nach hinten gerückt werden. Die Aktualisierung der Teilperiodendateien erfolgt in gleicher Weise: Nach Ablauf der Teilperiode werden die Werte ermittelt und an der ersten Stelle der Datei abgespeichert. Gleichzeitig wird die älteste Archivstelle gelöscht und durch die nächstjüngere ersetzt. Wie viele Perioden archivmäßig erfaßt werden sollen, hängt von den Bedürfnissen der Unternehmung ab.
Die Archivdatei enthält ausschließlich historische Aussagen, die keiner Aktualisierung mehr bedürfen. Hier kann – nicht zuletzt aus Kostengründen – von teureren Speichermedien mit direktem Zugriff auf billigere Medien mit sequentieller Speicherungsform (Magnetband) übergegangen werden.
In Abb. 42 wird eine Darstellung des Aufbaus und Inhalts der Produkt-Archivdatei gegeben. Dabei wurde mit einigen Produktmerkmalen, die der Stammdatei entnommen sind, begonnen. Unter der Rubrik Bewegungsdaten und aus solchen generierte Ergebnisse sind zunächst die Daten und Berechnungsergebnisse, die aus Abb. 40 zu entnehmen sind, aufgeführt. Dabei wurde eine Trennung der Gesamtperioden- und Teilperiodendaten vorgenommen, um Vergleiche mit vorangegangenen entsprechenden Teilperioden zu ermöglichen. In Abb. 42 wurden 4 Teilperioden zu Grunde gelegt. Eine Einteilung in diese Segmente erfuhren auch die Absatzdaten, d. h. die Werte über Nachfrage, Marktanteil, Retourenanteile und Umschlagshäufigkeit.

Abb. 42: Inhalt und Aufbau eines Satzes der Produkt-Archivdatei

Datenart	Ordnungszahl	Inhalt	Speicherungsweise				Platz
			Klartext	Schlüssel	gepackt	ungep.	Bytes
1. Stammdaten	1.1	Artikelnummer (Produktnummer)	X		X		5
	1.2	Verbale Artikel (Produkt-) Bezeichnung	X			X	30
	1.3	Produktgruppe (Branche)		X		X	2
	1.4	Zulieferer Nr.	X		X		5
	1.5	Zulieferer verbale Bezeichnung	X			X	30
2. Bewegungsdaten und aus solchen generierte Ergebnisse	2.1	Umsätze Gesamtperiode					
	2.1.1	Umsatz Ist Gesamtperiode (Korrigierter Umsatz)	X		X		5
	2.1.2	Umsatz Ist Gesamtperiode %Satz[1])	X		X		3
	2.1.3	Umsatz Plan Gesamtperiode	X		X		5
	2.1.4	Umsatz-Planabweichung %Satz	X		X		3
	2.2	Umsätze Teilperioden[2])					
	2.2.1	Umsatz Ist Teilperiode I (Korrigierter Umsatz)	X		X		5
	2.2.1.1	Umsatz Ist Teilperiode I %Satz[1])	X		X		3
	2.2.1.2	Umsatz Plan Teilperiode I	X		X		5
	2.2.1.3	Umsatz-Planabweichung Teilperiode I %Satz	X		X		3
	2.2.2	Umsatz Ist Teilperiode II (Korrig.Ums.)	X		X		5
	2.2.2.1	Umsatz Ist Teilperiode II %Satz[1])	X		X		3
	2.2.2.2	Umsatz Plan Teilperiode II	X		X		5
	2.2.2.3	Umsatz-Planabweichung Teilperiode II %Satz	X		X		3
	2.2.3	Umsatz Ist Teilperiode III (Korrig.Ums.)	X		X		5
	2.2.3.1	Umsatz Ist Teilperiode III %Satz[1])	X		X		3
	2.2.3.2	Umsatz Plan Teilperiode III	X		X		5
	2.2.3.3	Umsatz-Planabweichung %Satz Teilperiode III	X		X		3
	2.2.4	Umsatz Ist Teilperiode IV (Korrig.Ums.)	X		X		5
	2.2.4.1	Umsatz Ist Teilperiode IV %Satz[1])	X		X		3
	2.2.4.2	Umsatz Plan Teilperiode IV	X		X		5
	2.2.4.3	Umsatz-Planabweichung Teilperiode IV %Satz	X		X		3
	2.3	Deckungsbeiträge Gesamtperiode					
	2.3.1	DB Ist Gesamtperiode	X		X		5
	2.3.2	DB Ist Gesamtperiode %Satz[3])	X		X		3
	2.3.3	DB Plan Gesamtperiode	X		X		5
	2.3.4	DB Planabweichung Gesamtperiode %Satz	X		X		3

Datenart	Ordnungszahl	Inhalt	Speicherungsweise				Platz
			Klartext	Schlüssel	gepackt	ungep.	Bytes
	2.4	Deckungsbeiträge Teilperioden[2])					
	2.4.1	DB Ist Teilperiode I	X		X		5
	2.4.1.1	DB Ist Teilperiode I %Satz[4])	X		X		3
	2.4.1.2	DB Plan Teilperiode I	X		X		5
	2.4.1.3	DB Planabweichung Teilperiode %Satz	X		X		3
	2.4.2	DB Ist Teilperiode II	X		X		5
	2.4.2.1	DB Ist Teilperiode II %Satz[4])	X		X		3
	2.4.2.2	DB Plan Teilperiode II	X		X		5
	2.4.2.3	DB Planabweichung Teilperiode II %Satz	X		X		3
	2.4.3	DB Ist Teilperiode III	X		X		5
	2.4.3.1	DB Ist Teilperiode III %Satz[3])	X		X		3
	2.4.3.2	DB Plan Teilperiode III	X		X		5
	2.4.3.3	DB Planabweichung Teilperiode III %Satz	X		X		3
	2.4.4	DB Ist Teilperiode IV	X		X		5
	2.4.4.1	DB Ist Teilperiode IV %Satz[4])	X		X		3
	2.4.4.2	DB Plan Teilperiode IV	X		X		5
	2.4.4.3	DB Planabweichung Teilperiode IV %Satz	X		X		3
	2.5	Rangzahlen Deckungsbeiträge					
	2.5.1	Rangzahl DB Gesamtperiode	X		X		3
	2.5.2	Rangzahl DB Teilperiode I	X		X		3
	2.5.3	Rangzahl DB Teilperiode II	X		X		3
	2.5.4	Rangzahl DB Teilperiode III	X		X		3
	2.5.5	Rangzahl DB Teilperiode IV	X		X		3
	2.6	Absatzdaten (aus absatzbezogener Analyse)					
	2.6.1	Nachfrage Wert Gesamtperiode	X		X		5
	2.6.1.1	Nachfrage Wert Teilperiode I	X		X		5
	2.6.1.2	Nachfrage Wert Teilperiode II	X		X		5
	2.6.1.3	Nachfrage Wert Teilperiode III	X		X		5
	2.6.1.4	Nachfrage Wert Teilperiode IV	X		X		5
	2.6.2	Marktanteil Gesamtperiode %	X		X		3
	2.6.2.1	Marktanteil Teilperiode I %	X		X		3
	2.6.2.2	Marktanteil Teilperiode II %	X		X		3
	2.6.2.3	Marktanteil Teilperiode III %	X		X		3
	2.6.2.4	Marktanteil Teilperiode IV %	X		X		3
	2.6.3	Retouren %Satz Gesamtperiode	X		X		3
	2.6.3.1	Retouren %Satz Teilperiode I	X		X		3

Datenart	Ordnungszahl	Inhalt	Speicherungsweise				Platz
			Klartext	Schlüssel	gepackt	ungep.	Bytes
	2.6.3.2	Retouren %Satz Teilperiode II	X		X		3
	2.6.3.3	Retouren %Satz Teilperiode III	X		X		3
	2.6.3.4	Retouren %Satz Teilperiode IV	X		X		3
	2.6.4	Umschlagshäufigkeit Gesamtperiode	X		X		2
	2 6.4.1	Umschlagshäufigkeit Teilperiode I	X		X		2
	2.6.4.2	Umschlagshäufigkeit Teilperiode II	X		X		2
	2.6.4.3	Umschlagshäufigkeit Teilperiode III	X		X		2
	2.6.4.4	Umschlagshäufigkeit Teilperiode IV	X		X		2
	2.7	Marktdaten (aus marktbezogener Analyse)					
	2.7.1	Saisongebundenheit[5])					
	2.7.1.1	Mode		X		X	1
	2.7.1.2	Jahreszeit		X		X	1
	2.7.1.3	Jahreszeit und Mode		X		X	1
	2.7.1.4	andere Abhängigkeit		X		X	1
	2.7.2	Bekanntheitsgrad[5])	X			X	2
	2.7.3	Marktanteil Gesamtperiode %	X		X		3
	2.7.3.1	Marktanteil Teilperiode I %	X		X		3
	2.7.3.2	Marktanteil Teilperiode II %	X		X		3
	2.7.3.3	Marktanteil Teilperiode III %	X		X		3
	2.7.3.4	Marktanteil Teilperiode IV %	X		X		3
	2.7.4	Konkurrenzmaßnahmen Gesamtperiode[5])					
	2.7.4.1	Produktgestaltung		X		X	1
	2.7.4.2	Preispolitik, Rabattpolitik		X		X	1
	2.7.4.3	Außenorganisation		X		X	1
	2.7.4.4	Werbung		X		X	1
	2.7.4.5	Verkaufsförderung		X		X	1
	2.7.4.6	Kundendienst		X		X	1
	2.7.5	Serviceeigenschaften des Produkts[5]) (Abhängigktn.)		X		X	1

[1]) % vom gesamten Unternehmensumsatz
[2]) Es wurden 4 Teilperioden angenommen
[3]) % vom gesamten Unternehmens-Deckungsbeitrag
[4]) % vom gesamten Unternehmens-Deckungsbeitrag der Teilperiode
[5]) Auf die Archivierung von Werten, die die Teilperioden betreffen, wurde aus Gründen des wahrscheinlich längerfristigen Datenanfalls verzichtet. Auch im Artikelsatz (Abb. 35) findet eine solche Unterteilung nicht statt.

Die unter Position 2.7 der Abb. 42 aufgeführten Marktdaten sind nur für die Werte bezüglich des Marktanteils in Teilperioden untergliedert, während für Aussagen über Saisongebundenheit, Bekanntheitsgrad, Konkurrenzmaßnahmen und Serviceeigenschaften lediglich eine für die Gesamtperiode gültige Aussage vorgesehen wurde. Der Grund hierfür ist in der Fristigkeit der Erlangung und der Gültigkeitsdauer solcher Informationen zu suchen. Entweder handelt es sich um Aussagen, die als Ergebnis nicht-periodischer Untersuchungen vorliegen, wie z. B. die Aussagen über den Bekanntheitsgrad und die Konkurrenzmaßnahmen, oder die Werte lassen sich von ihrer Natur her nicht auf kürzere Perioden beziehen.

6.6 Organisation des Datenflusses

Der Einsatz elektronischer Datenverarbeitungsanlagen zur Erledigung betrieblicher Belange bewirkt eine grundlegende Umstrukturierung des Daten- und Informationsflusses. Um die EDV in optimaler Weise auszunutzen, ist es nötig, die betriebliche Organisation auf die Gegebenheiten der EDV auszurichten, womit gleichzeitig die Erschließung neuer, d. h. bisher nicht erschlossener und somit zusätzlicher Informationsquellen und -methoden verbunden werden kann. Die Produktanalyse in der vorliegend geschilderten Form stellt eine neue Art der Informationserbringung dar, wenngleich die einzelnen Elemente der Analyse keine Neuerungen darstellen. Die EDV ermöglicht jedoch eine komplexe und komplette Durchführung verschiedenartiger Untersuchungen. Soll dies geschehen, dann ist es nötig, sämtliche relevanten Daten zu speichern, d. h. möglichst alle Arbeiten (z. B. Rechnungserstellung, Buchhaltung), bei denen Ausgangsdaten für die Produktanalyse entstehen, in den elektronischen Informationsbearbeitungsprozeß zu integrieren. Durch eine Analyse der bestehenden Struktur des Beleg- und Datenflusses läßt sich erkennen, welche Daten auf welchen Belegen welche Wege innerhalb der Unternehmung nehmen.

6.61 Ist-Aufnahme (bisheriger Datenfluß)

Vor Konzipierung eines Systems zur maschinellen Durchführung einer Produktanalyse ist die Unternehmung hinsichtlich des Flusses der relevanten Daten zu analysieren. Dabei scheint es zweckmäßig, zunächst eine Übersicht über die anfallenden Belege zu erstellen. In der Folge ist zu untersuchen, welche Belege welche betrieblichen Bereiche durchlaufen. In einer graphischen Darstellung

lassen sich die innerbetrieblichen Abläufe übersichtlich abbilden. Abb. 43 zeigt beispielhaft ein solches Schaubild.
Die angenommene Unternehmung wurde in der Darstellung in 4 Funktionen unterteilt, nämlich Beschaffung, Produktion, Absatz und Rechnungswesen.
Die Tätigkeiten innerhalb der Funktionsbereiche untergliedern sich wiederum in die Phasen Planung, Durchführung und Kontrolle.
Dem Primat des Absatzes zufolge wird von der Absatzplanung ausgegangen. Aufgrund der Mengen und Qualitäten, die im Absatzplan festgelegt wurden, lassen sich die Rohstoffmengen und Fertigungsverfahren im Produktionsplan fixieren, der wiederum die Qualitäts- und Mengenmerkmale des Beschaffungsplans beeinflußt.
Beschaffungs- und Produktionsplan geben zusammen Auskunft über den planmäßigen Rohstoff- und Kapazitätsverbrauch und dessen Preise (z.B. Maschinenzeit, Arbeitszeit, Arbeitslohn), die in den Kostenplan eingehen, auf dem die Kalkulation basiert. Der ermittelte Preis ist Bestandteil des vom Außendienst den Kunden unterbreiteten Angebots, woraus sich ein Kundenauftrag ergeben kann. Der Außendienst erstellt bei der Einholung der Kundenaufträge Besuchsberichte, die über das eigene Vertriebsprogramm, dessen Erfolg im Markt und über das Konkurrenz- und Kundenverhalten Auskunft geben. Der Inhalt der Reisendenberichte findet Eingang in die vertriebliche Funktion der Absatzkontrolle, wo er verarbeitet und zur Absatzplanung zurückgemeldet wird, um den Absatzplan an ggf. veränderte Marktbedingungen anpassen zu können.
Je nach Art des Auftrags bzw. des Vertriebsprogramms (Produktionsprogramms) schließt sich die Bestellung, d.h. die tatsächliche Beschaffung des Fertigungsmaterials an den Eingang des Kundenauftrags oder an die Beschaffungsplanung direkt an. Mittels des zunächst eingelagerten und dann für die Produktion bereitgestellten Fertigungsmaterials beginnt die Unternehmung die Produkte zu erstellen. Der tatsächliche Verbrauch an Material, Arbeits- und Maschinenkapazität wird auf Belegen festgehalten und geht in Form von Materialscheinen und Lohnscheinen in die betriebliche Ist-Kosten-Rechnung ein. Da sich die Kosten für Maschineninanspruchnahme in vielen Fällen nicht direkt messen lassen, werden sie mittels eines Verteilungsschlüssels kalkulatorisch auf die Abteilungen umgeschlagen und verrechnet. Stehen die für die Produktion angefallenen Kosten fest, dann kann der Kostenpreis für die auftragsgemäß gefertigten Produkte ermittelt und die Ausgangsrechnung erstellt werden[1].
An diesem Punkt setzt die Kontrollphase des Ablaufs ein. Die Daten, die aus der Ausgangsrechnung zu entnehmen sind, werden mit den Mengen- und wertmäßigen Angaben des Absatzplans verglichen; Planabweichungen, die erheblich

[1]) In vielen Fällen, d.h. immer dann, wenn der Preis vom Markt bestimmt wird, ist der Verkaufspreis unabhängig von den Istkosten festzulegen, d.h. die Feststellung der Kosten dient nicht der Preisermittlung, sondern der Kontrolle. Die Preisfestlegung findet dann bereits bei der Absatzplanung in Verbindung mit der Kostenplanung statt.

sind, geben zur (teilweisen) Revision des Absatzplans Anlaß. Die Änderungsmaßnahmen können entweder Anpassung an den veränderten Tatbestand oder dessen Bekämpfung zum Ziel haben.

Von der Absatzerfolgskontrolle werden die Daten der Ausgangsrechnung weitergeleitet und für die monetäre Erfolgskontrolle verwendet. Darunter ist der Vergleich der Verkaufsergebnisse (-erlöse), vermindert um die variablen Kosten, mit den planmäßigen Werten des Gewinns bzw. Deckungsbeitrags zu verstehen. Planabweichungen werden hier rückgekoppelt zum Kostenplan, Absatzplan und Produktionsplan. In den genannten Bereichen sind jeweils wieder die Abweichungsursachen zu erforschen und die Planwerte für künftig erfolgende Abläufe entsprechend zu ändern.

Die nächste Position im gezeigten Ablauf ist die Leistungskontrolle der Produktionsfunktion. Mengenmäßige Ausbringungsdaten und Verbrauchsdaten bezüglich der Zeitdauer der Produktion werden mit den entsprechenden Werten des Produktionsplans verglichen und festgestellte Abweichungen in leistungsmäßiger und terminlicher Hinsicht an die Produktionsplanung weitervermittelt. Nach Analyse der Abweichungsursachen kann die Produktionsplanänderung vorgenommen werden.

Die Verbrauchsdaten für Fertigungs- und Hilfsmaterial dienen in einem weiteren Arbeitsgang zur Kontrolle des mengenmäßigen Stoffverbrauchs innerhalb der betrieblichen Funktionen der Beschaffung. Abweichungswerte werden einerseits zum Beschaffungsplan weitergeleitet, um die für künftige Perioden relevanten Beschaffungsplanmengen zu verändern, andererseits finden sie Eingang in den Kostenplan, wo anhand der Abweichungen und des daraus zu ersehenden voraussichtlichen künftigen Produktionsmittelverbrauchs eine neue Basis zur Kosten- und Preisermittlung geschaffen wird.

Die vorstehend geschilderten Abläufe lassen sich in Matrixform darstellen (vgl. Abb. 43). Die Felder der Randleisten der Matrix stellen die Felder des Ablaufbildes der Abb. 43 in fortlaufender Reihenfolge dar. Die Beziehungen der Felder können zweierlei Charakter haben: ein Feld kann einerseits Sender und andererseits Empfänger einer Information sein. Daher wurden die Felder der Kopfleiste als Output- oder Senderfelder und die der Randleiste als Input- oder Empfängerfelder bezeichnet. Besteht zwischen zwei Feldern eine Beziehung, d.h. eine Verbindung im Sinn von Abb. 43, so wird diese durch ein Kreuz (X) markiert. Besteht keine Verbindung, so wird an dieser Stelle ein Null-Symbol (0) eingesetzt. Beziehungen eines Feldes in sich selbst wurden ausgeschlossen. Zur Kennzeichnung wurden die diagonal liegenden Quadrate mit (–) bezeichnet. Die Matrix zeigt eine Trennung der regulären Abläufe von den Kontrolläufen, d.h. der Übermittlung von Kontroll- und Regelgrößen. Die erstgenannten Abläufe werden mit durchgezogenen Linien (→) gekennzeichnet, während die Kontrolläufe durch gestrichelte Linien bezeichnet sind (- - →).

Abb. 43: Ablauf und Kontrollsystem bei konventioneller Datenverarbeitung (Funktionenaufteilung)

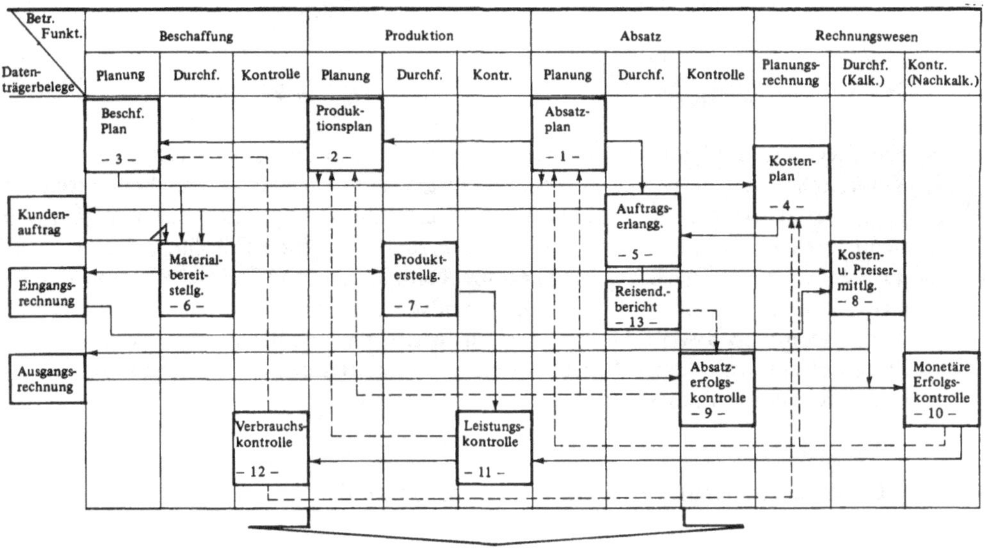

		OUTPUT												
		1	2	3	4	5	6	7	8	9	10	11	12	13
I	1	–	0	0	0	0	0	0	0	X	X	0	0	0
N	2	X	–	0	0	0	0	0	0	0	X	X	0	0
P	3	0	X	–	0	0	0	0	0	0	0	0	X	0
U	4	0	X	X	–	0	0	0	0	0	X	0	X	0
T	5	X	0	0	X	–	0	0	0	0	0	0	0	0
	6	0	0	X	0	X	–	0	0	0	0	0	0	0
	7	0	0	0	0	0	X	–	0	0	0	0	0	0
	8	0	0	0	0	0	X	X	–	0	0	0	0	0
	9	0	0	0	0	0	0	0	X	–	0	0	0	X
	10	0	0	0	0	0	0	0	X	X	–	0	0	0
	11	0	0	0	0	0	0	X	0	0	X	–	0	0
	12	0	0	0	0	0	0	0	0	0	0	X	–	0
	13	0	0	0	0	X	0	0	0	0	0	0	0	–

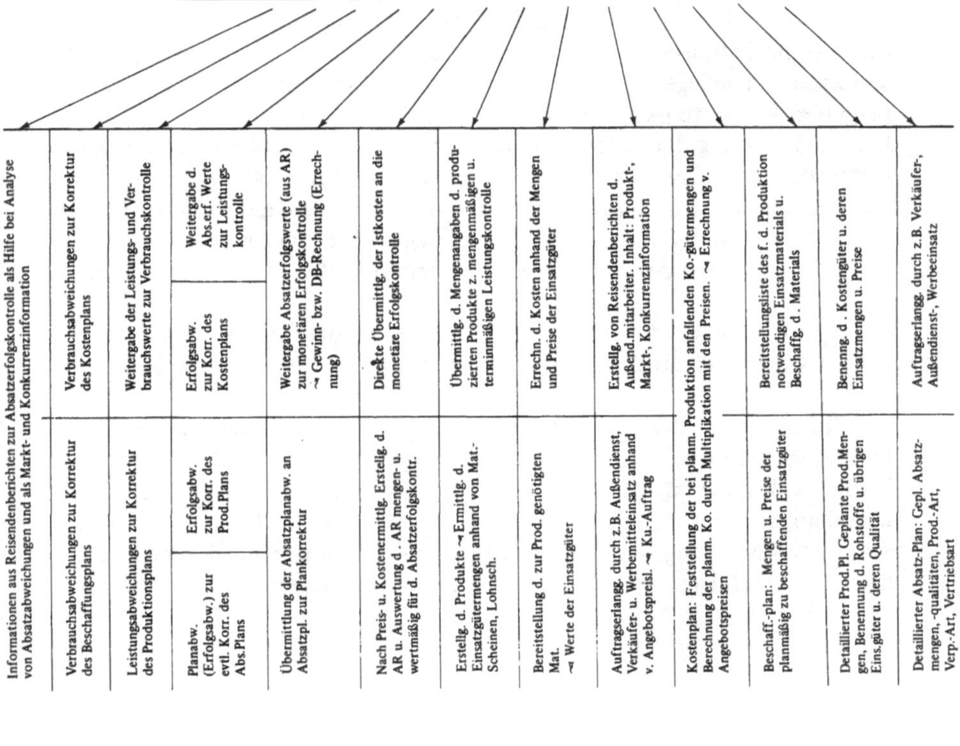

Entsprechend der Numerierung der Felder ergibt sich eine Anordnung der Kennzeichen für die regulären Abläufe entlang der Diagonalen. Daneben treten einige verstreut liegende Kennzeichnungen auf. Sie rühren daher, daß ein Feld nicht nur das nächstliegende, sondern auch später folgende Empfängerfelder ansprechen kann. Die Bezeichnungen für Kontrolläufe und Regelgrößen sind aus diesem Grund ebenfalls verstreut aufzufinden.
Abschließend zu diesem Abschnitt ist zu bemerken, daß die gezeigte Abbildung nur eine von vielen Konstellationsmöglichkeiten des betrieblichen Daten- und Informationsflusses darstellt.

6.62 Strukturierung des Datenflusses beim Einsatz der EDV

Es soll wieder von einer Aufteilung in die betrieblichen Funktionen Beschaffung, Produktion, Absatz und Rechnungswesen ausgegangen werden. Dabei zeigt sich zunächst, daß die EDV die Aufgabe übernimmt, die betrieblichen Vorgänge zahlenmäßig aufzuzeichnen, und mit den gespeicherten Daten die betrieblichen Vorgänge durch Vergleich mit den Vorgabedaten zu überwachen. Die EDV erstellt die Kontrollinformationen, die an die betrieblichen Funktionen weitergeleitet werden. Die Regelungsfunktionen werden nicht von der EDV wahrgenommen, sondern von den Stellen, die von ihr zu diesem Zweck mit Informationen versorgt werden.
Das in Abb. 44 gezeigte Ablaufmodell des EDV-Einsatzes stellt ebenfalls nur *eine* Konstellationsmöglichkeit dar, mit der versucht wird, die evtl. auftretenden Zusammenhänge zu verdeutlichen. Ebenso haben die unter Ausgabe dargestellten Auswertungen nur Beispielcharakter.
Die Durchführung der Produktanalyse und die daraus resultierenden Produktinformationen stellen einen Teil des betrieblichen Informationssystems dar. Die Grundlagen, d.h. die Ausgangsdaten der Analyse, stammen aus verschiedenen Bereichen der Unternehmung. Folglich ist bei der Strukturierung des Datenflusses darauf zu achten, daß alle relevanten Bereiche angesprochen werden.
Im Ablaufmodell (Abb. 44) sind die Datenflüsse durch Pfeile dargestellt worden. Das führt bei zunehmender Komplexität des Modells zur Unübersichtlichkeit.
Als Grundlage zur Bestimmung der Endpunkte der Datenflußwege als Sender von Daten wird die Matrixdarstellung herangezogen. Die Randleisten der Matrix sind mit Input bzw. Output bezeichnet. Output bedeutet, daß die in der Randleiste mit Nummern bezeichneten Felder des Ablaufmodells Daten an andere Felder abgeben. Die verschiedenen Richtungen der Datenabgabe lassen sich verfolgen, indem in der Matrix festgestellt wird, wo sich Kenn-

Abb. 44: Ablauf und Kontrollsystem bei Einsatz von EDVA

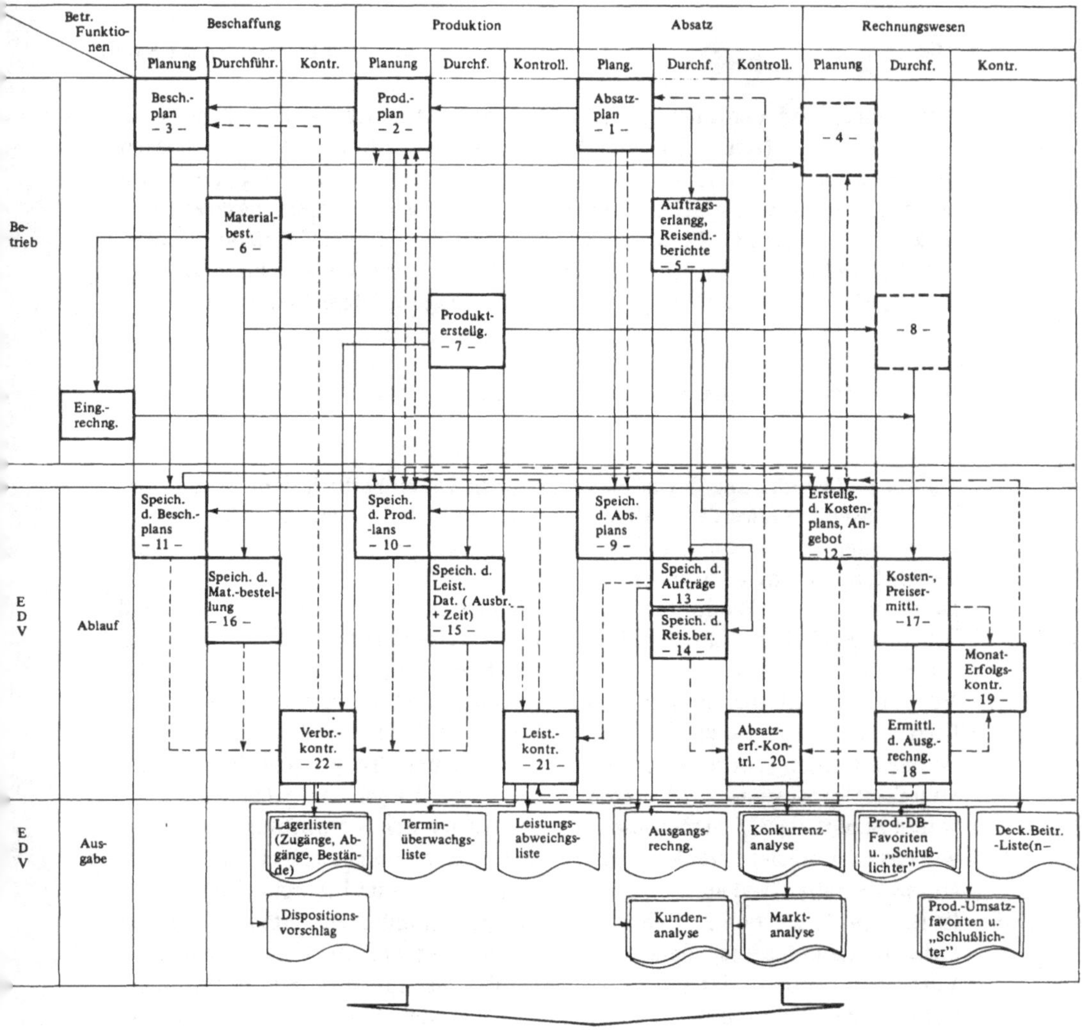

INPUT	OUTPUT 1	2	3	4	5	6	7	8	9	10	11	12	13	14	15	16	17	18	19	20	21	22
1	–	0	0	0	0	0	0	0	0	0	0	0	0	0	0	0	0	0	X	X	0	0
2	X	–	0	0	0	0	0	0	0	0	0	0	0	0	0	0	0	0	X	0	X	0
3	0	X	–	0	0	0	0	0	0	0	0	0	0	0	0	0	0	0	0	0	0	X
4	0	X	X	–	0	0	0	0	0	0	0	0	0	0	0	0	0	0	X	0	0	0
5	X	0	0	0	–	0	0	0	0	0	0	X	0	0	0	0	0	0	0	0	0	0
6	0	0	0	0	X	–	0	0	0	0	0	0	0	0	0	0	0	0	0	0	0	0
7	0	0	0	0	0	X	–	0	0	0	0	0	0	0	0	0	0	0	0	0	0	0
8	0	0	0	0	0	0	X	–	0	0	0	0	0	0	0	0	0	0	0	0	0	0
9	X	0	0	0	0	0	0	0	–	0	0	0	0	0	0	0	0	0	X	0	0	0
10	0	X	0	0	0	0	0	0	X	–	0	0	0	0	0	0	0	0	X	0	X	0
11	0	0	X	0	0	0	0	0	0	X	–	0	0	0	0	0	0	0	0	0	0	0
12	0	0	0	X	0	0	0	0	0	X	X	–	0	0	0	0	0	0	X	0	0	X
13	0	0	0	0	X	0	0	0	0	0	0	0	–	0	0	0	0	0	0	0	0	0
14	0	0	0	0	X	0	0	0	0	0	0	0	0	–	0	0	0	0	0	0	0	0
15	0	0	0	0	0	0	X	0	0	0	0	0	0	0	–	0	0	0	0	0	0	0
16	0	0	0	0	0	X	0	0	0	0	0	0	0	0	0	–	0	0	0	0	0	0
17	0	0	0	0	0	X	0	X	0	0	0	0	0	0	0	0	–	0	0	0	0	0
18	0	0	0	0	0	0	0	0	0	0	0	0	0	0	0	0	X	–	0	0	0	0
19	0	0	0	0	0	0	0	0	0	0	0	0	0	0	0	0	X	X	–	0	0	0
20	0	0	0	0	0	0	0	0	0	0	0	0	0	X	0	0	0	X	0	–	0	0
21	0	0	0	0	0	0	0	0	0	0	0	0	X	0	X	0	0	0	X	0	–	0
22	0	0	0	0	0	0	X	0	0	X	X	0	0	0	X	X	0	0	0	0	0	–

Zeichenerklärung:
- - - - - = Kontrollläufe
——— = „reguläre" Abläufe
– = keine Beziehung möglich
0 = Beziehung möglich, aber nicht existent
X = Beziehung existiert

zeichnungen von Verbindungen (X) befinden, mit denen die Empfängerfelder markiert werden (senkrecht verlaufende Randleiste). In umgekehrter Betrachtungsweise läßt sich mit der Matrixdarstellung erkennen, welche Felder Daten empfangen, und von welchen Feldern die empfangenen Daten ausgehen. Die senkrecht verlaufende Randleiste ist mit Input bezeichnet. Damit wird eine Empfängercharakteristik der aufgeführten Felder ausgedrückt. Durch Aufsuchen der Beziehungskennzeichen (X) werden die Ausgangsfelder lokalisiert.

6.63 Periodizität der Datenbereitstellung

Während die Erfassung der zu verarbeitenden Daten zeitlich dem Anfall der Daten angenähert werden sollte, ist bei der zeitlichen Gestaltung der aufbereiteten Daten (des Output) auf die Bedürfnisse der zu informierenden Stellen in der Unternehmung abzustellen.
Da es sich bei der Produktanalyse um eine Dokumentation des Betriebs- und Vertriebsgeschehens hinsichtlich des Vertriebsprogramms handelt, muß beachtet werden, daß diese Dokumentation Werte enthält, die eine Verfolgung der Vorgänge in Unternehmung und Markt gestatten. Unter zeitlichem Aspekt betrachtet bedeutet dies, daß die Ausgangsdaten (wie z. B. der Umsatz) angesammelt werden, um nach Ablauf einer Zeitspanne (Teilperiode, Periode) in kumuliertem Zustand zur Verarbeitung und zur Ausgabe zu gelangen. Es wurde bereits darauf hingewiesen, daß die Länge der Betrachtungsperioden willkürlich festgelegt werden kann. Es wird jedoch vorgeschlagen, in Anlehnung an die Periodizität vieler betrieblicher Abrechnungs- und Abschlußarbeiten (z. B. Provisions-, Lohn-, Gehaltsabrechnung) zumindest monatliche Intervalle zwischen den einzelnen Bereitstellungszeitpunkten einzuführen. Bei einem Vertriebsprogramm, das stark saisongebunden ist, können die Perioden u. U. während der Saison verkürzt und während der Nichtsaison entsprechend verlängert werden. Damit erreicht man eine relativ aktuelle Berichterstattung während der verkaufsintensiven Zeitspanne, während in absatzschwachen Perioden die Menge der gelieferten Information eingeschränkt wird und dadurch dem in der Regel geringeren Informationsbedürfnis Rechnung getragen wird.
Die bisher geschilderte Periodizität bezog sich auf die zeitlichen Abstände, in denen routinemäßige Untersuchungen durchgeführt werden. Zum Fällen von vertrieblichen Entscheidungen kann es jedoch nötig sein, Informationen über ein Produkt zu beschaffen, die zeitlich nicht mit den Routineinformationen zusammenfallen. Die Vertriebsleitung muß die Möglichkeit besitzen, zu jedem Zeitpunkt aktuelle Daten über ein bestimmtes Produkt anfordern zu können. Hierbei ist der Speicherinhalt (Artikelsatz) auszuwerten wie bei einer Routineanalyse. Aus der Notwendigkeit solcher Produkt-Zwischenberichte ergibt sich

die Notwendigkeit wahlfreien Speicherzugriffs, des weiteren muß der Speicherinhalt so aktuell wie möglich sein, d.h. es ist ein permanentes Updating erforderlich.

6.7 Koordination der Einzelanalysen und -Informationen zur Gesamtinformation und deren Einfluß auf die vertriebliche Sortimentsgestaltung

6.71 Gestaltungsgesichtspunkte beim Aufbau des Output

Die Gestaltung des Output der elektronischen Produktanalyse muß sich grundsätzlich nach den Anforderungen richten, die von den zu informierenden Stellen, nämlich der Vertriebsleitung, gestellt werden. Im einzelnen kommt hier eine Gruppierung der Produkte nach den Merkmalen des Vertriebsprogramms, d.h. nach Preisklassen, Umsatzklassen, Deckungsbeiträgen, Produktgestaltung, Verwendungsverwandtheit u.a.m. in Frage [20, S. 100].
Zunächst interessiert die Führung, wie stark ein Produkt am gesamten Erfolg einer Periode oder Teilperiode beteiligt ist. Darüber geben die Daten bezüglich Umsatz und Deckungsbeitrag Auskunft. Durch eine Auflistung der Produkte nach Deckungsbeiträgen und deren gleichzeitige Aufsummierung läßt sich beispielsweise feststellen, mit welcher Anzahl von Produkten 80% des gesamten Deckungsbeitrags erreicht werden. In gleicher Weise kann diese Berechnung mit den Produkt-Umsätzen durchgeführt werden [5, S. 35]. Nicht selten wird der Hauptanteil am Umsatz bzw. Deckungsbeitrag von einem relativ kleinen Teil des Vertriebsprogramms erbracht. Diese Haupterfolgsträger werden durch Vergleich der aufsummierten Deckungsbeiträge (bzw. Umsätze) mit den gesamten Deckungsbeiträgen (Umsätzen) abgegrenzt.
Listet man die Produkte getrennt nach Preisklassen auf und führt die Errechnung und Summierung der Umsätze und Deckungsbeiträge je Preisklasse durch, so ist daraus die Preisklasse zu ersehen, die am erfolgreichsten arbeitet. Dabei ist nicht nur auf die Gesamt-, sondern auch auf die Einzeldeckungsbeiträge zu achten, denn es wurde bereits erwähnt, daß niedriger Gesamtumsatz und -Deckungsbeitrag, aber hoher Stückdeckungsbeitrag ein Ansporn zur Durchführung von Maßnahmen zur Umsatzsteigerung sein können.

6.711 Problematik der Informationsmengen

Im vorangegangenen Abschnitt wurden einige der möglichen Global-Gesichtspunkte aufgezählt, die bei der Gestaltung des Output der EDV beachtenswert sind. Im folgenden soll nun eine Übersicht über die Möglichkeiten der Gruppierung des auszugebenden Zahlenmaterials gegeben werden. Geht man davon aus, daß die im Artikelsatz gespeicherten Daten hinreichend aktuell sind, so ist die Ausgabe folgender Werte denkbar[1]:

Deckungsbeitrag Ist Deckungsbeitrag Plan	DB-Abweichung
Umsatz Ist Umsatz Plan	Umsatz-Abweichung

Nachfrage
Nichtausgeschöpfte Nachfrage (z. B. Rückstände)
Retourenintensität – Defekt
– Kulanz
Umschlagshäufigkeit
Lagerbestand
ϕ Lagerbestand
Bekanntheitsgrad
Saisongebundenheit
Marktanteil
Konkurrenzaktivitäten
Serviceeigenschaften

Die genannten Angaben beziehen sich teils auf die Unternehmung im Zusammenwirken mit dem Markt, teils ergeben sie sich aufgrund rein marktbezogener Untersuchungen.
Soll die EDV sämtliche Analyseergebnisse für alle Produkte ausdrucken, so wird dadurch die Übersichtlichkeit durch die Fülle des Materials je Produkt erschwert. Zum anderen führt dieses Vorgehen bei Sortimenten, die eine große Anzahl von Produkten umfassen, zu Listen, die mehrere hundert Seiten umfassen. Solche Massen von Unterlagen zu verarbeiten sind sicherlich in den meisten Fällen nicht nötig und auch nicht sinnvoll. In der Regel kann man nämlich davon ausgehen, daß ein Übermaß an Information den Entscheidungsprozeß erschwert bzw. verlangsamt. Die EDV bietet die Möglichkeit, die Ausgabe so zu gestalten, daß die Übersichtlichkeit durch sinnvolles Verdichten der Informationen in quantitativer und qualitativer Hinsicht verbessert wird.

[1]) Ohne weiteres läßt sich auch eine größere Anzahl von Werten, die durch Kombination entstehen, ausgeben. Letzten Endes ist auch hier auf die betrieblichen Anforderungen abzustellen.

6.712 Aufspaltung des Gesamtkomplexes in Sektoren

Um die erwähnten Schwierigkeiten, die sich durch zu umfangreiche Information ergeben, zu vermeiden, soll die Gesamtausgabe der EDV in dreierlei Hinsicht segmentiert werden:

a) Die Ausgabedaten werden in einen Sektor betriebs- und marktbezogene und in einen anderen Sektor marktbezogene Informationen untergliedert.

b) Innerhalb dieser Sektoren werden die Produktinformationen selektiert nach interessanten und uninteressanten Informationen. Für den betriebs- und marktbezogenen Sektor kann hier die Auflistung der Umsatz- bzw. Dekkungsbeitragsspitzen- und Schlußgruppen in Frage kommen. Bezüglich der Marktinformationen ist sicherlich die Benennung von Produkten mit besonders hohem wie auch besonders niedrigem Marktanteil von Interesse. Die Kriterien hoch bzw. niedrig sind jeweils an betrieblichen Maßstäben orientiert, d.h. es werden nur die Marktanteile der von der betreffenden Unternehmung hergestellten und vertriebenen Produkte betrachtet.

c) Umfaßt das Sortiment der Unternehmung mehrere Bedarfsgruppen (Branchen) (wie z.B. beim Elektrogroßhandel: Installationsbedarf, Haushaltsgeräte einschließlich Radio und Fernsehen und schließlich Beleuchtungskörper), so ist eine Unterteilung und getrennte Durchführung der Produktanalyse nach der Zugehörigkeit zu den verschiedenen Bedarfsgruppen in Erwägung zu ziehen. Schon hierdurch wird eine beträchtliche Einschränkung der gelieferten Information erreicht. Besonders zweckmäßig ist die Unterteilung nach Branchen, wenn die Kompetenzen der Vertriebsleitung gleichartig aufgeteilt sind.

Die genannten Vorgehensweisen können einzeln oder zusammen angewandt werden. Die stärkste Differenzierung ergibt sich, wenn eine Branchenunterteilung stattfindet und innerhalb des einzelnen Branchenkomplexes nach absatzbezogenen bzw. marktbezogenen Daten unterschieden wird, die dann nochmals nach Wichtigkeit in Spitzen- bzw. Mitten- und Endgruppen aufgespalten werden. Der Sinn der branchenmäßigen Aufteilung wurde bereits erläutert. Durch die Aufteilung nach Absatz- bzw. Marktbezug wird auf die möglicherweise unterschiedliche Aktualität der zur Analyse verwendeten Ausgangsdaten eingegangen, die sich daraus ergibt, daß die Daten im ersteren Fall den betrieblichen Belegen entnommen werden können, während zur Ermittlung der Marktdaten spezielle Erhebungen notwendig sind.

In Abb. 45 soll ein Beispiel für ein Listenbild der betriebs- und marktbezogenen Analyse gegeben werden, während Abb. 45a eine marktseitige Produktübersicht (Ausschnitt) darstellt. Dabei sind einige Werte in beiden Übersichten enthalten. Im einzelnen sind dies die Angaben über Artikelnummer, verbale Bezeichnung, Branche, Preis, Saisonbindung und Serviceeigenschaften. Diese Werte werden deshalb doppelt ausgegeben, weil sie sowohl bei Entscheidungen aufgrund absatzseitiger als auch marktseitiger Analysen relevant sein können oder einfach Kennzeichnungscharakter haben. So muß z. B. vor der Entscheidung, ob ein Produkt wegen des niedrigen Deckungsbeitrages, den es bringt, aus dem Sortiment entfernt werden soll, beachtet werden, inwiefern und wie stark durch diese Maßnahme der Absatz und damit der Erfolg der anderen Produkte in Mitleidenschaft gezogen wird. Liegt eine solche Interdependenz vor, so ist zu überprüfen, wie hoch die Gesamteinbußen an Umsatz und Deckungsbeitrag bei Streichung des Produkts sein würden. Desgleichen ist bei beiden Analysesektoren die Abhängigkeit des Absatzes von Saisonzyklen zu beachten.

6.72 Durch den Informationsinhalt untermauerte mögliche Maßnahmen

Maßnahmen, die durch die Auswertung der Produktanalyse ausgelöst werden, können sich auf die Gesamtheit der Produkte, auf bestimmte Teile des Vertriebsprogramms und auf einzelne Produkte innerhalb des Sortiments beziehen. Im folgenden sollen einige der möglichen Maßnahmen aufgezählt werden.

6.721 Maßnahmen bezüglich des gesamten Sortiments

Maßnahmen bezüglich des gesamten Sortiments können sich auf die Sortimentsstruktur und den Sortimentsausgleich beziehen. Die Sortimentsstruktur ist durch Tiefe und Breite des Sortiments gekennzeichnet. Diese Merkmale eines Sortiments werden u. a. im Hinblick auf den Bedarf der Abnehmer und die Sortimente und Aktivitäten der Mitanbieter am Markt festgelegt. Die Daten, die eine Produktanalyse liefern kann, sind jedoch teilweise anderer Natur. Sie gehen nicht nur von einer Beurteilung des Absatzmarktes, sondern von einer Beurteilung des Absatzgeschehens und der innerbetrieblichen Vorgänge aus, so daß sie für eine Entscheidung, die sich auf das Gesamtsortiment bezieht, nur unter den Gesichtspunkten des Sortimentsausgleichs relevant sein können. Ein Sortiment sollte zweckmäßig so gestaltet werden, daß ein Absatz ermöglicht wird, der wertmäßig über eine bestimmte Periode (z. B. Geschäftsjahr) keinen größeren Schwankungen unterliegt und dadurch ein dauerhafter Absatzerfolg insgesamt herbeigeführt wird. Meyer unterscheidet zwischen verwendungsbezogenem, zeitbezogenem und kosten- und preisbezogenem Sortimentsausgleich [15, S. 37 ff.]. Kriterien des verwendungsbezogenen Ausgleichs sind in den Verwendungszwecken der Produkte zu finden. Man unterscheidet in horizontal substituierbare, vertikal substituierbare und komplementäre

Abb. 45: Beispiel für ein Listenbild (= Ausgabe) der betriebs- und marktbezogenen Analyse

(Branche, Abteilung)

Absatzbezogene Analyse für ______ Periode: ______ Datum: ______

Artikel Nr.	Branche	Verbale Bezeichnung	Preis	Umsatz Ist DM	Umsatz Plan DM	Abweichung ± %	Deckungsbeitrag Ist DM	DB Plan DM	Abweichung ± %	Σ DB DM	Rang DB	Rang Umsatz
ϕ Lager Stück	Lagerbest. Stück	Nachfrage Stück	Rückstände Stück	Umschl. Geschw.	Kapitalbindung	Ret. Def. %	Ret. Kul. %	Saison schlüss.	Service 0 %	Service 1 %	Service 2 %	
007 5.000	03 3.000	Fix 29.000	4.80 875	135.000,– 11,25	100.000 9.777,–	+ 35 3	25.000,– 2	20.000,– So/Wi	+ 20 1	25.000,–	1	3
010	03	Diplomat	. . .	. . .	. . .	. . .	. . .	. . .	. . .	. . .	. . .	. . .
. . .	. . .	. . .	. . .									

Abb. 45a: Beispiel für ein Listenbild der marktbezogenen Analyse

(Branche, Abteilung)

Marktbezogene Analyse für ______ Periode: ______ Datum: ______

Artikel Nr.	Branche	Verbale Bezeichnung	Preis	Umsatz Ist Stück	Umsatz Plan Stück	Abweichung ± %	Gesamtumsatz Markt	Marktanteil % Ist	Marktanteil % Plan	Abweichung ± %	Rangzahl Marktanteil Ist
Saisonbindung	Bekanntheitsgrad	Konkurrenz Produktgestaltung	Konkurrenz Preisgestaltung	Konkurrenz Außenorganisation	Konkurrenz Werbung	Konkurrenz Verkaufsförderung	Konkurrenz Kundend.	Service 0 %	Service 1 %	Service 2 %	

Güter. Im ersteren Fall handelt es sich um artgleiche und verwendungsgleiche, im zweiten Fall um artfremde und verwendungsgleiche und im dritten Fall um artfremde, verwendungsfremde Güter, deren Verwendungszwecke eng miteinander verknüpft sind (z. B. Autoreifen und Felgen).
Zeitbezogener Ausgleich stellt auf die zeitlichen Unterschiede im Auftreten der Nachfrage nach den Produkten ab. Diese Zeitabstände können von der Saisonabhängigkeit des Produktabsatzes und von der Verwendungscharakteristik der Produkte (kurzfristige (Konsum-) oder langfristige (Gebrauchs-)Güter) herrühren.
Die Verwendungscharakteristik der Produkte und damit die voraussichtliche Periodizität des Absatzes läßt sich aus der Produktbeschreibung entnehmen. Eine Abhängigkeit von saisonalen Schwankungen kann aus dem Vergleich der Absatzwerte von mehreren aufeinanderfolgenden Perioden ersehen werden, der durch Auflisten der entsprechenden Werte aus dem Artikelsatz und den Archivsätzen der betreffenden Perioden erstellt wird. Ist für die Produkte eine saisonale Abhängigkeit festgestellt, dann kann die Unternehmung versuchen, durch Aufnahme anderer Produkte mit gegenläufiger Saisonabhängigkeit insgesamt gesehen die Stabilität des Absatzes zu verbessern, d. h. die Auslastung des Vertriebs gleichmäßiger über das Geschäftsjahr zu verteilen. Der kosten- und preisbezogene Sortimentsausgleich bezieht sich schließlich auf die gewollte oder ungewollte Anwesenheit von ertragsmäßig schlechten Produkten im Sortiment. Wird der Preis eines Produkts bewußt so gestaltet, daß es keinen Gewinn abwirft, dann ist gleichzeitig über die Preise der übrigen Produkte ein Ertragsausgleich vorzunehmen.
Wird ein ertragsschwaches Produkt aufgrund der Produkt-Erfolgsübersicht erkannt, dann ist zunächst zu prüfen, ob es sich um ein Service-Produkt handelt. Diese Feststellung läßt sich mit Ergebnissen der Reisendenberichtsauswertung, die im Artikelsatz gespeichert sind, treffen. Liegt ein Serviceprodukt vor, so wird es in der Regel nicht aus dem Sortiment entfernt werden, um den Absatz anderer, gewinnbringender Produkte nicht zu beeinträchtigen. Stattdessen muß versucht werden, über die Preise der übrigen Produkte den durch das Serviceprodukt hervorgerufenen Mindergewinn bzw. Verlust zu kompensieren (vorausgesetzt, daß beim Serviceprodukt selbst aus Service-Gründen keine Preiskorrektur möglich ist).

6.722 Maßnahmen bezüglich bestimmter Sortimentssektoren

6.722.1 Innerbetriebliche Maßnahmen

Durch die Zusammenfassung der Ausgabedaten der Produktanalyse nach Branchengesichtspunkten wird das Feld der zu betrachtenden Produkte eingegrenzt, so daß sich Entscheidungen treffen lassen, die über die Entscheidungen bezüglich des Gesamtsortiments in ihrer Detaillierung hinausgehen. Die Produkte einer solchen Produktgruppe können unter Berücksichtigung der vertrieblichen Merkmale (z. B. Käuferkreis, der angesprochen wird, eingeschlagene Vertriebswege, Werbemaßnahmen, spezifische Bedarfscharakteristik, die von der Verwendungscharakteristik der Produktgruppe abgeleitet sein kann, Kostengestaltung usw.) beurteilt werden. Eine wesentliche Rolle spielt hierbei die Beurteilung eines Sortimentssektors im Hinblick auf die Abdeckung eines möglichst großen Teils einer Bedarfsgruppe im Markt. Stellt man fest, daß die Bedarfsgruppe unzureichend abgedeckt wird, so ist eine Einfügung zusätzlicher Produkte in das Sortiment zu erwägen. Wird andererseits eine Überdeckung der Bedarfsgruppe festgestellt (z. B. die Existenz mehrerer gleichartiger, verwendungsgleicher Produkte), so liegt die Entscheidung nahe, das Vertriebssortiment bzw. den bestimmten Sektor um überzählige Produkte zugunsten eines – i. d. R. des ertrags- und gewinnstärksten – zu bereinigen. Die nachfolgende Umschichtung des Absatzes auf das verbleibende Produkt führt z. B. bei Eigenfertigung zu größeren Produktionsmengen, was aufgrund des Rationalisierungseffektes (größere maschinelle Anlagen, evtl. Spezialmaschinen anstatt Universalmaschinen, einfachere und preisgünstigere Rohmaterialbeschaffung aufgrund größerer Mengen und weniger verschiedener Arten, Vereinfachung und Straffung des Vertriebsapparates) die kostengünstigere Herstellung und Vertrieb des Produktes erlaubt. Diese Programmbereinigung innerhalb der Sortimentssektoren wird durch Kenntnis der Umsatz-, Kosten-, Erlös- und Gewinn- (bzw. DB-)Werte sowie der Marktanteile und des Bekanntheitsgrades ermöglicht.

6.722.2 Außerbetriebliche (vertriebliche) Maßnahmen

Der Überblick, der der Führung durch die Segmentierung der Produktanalyse in Branchengruppen ermöglicht wird, versetzt diese in die Lage, die ihr zur Verfügung stehenden Mittel der Vertriebspolitik gezielt einsetzen zu können, und zwar gezielt im Hinblick auf den Vertrieb der Produkte eines bestimmten Sortimentssektors. Im einzelnen sind hier Maßnahmen bezüglich der Gestaltung des Absatzbereichs und der Vertriebsverfahren zu nennen [16, S. 29 ff.]:

a) Wahl der Vertriebswege
b) Auswahl der Kunden (intensiver und selektiver Vertrieb)
c) Abgrenzung der Verbraucher (gezielter oder ungezielter Vertrieb)
d) Verkäufereinsatz (Innen- und Außendienst, Reisende oder Handelsvertreter, Ausbildung und Schulung, Entlohnung, Bezirksabgrenzung)
e) Werbemitteleinsatz (Art, Rhythmus, Charakter, Gestaltung, Streuung der Werbung sowie Wahl der Werbeträger)
f) Verkaufsförderung (Verkäufereinsatz, Werbemitteleinsatz, Kundendienst, Public Relations).

Die Abstufung der genannten vertriebspolitischen Mittel ist unter Verwendung der absatzseitigen und der marktseitigen Informationen festzulegen. Die Einflußmöglichkeiten der durch die Produktanalyse erstellten Informationen auf den Einsatz der vertriebspolitischen Mittel sollen in Abb. 46 dargestellt werden.

Abb. 46: Tendenzielle Einflußmöglichkeiten der Produktinformationen auf den Einsatz vertriebspolitischer Mittel

Vertriebspolitische Mittel / Produktinformationen	Gestaltung des Absatzbereichs					Gestaltung der Vertriebsverfahren														
	Kundenauswahl		Verbr. abgr.			Verkäufereinsatz					Werbemitteleinsatz						Verkaufsförderung			
	Wahl der Vertriebswege	intensiver Vertrieb	selektiver Vertrieb	gezielter Vertrieb	ungezielter Vertrieb	Innen- u. Außendienst	Reisenden- od. Handelsvertretereinsatz	Ausbildung u. Schulung der Verkäufer	Entlohnung der Verkäufer	Verkaufsbezirksabgrenzung	Werbeart	Werberhythmus	Werbecharakter	Gestaltung der Werbung	Werbestreuung	Werbeträgerwahl	Verkäufereinsatz	Werbemitteleinsatz	Kundendienst	Public Relations
Artikelnummer	0	0	0	0	0	0	0	0	0	0	0	0	0	0	0	0	0	0	0	0
Branche	X	X	X	X	X	X	X	X	X	X	X	X	X	X	X	X	X	X	X	X
Preis	0	0	0	0	0	0	0	0	0	0	0	0	0	0	0	0	0	0	0	0
Umsatz Ist	0	0	0	0	0	0	0	0	X	0	X	X	X	X	X	X	X	X	0	0
Umsatz Plan	0	X	X	X	X	X	X	0	X	0	X	X	X	X	X	X	X	X	0	X
Umsatzabweichung	0	X	0	X	0	0	0	0	X	0	0	X	0	0	0	0	0	X	0	X
Deckungsbeitrag Ist	0	X	X	X	X	X	X	0	X	0	X	X	X	X	X	X	X	X	0	X
Deckungsbeitrag Plan	0	X	X	X	X	X	X	0	X	0	X	X	X	X	X	X	X	X	0	X
Deckungsbeitrag Abweichung	0	X	X	X	X	X	X	0	X	0	X	X	X	X	X	X	X	X	0	X
Nachfrage	X	X	X	X	X	X	X	X	X	0	X	X	X	X	X	X	X	X	0	X
Umschlagsgeschwindigkeit und Kapitalbindung	X	X	X	X	X	X	X	X	X	0	X	X	X	X	X	X	X	X	0	X
Retouren Defekt	0	0	0	0	0	0	0	0	0	0	0	0	0	0	0	0	0	0	X	0
Retouren Kulanz	0	0	0	0	0	X	X	X	X	0	X	X	X	X	X	X	X	X	0	X
Saisonabhängigkeit	0	0	0	0	0	X	X	X	X	0	X	X	X	X	X	X	X	X	0	X
Servicecharakter	0	0	0	0	0	0	0	X	X	0	0	0	X	X	0	0	0	X	0	0
Marktanteil Ist	X	X	X	X	X	X	X	X	0	X	X	X	X	X	X	X	X	X	0	X
Marktanteil Plan	X	X	X	X	X	X	X	X	X	X	X	X	X	X	X	X	X	X	0	X
Marktanteil Abweichung	0	X	X	X	X	0	0	X	X	0	X	X	X	X	X	X	X	X	0	X
Bekanntheitsgrad	0	0	0	0	0	0	0	X	0	0	X	X	X	X	X	X	X	X	0	X
Saisonbindung	X	X	X	X	X	X	X	X	X	0	X	X	X	X	X	X	X	X	0	X
Konkurrenzmaßnahmen	X	X	X	X	X	X	X	X	X	X	X	X	X	X	X	X	X	X	X	X

Zeichenerklärung: X = tendenzielle Einflußmöglichkeit besteht
0 = tendenzielle Einflußmöglichkeit besteht nicht

Dabei wird unterstellt, daß grundsätzlich alle Mittel eingesetzt werden. Die Kennzeichnungen in der Tabelle sollen lediglich aufzeigen, wo ein besonderer Wirkzusammenhang besteht, d.h. sie markieren Einflußtendenzen.

6.723 Maßnahmen bezüglich einzelner Produkte

In diesem Abschnitt sollen Maßnahmen behandelt werden, die sich auf spezielle Produkte innerhalb des Sortiments der Unternehmung beziehen. Dabei kann wiederum in Maßnahmen, die sich auf den Betriebsprozeß beziehen, und solche, die die Aktivität der Unternehmung im Absatzmarkt kennzeichnen, unterschieden werden.

6.723.1 Innerbetriebliche Maßnahmen

Unter innerbetrieblichen Maßnahmen seien in diesem Zusammenhang Maßnahmen verstanden, die sich auf die Ausübung der betrieblichen Funktionen Beschaffung, Produktion und Vertrieb beziehen.
Als Grundlage zur Ergreifung dieser Maßnahmen sollen die Produktdaten der durchgeführten Analyse Verwendung finden. Dabei soll die Betrachtung auf die Maßnahmen der Produktwahl, -Gestaltung sowie Preisbildung beschränkt bleiben. Entscheidungen über z. B. die Einführung neuer Fertigungsverfahren erfordern zum Teil andersartige Untersuchungen (z. B. Kapazitätsanalyse). Daher soll auf solche Maßnahmen hier nicht eingegangen werden.
Zur übersichtlichen Darstellung der tendenziellen Einflußmöglichkeiten der Produktanalysedaten auf die Entscheidungen bzw. Teilentscheidungen bezüglich Produktwahl, -Gestaltung und Preisbildung soll Abb. 47 dienen.

6.723.2 Außerbetriebliche (vertriebliche) Maßnahmen

Im wesentlichen sind die Maßnahmen, deren Wirksamkeit sich auf außerbetriebliche Gebiete bezieht, identisch mit den unter Abschnitt 6.722.2 bereits geschilderten. Es soll daher auch bezüglich der tendenziellen Einflußmöglichkeiten der Analysedaten auf die Anwendung der vertriebspolitischen Mittel auf Abb. 46 verwiesen werden.
Zusätzlich ist noch zu bemerken, daß die Ergreifung (bzw. Verstärkung des Einsatzes) eines oder mehrerer vertriebspolitischer Mittel bezüglich eines einzelnen Produkts eine stärkere Wirkung im jeweiligen Sinn der Maßnahme hervorrufen kann als die globale Regelung für eine Gruppe von Produkten, da mittels der Produktanalysedaten exakt auf die vom Produkt geprägte Ausgangslage eingegangen werden kann. In der Praxis könnte jedoch eine Maßnahmenplanung und entsprechender Mitteleinsatz für jedes einzelne Produkt

Abb. 47: Tendenzielle Einflußmöglichkeiten der Produktanalysedaten auf Produktwahl, Produktgestaltung und Preisbildung

Maßnahmen bezüglich der Verkaufsobjekte / Produktinformationen	Festlegung der Verkaufsobjekte									Preisbildung							
	Produktwahl				Produktgestaltung					Kalkulation					Rabattgewährung		
	Qualität	Ausscheiden	Aufnahme	Diversifikation	Normierung	Typisierung	Stil, Form	Verpackung	Marke/Nicht-Marke	Preisklassenabgrenzung	Einzelpreisstellung	Preisdifferenzierung räumlich u. zeitlich	Kalk.Kosten- u. gewinnausgl.	Preissystem	Funktionsrabatte	Mengenrabatte	Saisonrabatte
Artikelnummer	0	0	0	0	0	0	0	0	0	0	0	0	0	0	0	0	0
Branche	0	X	X	X	X	X	X	X	X	X	0	0	0	0	X	X	X
Preis	0	0	0	0	0	0	0	0	0	X	X	X	X	X	X	X	X
Umsatz Ist	0	X	X	X	0	0	0	0	0	X	X	X	X	X	X	X	X
Umsatz Plan	0	0	0	0	0	0	0	0	0	X	X	X	X	X	X	X	X
Umsatz Abweichung	0	X	X	X	0	0	0	0	0	X	X	X	X	X	X	X	X
Deckungsbeitrag Ist	0	X	X	X	X	X	0	0	0	0	X	X	X	X	X	X	X
Deckungsbeitrag Plan	0	0	0	X	X	X	0	0	0	X	X	X	X	X	X	X	X
Deckungsbeitrag Abweichung	0	X	X	X	0	0	0	0	0	X	X	X	X	X	X	X	X
Nachfrage	X	X	X	X	X	X	X	X	X	X	X	X	X	X	0	0	X
Umschlagsgeschwindigkeit und Kapitalbindung	0	X	X	0	0	0	0	0	0	X	X	X	X	X	0	0	0
Retouren Defekt	X	X	0	X	X	X	0	X	0	0	0	0	0	0	0	0	0
Retouren Kulanz	0	X	0	X	X	X	X	X	X	X	X	X	X	X	X	X	X
Saisonabhängigkeit	0	0	0	0	0	0	X	X	0	0	X	X	0	0	X	X	X
Servicecharakter	0	X	X	0	0	0	0	0	0	0	X	0	X	0	X	X	0
Marktanteil Ist	X	X	X	0	X	X	X	X	X	X	X	X	X	X	X	X	X
Marktanteil Plan	X	X	X	0	X	X	X	X	X	X	X	X	X	X	X	X	X
Marktanteil Abweichung	X	X	X	0	X	X	X	X	0	0	X	X	X	X	X	X	X
Bekanntheitsgrad	X	0	0	0	0	0	X	X	X	X	X	0	0	0	0	0	0
Saisonbindung	0	X	X	X	0	0	X	X	0	0	0	X	0	0	X	X	X
Konkurrenzmaßnahmen	X	X	X	X	X	X	X	X	X	X	X	X	X	X	X	X	X

Zeichenerklärung: X = tendenzielle Einflußmöglichkeit besteht
0 = tendenzielle Einflußmöglichkeit besteht nicht

zu Durchführungsschwierigkeiten führen, besonders dann, wenn das Vertriebssortiment eine größere Anzahl von Produkten umfaßt. Eine Vorgehensweise, die in diesem Fall angebracht erscheint, ist die Konzipierung von Maßnahmen für einen Sortimentssektor und die betonte Herausstellung einzelner Produkte durch verstärkten Einsatz einzelner vertriebspolitischer Mittel.

6.8 Exkurs: Produktauswahl-Modell für Diversifikationsuntersuchungen

Die vorstehenden Ausführungen befaßten sich überwiegend mit der Frage, wie die Produktpolitik als integrierter Informationsbearbeitungsprozeß durch die Erhebung und Transformation geeigneter Daten zur Produktbeurteilung unter Verwendung der EDV rational fundiert werden kann. Ausgangspunkt war hierbei die laufende Überwachung der Erfolge einzelner Produkte im Sortiment; durch den Vergleich von Plan- und Realisationswerten und die Rückmeldung der Vergleichsergebnisse ergeben sich Konsequenzen für die vertriebliche Sortimentsgestaltung. Die nachfolgende Darstellung befaßt sich nicht mit vorhandenen, sondern mit neu in das Sortiment aufzunehmenden Produkten. Die Entscheidung über die Neueinführung von Produkten ist deshalb besonders schwierig, weil einerseits keine kostenrechnerischen Beurteilungsgrundlagen zur Verfügung stehen und andererseits zahlreiche nicht numerisch fixierbare Einflüsse des Entscheidungsfeldes zu berücksichtigen sind. Zur Anlayse der verschiedenen Wahlhandlungsmöglichkeiten wurde von H. R. Hansen und V. Zieran ein einfaches, auf der Methode der qualitativen Synthese basierendes Modell entwickelt, das zahlreiche der vorstehend als absatzseitige und marktseitige Informationen bezeichnete Determinanten einbezieht, darüber hinaus jedoch noch eine Vielzahl weiterer Variablen berücksichtigt. Über dieses Modell namens ASPASIA (d.h. Assembler Programm zur Analyse Selektion und Identifikation von Artikelfavoriten) wurde erstmals auf der 6. Fachtagung des Betriebswirtschaftlichen Instituts für Organisation und Automation an der Universität zu Köln im April 1972 berichtet.

6.81 Methodische Grundlagen

Initiiert wurde die Analyse der Probleme bei der Auswahl neuer Produkte durch den 1969 von R. Gerlinger (damals Mitarbeiter des sich mit Diversifikationsproblemen intensiv beschäftigenden Battelle-Instituts) veröffentlichten Beitrag: „Zur Diversifikation des Vertriebsprogramms industrieller Unternehmen“ [31, S. 247 ff.]. Darin heißt es:
„Die Zahl der durch besondere Suchaktionen sowie der durch permanente Suchbemühungen aufgefundenen Diversifikationsmöglichkeiten kann erfahrungsgemäß beträchtlich sein. Nicht selten fallen fünfzig bis hundert Ideen und Vorschläge an. Es wäre nun höchst unwirtschaftlich und auch von der vorhandenen Personalkapazität kaum durchführbar, wollte man alle diese Ideen und Vorschläge gründlichen Untersuchungen daraufhin unterziehen, ob und inwie-

weit sie den durch die Diversifikationsziele und -strategie festgelegten, quantitativen und qualitativen Anforderungen entsprechen. Erstens könnte ein Unternehmen gar nicht alle Möglichkeiten verwirklichen, selbst wenn diese sämtlich geeignet sein würden. Zweitens zeigt die Erfahrung, daß die Zahl der ungeeigneten Ideen und Vorschläge, die in der Suchphase entstanden sind, in aller Regel recht groß ist im Verhältnis zu den erfolgsträchtigen und für das Unternehmen realisierbaren Möglichkeiten." . . . (vgl. hierzu Abb. 48) . . . „es empfiehlt sich also, so frühzeitig wie möglich zu versuchen, die ‚Spreu vom Weizen' zu trennen. Dies ist die Funktion der sogenannten Siebphase (‚screening'). Das Problem besteht hierbei darin, Bewertungskriterien zu finden und anzuwenden, die zu beurteilen erlauben, ob und in welchem Ausmaß die einzelnen Diversifikationsmöglichkeiten den Zielen und der Strategie des Unter-

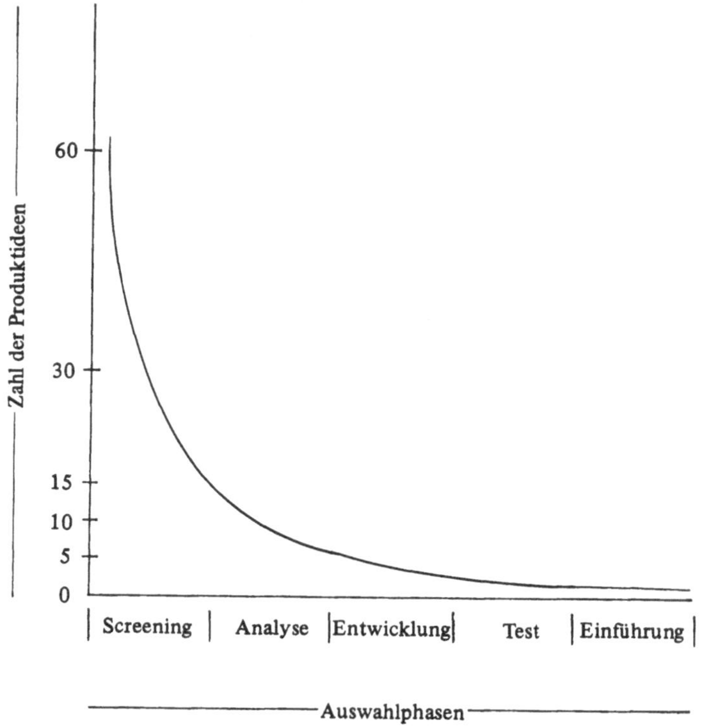

Abb. 48: Ausfallkurve von zur Aufnahme in das Sortiment vorgesehenen Produkten (Durchschnittszahlen aufgrund einer Erhebung bei 51 Firmen in den USA) [31]

nehmens entsprechen. Diese Bewertungskriterien müssen einerseits die Diversifikationsziele und -strategie möglichst gut repräsentieren, andererseits darf ihre Anwendung in dieser Vorauswahlphase keinen großen Informationsbeschaffungs- und Untersuchungsaufwand erfordern. Es kommen daher überwiegend qualitative Bewertungskriterien und subjektive Schätzungen quantitativer Faktoren (z. B. des Marktvolumens, des Gewinnpotentials) in Betracht. In den USA haben sich für das ‚Screening' neben einfachen Prüflisten (check lists) vor allem Punktbewertungsverfahren und verbale Skalierungssysteme gut bewährt. In Deutschland scheint dagegen die Vorauswahl von Diversifikationsmöglichkeiten weithin noch recht unsystematisch, d. h. ohne festgelegte, für alle zu bewertenden Möglichkeiten geltende Kriterien und ohne ein für sachkundige Dritte nachvollziehbares und akzeptables Verfahren zu erfolgen. Dies gilt auch für die Organisation des Bewertungs- und Vorauswahlprozesses. Während man in den USA gute Erfahrungen mit einer formalen Organisation gemacht hat, scheint man in Deutschland hiervon nicht sehr viel zu halten. Unserer Erfahrung nach sprechen zumindest dort, wo mehr oder weniger permanent Ideen und Vorschläge für neue Projekte geprüft werden müssen, gute Gründe für formale Regelungen. Sie fördern in aller Regel die Bemühungen der an der Vorauswahl beteiligten Personen und Stellen um sachliche begründete Stellungnahmen. . . . Das Ergebnis der qualitativen Bewertungsphase ist eine begrenzte Zahl von Diversifikationsmöglichkeiten, die einer näheren Prüfung würdig sind. Bei Verwendung eines Punktbewertungsverfahrens oder eines mit einem Punktsystem kombinierten Skalierungsverfahrens weisen die Punkt- oder Indexziffern, die die einzelnen Vorschläge erzielt haben, auf die zweckmäßige Reihenfolge für die detaillierte Prüfung hin" [31, S. 262 f.].

Das Modell ASPASIA stellt einen Beitrag zu den Bemühungen dar, die Wahlhandlungsprobleme bei der Auswahl neuer Produkte zu durchleuchten und den Entscheidungsprozeß des ‚Screening' zu formalisieren. Das Hauptproblem im Rahmen dieses Entscheidungsvorgangs besteht darin, die jeweils situationsoptimalen der während der Suchphase herauskristallisierten Produktalternativen herauszufinden. Der Wert der Alternativen wird durch das Maß ihrer Zweckerfüllung bestimmt; um den Rang eines Produktes in der Skala alternativer Verkaufsobjekte zu ermitteln, ist es somit erforderlich, den Grad seiner Entsprechung bezüglich der Einflußtendenzen des unternehmensindividuellen Entscheidungsfeldes festzustellen. Die Produktauswahl erfolgt sodann im Hinblick auf den Grad der Übereinstimmung mit den Einflußtendenzen dieser Bedingungslage, d. h. nach Opportunitäten der einzelnen Produkte.

Das Modell ASPASIA gründet sich auf die von C. W. Meyer weiterentwickelte Methodik der qualitativen Synthese [16], welche in jüngster Zeit zur Lösung vertrieblicher Entscheidungsprobleme der verschiedensten Bereiche mit Erfolg herangezogen wurde. Diese Methode gestattet eine Berücksichtigung auch numerisch nicht fixierbarer Einflüsse des Entscheidungsfeldes, indem auf der

Grundlage einer qualitativen Bewertung alternativer Konstellationen der Bedingungslage die jeweils situationsoptimalen Handlungsmöglichkeiten ermittelt werden.

Als sukzessive Vorgehensschritte der dem Modell ASPASIA zugrunde liegenden Methodik ergeben sich:

1. Analyse der problemrelevanten Bestimmungsfaktoren der Produktauswahl
2. Untersuchung der Zusammenhänge zwischen den einzelnen Bestimmungsfaktoren und den zur Wahl stehenden Produkten
3. Gewichtung der einzelnen Bestimmungsfaktoren nach ihrer Einflußstärke auf die in Frage stehende Produktauswahlentscheidung
4. Bewertung der Einflüsse zwischen den einzelnen Bestimmungsfaktoren bzw. deren Erscheinungsformen (Merkmale) und den zur Wahl stehenden Produkten (Intensitätsgrade)
5. Ermittlung der Gesamteinflüsse der jeweiligen Bedingungslage auf die Produktalternativen (Anpassungsgrade)
6. Wahl der optimalen Produkte nach dem Grad ihrer Anpassung an die Bedingungslage.

Das Vorgehen bis zu dem Wahlakt zwischen den für die Aufnahme in das Sortiment in Betracht kommenden Produkten basiert bei dem Modell ASPASIA auf einer Punktbewertung. Durch die vertikale Aufgliederung des Entscheidungsfeldes und die jeweils gesonderte Bewertung der von jeder Stufe ausgehenden Einflüsse ergibt sich hierbei die Möglichkeit, mit einer Gewichtungsreihe von nur drei Kategorien durch die vertikale Multiplikation der Wertzahlen der einzelnen Stufen trotzdem eine große Varianz der Gesamtgewichte der einzelnen Bestimmungsfaktoren zu erreichen. „Nachdem die Bestimmungsfaktoren sich einmal mit den als Komponenten der Bedingungslage bezeichneten Sachverhalten . . . verbinden, weiterhin im Rahmen jeder Komponente aus . . . verschiedenen Bezugskomplexen entspringen und schließlich auch noch jeweils für sich durch unterschiedliche Merkmale näher gekennzeichnet werden, hängt die Einflußgröße, die einem Bestimmungsfaktor allgemein zukommt, erstens davon ab, welches Gewicht die Komponente der Bedingungslage, der er angehört, im Vergleich zu den . . . anderen Komponenten besitzt. Zweitens wird sie durch das Gewicht bedingt, das der den Bestimmungsfaktor ergebende Bezugskomplex gegenüber den . . . anderen der jeweiligen Komponente aufweist, drittens von dem Stärkeverhältnis des Bestimmungsfaktors zu den . . . weiteren Faktoren seines Bezugskomplexes, und als letztes auch noch durch das gewichtsmäßige Verhältnis der . . . Merkmale des Bestimmungsfaktors untereinander“ [16, S. 132]. Die Gewichte der Determinanten der Bedingungslage (Komponenten – Bezugskomplexe – Auswahlkriterien) der Produktauswahl hängen von unternehmensindividuellen Gegebenheiten ab und sind von Fall zu Fall zu ermitteln (subjektive Werte). Nachfolgend angegebene Meßziffern dienen somit nur zur Veranschaulichung des Lösungsweges.

Abb. 49: Bedingungslage für die Produktauswahl

Komponenten	Bezugskomplexe	Auswahlkriterien
Produkt	Beziehungen Produkt–Verbraucher	Bekanntheit Nutzenstiftung Einkommensinanspruchnahme
	Beziehungen Produkt–Konkurrenzerzeugnisse	Ersetzbarkeit Differenzierbarkeit Preisverschiedenheit
	Beziehungen Produkt–Fertigung	Mengengebundenheit Verfahrensgebundenheit Anlagenbindung
	Beziehungen Produkt–Vertrieb	Verhältnis zum Sortiment Verhältnis zu den Vertriebswegen Verhältnis zum Vertriebsapparat
	Kosten des Produkts	Beschaffungskosten Entwicklungskosten Fertigungskosten Vertriebskosten
	Wert des Produkts	Funktionaler Wert Gefühlsmäßiger Wert Symbolischer Wert
	Produktanfälligkeit gegen Nachfrageschwankungen	Anfälligkeit gegen Modeänderungen Anfälligkeit gegen Saisonschwankungen Anfälligkeit gegen Konjunkturschwankungen
Unternehmung	Beziehungen Unternehmung–Konkurrenz	Wettbewerbsstärke Marktgeltung Programmstärke
	Strukturverhältnisse der Unternehmung	Finanzkraft Produktionskraft Programmelastizität
	Sortimentsverhältnisse der Unternehmung	Sortimentsorientierung Sortimentsstruktur Preisstreuung
	Produktionsverhältnisse der Unternehmung	Art der vorhandenen Anlagen Auslastung der vorhandenen Anlagen Stand der Forschung und Entwicklung Lizenzen Fertigungsverfahren

zu Abb. 49

Komponenten	Bezugskomplexe	Auswahlkriterien
Markt	Entwicklung volkswirtschaftlicher Daten	Konjunkturelle Entwicklung Saisonschwankungen Technischer Fortschritt Einkommensveränderungen der Nachfrage Subventionen Besteuerung
	Verhältnisse des Beschaffungsmarkts (Waren)	Art, Menge und Qualität des Materials Bezugszeiten Bezugskosten Bezugswege und -quellen Modalitäten der Bezugsabwicklung
	Verhältnisse des Kapitalmarkts	Art und Menge des zu beschaffenden Kapitals Fristigkeiten Kapitalkosten und -konditionen Kapitalquellen
	Verhältnisse des Arbeitsmarkts	Art und Anzahl der zu beschaffenden Arbeitskräfte Kenntnisse und Erfahrungen Löhne und Gehälter Marktsituation
	Verhältnisse des Branchenmarkts	Marktaufteilung Wachstum Entwicklungsstand Zusammenhalt
	Verhältnisse des Warenabsatzmarkts–Verbraucher	Natur des Kunden Örtliche Verteilung Zahl der Kunden Marktstellung Verbrauchselastizitäten Gewohnheiten Motive Verhalten
	Verhältnisse des Warenabsatzmarkts–Konkurrenz	Art der Konkurrenz Zahl der Konkurrenten Örtliche Verteilung Stärken und Schwächen Methoden
	Verhältnisse des Warenabsatzmarkts–Handel	Funktionsleistung Markterfassung Sortimentsstruktur

6.82 Ablauf der Entscheidungsfindung

Ausgangspunkt bei der Entwicklung des Modells war eine Analyse der Gegebenheiten, welche das Entscheidungsfeld der Produktauswahl konstituieren, bestimmen und abgrenzen. Trotz der Vielfältigkeit und Individualität der einzelnen Betriebsformen lassen sich doch Bestimmungsfaktoren ausfindig machen, die einen allgemeinen Charakter tragen und für alle Betriebstypen gelten. Diejenigen Bestimmungsfaktoren, die u. E. in ihrer Gesamtheit die Bedingungslage der Produktauswahl repräsentieren, sind in der Abb. 49 wiedergegeben.
Für die Gewichtung der Einflüsse der einzelnen Bestimmungsfaktoren auf die Produktauswahlentscheidung gelten die folgenden Kategorien

starker Einfluß	der Punktwert 3,
mittlerer Einfluß	der Punktwert 2,
schwacher Einfluß	der Punktwert 1.

Die Erfassung der Einzelgewichte erfolgt mittels Lochkarten, die für Übersichts- und Korrekturzwecke zu einer Tabelle aufgelistet werden (Liste 1).

Kriterienkarten zur Erfassung der Einzelgewichte der Bestimmungsfaktoren

Spalten	Inhalte
1	Kartenart
3–15	Bezeichnung der Komponenten
17	Einzelgewicht der Komponenten
19–47	Bezeichnung der Bezugskomplexe
49	Einzelgewicht der Bezugskomplexe
51–78	Bezeichnung der Auswahlkriterien
80	Einzelgewicht der Auswahlkriterien

Das Kriterium zur Auswahl der in das Sortiment aufzunehmenden Produkte bildet der Grad, in welchem diese der Bedingungslage insgesamt entsprechen. Das bedeutet, daß nunmehr die zur Wahl stehenden Produkte in Bezug auf die einzelnen Bestimmungsfaktoren bewertet werden müssen. Die Ermittlung der Anpassungsgrade der verschiedenen Produkte durch die Gesamtschau ihrer Entsprechungsintensitäten mit den einzelnen Bestimmungsfaktoren der Bedingungslage erfolgt sodann in drei Schritten:

1. Erfassung der Entsprechungsintensitäten der zur Wahl stehenden Produkte
2. Ermittlung der Gesamtgewichte der von den einzelnen Bestimmungsfaktoren ausgehenden Einflüsse durch die Multiplikation ihrer Wertzahlen mit den gewichteten jeweiligen Entsprechungsintensitäten
3. Feststellung des Anpassungsgrades eines Produktes an die Bedingungslage durch die Summierung der Gesamtgewichte der von den einzelnen Bestimmungsfaktoren ausgehenden Einflüsse.

Als Bewertungsspielraum zur Messung der Entsprechungsintensitäten wird bei ASPASIA eine Skala mit sieben Kategorien gewählt, und zwar gelten bei einem Intensitätsgrad von

ausgezeichnet	der Punktwert 7,
sehr gut	der Punktwert 6,
gut	der Punktwert 5,
befriedigend	der Punktwert 4,
ausreichend	der Punktwert 3,
schlecht	der Punktwert 2,
ungenügend	der Punktwert 1.

Als Maßstab für die Ermittlung der Entsprechungsintensitäten sind vorzugsweise die sachlichen Anforderungen, die aufgrund der betrieblichen Gegebenheiten an die Produkte zu stellen sind, oder ersatzweise der Durchschnitt aller Produkte heranzuziehen. Die Erfassung der Entsprechungsintensitäten erfolgt ebenfalls mittels Lochkarten.

Artikelkarten zur Erfassung der Entsprechungsintensitäten

Spalten	Inhalte
1	Kartenart
2– 5	Artikelbezeichnung
6–80	Intensitätsgrade

Abb. 50: Liste II – Gewichtungssystem

Liste II: Bewertung der Bedingungslage der Produktauswahl

Bestimmungsfaktoren		Artikelanpassungsgrad					
		Artikelnummer					
Bezeichnung Auswahlkrit.	Gesamtgewicht	4706	4707	4708	4709	4710	4711
Bekanntheit	27	81	54	108	81	27	135
Nutzenstiftung	18	18	90	72	54	36	54
Einkommensinanspruchnahme	27	54	135	27	108	27	108
Ersetzbarkeit	12	84	60	24	24	48	60
Differenzierbarkeit	18	36	54	54	36	18	72
Preisverschiedenheit	6	42					18
Mengengebundenheit	6						
Verfahrensgebundenheit							

Die Errechnung der Anpassungsgrade der einzelnen Produkte erfolgt auf die gekennzeichnete Weise maschinell (Liste II – s. Abb. 50), wobei eine Rangordnung nach den erreichten Gesamtpunktzahlen vorgenommen wird. Das Ergebnis dieses Rechenprozesses ist eine Artikelfavoritenübersicht (Liste III – s. Abb. 51), auf der das Verkaufsobjekt mit der höchsten Priorität, welches in Bezug auf die Gesamtheit der Bestimmungsfaktoren die größte Punktzahl erreicht, an der Spitze steht (optimales Produkt).

Abb. 51: Liste III – Artikelfavoritenübersicht

Liste III: Artikelfavoritenübersicht

Artikelnummer	Wertzahl
4711	5775
4774	5423
4706	5009
4719	4714
4707	4302
4712	4299
4753	3998
4774	
4796	

7. EDV und Preisgestaltung

7.1 Grundlagen des Einsatzes der EDV bei der vertrieblichen Preisgestaltung

7.11 Wesen der vertrieblichen Preisgestaltung

7.111 Abgrenzung

Zahlreiche Betriebe haben die Vorteile einer auf die vertrieblichen Belange ausgerichteten Preisgestaltung noch nicht erkannt. Deshalb findet in der Wirtschaft der an den Kosten orientierte Preis sehr häufige Anwendung [38; S. 5]. Dabei wird im Regelfalle ein Absatzplan erstellt, auf dessen Grundlage die totalen Kosten pro Stück aufgrund eines durchschnittlichen oder erwarteten Beschäftigungsgrades berechnet werden. Diesen Grundkosten wird ein prozentualer Aufschlag als Profit hinzugezählt. „Schematisch gehandhabt, berücksichtigt dieses Vorgehen die Marktverhältnisse primär gar nicht . . .“ [48; S. 264].

Aus diesem Grunde kann der Kostenpreis die in eine vertriebspolitische Wirkungskomponente gesetzten Erwartungen nicht oder nur unvollkommen erfüllen. Da die Marktverhältnisse nicht berücksichtigt werden, sondern die Orientierung an innerbetrieblich gegebenen Verhältnissen erfolgt, kann von einer absatzwirksamen Preisgestaltung nicht gesprochen werden.

Die volkswirtschaftliche Theorie der Preisbildung ist als Leitlinie für den einzelwirtschaftlichen Preisbildungsprozeß nur bedingt verwendbar. Dieser Ansicht ist auch Schnutenhaus, wenn er schreibt: „Mit den globalen volkswirtschaftlichen Erkenntnissen über Preise und Preispolitik kann man in fast allen Fällen nur mit starker Einschränkung praktisch etwas beginnen, d.h. sie als Entscheidungsgrundlage für die Betriebs- oder Vertriebspolitik nehmen“ [29; S. 251; 27; S. 4[1]]. Aufgrund dieser Tatsache muß die Suche nach einem betriebswirtschaftlich orientierten Verfahren der Preisbildung einsetzen, dessen Ergebnis aufgrund des Primats des Vertriebs [14, S. 17] nur ein am Markt orientierter Preis sein kann. Diese Suche muß sich vor allem auf die interessierenden betriebswirtschaftlichen Determinanten der Preispolitik richten, als deren wesentlichste Schnutenhaus die Käufer, Händler, Produzenten und das Produkt identifiziert [29, S. 252]. Koch nennt die Selbstkosten sowie die Nachfrage und

[1]) „Es deutet sich da eine Entwicklung an, die beinahe auf eine Preisgabe der gesamtwirtschaftlichen Theorie des Preises hinausläuft.“

das Angebot als relevante Größen der vertrieblichen Preisbildung [15]. Für eine solche, die Marktgegebenheiten berücksichtigende Preisbildung sind daher nach C. W. Meyer [41, S. 154] „Analysen über die Wettbewerbsverhältnisse, die Abnehmerverhältnisse und die Absatzverhältnisse anzustellen".

7.112 Aufgaben und Ziele des Vertriebs

Als Zielstellung des Vertriebs lassen sich die drei Teilziele Markterschließung, Marktsicherung und Marktausschöpfung unterscheiden [21, S. 88 ff., insbes. S. 90]. Daraus resultiert das dem Vertrieb primär erwachsende Problem, mittels des Einsatzes der vertriebspolitischen Aktionsparameter die volle Ausnutzung der Produktionskapazität des Betriebes zu erreichen. In dieser Aufgabenstellung des Vertriebs liegt bereits eine Forderung an seine Preispolitik begründet, nämlich einen Preis zu setzen, der zur Erreichung dieser Ziele beiträgt. Dies kann nicht allein durch *einen* vertrieblichen Preis erreicht werden, sondern muß durch eine Modifikation des Preises, d.h. durch verschiedenartige Gestaltung mittels Preisdifferenzierung geschehen. Die Preisdifferenzierung erfüllt den Zweck, „die am Markt bestehenden Konkurrenz- und Nachfrageverhältnisse auszunutzen" [33, S. 225].

7.113 Definition der vertrieblichen Preisgestaltung

Der vertriebliche Preis ist somit ein absatzunterstützender Preis, der geeignet ist, den Marktwiderstand zu verringern. Da unter der „Preisgestaltung" die Festlegung der Preishöhe sowie der Preisstruktur zu verstehen ist [36, S. 1180], ergibt sich die vertriebliche Preisgestaltung als marktorientierte Preishöhenermittlung, die auf einem kosten- und marktorientierten Grundpreis beruht und die Preisstruktur berücksichtigt, d.h. auf Breite und Tiefe des Sortiments und Abstufung der verschiedenen Produkt- und Leistungseigenschaften untereinander eingeht. Die Kosten sind eine wesentliche Determinante der Preisbildung, da die Preise ein Entgelt für dargebotene Leistungen darstellen, womit die Preisbildung eine zweite Funktion, die Erzielung gewinnbringender Erlöse erfüllt. Definiert man Gewinn als die positive Differenz zwischen Aufwand und Ertrag einer Periode, so liegt darin ja schon der Kostengedanke begründet, da Kosten leistungsbedingten, in Geldeinheiten ausgedrückten Aufwand darstellen [17, S. 21].

7.114 Preiswirksame Faktoren

Ausgangspunkt jeder Preisentscheidung ist die Erfassung von Informationen; dies insbesondere, da der Preisbildungsprozeß mittels EDV rationalisiert werden soll und intuitive Vermutungen („Fingerspitzengefühl") keinen Einfluß

auf die Überlegungen nehmen sollen. Der EDV sind Daten zur Verfügung zu stellen, aufgrund deren sie – im weitest fortgeschrittenen Stadium – ihre „Entscheidungen" trifft.
Bei einer Analyse des Preisproblems lassen sich die generellen Kriterien feststellen, die den Prozeß, einen Preis mit möglichst geringem Marktwiderstand zu finden, bestimmen. Dabei ist es jedoch kaum möglich, alle nur denkbaren Faktoren zu erfassen, da es in jedem Unternehmen Besonderheiten gibt, die zusätzlich in Erwägung zu ziehen sind.

7.114.1 Einflußgrößen auf den Grundpreis

Hier sind zum einen die Kosten zu nennen. Da sie betrieblicher Natur sind, der Absatzmarkt jedoch der Umwelt der Unternehmung zuzurechnen ist, besteht zunächst kein direkter Zusammenhang zwischen Kosten und vertrieblichem Preis. „Der preisbegrenzende Charakter der ermittelten Kosten tritt hervor, wenn der Abnehmer weder zu einem blinden Akzeptieren des angebotenen Preises noch zu einem bedingungslosen Umsatzakt gezwungen ist" [17, S. 66]. Dieses Zitat von Kosiol gibt den begrenzenden, nicht begründenden Charakter der Kosten in Bezug auf den Preis wieder. Demnach ist der Kostengesichtspunkt nicht preisbestimmend, sondern er gibt vielmehr die Grenze an, bei der für das Unternehmen der Absatz des Gutes zum Preise X auf dieses eine Produkt bezogen gerade noch sinnvoll ist, bzw. den Verlust nicht erhöht. Für die vertriebsorientierte Preisgestaltung ist das zunächst wichtigste Ziel der Kostenrechnung, diese Preisuntergrenze festzustellen und sich an ihr zu orientieren.

Einen zweiten Entscheidungsfaktor bildet der Markt. Die Marktlage gibt Aufschluß darüber, in welcher Preislage ähnliche Güter bereits am Markt sind. Die Kenntnis dieser Spanne ist zunächst nur globaler Natur, doch ist es zumal im Konsumgüterbereich wichtig zu wissen, welche Konkurrenzerzeugnisse bei welchem Preis welchen Marktanteil haben. An dieser Spanne muß sich das Unternehmen orientieren, egal, ob es sich dann für einen Preis innerhalb oder außerhalb dieser Spanne entscheidet. Dies gilt generell für alle wirtschaftlichen Güter, so auch bei Investitionsgütern. Eine Ausnahme dabei mag lediglich der Fall darstellen, bei welchem der Auftraggeber Kalkulationsrichtlinien gibt. Doch sei von diesen Fällen hier abgesehen.

7.114.2 Einflußgrößen auf den Endpreis

Die Feststellung aus der volkswirtschaftlichen Preistheorie, daß Angebot und Nachfrage den Preis regeln, gilt im übertragenen Sinne auch für die vertrieb-

liche Preisgestaltung, wenn das „Angebot“ als die Summe aller der Güter interpretiert wird, die geeignet sind, den Absatz des speziellen Gutes A zu beeinflussen. Will also der Produzent einen marktgerechten Preis ermitteln, so kann er nicht umhin, die Wettbewerber bzw. die Wettbewerbslage zu analysieren, da sich das Angebot an Gütern der speziellen Art immer aus seinem eigenen Angebot und dem der Konkurrenten zusammensetzt.
Da jedoch eine qualitative Homogenität der angebotenen Güter einer Art für die Praxis nicht unterstellt werden kann, muß sich zwangsläufig zur Konkurrenzanalyse die Produktanalyse gesellen. Dabei ist von bereits bestehenden Produkten auszugehen. Die Untersuchungen sind nicht Mittel zur Gestaltung eines besseren Produkts, sondern ein Mittel zur Gestaltung eines diesem speziellen Produkt angemessenen Marktpreises.
Die Verbraucher sind in die Preisüberlegungen mit einzubeziehen, da sie letzten Endes mit dem geforderten Preis kontrahiert werden. Entscheidend ist primär ja nicht der angestrebte Gewinn beim Verkauf, sondern die Frage, ob die Verbraucher bei dem gestellten Preis überhaupt in den Kauf einwilligen werden. Es ist also eine Analyse der gegenwärtigen sowie der potentiellen Verbraucher durchzuführen.
Ein weiterer Entscheidungsfaktor ist die Absatzlage des betreffenden Produktes. Dabei ist zu prüfen, welchen Platz das Produkt in der Unternehmenssphäre einnimmt, also etwa, welchen Umsatzanteil es erreicht u. ä. Kann aufgrund einer unbefriedigenden Marktlage das Produkt nur zu einem aus betrieblicher Sicht unbefriedigenden Preis angeboten werden, so bleibt der Unternehmung damit eine Kontrollgröße, die eine Begrenzung der Zahl solcher Artikel im Sortiment überhaupt als auch auf den Anteil am Umsatz erlaubt. Diese Politik ist für eine Unternehmung ja dann nicht ruinös, wenn genügend andere Produkte im Sortiment sind, die einen entsprechend höheren Deckungsbeitrag erzielen. Eine derartige Kontrolle ist damit gewährleistet.
Darüber hinaus ist im Rahmen der Absatzlage die Umwelt entscheidend, soweit sie auf die Nachfrage (und damit indirekt auf die Preishöhe) Einfluß nimmt.

7.12 Einsatz der EDV bei der vertrieblichen Preisgestaltung

7.121 Einsatzmöglichkeiten der EDV bei der Preisgestaltungsentscheidung

Die Preisgestaltung wurde oben als Festsetzen der Preishöhe eines Artikels sowie der Preisstruktur definiert. Das „Festsetzen“ ist eine Entscheidung, die nach Simon drei grundsätzliche Phasen beinhaltet: nämlich das Finden eines

Entscheidungsgrundes („finding occasions for making a decision"), das Finden möglicher Alternativen („finding possible courses of action") und schließlich das Treffen einer Wahl aus diesen möglichen Alternativen („choosing among courses of action") [30, S. 54].

7.121.1 Auffinden eines Entscheidungsanlasses mit EDV

Beim Einsatz der EDV stellt sich dieser Prozeß im Sinne des Management by exception als eine Überwachungsfunktion dergestalt dar, daß der Datenrahmen beobachtet und signifikante Veränderungen ausgewiesen werden. Diese Konzeption erlaubt es der Unternehmensführung, sich auf vertriebs- oder absatzmäßig besonders wichtige Produkte zu konzentrieren. Kann dies erreicht werden, so ist ein großer Schritt in Richtung auf eine flexible Preisgestaltung gemacht. In diesem Falle liegt ein Berichtssystem vor, das zwar keine Preisentscheidungen trifft, jedoch auf zu treffende Entscheidungen hinweist.

Aufgrund der großen Speicherfähigkeit, der Möglichkeit des schnellen Vergleichs von Werten, sowie des schnellen Zugriffs eignet sich die EDV sehr gut zur Erstellung solcher Grundlagen für die Preisgestaltung. Da es sich dabei in der Regel um reine Batch-Programme handelt, ist auch der programmtechnische Aufwand etwa im Vergleich zur Simulation nicht sehr groß. Ein Problem stellt jedoch die Datenbeschaffung für die Grundlagen dar, doch sollte man die Vorteile des Zwanges zur systematischen Datensammlung, den die EDV ausübt, nicht übersehen. Da Daten ja nur sinnvoll verarbeitet werden können, wenn sie explizit erfaßt und bewertet werden, ist die Beschäftigung mit diesen Daten notwendige Voraussetzung. Damit ist für den Preisgestaltungsprozeß die erste „principal phase" [30, S. 54] erfüllt.

7.121.2 Finden möglicher Alternativen

Das Aufstellen von Preisstrategien ist ein kreativer Vorgang. Somit liegt eine „Design Activity" [30, S. 54] vor, die zu einem großen Teil aus „initiation" [19, S. 174] besteht, „particularly, in suggesting alternatives of action where none existed before . . . or to improve the present program even when it was accepted as satisfactory" [19, S. 174]. Es werden also Strategien, d.h. Lösungswege des Preisproblems aufgestellt, die neu sind. Somit liegt eine Tätigkeit vor, die die Aufstellung neuer Lösungen beinhaltet und die daher nach March/Simon als „produzierende" Tätigkeit bezeichnet wird, weil sie menschliche Ideen verlangt. Eine solche Tätigkeit ist jedoch aufgrund des „reproduzierenden" Charakters der EDV nicht automatisierbar und kann somit von dieser nicht sinnvoll übernommen werden.

7.121.3 Entscheidungsfindung mit Hilfe von EDV

Auf das „Erfinden" möglicher Alternativen überhaupt folgt die Auswahl der besten Strategie. Dieser Prozeß ist zwangsläufig mit der Bewertung der einzelnen Alternativen verbunden und erfolgt rein programmatisch. Daher liegt eine reproduzierende Tätigkeit vor, deren Durchführung der EDVA überlassen werden kann, wenn Bewertungskriterien vorgegeben sind.
Könnte man den optimalen Preis eines Gutes analytisch errechnen, so könnte von einer Entscheidung mit rational-formaler Entscheidungsvorschrift [56, S. 9] gesprochen werden, da der Lösungsalgorithmus die Entscheidungsfindung bestimmt. Eine solche Entscheidung ist als eine mathematische Optimierungsaufgabe [48, S. 253] theoretisch voll programmierbar und von der EDVA rechnerisch zu lösen. Schwierigkeiten ergeben sich jedoch dadurch, daß es sich um Entscheidungen unter Unsicherheit [12, S. 179] handelt, wodurch Wahrscheinlichkeitsannahmen über mögliche Störfaktoren [48, S. 249] und die Verhaltensweisen der Marktpartner in die Überlegungen einbezogen werden müssen.

Bei Mehrproduktunternehmen besteht die Möglichkeit einer Verringerung des preispolitischen Risikos durch den Ausgleich von negativen und positiven Dekkungsbeiträgen verschiedener Erzeugnisse. Bei einer großen Anzahl von Artikeln ist diese Aufteilung ohne EDV kaum kontrollierbar. Die EDV ist damit wesentliches Hilfsmittel zur Sicherstellung der Rentabilität des Unternehmens. Dabei werden Preisänderungen einzelner Erzeugnisse in ihren Auswirkungen simulativ auf die Gesamtsumme der Deckungsbeiträge bezogen, und es wird im Ergebnis festgestellt, wie sich die dadurch erreichte Umschichtung der Deckungsbeiträge auf die Gewinnsituation des Unternehmens auswirkt.
Eine Entscheidungshilfe für die Ermittlung der optimalen Höhe eines Preises unter Einbezug möglichst aller relevanten Faktoren des Preises kann nur durch eine komplexe Marktsimulation, d. h. einer experimentellen Durchrechnung der Ergebnisse möglicher Preisentscheidungen unter wechselnden Bedingungskonstellationen mit Hilfe der Simulation erbracht werden. Die für die Bewertung der Alternativen einzige Möglichkeit des „trial and error" wird dabei von der für den Unternehmensfortbestand gefährlichen Marktsphäre (Realität) auf die ungefährliche Modellsphäre übertragen.

7.122 Art des Einsatzes der EDV

7.122.1 Analyse der Marktgrößen („intelligence activity")

Aus den für den EDV-Einsatz verbleibenden Möglichkeiten läßt sich auf die Art derselben schließen. Die Auffindung des Entscheidungsanlasses kommt einer Untersuchung des Marktes auf dessen Datenrahmen hin gleich sowie darauf folgend einer Beobachtung der Veränderungen des Datenrahmens. Diese Untersuchung geschieht im Wege der Analyse der einzelnen preisrelevanten Größen, was einmal die Untersuchung statischer Produktgrößen, zum anderen dynamischer Marktgrößen beinhaltet.

Wenn hier von „statischen" Größen gesprochen wird, so sind damit Bezugskomplexe gemeint, die die Eigenschaften des Produktes in Bezug auf die Konkurrenzprodukte sowie die Verbraucher betreffen. Dies soll nicht bedeuten, daß diese Größen für immer festliegen, doch ändern sie sich im Zeitablauf sehr langsam. Da der Preis eines Gutes ganz entscheidend von Präferenzen der Verbraucher abhängt, die auch durch die übrigen Marketing-Mix-Größen bedingt, einer Veränderung unterliegen, ist die Kenntnis dieser Größen wichtig. Die EDV kann bei der Verarbeitung statischer Daten dazu herangezogen werden, die von der Marktforschung gelieferten Daten pro Produkt und Gebiet bzw. Abnehmergruppe zu speichern und zu verdichten [56, S. 12]. Wird ein Produkt z. B. auf einer Artikelstatistik aufgrund mangelnden Absatzes besonders gekennzeichnet, so ergeben diese background-Informationen zusammen mit Angaben über den Preis und die vergleichbaren Konkurrenzgüter (die ebenfalls erfaßt sein müssen) ein anschauliches Bild.

Bei der Analyse der dynamischen Größen des Marktes ist die Verwendungsart der EDV in der Hauptsache auf die Speicherfunktion sowie die Zur-Verfügung-Stellung von spezifizierten Daten ausgerichtet. Besonders bei der Marktbeobachtung tritt daneben in besonderen Fällen eine weitere Anwendungsart auf, nämlich die der Datenerfassung. Solche Fälle liegen vor, wenn die Erfassung von Konkurrenzangaben und käuferbezogenen Größen automatisierbar ist [1, S. 27].

7.122.2 Hilfestellung der EDV bei der Bewertung der Alternativen („choice activity")

Die zweite mögliche Art des EDV-Einsatzes liegt auf dem Gebiete der Alternativenauswahl. Um diese durchzuführen, muß eine Vergleichsmöglichkeit der Alternativen untereinander geschaffen werden, da ein verkaufsoptimaler Preis kaum rechnerisch ermittelt werden kann. Vielmehr erscheint es sinnvoll, den umgekehrten Weg zu gehen. Dabei wird ein Modell des Marktes erstellt, wobei der Preis des Produktes als Input-Variable in das Modell eingeht. Anhand der Auswirkungen auf den Absatz, den gewonnenen Marktanteil und damit den für das Unternehmen zu erreichenden Gewinn, der hier vereinfachenderweise als Zielgröße unterstellt sei, wird der Preis dann festgesetzt, der den optimalen Erfolg verspricht.

Diese Vorgehensweise ist deshalb notwendig, weil die einzelnen preislichen Bestimmungsgründe im Gesamteinfluß in der Regel bei Mehrproduktunternehmen zu komplex sind, um etwa analytisch errechnet zu werden. Da die Verhaltensweisen der Variablen, wie z. B. Konkurrentenreaktionen oder Käufe der Verbraucher nur mit Wahrscheinlichkeiten angegeben werden können, bietet hier die Simulationstechnik einen Lösungsweg.
Die Bewertung der Alternativen erfolgt aufgrund des Modelloutputs. Das Modell bezieht sich immer auf einen, vom Unternehmen abzugrenzenden Teilmarkt, dessen spezifische Daten empirisch zu ermitteln sind und in Form von Parametern in das Modell aufgenommen werden. Der Preis (bzw. die Preise, da die Konkurrenzpreise mit berücksichtigt werden müssen) stellt die „beeinflußbare Variable" (in der Regelungstechnik spricht man von Stellgröße) dar. Er ist also das Merkmal, das hier „die verschiedenen möglichen Maßnahmen" [5, S. 155] darstellt.

7.123 Voraussetzungen des EDV-Einsatzes

Für den Einsatz der EDV bei der Entscheidungsfindung kommen vor allem drei Möglichkeiten in Betracht:

1. Die Häufigkeit von Entscheidungen zwingt zur Abarbeitung dieser Entscheidungen mit EDV.
2. Die Entscheidung beruht auf solch komplexen Verhältnissen, daß die EDV herangezogen werden muß.
3. Die Entscheidung muß sehr schnell erfolgen und erfordert aktuelle, zeitnahe, nur mit der EDV zu erbringende Informationen.

Während der dritte Punkt stärker zurücktritt, spricht die Vielzahl der bei der vertrieblichen Preisgestaltung zu beachtenden Größen für die Verwendung der EDV. Die große, EDV-angemessene Zahl von Auswertungen und Arbeitsschritten tritt bei der vertrieblichen Preisgestaltung für Serien- bzw. Massenfertigung in Größenordnungen auf, die ohne EDV nicht verarbeitet werden können. Da der Hard- und Softwarebereich zwar ein sinkendes Preis/Leistungsverhältnis aufweist, die absoluten Kosten der EDV jedoch steigen und bei den Analysen oder gar Simulationsprogrammen mit bestimmten Minimalkonfigurationen gearbeitet werden muß, ist der Einsatz der EDV für die Preisgestaltung im allgemeinen nur bei in großen Absatzzahlen verkauften Artikeln lohnend. Davon abgesehen spricht ein zweites Kriterium für die EDV. Handelt es sich nämlich um die Festsetzung der Preise laufend erzeugter Güter, dann sind „Selbstkosten, Kaufkraft der Verbraucher, gesetzliche Bestimmungen, Preise der Wettbewerber u. a." [15, S. 447] besonders stark zu beachten. Die Beachtung dieser zahlreichen Faktoren wird also umso dringender, je stärker die Zahl der Güter anwächst; dies zwingt zur EDV.

7.2 Sammlung und Aufbereitung von Informationen für den Preisgestaltungsprozeß mit Hilfe von EDV

7.21 Informationsermittlung für den Grundpreis

7.211 Ermittlung der kurzfristigen Preisuntergrenze mit EDV

7.211.1 Definition der Preisuntergrenze als variable Kosten

Die Kostenrechnung muß, soweit sie zur Preisgestaltung herangezogen wird, zwei Aussagen erlauben, nämlich: Was kostet den Betrieb ein bestimmtes Erzeugnis und wie groß ist der Kostenzuwachs bei Ausdehnung der Produktion um eine Einheit, d.h. wie hoch sind die Grenzkosten.
Kann die erste Frage im Einproduktbetrieb noch mittels einer relativ einfachen Divisionskalkulation beantwortet werden, so verlangt die Beantwortung der zweiten Frage eine nach Kostenarten differenzierende Kalkulationsmethode.

„Die preispolitischen Überlegungen können . . . der Ergebnisse von Kostenrechnung und Kalkulation nicht entraten . . ." [24, S. 236]. Daher ist es für die Unternehmung wichtig, Kenntnis von den Kosten für ein zu vertreibendes Gut zu besitzen. Zwar ist der Zusammenhang zwischen der Kalkulation und dem preispolitischen Agieren „nicht sehr eng" [24, S. 236], doch ist gerade die Grenzkostenrechnung in der Lage, die kurzfristige Preisuntergrenze anzugeben. Wie oben bereits erwähnt, liegt diese Preisuntergrenze nicht in der Höhe der errechneten Selbstkosten des einzelnen Stückes, sondern im „Kostenzuwachs, der dem Produzenten dadurch entsteht, daß er zusätzlich erzeugt" [15, S. 450]. Die kurzfristige Preisuntergrenze „liegt bei den proportionalen Kosten pro Stück, da der Unternehmer notfalls kurzfristig auf den Ersatz seiner fixen Kosten ganz oder teilweise verzichten kann" [44, Sp. 716]. Daher muß also die Kostenrechnung erkennen lassen, wie weit die Kosten fest und proportional sind [15, S. 450], da die Erkennung der Auswirkung der verschiedenen Kostenarten für die Preiskalkulation von großer Bedeutung ist. Diese Trennung in variable und fixe Kostenarten bereitet in der Praxis keine geringen Schwierigkeiten. Diese Probleme sind jedoch kostenrechnerischer Art und sollen daher hier nicht erörtert werden. Auf die Ermittlung der Preisuntergrenze sei dagegen eingegangen, da diese als eine Größe bei der Ermittlung des Deckungsbeitrages für die Preisstruktur eine wichtige Rolle spielt.

Als erstes sind Überlegungen dahingehend anzustellen, welche Kostenarten überhaupt variabel sind. Generell sind alle jene Kosten variabel, die mit dem einzelnen Produkt derart direkt zusammenhängen, daß sie sich bei der Änderung der Erzeugungsmenge um eine Einheit ebenfalls ändern. Den Kostenträgern sind direkt nur die Einzelkosten, deren Kreis gegebenenfalls aber erweitert werden kann, zuzurechnen. Dazu gehören die Einzelmaterialkosten, die Fertigungslöhne, die Sondereinzelkosten der Fertigung und die Sondereinzelkosten des Vertriebs [26, S. 166]. Die Erzeugnisse werden alle mit den Kosten dieser variablen Kostenarten, d.h. auf Grenzkostenbasis, kalkuliert. Von anderen als den variablen Kosten wird dabei abgesehen.

7.211.2 Einzelteilkosten

Kaufteile sind jene Bestandteile eines Artikels, die nicht in eigener Produktion erstellt werden, sondern über den Markt bei anderen Herstellern beschafft werden. Da in Bezug auf die Erfassung der Kosten Unterschiede zu den Hausteilen bestehen, sei hier differenziert.
Bei der Erfassung dieser Bestandteilkosten ergeben sich keine Schwierigkeiten, da die empfangende Unternehmung keine Kostenbeeinflussungsmöglichkeit hat, sondern den ihr in Rechnung gestellten Preis hinnehmen muß. Lediglich eventuelle Abzüge (Skonti und dgl.) können vom Rechnungsbetrag subtrahiert bzw. anteilsmäßig von den Einzelteilen abgezogen werden.
Jedem Kaufteil wird aufgrund seiner Gattung vom beziehenden Unternehmen eine Einzelteil-Nummer zugeordnet, die es klassifiziert. Diese Nummer kennzeichnet das Einzelteil, bis es durch die Endmontage Eingang in das Fertigprodukt gefunden hat. Dann werden die Belege an zentraler Stelle gesammelt und auf maschinenlesbare Datenträger überschrieben. Darüber hinaus steht das Eingabeband nach dem Überschreibvorgang auf den Datenträger wieder zur Verfügung. Dieser erstellte Eingabedatenträger enthält Datensätze mit den Angaben: Einzelteil-Nummer / Kaufteil / Preis / Datum / Stückzahl. Die Angabe des Datums ordnet die Bestellung der Periode (Monat) zu. Dabei ist zu beachten: da die Bezugspreise der Kaufteile sich ändern können, zum anderen eine Fortschreibung der auf Lager vorhandenen Kaufteile schon wegen der Lagerführung unumgänglich ist, muß dieser Datenträger (Magnetband) mit dem Datenträger mit den noch aus vergangenen Perioden vorhandenen Einzelteilen verarbeitet werden. Diesem Zusammenschreiben der beiden Bänder geht die Sortierung des Bandes A (mit den Käufen der neu erfaßten Periode) voraus. Sortiert wird dabei nach dem gleichen Kriterium nach dem auch das Band B (kumuliertes Band der bereits früher gekauften Teile) sortiert ist, nämlich der Kaufteilenummer. Das Zusammenschreiben erfolgt duch die Ergänzung des Hauptbandes B durch die Sätze des neuen Bandes, indem die Sätze des Bandes B (Hauptband) durch die Sätze des neuen Bandes in Bezug auf Preisänderungen und Anzahl der vorhandenen Stücke ergänzt werden. Man erhält folg-

lich einen Datenträger, auf dem alle vorhandenen Kaufteile mit den neuen bzw. unveränderten Kaufpreisen sowie der neuen Stückzahl aufgeführt sind.

Abb. 52: Erfassen der Kaufpreise unter Berücksichtigung noch vorhandener Kaufteile

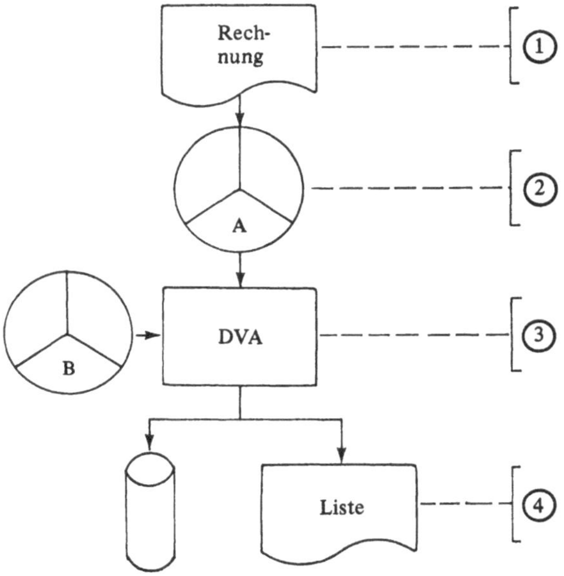

① Die Rechnungen der Kaufteile liegen in nichtmaschinenlesbarer Form vor

② Nach dem Überschreibvorgang liegt ein maschinenlesbarer Datenträger vor, der die Preise der neuen Kaufteile enthält

③ Die noch auf Lager befindlichen Teile werden mit ihren Kaufpreisen und den der neuen Teile zusammengeschrieben

④ Im Ergebnis liegen die Preise der Kaufteile auf Datenträgern mit wahlfreiem Zugriff und/oder auf Listen vor.

Dieser neu erstellte Datenträger hat die Funktion, die Preise der Kaufteile für die Kalkulation des Endproduktes bereitzustellen.
Hausteile sind solche Einzelteile, die im Unternehmen selbst gefertigt werden. Daher ist lediglich eine Erfassung der Rohmaterialkosten in der eben geschilderten Weise möglich. Diese gehen jedoch in die Kalkulation der Einzelteile ein. Ausgangspunkt dieser Kalkulation ist die Stückliste. Sie schreibt lediglich die Arten und die Anzahl der in die Kalkulation aufzunehmenden Teile vor, d.h. sie gibt für ein zu fertigendes Teilstück die einzelnen benötigten Stücke an. Daher ist ein Datenträger mit sequentieller Zugriffsmöglichkeit ausreichend. Der Satz auf dem Band muß eine Stücklistennummer tragen, die ihn einer bestimmten Stückliste zugehörig ausweist. Alle Sätze auf der Stückliste mit gleicher Stücklistennummer gehören zur Fertigung eines Teilstückes zusammen. Bei der Erfassung des Fertigungsmaterials ist der Beleganfall (Materialentnahmescheine und dgl.) sehr groß. Daher ist das manuelle Ablochen der Belege zwar grundsätzlich möglich, doch ist der Zeitaufwand dabei sehr groß, abgesehen von der Fehleranfälligkeit. Daher empfehlen Plaut/Müller/Medike [26, S. 59] die Buchungsmaschine mit angeschlossenem Locher, wo bei der Buchung des

aus dem Lager entnommenen Materials die Bewegungslochkarte gleichsam „als Abfallprodukt einer üblichen Materialbuchung" [26, S. 59] entsteht. Diese Bewegungslochkarten enthalten alle Angaben über das abgegebene Material pro Auftragsnummer (die wiederum als Einzelteilnummer interpretiert werden kann) sowie über die empfangende Kostenstelle usw. Aufgrund des Fertigungsplandatenträgers erfolgt die Materialverteilung.
„Fertigungslöhne fallen an, wenn die Arbeit am Werkstück selbst ausgeführt wird" [26, S. 73]. Direkt am Arbeitsplatz wird dabei ein Urbeleg erstellt, der auf das Fertigungsplanband überschrieben wird. Auf diesem Urbeleg sind alle relevanten Angaben, d. h. Arbeitsgang, Kostenstelle, Arbeitsplatz, Material, Stückzeit und Rüstzeit sowie Lohngruppe und Lohnart des Arbeiters angegeben. Diese Daten werden in das Fertigungsplanband aufgenommen, nachdem sie über Lochkartenschreiber und Prüfung vom Urbeleg erstellt wurden.

Materialgemeinkosten sind semivariable Kosten, d. h. sie enthalten sowohl variable wie fixe Kostenbestandteile. Die Ermittlung des Anteils der variablen Kosten sei hier als gelöst unterstellt. Diese Kosten werden dann in Form von Zuschlagssätzen auf die Materialkosten bzw. als Prozentzahlen der gesamten Materialgemeinkosten verrechnet. Die Höhe dieser gesamten Materialgemeinkosten werden jedoch ebenso wie die Fertigungsgemeinkosten an der Kostenstelle ermittelt.

7.211.3 Kalkulation der Einzelteile

Die Kalkulation der Hausteile wird aufgrund des Fertigungsplandatenträgers in der Reihenfolge der Herstellung kalkuliert. Somit ist der Betrieb in der Lage, einen Datenträger zu erstellen, der die Grenzkosten, die für jedes Teil-

Abb. 53: Verarbeitungsschema[1]

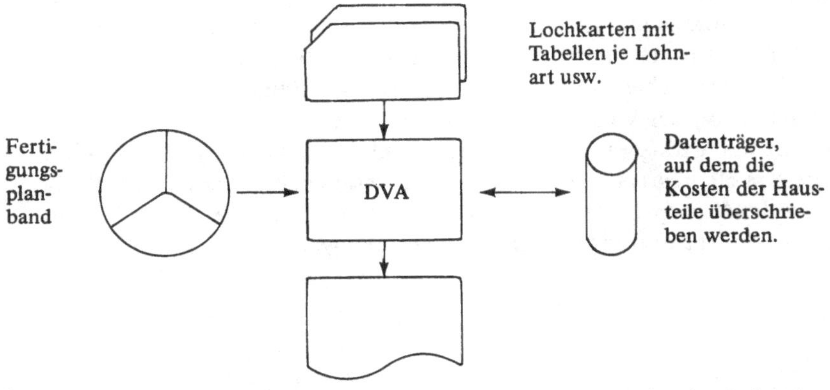

[1]) Dieser Ablauf entstammt einem Unternehmen der metallverarbeitenden Industrie.

stück in Ansatz zu bringen sind, enthält. Einmal enthält er die Kaufpreise der Teile, die von anderen Herstellern bezogen wurden, zum anderen werden die kalkulierten Kosten der Hausteile auf ihn geschrieben. Der Datenträger, der diese berechneten Kosten speichert, muß einen direkten Zugriff gewähren, da die Einzelteile bei der Endproduktkalkulation unter ihrer Teilenummer gesucht werden müssen.

7.211.4 Kalkulation des Endprodukts

Die Kosten der Einzelteile bilden die Grundlage der Kalkulation des Endprodukts. Aufgrund der vollständigen und aufgegliederten Erfassung der Kosten für die Einzelteile auf dem Datenträger (Platte) kann jetzt die Kalkulation der variablen Kosten des Fertigprodukts einsetzen, indem für jedes Einzelteil (mit Ausnahme der Kaufteile) die variablen Kostenarten ausgesondert werden und somit in das Endprodukt nur Einzelteilkosten einfließen, die auf Grenzkostenbasis errechnet wurden. Da die Zusammenbaulöhne ebenfalls zu den Grenzkosten zählen, bleibt der Charakter der Grenzkostenkalkulation gewahrt.

7.212 Ermittlung des Marktpreisniveaus

Kann man im Konsumgüterbereich die Außenverkäufer veranlassen, über die Verkaufspreise der dem eigenen Artikel „A“ entsprechenden Konkurrenzartikel zu berichten, so ist in der Investitionsgüterindustrie der Listenpreis der konkurrierenden Erzeugnisse als bekannt zu unterstellen. Diese Umstände erleichtern die Ermittlung des Marktpreisniveaus ungemein. Durch den bekannten Standort der Geschäfte bzw. der anderen Anbieter kann man dann erkennen, wo welche Artikel teurer oder billiger sind. Aufgrund der Tatsache, daß praktisch alle Großhändler oder Einzelhändler Abnehmer sind (und somit bekannt sind und deren Stammdaten gespeichert sind), können diese Geschäfte über die EDV ermittelt werden. Man erhält dann eine Aussage über die Preise in den einzelnen Gebieten bzw. Abnehmergruppen. Somit kommt man zum Marktpreisniveau der Verkaufspreise nach Bezirken.
Da jedoch das Marktpreisniveau von den Konkurrenzpreisen bestimmt wird, und diese ja als Inputvaribale in das Simulationsmodell einfließen, ist die Ermittlung des Marktpreisniveaus hier von geringerem Interesse. Die EDV wird dabei nur zur Speicherung der Größen herangezogen.

7.22 Informationsermittlung für den Vertriebspreis

7.221 Analyse der Wettbewerbsverhältnisse

7.221.1 Investitions- und Konsumgüterindustrie

Die vertriebliche Preisgestaltung mittels EDV konzentriert sich – wie erwähnt – in erster Linie auf die in Massenfertigung hergestellten und damit häufig abgesetzten Güter. Dabei läßt sich die Fertigungsart noch nach einem anderen Kriterium unterteilen, nämlich nach der Verwendung der produzierten Güter in Investitionsgüter und Konsumgüter. Eine solche Unterteilung ist hier notwendig, weil sich bei der Informationsgewinnung, den Absatzwegen und den Möglichkeiten der Preisgestaltung bei beiden Gruppen große Unterschiede ergeben.

Bei der Investitionsgüterindustrie mit Massenfertigung ist die Anwendung der EDV für Probleme der Preisgestaltung durchaus denkbar, da ‚normale' wirtschaftliche Verhältnisse vorausgesetzt, solche Güter nur dann mit hinreichendem Erfolg abgesetzt werden können, wenn auch der Preis die Marktsituation des entsprechenden Gutes berücksichtigt. Im vertriebsorientierten Unternehmen wird man daher die Möglichkeiten der EDV auch hier auszunützen versuchen. Dabei liegt der Schwerpunkt bei der Konkurrenzanalyse, da sich gerade bei dieser Güterart in der Regel schwerlich neue Nachfrager erschließen lassen und somit um ein begrenztes Käuferpotential gerungen werden muß.

Während bei der Investitionsgüterindustrie die Analyse der Konkurrenzverhältnisse relativ einfach ist, ist die Erfassung von Konkurrenzdaten in der Konsumgüterindustrie wesentlich schwieriger, da die Transparenz der Konkurrenz aufgrund der größeren Distanz zum Kunden geringer ist. Während der Investitionsgüterbetrieb mit den Kunden insofern verbunden ist, als autorisierte Außenverkäufer den Kunden besuchen, ihn persönlich kennenlernen und sich dadurch ein zwar mittelbares, aber doch relativ gutes Bild der Konkurrenzaktivitäten machen können, ist dies in der Regel in der Konsumgüterindustrie nicht der Fall, da der Hauptabsatz der Konsumgüterindustrie zumeist über den Groß- oder Einzelhandel läuft. Folglich muß die Konkurrenzforschung hier einen anderen Weg gehen, sie muß die Aktivitäten zwar auch über die Verbraucher messen, jedoch ist diese Erfassung primär ein Problem der Verbraucherbefragung. Außerdem kann bei der Investitionsgüterindustrie der Erfolg einer Konkurrenzaktion besser beobachtet und analysiert werden als im Konsumgütersektor, da der Investitionsgüterkäufer seine Kaufentscheidung in der Regel rationaler trifft.

7.221.2 Ziele der Konkurrenzanalyse

Die Erfassung aller in Frage kommenden Konkurrenzprodukte ist erstes Ziel der Überlegungen, da diese das Ziel bzw. den Gegenstand der Untersuchungen ausmachen. Dabei spielt vornehmlich der Verwendungszweck der Konkurrenzprodukte eine Rolle. Diese Untersuchung kann mit EDV erfolgen, falls die Zahl der zu untersuchenden Objekte und Verwendungsmöglichkeiten in Größenordnungen liegt, die eine derartige Bearbeitung rechtfertigt. Wichtige Ergebnisse dieser Informationsanalyse sind:

a) Welche Erzeugnisse der Konkurrenten entsprechen dem eigenen Erzeugnis A?
b) Wie heißen diese und wer stellt sie her?
c) Liegt deren Verwendungsart genau im Bereich der des Erzeugnisses A oder liegt der Schwerpunkt auf anderen Gebieten?

Auf diese Weise wird der Kreis der Verkaufsobjekte abgegrenzt, die potentiell in der Lage sind, den Absatz des eigenen Erzeugnisses zu beeinflussen.
Die Ermittlung der Konkurrenzpreise ist im Anschluß an die Ermittlung der potentiellen Wettbewerber bei festen Preisen relativ einfach und geschieht im gleichen Arbeitsgang. In der Investitionsgüterindustrie bestehen sehr oft feste Listenpreise, deren Erfassung nicht allzu schwierig ist; daneben bewegen sich gewährte Rabatte in den meisten Fällen im allgemein bekannten Rahmen. In der Konsumgüterindustrie sind die Verkaufspreise ebenfalls häufig fest vorgegeben (Preisbindung) oder empfohlen. Die Informationswege zwischen den einzelnen Unternehmungen, auf denen gegenseitige Preise mitgeteilt werden, sind vielfältig. Erinnert sei nur an die Veröffentlichung von Preisen bei der Werbung (Zeitungsinserate) usw.
Neben der Sammlung solcher ‚statischer' Konkurrenzgrößen ist die Beobachtung der Erfolge der Konkurrenten, die diese mit ihrer Preisgestaltung erzielen, sehr wichtig. Da der Erfolg nur im Markt gemessen werden kann, spielt hier die Marktbeobachtung eine große Rolle, die mittels EDV rationalisiert werden kann. Zwar kann die EDV bei der Sammlung solcher Informationen keine Hilfestellung geben [1, S. 16], jedoch dient sie der schnellen Zurverfügungsstellung dieser Daten. Bei der Beobachtung der Erfolge ist die Preiswirkung stark zu beachten, da es oft der einzig gangbare Weg zur Informationsgewinnung ist, um taktischen Preisentscheidungen der Konkurrenz entsprechend zu begegnen.

Bei der Beobachtung der Erfolge der Konkurrenten sind auch die Gründe nichtpreislicher Art zu erkunden. Zwar ist es problematisch, Erfolge der Mitanbieter, die etwa aufgrund der besseren Produktqualität zustandekommen, durch Preissenkungen des eigenen Produktes wettzumachen zu versuchen. Eine solche Politik ist deshalb gefährlich, da auf die Dauer nur eine problemadäquate und strategiengerechte Lösung von Vorteil sein kann. Doch bietet sich kurzfristig eine Preisreaktion an, die dann später durch ein verbessertes Produkt abgelöst werden kann.

Die Untersuchung der Marktstellung der Konkurrenten hat den Zweck, Aktionsmöglichkeiten preislicher Art zu finden, d.h. Konkurrenzsituationen in preislicher Hinsicht auszunutzen. Ausschlaggebend ist dabei der Marktanteil am Produktmarkt, bezogen auf einzelne Segmente, z.B. Verkaufsbezirke, Käuferklassen usw.

7.221.3 Informationen zur Konkurrenzanalyse

Da die Informationsquelle und somit auch die Art der Informationssammlung auf die Art und Weise der Informationsbearbeitung primär keinen Einfluß hat, sondern lediglich den Eingabebereich betrifft, ist die Abhandlung dieses Problems zwar nicht EDV-ablaufsmäßiger Art, dennoch erscheint es hier relevant, da für jede EDV-Anwendung im Marketing-Bereich die Erstellung geeigneter Informationen das größte Problem darstellt [1, S. 17].
Allgemein zugängliche Konkurrenzinformationen sind in Veröffentlichungen von Industrieverbänden, IHK's und statistischen Ämtern sowie in Branchenadreßbüchern usw. enthalten. Die Ergiebigkeit dieser Quellen ist für verschiedene Branchen verschieden, für den Investitionsgütersektor lassen sich aber im allgemeinen von den genannten Institutionen recht gute Informationen erhalten. Da sich diese Informationen in der Regel von Besuchsberichtsdaten, die durch den Vertriebsapparat der Unternehmung erstellt werden, in ihrem Charakter unterscheiden, ergänzen sich diese beiden möglichen Erhebungsarten. Erstere Informationen beziehen sich primär auf die statischen Größen der Konkurrenz und deren Objekte, während – wie noch zu zeigen sein wird – die Angaben der Vertriebsabteilung in ihrem Schwerpunkt die dynamischen Größen (Bewegungsdaten) betreffen. So können durch allgemein zugängliche Quellen relativ gut die auf dem Markt vorhandenen Erzeugnisse ermittelt werden, ihr Preis erfaßt bzw. ihre besondere Tauglichkeit und Vorteile bzw. Nachteile ermittelt werden.
Die Untersuchung der Konkurrenzerzeugnisse durch Marktforschungsinstitute hat den Vorteil, daß damit gleichzeitig Beziehungen zu den Käufern mit erfaßt werden können, da solche Erhebungen über Verbraucherpanel durchgeführt werden. Es ist nämlich nicht nur die abstrakte Kenntnis der Konkurrenzprodukte wichtig, sondern auch deren Fähigkeiten, Käufer anzusprechen, was im Regelfalle nicht aus der Produktcharakterisierung über allgemein zugängliche Quellen hervorgeht.
Eine wegen ihrer Tiefe gute Möglichkeit der Erhebung von Konkurrenzdaten (mit Schwerpunkt auf den Bewegungsdaten) ist die Erfassung durch den Vertriebsapparat. Da wegen des Absatzvorganges ein ständiger Informationsfluß vom Außenverkäufer zum Betrieb besteht, liegt eine Verbindung von Marktforschungs- bzw. -beobachtungsinformationen mit Informationen wie Kaufaufträgen, Stornierungen, Reklamationen usw. nahe. Diese Verbindung bietet Vor-

teile, weil die Verkäufer ständig mit der Konkurrenz konfrontiert werden und auch die Kunden recht gut einschätzen können. Sie können – in Grenzen – den etwaigen Bedarf des Kunden ermitteln und besuchen oft die abnehmenden Unternehmen, was die Möglichkeit zur Informationsgewinnung über die Wettbewerber und deren Abschlüsse bietet. Andererseits sind die Verkäufer in der Lage, auch das Konkurrenzerzeugnis genau zu beurteilen und können daher Angaben über Preisvorteile, Zahlungsbedingungen und dgl. machen. Dies ist ein großer Vorteil gegenüber Erhebungen durch Marktforschungsinstitute und erklärt den Erfolg dieser Erhebungsweise [vgl. hierzu im einzelnen Abschnitt 7.222.2].
Allgemein zugängliche Konkurrenzdaten liegen in der Regel nicht in maschinenlesbarer Form vor, da sie normalerweise nicht speziell für die Belange der EDV erstellt werden. Ein Ausnahmefall ist z. B. in der Kraftfahrzeugbranche anzutreffen, wo solche Daten in maschinenlesbarer Form (auf Band) von offizieller Stelle bezogen werden können. Sind derartig günstige Verhältnisse nicht gegeben, so sind die Angaben vom empfangenden Unternehmen auf maschinenlesbare Datenträger zu überschreiben, nachdem die Relevanz der Daten hinsichtlich ihrer Aussagekraft für die Beeinflussung einer möglichen Preisgestaltung geprüft wurde. Das Überschreiben erfolgt gegenwärtig überwiegend auf Lochkarten oder -streifen, wobei Beleg für Beleg einzeln abgelocht wird. Die Wirtschaftlichkeit dieses Verfahrens der Datenerfassung hängt von der Anzahl der zu verarbeitenden Belege ab und wird bei großem Datenanfall wegen der geringen Geschwindigkeit der Eingabe schnell unrationell [47, S. 314]. Im Zuge der Neuentwicklung von Bandbeschriftungsgeräten wird deshalb dieses konventionelle Verfahren in zunehmendem Maße vom Schreiben auf Band (Kassetten) verdrängt. Dabei muß jedoch beachtet werden, daß der Engpaß bei der Lochung nicht bei der Maschine, d.h. den technischen Möglichkeiten liegt, sondern allein in der menschlichen Unfähigkeit, die Daten schneller zu überschreiben. Dieser Engpaß besteht auch beim direkten Schreiben auf Band. Obwohl eine on-line-Verarbeitung der Daten hier nicht zur Debatte steht und daher die Geschwindigkeit nicht so sehr im Vordergrund steht, kommt hier der Kostengesichtspunkt stärker zum Tragen. Es handelt sich ja in der Regel um Stammdaten, die nur periodisch erfaßt und benötigt werden oder um Bewegungsdaten, die jedoch nur auf Abruf verarbeitet werden, da die Preisfestsetzung kein kontinuierlicher Prozeß ist (etwa im Gegensatz zum kontinuierlichen Prozeß der Auftragsabwicklung). Da die Daten, sind sie einmal gespeichert, dauernd zur Verfügung stehen müssen, da sie auch für andere Marketing-Gebiete relevant sind, werden sie in die Datenbank aufgenommen. Die Eingabedatenträger werden damit überflüssig, d.h. nach einmaliger Lesung haben sie ihre Funktion erfüllt. Aus diesem Grunde sind wiederverwendbare Datenträger (also z. B. Bandkassetten) wünschenswert, die heute auch auf dem Markt sind [47, S. 314].

Für Unternehmen, deren Preisgestaltung mit Hilfe von EDV durchgeführt werden soll, bietet sich bei Aufträgen an Marktforschungsinstitute die Erstellung von Daten auf bereits maschinenlesbaren Trägern an. Leistungsfähige Marktforschungsunternehmen verfügen ohnehin über EDV-Anlagen, so daß der fertige Bericht ohne weiteres auf Band geschrieben übergeben werden kann. Da es sich bei diesen Daten weitgehend um Marktforschungsdaten handelt – Marktbeobachtungen werden aufgrund der folgenden Erörterungen günstiger über den eigenen Vertriebsapparat durchgeführt – können in der Regel diese Daten direkt in die Datenbank als Stammdaten übernommen werden.

Ist die Erfassung von konkurrenzbezogenen Daten aus den vorgenannten Quellen zumeist marktbeschreibender Art, so müssen sowohl in der Investitions- als auch in der Konsumgüterindustrie die Angaben des Außendienstes Beachtung finden, soll die Konkurrenzbeobachtung vollständig sein. In der Praxis scheitert dieses Vorhaben häufig an der Vielzahl der Verkäufer oder der Überlastung derselben mit Schreibarbeiten sowie der Auswertung der erstellten Belege im Unternehmen. Gerade hier aber setzt die EDV an; sie reduziert durch Rationalisierung die Schreibarbeit der Außenverkäufer auf ein Mindestmaß und übernimmt die Auswertung und Verarbeitung der erstellten Berichte.

Die im Vergleich zu ihrer Effektivität wohl einfachste Art der Konkurrenzdatenerfassung stellt in der Praxis der Besuchsbericht dar [57, S. 35 ff., insbes. S. 37]. Er gibt Aufschluß über die Gründe eines Verkaufserfolges oder eines verlorenen Auftrages und enthält in knapper, aber informativer Weise Aussagen über die Verkaufstätigkeit.

Soll die Konkurrenzanalyse auf die Preisgestaltung hin ausgerichtet sein, so muß zwangsläufig vom Außenverkäufer die Beantwortung entsprechender preisbezogener Fragen verlangt werden. Dazu gehören Fragen nach den Preisvorteilen der Mitanbieter oder des eigenen Erzeugnisses, nach der Argumentation des Käufers („zu teuer") sowie nach dem Verwendungszweck beim Käufer. Gerade die letzte Frage gibt Aufschlüsse über mögliche Anbieter von Substitutionsgütern und läßt darüber hinaus auf den Stellenwert des Preises bei der Kaufentscheidung schließen.

Dem Vertrieb sind aufgrund der Kenntnisse aus allgemein zugänglichen Quellen die Konkurrenzerzeugnisse sowie in gewissen Grenzen deren Eigenschaften bekannt. Was erforscht und beobachtet werden muß, sind Aktionen der Konkurrenten preislicher Art sowie deren Ausmaß in Bezug auf Dauer und Stärke der Aktionen. Folglich sind Antworten auf Fragen wie „Preisvorteil des Konkurrenten", „Finanzierungshilfen des Konkurrenten" oder „Sonderkonditionen" usw. obligatorisch. Um diese Aktionen, d.h. plötzliche Veränderungen der Preispolitik der Konkurrenten festzustellen, muß ein ständiger Informationsfluß aufrechterhalten werden, um bei Feststellen solcher Aktionen entsprechende Gegenmaßnahmen ergreifen zu können. Die Besuchsberichte sind

daher zumindest wöchentlich (dies hängt von der Zahl der besuchten Bedarfsträger ab) auszuwerten.
Treten überhaupt neue Konkurrenten auf, die entweder bisher überhaupt nicht oder in diesem Bezirk nicht in Erscheinung getreten sind, so werden diese in die Konkurrentendatei aufgenommen, wobei ihnen eine Schlüsselnummer zugeordnet wird. Somit kann auch die Konkurrentendatei (Stammdaten) ständig auf dem laufenden gehalten werden. Damit ist eine Kontrolle über die Häufigkeit des Auftretens bestimmter Konkurrenten sowie die Analyse ihres Erfolges in Bezug auf den Preis durchgeführt.

7.221.4 Durchführung der Konkurrenzanalyse

Es sei zunächst für jeden Verkäuferbezirk die Auswertung vorgenommen. Es gibt Branchen, in denen sich eigene Verkäuferbezirke mit denen der Konkurrenten weitgehend decken. Ist dies nicht der Fall, so ist zu prüfen, ob eine andere Untergliederung sinnvoll ist. Dies dürfte jedoch für den Regelfall abzulehnen sein, da davon auszugehen ist, daß die Verkäuferbezirke nach Käuferkriterien einzuteilen sind: ". . . the emphasis in territorial design should be placed upon the customers and prospects . . ." [32, S. 437]. Daneben ist die Untersuchung derselben Kriterien mit weiteren Bezugspunkten notwendig, so z. B. nach Branche und Verwendungsart des Produktes beim Käufer.
Da die Stärke eines Konkurrenten jeweils nur relativ gemessen werden kann, ist die Grundlage einer Analyse der Konkurrenzstärke zunächst die maschinelle Ermittlung der eigenen monatlichen Abschlüsse und zwar unterteilt nach Bestellungen und durchgeführten Aufträgen. Abhängig von der Branche kann zwischen dem Bestelltermin und der Auslieferung jede mögliche Zeitdauer liegen; ein Umstand, der sich besonders bei Aufträgen mit langer Lieferfrist dahingehend auswirkt, daß eine Erfassung der Geschäftsabschlüsse zeitverschoben erfolgt. Dies ist ein großer Nachteil; deshalb sollten diese Daten aus der Auftragsschreibung erfaßt werden, obwohl dabei dann spätere Stornierungen usw. unberücksichtigt bleiben. Da ja aber die Ermittlung der eigenen Aufträge nur als Vergleichsgröße zu den Aufträgen der Mitanbieter angesehen werden soll, kommt es letzten Endes auf diese Stornierungen nicht an. Man kennt ja auch den Stornierungswert der Konkurrenz nicht. Somit ergibt sich die Erfassung aus dem Auftragseingang. Diese Erfassung wird in der Regel dadurch erleichtert, daß wohl alle Betriebe, die versuchen, Entscheidungen auf dem Vertriebssektor mit EDV zu fundieren, zunächst einmal die Abwicklung der Verkaufsaufträge usw. mit EDV durchführen. Daher ist es nicht abwegig, die Erstellung einer Verkaufsstatistik als „Neben-Produkt" zu bezeichnen [1, S. 18], da man von bereits erfaßten – oder über den Verkaufsbericht zu erfassenden – Verkaufszahlen ausgehen kann, die in der Datenbank zur Verfügung stehen.

Neben der Ermittlung des eigenen Absatzes eines bestimmten Produktes oder einer gewissen Produktart ist bei der Konkurrenzanalyse zu ermitteln, wie stark diese ist. Diese Frage ist – betrachtet man z. B. die volkswirtschaftliche Preistheorie – eine der Schlüsselgrößen der Preispolitik. Dabei ergibt sich die Stärke eines Konkurrenten aus dem Umsatz, den dieser mit Gütern, die auch das eigene Unternehmen vertreibt, erzielt. In der Praxis stellt sich hier das Problem, wie man überhaupt den Umsatz eines Konkurrenten ermittelt. Dabei kann man z. B. nicht von den Umsatzgrößen ausgehen, die in der Bilanz oder dem Geschäftsbericht wiedergegeben sind, da diese Größen für die Zwecke einer Preisgestaltung viel zu global und grob sind. Wünschenswert sind Umsatzangaben von Konkurrenten innerhalb der einzelnen Segmente. Diese sind jedoch nur sehr schwer und ungenau zu ermitteln. Unterstellt man, daß der Verkäufer in der Lage ist zu bestimmen, welcher Konkurrent einen Auftrag erhalten hat, ist selbst dann die absolute Größe der Aufträge an einen bestimmten Konkurrenten nicht zu ermitteln. Es kann ja nur in ganz speziell gelagerten Fällen vorausgesetzt werden, daß der Verkäufer bei allen Abschlüssen in seinem Bezirk überhaupt ein Angebot abgeben kann. In der Konsumgüterindustrie ist selbst dieser Fall noch zu wirklichkeitsfremd. Es ist also festzustellen, daß eine Ermittlung der Konkurrentenumsätze über die Verkäuferberichte (Besuchsberichte) allein nicht ausgeführt werden kann.
Aufgrund der bereits bestehenden Bedarfsträgerdatei, die nach Branchen, Bilanzumsätzen, Beschäftigtenzahlen usw. untergliedert ist, wird den Kunden aufgrund langjähriger Erfahrungswerte ein Bedarf von Erzeugnissen zugeordnet [54, S. 222]. Dies kann aber nur für einen längeren Zeitraum mit hinreichender Genauigkeit erfolgen. Zweifelsohne gibt es Erzeugnisse, deren Absatz sich annähernd direkt gewissen Richtgrößen beim Abnehmer zuordnen läßt. Die Erstellung solcher Funktionsgleichungen ist Aufgabe der Unternehmungsführung bzw. des Vertriebs; sind sie einmal erstellt, so läßt sich gerade mittels EDV sehr einfach eine Errechnung des Bedarfs jedes Bedarfsträgers (anhand entsprechender Kriterien) durchführen. Dabei wird der geschätzte Wert pro Richtgröße über eine Parameterkarte in den Verarbeitungsprozeß eingegeben. Die entsprechende Richtgröße (z. B. Beschäftigtenzahl) wird dann pro Bedarfsträger mit dem Parameterkartenwert multipliziert. Zieht man die an die einzelnen Bedarfsträger gelieferten Erzeugnisse ab, so kommt man zu dem Grad des Fremderzeugnisbezugs im Verkaufsbezirk, der Branche oder der Verwendungsart, je nach der zugrundegelegten Bedarfsträgerauswahl.
„Nicht Zahl und Größe der Unternehmungen vermögen . . . den Preiswettbewerb innerhalb der . . . Märkte zu sichern, sondern allein die Aktivität und Aggressivität . . ." [24, S. 234]. Aus dieser Tatsache ergibt sich die Notwendigkeit einer Beobachtung der Konkurrenten hinsichtlich dieser Aktivitäten. Die Unternehmung muß wissen – will sie die Möglichkeiten der Preispolitik voll ausnützen – wann, wo und in welchem Ausmaße die Konkurrenten preis-

lich aktiv werden. Da die Wettbewerber meistens nur für eine begrenzte Zeit [24, S. 234] ein solches aktives Verhalten an den Tag legen, ist es meist zu spät, wenn nach einigen Monaten die Auswirkungen dieser preispolitischen Aktionen offensichtlich werden. Gerade auf diesem Gebiet ist durch einen sinnvollen Einsatz der EDV rechtzeitig eine preispolitische Reaktion zu erreichen, da hier einer der Hauptvorzüge der EDV – die Schnelligkeit der maschinellen Auswertung – voll zum Tragen kommt. Es ist jedoch wesentlich, wie oft Aktivitätsanalysen durchgeführt werden, d.h. nach welcher Zeit frühestens ein Erkennen solcher Aktionen möglich ist. Grundsätzlich sollten die Daten mindestens wöchentlich oder vierzehntäglich ausgewertet werden. In der Regel hängt dies in der Praxis vom Datenanfall und der Branche ab.
Die maschinelle Auswertung der Konkurrenzinformationen erfolgt nach verschiedenen Gesichtspunkten. Da von einer grundsätzlichen Preisdifferenzierungsbereitschaft, also z.B. von einer Bereitschaft zu einer in jedem Verkaufsbezirk bzw. in jeder Kundengruppe verschiedenen Preisgestaltung auszugehen ist, müssen auch entsprechend die Verhältnisse für jedes Verkaufssegment untersucht werden. Diese Untersuchung beginnt damit, daß die auf Band oder Platte gelesenen Besuchsberichte durch ein einfaches Sortierprogramm nach Segmenten sortiert werden. Diese Einteilung ist notwendig, da man möglichst versucht, die Preise nach Segmenten individuell zu gestalten. Die Abb. 54 zeigt den Ablauf dieser Aktivitätsermittlung der Konkurrenten. Dabei wird jeder Datensatz auf dem Besuchsberichtsdatenträger gelesen und die Angaben in Bezug auf Wettbewerber und Preisvorteil registriert. Es interessiert zunächst die Gesamtsumme der Kontakte jedes Mitbewerbers, was eine relativ einfache Zählung in jedes Wettbewerberregister bedeutet. Die absolute Zahl läßt dann auf die Aktivität schließen. Für jeden solchen Kontakt wird sodann die Preisstellung des Wettbewerbers geprüft, wobei alle auf dem Besuchsbericht vorgesehenen Preismöglichkeiten abgelesen und gespeichert werden, da die Aktivitäten der Konkurrenten weiter analysiert werden müssen. Die Aktivitätsermittlung ist somit nur als eine Vorstufe aufzufassen. Frage ist und bleibt, ob sich die festgestellten Aktivitäten auf das Preisniveau auswirken, d.h. ob die Mehraktivitäten der Mitanbieter mit preislichen Anreizen gekoppelt sind. Ist dies nicht der Fall, so ist die bloße Feststellung, daß Konkurrent „1" die Zahl seiner Kundenkontakte im vergangenen Monat um x Prozent erhöht hat, zwar von vertrieblichem Interesse, jedoch rechtfertigt dies allein noch nicht unbedingt preispolitische (Re-)Aktionen. Es ist daher gesondert zu untersuchen, ob sich die Preisgestaltung des Mitbewerbers ebenfalls geändert hat. Diese Untersuchung stellt im EDV-Ablauf kein Problem dar, da man die relative Häufigkeit der Mitangebote der Konkurrenten lediglich mit der relativen Häufigkeit der Eintragungen in der Preisspalte der „Vorteile der Mitanbieter" zu verknüpfen braucht. In dieser Spalte auf dem Besuchsbericht werden die preislichen Vorteile der Mitanbieter erfaßt. Sie sollten nach Möglichkeit zur besseren Ana-

Abb. 54: Ermittlung der Konkurrenzaktivitäten

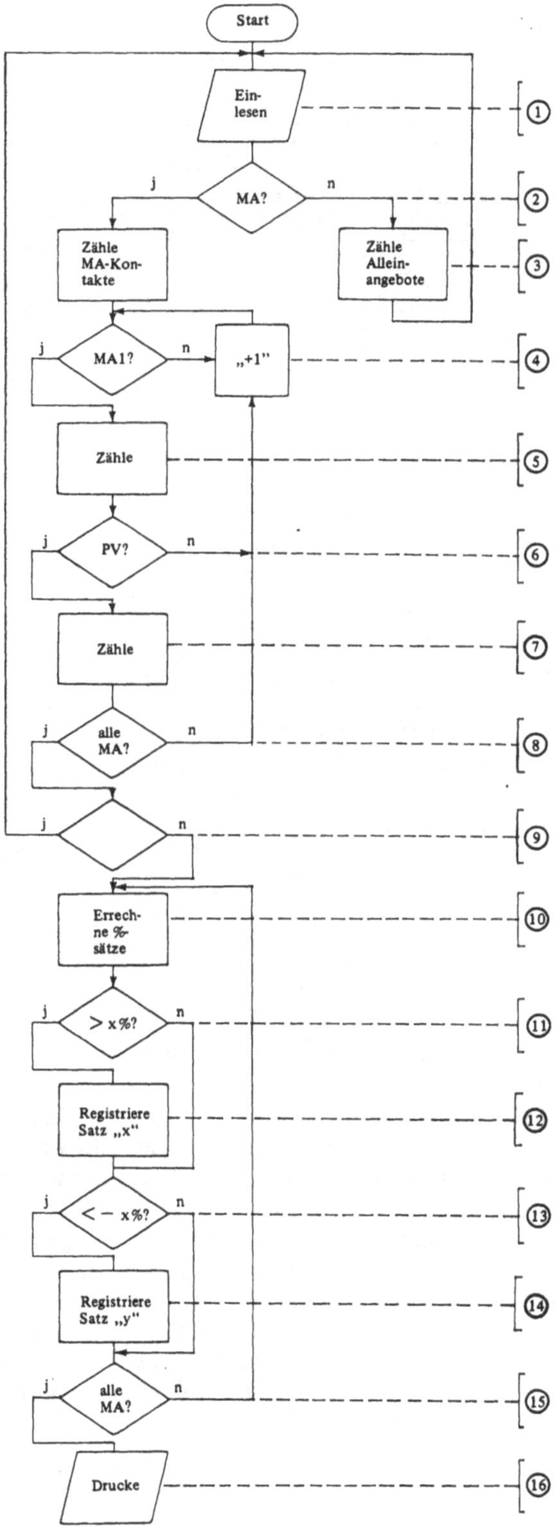

(1) Lesung der Besuchsberichtsdaten in den Verarbeitungsprozeß

(2) Aussonderung der Besuchsberichtsdaten, bei denen kein Mitanbieter vorhanden war.

(3) Zählvorgang solcher Fälle

(4) Prüfung, welche Mitanbieter ein Angebot abgegeben haben. Jeder mögliche Mitanbieter wird einzeln untersucht

(5) Zur Häufigkeitsbestimmung des Auftretens einzelner Wettbewerber wird jeder Kontakt eines bestimmten Wettbewerbers gezählt

(6) Prüfe, ob ein Preisvorteil des Konkurrenten vorliegt, sowie Zählung des Vorteils. Weitere Spezifizierung des Preisvorteils und Zählung derselben in das jeweilige Konkurrentenregister

(7) Prüfe, ob noch ein anderer Wettbewerber als Mitanbieter aufgetreten ist, falls „ja", erhöhe die Mitanbietercodenummer und repetiere ab (4)

(8) Prüfe, ob noch weitere Angaben von anderen Besuchsberichten vorliegen. Falls „ja", repetiere ab (1)

(9) Sind alle Angaben bearbeitet, wird für jeden Konkurrenten der Anteil der Preisvorteile an der Gesamtzahl der Kontakte dieser Konkurrenten errechnet.

(10) Vergleich dieser %-zahl mit der Periode t–1; überschreitet sie die Bandbreite nach oben, wird später Satz x mit den Angaben dieses Konkurrenten ergänzt und ausgedruckt

(11) Wie (10), nur „nach unten"

(12) Liegen noch weitere Konkurrenten vor, so wird ab (9) repetiert, im anderen Falle:

(13) Drucke die Liste für dieses Segment

Abb. 55: Die Ermittlung der Preisaktivität der Mitanbieter (Listenbild)

	Januar 1972						Februar 1972						
	Gesamt-kontaktsumme			davon mit Preisvorteil			Gesamt-kontaktsumme			davon mit Preisvorteil			Kon
Summe der Kontakte	350			70			320			100			
davon ohne M–A	50						40						
gegen M–A	300			70			280			100			
Mit-anbieter	Kon-takte	PV abs	PV %	PS	Ra-batt	Alt-ger.	Kon-takte	PV abs	PV %	PS	Ra-batt	Alt-ger.	Ko ta
01	300	70	23.3	40	20	10	260	91	35	60	23	8	2
02	100	50	50	30	20	–	95	47	49.6	20	27	–	1
03	150	30	20	30	–	–	100	20	20	20	–	–	1
04	200	60	30	55	5	–	180	20	11	15	5	–	1
KONKURRENT 01 = MAIER PREISVORTEILZUWACHS UM 12%													
KONKURRENT 04 = MUELLER RUECKGANG DES PREISVORTEILS UM 19%													

M-A = Mitanbieter
PV abs. = absolute Zahl der festgestellten Preisvorteile
PV % = Preisvorteile in % der Kontaktzahl
PS = generelle Preissenkung (als PV)
Rabatt = Rabattgewährung (als PV)
Altger. = günstigere Inzahlungnahme eines Altgerätes (als PV)

Die beiden Sätze am Ende der Liste werden aufgrund der über die Toleranzgrenze hinausgehenden Prozentsatzdifferenz zwischen Monat Januar und Februar ausgedruckt (vgl. Abb. 54 ⑪ bis ⑭)

lyse aufgeteilt sein, so daß sich diese Auswertung weiter spezifizieren läßt, nämlich welcher Art dieser Preisvorteil ist. Beispiele stellen „Rabattnachlaß" (unter Angabe des eigenen Rabattsatzes), „günstigere Inzahlungnahme eines Altgerätes" oder auch eine generelle Preissenkung dar. Außerdem wird vom Außenverkäufer die Angabe des Preisvorteils in quantitativer Form in Prozent (< 5%, < 10%, > 10%) bzw. in absoluter Höhe verlangt.
Die Auswertung erfolgt z. B. monatlich, wobei die jeweiligen Angaben gezählt und in ihrer absoluten Höhe sowie in Prozentsätzen ausgedruckt werden. Ändert sich der Prozentsatz an bestimmten Preisvorteilen eines Konkurrenten, dann liegt eine veränderte Preispolitik desselben vor. Geht die Änderungsrate zwischen zwei Zeiteinheiten über eine bestimmte Toleranzgrenze (Bandbreite) hinaus, dann wird ein vorgegebener Satz (vgl. Abb. 54, ⑪ bis ⑭) als zusätzlicher

Hinweis ausgedruckt, der auf den abweichenden Prozentsatz sowie den Konkurrenten hinweist (vgl. Abb. 55). Dies dient der schnelleren Orientierung. Aufgrund dieser Liste kann jetzt die Aktivität der einzelnen Konkurrenten abgelesen werden (Kontaktzahl der Mitanbieter) sowie die Stärke und Art der preislichen Vorteile der Mitanbieter gegenüber dem eigenen Erzeugnis.
Der Engpaß für eine solche Verarbeitung liegt jedoch, wie in vielen Marketing-Bereichen, in der Datenbeschaffung, d.h. in der Feststellung des wirklichen Angebotspreises der Konkurrenten. Wie erwähnt, erfährt der Verkäufer in der Praxis den Preis seiner Konkurrenten sehr oft nicht und muß persönliche Schätzungen seinen Angaben zugrunde legen. Die Ergebnisse der Datenverarbeitung können aber niemals besser sein als die ihr zugrunde liegenden Daten.

7.222 Analyse der Bedarfsträger

7.222.1 Ziel und Gegenstand der Bedarfsträgeranalyse

Der vertrieblich orientierte Preis hat sich nach den gegebenen Abnehmerverhältnissen des Produktes zu richten. Dabei muß das Unternehmen versuchen, durch einen optimalen Preis den Käuferkreis des Produktes zu erweitern. Der bereits bestehende und erfaßte Kundenkreis bildet dabei eine in seiner Aussagekraft nicht zu unterschätzende Größe. Die Analyse der Bedarfsträger geschieht nicht um ihrer selbst willen, sondern muß in ihrer Endaussage einen begründeten Schluß auf die Kreise zulassen, die durch eine Preisänderung als effektive Kunden gewonnen werden können, sowie jene Kundenkreise offenbaren, die preislich besonders „empfindlich" bzw. „unempfindlich" reagieren. Gelingt dies, dann sollte es der Unternehmensführung möglich sein, durch entsprechende Anpassung sich diese Kreise preislich zu erschließen.
Die Preisdifferenzierung stellt eines der Hauptinstrumente der vertrieblichen Preispolitik dar. Da sie sich als Ergebnis der Aufspaltung „des Gesamtmarktes des betrachteten Gutes in isolierte Teilmärkte" [12, S. 335] und das preisliche Eingehen auf deren individuelle Käuferzusammensetzung darstellt (horizontale Marktaufspaltung) ist eine Untersuchung der Käuferzusammensetzung unumgänglich. Mag diese Feststellung für die Preisbildung richtig sein, die darauf abzielt, vorhandene Käufer preislich verschieden zu behandeln, so ist für die vertriebliche Preisgestaltung, also eine Preisgestaltung, die auch darauf abzielt, neue Kunden zu gewinnen und die alten zu behalten, die Basis „Käufer" zu eng; vielmehr müssen alle in Betracht kommenden Abnehmer untersucht werden. Abnehmer in diesem Sinne sind aber die Bedarfsträger, d.h. alle, die einen Bedarf für ein Produkt der Art haben, für das die Preisgestaltung durchgeführt werden soll. Ergeben sich bei der Analyse in isolierbaren Teilmärkten signifikante Unterschiede der Bedarfsträger, die preislich verwertbar sind, so kann für diese Teilmärkte die Preisdifferenzierung angewandt werden.

7.222.2 Analyse der Bedarfsträger in der Investitionsgüterindustrie

Unterstellt man ein in Betrieb befindliches Unternehmen, so besteht bereits ein Grundbestand an Bedarfsträgern eines Gutes, nämlich alle bisherigen Käufer dieses Gutes. Über diese Abnehmer bestehen in der Regel bereits relativ gute Kenntnisse. Als Ausgangspunkt für Untersuchungen jedoch, die den ganzen Markt eines Produktes umfassen sollen, ist diese Basis zu schmal. Man muß daher, um nicht bei der Betrachtung der jetzigen Kunden stehenzubleiben, den Datenbestand erweitern: "A file of maximum utility must be broad enough in scope, so that a positive approach can be taken–one that will pinpoint new prospects and attempts to determine competitive performance in specific industrial and geographic areas" [1, S. 19]. Es sind daher Informationen von außen heranzuziehen. Besteht zunächst das Ziel, einen möglichst hohen Grad an Marktabdeckung zu erreichen, dann muß man bestrebt sein, möglichst alle Bedarfsträger zu erfassen. Diese Aufgabe kann in der Regel von zwei verschiedenen Instutionen erfüllt werden, nämlich vom eigenen Vertriebsapparat oder einem Marktforschungsinstitut. Da es Aufgabe der Außenverkäufer ist, Aufträge hereinzuholen, sie aber andererseits durch die gesamte Übernahme der ständigen Datenerstellung zur Marktbeobachtung (vgl. oben) bereits sehr belastet sind, wird die Erstellung solcher ‚Stammdaten' wie der Bedarfsträgerzahl und der Klassifizierung derselben sinnvollerweise Marktforschungsinstituten übertragen. Diese können eine zuverlässige und hohe Marktabdeckung garantieren und sind in der Lage, weitere Angaben über Adressen, Zahl der Angestellten, Umsätze, Nettoerlöse, Branchenzugehörigkeit und geographische Lage zu machen. Diese Zahlen sind relativ einfach zu ermitteln und stellen eine Grundeinteilung dar, auf der dann eine Einteilung nach preislichen Kriterien erfolgt. Der Betrieb kann also in jedem Falle als Endergebnis über einen Datenträger verfügen, der einen Datensatz folgender Art enthält:

Abb. 56: Stammdaten der Bedarfsträger in der Investitionsgüterindustrie

Bedarfsträgernummer	Name	Adresse	Beschäftigte		Umsatz	Branche	Verkaufsbezirk	Verwendungszweck
			Ang.	Arb.				

Gezielt auf den einzelnen Bedarfsträger ist die Erfassung der Nichtkäufer (Fremdbezieher) und – was wichtig ist – die Analyse des „Nichtkäufers" unter preislichem Aspekt nur unter zwei Bedingungen möglich:

a) Es sind annähernd alle Bedarfsträger erfaßt und werden regelmäßig besucht.
b) Es ist möglich, Auskünfte des Bedarfsträgers über Gründe der Ablehnung zu erhalten (etwa: „zu teuer") oder zumindest in Erfahrung zu bringen, welches (billigere) Konkurrenzerzeugnis gekauft wurde.

Da diese Informationen sehr eng mit dem Kaufprozeß verbunden sind, ist es naheliegend, sie mit den Besuchsberichten zu verbinden. Daher ist der regelmäßige Besuchsbericht Voraussetzung nicht nur zur Konkurrenzaktivitätsmessung, sondern auch zur Beobachtung der Fremdkäufe des Kunden. War der Besuchsbericht bei der Aktivitätsmessung ein Mittel zur Feststellung von preislichen Aktionen der Konkurrenten, so dient er jetzt zur Feststellung der Wirkung solcher Aktionen auf die Bedarfsträger, indem man die auf den Besuchsberichten angegebenen Ablehnungsgründe untersucht, bzw. wo diese fehlen, von den Vorteilen der Mitanbieter auf die Gründe schließt. Weil aus den Besuchsberichten die Art und Stärke der preislichen Aktionen ersichtlich ist, kann man diese Gründe ermitteln, da man die Ablehnung eines Kaufes unter dem Gesichtspunkt des Preisvorteils der Mitanbieter sehen kann, falls nicht noch andere, zusätzliche Vorteile der Konkurrenten bestehen. Diese Besuchsberichte geben also eine relativ gute Übersicht über die Ablehnungsgründe der Nichtkäufer. Sie bieten eine der wenigen Möglichkeiten überhaupt, den Preiseffekt eines Artikels zu erkennen und zu gewichten. Dies ist die Grundvoraussetzung einer abnehmerorientierten Preisgestaltung.

Aufgrund der zu unterstellenden großen Anzahl der Bedarfsträger selbst in der Investitionsgüterindustrie (von einer gleichen Behandlung der Verbraucher von Konsumgütern muß wegen der Unmöglichkeit der Erfassung und Beobachtung aller Bedarfsträger abgesehen werden [1, S. 24; 18, S. 254]) und der gewünschten Erfassung dieser Bedarfsträger durch Besuche ist mit einer großen Anzahl der anfallenden Belege zu rechnen (vgl. oben). Bei der automatischen Lesung wird ein Datenträger erstellt, der die Daten der Besuchsberichte enthält (Abb. 57, Datenträger „X“).

Ein Problem liegt bei der Abdeckung aller Bedarfsträger. Können nicht alle erfaßt werden, so ergibt sich das statistische Problem der Repräsentanz der besuchten Bedarfsträger für die Gesamtheit der existierenden Bedarfsträger. Es ist also eine Frage des Außenverkäufereinsatzes bzw. der Kapazität des Außendienstes.

Sind die Daten der potentiellen Käufer erfaßt, so werden diese nach Artikeln sortiert. Nun können die Besuchsberichte weiterverarbeitet werden.

Der von den eingetroffenen Besuchsberichten erstellte Besuchsberichtsdatenträger wird zur weiteren Verarbeitung nach aufsteigender Bedarfsträgernummer sortiert. Dieses Sortieren erfolgt aus zweierlei Gründen: einmal ist das kumulierte Besuchsberichtsband, das die früheren Verhaltensweisen der Bedarfsträger enthält, ebenfalls aufsteigend sortiert, zum anderen enthält auch das Stammdatenband der Bedarfsträger diese in aufsteigender Reihenfolge. Ist der Sortiervorgang beendet, dann werden die Angaben der Besuchsberichte analysiert.

Eine derartige Auswertung ist bei der Investitionsgüterindustrie wichtig und scheint ergiebig, obwohl hier bei Kaufentscheiden irrationale Motive eine untergeordnete Bedeutung haben. Unterschiedliche Verhaltensweisen ergeben sich jedoch durch preisbewußtes sowie qualitätsbewußtes Abnehmerverhalten (bei letzterem spielt der Preis eine untergeordnete Rolle). Sind neben Hinweisen auf den Preis noch andere Kriterien vermerkt (z. B. technische Vorteile), so ist eine Abgrenzung des Preiseinflusses schwierig und bleibt selbst bei Heranziehung von Informationen über das akquisitorische Potential eines Produktes aus der Konkurrenzdatenbank problematisch.

Da langfristige Preisüberlegungen nicht auf den Ergebnissen einer einmaligen Besuchsberichtsauswertung beruhen sollten [18, S. 252/253] (hier könnten Zufälligkeiten wirksam werden), ist die Beachtung des Verhaltens der Bedarfsträger über längere Perioden wünschenswert. Diese Untersuchung erfolgt, indem die durch den neuen Besuchsbericht zutage getretenen Verhaltensweisen mit den letzten Ergebnissen des kumulierten Besuchsberichtsbandes (Band Y_1, Abb. 57) verglichen werden. Die Erkenntnis, ob ein Bedarfsträger sich bei Wiederholungskäufen eines bestimmten Artikels entweder gleich oder verschieden verhält, ist für den Preisbildungsprozeß gleichermaßen wichtig. Es muß daher bei der Analyse des Bedarfsträgerverhaltens vermerkt werden, wie oft Bedarfsträger bestimmte Verhaltensweisen zeigen, da konstantes Verhalten eine Preisdifferenzierung nach diesem Kriterium ermöglicht.

Die Speicherung dieser Daten geschieht auf dem kumulierten Besuchsberichtsband (Band Y_1), da sich auf der Bedarfsträgerstammdatenplatte (Abb. 57, Platte Z) nur eindeutig zuordenbare Stammdaten befinden. Da der Stammdatenträger außerdem erst bei der Auswertung nach bestimmten Kriterien in den Verarbeitungsprozeß eingelesen wird, wäre ein zusätzlicher Verarbeitungsschritt notwendig. Da einmal zeitlich sehr weit zurückliegende Verhaltensweisen für den Preisbildungsprozeß weniger relevant sind, zum anderen aufgrund der aufeinanderfolgenden Sätze diese nicht beliebig erweitert werden können, liegt eine Löschung der am weitesten zurückliegenden Daten nahe. Der kumulierte Besuchsberichtsdatenträger (Abb. 57, Datenträger Y_2) läßt noch keine Auswertung der Verteilung von Verhaltensweisen nach Bedarfsträgergruppen zu. Da bei einer später zu erfolgenden Auswertung die Bewegungsdaten (d. h. die Verhaltensweisen) den Stammdaten zugeordnet werden müssen (letztere sind z. B. Branche, Ort und Verwendungsarten der Bedarfsträger) sind erstere nach Verhaltensweisen zu sortieren, d. h. die preisbewußten Bedarfsträger bilden das erste Sortierkriterium, dann folgen die preisorientierten und preisindifferenten (Einteilung nach Petermann [25, S. 59–65]). Darüber hinaus ist noch eine vierte Gruppe zu bilden, welche alle diejenigen Bedarfsträger beinhaltet, die bei einer Betrachtung im Zeitablauf keiner der drei Verhaltensgruppen eindeutig zugeordnet werden können. Diese Gruppe ist mit dem größten Risiko bei der Vorhersage des Preisverhaltens verbunden und kann daher nur begrenzt oder gar nicht zu einer weiteren Auswertung herangezogen werden.

Grundlage der Preisdifferenzierungen sind verschiedene Preiselastizitäten in einzelnen Teilmärkten [12, S. 344]. Daher hat sich eine Untersuchung der Möglichkeiten einer Preisdifferenzierung an diesen Preiselastizitäten auszurichten. Dafür ist u. E. eine Untersuchung von Zusammenhängen zwischen den Preiselastizitäten und bestimmten, die Bedarfsträger charakterisierenden Größen sinnvoll, um dann nach Bedarfsträgergruppen zu differenzieren, die eine vom Marktdurchschnitt verschiedene Preiselastizität aufweisen. Dieser Umweg erscheint deshalb angebracht, weil sich eine Differenzierung technisch leichter durchführen läßt, wenn sie sich auf bestimmte Gebiete, Anwendergruppen oder Branchen bezieht. Die Preisdifferenzierung scheitert in der Praxis nämlich zumeist an der fehlenden Isolierbarkeit preislich verschieden zu behandelnder Bedarfsträger. Es sei jedoch darauf hingewiesen, daß grundsätzlich auch eine Preisdifferenzierung nach einzelnen Abnehmern durchführbar ist, wobei der Engpaß bei der Fakturierung (der verschiedenen Preise wegen) durch die Verwendung der EDV problemlos überwunden werden kann [53, S. 128 ff.]. Zu beachten ist dabei lediglich das Problem der Isolierbarkeit.

Eine wegen der leichten Isolierbarkeit häufig vorkommende Art der Preisdifferenzierung ist die nach geographischen Gesichtspunkten. Auch Gutenberg nennt sie an erster Stelle [12, S. 336]. Ein grundsätzlicher und logischer Zusammenhang besteht jedoch zwischen Verkaufsgebieten und Preiselastizitäten nicht, da erstere oftmals auch nach anderen Gesichtspunkten als es die Preisbildung verlangen würde, abgegrenzt werden. So spielen Größen wie Geographie und Bevölkerungsdichte [32, S. 437], aber auch z. B. die Zahl der die Verkaufsbezirke betreuenden Außenverkäufer bei der Abgrenzung von Verkaufsgebieten eine große Rolle, so daß nicht von vorneherein eine Verbindung zwischen Verkaufsgebiet und Preiselastizität unterstellt werden kann.

Neben die Analyse der Abhängigkeiten zwischen Käuferverhalten und geographischen Gebieten muß jedoch auch die Untersuchung der Abhängigkeiten zwischen Kaufverhalten und Branchenzugehörigkeit (vorwiegend in der Investitionsgüterindustrie bestehen hier Zusammenhänge) und zwischen Kaufverhalten und der Verwendungsart (bzw. -zweck) [12, S. 336] treten. Denn im allgemeinen besteht zwischen dem Verhalten der Käufer und den letztgenannten Kriterien ein stärkerer Zusammenhang als dies bei den Verkaufsgebieten der Fall ist. Bei der Auswertung werden die preisbewußten Bedarfsträger über ihre Bedarfsträgernummer den Stammdaten zugeordnet. Dabei werden die unter der Bedarfsträgernummer gespeicherten Stammdaten abgerufen und die Kriterien für eine Preisdifferenzierung registriert, so z. B.:

preisbewußter Bedarfs- darfsträger No. „15“	Zugriff	Verkaufsbezirk	„05“
		Branche	„08“
		Verwendungsart	„02“

Sind bei allen Marktsegmenten (Verkaufsgebiet, Branche und Verwendungsart) die Verhaltensweisen der Bedarfsträger gleich verteilt, so ist eine Preisdifferen-

Abb. 57: Klassifizierung der Bedarfsträger nach Verhaltensweisen

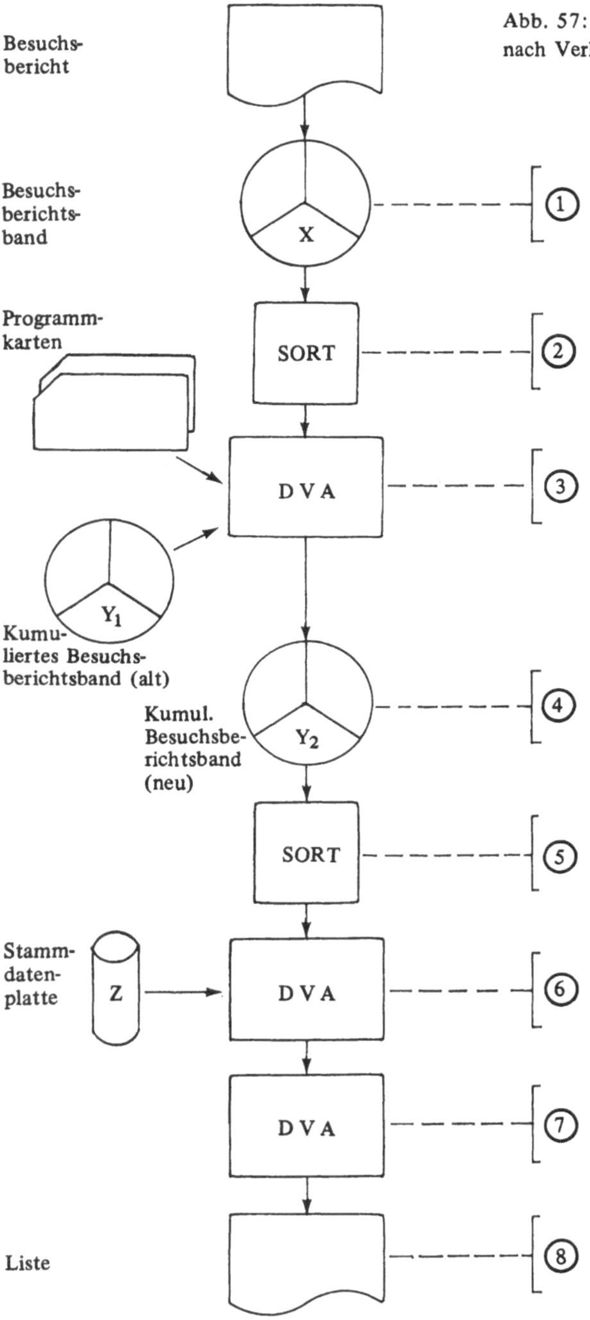

1. Automatischer Lese/Schreibvorgang mit Erstellung eines Besuchsberichtsdatenträgers, gleichzeitiges Prüfen und Packen der Daten.
2. Da sich die Besuchsberichte auf verschiedene Artikel beziehen, wird der Datenträger sortiert:
   1. nach Artikelnummer aufsteigend
   2. nach Bedarfsträgernummer aufsteigend
3. Untersuchung jedes Bedarfsträgersatzes auf das Preis/Kaufverhalten und anschließend daran die Ermittlung von vier Verhaltensgruppen, indem die Preis/Kaufverhaltensweisen auf dem Datenträger X mit den fortgeschriebenen Verhaltensweisen der Vergangenheit des jeweiligen Bedarfträgers auf dem Datenträger Y_1 verglichen wird.
4. Man erhält somit ein nach Bedarfsträgernummer sortiertes Speichermedium, auf dem alle Bedarfsträger nach ihrem Preisverhalten gekennzeichnet sind.
5. Sortierung nach den vier ermittelten Klassen (innerhalb der Klassen aufsteigend).
6. Auswertung im engeren Sinne, d.h. hier Zuordnung der Stammdaten zu den jeweiligen Bewegungsdaten, dann Sortierung nach den Preisdifferenzierungskriterien.
7. Vergleich der Ergebnisse untereinander
8. Ausdruck der außerhalb von Toleranzgrenzen liegenden Werte.

zierung kaum durchführbar. Eine Preisdifferenzierung nach dem Kaufverhalten ist nur dann sinnvoll, wenn diese speziellen Gebiete einen überdurchschnittlichen Anteil an Bedarfsträgern mit einer bestimmten Verhaltensweise beinhalten. Liegt ein solcher Fall nicht vor, so muß auf eine Preisdifferenzierung verzichtet werden oder eine solche über den Umweg einer Produktdifferenzierung ermöglicht werden.

7.222.3 Analyse der Bedarfsträger in der Konsumgüterindustrie

In der Investitionsgüterindustrie ist die Erfassung der Bedarfsträger relativ einfach [59, S. 658], da die Produkte meist nicht an anonyme Käufer verkauft werden. In der Konsumgüterbranche bleibt dagegen der Käufer – abgesehen von Gütern des nichttäglichen Bedarfs – im allgemeinen unbekannt. Wenn der Vertriebsweg über den Handel läuft, besteht zudem keine direkte Verbindung zwischen Produzent und Konsument.

Diese Tatsache erschwert die Erstellung preisrelevanter Daten über den gegenwärtigen wie auch den potentiellen Käufer. Da eine direkte Erfassung des Verhaltens der Abnehmer unmöglich erscheint, müssen Daten über die Marktforschung erstellt werden. Aus der Vielzahl der möglichen Marktforschungsmethoden [27, S. 219 ff.] sei hier das Panel ausgewählt, da es zur Ermittlung der Preis-Absatz-Funktion sowie über die Zusammensetzung der Käufer im Zeitverlauf wertvolle Aussagen machen kann. Das Panel dient hier in ähnlicher Weise als primäre Informationsquelle wie der Besuchsbericht bei der Investitionsgüterindustrie. Dabei soll nicht der Preistest, der nur von der „Kaufbereitschaft" ausgeht [3, S. 144] im Vordergrund stehen, sondern Angaben der Panelmitglieder über wirklich durchgeführte Käufe den Preisentscheidungen zugrunde gelegt werden. Es liegt dabei in der Regel eine fest umrissene Produktpalette vor, sowie „der gleiche Kreis von Haushaltungen oder Betrieben" [27, S. 280]. Da dieser Kreis jeweils zum gleichen Thema befragt wird („Welche Produkte der Artikelart ‚X' haben Sie in den letzten zwei Wochen gekauft?") kann durch das Panel die Einstellung der Abnehmer zu einem bestimmten Gut sowie zu dessen Preisgestaltung ermittelt werden. Dabei ist zu bemerken, daß ein die gesamte Käuferschaft repräsentierender Querschnitt zu bilden ist, der darüber Auskunft gibt, welche Käufer willens sind, das Produkt A zum Preis X und zum anderen welche Käufer willens sind, das gleiche Produkt nur zum Preise X – d X usw. zu erstehen und wie dieser Käuferkreis charakterisiert ist.

Als einfache, doch durchaus adäquate Art der Datenerfassung des Panels bzw. der untergliederten Teil-Stichproben aus der Grundgesamtheit aller Haushalte dient die Lochkarte bzw. bei großem Frageumfang der Markierungsbeleg [13, S. 56]. Als Urbeleg ist er geeignet, weil er als Datenträger handlich und leicht versendbar ist, zum anderen sogar selbst von den Testpersonen ausge-

füllt werden kann. Doch selbst wenn dies nicht erwünscht oder erforderlich ist, ist der Markierungsbeleg hier als Eingabemedium gut verwendbar, da die Angaben auf ihm in Klarschrift verzeichnet werden können.
Zur Verschlüsselung ist der Vordruck von Antworten notwendig, da jede Antwort in Form einer Zahl ausgedruckt und somit verarbeitbar wird. Lochkarten mit angekreuzten Antworten werden im Kartenlocher abgelocht und dienen als Eingabemedien, Markierungsbelege werden hingegen direkt gelesen. Zwar ist die Größe der Stichprobe unabhängig von der Grundgesamtheit; da man aber einen repräsentativen Querschnitt der Grundgesamtheit wünscht und diese nach verschiedenen Kriterien hin untersucht und aufgeteilt werden sollen, ist die Zahl der notwendigen Stichproben, d.h. der Befragungen doch relativ hoch [3, S. 111 ff.]. Man hat somit mit einem größeren Datenanfall zu rechnen.
Bei den Paneldaten ist (analog den Daten der Bedarfsträger in der Investitionsgüterindustrie) zwischen Stamm- und Bewegungsdaten zu unterscheiden. Bei der Erfassung ergibt sich lediglich der Unterschied, daß die Stammdaten bei Erstellung des Panels nur einmal anfallen und dann – abgesehen von Paneländerungen – gleich bleiben. Stammdaten in diesem Sinne sind alle jene Daten, die die einzelnen Panelmitglieder näher beschreiben. Sie beziehen sich auf sozioökonomische Größen, wie Einkommen, Alter, Haushaltsgröße, soziale Schichtung der einzelnen Haushalte usw. Grundsätzlich haben sie die gleiche Funktion wie die Stammdaten bei der Investitionsgüterindustrie (d. h. sie sollen in Verbindung mit den Bewegungsdaten Anhaltspunkte für eine Preisdifferenzierung bieten) doch besitzen sie andere Charakteristika.
Die Bewegungsdaten werden fortlaufend, d.h. monatlich oder in kürzeren Zeitabständen regelmäßig erstellt. Sie enthalten alle Daten, die für eine abnehmerorientierte Preisgestaltung erforderlich sind und die darüber hinaus für weitere Maßnahmen preislicher Art herangezogen werden können. Einmal müssen sie die Code-Nummer des Panelmitgliedes enthalten, um die Käufe auf die entsprechenden Käufer beziehen zu können. Diese technische Angabe ist Voraussetzung für die Zuordnung der folgenden Angaben [45, S. 211] (Der in Klammern gegebene Begriff zeigt die Verwendung an): Kaufdatum, Produktart und Marke (Kauf des eigenen oder des Konkurrenzproduktes), Anzahl der gekauften, gleichen Artikel (Bedarf des Käufers), Preis (Preisempfindlichkeit des Käufers) sowie vom Händler gewährter Rabatt (Effekt von Sonderpreisen). Die Ergebnisse solcher Zuordnungen schlagen sich im Verbraucherverhaltensmodell einer Marktsimulation nieder. Daneben können durch das Haushaltspanel noch andere Fragen beantwortet werden, die auf dem bereits erwähnten Preistest [3, S. 144] beruhen. Diese Antworten geben Aufschluß über den Verlauf der Preis-Absatz-Funktion, deren vermutetes Aussehen eine Grundlage der Preishöhenfestsetzung darstellt.
Für die Auswertung der Paneldaten sei hier von den Haushaltspanels, die sich auf Preis-Tests beziehen, abgesehen. Vielmehr erstreckt sich die folgende Aus-

wertung auf die Paneldaten, die aufgrund wirklicher Aktionen (Käufe) der Panelmitglieder zustande gekommen sind.

Für eine vertriebs-, d.h. hier abnehmerorientierte Preisgestaltung müssen die Paneldaten nach Kriterien untersucht werden, die Rückschlüsse auf das Preis-Kauf-Verhalten der Verbraucher zulassen. Eine Preisdifferenzierung ist nur dann sinnvoll, wenn sich die verschiedenen Teilmärkte durch verschiedene Preiselastizitäten voneinander unterscheiden: "... one crucial criterion for segmenting a market ... is whether the different submarkets have different elasticities with respect to the price ..." [37, S. 42]. Dabei ist die Auswertung nach zwei verschiedenen Gesichtspunkten, d.h. nach zwei Zielen hin möglich und sinnvoll:

a) nach dem Effekt, den eine preisliche Aktion der Konkurrenten oder des eigenen Unternehmens auf den Marktanteil des Produktes A hat, gemessen über mehrere Zeiteinheiten hinweg und bezogen auf verschiedene Gruppen. Ergebnis: Man kann die Preiselastizität ermitteln, d.h. man kann auf eine notwendige Mindestpreissenkung schließen, um z.B. einen Marktanteil von x% mehr zu erreichen,
b) nach dem Verhalten der einzelnen, in Gruppen zusammenfaßbaren Haushalte zum Preis eines Gutes; dabei wird jeder einzelne Haushalt einzeln in Hinblick auf sein Ausgabeverhalten untersucht. Der Preis des gekauften Gutes ist bekannt, auch die Preise der in Frage stehenden Konkurrenzprodukte werden zu jedem Zeitablauf ermittelt. Daraus läßt sich die Grundgesamtheit der Panelmitglieder in Abnehmergruppen mit gleicher Einstellung zum Preis, d.h. mit gleichen Preiselastizitäten aufgliedern. Ergebnis: Für verschiedene Abnehmergruppen können verschiedene Preise gefordert werden.

Die geprüften Bewegungsdaten werden zur Auswertung nach Familien und innerhalb der einzelnen Codenummern nach Kaufdaten (Tag und Monat) sortiert.

Die Verarbeitung der Daten besteht zunächst im Zusammenfassen der Daten, sowie in der Bestimmung der Aussagen über Zeitreihen und haushaltsspezifische Größen.

Eine abnehmerorientierte Preisgestaltung muß vor allem berücksichtigen, welchen Effekt ein gestellter Preis auf die Kontrahierungswilligkeit der Abnehmer ausübt. Daher ist eine genaue Erforschung des Verhaltens der Abnehmer in Bezug auf Preisänderungen des eigenen Produktes bzw. der Konkurrenzprodukte notwendig. Ein Programm zur Auswertung von Haushaltspanelangaben, die Rückschlüsse dieser Art zulassen, stellt das TSGS (Time Series Generation Subsystem) der Market Research Corporation of America dar [45, S. 217].

Dabei werden nach jeder Zeiteinheit – Woche, Monat usw. – alle Antworten ausgewertet und Häufigkeitsbestimmungen ("summary measures") durchgeführt, die Aufschlüsse über folgende Größen geben:

- Welchen Effekt auf den Marktanteil des eigenen Erzeugnisses hat die Änderung des Preises der Mitanbieter (Kreuz-Preis-Elastizität)?
- Wie groß ist der Effekt, wenn speziell auf bestimmte Größen wie Verpackungsart und Kundengruppe abgestellt wird?
- Welchen Effekt hat die Änderung des Preises einer Marke auf dessen Marktanteil?
- Wie hängt die Sensitivität des Marktes auf zukünftige Preisänderungen mit dem Einsatz des übrigen absatzpolitischen Instrumentariums zusammen?

Jede einzelne Familie wird für den angegebenen Zeitraum auf die Anzahl der gekauften Artikel, deren Preis, die Packungsgröße und den nachfolgenden Kauf eines artgleichen Artikels untersucht. Diese Untersuchung ist mit EDV problemlos. Da davon auszugehen ist, daß diese Erhebungen nicht von einer Unternehmung für *ein* Produkt, sondern von Marktforschungsinstituten für eine große Anzahl von Produkten durchgeführt werden, also alle artgleichen Produktkäufe der Familie enthalten, muß jede Produktart eine Kennziffer erhalten, nach der das Panel ausgewertet werden kann. Die eingelesenen Daten werden also nach Familie, Kaufdaten und noch nach einem dritten Kriterium sortiert, nämlich dieser Kennziffer, wonach alle Käufe mit den gleichen Kriterienkennzahlen addiert werden können. Die Gesamtzahl der erfaßten Familien mit gleichen Käufen ergibt nach der Hochrechnung den Gesamtumsatz der Produktart sowie durch eine weitere Unterteilung der Kennziffer den Umsatz des Produktes A des Herstellers X; und damit auch den Marktanteil.

Der Marktanteil des Artikels A ist insoweit preislich als eine Grundgröße anzusehen, als er Aufschluß über die derzeitige Stellung des Artikels im Markt gibt. Da die vertriebliche Preisgestaltung auch die Aufgabe hat, neue Kunden zu gewinnen [21, S. 90], muß ein Maß geschaffen werden, den Erfolg von Aktivitäten quantitativ zu erfassen. Ein solches Maß stellt der Marktanteil dar. Für die Preisgestaltung kann die Marktanteilermittlung jedoch nur eine Maßgröße liefern, wenn der Preis eines Produktes A sowie der der anderen Konkurrenzprodukte festgestellt werden kann. Falls nicht der Fall einer Preisbindung vorliegt, ist dies bei Konsumgütern nur über das Panel möglich. Im Falle der Preisbindung erübrigt sich eine Feststellung der Endpreise über eine Befragung. In der Mehrzahl der Fälle [28, S. 296] ist jedoch selbst der Preis der eigenen Erzeugnisse bei der großen Zahl der Einzelhandelsgeschäfte nicht exakt bekannt und muß daher stichprobenartig ermittelt werden, da ja auch Preisempfehlungen für den Letztverkäufer nicht bindend sind. Dazu wird durch ein Unterprogramm aus den Angaben der Panelmitglieder ein Durchschnittspreis pro Familie und Produkt sowie pro Produkt und Periode errechnet. Ersteres ist wichtig, um das Ausgabeverhalten der Familie und den Bezug zur Kaufstätte festzustellen, letzteres ist notwendig für den Vergleich der Produktpreise und deren Entwicklung untereinander. Somit erhält man Aussagen, die einen Schluß über die Auswirkungen der Preisänderung eines Produktes in

Bezug auf dessen Marktanteil zulassen. Dabei wird der Preis des Produktes in den Perioden vor Preisänderung und nach derselben verglichen; beobachtet werden auch die Preisänderungen der anderen Produkte. So hat man jetzt zwei allerdings vergangenheitsbezogene Ergebnisse, nämlich wie beeinflußt eine Preissenkung den Marktanteil und wie reagieren die Konkurrenten auf diese Preisänderung.

Durch die Ermittlung des Preises, den die einzelne Familie für Produkt A bezahlt sowie die Angabe des Kaufortes, der Packungsgröße und der Familiendaten kann für jede Familie ermittelt werden, wo ihre bevorzugte Einkaufsquelle liegt (Klassifizierung nach Geschäftstyp), welche Packungsgröße sie kauft und bei welchem Preis speziell diese Familie zu billigeren Produkten abwandert. Da der Preis für jedes Gut auf Datenträgern erfaßt wird (bzw. bei Gütern mit vorgeschriebenem Verkaufspreis bekannt ist) kann die Häufigkeit errechnet werden, mit der ein Gut beim Preis P gekauft wird und mit der das gleiche Produkt z. B. zwei Perioden später zu einem veränderten Preis gekauft wird. Stellt man weiterhin die Bewegungsdaten der Panelmitglieder den Stammdaten gegenüber, so ist die Bildung von Familiengruppen möglich, die innerhalb bestimmter Grenzen gleiches Preisverhalten zeigen. Die verschiedenen Auswertungen machen im Ergebnis Mengenaussagen über preisspezifische Größen der Panelmitglieder [45, S. 215]. Als Beispiel sei ein vereinfachter Programmablaufplan angegeben, der als erster Schritt in Richtung auf eine umfassendere Auswertung anzusehen ist (siehe Abb. 58).

Nach Preisänderungen ermittelt man den Anteil der Panelmitglieder (Familien), die Produkt A in Geschäften der Klasse eins, zwei oder drei gekauft haben, das Einkommen dieser Familien sowie die Größe der Familien. Bildet man durch einfache Sortierung für jede dieser Gruppen eine Zeitreihe, so ergibt sich

- wie reagieren die Abnehmer auf die Preisänderung, die in Geschäften der Klasse eins kaufen? Wie diejenigen, die in Geschäften der Klasse zwei oder drei kaufen?
- wie reagieren die nach verschiedenen Einkommensklassen geordneten Abnehmergruppen?
- wie reagieren die Abnehmer verschiedener Packungsgrößen auf die Preisänderung?

Die Ergebnisse derartiger Analysen werden für die Unternehmensführung ausgedruckt oder für weitere Verarbeitung auf Band bzw. Platte geschrieben. Aufgrund dieser Ergebnisse können jetzt nach einem Vergleich der verschiedenen Verhaltensweisen verschiedener Gruppen der festgestellten unterschiedlichen Preiselastizitäten wegen Überlegungen hinsichtlich einer Preisdifferenzierung angestellt werden. Aufgrund der vielseitig durchgeführten Analysen kann eine solche Preisdifferenzierung auf einer horizontalen oder vertikalen Marktaufspaltung beruhen. Der Vergleich kann mittels EDV durchgeführt werden, in-

Abb. 58: Arbeitsablauf der Paneldatenverarbeitung und Auswertung

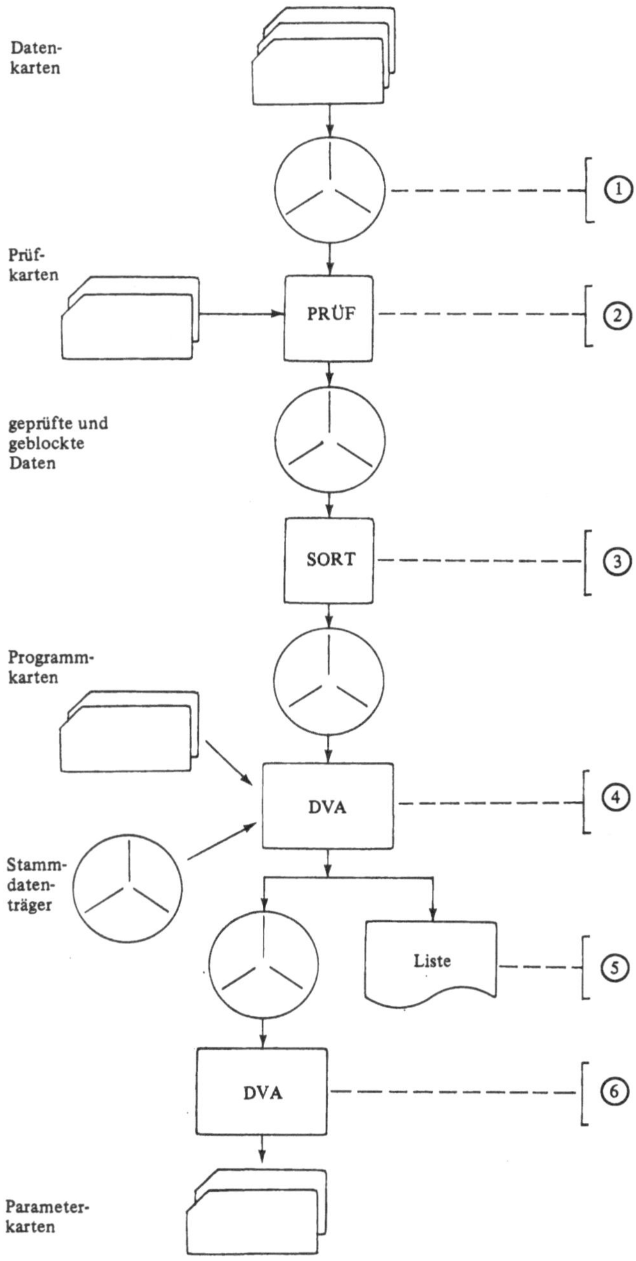

(1) Übertragen der Karten auf Band zur schnelleren Eingabe.

(2) Prüfen der Daten auf logische Fehler, Packen der Daten und Erhöhung des Blockungsfaktors

(3) Sortieren über ein Sortierprogramm nach
1. Code-Nummer der Panelmitglieder
2. Code-Nummer der konkurrierenden Produkte im Panel
3. Kaufdatum der Produkte

(4) Auswertung nach verschiedenen Kriterien unter Heranziehung der die Panelmitglieder näher spezifizierenden Stammdaten (Abb. 59). Die Programmkarten geben die Anweisungen für jede Auswertung

(5) Die Ergebnisse der Auswertung werden auf Band geschrieben, um für die nächsten Schritte in angemessener Form vorzuliegen. Es kann aber auch der Ausdruck auf einer Liste erfolgen (vgl. Abb. 59, Schritt (14))

(6) Durchführung einer Korrelationsanalyse, um Verwandtschaftsgrade zwischen Panelmitgliedcharakteristika und Kaufverhaltensweisen zu erkennen.

Abb. 59: Ablauf des Auswertungsprozesses nach verschiedenen Kriterien (ähnliche, verbale Beschreibung bei: [45, S. 215 f.]

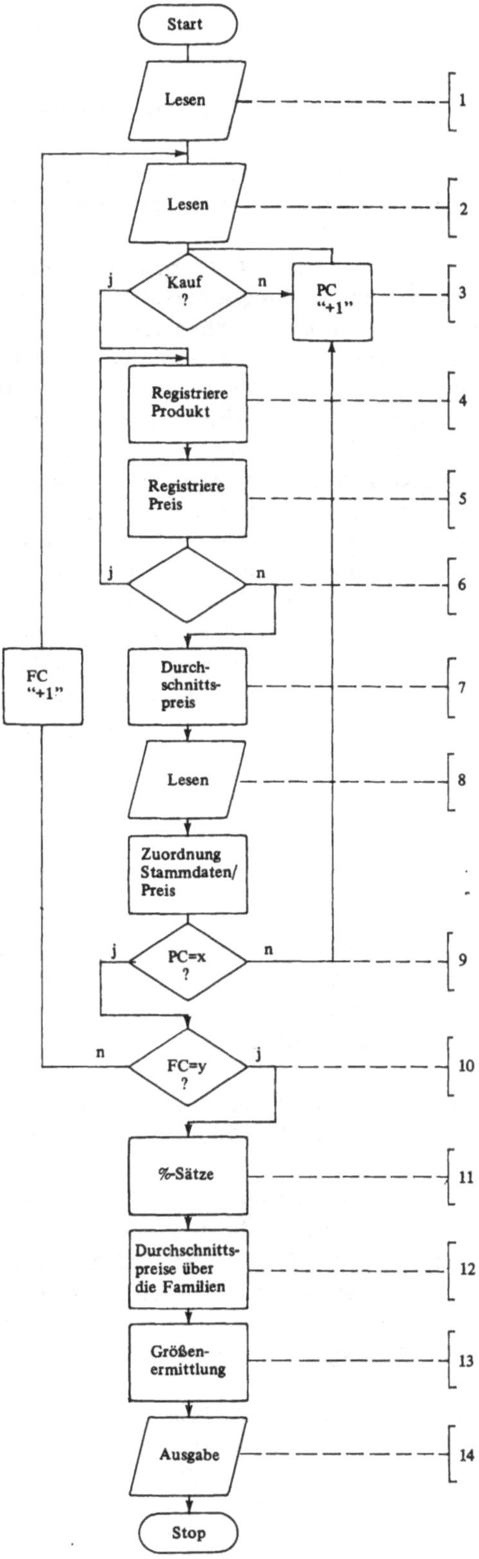

(1) Lese die Programmkarten ein

(2) Lesung des Bewegungsdatensatzes des Haushaltes mit Codenummer "1"

(3) Prüfe, ob Produkt "A" (Produktcodenummer "1") vom Haushalt mit der Codenummer "1" gekauft wurde. Dies ist möglich, da aufgrund Abb. 58, Schritt (3) die Daten entsprechend sortiert sind. Falls bei Prüfung „nein", erhöhe Produktcodezahl um "1" und wiederhole ab (3), andernfalls:

(4) Zähle das entsprechende Produkt in das Register der Familie mit Familiencodenummer "1".

(5) Der Preis dieses Produktes wird in ein Register gelesen.

(6) Prüfe, ob ein Folgekauf des gleichen Produktes in der betrachteten Periode vorliegt. Fals ja, repetiere ab (4), falls „nein":

(7) Errechne aufgrund der durch Schritt (5) gespeicherten Preise pro gleichem Produkt den Durchschnittspreis desselben

(8) Lese die Stammdaten des Panelmitgliedes gleicher Codenummer ein und ordne diese der durchschnittlichen Preishöhe für Produkt mit Codenummer "1" zu

(9) Prüfe, ob alle vorgesehenen Konkurrenzprodukte von Produkt "A" erfaßt und ausgewertet sind. Falls „nein", erhöhe die Produktcodezahl um "1" und repetiere ab (3)

(10) Prüfe, ob alle Panelmitglieder ausgewertet sind. Falls „nein", erhöhe die Familien codenummer um "1" und repetiere ab (2), falls „ja":

(11) Errechne die Prozentsätze der Marktanteile der einzelnen Produkte

(12) Errechne die Durchschnittspreise der einzelnen Produkte (über alle Familien)

(13) Errechne die Größen der aufgrund Schritt (8) durch Zuordnung entstandenen Gruppen

(14) Ausdruck aller Ergebnisse auf Liste u/o. maschinenlesbaren Datenträger (vgl. Abb. 58, Schritt (5))

PC = Produktcodenummer
FC = Familien-(Haushalt-)codenummer
x = vorgesehene Anzahl der Produkte } im Panel
y = vorgesehene Anzahl der Familien } im Panel

dem die Kaufdaten darauf untersucht werden, wie stark ihre Abhängigkeit von der Preisänderung ist. Soweit sich die EDV auf die Bearbeitung dieser Ergebnisse beschränkt, ist damit ihr Einsatz beendet.
Will man jedoch, wie nachfolgend noch zu zeigen ist, die Simulation zur Vorausberechnung des Erfolges preislicher Entscheidungen heranziehen, so müssen die Ergebnisse obiger Untersuchungen in Form von Abhängigkeitsgrößen, d.h. Parametern in ein Modell (in diesem Falle das Verbraucherverhaltensmodell) eingehen. Zur Erstellung dieser Parameter müssen die Zeitreihen verschiedener Kriterien (z.B. Reaktionen auf Preisänderungen verschiedener Einkommensklassen) miteinander verglichen werden: "Using econometric techniques (based on multiple regression analysis) these two sets of time series were used as the basis for estimating the current and long run effects on weekly market share for 'M' of the changes in the pricing . . . activity . . ." [37, S. 50]. Dabei geht es um die korrelative Festsetzung des Zusammenhangsgrades solcher Zeitreihen [27, S. 429]. Dieser Zusammenhang wird mittels einer Korrelationsanalyse bestimmt, indem der Korrelationskoeffizient zwischen den Zeitreihen errechnet wird. Zum Aufbau und zur Durchführung entsprechender Programme sei auf die Literatur [6, S. 31 ff.] und die von Computerherstellern und Software-Instituten vorgelegten zahlreichen Standardlösungen verwiesen.

7.223 Analyse der Absatzverhältnisse

7.223.1 Erfassung der Absatzdaten

Einen wesentlichen Faktor einer marktorientierten Preisbildung stellt auch die Analyse der Absatzverhältnisse dar. Zentraler Ausgangspunkt einer solchen Analyse ist die Zusammensetzung der Aufträge bzw. die Auftragslage. Allen Überlegungen muß daher die Erstellung dieser Ausgangsdaten vorangestellt werden.
Als primäre Datenquelle sind alle Bestellungen, die das Unternehmen erreichen, anzusehen. Sie werden an zentraler Stelle im Unternehmen gesammelt und dort auf Datenträger überschrieben.
Die Erfassung der Stammdaten erfolgt beim Auftreten neuer Kunden. Dabei werden diesen Kunden Kundennummern zugeteilt, die den bereits bestehenden Bedarfsträgernummern entsprechen. Diese Stammdaten schließen alle charakterisierenden Daten ein, also Angaben über den Empfänger, Verkaufsbezirk, Verkäufer, Verwendungsart, Konditionen usw. Können diese Daten nicht beim ersten Kauf ermittelt werden, so werden die fehlenden beim nächsten Verkaufsbesuch aufgenommen.
Die Verkaufsdaten (Bewegungsdaten) werden grundsätzlich mehrere Jahre in der Regel auf Band gespeichert, um eine Auswertung auch über längere Zeit

hinweg zu ermöglichen. Dies ist notwendig, da die Beobachtung der Absatzverhältnisse und dessen versuchte Beeinflussung durch die Preisgestaltung auch längerfristig erfolgen müssen. Das Auftragsband enthält als Minimalforderung Sätze mit folgendem Aussehen:

Abb. 60: Minimalangaben des Auftragseingangsbandes

Kunden-nummer	Name	Adresse	bestellter Artikel No.	weitere Spezifikation	Bestell-datum	vorauss. Liefer-datum

7.223.2 Ermittlung der absatzbestimmenden Größen mit EDV

Der Absatz eines Gutes hängt von Größen ab, die von der Unternehmung beeinflußbar sind (Marketing-Mix-Größen) sowie von Größen, die nicht beeinflußbar sind. Diese absatzbestimmenden Determinanten, von deren Auftreten bzw. Stärke die derzeitige und zukünftige Entwicklung der Nachfrage abhängt, zu erkennen und qualitativ, quantitativ und zeitbezogen zu bestimmen ist die eine Voraussetzung für eine der zukünftigen Absatzlage angepaßten Preisgestaltung; die Vorhersage der Entwicklung solcher Determinanten die andere: "predicting the unknown criterion score of a new subject („Absatz" (d. V.)) from his known set of predictor scores (bestimmende Determinante; d. V.) . . ." [6, S. 31]. Da eine Nachfragesteigerung auf einem Markt nur dann einen Preisanstieg begünstigt, wenn die Anbieterkapazitäten langsamer oder gar nicht steigen bzw. wenn letztere nur relativ langsam vergrößert werden können, ist das Erkennen von absatzbeeinflussenden Größen in zweierlei Hinsicht wichtig:
a) für die kurzfristige Preisgestaltung, falls das Auftreten der bestimmenden Variablen kurzfristig oder periodisch erfolgt,
b) für die langfristige (strategische) Preisgestaltung, falls die bestimmenden Variablen von anhaltender Dauer mit eventuell wachsendem Gewicht sind.

Nach Erfassung der Aufträge ist es kein Problem, diese nach Artikelnummern zu sortieren. Man erhält somit alle Aufträge eines bestimmten Artikels. Das zweite Sortierkriterium ist das Verkaufsdatum, da man ja die Absatzabhängigkeiten im Zeitablauf ermitteln will. Nun sind Zeitreihen auf täglicher Basis jedoch zu kurzfristig, um Ergebnisse zu zeitigen, die nicht Zufallseinflüssen unterliegen. Daher sind die nach Tagen sortierten Auftragseingänge des Gutes A auf Wochen- oder Zwei-Wochenabschnitte zu verdichten. Die Zeiteinheiten sollten nicht zu lange bemessen werden, da z. B. „bei Untersuchungen über konjunkturelle Zusammenhänge . . . größere Zeitabschnitte die Sequenz nicht genau erkennen lassen" [27, S. 431, Anm. 14].

Nach diesem Verdichtungsvorgang liegt eine Zeitreihe des Absatzes vor, die zur weiteren Grundlagenerarbeitung anderen Zeitreihen (nämlich Zeitreihen, die aus dem Auftreten von Absatzdeterminanten gebildet werden) gegenübergestellt werden muß.

Die Lagerfunktion des Handels verfälscht die so gewonnenen Absatzzeitreihen, da z. B. zeitweise auftretender Bedarf zunächst durch den Abbau der Läger des Einzel- und Großhandels gedämpft wird und diese Läger erst mit Zeitverzögerung wieder aufgefüllt werden. Damit werden Nachfrageschwankungen aufgefangen. Diese Verfälschung betrifft nicht die Nachfragegröße, sondern deren Messung durch die Auftragserfassung. Da hier jedoch periodische Absatzabhängigkeiten sowie langfristig wirksame Abhängigkeiten im Vordergrund stehen, die, wenn auch verzögert, auf die Absatzlage der Unternehmung doch voll durchschlagen, behält trotz dieser Ungenauigkeit die Absatzzeitreihe ihren Aussagewert.

Bei der Suche nach absatzbestimmenden Variablen ist der Einsatz der EDV von Nutzen, da es sonst bei großen Sortimenten kaum möglich ist, für alle Produkte solche Absatzabhängigkeiten zu erkennen sowie den Grad der Beziehungen zu ermitteln. Nun wäre es freilich absurd, von der theoretisch möglichen Anzahl aller Absatzabhängigkeiten auszugehen. Diese theoretische Zahl kann und muß durch zwei Überlegungen eingeschränkt werden:

a) Welche Kriterien beeinflussen mit Sicherheit nicht den Absatz des Erzeugnisses A?
b) Welche Kriterien scheiden aufgrund der nicht beizubringenden Informationen über sie von vorneherein aus?

Dabei ist zu b) zu bemerken, daß das Umwegverfahren über die Korrelation (d. h. die Substitution des Problems: „Voraussichtliche Entwicklung des Absatzes des Produktes A" durch das Problem „Voraussichtliche oder gegenwärtige Entwicklung der Bestimmungsfaktoren") nur aussichtsreich ist, wenn die Bestimmungsfaktoren (d. h. die bestimmenden Variablen) „leichter und möglichst zuverlässiger als die letztlich interessierende Größe vorausschaubar" sind [9, S. 117]. Trotz dieser Einschränkungen bleibt bei breitem Sortiment die Anzahl der durchzuführenden Korrelationsanalysen groß. Da für jede Korrelationsanalyse die Zeitreihen nicht zu kurz bemessen werden sollten, ist der zu bearbeitende Datenanfall sehr hoch. Sind die Möglichkeiten nach a) und b) reduziert, dann kann mit Hilfe der EDV die Analyse der Abhängigkeiten des Umsatzes von den einzelnen Kriterien durchgeführt werden. Diese Kriterien sind nach Branchen verschieden und ihre Erkenntnis beruht meist auf Erfahrungen. Für die Analyse muß für jedes zu untersuchende Kriterium eine Zeitreihe gebildet werden. Diese Zeitreihe wird durch Ordnen der Daten dieses Kriteriums nach Zeitangaben und Aufteilen dieser Zeitangaben in Umsatzperioden entsprechende Zeitabschnitte gebildet.

Die Errechnung der Korrelation mittels EDV ermöglicht sodann die Ermittlung der Absatzabhängigkeiten (allerdings aufgrund von Erfahrungswerten vergangener Perioden, so daß die Ergebnisse nur bedingt für die Zukunft gelten).

Ihre Kenntnis ermöglicht eine kurzfristige Preispolitik, die z. B. saisonale Absatzschwankungen durch Abschläge auszugleichen versucht (zeitliche Preisdifferenzierung) sowie eine langfristige Preispolitik, wenn die Entwicklung der bestimmenden Variablen auf längere Zeit abgesehen werden kann.

7.223.3 Auswertung nach Abnehmern

Für die Vertriebsführung ist es wichtig zu wissen, von welchen Abnehmern sie mehr abhängig ist als von anderen. Bei einer Vielzahl vertrieblicher Verkaufsobjekte an einen breiten Kundenkreis müßte ohne EDV eine solche Analyse entfallen. Für eine kundenerhaltende Preisgestaltung ist jedoch eine solche Auswertung wichtig, da sich besonders zu beachtende Abnehmer herausschälen lassen.
Diese Analyse erfolgt am günstigsten jährlich oder halbjährlich; eine noch kürzere Auswertungsfolge liefert keine besseren Ergebnisse, weil man möglichst nachhaltige Entwicklungen verfolgen will. Die Auswertung erfolgt durch einfaches Sortieren der Daten (in diesem Falle) nach Kundennummern. Alle Käufe eines Kunden eines bestimmten Artikels werden damit erfaßt. Als weiteres Sortierkriterium kann der Zeitablauf angenommen werden. Dadurch ist es möglich, alle Käufe eines Artikels pro Kunde zu addieren. Dieses Addieren kann sich auf die Ermittlung von Untersummen (Käufe pro Monat) oder auch auf die bloße Ermittlung der jährlichen Kaufsumme jedes Käufers erstrecken. Man erhält somit den Kreis der Großkunden. Hierbei spielt der Grad, in dem die Käufer ihren Bedarf bei dem eigenen Unternehmen decken, keine Rolle.

Das Ergebnis dieser Kundenanalyse ist das Erkennen der Absatzstruktur, welche Rückschlüsse auf Preisstaffelungsmöglichkeiten zuläßt. Es ist für die Preisgestaltung wichtig, ob das Erzeugnis in einzelnen, großen Mengen oder in vielen kleinen Mengen verkauft wird. Beschränkt sich die Abnahme z. B. im wesentlichen auf Großabnehmer, so ist für die Erhaltung von Stammkunden mittels Preisnachlässen mehr Sorge zu tragen.
Über die EDV ist weiter eine Auswertung der Abnehmer nach dem Grad des geleisteten Deckungsbeitrages durchzuführen. Aufgrund der pro Artikel ermittelten Stückkosten (aus der Grenzkostenkalkulation) und des von jedem Kunden entrichteten Preises läßt sich die Kundenreihenfolge nach höchstem Deckungsbeitrag sowie bei Multiplizierung mit Abnahmemengen nach den Kunden mit dem höchsten Beitrag überhaupt ermitteln. Für die vertriebliche Preisgestaltung ist diese Ermittlung des tatsächlich besten Kunden sowie der Relation der anderen Kunden zu diesem insoweit von Interesse, als die Erkenntnis des Wertes eines Kunden sich in Konditionen niederschlägt (vgl. hierzu Kap. 5).

Da die vertriebliche Preisgestaltung zum Ziele hat, aus gewinnbringenden Kunden Stammkunden zu machen („Bildung eines festen Kundenstammes") [21, S. 90], ist die Gewährung von Rabatten zu diesem Zweck sinnvoll.
Die Stammdaten der Abnehmer auf dem Kundenstammdatenträger enthalten auch das Datum des Erstkaufes. Aufgrund dieses Datums und der Daten der Folgekäufe kann man treue Kunden ermitteln, so daß die Einräumung von Treuerabatten als absatzwirksames Mittel auch bei einem großen Kundenstamm erleichtert und überwacht werden kann.

7.223.4 Auswertung nach Artikeln

Da die Umsätze einzelner Artikel wesentlich von deren Preisen abhängen, diese jedoch bei bereits bestehender Preisdifferenzierung verschieden hoch sind, ist eine Artikelanalyse getrennt für jeden Teilmarkt eines Gutes durchzuführen. Das Ziel dieser Auswertung ist die Unterteilung der Artikel in Artikelgruppen, die preislich verschieden zu behandeln sind.
Da bei jedem Auftragsdatensatz die Kundennummer verzeichnet ist (sie wird zur Auffindung der Kundenadresse des Kundenstammsatzes benötigt) und damit auch eindeutig ein eventuell bestehender Teilmarkt erkannt werden kann, werden für jeden existierenden Teilmarkt die (Teil-)Summen ermittelt. Der Gesamtumsatz aller Produkte der Unternehmung ergibt sich durch einfache Addition; er wird einmal den einzelnen Teilsummen des Produktes A, zum anderen der Gesamtsumme des Absatzes des Produktes A gegenübergestellt. Jetzt lassen sich die Umsatzanteile des Artikels A am Gesamtumsatz ermitteln. So erhält man eine Vergleichsmöglichkeit zur Ermittlung der „Wichtigkeit" einzelner Teilmärkte in Bezug auf den Gesamtumsatz. Je kleiner diese Segmentanteile sind, umso geringer sind die Folgen von Kundenverlusten bei Preissteigerungen.
Die Umschlagshäufigkeit eines Artikels wirkt sich auf die Preisgestaltung dahingehend aus, daß Produkte mit höherer Umschlagsgeschwindigkeit trotz geringerem Deckungsbeitrag im Endergebnis einen höheren Gewinn erbringen, als solche, die sich nur langsam umschlagen. Daraus folgt, daß sich langsam umschlagende Artikel einen entsprechend höher bemessenen Deckungsbeitrag erbringen sollten. Mittels EDV ist die Ermittlung der Umschlagsgeschwindigkeit (d.h. der Zahl, wie oft sich das Produkt in der Periode verkauft) leicht festzustellen, indem alle Verkaufseinheiten des Artikels A pro Periode addiert werden (Speicherung im Artikelsatz).

7.224 Analyse des Produkts

Der erzielbare Preis eines Produktes wird wesentlich von der Einstellung der Käufer zu den „qualitativen Eigenschaften als Preiskomponente" [29, S. 252] des Produktes und der konkurrierenden Objekte bestimmt. Um eine bedingungslagegerechte Festlegung des Preises entsprechend dem Marktpreisniveau zu gewährleisten, muß zuerst das qualitative Verhältnis zwischen dem Gut, für das ein Preis gefunden werden soll und den anderen Gütern gleicher Art ermittelt werden („Produktbeschaffenheit" [12, S. 235]). Dies hat durch Verfahren der Marktforschung zu geschehen. Zwar bezieht sich eine solche Untersuchung in der Regel auf einen Vergleich von Produkten untereinander, doch liegt hier weniger ein Konkurrenzproblem als ein produktspezifisches Problem vor, denn das Verkaufsobjekt ist letztlich Gegenstand des Preises.

Diese Analyse kann jedoch nur unter Einbeziehung der Verbraucher durchgeführt werden, da diese die entscheidenden Kontrahenten darstellen. Es ist ja letzten Endes nicht wichtig, welche technischen Vorzüge ein Produkt hat, sondern wie diese Vorzüge vom Verbraucher gewürdigt werden. Das Ergebnis dieser Analyse muß in der Form vorliegen, daß gültige Schlüsse von dem Image eines Produktes zu seinem Preis gezogen werden können und aus dem Unterschied in der Meinung der Verbraucher über das Produkt sich auch ein Unterschied in der Preishöhe herleiten läßt [61, S. 15].

Bei den Überlegungen zur Produktanalyse kann auf die Ausführungen der Bedarfsträgeranalyse in der Konsumgüterindustrie verwiesen werden, da der Unterschied bei den Analysen nur im Gegenstand der Untersuchung, nicht aber in der Art und Weise, wie diese durchzuführen ist, besteht. Hier ist Untersuchungsgegenstand die subjektive Einstellung des Bedarfsträgers zum Produkt im Vergleich zu Konkurrenzprodukten (Produktimage), dort die subjektive Einstellung derselben zum Preis. Wie beim Haushaltspanel werden bei der Ermittlung des akquisitorischen Potentials eines Produktes ebenfalls die Daten der Käufer und potentiellen Bedarfsträger erfaßt. Für die Stammdaten ist dabei vom bereits bestehenden Bedarfsträgerstammdatenträger (Band oder Platte) auszugehen, während die Bewegungsdaten (Äußerungen zum Produktimage) im Rahmen des durchgeführten Panels erfaßt werden. Es ist von der Erfassung der Daten für mehrere vergleichbare Produkte auszugehen, um Vergleichsmaßstäbe zu bekommen. Durch die Erfassung der spezifischen Daten der Panelmitglieder (Stammdaten) ist eine Unterteilung und Aufsplitterung der Einstellungen zum Produkt möglich, d.h. verschiedene Präferenzen für jeweilige Produkte können bestimmten Gruppen (Bevölkerungsgruppen, die aufgrund ihrer Stammdaten unterteilt werden nach Merkmalen wie Geschlecht, Einkommen, Käufer des Produkts, „Fastkäufer" usw.) zugerechnet werden. Größere Marktforschungsinstitute sind im allgemeinen in der Lage, derartige Panelauswertungen bereits in maschinenlesbarer Form zu liefern.

Über die von den Außenverkäufern bzw. ebenfalls der Marktforschung ermittelten Preise, mit denen die verschiedenen Produkte angeboten und gekauft werden, werden die dermaßen klassifizierten Produkte in Preisklassen unterteilt. Aus dem akquisitorischen Potential des eigenen Produktes verglichen mit dem der Konkurrenzprodukte und dem nun bekannten Preis/Image-Verhältnis läßt sich auf die für das Produkt A „stimmige" Preislage [28, S. 213] schließen. Der Zweck dieser Untersuchungen liegt darin, von vorne herein die „qualitative" d.h. akquisitorische Stellung des eigenen Produkts richtig zu bewerten und preislich zu verwerten. Ein Beispiel dazu stellt die von Peckham erwähnte Hochpreis-Konzeption für eine „Premium-Marke" dar [61, S. 16/17].

7.3 Verwertung der Informationsanalysen mit Hilfe der EDV

7.31 Entscheidungen über die Durchführung von Preisdifferenzierungen

Bei Durchführung der Analysen werden die gekennzeichneten Informationen in verdichteter Form für alle Produkte mit ihren spezifischen preisrelevanten Größen abgespeichert. Erklärtes Ziel aller vorausgegangenen Analysen ist die Festlegung der marktgerechten Preishöhe und Preisstruktur. Somit ist auch der erste Schritt einer Auswertung in Richtung auf eine Preisdifferenzierung hin zu unternehmen. Da die Abnehmer keine homogene Masse bilden, kommt es darauf an, sie in Gruppen aufzuteilen, die drei Voraussetzungen erfüllen. Einmal müssen sie ein bestimmtes gleiches Preisverhalten zeigen, zum anderen müssen sie so unterteilt werden, daß eine Preisdifferenzierung durchgeführt werden kann, zum dritten ist auf eine Isolierung der so gebildeten Gruppen zu achten. Dazu werden für jedes Produkt die verdichteten Marktdaten der Konkurrenz, des Verbraucherverhaltens, der Absatzverhältnisse und der Produktanalyse abgerufen und stehen dem Leiter des Vertriebs [40, S. 51] bzw. den ihn unterstützenden Stellen zur Verfügung. Sind die ersten beiden Punkte automatisierbar und wäre eine Bestimmung der Isolierbarkeit einzelner Teilmärkte mittels EDV möglich, so könnte die Preisgestaltung jedes Produktes nun direkt nach isolierten Teilmärkten durchgeführt werden. Dieser Vorgang ist jedoch kaum zu realisieren; vielmehr muß dieses Verfahren so modifiziert werden, daß das Datenverarbeitungssystem die verschiedenen Differenzierungskriterien zwar ermittelt, die Vertriebsführung dann jedoch aufgrund dieser Informationen entscheidet, ob eine Differenzierung erfolgen soll.
Die Art dieser Information ist abhängig von der Tiefe der angestrebten Preisdifferenzierung und bezieht sich auf die Konkurrenzstärke und das Kundenverhalten in den einzelnen Verkaufsbezirken, Verwendungsarten und Branchen, so daß für jedes Produkt sechs Listen erstellt werden müssen. Daneben sind

Abb. 61: Übersicht aller zur Preisdifferenzierung heranzuziehenden Auswertungen

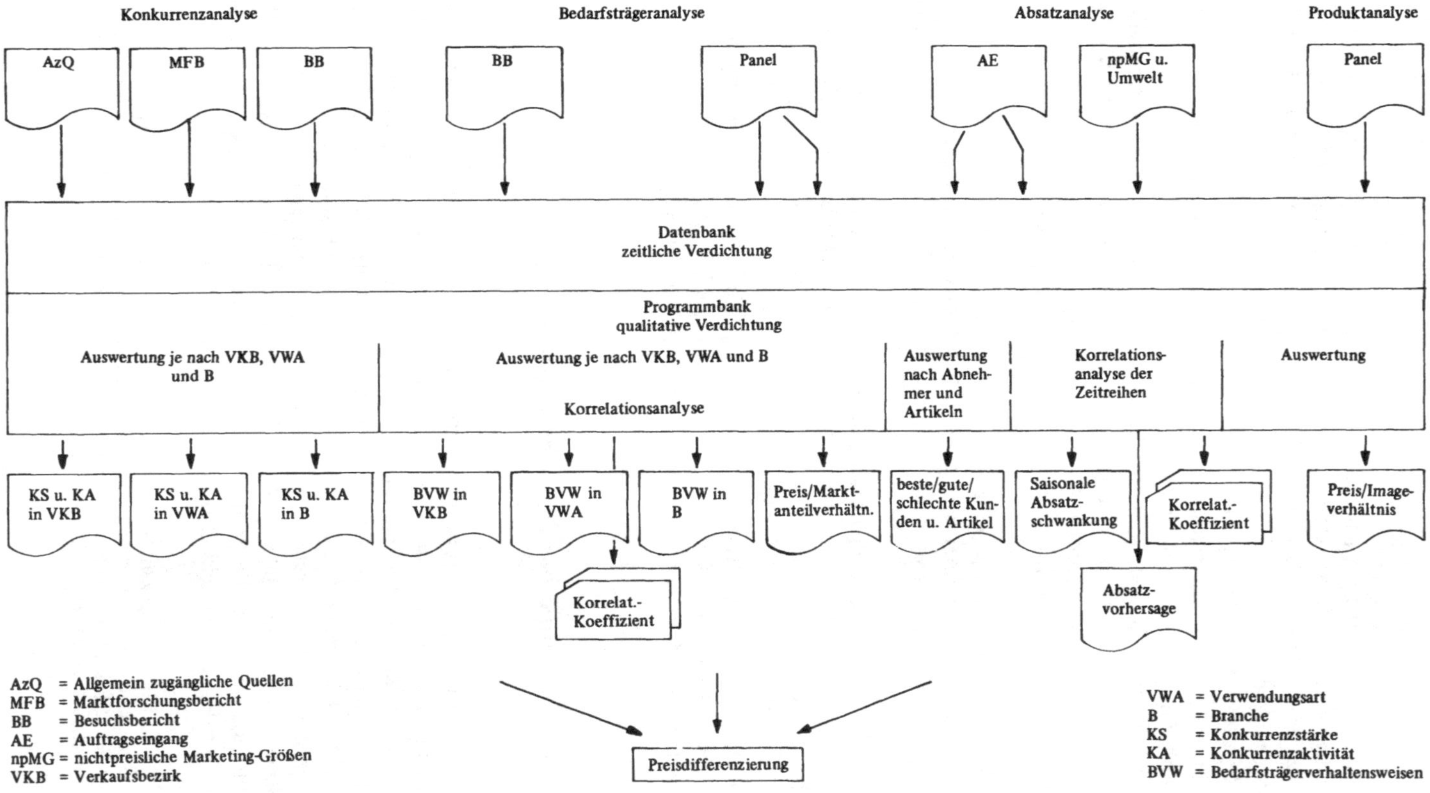

noch die zusätzlichen Ausdrucke notwendig, die auf die Möglichkeit einer zeitgebundenen und/oder abnehmerbezogenen Preisdifferenzierung der einzelnen Produkte hinweisen sowie der Ausdruck des Ergebnisses der Image-Untersuchungen (vgl. Abb. 61). Da bei der folgenden Entscheidung über die Preisdifferenzierung statistische Rechenprozesse angewandt werden müssen, ist es sinnvoll, die Listen erst nach Durchführung dieser Rechenoperationen (vgl. Abb. 58, Schritt 6) zu erstellen.
Aufgrund der Gruppierung der Abnehmer und der Beeinflussungsmöglichkeit dieser Abnehmergruppen mit verschiedenen Preisen hat nun die Unternehmensführung im einzelnen zu entscheiden

a) ob für eine Abnehmergruppe ein differenzierter Preis bestimmter Höhe festgelegt wird,
b) ob für diese Gruppe eine Produktveränderung durchgeführt wird, die hauptsächlich wegen einer damit möglichen Preisveränderung erfolgt,
c) ob trotz der auftretenden Unterschiede keine Preisänderung vorgenommen wird.

Die Preisdifferenzierungsentscheidung an sich ist jedoch nicht programmierbar, da das Maß, in dem die verschiedenen Marktverhältnisse die Preisgestaltung beeinflussen, nicht generell bestimmt werden kann[1]. Sie sind daher vom Unternehmer durchzuführen.
Aufgrund der ausgedruckten Listen erfolgt die Preisdifferenzierung als menschliche Entscheidung. Die Fälle, bei welchen als Ergebnis auch Lochkarten ausgestanzt werden, dienen der weiteren, maschinellen Verarbeitung.

7.32 Verteilung der Deckungsbeiträge

Die Ermittlung einer optimalen Preisstruktur ist wesentlicher Bestandteil des Preisgestaltungsprozesses. Dabei kommt es vor allem darauf an, die Artikel in ihren Preishöhen aufeinander abzustimmen. Da sich dieser Preisstrukturaufbau sowohl an innerbetrieblichen (Gewinnsituation des Unternehmens) wie an außerbetrieblichen Größen (Markt) orientieren muß und die Struktur durch den geforderten Ausgleich der Deckungsbeiträge bei einem (vorausgesetzten) großen Sortiment ein komplexes Gebilde darstellt, ist der Einsatz von EDV für eine optimale, die Bedingungslage jedes einzelnen Produktes sowie des Unternehmens berücksichtigende Preisstruktur Voraussetzung.

[1]) Man beachte dagegen den programmierten Preisentscheidungsprozeß, der auch eine zeitliche Differenzierung einschließt, bei Cyert/March [8, S. 128 ff., insbes. S. 141]. Es ist jedoch darauf hinzuweisen, daß es sich dabei nur um einen bedingt vertrieblichen Preis obiger Definition handelt.

7.321 Klassifizierung der Produkte

Nach den Entscheidungen der Unternehmens- bzw. Vertriebsführung hinsichtlich einer Preisdifferenzierung werden die Produkte mit differenzierten Preisen wie verschiedene Artikel behandelt, d.h. sie werden jetzt entsprechend ihrer Marktstellung und nicht mehr nach ihrer stofflichen Identität gewertet.

Eine Automatisierung der Deckungsbeitragsverteilung liegt nahe, da sich hier im Prinzip gleiche Entscheidungen für jedes Produkt wiederholen. Das Ergebnis dieser Entscheidungen ändert sich allein wegen der spezifischen Gegebenheiten des Marktes, die Struktur der Entscheidungen hingegen bleibt dabei unberührt. Daher werden die Produkte mit in gewissen Grenzen gleichen Marktgegebenheiten zu preislich gleich zu behandelnden Klassen zusammengefaßt. Da die Produkte mit verschiedenen Marktstellungen auf verschiedenen Teilmärkten bereits aufgespalten worden sind, lassen sich die so differenzierten Produkte eindeutig verschiedenen Klassen zuordnen. Diese Klassen werden also nach vertrieblichen Gesichtspunkten gebildet, wobei die Unterteilung umso feiner wird, je größer die Anzahl der Klassen ist. Dabei läßt die EDV eine Größenordnung von Klassen zu, die eine entsprechend tiefe Gliederung erlaubt, so daß mindestens eine so feine Unterteilung gewährleistet ist, wie die Preisdifferenzierung es voraussetzt. Es sei betont, daß es sich dabei nicht um Preisklassen, sondern um Produktklassen nach individueller Marktstellung handelt. Die Unterteilung geschieht in der Weise, daß von der Vertriebsführung genaue Anweisungen über die Rangordnung der Wichtigkeit der preisbeeinflussenden Faktoren angegeben werden. Diese Kriterien zu gewichten ist Aufgabe des Vertriebs. Dabei wird ein Punktesystem zugrundegelegt, aufgrund dessen es dann ein leichtes ist, mittels EDV die Produkte nach der Anzahl der erreichten Punkte zu sortieren und somit zu klassifizieren.

Ein Problem dieses Verfahrens liegt zweifelsohne bei der Überführung eines Produktes aus einer Klasse in eine andere bei veränderten Marktsituationen sowie bei der Einstellung der Produkte in Klassen überhaupt. Hierbei dominiert entweder ein Kriterium (z. B. „Konkurrenzlage", was bedeutet, daß die Einteilung vorwiegend nach der Konkurrenzsituation des betreffenden Produktes erfolgt), was nicht unbedingt der Realität entsprechen muß, oder es werden zwangsläufig verschiedene Kriterien abgewogen, d.h. sie müssen verglichen und bewertet werden.

Diese Probleme sind jedoch auch ohne den Einsatz der EDV präsent. Im Grunde beruht ja jede Preisentscheidung auf unterstellten, subjektiven Bewertungen solcher Kriterien. Der Vorteil der EDV ergibt sich bei der Speicherung und Aufbereitung umfassenden, preisrelevanten Datenmaterials und bei der rechnerischen Durchführung des Auswertungsprozesses.

7.322 Aufteilung der Deckungsbeiträge im engeren Sinne

Nach dieser Klassifizierung kann die Aufteilung bzw. Verteilung der Deckungsbeiträge im eigentlichen Sinne erfolgen. Kommt durch die jetzigen Preise eine Unterdeckung oder eine nicht befriedigende Deckung der Gesamtkosten zustande, so müssen die Preise bestimmter Produkte angehoben werden. Für eine solche Erhöhung der Preise zur Erreichung des notwendigen Zieldeckungsbeitrages stehen nur die Produkte der ersteren Klassen zur Verfügung, da diese die beste Marktposition haben und auch bei erhöhten Preisen zufriedenstellende Absatzzahlen erreichen. Die Preise der Artikel in den unteren Klassen sind dagegen weitgehend starr. Ändert sich die Datenkonstellation des Marktes, so werden die Artikel dementsprechend in andere Klassen eingestuft.
Diese Einstufung ist zugegebenermaßen relativ starr in ihren Ergebnissen, doch handelt es sich hierbei um die Ermittlung der Listenpreise, die ohnehin nicht einer ständigen Änderung unterworfen sind. Hierbei geht es nur darum, die Deckungsbeiträge den einzelnen Gruppen, d.h. Produkten zuzurechnen. Dies geschieht, indem für jede Gruppe höchstzulässige Preissteigerungen in Prozent der jeweiligen Preise angegeben werden. Die Eingabe von Prozentvorgaben des bisherigen Preises erscheint angebracht und muß der Angabe von absoluten Erhöhungen vorgezogen werden, da sich in den Klassen Produkte verschiedener Preishöhen befinden und absolute Zahlen zum Teil untragbare Veränderungen (z. B. bei preislich niedrigen Produkten) zur Folge hätten.

Der Vorteil dieses Anwendungsbereiches der EDV liegt in der durch die Klassifizierung erfolgten Auswahl von Artikeln des Sortiments, auf die sich die Unternehmungsführung bei der Entscheidung über eine Preisänderung konzentrieren kann.
Mittels EDV werden diese neuen, vorerst hypothetischen Preise errechnet. Dieser Vorgang liefert im Ergebnis rechnerische Preise, die jedoch noch nicht unbedingt die verkaufstaktisch günstigen Preise sind, die zur Absatzförderung notwendig erscheinen [28, S. 213]. Daher werden durch ein Unterprogramm beim Überschreiten von Preisstufen empirisch ermittelte Besonderheiten berücksichtigt, indem jeder neu ermittelte Preis auf bestimmte qualitative Punkte hin untersucht wird. Dieses Unterprogramm vergleicht den neuen, hypothetischen Preis mit Vorgaben und ändert ihn entsprechend geringfügig nach vorgeschriebenen Regeln ab. Diese Regeln entsprechen der spezifischen Bedingungslage und führen zu den oben geforderten, verkaufstaktisch günstigen Preisen, wie z. B. Preise mit paarigen Zahlen, Preise, die dicht unter empirisch festgestellten Preisschwellen (z. B. nächsthöheren DM-Beträgen) liegen usw. [8, S. 139]. Sind die Preise nach diesem Programmschritt modifiziert, so können sie mit dem voraussichtlichen Absatz multipliziert werden. Diese Prognose des Absatzes beruht auf einer Trendanalyse oder auf einem zwar aufwendige-

Abb. 62: Ablaufplan der Deckungsbeitragsverteilung mit EDV (Strukturprogramm)

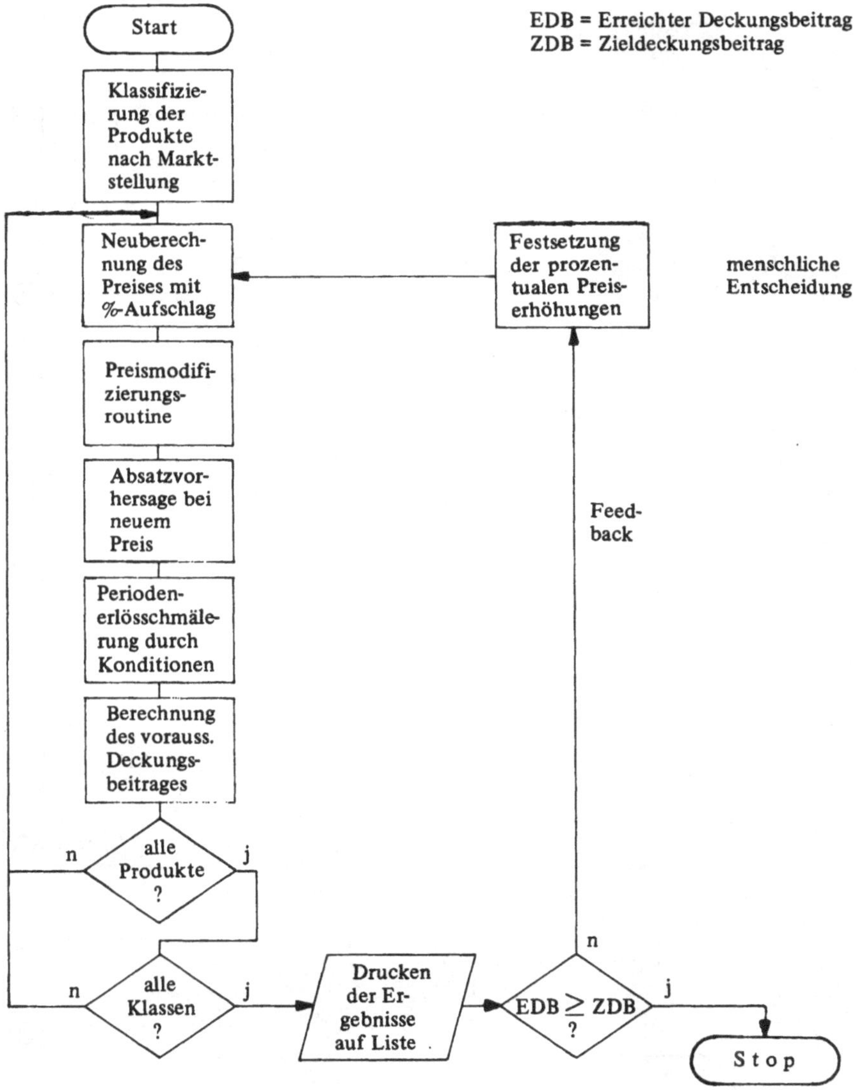

Abb. 63: Ablauf der Deckungsbeitragsverteilung

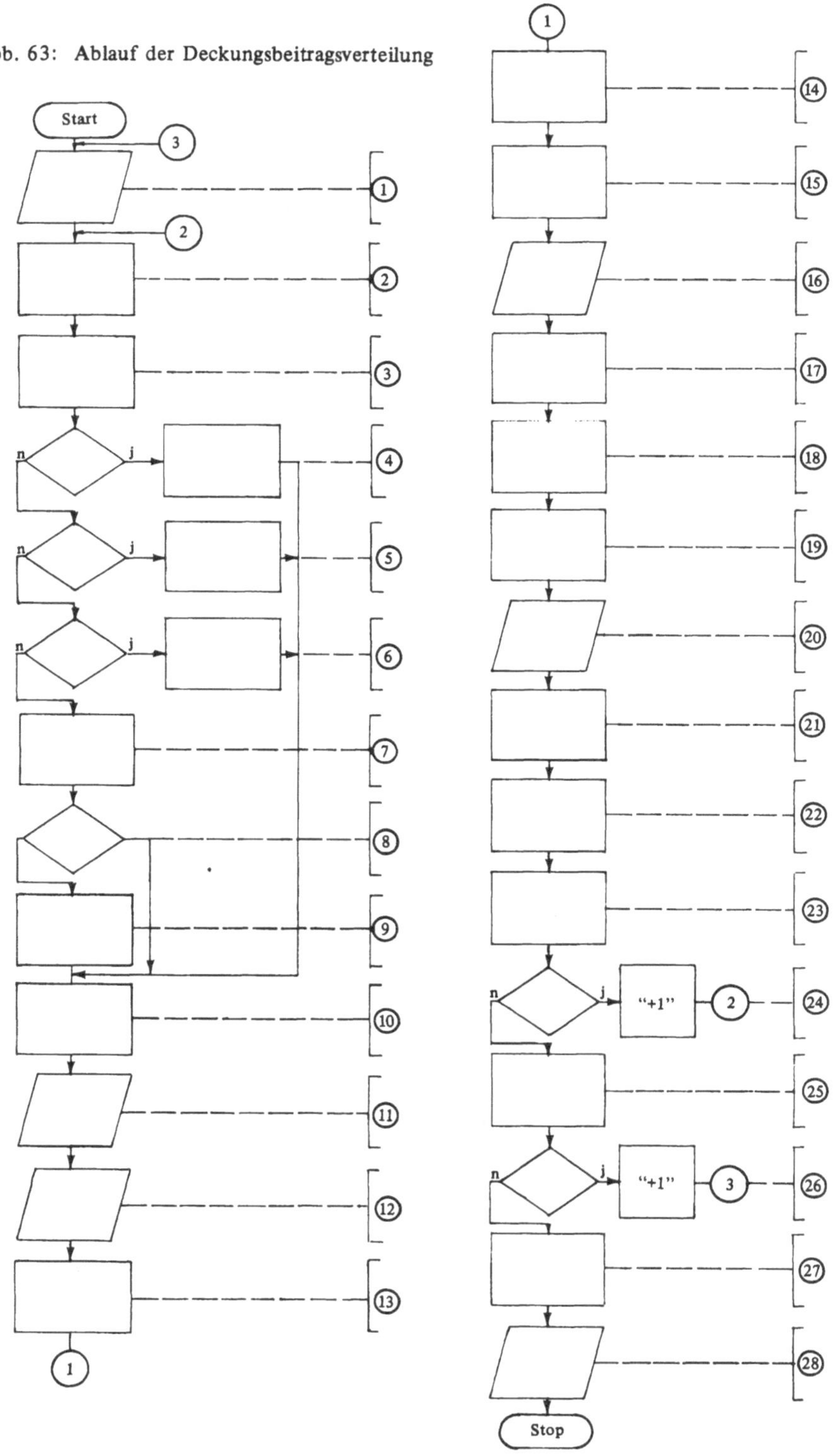

(1) Lese den für die aufgrund der Marktstellung gebildeten Klasse vorgegebenen Prozentsatz der Preisänderung ein.

(2) Berechne den Auf- oder Abschlag für das Produkt mit der Codenummer „1".

(3) Berechne den „neuen Preis" aus dem „alten Preis" + der Veränderung.

(4) Prüfe, ob der so errechnete „neue Preis" innerhalb x% eines Preises mit paarigen Endziffern („alliteration figure" (8, S. 139 f.)) liegt. Falls „ja", verwende diesen Preis als „hypothetischen Vertriebspreis" und überspringe die Schritte 5–9 einschl., andernfalls:

(5) Prüfe, ob der „neue Preis" höher als x DM liegt. Falls „ja", runde ihn ab auf die nächsten .,90 und .,45 DM und erhalte somit den „hypothetischen Vertriebspreis". Überspringe die Schritte 6–9, andernfalls:

(6) Prüfe, ob der „neue Preis" höher als y DM liegt (x > y). Falls „ja", runde ihn ab auf die nächsten .,90; .,65; .,45 und .,30 DM und erhalte somit den hypothetischen Vertriebspreis. Überspringe die Schritte 7–9. Falls „nein":

(7) Dann ist der „neue Preis" kleiner als y. Da er sehr niedrig ist, wird er auf 5 Pf. genau berechnet, d. h. runde ihn ab auf .,.0 oder .,.5.

(8) Liegt der so erhaltene Preis genau auf .,00? Falls „ja", senke ihn um 0,05 DM und erhalte so den hypothetischen Vertriebspreis im Schritt 9; falls „nein", ändere den in Schritt 7 erhaltenen Preis nicht mehr. Überspringe dann Schritt 9.

(10) Überschreibe den hypothetischen Vertriebspreis in ein Register.

(11) Lese die nichtpreislichen Marketing-Größen ein.

(12) Lese die außerbetrieblichen, absatzbestimmenden Größen (Umwelt) ein.

(13) Ermittle aufgrund der Schritte 11 und 12 und unter Heranziehung der Korrelationskoeffizienten den voraussichtlichen Absatz für das Produkt mit der Produktcodenummer „1" innerhalb der ersten Klasse.

(14) Multipliziere den Absatz mit dem hypothetischen Preis und berechne den Gesamtdeckungsbeitrag dieses Produktes.

(15) Registriere diesen Deckungsbeitrag

(16) Lese den Absatzwert aller treuen Käufer dieses Produktes ein.

(17) Ermittle den Prozentsatz des Treuerabattes bei diesem Produkt.

(18) Subtrahiere diesen Rabattwert vom registrierten Deckungsbeitrag dieses Produktes.

(19) Registriere den neuen (verminderten) Deckungsbeitrag.

(20) Lese den Absatzwert aller Großabnehmer dieses Produktes ein.

(21) Ermittle den durchschnittlichen Prozentsatz dieses Großabnehmerrabattes.

(22) Ermittle die Differenz zwischen Rabatthöhe und wirklicher Einsparung durch die Großabnahmemenge.

(23) Verändere den Gesamtdeckungsbeitrag des Produktes mit der Produktcodenummer „1" entsprechend.

(24) Prüfe, ob noch ein weiteres Produkt in der ersten Klasse ist. Falls „ja", erhöhe die Produktcodenummer um „1" und wiederhole ab Schritt 2, falls „nein":

(25) Bilde die Gesamthöhe des Deckungsbeitrages der gesamten Klasse.

(26) Prüfe, ob noch eine weitere Klasse vorliegt. Falls „ja", erhöhe die Klassencodenummer um „1" und wiederhole ab Schritt 1, falls „nein":

(27) Drucke die Liste für die Vertriebsleitung. Sie enthält den Gesamtdeckungsbeitrag der einzelnen Klassen (aufgrund Schritt 25) sowie eine Gegenüberstellung des Zieldeckungsbeitrages mit dem erreichten Gesamtdeckungsbeitrag.

ren, aber genaueren korrelationsanalytischen Verfahren. Hierbei werden die den Absatz beeinflussenden vertriebsabhängigen (Marketing-Mix) und -unabhängigen (Umwelt) Größen berücksichtigt. Im einzelnen sei jedoch hierzu auf die Literatur verwiesen [4].
Da die in der zukünftigen Periode zu gewährenden Konditionen die Erlöse schmälern [9, S. 132], muß eine derartige Erlösminderung beachtet werden. Dazu „müssen jeweils die Abschläge in absoluten Beträgen mit der voraussichtlich mit diesen Abschlägen abzusetzenden Produktmenge multipliziert werden . . ." [41, S. 167]. Mittels der gespeicherten Absatzinformationen ist es möglich, die Größenordnung der absoluten Rabattbeträge für jeden Artikel zu ermitteln und bei der Deckungsbeitragsaufteilung zu berücksichtigen.
Im Ergebnis ergibt dieses Programm dann für alle Produkte als Summe den Deckungsbeitrag, indem die variablen Kosten vom Umsatz subtrahiert werden. Dieser ermittelte Deckungsbeitrag wird dem angestrebten gegenübergestellt. Ist er geringer als der Zieldeckungsbeitrag, dann wird das Programm mit neuen Prozentvorgaben wiederholt. Dieser Vorgang wird so lange repetiert, bis der angestrebte Deckungsbeitrag erreicht oder überschritten ist (vgl. Abb. 62).
Wird der Zieldeckungsbeitrag vom Gesamtdeckungsbeitrag erreicht oder überschritten, so ist die Deckungsbeitragsaufteilung beendet. Der „hypothetische Vertriebspreis" ist dann der endgültige Preis. Wird der Zieldeckungsbeitrag nicht erreicht, so muß ein neuer „hypothetischer Vertriebspreis" gefunden werden.

7.33 Verwertung für strategische Preisentscheidungen

Um zu einer Entscheidung in der Preishöhe zu kommen, die in hinreichender Weise die Einflüsse des Marktes auf die Preisgestaltung berücksichtigt, ist eine analytische Lösung wegen der Komplexität des zu optimierenden Sachverhaltes meist sehr schwierig. Bessere Anwendungsmöglichkeiten ergeben sich im allgemeinen für die Simulationstechnik [49, S. 99][1], bei der durch Suchen und Ausprobieren aller „vernünftigen" Möglichkeiten (d.h. hier aller verkaufstaktisch günstigen Preise) ein Optimum angestrebt wird, das dem unternehmerischen Anspruchsniveau entspricht.
Durch die Abhängigkeit der Preisgestaltung von betrieblichen sowie außerbetrieblichen Größen ist die Lösung mittels Simulation dann möglich, wenn es gelingt, diese Einflußgrößen zu erfassen. Es muß daher ein Modell aufgestellt werden, das alle relevanten Größen sowie deren Interaktionen beinhaltet. Dies ist bei einem Marktmodell der Fall, das die Konkurrenten und Abnehmer berücksichtigt. Daher erweist sich die vorstehende Analyse der preisrelevanten Faktoren als Ausgangspunkt; die Faktoren werden statistisch auf ihre Aus-

[1]) „Die relativ engen Grenzen der bekannten analytischen Verfahren zur Lösung komplexer Entscheidungsprobleme gaben Anlaß zur Entwicklung der Simulationstechnik."

sagefähigkeit untersucht und gehen als Parameter in das Modell ein. Nachfolgend werden Möglichkeiten und Probleme, die sich bei einer derartigen, nur mit Hilfe der EDV durchführbaren Simulation ergeben, erörtert.

7.4 Bewertung alternativer Preisstrategien mit Hilfe von EDV

Nach der Analyse der Preisfaktoren und der Ermittlung einer optimalen Preisstruktur bietet sich die EDV noch auf einem anderen Gebiet der Preisgestaltung an, nämlich bei der Bewertung von alternativen, von der Vertriebsführung vorgeschlagenen Preisstrategien für die wichtigsten, das Unternehmen tragenden Produkte. Diese Bewertung erfolgt aufgrund des durch die Strategie am Markt erwarteten Erfolges. Die EDV wird dabei wegen ihrer großen Rechengeschwindigkeit und Speichermöglichkeit herangezogen.

7.41 Ermittlung der Beziehungen zwischen den einzelnen Faktoren

Will man aufgrund der in Abschnitt 7.2 analysierten Daten eine Strategienbewertung mittels EDV durchführen, so müssen die den Erfolg der einzelnen Strategie beeinflussenden Faktoren und die zwischen ihnen bestehenden Beziehungen quantifiziert werden, da in das dafür zu erstellende Simulationsmodell alle Variablen und Parameter in numerischer Form eingehen müssen [23, S. 69]. Verzichtet man auf eine Weiterverarbeitung mittels EDV, wie dies noch häufig in der Praxis der Fall ist, so entfällt zwar diese schwierige und keineswegs problemlose Aufgabe, jedoch tritt an ihre Stelle eine intuitive Gewichtung der Faktoren, auf der die weiteren Entschlüsse preispolitischer Art aufbauen.

Bei der Verwendung eines mathematischen Modells zur Fundierung der Entscheidungsbildung im Rahmen der Preisgestaltung sind die preisrelevanten Faktoren bzw. diejenigen, die vom speziellen Unternehmen als solche erachtet werden (vgl. Abschnitt 6.24) zu quantifizieren. Sieht man von dem Grundpreis ab, der sich, wie oben erwähnt an den Kosten und dem Preisniveau des Marktes orientiert, die beide quantitative Größen darstellen, so sind diese den Erfolg einer Strategie bestimmenden Größen in der Regel das Verbraucher-(Abnehmer-)-verhalten, das Konkurrenzverhalten und das Absatzmittlerverhalten. Quantifiziert werden muß vor allem:

a) Der Einfluß des Preises auf das Kaufverhalten, d.h. wie ändert sich das Verhalten des Käufers bei einer Änderung des Preises P_1 um dP nach P_2?
b) Der Einfluß des eigenen Preises auf die Preishöhe der Konkurrenten sowie der Einfluß der Preise der Konkurrenten auf das Verhalten der Käufer.
c) Der Einfluß der Absatzmittler auf die Kaufentscheidung des Käufers sowie der Einfluß der Handelsspanne auf die Verkaufsanstrengungen der Absatzmittler.

d) Der Einfluß der sonstigen eigenen und Wettbewerber-Marketingmaßnahmen sowie der Umwelt auf die Verhaltensweisen der Käufer.

Die Prognose dieser Größen ist sehr schwierig, mit einem oft hohen Ungewißheitsgrad behaftet und nur unter Einbeziehung psychologischer und soziologischer Erkenntnisse [9, S. 81] durchführbar: "Competitor's action, distributor's action and consumer's behavior are extremely difficult to predict, let alone control. The instability of marketing processes is a major problem in designing effective models and measurement techniques" [11, S. 110]. Man muß sich deshalb in der Praxis damit begnügen, mit Variablen und Beziehungen zu arbeiten, die durch empirisch verifizierbare Funktionen definiert werden: ". . . defined variables related through empirically verifiable functions . . ." [2, S. 94].

7.42 Ein Modell als Hilfsinstrument zur vertrieblichen Preisgestaltung

7.421 Aufbau des Modells

„Wie bei jeder empirischen Modellbetrachtung stellt die Beschreibung des Systemzustandes in einem gegebenen Zeitpunkt die Ausgangsbasis der Untersuchung dar" [23, S. 68]. Diese Beschreibung der Verhältnisse des Marktes und deren Auswirkungen auf die vertriebliche Preisgestaltung in einem verbalen Modell ist zwar häufig Gegenstand der absatzwirtschaftlichen Literatur, doch ist ein solches Modell durch die „Unvollkommenheit der Sprache" zu ungenau [34, S. 44], und für eine Lösung mittels EDV nicht tauglich. Das verbale Marktmodell ist vielmehr als Vorstufe zu einem abstrakten Modell, dem mathematischen zu sehen. Nur „die präzise Formulierung des Daten- und Bedingungsrahmens eines Problems (der Marktkenntnis; d. V.) ermöglicht . . . eine eindeutige Identifikation der im Rahmen der Gegebenheiten optimalen Strategie" [9, S. 62].

Aufgabe des verbalen Modells ist einmal die Aufzählung und Beschreibung der die vertriebliche Preisgestaltung beeinflussenden Faktoren, zum anderen das Aufzeigen der Interaktionen, d. h. der gegenseitigen Beeinflussungen dieser Faktoren. Aufgrund der Komplexität des gesamten Preisbildungsproblems hat sich die Betriebswirtschaftslehre jedoch bisher meist darauf beschränkt, entweder verbal das komplexe Modell oder formal „jeweils nur eine unabhängige Variable zu untersuchen" [9, S. 134], wie z. B. Amstutz[1] [2, S. 111].

Der verbalen Beschreibung der Tatbestände muß also – will man sich des Hilfsmittels der EDV bedienen – die Übersetzung in ein formalisiertes, d. h. hier mathematisches Modell folgen. Hier ergeben sich die ersten größeren Schwierigkeiten, da zwar die verbale Beschreibung eines bestimmten Marktes

einer speziellen Unternehmung verhältnismäßig wenig Schwierigkeiten macht, jedoch umso mehr die Formalisierung derselben. Das Modell „setzt sich grundsätzlich aus den gleichen Bausteinen zusammen, die auch die Struktur des (realen; d. V.) Systems bestimmen: Elemente und Relationen zwischen den Elementen" [23, S. 68].
Folglich muß also auch das formalisierte Prognosemodell aus den Bausteinen bestehen, die das Wesen der marktorientierten Preisgestaltung bestimmen. Während bei der verbalen Modellbeschreibung die Elemente aufgezeigt und die Relationen beschrieben werden, ist es Aufgabe des formalisierten Modells, diese Relationen in Größenordnungen und Gleichungen auszudrücken.
Da das Modell die Aufgabe hat, ein wirklich existierendes System nachzubilden, darf der Abstraktionsgrad des Modells nicht zu hoch sein. Dabei müssen alle Einflußgrößen, die auf den Absatz (und somit auf die Preisgestaltung) einwirken, erfaßt sowie aufgelöst und ergänzt werden [60, S. 11]. Da es sich dabei nicht um gedachte Systeme handelt (hier liegt ja gerade der Unterschied zum Unternehmensspiel), sondern ein reales System abgebildet werden muß, um Prognosen der alternativen Preiswirkungen ermitteln zu können, bedarf es einer komplexen, realitätsnahen Struktur.
Die Dynamik des Marktes – gemeint ist hier der fortlaufende Prozeß sich aufeinander aufbauender Prozesse – verlangt den Einsatz eines dynamischen Modells, d. h. eines Modells, das den Übergangserscheinungen gerecht wird, indem es gleichzeitig den Anpassungsprozeß an die sich ändernden Bedingungen beschreibt [7, S. 9]. Als einer der wichtigsten preisrelevanten Faktoren wurde das Konsumentenverhalten genannt. Gerade auf den Konsumenten wirken Vorstellungen und Eindrücke früherer Preise sowie früherer Verhaltensweisen nach, die sein Verhalten maßgeblich beeinflussen. Ebenso verhält es sich bei den Konkurrenzmodellen. „In der Gegenwart beobachtete Erscheinungen sind das Ergebnis augenblicklicher, wie auch vergangener, absatzwirtschaftlicher Maßnahmen" [7, S. 9].
Das zu erstellende Modell muß sich also mit der Vorhersage des Verhaltens eines Systems über mehrere Zeiteinheiten (Intervalle) hinweg befassen. „Die komparativ statische Betrachtung bezieht sich auf verschiedene Zeitpunkte, ohne daß der Reaktionsverlauf zwischen diesen Zeitpunkten ausdrücklich Berücksichtigung findet" [16, S. 34]. Für den Preis spielt aber gerade der Zeitablauf eine große Rolle. Es ist also ein dynamisches Modell zu konstruieren, „in dem die Zeit explizit als Variable aufgenommen wird" [16, S. 34].
"It should be recognized, that as a topic for study, pricing should be handled by the behavioral sciences" [38, S. 6]. Dieser Forderung unterliegt auch die vertriebliche Preisgestaltung, da sie die Beachtung des Marktes und dessen

[1]) der zwar die formalen Teilmodelle erstellt, jedoch eine Integration der Modelle wiederum nur verbal (vgl. Kapitel „Organization of Total Market Model") durchführt.

Reaktionen verlangt. Behavioristische Ansätze sind dementsprechend stark auf Kenntnisse über das Verhalten der Marktpartner abgestellt, d. h. sie berücksichtigen das nur begrenzt marktgerechte Verhalten [25, S. 69] der Konsumenten und Konkurrenten. Will man die optimale Preisstrategie an einem Marktsimulationsmodell ermitteln, dann kann nur mit brauchbaren Ergebnissen gerechnet werden, wenn diese Verhaltensweisen abgeschätzt oder empirisch gemessen bzw. getestet werden.

„Preispolitische Entscheidungen liegen vor, wenn gegenüber potentiellen Abnehmern die Möglichkeit einer freien Wahl zwischen verschiedenen Preisforderungen besteht und zielbewußt wahrgenommen wird" [48, S. 249]. Der Entscheidende wird versuchen, sofern er versucht, rational[1] zu handeln, sich vor der Entscheidung ein Bild von den Alternativen und Konsequenzen zu machen. Daher beinhaltet die Entscheidung über die Forderung eines bestimmten Preises grundsätzlich noch nicht die Gewißheit, daß zu diesem Preis auch genügend viele Marktpartner gefunden, d. h. zu Käufern werden, da „erst das Einverständnis der Marktpartner . . . aus der Preisforderung einen Marktpreis und damit die vorgesehene Leistungsverwertung entstehen" läßt [48, S. 249]. Es ist also für den Anbieter wichtig, sich vor seiner Entscheidung Informationen über den Marktpartner zu beschaffen, um die Wahrscheinlichkeit festzustellen, mit der dieses Einverständnis erreicht wird. Da die Preisforderung als Preiserwartung einen in die Zukunft gerichteten Charakter hat, liegen in jeder Preisforderung Vorstellungen über zukünftige Marktprozesse und Marktverhältnisse. Marktpartner des Anbieters ist jedoch der Mensch, dessen Verhalten zwar in der Vergangenheit meßbar ist, das aber nur einen begrenzten Rückschluß auf sein Verhalten in der Zukunft zuläßt. Außerdem ist nicht nur das Verhalten des Kunden in Bezug auf den Preis ein Unsicherheitsfaktor, sondern auch der „soziale Interaktionsvorgang, dessen Beziehungsgefüge in der Regel den einzelnen Anbietern im Wettbewerb mit Konkurrenten, die prospektiven Leistungsempfänger sowie eingeschaltete Absatzmittler umfaßt" [48, S. 249]. Aufgrund dieser Abhängigkeiten von Zufallsgrößen besteht Ungewißheit über den Eintritt bestimmter Ereignisse [46, S. 86]. Somit liegen probabilistische Sachverhalte vor, die im Modell entsprechend zu berücksichtigen sind [52, S. 2].

7.422 Struktur des Modells

Das Simulationsmodell muß, um den komplexen Sachverhalt abzubilden, ein Marktmodell darstellen, an dem die einzelnen Preisstrategien ausprobiert werden. Aus dem Charakter des Kaufentscheides als maßgebender Meßgröße er-

[1]) „Rational" ist hier in Bezug auf die Erreichung des Zieles der Käufer zu sehen. Ob dieses Ziel rational ist, sei hier nicht betrachtet.

gibt sich die Notwendigkeit, alle die Kaufentscheidungen beeinflussenden Größen mit zu berücksichtigen. Daher muß das Modell im Grunde die Einflüsse des gesamten Marketing-Mix beachten, da die Preiswirkung mit dem übrigen absatzpolitischen Instrumentarium eng verbunden ist und nicht ohne Folgen für das Ergebnis der Simulation von diesem isoliert werden kann: „. . . die Preispolitik darf nur im Zusammenhang mit anderen absatzpolitischen Instrumenten gesehen werden und sich nicht in der Analyse der Beziehungen zwischen Preishöhe und Absatzmenge erschöpfen" [24, S. 237]. Es sei aus diesem Grunde der Schwerpunkt weniger auf ein Simulationsmodell für den Submix-Bereich [39, S. 112 ff.] des Marketing gelegt (obwohl die Preisgestaltung als solche ja eine Aufgabe des Submix-Bereiches darstellt), sondern auf ein Modell für den speziellen Markt einer Unternehmung, dessen Komplexität den Einsatz der EDV voraussetzt und innerhalb dessen der Preiseinfluß mittels Sensitivitätsanalyse Beachtung findet. Dazu wird der spezielle Markt einer Unternehmung analysiert und schrittweise in Form von Teilmodellen nachgebildet.

Aufgabe von Teilmodellen ist es, Ausschnitte der Realität derart nachzubilden, daß Voraussagen über das Verhalten getroffen werden können. Wichtig ist für den Preisfestsetzungsprozeß, daß die Unternehmung die Zusammensetzung der jetzigen bzw. zukünftig anzusprechenden Käuferschichten ihres Produktes mit hinreichender Genauigkeit kennt. Da der Preis jedoch nicht nur von den Verbrauchern, sondern auch von anderen Faktoren wie Konkurrenz, Absatzmittlern und Umwelt abhängig ist, sind Teilmodelle der genannten Faktoren zu erstellen und Verhaltensweisen zu erkunden [51, S. 139].

7.422.1 Verbraucherverhaltensmodell

Das Verhaltensmodell der Verbraucher interpretiert das spezielle Kaufverhalten der Abnehmer in Bezug auf die Preisgestaltung. Da das Verhalten – hier „Kauf" oder „Nichtkauf" eines Erzeugnisses – auch von anderen Faktoren als dem Preis bestimmt wird, wie Werbung, Qualität, Produktgestaltung, Aufmachung und Verpackung, kurz, dem gesamten Marketing-Mix, müssen auch solche Größen zwangsläufig beim Verbraucherverhalten berücksichtigt werden. Daneben spielen Größen wie Häufigkeit des Kaufes überhaupt (was mit der Lebensdauer des Objektes zusammenhängt) sowie die spezielle Bedarfshäufigkeit [58, S. 95] der Haushalte, aber auch Gewöhnungsfaktoren eine Rolle.

In einer ersten Stufe beim Aufbau des Modells wird ein künstliches Nachfragepanel geschaffen, das inhaltlich den Bedarfsträgern in der Realität nachgebildet ist. Jede Bevölkerungseinheit, d.h. Verbraucher bzw. Haushalt wird einzeln generiert [47a, S. 25] und als Einheit bzw. Zelle bezeichnet, die entsprechend ihrer Klassifizierung reagiert: "Units behave–they imitiate the activities of the things they represent" [58, S. 94]. Die Klassifizierung geschieht über den Einheiten zugeteilte Parameter. Ob eine Einheit überhaupt zur Aktion kommt, d.h. ob sie in der Periode für die die Simulation gerade durchgeführt wird, durch einen Kauf zum Ergebnis beiträgt und wie sie beiträgt, entscheidet ein Zufallszahlengenerator, der Zufallszahlen derart erzeugt, daß das Verhältnis der Häufigkeit des Ereignisses „Bedarf oder Nichtbedarf" „gleich der Wahrscheinlichkeit ist, mit der das Ereignis" in der Wirklichkeit für diesen Verbraucher „vorkommt" [20, S. 14] (vgl. Abb. 64). Da die Wahrscheinlichkeit des vorliegenden Bedarfs eines Produktes außerdem von der Zeit abhängt, die seit dem letzten Kauf dieses Produktes vergangen ist, muß die Generierung von Zufallszahlen (und damit die von ihr abhängige Parameterverteilung) auch von diesem Ereignis beeinflußt werden, was eine Auswirkung des dynamischen Modellcharakters darstellt. Der Auswahlprozeß ist insofern notwendig, da ja auch in der Realität nicht alle Personen jeder Bedarfsklasse in jedem Zeitraum eine Kaufentscheidung für die Produktgattung, zu der auch das Produkt „A" gehört, treffen.

Ein Hauptproblem für die Verbrauchersimulation ist die Errechnung von Kaufwahrscheinlichkeiten bestimmter Marken für die einzelnen Haushalte. Da Unterschiede in Präferenz oder Verbrauchsarten bei den Verbrauchern sich als Unterschiede in den Kaufwahrscheinlichkeiten niederschlagen [58, S. 95], ist es notwendig, die Verbraucher in Klassen einzuteilen, die sich nach Merkmalen wie sozioökonomischen Größen, wöchentlicher Bedarf an Artikeln der entsprechenden Produktklasse usw. unterscheiden. Wird dieser Einteilungsprozeß weit genug fortgesetzt, d.h. werden genügend viele Einteilungskriterien gebildet, so entstehen schließlich Klassen, innerhalb derer die Konsumentencharakteristika ziemlich gleich sind. Dieser Prozeß ist je nach der Eigenart des zu simulierenden Marktes verschieden und richtet sich immer nach der Relevanz bestimmter Charakteristika für die Kaufwahrscheinlichkeit der betreffenden Produktklasse. Diese Einteilung der Verbraucher kann auf der Grundlage der im informationsanalytischen Teil erarbeiteten Ergebnisse beruhen, da ja das Modell auf den speziellen Markt der Unternehmung zugeschnitten sein muß. Jede Einheit durchläuft dann den Kaufprozeß, indem bei der Kaufentscheidung eine bestimmte Haltung, die einer der gebildeten Klassen entspricht, zur Geltung kommt. Diese Haltung wird durch Parameterwerte ausgedrückt, die (vgl. oben) durch Zufallszahlen ermittelt und den Einheiten zugeteilt werden. Dementsprechend fällt dann die Entscheidung, ob ein Produkt benötigt wird bzw. ein Substitutionsprodukt in Frage kommt (vgl. Abb. 64, 3). Da der Preis, wie wiederholt betont, nur einer der Bestimmungsfaktoren der Kaufentscheidung ist, als Meßgröße aber nur diese in Frage kommt, sind bei einer Strategienbewertung mit Hilfe eines mathematischen Verhaltensmodells

Abb. 64: Grundaufbau des Verbraucherverhaltensmodells

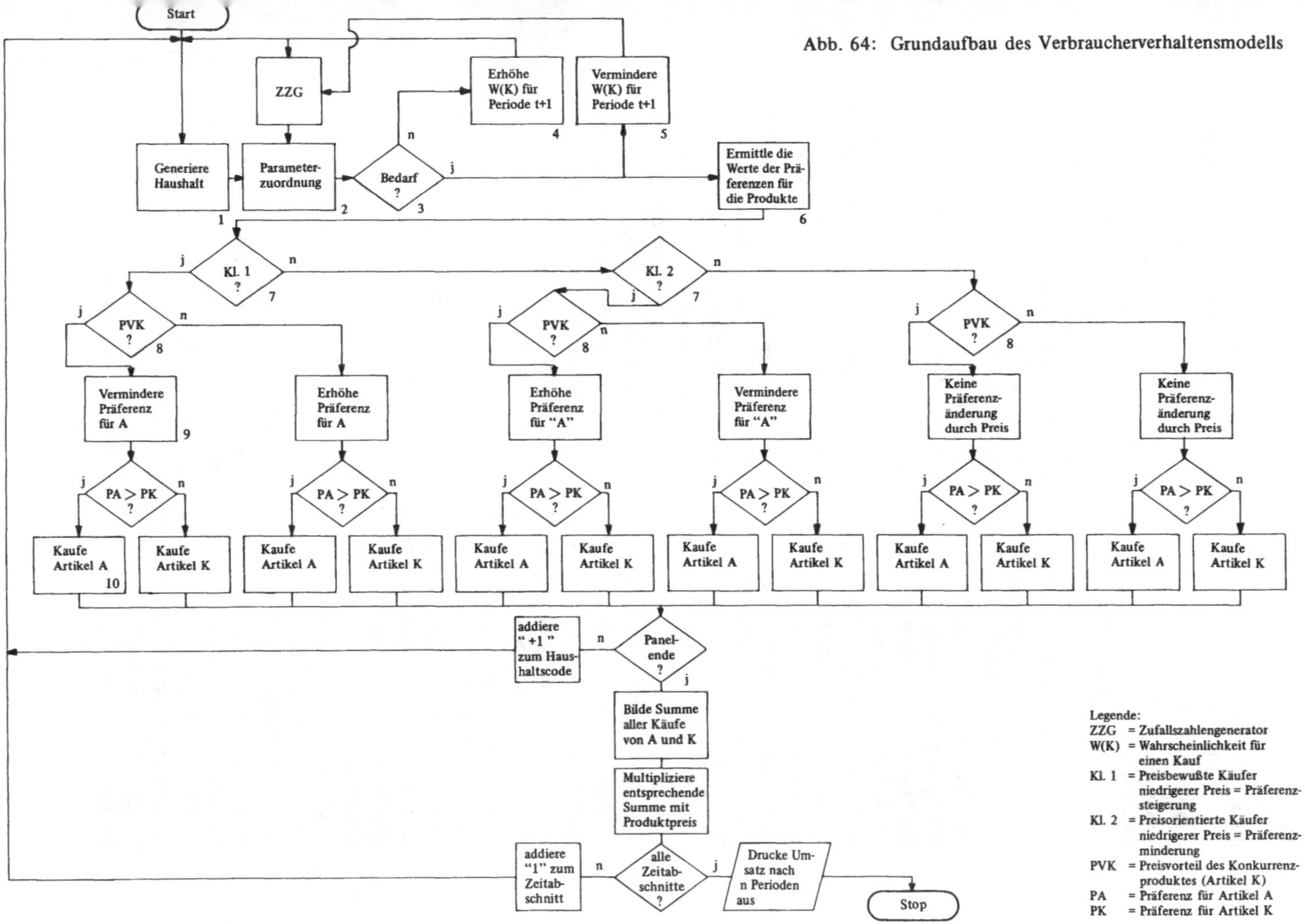

Legende:
ZZG = Zufallszahlengenerator
W(K) = Wahrscheinlichkeit für einen Kauf
Kl. 1 = Preisbewußte Käufer niedrigerer Preis = Präferenzsteigerung
Kl. 2 = Preisorientierte Käufer niedrigerer Preis = Präferenzminderung
PVK = Preisvorteil des Konkurrenzproduktes (Artikel K)
PA = Präferenz für Artikel A
PK = Präferenz für Artikel K

die anderen Kaufeinflüsse ebenfalls zumindest in ihrer Gesamtwirkung zu beachten. Sie wirken sich als Präferenzen aus, die durch den Preis überlagert, also verstärkt oder geschwächt werden. Die Präferenz für ein Produkt aufgrund der nichtpreislichen Aktivität der Vertriebsabteilung (Marketing-Maßnahmen) bzw. die dadurch bewirkte, allgemeine Haltung der Verbraucher wird hier zunächst als vom Preis nicht beeinflußt betrachtet. Sie kann zwar nicht vernachlässigt werden, ist jedoch für unsere Zwecke als gegeben zu unterstellen, da der Zweck dieser Untersuchungen die Preisstrategienbewertung ist. Die Einstellung des Verbrauchers zum Produkt liegt also vor dessen Preisvergleich fest und ist hier lediglich summarisch zu erkunden (Abb. 64, 6), was durch ein Unterprogramm dieses Ablaufs durchzuführen ist. Es ist Aufgabe des Marketing-Mix, diese Ausgangshaltung der Verbraucher zugunsten des eigenen Produktes zu verändern. Kennt der Käufer bei der Kaufentscheidung keines der in Frage kommenden Produkte, so ist die Größe dieser Haltung für alle konkurrierenden Produkte gleich Null. Liegt hingegen eine Präferenz für ein Produkt vor, so ist diese Größe für dieses Produkt von Null verschieden, für alle anderen Produkte dagegen Null.
Aufgrund der Einteilung aller Verbraucher in für die Preisbildung wesentlichen drei Hauptklassen („preisbewußt", „preisorientiert" und „preisindifferent") [25, S. 59 ff.] ist die Einheit (d.h. der einzelne generierte „Verbraucher") in einem weiteren Schritt (vgl. Abb. 64, 7) auf seine Klassifikation zu untersuchen. Wegen des zu prüfenden Preisunterschiedes zwischen den einzelnen Marken der Produktgattung werden den Einheiten die die Ausgangspräferenz verändernde, auf den Preisunterschieden der einzelnen Marken beruhende Teilpräferenzen zugeordnet. Das Ausmaß dieser Teilpräferenzen hängt von der Höhe des Preisunterschiedes, die Richtung von der Einteilung der entsprechenden Einheit in die Preisverhaltensklasse ab (vgl. Abb. 64, 9). Die durch diese Preisstellung sich ergebende neue Haltung (positiver oder negativer Wert) wird zu der vorhandenen Präferenz addiert. Dieser Vorgang wird für jedes vorhandene Konkurrenzprodukt durchgeführt: „Gekauft wird das Produkt, das den höchsten Aufforderungscharakter besitzt" [18, S. 71] (vgl. Abb. 64, 10). Der Kaufentscheid wird registriert, ein neuer „Haushalt" generiert und dessen Kaufentscheidung auf die gleiche Art und Weise geprüft. Nach Durchlauf aller vorgeschriebenen Einheiten wird die Summe der auf jedes Produkt entfallenden Käufe gebildet und das Ergebnis mit den jeweiligen Preisen multipliziert. Diese Umsatzgröße wird entweder für einen späteren Ausdruck registriert oder sofort ausgedruckt, sie wird aber auf jeden Fall dem Produzenten des entsprechenden Produktes (Konkurrenzverhaltensmodell) zugeleitet. Danach wird die Zeiteinheit um eine Einheit vorgerückt. In der Zeiteinheit „t + 1" wird der gesamte Simulationslauf wiederholt, solange, bis die Zahl der gewünschten Zeiteinheiten erreicht ist. Dann erfolgt der Ausdruck des Endergebnisses, d.h. des Umsatzes, der bei dieser gegebenen Strategie erreichbar ist.

7.422.2 Absatzmittlerverhaltensmodell

In die Preisentscheidungen einer Unternehmung geht auch das Verhalten der Absatzmittler mit ein, da diese aufgrund ihrer Funktionsausübungen eine Zwischenstellung zwischen Unternehmer und Verbraucher einnehmen. Absatzmittler können den Verbraucher gerade im entscheidenden Moment des Kaufes beeinflussen. Diese Erkenntnis bei der Preisgestaltung zu verwerten, ist für die absatzorientierte Unternehmung wünschenswert. Über die Handelsspanne kann nämlich eine absatzfördernde Wirkung auf den Konsumenten mittelbar ausgeübt werden. Diese absatzfördernde Wirkung muß gemessen und beachtet werden, da sich das Verhalten des Verkäufers auf die Kaufentscheidungen auswirkt. Von allen Effekten, die sich neben dem Preis auf das Kaufverhalten auswirken (Qualität, Produktgestaltung usw.) ist der Effekt der Verkaufsanstrengungen insofern hier interessant, als er durch den Preis (nämlich die Handelsspanne) beeinflußt wird. Bei hohen Spannen wird der Händler seinen Kunden das Produkt empfehlen, vorteilhaft ausstellen usw. Dieser Effekt ist daher der Hauptbestandteil des Verhaltensmodells des Absatzmittlers. „Innerhalb normaler Grenzen des Verkaufsdruckes hat die Anstrengung des Einzelhändlers in der Regel einen positiven Effekt“ [2, S. 175], d.h. die Kaufwahrscheinlichkeit des Produktes wird zunächst, unabhängig von dessen Endpreis, erhöht. Amstutz nimmt diesen Effekt als linear an und zwar proportional zu den Anstrengungen des Einzelheändlers [2, S. 175]. Es sind jedoch auch Fälle vorstellbar, bei denen extreme Verkaufsanstrengungen (“high pressure selling”) den Verbraucher belästigen und negative Effekte bewirken [2, S. 175]. Während der negative Effekt beobachtbar scheint, ist es sehr schwierig, den Punkt, in dem sich die Richtung der Kurve ändert, festzustellen [2, S. 175].
Ist der Einfluß der Rabatthöhe auf die Verhaltensweisen der Absatzmittler quantifiziert, so hat der Hersteller neben der Kenntnis über die Beeinflussung der Kaufwahrscheinlichkeit eine Richtgröße für seine Händlerrabatte. Natürlich spielen hierbei auch andere Richtgrößen eine Rolle (z.B. das Ausmaß der vom Absatzmittler verrichteten Funktionen), diese sind jedoch nicht Bestandteil des Verhaltensmodells und somit nicht Gegenstand dieser Betrachtungen.

7.422.3 Konkurrenzverhaltensmodell

Dynamische Konkurrenzreaktionen kann nur ein EDV-Modell erfassen, welches das Verhalten der Konkurrenten mittels Methoden der Spieltheorie simuliert, da theoretische Überlegungen Veränderungen der voneinander abhängigen Entscheidungen und Reaktionen im Zeitverlauf nicht exakt beschreiben können [8, S. 283]. Das Problem ist dann im wesentlichen als gelöst zu betrachten, wenn man die schwankenden Marktanteile aller Firmen im simulierten Markt (schwierige Modellkonstruktion) oder einiger, jedoch für den Gesamtmarkt repräsentativer Firmen bei alternativen Preisen berechnen kann. Schwierig ist dabei die Einbeziehung der preislichen Reaktionsgrenze der Konkurrenten, d.h. der Frage: Welches Ausmaß darf eine Senkung des Marktanteils für einen Mitbewerber höchstens annehmen, um diesen nicht als Reaktion auf eine Preisentscheidung zur eigenen Preissenkung zu veranlassen? Um diese preislichen Reaktionen im Modell richtig abzubilden, bedarf es eines Konkurrenzmodells, das aufgrund der empirisch ermittelten Ergebnisse von Informationsanalysen erstellt wird. Dabei gilt:

a) Die Anzahl der konkurrierenden Firmen der Unternehmung im Markt bzw. Teilmarkt ergibt die Marktform (Oligopol, Polypol) und damit Hinweise auf Verhaltensformen. Über die Marktanteile der Wettbewerber bei der Ausgangslage wird auf die wahrscheinlichen Preisreaktionen der Wettbewerber geschlossen, d.h. die Art der Preisentscheidung der Mitanbieter hängt von dieser Marktform ab (vgl. unten).
b) Die Preisentscheidungen hängen jedoch nicht nur von der Marktform ab. Da jeder Konkurrent auch Ziele verfolgt und seine Entscheidungen nach gewissen betriebsinternen Regeln trifft, könnte man diese analog zu den eigenen programmieren [8, S. 171] oder sich bei der Erfassung an gemeinsamen Brancheneigenschaften orientieren. Man erhält eine relativ große Realitätstreue, wenn man von vorneherein den Entscheidungsablauf innerhalb der Konkurrenzunternehmungen nachbildet. Man kommt zwar durch ein solches Unterprogramm (Simulation der Unternehmung) zu einem noch komplexeren Konkurrenzverhaltensmodell, jedoch ist dies die einzige Möglichkeit, in der Realität gemessene Faktoren zur Geltung zu bringen.

Der Entscheidungsablauf innerhalb der Konkurrenzunternehmung kann nach verschiedenen Grundsätzen erfolgen, die sich in ihren Ergebnissen auswirken und auf deren Existenz daher von der eigenen Unternehmung aufgrund der bisherigen Preis-Verhaltensweisen der Konkurrenten im Markt geschlossen werden kann.

Zunächst einmal erscheint es nicht abwegig, den Preisentscheidungsverlauf der Konkurrenten dem eigenen oder den in der gesamten Branche üblichen nachzubilden [8, S. 171]. Dabei sind verschiedene Wege möglich:

1. Den Konkurrenten ist eine Zielgröße vorgegeben (Umsatz, Gewinn, Marktanteil usw.), deren Nichterreichen eine Preisreaktion auslöst: "Each firm makes its decisions on the basis of feed-back from past results" [8, S. 151]. Diese Entscheidungsfindung deutet auf eine relative Stärke des Konkurrenten hin, da er sich nicht vornehmlich nach den Preisen der Mitanbieter, sondern in der Hauptsache nach eigenen Zielen richtet. Der zu programmierende Ablaufplan der Entscheidung ergibt sich somit auf der Grundlage von feed-back aus der vergangenen Periode. Abb. 65 gibt die Grundstruktur der Entscheidungsfindung wieder.

Abb. 65: Regelkreis zur Preisentscheidung der Konkurrenten [8, S. 151; mit Veränderungen]

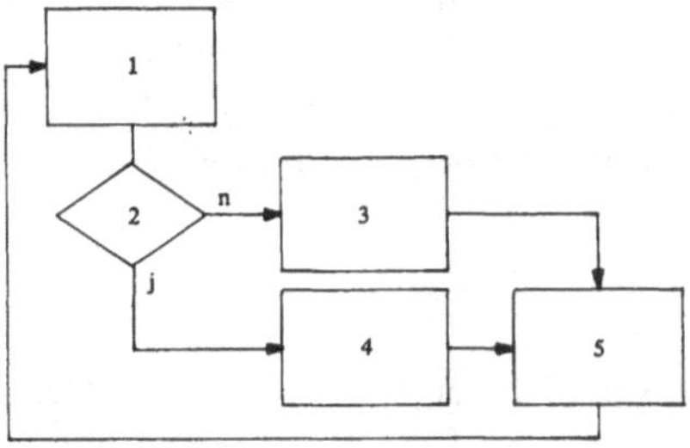

1 – Vergleiche feed-back mit den Zielen
2 – Werden die angestrebten Ziele erreicht?
3 – Suche neuen Preis, da die Zielgröße nicht erreicht wurde!
4 – Es erfolgt keine Preisänderung für die nächste Periode
5 – Durchführung der Maßnahmen (Ergebniserstellung)

2. Die Konkurrenten richten sich nicht primär nach einer Zielgröße, sondern beobachten ständig die Preise der anderen Mitarbeiter, die durch die Marktinformationen bekannt sind: "The model reflects followership . . ." [42, S. 235]. Der Preisanpasser ändert seinen Preis, wenn die Mitanbieter oder zumindest der Großteil von ihnen den Preis ändern. Werden vor einer solchen Preisentscheidung noch die Absatzmengen im Nachbarmarkt zu jeweiligen Preisen beachtet, dann kommt man zu einem Ablaufplan der Entscheidungsfindung, der sich nach Morgenroth folgendermaßen (jedoch stark vereinfacht) ergibt [42, S. 237]:

Abb. 66: Preisentscheidungsprozeß des Preisanpassers

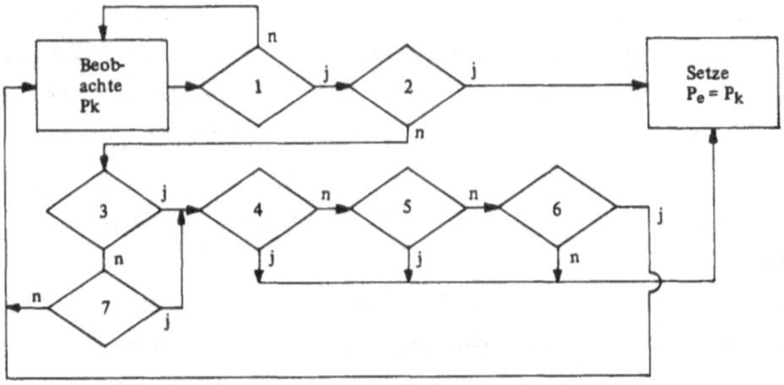

1 – Ist Pk ≠ Pe? ;
2 – Ist Pk > Pe? ;
3 – Ist Ak > Ae? ;
4 – Ist Ae > Ae'?;
5 – Ist Pe > Pk? ;
6 – Wird Pe' in t + 1 gesenkt?
7 – Senken weitere Mitanbieter den Preis?

Pk = Preis des Konkurrenten, Pe = eigener Preis im betreffenden Segment, Ae = eigener Absatz im betreffenden Segment, Pe' = eigener Preis im Nachbarsegment, Ae' = eigener Absatz im Nachbarsegment, Ak = Absatz des Konkurrenten, t + 1 = nächste Periode

c) Daneben muß das Modell für jeden Wettbewerber Wahrscheinlichkeitszuordnungen für die Schnelligkeit der preislichen Reaktionen sowie für das jeweilige Ausmaß der Preisänderungen der einzelnen Mitbewerber besitzen. Diese Wahrscheinlichkeiten ergeben sich aus den bisherigen Verhaltensweisen der einzelnen Konkurrenten, wie sie in Abschnitt 7.2 (Informationsanalysen) ermittelt wurden. Eine Aufnahme erfolgt in das Modell mittels den einzelnen Konkurrentenmodellen (innerhalb der Gesamtsimulation) zugeteilten Parametern, die die Reaktion der Konkurrenten in Bezug auf Schnelligkeit und Stärke bestimmen: "Although an identical computer model is used to represent each of the n firms, the initial conditions and internal parameters actually used will in general differ from firm to firm" [8, S. 171].

7.422.4 Umweltverhaltensmodell

Die Umwelt der Unternehmung wird in Form allgemeiner Parameter in dem Gesamtmodell berücksichtigt. Dies ist notwendig, da Umweltgrößen (Mode, Wetter, Saison) von branchenspezifischer Relevanz sein können. In das Marktmodell gehen diese Größen global ein, d. h. sie beeinflussen nicht direkt den Preis, sondern sie wirken auf die Preiselastizität der Nachfrage, indem sie den Gesamtbedarf des Marktes verändern und damit z. B. bei Steigerung des Bedarfes die Preiselastizität ändern. Die Abhängigkeit der Nachfrage von den Umweltgrößen muß empirisch ermittelt werden.
Über die Nachfrageveränderung wirkt die Umwelt auf alle anderen Marktpartner ein.

7.423 Integration der Teilmodelle in ein Gesamtmodell

Ist jedes Teilmodell auf seine Richtigkeit überprüft, dann muß der „Zusammenbau" dieser Modelle zu einem Gesamtmodell erfolgen. „Durch den Computer wird die Möglichkeit geschaffen, . . . mehrere relativ einfache Modelle . . . zu einem komplexen Gebilde zu verknüpfen und zwar derart, daß die einzelnen Modelle ineinandergreifen" [9, S. 134]. Dabei wird eine Modellstruktur geschaffen, in der sich die Teilmodelle in Form eines kybernetischen Systems gegenseitig beeinflussen. Voraussetzung dazu ist die Analyse der Zusammenhänge zwischen den einzelnen Faktoren in der Realität, weil die Informationsflußstruktur der der Wirklichkeit nachgebildet sein muß. Die einzelnen Teilmodelle bleiben somit in ihrer Struktur erhalten, die nur insofern erweitert wird, als durch die Informationen, die durch die Verbindungskanäle zwischen den Teilmodellen fließen, die einzelnen Teilmodelle komplexer werden und ihre Ergebnisse durch diese Informationen modifiziert werden.
Die Makrostruktur des so geschaffenen Gesamtmodells ergibt sich damit in Anlehnung an A. E. Amstutz [2, S. 115]:
Da die Kaufentscheidung der Verbraucher die Meßgröße darstellt, an der die „Richtigkeit" der Preisstrategie abgelesen werden muß, müssen alle aus den übrigen Teilmodellen resultierenden Größen in das Verbraucherverhaltensmodell eingehen und die Entscheidungen der Verbraucher mit beeinflussen.

Abb. 67: Makrostruktur des Gesamtmodells

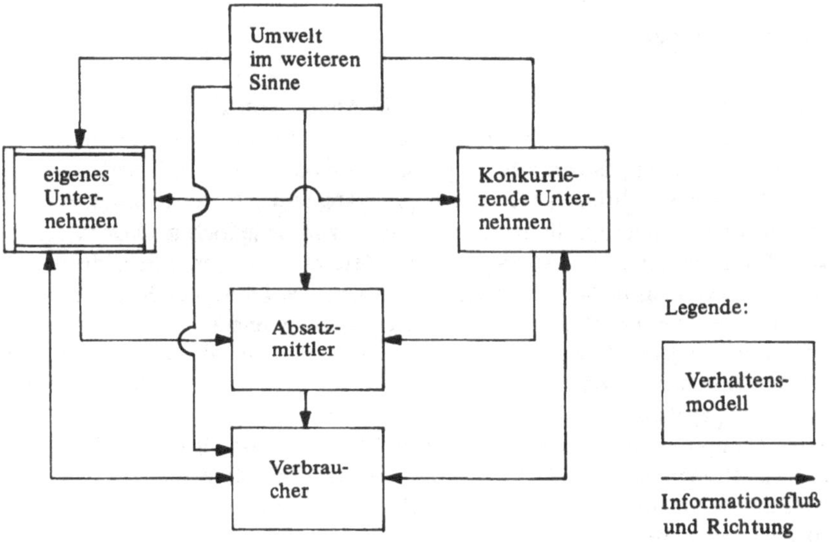

Wie aus Abb. 65 ersichtlich, werden in den Ablaufabschnitten (Unterprogrammen) 3 und 4 Preisentscheidungen getroffen. Diese Entscheidungen kommen im Abschnitt 5 zur Ausführung, d. h. sie werden in das Verbraucherverhaltensmodel als Input-Variable eingelesen und beeinflussen dort im bestimmten Rahmen die durch die Preisdifferenz der verschiedenen Produkte einer Produktart bestehenden preislichen Präferenzen der Verbraucher (vgl. oben). Die Ergebnisse der Verbraucherverhaltenssimulation einer Periode werden über einen weiteren Verbindungsweg in das Konkurrenzverhaltensmodell zurückübertragen und in die Register der jeweiligen Mitanbieter eingelesen, wo sie die nächste Entscheidung über die Preisstellung mit beeinflussen.
Ebenso wirkt sich die Haltung der Absatzmittler (als resultierende Größe dieses Modells) auf die Präferenzbildung der Verbraucher im Verbraucherverhaltensmodell aus. Des weiteren findet eine Kommunikation des eigenen Unternehmens mit den konkurrierenden Unternehmen indirekt über die Verbraucher sowie direkt durch für beide zugängliche Informationen über die jeweiligen Preise statt. Eine gegenseitige Beobachtung der verschiedenen Unternehmungen ist somit möglich. Das Umweltverhaltensmodell beinhaltet, wie erwähnt, nur unabhängige Größen, woraus sich der Umstand erklärt, daß aus dem Modell nur Informationen herausfließen.

7.43 Ablauf der Simulation

7.431 Strategieninput

Die Simulation umfaßt jeweils eine bestimmte Anzahl von Zeiteinheiten. Als Input ist vor allem der Preis des eigenen Gutes „A“ anzugeben sowie dessen eventuelle Änderungen, falls die Strategie solche Änderungen nach gewissen Zeiteinheiten mit sich bringt (wie etwa eine Strategie der Konsumentenrentenabschöpfung). Innerhalb dieser Zeiteinheiten wird er jedoch als konstant betrachtet, um die einzelnen Strategien bzw. Zeitabschnitte, in denen diese zum Tragen kommen, besser bewerten zu können. Die Preise der Konkurrenten finden, wie oben erwähnt, ebenfalls Eingang, doch sind sie aufgrund der Mikrostruktur für jede Unternehmung einzeln veränderlich. Sie werden am Anfang der Simulation den jeweiligen Marktpreisen, d.h. der Ist-Situation entsprechend, eingegeben.
Für jeden Computerlauf wird eine andere Preishöhe für das eigene Produkt, die mit Variationen anderer Marketing-Mix-Größen verbunden sein kann, vorgegeben, um aus mehreren solcher Läufe die beste Preisstrategie für das eigene Produkt zu ermitteln.
Die Bestimmung der verschiedenen Preishöhen geschieht durch die Unternehmungsführung, um von vorneherein eine Auswahl von Preisen gezielt durchzuführen, obwohl es z. B. möglich wäre, den Simulationslauf automatisch mit einem um x Prozent höheren Preis erneut durchzuführen. Die Höhe des eigenen Preises richtet sich nach zwei Kriterien:

a) Der Preis orientiert sich am Marktpreisniveau.
b) Er erfährt eine Feinabstimmung nach oben (Abb. 63) angezeigtem Muster. Es werden also solche alternativen Preise eingelesen, die auch am Markt gegeben sind.

Die Preisschritte von Simulationslauf zu Simulationslauf müssen bestimmte Größenunterschiede aufweisen, um zu echten Alternativen zu kommen. So ist im Modelloutput zwischen einem Preis von DM 9,95 und DM 9,90 kein größerer Unterschied (wenn überhaupt) zu erwarten. Dagegen ist die Preisdifferenz von DM 1,00; –,93; –,85 und –,80 zwischen den Läufen z. B. eine echte Alternative [22, S. 190].
Eine Möglichkeit zur Simulationsgestaltung ist das Aufstellen von verschiedenen Strategienalternativen, die „konsequent beibehalten und durchgespielt“ werden [39, S. 106] und die auch für die Konkurrenten bindend sind, wobei jede mögliche Strategie mit jeder anderen paarweise kombiniert wird [39, S. 110]. Diejenige Strategie erscheint optimal, die den maximalen Wert der Zielgröße verspricht. Dieses Vorgehen ist jedoch problematisch, da die Wahr-

scheinlichkeit nicht bekannt ist, mit der die Konkurrenten eine der möglichen Strategien wählen [50, S. B-116], weil die Zielgröße nicht bekannt ist, nach der die Konkurrenten urteilen und weil „die Beibehaltung der einmal gewählten Strategie" [39, S. 111] unrealistisch ist. Es scheint daher wirklichkeitsnäher, über den Entscheidungsprozeß innerhalb der einzelnen Konkurrentenmodelle die Mitanbieter die Strategien selbst bestimmen zu lassen, da über die zugeteilten Parameterwerte [8, S. 171] die Verhaltensweisen in der Vergangenheit besser berücksichtigt werden und die verschiedenen Wahrscheinlichkeitswerte beeinflußt werden können.

7.432 Modelloutput

Ist eine Simulationsperiode abgelaufen, dann beginnt solange automatisch die nächste, bis alle vorgeschriebenen n Perioden simuliert sind. Der Ausdruck der Ergebnisse erfolgt zweckmäßigerweise für jede Periode einzeln. Dabei ist es möglich, daß entweder die Zahlenwerte explizit ausgedruckt werden [vgl. 51, S. 147; 8, S. 183 ff.] oder aber in Form von Kurven [35, S. 146 ff.] vom Drucker ausgegeben werden. Die Unternehmungsführung entscheidet sodann anhand der Ergebnisse, welcher Strategie sie den Vorzug gibt. Aufgrund des Modellergebnisses kann sie Preisstrategien mit der Gefahr großer Verluste usw. ausklammern.

Daneben wird sich die Unternehmungsführung im klaren sein, daß die Möglichkeiten des EDV-Einsatzes bei der Strategienbewertung die Unsicherheiten nicht vermindern, sie jedoch aufdecken helfen. Die Nachbildung der Realität durch das Modell ist notwendigerweise unvollkommen, auch wenn es gelungen ist, einzelne Preisfaktoren zu quantifizieren. Alle Einflußfaktoren der komplexen Bedingungslage können nicht aufgenommen werden. Dadurch erreicht das Modell zwangsläufig einen gewissen Grad an Abstraktheit. Dieser Grad kann eventuell vermindert, jedoch nicht eliminiert werden.

„Die einzige Möglichkeit zur Beurteilung der Übereinstimmung zwischen Simulationsmodell und Realität liegt darin, daß für einen Modelldurchlauf Ausgangsbedingungen aus der Vergangenheit des Systems gewählt und die damit erzeugten Zeitreihen mit den historischen Zeitreihen der betreffenden Systemelemente verglichen werden" [23, S. 148]. Auch Koller sieht in diesem Vorgehen eine Möglichkeit, die Richtigkeit der Modellstruktur zu überprüfen. Richtige „Vorhersagen der Vergangenheit" [16, S. 39] durch das Modell schließen eine gewisse Sicherheit bei der Anwendung auf künftige Situationen ein. Dieses Vorgehen empfiehlt sich auch bei der Preisgestaltung, doch soll das Problem der Erfassung von Begleitumständen, die in der nachsimulierten Realität gerade speziell für diesen Fall (d.h. für den Preis x auf Markt y zum Zeitpunkt z) gelten, nicht verkannt werden.

8. EDV und Werbung

In der Werbung verlieren derzeit viele bisher bewährte Erfolgsrezepte ihre Wirkungssicherheit und damit ihren Geltungsanspruch. Nicht zuletzt ist dies eine Folge der Tatsache, daß die übliche Ausrichtung der Werbemaßnahmen auf Verhaltensweise und Mentalität des Mittelstandes die gewünschten Effekte nur mehr bei dieser Gruppe, nicht aber bei der Gesamtbevölkerung insgesamt erzielt. Eine Reihe von geistigen Polarisierungsprozessen hat eingesetzt, von denen die Polarisierung der Altersgruppen- und Generationsmentalität nur eine der anschaulichsten darstellt. Insgesamt manifestiert sich gegenwärtig eine soziokulturelle Differenzierung in Richtung pluralistische Gesellschaft, die unterschiedliche Normsysteme und Kommunikationsformen zu tolerieren vermag [Haseloff]. Parallel hierzu entwickelt sich eine laufende Steigerung der Lebensansprüche, eine entsprechende Intensivierung und vor allem Differenzierung der Konsumwünsche des einzelnen.

Für die Werbung erfordert dies ein Umdenken in dem Sinne, daß globale und undifferenzierte werbliche Gestaltungsmaßnahmen und Streuaktionen zur Erreichung der absatzpolitischen Ziele nicht mehr genügen, sondern daß zukünftig die Zielgruppenangemessenheit einer Werbung im Mittelpunkt aller Überlegungen steht und diese zu ihrem Gütekriterium macht. Dabei orientiert sich die Werbung an dem strategischen Ziel der Marktsegmentierung, also einer Aufteilung des Gesamtmarktes in Teilmärkte, um die in den einzelnen Teilmärkten angesiedelten Zielgruppen in dem geplanten Sinne beeinflussen zu können. Zudem bringt die Steigerung der Ansprüche der Konsumenten für die Werbung erhöhte Forderungen in Richtung auf einen individuell verwertbaren Informationsgehalt der werblichen Aussage sowie gleichzeitig bezüglich einer erheblich verbesserten Anpassung der Botschaft an den jeweiligen Zielkreis der bestehenden und potentiellen Abnehmer mit sich.

Je besser und genauer die Werbebotschaft der anzusprechenden Zielgruppe angepaßt ist, umso sicherer wird die Botschaft verstanden und akzeptiert und umso wahrscheinlicher werden die angestrebten Werbeziele erreicht. Der potentielle Abnehmer muß so motiviert werden, daß er den Kontakt zum Werbenden von selbst sucht.

Da sich die kreative Seite der Werbung – also die Werbemittelgestaltung – kaum durch den Einsatz der EDV rationalisieren läßt, wird nachfolgend dargestellt, in welcher Form die Daten, die auf die Werbestreuung Einfluß haben, aufbereitet werden müssen, um vom Computer verarbeitet werden zu können. Dies erfolgt anhand von Beispielen aus der Praxis bzw. an einem Modell (Direktwerbung), welches in seinen Grundzügen zwar schon Verwendung findet, das aber durch Hinzufügen einer Anzahl von Kriterien erweitert wurde.

8.1 Abgrenzungen der Zielpersonen und Bestimmung der Werbebotschaft im Rahmen der Direktwerbung eines Unternehmens der Investitionsgüterindustrie

Die im Rahmen einer automatisierten Verkaufsabrechnung verwendete Kundennummer stellt eine direkte Verbindung zwischen Hersteller und Abnehmer dar. Die Streuung einer Werbeaktion ist dann problemlos, wenn alle Kundenadressen aus der Fakturierungsdatei über die Kundennummer abgerufen werden und an diese Adressen die Werbebotschaft z. B. durch einen neuen Katalog übermittelt wird.
Es ist jedoch klar, daß eine darartige Aktion im allgemeinen ineffektiv (und ökonomisch kaum zu vertreten) ist. Es stellen sich nämlich die beiden grundsätzlichen Fragen:

1. Wer ist eigentlich Kunde?
2. Welche Information benötigt der Kunde?

Zu Frage 1.: Die aus der Adreßdatei entnommene Kundenanschrift ist sicher richtig; aber wen erreicht die an diese Adresse abgesandte Werbebotschaft? Beim Empfänger trifft sie zwar ein, aber damit ist noch nicht gewährleistet, daß die Werbebotschaft die Stelle oder Person erreicht, für die sie bestimmt ist. Es entsteht das Problem der exakten Zielgruppenbestimmung. Die Zielperson wird dann zur zentralen Figur der Direktwerbung, denn von ihrer Entscheidung hängt es ab, ob die in der Direktwerbung enthaltene Information zu einem Kaufentschluß führt, so daß man also die Zielperson mit dem Entscheidungsträger gleichsetzen kann.
Zu Frage 2.: Die Zielperson erwartet als Empfänger der Werbebotschaft ganz bestimmte, für sie relevante Informationen. Da jeder Entscheidungsträger andere Problemlösungen verfolgt, ergibt sich als Konsequenz, daß die Werbebotschaften von unterschiedlichem Informationsinhalt sein müssen. Die Zuordnung der richtigen Information an die entsprechenden Zielpersonen ist der eigentliche Sinn der Direktwerbung.
Hieraus ergibt sich, daß nicht die Unternehmung an sich der eigentliche Kunde im Sinne der Direktwerbung ist, der auf eine Werbebotschaft reagieren und somit eine Kaufreaktion auslösen soll, sondern der eigentliche Kunde ist die einzelne Zielperson in der Unternehmung. Diese Person ist es, die mit der für sie relevanten Information umworben werden soll; sie muß mit ihrem Namen, natürlich unter Hinzufügung der Firmenanschrift, in der Werbeadreßdatei gespeichert sein.
Entscheidend ist dabei, daß diese Zielperson aufgrund bestimmter Kriterien zusammen mit vielen anderen Zielpersonen eine ganz spezielle Werbebotschaft

erhält. In dem nachfolgend beschriebenen Modell könnte sich der Werbetreibende zum Beispiel entschließen, aus seiner vorhandenen Werbeadreßdatei alle Ingenieure in Konstruktionsbüros ausdrucken zu lassen, die in einem bestimmten Gebiet ansässig sind, einer Unternehmung mit über 1 Mio. Jahresumsatz angehören, die in der Maschinenbaubranche tätig sind, eine mitentscheidende Position innerhalb der Betriebshierarchie bekleiden und die an einem bestimmten Produkt interessiert sind.
Die verschiedenen Einzelmerkmale, die der genauen Definition und somit der Abgrenzung gegenüber anderen Zielpersonen dienen, werden als Selektionskriterien bezeichnet. Je umfangreicher und differenzierter die Selektionskriterien sind, desto kleiner wird im konkreten Fall die Anzahl der Zielpersonen, die einer Menge dieser Kriterien genügen. Die so selektierten Zielpersonen bilden die Zielgruppe, deren Informationsverhalten die Werbebotschaft inhaltlich angepaßt wird.

8.11 Aufbau der Datenbank

Als Speichermedium für eine Werbeadreßdatei bietet sich in dem Modell als wirtschaftlichste Lösung das Magnetband an. Auf ihm werden die einzelnen Anschriften der Zielpersonen gespeichert und im Selektionsfall wird sequentiell aufgrund der Suchkriterien abgefragt und entsprechend verarbeitet. Eine Sortierung der Adressen ist nicht notwendig, da bei jeder einzelnen Werbeaktion immer wieder andere Zielgruppen, die nach unterschiedlichsten Kriterien definiert sind, angesprochen werden und somit auf jeden Fall immer das gesamte Adressenmaterial abgefragt werden muß. Wie die Speicherbelegung eines einzelnen Adreßblocks erfolgt, wird anschließend dargestellt.
Ausgangsbasis für den Aufbau einer Werbeadreßdatei ist die in der Verkaufsabrechnung geführte Kundenadreßdatei. Aus dieser wird die Kundenanschrift, d.h. Name der Firma, Adresse sowie Kundennummer übernommen. Anhand der Kundennummern ist ein vereinfachter Aufbau der eigentlichen Werbeadreßdatei möglich. Da beabsichtigt ist, jede einzelne Zielperson mit der Werbebotschaft zu erfassen, dient die Kundennummer als Kennzeichen auf dem Werbeadreßband. Auf diesem Band müssen also nicht bei jedem einzelnen Empfänger alle Adreßdaten angegeben sein, von Belang ist lediglich die Kundennummer. Dies ist vor allem auch relevant, wenn man sich die Situation in der Investitionsgüterindustrie vergegenwärtigt, bei der in einer Unternehmung, also unter einer Anschrift, u.U. hunderte von Einzelpersonen in irgendeiner Weise von werblichem Interesse sind.
Aus diesem Grunde muß eine Unterscheidung beim Einlesen der Adressen der einzelnen Zielpersonen vorgenommen werden, und zwar vor allem wegen des

Speicherraumes, der auf dem Werbeadreßband benötigt wird. Es handelt sich dabei einmal um solche Adressen, die eine Kundennummer haben, d.h. deren Anschrift bereits in der Kundenadreßdatei gespeichert ist. Solche Adressen werden nur mit einer Lochkarte eingelesen, die alle Informationen über die Zielperson beinhaltet.
In der anderen Gruppe von Adressen befinden sich jene, die keine Kundennummer haben. Dabei handelt es sich um solche Zielpersonen, die bisher keine direkten geschäftlichen Beziehungen zum Werbetreibenden unterhalten, aber in irgendeiner Weise für die Produkte des Unternehmens Interesse gezeigt haben (oder auch zeigen könnten). Diese Adressen stammen meist von Kontaktaufnahmen mit Interessenten auf Messen, auf denen das Unternehmen ausstellt. Diese so gewonnenen Adressen werden ebenfalls in die Werbeadreßdatei mit aufgenommen, da es sich dabei um potentielle Kunden handelt. Es werden hierfür 3 Lochkarten beim Einlesen verwendet, auf denen sämtliche Daten, also sowohl die genaue Anschrift wie auch die einzelnen Selektionsmerkmale, erfaßt sind.
Die gesamte Anschrift kann in maximal acht Elemente aufgegliedert werden, was gleichbedeutend mit acht Zeilen für eine ausgedruckte Anschrift ist. Dabei sind für jedes Element 25 Stellen vorgesehen, d.h. eine Adreßzeile kann bis zu 25 Zeichen aufnehmen. Mehr als acht Zeilen kann eine Anschrift wegen der in der Größe genormten Fensterbriefumschläge nicht umfassen, da sie sonst nicht mehr voll lesbar ist. Die gleiche Raumaufteilung gilt für selbstklebende Etiketten, auf die der Druck erfolgen kann.

Zeile 1	
Zeile 2	1–4 vollständige
Zeile 3	Firmenbezeichnung
Zeile 4	
Zeile 5	Ort
Zeile 6	Straße
Zeile 7	Name der Zielperson
Zeile 8	Angabe der zuständigen Abteilung

Das oben gezeigte Anschriftenschema zeigt in erster Linie die Reihenfolge bei der Speicherplatzbelegung auf. Beim späteren Adreßausdruck kann durch Programm der Adreßaufbau so gesteuert werden, daß Zeile 7 und 8 zwischen Zeile 4 und 5 eingeschoben wird, wobei auch die Leerzeilen berücksichtigt werden. Diese Variationsmöglichkeit ist vor allem auch wichtig im Hinblick auf Auslandsadressen, deren Aufbauschema von unserem unterschiedlich ist.

8.12 Selektionsmerkmale der Zielpersonen in der Werbeadreßdatei

Es folgen nun diejenigen Merkmale, die die einzelne Adresse bzw. die darin genannte Zielperson charakterisieren und identifizieren. Außerdem werden noch allgemeine Informationen gespeichert, die ebenfalls bei der späteren Selektion von Bedeutung sein können. Die verschiedenen Selektionsmerkmale sind dazu gedacht, daß mit ihrer Hilfe die für ein ganz bestimmtes Direktwerbevorhaben interessanten Adressen aus dem gesamten Adressenmaterial herausgefiltert werden können. Je mehr verschiedene Merkmale selektiert werden, desto spezifischer Informationen können an die ermittelten Zielpersonen weitergegeben werden. Hier wird der eigentliche Sinn der Direktwerbung wieder deutlich sichtbar: man will mit möglichst exakten Informationen ganz spezifische Zielgruppen ansprechen, um den individuellen Charakter der Direktwerbung voll auszunutzen. Die einzelnen im Modell für ein Investitionsgüterunternehmen vorgesehenen Selektionsmerkmale werden nachfolgend erläutert:

a) Betreuungs-/Wohngebiet

Prinzipiell kann eine sehr einfache Methode für die Selektion nach dem geographischen Ort der Zielperson angewendet werden, indem mit Hilfe der vier Stellen, die in der Anschrift für die Postleitzahl benutzt werden, die Selektion vorgenommen wird. Dabei ist davon auszugehen, daß für eine Werbeaktion nur bestimmte geographische Räume vorgesehen sind oder daß aus sonstigen Gründen (Kosten, Organisation usw.) die einzelnen Bundesländer nicht auf einmal, sondern nacheinander werblich bearbeitet werden sollen. Eine andere Selektionsmöglichkeit des Betreuungs-/Wohngebiets der Zielperson ist natürlich jederzeit denkbar, z. B. nach firmeninternen Gebieten.

b) Branche

Die Branche, bzw. genauer gesagt das Fachgebiet, dem der Kunde angehört, ist das nächste Selektionsmerkmal. Dabei werden für das Modell diverse Fachgebiete angenommen, die jeweils in sich nach bestimmten Untergebieten differenziert sind. Die Verschlüsselung erfolgt in der Weise, daß jedes Fachgebiet eine zweistellige Kennziffer erhält, während auf der dritten Stelle das jeweilige Untergebiet aufgrund der zugeordneten Kennziffer erkennbar ist.

Ablochschlüssel:

Fachgebiet	Untergebiet	
01	1	Elektrische Maschinen
	2	Turbinen
07	1	Schienenfahrzeuge

Fachgebiet	Untergebiet	
	2	Schienenfahrzeuggetriebe
	3	Brennofenwagen, Kalksandstein-Härtewagen
14	1	Krane
	2	Lauf- und Bandrollen
	3	Schaufelradbagger
	4	Sonstige Fördermittel

c) Institution

Ein weiteres Selektionsmerkmal ergibt sich aus der Art des Kunden. Die nachfolgende Aufzählung ist ein Beispiel für eine mögliche Einteilung in Kundengruppen.

Ablochschlüssel:

1	Industrie
2	Handel
3	Staatliche Einkaufsgesellschaften
4	Behörden
5	Genossenschaften
6	Handwerk
7	Hochschulen
8	Sonstige

d) Arbeitsbereich

Unter dem Begriff Arbeitsbereich werden die Abteilungen erfaßt und verschlüsselt, in denen der Empfänger der Werbebotschaft (= Zielperson) innerhalb der Unternehmung tätig ist. Auch hier sind nur die für das Spezialmodell relevanten Bereiche erfaßt.

Ablochschlüssel:

1	Vertrieb (kaufmännisch)
2	Vertrieb (technisch)
3	Einkauf
4	Fertigung
5	Konstruktion
6	Entwicklung
7	Planung
8	Sonstige

e) Entscheidungsfunktion

Während unter d) der allgemeine Arbeitsbereich erfaßt wurde, wird nun ein weit wichtigeres Selektionsmerkmal des einzelnen Empfängers berücksichtigt, nämlich dessen Entscheidungsfunktion. Es geht hierbei einmal um die Unterteilung in selbstentscheidende und beratende Funktionsträger. Zur Veranschaulichung kann man von der einfachen Tatsache ausgehen, daß z. B. für das Management sicherlich ganz andere Informationen notwendig sind als für einen Werkmeister. Die einzelnen Gruppen werden meist in sich noch weiter unterteilt, um eine noch genauere Selektion zu ermöglichen.

Ablochschlüssel:

	Selbstentscheidend:
1	Top Management, Inhaber, Vorstand, Direktor
2	Prokurist, Abteilungsleiter
3	Sonstige
	Mitentscheidend, beratende Funktion:
4	Abteilungsleiter/Betriebsleiter
5	Betriebsingenieur, Werkmeister
6	Technischer Zeichner
7	Sonstige

f) Umsätze pro Jahr

Für bestimmte Werbevorhaben kann es von Interesse sein, die Zielgruppen nach Umsatzgruppen zu selektieren. Für die angenommene Unternehmung wurde eine Differenzierung nach folgenden Umsätzen/Jahr mit aufgenommen.

Ablochschlüssel:

1	über 1 000 000,– DM Umsatz/Jahr
2	über 500 000,– DM Umsatz/Jahr
3	über 250 000,– DM Umsatz/Jahr
4	über 100 000,– DM Umsatz/Jahr
5	über 50 000,– DM Umsatz/Jahr
6	über 25 000,– DM Umsatz/Jahr
7	über 10 000,– DM Umsatz/Jahr
8	unter 10 000,– DM Umsatz/Jahr
0	nicht zutreffend

g) Beschäftigtenzahl

Für das Beispiel wurde die nachfolgende willkürliche Abstufung unterstellt, die je nach Lage jede andere Form und Anzahl von Gruppen aufweisen kann.

Ablochschlüssel:

1	über 1000 Beschäftigte
2	über 500 Beschäftigte

Ablochschlüssel:

3	über 200 Beschäftigte
4	über 100 Beschäftigte
5	über 50 Beschäftigte
6	über 20 Beschäftigte
7	unter 20 Beschäftigte
0	nicht zutreffend

h) Technische Merkmale

Ein Kernstück der Werbeadreßdatei ist in dem Modell die Aufnahme der technischen Daten der Produkte aus dem Vertriebsprogramm des Unternehmens, welche den Kundenbedürfnissen entsprechen. Es ist bei der Selektion von großer Wichtigkeit, welche einzelnen technischen Merkmale für den Abnehmer von Bedeutung sind, denn nach diesen Kriterien ist auch das Informationsmaterial gestaltet (bzw. zu gestalten). Natürlich können an dieser Stelle auch beliebige andere Merkmale technischer Natur gespeichert werden, die auf die jeweiligen Kunden bzw. das Verkaufsprogramm abgestimmt sind. In jedem Fall bekommt jede einzelne Adresse das oder die entsprechenden Merkmale, die für diese zutreffen. Es kann durchaus vorkommen, daß unter dieser Rubrik mehrere Merkmale abgelocht werden, wenn der Kunde Abnehmer oder Interessent für verschiedene Typen des Produktionsprogramms ist.

Ablochschlüssel:

A		Belastung
	0	alle Informationen
	1	hohe Belastung
	2	Schwingungen
	3	Momentbelastung
B		Drehzahlen
	0	alle Informationen
	1	hohe Drehzahlen
	2	sehr niedrige Drehzahlen
C		
.	.	
.	.	
.	.	

i) Sprache

Die letzte Information auf dem Werbeadreßdatei-Band ist die jeweilige Sprache der Werbeschrift, welche an den Empfänger gesandt werden soll. Die ange-

nommene Firma verfügt über Informationen und Werbeschriften in mehreren Sprachen, mit denen sie sich möglichst in der Landessprache an ihre Kunden wenden will. Außerdem werden die Werbedrucksachen noch nach den verschiedenen Zweigniederlassungen differenziert. Bei Interessenten, in deren Muttersprache keine Informationsschriften verfügbar sind, wird eine entsprechende Ersatzsprache angegeben.
Die einzelnen Informationsschriften werden durch eine Kombination, die aus zwei oder drei Buchstaben besteht, gekennzeichnet. Derselbe Code schützt beim Versand vor Verwechslungen.

Ablochschlüssel:

AD	deutsch	
AA	arabisch	
BGA	bulgarisch	jeweiliger Absender (Zweigniederlassung
CHA	chinesisch	oder Generalvertretung)
CSA	tschechisch	
.		
.		
.		

8.13 Selektion mittels diverser Suchkriterien durch eine Parameterkarte

Um nun von den auf Band eingelesenen und gespeicherten Daten auf die Zielgruppen und Zielpersonen zu kommen, die für eine bestimmte Direkt-Werbeaktion von Interesse sind, müssen mit Hilfe einer Parameterkarte, auf der die gewünschten Kriterien abgelocht sind, diese Zielgruppen aussortiert werden.
Die Parameterkarte prüft jeden einzelnen auf dem Werbeadreß-Band gespeicherten Adreßblock, ob unter den Merkmalen, die in diesem Satz gespeichert sind, solche darunter sind, nach denen gesucht wird. Stimmen alle Merkmale des Satzes mit denen auf der Parameterkarte überein, so wird die Adresse ausgedruckt. Da die einzelnen Zielpersonen entweder mit der vollen Anschrift auf dem Werbeadreßdatei-Band oder aber nur unter einer Kundennummer gespeichert sind, wird in letzteren Falle die genaue Anschrift mit Hilfe der Kundennummer von der Kundendatei abgefragt. Die Merkmale der Zielpersonen sind in jedem Falle auf dem Werbeadreßdatei-Band gespeichert.
Die nachfolgend gekennzeichnete Parameterkarte gibt die beispielhaft angeführten Selektionskriterien wieder.
Der nachfolgende Datenflußplan und Programmablauf kennzeichnen den bisher beschriebenen Ablauf.

Abb. 68: Parameterkarte zur Selektion der Zielpersonen

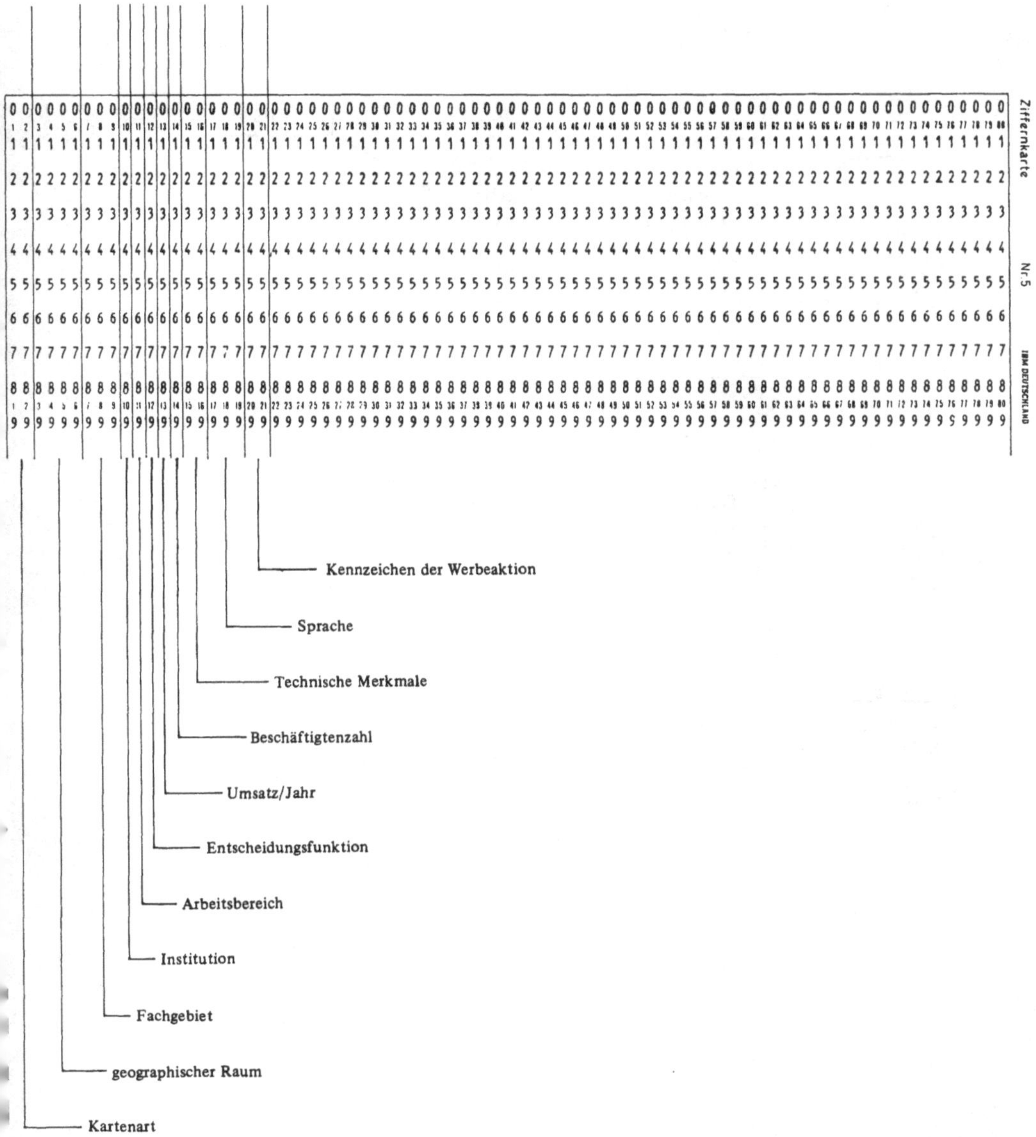

Abb. 69: Datenflußplan – „Direktwerbung“

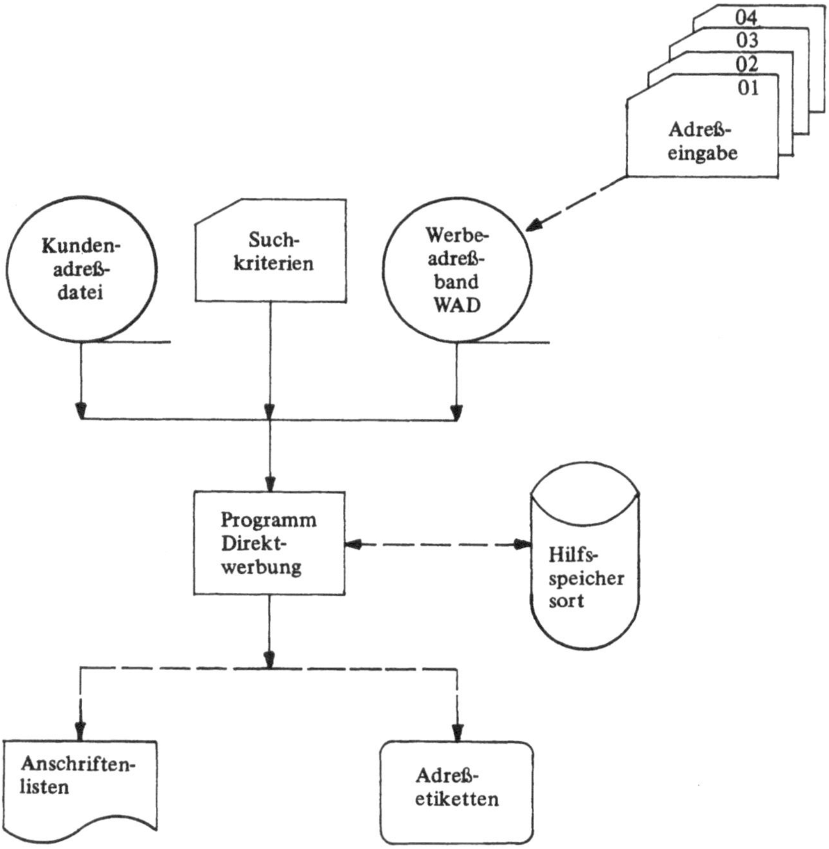

Abb. 70: Programmablaufplan – „Direktwerbung“

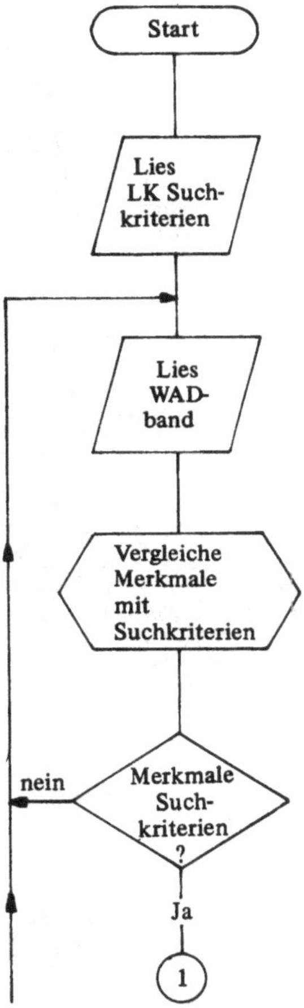

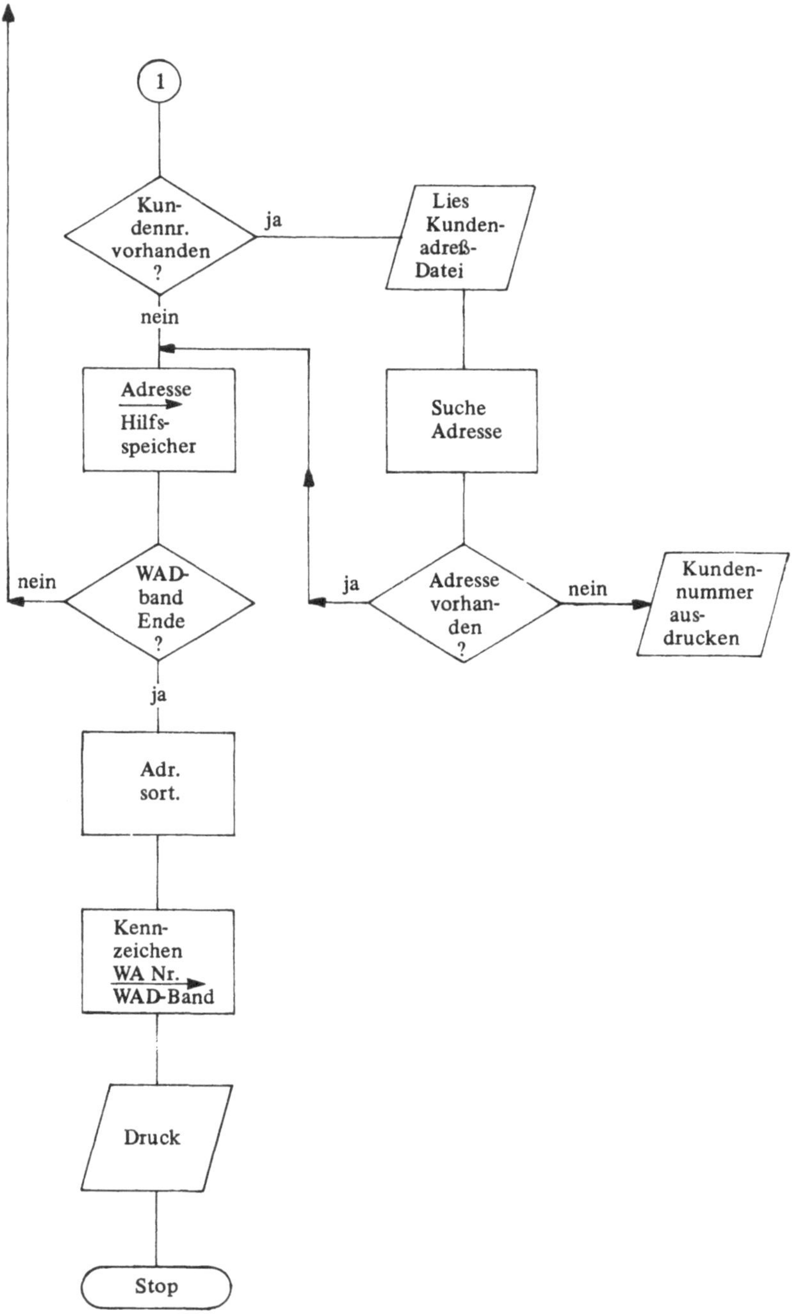
1
Kun-
dennr.
vorhanden
?
ja
Lies
Kunden-
adreß-
Datei
nein
Adresse
Hilfs-
speicher
Suche
Adresse
nein
WAD-
band
Ende
?
ja
Adresse
vorhan-
den
?
nein
Kunden-
nummer
aus-
drucken
ja
Adr.
sort.
Kenn-
zeichen
WA Nr.
WAD-Band
Druck
Stop

8.2 Erstellung von Computerbriefen

Die bisherigen Ausführungen zum Thema Direktwerbung betrafen primär die Versorgung der Werbeempfänger mit Informationsmaterial entsprechend ihrer spezifischen Interessenlage. Nachfolgend soll nun beschrieben werden, welche Möglichkeiten gegenwärtig gegeben sind, den Inhalt versandter Werbemittel spezifisch auf den Werbeempfänger abzustimmen. Zu diesem Zweck wird das IBM-Programm PERLE 20 in seinen Grundzügen dargestellt, welches bereits mit großem Erfolg in der Wirtschaftspraxis eingesetzt wird. Dieses Programm dient der Anfertigung von Computerbriefen und ermöglicht damit eine individuelle Massenwerbung [18].
Die Eingabe des Brieftextes und des Adressenmaterials erfolgt in Form von Lochkarten, jedoch ist auch grundsätzlich der Zugriff auf eine bereits auf Platte oder Band gespeicherte Kundenadreßdatei denkbar. Der Computer als Schreibautomat bietet außer der hohen Verarbeitungsgeschwindigkeit den Vorteil, daß er sich nicht rein schematisch an die Reihenfolge der abgelochten Adressenelemente, wie Name, Ort, Straße usw. zu halten braucht, sondern diese auch in beliebiger Reihenfolge im später folgenden Text wieder abrufen kann. Außerdem erlaubt der Computer die Speicherung von Informationen oder Textvarianten für bestimmte Zielgruppen, die abgerufen und in den Text mit eingefügt werden können. So kann z. B. bei den entsprechenden Postleitzahlen zum dazugehörigen Ort eine hierfür charakteristische Texteinfügung abgerufen werden (bei PLZ 8000: „. . . Sie als Münchner, der zur Zeit unter den olympischen Vorbereitungen zu leiden hat, . . .“).
Aber auch akademische Grade, wie Dr., Dipl.-Ing., oder die Rechtsformen der Firmen wie OHG, KG, GmbH, usw. können entweder direkt oder verschlüsselt abgelocht werden. Das Programm sieht dafür vor, daß die Anrede dann entsprechend zur Adresse richtig zugeordnet wird.

Anredeschlüssel	*Anschrift*	*Anrede*
1	Herrn Kaspar Hauser	Sehr geehrter Herr Hauser
	Herrn Dr. Kaspar Hauser	Sehr geehrter Herr Dr. Hauser
2	Herrn Prof. Dr. K. Hauser	Sehr geehrter Herr Prof. Hauser
3	Firma Kaspar Hauser	Sehr geehrte Herren
4	Firma Kaspar Hauser KG z. Hd. Herrn Otto	Sehr geehrter Herr Otto

Trotz der für Computerbriefe verwendeten Groß- und Kleinschreibung kann beim Programm PERLE 20 ohne weiteres auch Adressenmaterial verwendet werden, das nur in Großbuchstaben abgelocht ist. Der Computer übernimmt dann die Übersetzung automatisch nach entsprechender Programmierung, indem er davon ausgeht, daß jedes Wort – dies bezieht sich hier nur auf die Anschrift – mit einem Großbuchstaben anfängt und dann mit Kleinbuchstaben weitergeführt wird (also z. B. „WÜRZBURG“ wie „Würzburg“).
Bei Ausnahmen, z. B. dem kleingeschriebenen „von“ muß auf der Lochkarte ein entsprechendes Zeichen (¬) vorangesetzt werden, oder aber bei Großbuchstaben, die nicht übersetzt werden sollen, ein (¢), wie z. B. bei OHG.
Um den Text ablochen zu können, muß zunächst der Brief so entworfen werden, daß die Stellen, an denen er variiert werden soll, gekennzeichnet sind. Dies geschieht durch Anbringung eines Selektionszeichens sowie durch einen Zwischenraum, den man im Text läßt. Die Länge der unterschiedlichen Einschiebungen braucht nicht gleich zu sein, denn es erfolgt eine automatische Einfügung in den Brieftext so, daß im Schriftbild keine Lücken entstehen. Das Selektionsmerkmal gibt Auskunft darüber, welche Art von Einschiebung, z. B. gezielte Information oder Wiederholung der Anrede, erfolgen soll und aufgrund welcher Anstoßmerkmale auf welche Kriterien zurückgegriffen werden soll.
Für den Ablauf des Programms sind folgende Eingabedaten und Steuerkarten notwendig:

Kartenart S:

Mit der Kartenart S werden alle Übersetzungstabellen eingegeben, d. h. alle in irgendeiner Form verschlüsselten Daten, die dann im Text in voll ausgeschriebener Form eingefügt werden sollen. Das können sein: die akademischen Titel, Berufsbezeichnungen, Rechtsformen der Firmen usw. Mit Hilfe dieses Schlüssels kann eine vereinfachte Ablochung erfolgen; bei der Verarbeitung wird dann auf diese durch Kartenart S eingegebenen Daten zurückgegriffen.

Kartenart D:

Mit der Kartenart D wird das Datum sowie das Diktatzeichen des laufenden Computerbriefes eingegeben, wobei gleichzeitig die Anweisung für die Plazierung auf dem Briefbogen erfolgt.

Kartenart B:

Sie beinhaltet die Betreffzeile sowie deren Plazierung.

*Kartenart *:*

Mit dieser Kartenart werden die Adreßkarten selektiert. Da auch beim Schreiben von Computerbriefen nicht immer beabsichtigt ist, alle Adressen gleichzeitig anzuschreiben, wird auch hier eine Selektion nach den durch die Kartenart * eingegebenen Kriterien vorgenommen.

Kartenart T:

Mit dieser Kartenart wird auf maximal 36 Karten der Text des Computerbriefes eingegeben. Jede Lochkarte entspricht dabei einer Zeile, wobei eine Zeile bis zu 55 Zeichen enthalten darf (nicht mitgerechnet die Steuerzeichen für Groß- und Kleinschreibung). Die individuellen Einfügungen in den Text sind grundsätzlich an jeder Stelle möglich, nur müssen beim Ablochen des Textes auf die T-Karten entsprechende Kennzeichen an den Zeilen angebracht werden, in denen die Einschiebung erfolgen soll.

Kartenart I:

Mit dieser Kartenart können bis zu 10 verschiedene gezielte Informationen oder Textvarianten eingegeben werden. Aus dem Selektionsmerkmal * geht dann gleichzeitig hervor, welche Kartenart I, also welche Variante zu welcher Anschrift zugeordnet werden soll. Pro Brief kann jedoch nur eine Einschiebung erfolgen.

Kartenart L:

Die Kartenart L gibt den Anredeschlüssel an, der die Verbindung zwischen Anschrift und Anrede herstellt. In der deutschen Sprache ergeben sich keine allzu großen Probleme, da hier allgemein im Geschäftsverkehr die Anrede „Sehr geehrter/e/s Herr, Frau, Frl.“ oder „Sehr geehrte Herren“ verwendet wird.

Kartenart M:

Da im deutschen Sprachraum die unterschiedlichsten Regelungen üblich sind, werden zahlreiche Möglichkeiten eingespeichert, so z. B.:

Anschrift	*Anrede*
Herrn Dr. med. Kaspar Hauser	Sehr geehrter Herr Dr. Hauser! oder Sehr geehrter Herr Doktor!
Herrn Dipl.-Ing. Kaspar Hauser	Sehr geehrter Herr Hauser! oder Sehr geehrter Herr Diplom-Ingenieur!
Herrn Prof. Dr. Kaspar Hauser	Sehr geehrter Herr Professor!

Kartenart A:

Mit den A-Karten wird die Gestaltung der Anschrift eingegeben. Die Anschrift darf aus maximal 12 Zeilen (mit Leerzeilen) bestehen, wobei pro Zeile bis zu vier Elemente (Worte, Ziffernkombinationen, Verbindungszeichen) verwendet werden dürfen. Der Aufbau der Anschrift kann beliebig festgelegt werden, womit die unterschiedliche Anordnung in den einzelnen Ländern mit berücksichtigt wird.
Normalerweise wird ein Anschriftenschema für einen Computerbrief festgelegt; es können jedoch auch verschiedene völlig voneinander unabhängige Anschriftenschemata eingegeben werden. Damit können z. B. Unterschiede zwischen einer Privat- und einer Firmenanschrift im Schriftbild hervorgerufen werden.

Kartenart V, K, F und Z:

Das Programm verarbeitet alle Karten mit einer Einteilung in Felder fester Länge für die einzelnen Elemente der Adresse. Für die Angaben über den Aufbau der Adreßkarten sind die Steuerkarten V, K, F und Z vorgesehen.
In der Steuerkarte V werden die Positionen und die Länge der einzelnen Felder definiert. Je nachdem, ob eine Adresse aus einer oder aus zwei Karten besteht, sind ein (V) oder zwei (V1 und V1) Steuerkarten erforderlich.
Durch die Steuerkarte K werden die vorkommenden Kartenarten definiert, in der Steuerkarte F werden hierzu noch zusätzliche Angaben gemacht. Mit Hilfe der Steuerkarte Z kann eine Schlüsseltabelle für alle akademischen Grade oder für die verschiedenen Firmenbezeichnungen eingegeben werden.
Nach Eingabe der Daten wird eine Plausibilitätskontrolle durchgeführt. Sodann werden zur Überprüfung des Druckbildes die ersten beiden Computerbriefe ausgedruckt, die nebeneinander auf Endlospapier gleichzeitig geschrieben werden. Treten dabei keine Beanstandungen auf, so beginnt der Ausdruck der Werbebriefe. Die fertigen Briefe werden zugeschnitten, gefalzt, couvertiert und an die Zielpersonen abgeschickt.

8.3 Werbegerechte Steuerung des Katalogversands in einem Großversandhaus

Der Hauptwerbeträger im Großversandhaus ist der in nationalen Raum bekannte und von den Empfängern häufig extra angeforderte Versandhauskatalog. Dieser enthält die gesamte Palette der vom Versender angebotenen Verkaufsobjekte. Er ist so gestaltet, daß der Kunde alle zu einem Kaufentschluß nötigen Informationen daraus entnehmen kann. Um diese Bedingungen zu er-

füllen, ist der Katalog graphisch ansprechend gestaltet, so daß schon rein optisch die Beschaffenheit des gewählten Artikels erkennbar ist (Vier-Farben-Druck). Daneben sind die dazugehörigen erläuternden Angaben wie Farben, Größen, Designs, Preise usw. für die verschiedenartigsten Zielpersonen leicht verständlich angegeben.
Das größte deutsche Versandhaus verschickt zweimal jährlich ca. 6 Mio. Kataloge mit ca. 40 000 Einzelpositionen, wobei sich die Stückkosten auf etwa DM 7,– belaufen. Einschließlich der Versandkosten erreicht somit allein der Werbeetat für den Katalog fast die 100-Mio.-DM-Grenze. Um einen effektiven Werbemitteleinsatz zu erreichen, verschickt dieses Unternehmen die Kataloge möglichst nur an solche Adressaten, die eine Bestellung aufgrund des Katalogs erwarten lassen. Die Auswahl dieser Kunden erfolgt mittels EDV, wobei die Werbedatei nach bestimmten Kriterien selektriert wird.

8.31 Elemente der Werbeanstoßdatenbank

Um einen neuen Katalog vom Versandhaus zu bekommen, gibt es zwei Möglichkeiten für den Kunden: er ist als so guter (d. h. regelmäßig beziehender) Kunde bekannt, daß er automatisch einen Katalog erhält, oder aber er fordert einen Katalog beim Versender an. Soweit wäre der Katalogversand kein Problem – man müßte lediglich durch EDV alle Kundenanschriften ausdrucken lassen und die Kataloge abschicken. Da es jedoch notorische Kataloganforderer gibt, die nie etwas bestellen, und auch unter den Dauerkunden einige so unbedeutende Umsätze tätigen, daß eine Zusendung des teuren Kataloges nicht sinnvoll ist, müssen diese Gruppen aus der Adreßdatei aussortiert werden.
Die Werbeanstoßdatenbank setzt sich aus zwei auf Band gespeicherten Dateien zusammen, die gemeinsam abgefragt werden, um die Katalogempfänger zu ermitteln. Die sogenannte Werbedatei enthält sämtliche Kundenadressen, plus zusätzliche Daten, wie z. B. Umsatzmengen, -arten, -werte und -zeiten. Die Anfragerstammdatei umfaßt alle Kataloganforderer mit ebenfalls dazugehörigen Informationen aus vorangegangenen Perioden. Die Anschriften der Werbedatei werden über die Dauer von 4 Saisons, der Anfragerstammdatei von 3 Saisons gespeichert.

Werbeanstoßdatenbank

Werbedatei (enthält alle Kundenadressen, Speicherung 4 Saisons)	Anfragerstammdatei Kataloganforderer (Speicherung 3 Saisons)

8.32 Aufbau der Werbedatei

Die Selektionskriterien der einzelnen Kundensätze sind die folgenden:
An erster Stelle steht die „Postleitzahl", anschließend die „statistische Ortsnummer". Ähnlich wie schon im Abschnitt „Direktwerbung in der Investitionsgüterindustrie" beschrieben, wird auch hier nach geographischen Gesichtspunkten selektiert, wobei beim Katalogversand, der innerhalb weniger Wochen vor Beginn der neuen Saison erfolgt, der Akzent auf versandtechnischen Aspekten liegt. (Innerhalb von drei bis vier Wochen werden im größten deutschen Versandhaus rund 300 Güterwaggons mit Katalogen verschickt.)
Nächstes Merkmal ist der „stationäre Einzugsbereich": hier wird gekennzeichnet, ob sich die Kundenanschrift in der Nähe einer firmeneigenen Verkaufsstelle oder eines firmeneigenen Kaufhauses befindet. Kunden, die weit entfernt davon wohnen, werden bei der Selektion bevorzugt, denn Kunden in der Nähe eines solchen Kaufhauses – mit demselben Grundsortiment wie im Katalog – können sich dort direkt informieren.
Aus dem Kennzeichen „Berufsgruppe", in dem einzelne Sparten verschlüsselt sind, kann man gewisse Interessenschwerpunkte entnehmen und zum anderen auf die Kaufkraft dieser Gruppen Rückschlüsse ziehen. Ähnliche Hinweise gibt auch das Merkmal „Ortsgrößengruppe".
Das Merkmal „Kunde seit . . .", gibt Auskunft über das Jahr, in dem der Kunde zum ersten Mal eine Bestellung erteilt hat.
Es folgt das Kennzeichen „Bestellermerkmal". Dies unterscheidet die Kunden nach Einzelbestellern, Sammelbestellern und Ratenkunden, d.h. Kunden, die ihre Bestellungen durch Teilzahlungen begleichen. Dabei wird noch eine weitere Unterteilung in „laufende Saison" sowie in jeweils drei „vorangegangene Saisons" vorgenommen. Ebenfalls über vier Saisons, also die laufende sowie die Saison – 1, – 2 und – 3 wird das Merkmal „Bestellhäufigkeit" gespeichert, aus dem hervorgeht, wie häufig pro Saison in der Vergangenheit bestellt wurde.
Das gleiche gilt für den „Bestellwert". Auch hier wird für die Periode 0, – 1, – 2 und – 3 der jeweilige Gesamtumsatz gespeichert. Die „Umtauschhäufigkeit" in den Perioden 0 bis – 3 soll erlauben, daß notorische Umtauscher von geringwertigen Artikeln ausgeschieden werden. Das letzte bedeutende Selektionsmerkmal stellen die „Sortimentskennzeichen" dar. Sie geben Auskunft über die Art der Bestellungen in den letzten vier Perioden, d.h. in welche Artikelgruppen die Bestellungen fielen.
Am Ende jedes Satzes folgen noch die „hauseigene Ortskennzahl" sowie die „Kundennummer".
Aus diesen Angaben, die jeder Kundenanschrift beigefügt sind, können entsprechend den festgesetzten Zielvorstellungen nach einem bestimmten Mindestumsatz pro Saison und Bestellhäufigkeit die Kundenschriften selektiert

werden, die für die Zusendung eines Kataloges in Frage kommen. Das ganze System ist dahingehend ausgerichtet, daß man zukünftig von der üblichen Gepflogenheit abgehen kann, jedem Kunden einen Gesamtkatalog zu senden. Da nach einer gewissen Zeit der Beobachtung von Sortimentskennzahlen festzustellen ist, in welchen Artikelgruppen der Kunde seine Bestellungen tätigt, kann schließlich dazu übergegangen werden, dem Kunden nur noch die für jede Artikelgruppe eigens hergestellten Teilkataloge zuzusenden. Dies ist vor allem wegen der hohen Stückkosten des Gesamtkatalogs wirtschaftlich, da dünnere Einzelkataloge naturgemäß entsprechend billiger sind. Im übrigen ergeben sich hier Parallelen zur gezielten Direktwerbung in der Investitionsgüterindustrie. Wenn beispielsweise ein Kunde über einen längeren Zeitraum hinweg nur immer Campingartikel aus dem Gesamtkatalog bezogen hat, ist es sehr wahrscheinlich, daß er am übrigen Programm kaum Interesse hat. Eine dementsprechende Selektion ist dann offensichtlich sinnvoll. Will sich der Kunde jedoch auch über das übrige Angebot informieren, kann er jederzeit einen Gesamtkatalog anfordern.
Bei der Auswahl der Kundenadressen, die Kataloge erhalten sollen, werden gleichzeitig die Kunden festgestellt, die nur in sehr geringem Maße oder seit mehreren Perioden überhaupt nicht mehr bestellt haben. Für derartige Adressen werden automatisch Filterkarten angelegt. Haben solche Kunden in der nächsten Periode immer noch keine Bestellung erteilt, so werden ihre Anschriften der Werbedatei entnommen und auf einem „Kellerkundenband" gespeichert, das im Archiv aufbewahrt wird.

8.33 Aufbau der Anfragerstammdatei

Auf dem Kataloganforderer-Stammband werden alle Angaben über potentielle Kunden für drei Saisons gespeichert. Potentielle Kunden sind solche, die während der laufenden oder zwei vorangegangenen Saisons einen Katalog angefordert haben, bisher aber noch keine oder höchstens eine Bestellung erteilt haben. Dabei handelt es sich meist um Probebesteller, da erfahrungsgemäß Erstkunden häufig einen Testkauf tätigen.
Die Speicherbelegung der auf Band gespeicherten Kataloganforderer-Stammdatei sieht wie folgt aus:
Jeder Kundensatz beginnt mit der Kundennummer, die generell bei der ersten Anfrage vergeben wird und durch einen speziellen Match-Code wiedergefunden werden kann. Es folgen – wie bei der Werbedatei – Postleitzahl, stationärer Einzugsbereich, statistische Ortsnummer und hausinterne Ortsnummer.
Als nächste Merkmale folgen die Werbeträger, aufgrund derer der Katalog angefordert wurde, und zwar für die laufende und die Saison – 1 und – 2. Als

Werbeträger kommen eine Vielzahl von Medien in Betracht, so z. B. die Rückseite der monatlichen Rundfunkrechnungen, Beilagen in Tageszeitungen usw. Die Speicherung der Werbeträger bietet für den Versender die Möglichkeit, die effektivsten Werbeträger festzustellen bzw. resonanzarme Werbeträger zu eliminieren.
Ferner werden das Jahr und die Woche gespeichert, während denen die erste Kataloganforderung erfolgte, und es wird das Eintreffen der ersten Anforderung für die laufende, wie auch für die Saison – 1 und – 2 festgehalten. Nachdem der Anforderer des Katalogs diesen erhalten hat, ist damit für das Versandhaus die Werbetätigkeit in Bezug auf die Zielperson noch nicht abgeschlossen, denn es ist nicht unbedingt zu erwarten, daß der Empfänger sofort eine Bestellung aufgibt. Aus diesem Grunde wird über einen gewissen Zeitraum periodisch eine Nachwerbung betrieben, d.h. der Kataloganforderer erhält erstmals nach einigen Wochen ein Empfehlungsschreiben, in dem an den Katalog erinnert wird. Außerdem können noch Prospekte mit Sonderangeboten beigefügt werden. Diese Nachwerbemaßnahmen werden zweckmäßigerweise erst nach Jahresfrist bzw. dann beendet, wenn die erste Bestellung eingeht.
Zwei weitere Merkmale, die den Kataloganforderer genau kennzeichnen, sind die Anforderungshäufigkeit und die Ablehnungshäufigkeit. Es kommt durchaus vor, daß ein Anforderer pro Saison mehrere Male einen Katalog verlangt, diesen aber erst wieder zum nächsten Versandtermin erhalten kann, da der Katalog der laufenden Saison bereits vergriffen ist. Treffen in der Zwischenzeit mehrere Anfragen eines Interessenten ein, so ist mit großer Wahrscheinlichkeit damit zu rechnen, daß aus dem Kataloganforderer ein Kunde wird. Unter dem Merkmal „Ablehnungshäufigkeit" wird dagegen gespeichert, daß der Anforderer weder auf den Katalog noch auf die nachfolgenden Nachwerbungen mit einer Bestellung reagiert hat.
Tritt der Fall ein, daß aus dem Kataloganforderer ein echter Kunde wird, so werden der Erstbestellwert, die Anzahl der bestellten Positionen und die Sortimentsgruppen der Erstbestellung gespeichert. Mit diesen Angaben ist ein Kundensatz auf dem Kataloganforderer-Stammband abgeschlossen.
Sowohl das Werbedateiband wie auch das Kataloganfordererband haben also nicht nur die Funktion, als bloße Träger der Kundenadressen zu dienen, sondern sie ermöglichen eine echte Kundenbetreuung, da sie differenziert über jeden einzelnen Kunden Auskunft geben. Der Versandhandel wird in Zukunft immer mehr davon abgehen, an seine Kunden generell nur den Gesamtkatalog zu versenden, sondern eben aufgrund der Speicherung der genannten Merkmalskomplexe in der Lage sein, entsprechende Zielgruppen auszuwählen, um diese gemäß ihren Interessengebieten mit Spezialkatalogen zu umwerben. Ein weiterer Vorteil dieser detaillierten Speicherung ist darin zu sehen, daß solche Kunden eliminiert werden können, die aufgrund der geringen von ihnen getätigten Umsätze zu uninteressant sind, als daß ihnen ein teuerer Versandkata-

log zugesendet wird. Solche Kunden werden einige Verkaufsperioden überwacht, um dann in die Kellerdatei übernommen zu werden. Das gleiche gilt auch für notorische Kataloganforderer, die nie bestellen, und für ständige Umtauscher.
Vor allem unter dem Aspekt der Aufteilung des Gesamtkataloges in einzelne Sortimentsgruppenkataloge ist die EDV ein Mittel der Absatzwerbung, denn damit ist eine echte Selektion nach Zielgruppen möglich. Ferner können die Werbemedien, die zur Anforderung des Kataloges führen, festgestellt werden und damit die Werbewirksamkeit der einzelnen Werbeträger gemessen werden. Da im Versandhandel Kataloge als Hauptwerbeträger dienen, zeichnet sich bei der kommenden Spezialisierung auf Fachkataloge durch Vergleiche des zeitlich, quantitativ und qualitativ unterschiedlich gestalteten Einsatzes dieser Träger mit realisierten Umsatzdaten eine vielversprechende Lösung des Problems der Werbeerfolgskontrolle in diesem Bereich ab.

8.4 Auftragsabwicklung und Mediaoptimierung in einer Werbeagentur

Während in der Investitionsgüterindustrie und im Versandhandel direkte Kontakte zwischen Anbietern und Abnehmern bestehen, die auch für Zwecke der Werbung verwendet werden können, werden diese Beziehungen vor allem im Konsumgüter- und Dienstleistungsbereich häufig mittelbar über Werbeagenturen hergestellt. Dabei ist zu bedenken, daß einmal auf der Seite der Werbetreibenden die Struktur im Konsumgüter- und Dienstleistungsbereich sehr heterogen ist und zum anderen, daß die Zielgruppen viel umfassender und schwerer überschaubar sind. Als Werbeträger werden nicht nur ein Hauptwerbemedium, sondern eine Vielzahl von Medien herangezogen, die alle anteilsmäßig zum Werbeerfolg beitragen sollen. Allein in der Bundesrepublik umfaßt das Angebot von Medien u. a. rund 1100 Publikumszeitschriften (neben 2500 Fachzeitschriften), ca. 600 überwiegend regionale Tageszeitungen, 10 Fernsehsender, 9 Rundfunkanstalten, ca. 175 000 Plakatanschlagstellen und rund 4000 Filmtheater.
Die Werbeagentur hat die Aufgabe, die für ihre Kunden betriebene Werbung so auf die verschiedenen Medien zu verteilen, daß sich ein maximaler Werbeerfolg einstellt. Da sich in den Verträgen zwischen Agentur und Werbetreibenden meist eine Ausschlußklausel befindet, mit der Auflage, aus jeder Branche nur einen Kundenetat zu verwalten, ergibt sich, daß diese die verschiedensten Zielgruppen über die unterschiedlichsten Mediakombinationen erreichen müssen.

Um diese Aufgabe mittels EDV zu bewältigen, bedarf es der Speicherung einer Vielzahl von Daten über die einzelnen Medien (Werbeträger) sowie all der Zielgruppen, die durch die einzelnen Medien erreicht werden. Diese Daten sind dem Mediafachmann in Form von Leseranalysen (LA) bzw. Kontaktzahlen pro Medium zugänglich, ebenso wie die Kosten der einzelnen Medien. Im Modell existieren zu dieser Problemstellung auch Lösungsmöglichkeiten, die den EDV-Einsatz von der Aufgabenstellung bis zur Auftragsabwicklung und -abrechnung beschreiben. In der Praxis jedoch wird heute noch eine Aufteilung in „Mediaoptimierung" und „Mediaauftragsabwicklung" vorgenommen. Während sich die „Mediaoptimierung" noch im Experimentierstadium befindet (es existieren zwar etliche Mediaoptimierungsprogramme, die jedoch noch nicht uneingeschränkt anwendbar sind), wird die Mediaauftragsabwicklung in den großen deutschen Werbeagenturen heute bereits meist mit Hilfe von EDV durchgeführt.

8.41 Mediaauftragsabwicklung

Voraussetzung jeder Werbekampagne sind exakt definierte Werbeziele. Als Werbeziele kommen z. B. in Frage:

1. Steigerung des Bekanntheitsgrades.
2. Verbesserung der Identifikation mit der Marke.
3. Entwicklung oder Veränderung des Markenprofils.
4. Stärkung der Markenbindung.
5. Bestätigung der bisherigen Konsumenten in ihrem bisherigen Verhalten.
6. Wecken von Konsumwünschen.
7. Änderung von Einstellungen, Konsum- und Gebrauchsgewohnheiten.
8. Erzeihung zur kritischen Auswahl und Auseinandersetzung.

Zur Erreichung der Werbeziele kommt es darauf an, die Werbeträger so zu wählen, daß eine optimale Werbewirkung erzielt wird. Diese Auswahl von Medien wird in einem Mediastreuplan festgelegt. Da die Zielgruppen selten durch einen einzigen Werbeträger allein angesprochen werden können, ist es im allgemeinen notwendig, mehrere Werbeträger zu benützen.

Die Auswahl eines Werbeträgers wird nach folgenden Kriterien getroffen:

1. Räumliche Reichweite des Werbeträgers, d. h. also in welchem geographischen Gebiet z. B. eine Zeitung verbreitet ist, in welchem Bereich ein Rundfunksender seinen Werbefunk ausstrahlt, welches Gebiet eine Plakatanschlaggesellschaft erfaßt usw.
2. Quantitative Reichweite des Werbeträgers, d. h. die Auflagenhöhe, Hörerzahl, Zuschauerzahl, usw.
3. Qualitative Reichweite des Werbeträgers; damit ist die gruppenspezifische Reichweite gemeint, d. h. also, welche sozialen Gruppen erreicht werden.

4. Zeitliche Verfügbarkeit des Werbeträgers, also z. B. die Erscheinungszeit einer Zeitschrift, Sendezeit, usw.
5. Nutzungspreise des Werbeträgers.

Für die Werbeagentur geht es darum, aufgrund ihrer Erfahrung die Medien so zu wählen, daß zu kostengünstigsten Bedingungen möglichst viele wirksame Kontakte durch die Werbebotschaft zu den ausgewählten Zielgruppen zustande kommen.

8.411 Werbeträgerdatei – Input

Ist die Entscheidung für die einzelnen Medien gefallen, so findet die Mediaauftragsabwicklung statt. In der Werbeträgerdatei sind die gekennzeichneten Daten der einzelnen Medien gespeichert, die im Fall einer Belegung von Interesse sind. Dies bezieht sich vor allem auf Erscheinungshäufigkeit (Frequenz), Preise der einzelnen Formate usw.

Ein Werbeträgerstammsatz enthält z. B. für Publikumszeitschriften – nur für diesen Bereich liegen bisher ausreichende computerverarbeitungsfähige Informationen vor – folgende Daten, die bei einer größeren bekannten deutschen Werbeagentur auf vier Lochkarten eingelesen werden.

KA 1:

- Zeitschriftennummer (Suchkriterium in der Datei)
- Kennzeichen der Preisliste mit genauer Angabe des Zeitraumes, während dessen sie gültig ist
- Höhe der Agenturprovision
- Rabattstaffel (da sich bei mehrmaliger Belegung der Rabatte stufenweise erhöhen)
- Skontosatz
- Druckverfahren
- Rasterart
- Folgeseitenrabatt (falls mehrere Seiten hintereinander belegt werden)
- Beilagen, d. h. Kosten für Beilagen in der Zeitschrift
- Belegpreis in Teilausgaben
- Angaben über Druckauflagen in 1000, verkaufte Auflage in 1000 und garantierte Auflage in 1000.

KA 2:

Sie gibt Auskunft darüber, ob Anzeigen im Bunddurchdruck, Anschnitt oder erweitertem Satzspeigel möglich sind. (Es handelt sich dabei um drucktechnische Daten: „Bunddurchdruck" bedeutet z. B. Druck einer Abbildung über zwei Seiten unter Einbeziehung des Randes, der sich normalerweise am Falz befindet.) Ferner wird gespeichert, ob und in welchen Farben gedruckt werden

kann, und welche Kombinationsmöglichkeiten der einrückbaren Anzeigenformate mit anderen Zeitschriften bestehen. Sofern diese technischen Merkmale zutreffen, werden über gesonderte Karten noch genauere Angaben über Formate und Preise eingegeben.
Den Stammsatz ergänzen ferner noch KA 3 und KA 4, welche die genaue Anschrift des Zeitschriftenverlages aufnehmen. Als zusätzliche Daten werden die Grundpreise der in KA 1 angesprochenen Preislisten für die verschiedenen Formate gespeichert. Hinzu kommen die jeweiligen prozentualen Zuschläge vom Grundpreis für die unterschiedlichen Farben, für Drei- oder Vierfarbendruck und für Schmuckfarben.
Von großer Bedeutung sind ferner noch Daten, die Auskunft über den Erscheinungstermin sowie die dazugehörigen Drucktermine (Druckunterlagen – Einsendeschluß) jeder einzelnen Zeitschrift geben.

8.412 Output – Mediaauftragsabwicklung

Mit Hilfe dieser gespeicherten Daten ist die Werbeagentur in der Lage, ihrem Kunden detaillierte Kostenvoranschläge für seine Werbekampagne zu unterbreiten. Dabei ist es von Bedeutung, ob die Agentur einen limitierten Werbeetat verwaltet oder ob der Etat flexible Grenzen hat. Entsprechend diesen Möglichkeiten kann eine alternative Gestaltung von Streuplänen erfolgen, die durch die EDV erstellt werden. Aus diesen Streuplänen, die sich im wesentlichen durch unterschiedliche Formatverwendung in den einzelnen Werbeträgern unterscheiden, wird nun in Zusammenarbeit von Werbeagentur und Kunden der zu realisierende Streuplan ausgewählt. Nach dieser persönlichen Entscheidung erfolgt mittels EDV die Erstellung eines genauen Terminplanes, aus dem zu ersehen ist, zu welchem Zeitpunkt welche Druckunterlagen bereitgestellt werden müssen. Gleichzeitig werden der Auftrag an den Verlag sowie die Begleitpapiere der Druckunterlagen vom Computer erstellt.
Aber nicht nur die Auftragsabwicklung sondern auch die damit verbundenen finanziellen Transaktionen werden mittels EDV abgewickelt. So wird zusammen mit dem Auftrag an den Verlag auch ein Vorauszahlungsplan an den Auftraggeber angefertigt. Im Zusammenhang mit diesem Vorauszahlungsplan wird auch gleichzeitig die Endabrechnung mit fortgeschrieben.

8.42 Media-Optimierungsmodelle

Als Beispiel zur Erläuterung eines Media-Optimierungsprogrammes wird das Programm MOSES III (Modell zur optimalen Selektion in der Streuplanung) gewählt, das von der Werbeagentur J. W. Thompson/Frankfurt konzipiert wurde und das zu ähnlichen Ergebnissen führt, wie etwa Optimierungsprogramme von Gruner & Jahr, Infratest, Springer, GWA, DIVO, Verlagsgruppe Bauer usw. Die geringfügigen Unterschiede der einzelnen Modelle liegen in der Hauptsache in der voneinander abweichenden Anzahl von Eingabedaten; die Ausgabepläne streben alle denselben Zweck an, nämlich die Erzielung problemgerechter Streupläne, die nahe am Optimum der Mediastreuung liegen und dabei die einzelnen Titelstrukturen so stark wie möglich differenzieren.

8.421 Dateneingabe

Als Eingabedaten für das Media-Optimierungsprogramm werden bei allen Modellen jene der Leseranalyse (LA) verwendet. Die LA untersucht momentan rund 60 deutsche Publikumszeitschriften unter Verwendung derselben Maßstäbe auf deren Reichweite, Kontaktzahlen, demographische Zusammensetzung der Leserschaft usw., aber auch alle Rabattarten, Mengen/Mal-Staffeln, Formate, Farbzuschläge usw., kurz alle Kosten der einzelnen Werbeträger. Die LA stellt somit die Standarddaten für die Mediaoptimierung zur Verfügung. Die variablen Eingabedaten für das Mediaoptimierungsmodell werden über Parameterkarten eingegeben, die die Vorstellungen des Mediaplaners in computergerechter Sprache übersetzt beinhalten. Diese variablen Daten enthalten nachfolgende Kriterien:

a) Abgrenzung der Etatsumme

Um zu einer realistischen Mediastreuung zu gelangen, muß zunächst eine Etatsumme vorgegeben werden, die für die einzelnen alternativen Werbekampagnen als Limit gilt. Bei MOSES III besteht die Möglichkeit, bis zu fünf Etatzonen vorzugeben, in denen sich das Optimum bewegen soll, so daß das Programm nicht von vorneherein nur an eine einzige Etatsumme gebunden ist. Durch entsprechende Mediakombination kann sich nämlich durchaus ergeben, daß bei gleicher erreichbarer Kontakthäufigkeit eine sehr unterschiedliche Etatsumme notwendig ist.

b) Personengewichte (Zielgruppe)

Es muß klargestellt sein, welche Zielgruppe mit der Werbekampagne angesprochen werden soll, es geht also um die Zielgruppendefinition. Angenommen, die Werbekampagne soll Frauen im Alter von 20 bis 39 Jahren in erster Linie ansprechen. Diese Altersgruppe erhält die Personengewichtung „1“. Frauen von 14 bis 19 Jahren bekommen z. B. die Gewichtung 0,9, Frauen über 40 Jahren die Gewichtung 0,7, Männer aller Altersgruppen die Gewichtung

0,3. Diese Gewichtung bewirkt nach Multiplikation mit noch folgenden Faktoren eine Akzentuierung dergestalt, daß solche Zeitschriftentitel bevorzugt im optimalen Mediastreuplan berücksichtigt werden, die von der Gruppe Frauen von 20 bis 39 Jahren gelesen werden.

c) Medien/Kandidatenliste

Im Mittelpunkt der variablen Eingabedaten stehen die „optimierungsverdächtigen“ Titel der LA. Bei MOSES III können bis zu 45 verschiedene Zeitschriften in das Optimierungsprogramm mit einbezogen werden, d. h. es werden solche Titel herangezogen, von denen angenommen werden kann, daß sie als Werbeträger für die jeweilige Kampagne in Frage kommen. Es können dabei auch obligatorische Medien und solche Titelkombinationen berücksichtigt werden, die im Mediaplan gewünscht sind.

d) Media-Gewichte

Die Gewichtung der einzelnen Medien erfolgt wie bei der Personengewichtung in Werten zwischen 0,00 und 1,00. Maßgebend für die Zuordnung der Gewichte sind die vermuteten Kontaktchancen (im amerikanischen Werbesprachgebrauch als OTS = „opportunity to see“ bezeichnet). Die möglichen Kontakte setzen sich aus verschiedenen Komponenten zusammen, wie

– Bruttoreichweite des Mediums: darunter versteht man die mögliche Gesamtreichweite, also Auflagenhöhe und Verteilungsraum.
– Nettoreichweite des Mediums: das ist die tatsächlich wirksame Reichweite, wobei auch die demographischen Merkmale der Zielgruppen sowie die Anzahl der Leser pro Ausgabe Berücksichtigung finden.
– Die Lesegewohnheiten der Zielgruppen.
– Nicht zuletzt spielt es für die Kontaktchancen eine Rolle, auf welcher Seite das Inserat plaziert werden soll. Bevorzugte Plätze sind hier das Deck- und Rückenblatt, die Mitte einer Zeitschrift, sowie die ungeraden Seiten einer Zeitschrift.

All diese Einflußgrößen sind mitentscheidend, welches Mediagewicht dem einzelnen Titel gegeben werden soll. Diese Gewichtung muß vor der Eingabe festgelegt werden und ist immer an den individuellen Fall anzupassen.

e) Vorgabe der zu überprüfenden Frequenz je Medium

Da sich eine Werbekampagne über einen längeren Zeitraum erstreckt, in dem einzelne Titel mehrere Ausgaben herausbringen (wöchentlich, 14tägig, monatlich), ist auch vorzugeben, wie oft maximal ein Medium belegt werden soll.

f) Zellengewichtung

Beim Optimierungsprogramm MOSES III ist eine Zellengewichtung nicht möglich, jedoch bei einigen anderen Optimierungsmodellen, so daß sie nicht unerwähnt bleiben soll. Diese hat den Sinn, daß auch sehr kleine Zielgruppen bei der Selektion berücksichtigt werden, wenn diese von besonderer Bedeutung sind. Diese Zielgruppen bekommen Gewichtungsfaktoren zugeordnet, die ihrer relativen Bedeutung entsprechen und die in die Optimierung einbezogen werden.

g) Wirkungskurve

Von dem Verkaufsobjekt ausgehend, für das die Werbekampagne gestartet werden soll, müssen Überlegungen angestellt werden, wieviele Kontakte notwendig sind, um einen Werbeerfolg zu erzielen. Einge gewisse Mindestanzahl ist auf jeden Fall notwendig; andererseits steigern zu viele Inserate die Werbewirksamkeit kaum mehr.

Abb. 71: Werbewirkungskurve

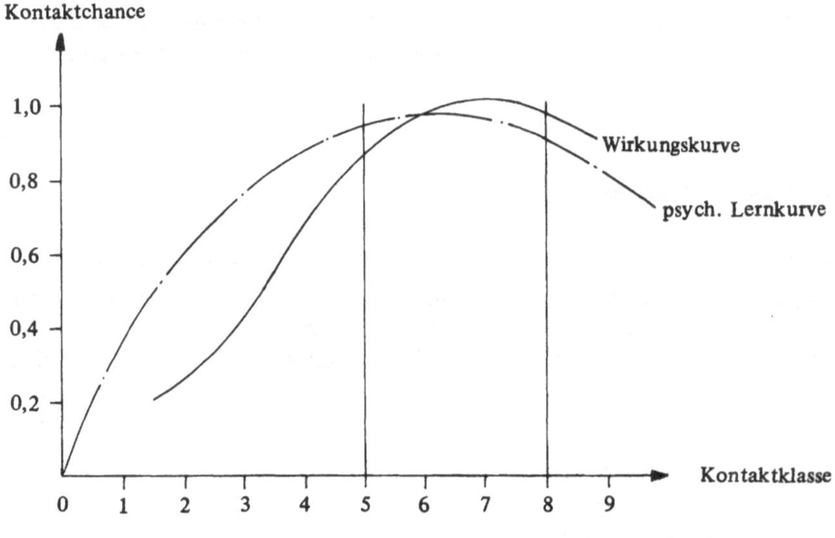

Es werden also die einzelnen Kontakte (Kontaktklasse) nach ihren Kontaktchancen bewertet. Aus obiger Abbildung geht hervor, daß für das als Beispiel gewählte Produkt ca. 6 Kontakte benötigt werden, um einen maximalen Werbeerfolg zu erzielen. Diese Information ist nicht a priori bekannt; man nimmt jedoch an, daß das Optimum auf jeden Fall im Kontaktrahmen zwischen 5 und 8 Kontakten liegt. Weniger als 5 Kontakte sind kaum sinnvoll,

da zu wenige Kontaktchancen geboten werden, mehr als 8 Einschiebungen (Inserate) erhöhen die Kontaktchancen und damit die Werbewirkung kaum mehr.
Der Kontaktrahmen kann, wie im Beispiel oben, geschlossen von Kontaktklasse 5 bis 8 vorgegeben werden, aber auch offen, d.h. es werden alle Möglichkeiten z. B. ab Kontaktklasse 6 überprüft. Die Wirkungskurve, wie auch der Kontaktrahmen, sind abhängig von der Art des Objektes, für das geworben werden soll. Bei wenig erklärungsbedürftigen Gütern ist eine geringere Kontakthäufigkeit notwendig, als bei stark erklärungsbedürftigen. Für eine Neueinführungswerbung sind ebenfalls mehr Kontakte nötig als bei einer Erinnerungswerbung. Die Wirkungskurve hat jedoch i. d. R. eine ähnliche Form wie die psychologische Lernkurve.

h) Verwendung eines reduzierten Samples

Wenn bei der Werbekampagne eine sehr große Zielgruppe angesprochen werden soll (z. B. alle deutschen Hausfrauen), so kann mit einem reduzierten Sample gerechnet werden. Das bedeutet, daß man eine nach statistischen Methoden ausgewählte repräsentative Menge für die Optimierung verwendet. Das erspart viel Computerlaufzeit und somit Kosten, wobei die Fehlertoleranz für die Optimierung unbedeutend ist.

8.422 Optimierungskriterien

Nach Eingabe der Standard- sowie der variablen Daten werden unter Berücksichtigung der Optimierungskriterien eine Anzahl alternativer Mediastreupläne erstellt, welche die angestrebten Streuziele realisieren. In der Praxis werden i. d. R. 6–10 solcher Pläne ausgedruckt. Eine größere Anzahl ist zwar möglich, bringt jedoch im allgemeinen im Bezug auf die Reichweite keine Steigerung mehr. Die Optimierungskriterien lauten:

a) die höchste kumulierte Nettoreichweite
   - in der offenen Kontaktklasse
   - in der geschlossenen Kontaktklasse
b) der günstigste 1000-Leser-Preis
c) die höchste Kontaktsumme
   - in der offenen Kontaktklasse
   - in der geschlossenen Kontaktklasse
d) der günstigste 1000-Kontakte-Preis
e) günstigstes Kosten/Leistungs-Verhältnis.

8.423 Ausgabe der optimalen Mediastreupläne

Die vom Computer ausgedruckten optimalen Mediastreupläne enthalten folgende Angaben:

a) Namen der zu belegenden Zeitschriften
b) Belegfrequenz je zu belegender Zeitschrift
c) Einzelpreis und Farb- sowie sonstige Zuschläge pro Zeitschrift in DM
   – Bruttokosten pro zu belegende Zeitschrift in DM
   – Rabattnachlässe pro zu belegende Zeitschrift in DM
   – Nettokosten pro zu belegende Zeitschrift in DM
d) eventuelle Kombinationsnachlässe in DM
e) Summe aller Kosten (brutto und netto) für die gesamte Belegungsempfehlung in DM
f) Gewichtete und ungewichtete Nettoreichweite in Millionen und %
g) Kontaktsumme in Millionen
h) Kosten pro 1000 Leser in DM
i) Kosten pro 1000 Kontakte in DM
k) Durchschnittliche Kontaktzahl pro Leser
l) Kontaktsumme je Kontaktklasse in Millionen
m) Kosten pro 1000 Kontakte in der Kontaktklasse in DM
n) Basis-Fallzahl der Zielgruppe.

Aus den so ermittelten optimalen Streuplänen, die sich gemäß der Vorgabe in der angebotenen Titelstruktur noch ziemlich stark unterscheiden, jedoch alle den Optimierungskriterien genügen, wählen nun der Mediaplaner der Werbeagentur zusammen mit dem Auftraggeber den Mediastreuplan aus, von dem beide Teile glauben, daß er für ihre Erwartungen der günstigste sei.

8.424 Grenzen der Optimierungsmodelle

Die Durchrechnung des eben geschilderten Mediaoptimierungsmodells ergibt eine Anzahl von alternativen problemgerechten Streuplänen, die nahe am Optimum der Reichweite, der Kontaktzahlen und dem günstigsten Kosten/Leistungs-Verhältnis liegen. „Es gilt auch als gesichert, daß man einen illustrierten Streuplan mit Hilfe eines Optimierungsprogrammes gewissenhafter, umsichtiger und mit besserem Resultat herstellen kann als ohne ein solches Werkzeug“ [23]. Eine der Schwächen dieser Modelle ist jedoch, daß sie bis heute nur für den Zeitschriftenmarkt anwendbar sind und hier wiederum nur für ca. 60 Zeitschriften von insgesamt rund 1100.

Dies hängt vor allem damit zusammen – und dies gilt in erster Linie für Deutschland – daß

a) bisher nur die Zeitschriftenforschung in den Untersuchungen der Arbeitsgemeinschaft Leseranalyse (LA) computerfähiges Material zur Verfügung stellt,
b) der Zeitschriftenmarkt viele einzelne konkurrierende Elemente aufweist, von denen jedes nur in gewissen Grenzen ersetzbar ist.

Bei der Mediaplanung geht es jedoch nicht nur darum, Inserate möglichst werbewirksam in Zeitschriften unterzubringen, sondern es müssen auch die anderen Werbeträger wie Tageszeitungen, Fachzeitschriften, Hörfunk, Fernsehen, Plakatanschlag usw. im Rahmen einer Gesamtwerbekampagne mit in die Mediaüberlegungen einbezogen werden.

Zwar gibt es auch für die zuletzt genannten Medien Untersuchungen über Kontaktzahlen, Reichweiten, Einschaltzeiten, Wirkungsgrad usw., und es wurden auch bereits Versuche unternommen, die Daten der Zeitschriftenanalyse mit denen der Werbefunk-Höreranalyse zu fusionieren, aber hier tritt ein weiteres, bisher noch nicht bewältigtes Problem auf, das sich bei der „Intermedia-Optimierung" ergibt. Es stellt sich nämlich die Frage, ob z. B. eine Illustriertenanzeige durch eine Anzahl von Werbespots im Rundfunk ersetzt werden kann, bzw. ob diese in der Werbewirkung gleich zu beurteilen sind. Dies kann in manchen Fällen zutreffend sein; oft jedoch stellt sich die Werbewirkung erst dann ein, wenn die Zielperson sowohl optisch wie auch akustisch umworben wurde. Die Entscheidung darüber, ob nun ein Inserat oder Werbespot die größere Wirkung erzielen wird, kann jedoch bisher durch den Computer nicht gelöst werden, denn hier fehlt es noch an Möglichkeiten, die Eingabedaten und Verbundwirkungen so zu definieren, daß ein Intermediavergleich möglich wird. Die unterschiedlichen Bewertungs- und Gewichtungsmaßstäbe von Zielgruppen und Medien, die zudem schon bei jedem Einzelmedium nach subjektiven Gesichtspunkten gewählt werden, lassen erst recht keine objektive Gewichtung bei zwei oder mehreren unterschiedlichen Medien zu.

Eine der Hauptaufgaben der zukünftigen Entwicklung wird es dementsprechend sein, Bewertungsmaßstäbe aufzuzeigen, die für alle Medien äquivalent sind.

Erst damit werden die Voraussetzungen für einen Intermediavergleich geschaffen, wodurch sich Möglichkeiten ergeben, gesamte Werbekampagnen unter Einbeziehung aller Werbeträger und unter Einsatz der Netzplantechnik mit Hilfe der EDV zu planen und abzuwickeln.

9. EDV und Verkäufereinsatz

Im Zuge der Entwicklung des Marketinggedankens wandelten sich die Anforderungen, die an den Verkäufer gestellt werden. Zu seiner Verkaufsaufgabe von früher sind heute eine Reihe „scheinbar ‚verkaufsfremder‘ Aufgaben“ [2, S. 79] wie z. B. Kundenberatung, Kundenwerbung, Verkaufswerbung und Public Relations hinzugekommen. Durch diese Funktionsausweitung und -vertiefung wird der Verkäufer zum marktkundigen Fachmann und damit zu einer wichtigen „Informationsquelle über das Marktgeschehen“ [15, S. 255]. Zur Befriedigung der marktbezogenen Informationsbedürfnisse einer Unternehmung bietet sich die Berichterstattung der Außenverkäufer in besonderem Maße an. Einer Beschaffung und Bereitstellung akuteller und relevanter Informationen werden sich jedoch bei Zugrundelegung des herkömmlichen Besuchsberichtswesens Widerstände entgegenstellen. Diese können persönlicher, organisatorischer oder auch sachlicher Art sein (vgl. dazu ausführlicher [17, S. 8 ff.]). Im folgenden soll vorausgesetzt werden, daß sowohl die Außenverkäufer wie auch die am Berichtswesen beteiligten Mitarbeiter die notwendigen fachlichen und persönlichen Fähigkeiten zur Erfüllung der an sie gestellten Anforderungen besitzen, und daß die organisatorischen Gegebenheiten dergestalt sind, daß eine reibungslose Informationsbeschaffung, -auswertung und -weiterleitung gewährleistet ist (vgl. dazu ausführlicher [17, S. 38 ff.]). Da diese Prämissen beim Einsatz von Reisenden wegen der strafferen Steuerungs- und Kontrollmöglichkeiten im allgemeinen eher gegeben sind als bei Handelsvertretern, wird von der ersteren Organisationsform des Vertriebsapparats ausgegangen.

Die Anwendung der EDV zur Lösung von Problemen im Rahmen des Verkäufereinsatzes erfolgt auf verschiedenen Ebenen. Die erste Stufe besteht in der Praxis im allgemeinen in der Abrechnung der Löhne und Gehälter (insbesondere der Provisionen). Anspruchsvollere Anwendungsmöglichkeiten ergeben sich bei der optimalen Zuordnung von Außenverkäufern auf verschiedene Verkaufsbezirke, der Optimierung der Organisationsstruktur des Vertriebsapparats und der Tourenplanung (‚Travelling-Salesman Problem‘). Da die letztgenannten Einsatzgebiete der EDV bereits bei der Erörterung der dynamischen Programmierung (vgl. hierzu Kap. 4) ausführlich diskutiert wurden, stehen nachfolgend die Möglichkeiten zur Rationalisierung der Reisendenberichte im Vordergrund der Ausführungen. Zielsetzung ist hierbei, ein optimales EDV-auswertbares Informationsinstrument im Rahmen des vertrieblichen Informationswesens zu konzipieren, das zur Fundierung der Kundenanalyse (vgl. Kap. 5) und zur Unterstützung der Entscheidungsbildung im Rahmen der vertrieblichen Produktpolitik (vgl. Kap. 6), Preisbildung (vgl. Kap. 7), Werbung (vgl. Kap. 8), Auftragserledigung (vgl. Kap. 10) und Bevorratung (vgl. Kap. 11) dient. Bei der Kennzeichnung der Auswertungsmöglichkeiten der Reisendenberichte liegt in Ergänzung zu den oben gekennzeichneten Abschnitten das Schwergewicht auf der Analyse und Kontrolle der Reisendentätigkeit.

9.1 Vorschläge für Inhalt, zeitliches Erscheinen und Form von Reisendenberichten

9.11 Inhalt von Reisendenberichten

9.111 Analyse der Informationssituation im Marketing in Hinblick auf die Informationserbringungsmöglichkeiten des Reisenden

Wie einführend in Kap. 1 erläutert wurde, gliedert sich die rationale Abwicklung der vertrieblichen Verrichtungen in die einzelnen Phasen Forschung, Planung, Durchführung und Kontrolle. Diese Phasen sind nicht etwa willkürlich aneinandergereiht, sondern spiegeln – in Anlehnung an den kybernetischen Regelkreis – die Stationen der Entscheidungsvorbereitung und -findung wider. Sowohl zur Ankurbelung als auch zur Aufrechterhaltung dieses Kreislaufes sind Informationen notwendig, die grundsätzlich einmal die Situation vor und zum anderen nach vertriebspolitischen Entscheidungen und den damit ausgelösten Aktivitäten festhalten.

Das vorliegende, vereinfachte Modell zeigt diese Phasen auf (Abb. 72a) und beschreibt einen möglichen unmittelbaren und mittelbaren Fluß von Reisendeninformationen (Abb. 72b). Auf die Vielzahl aller übrigen möglichen Informationsquellen ist hier bewußt verzichtet worden.

Der Erkenntniswert dieses Modells soll darin liegen, zu demonstrieren, welche Informationen im Rahmen des Marketing gebraucht werden, welche Informationen der Reisende erbringen kann und welchen Verlauf diese Informationen nehmen.

In der ersten Phase des Führungsprozesses im Marketing – der Marketingforschung – wird die Marketingsituation untersucht und festgehalten. Ihre einzelnen Komponenten sind [7, S. 21 ff.]

– die Absatzmarktsituation, die durch Informationen über tatsächliche und potentielle Verbraucher, über möglicherweise belieferte Händler, über Werbeeinsatzmöglichkeiten und über die Konkurrenz untersucht und festgehalten wird,

Abb. 72: Der Reisendeninformationsfluß im Rahmen des Marketing

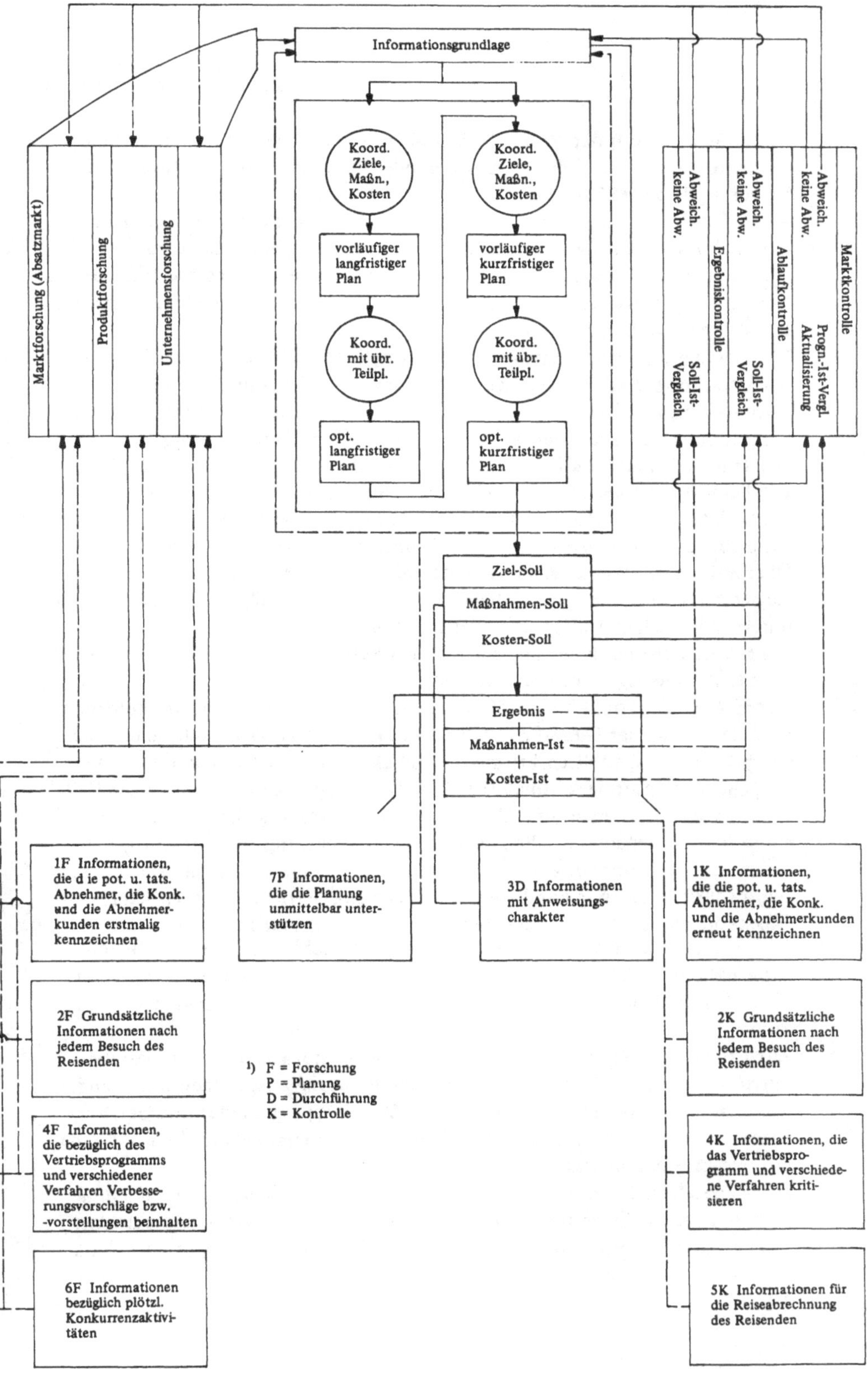

Abb. 72b: Informationen, die der Reisende erbringen kann

- die Beziehungen der Verkaufsobjekte zu ihren Abnehmern und Verbrauchern, zu den mit ihnen konkurrierenden Produkten und zu ihrer Produktion und schließlich
- die Unternehmenssituation, die durch den Standort des Unternehmens in der Wirtschaft, seine Struktur und sein Programm bestimmt wird.

Über Primär- und Sekundärforschung werden interne und externe Informationen nachgefragt, die – soweit erforderlich – durch verschiedene Verfahren transformiert und verdichtet werden.

Die Planung nunmehr befriedigt ihr Informationsbedürfnis mit den Ergebnissen der Forschung. Je nach Richtigkeit, Umfang und Aktualität der originären Informationen und je nach Verdichtungsverfahren erhält die Marketingplanung somit eine mehr oder weniger verläßliche Grundlage für langfristige (strategische) und darauf aufbauend kurzfristige (taktische) Marketingpläne. Die Bemühungen bei der Erstellung der Pläne liegen darin – orientiert an der Marketingsituation und im Sinne der Unternehmenszielsetzung –, detaillierte Ziele sowie Maßnahmen zur Verwirklichung dieser Ziele zu planen und zur Überprüfung der Wirtschaftlichkeit Kostenpläne zu erstellen. Der jeweilige vorläufige Marketingplan muß schließlich als wichtigster Teilplan mit den übrigen unternehmerischen Teilplänen abgestimmt werden.

Nach Verabschiedung des „optimalen“ Marketingplans soll dieser über entsprechende Anweisungen realisiert werden.

Durch Ablaufkontrollen wird die Durchführung und durch Ergebniskontrollen wird der Erfolg der Durchführung überwacht. Die Marktkontrolle schließlich überprüft die aufgestellten Prognosen und aktualisiert das in der Forschung festgehaltene Informationsmaterial. Die Marketingkontrolle bedarf einer Vielzahl von Informationen, um Abweichungen von Soll und Ist und von Prognose und Ist genau feststellen zu können. Abweichungen wiederum geben Anlaß zur Nachforschung ihrer Ursachen, d. h. es entsteht erneut ein Informationsbedürfnis, das nur durch gezielte Forschung befriedigt werden kann (Rückkoppelung). Der Entscheidungsablauf kann erneut beginnen.

In den verschiedenen Phasen des Marketingentscheidungsablaufes bestehen Informationsbedürfnisse, die nicht zuletzt – wenn nicht immer unmittelbar, so doch mittelbar – auch durch Reisendeninformationen befriedigt werden können.

Zur Erfüllung dieser Informationsaufgaben ist es notwendig, die Reisenden durch Schulungen, Tagungen und laufende Beratung auszubilden und ständig weiterzubilden. Sie müssen bezüglich des Vertriebsprogrammes und der Vertriebsverfahren Kenntnisse besitzen, Verkaufstechniken beherrschen und eine positive Einstellung und Bereitschaft mitbringen.

Der Reisende steht somit in einem engen Kontakt zu seiner Unternehmung und zum Markt. Er besitzt neben fachtechnischen, verkaufspsychologischen und produktbezogenen vor allem marktspezifische Kenntnisse, er kann Kunden und seine Unternehmung fachkundig beraten, und schließlich weiß er rechtzeitig Maßnahmen im Sinne der Marketingpolitik zu veranlassen.

9.112 Informationen, die der Reisende erbringen kann

In den folgenden Ausführungen wird versucht, eine Reihe möglicherweise erbringbarer Informationen, in einzelnen Gruppen zusammengefaßt, vorzustellen. Die Kriterien für diese Aufteilung sind übergeordnet der Zweck, für den die Informationen zunächst bestimmt sind, sodann über wen und über was informiert werden kann. Aus Gründen der Einfachheit und Übersichtlichkeit werden Informationen, die sowohl Forschungs- als auch Kontrollinformationen sein können oder die über verschiedene Marktteilnehmer gleichermaßen beschafft werden sollen, zusammengefaßt. Somit ergeben sich folgende Gruppen (vgl. Abb. 72b)[1]):

- Informationen, die den potentiellen und tatsächlichen Abnehmer, die Konkurrenz und die Abnehmerkunden erstmalig und erneut kennzeichnen (1 F u. K).
- Grundsätzliche Informationen nach jedem Besuch des Reisenden (2 F u. K).
- Informationen mit Anweisungscharakter (3 D).
- Informationen, die das Vertriebsprogramm und verschiedene Verfahren kritisieren und Verbesserungsvorschläge bzw. -vorstellungen beinhalten (4 K u. F).
- Informationen für die Reiseabrechnung des Reisenden (5 K).
- Informationen plötzlicher Konkurrenzaktivitäten (6 F).
- Informationen, die die Planung unmittelbar unterstützen (7 P).

Es sei darauf hingewiesen, daß es sich hier um Vorschläge für möglicherweise erbringbare Informationen handelt. Es wird nicht in Anspruch genommen, daß jede dieser Informationen beschaffbar ist und beschafft werden soll. In der Praxis bestimmt einerseits die Unternehmensgröße, -art und -branche sowie ihr Vertriebsprogramm, -bereich und ihre -verfahren und anderseits z. B. die Art und die Branche ihrer Abnehmer und Konkurrenten – mit anderen Worten der spezielle Fall – welche Informationen durch den Reisenden erbracht werden können und zweckmäßigerweise sollen.

9.112.1 Informationen, die den potentiellen und tatsächlichen Abnehmer, die Konkurrenz und die Abnehmerkunden erstmalig und erneut kennzeichnen (Abb. 73a)

Diese Informationen können sowohl Forschungs- als auch Kontrollinformationen sein, je nachdem, ob sie erstmalig – z. B. Informationen über einen Neu-

[1]) Die jeweiligen Zeichen bedeuten: F = Forschung, P = Planung, D = Durchführung, K = Kontrolle. Sie sollen ein leichteres Auffinden in den Abbildungen ermöglichen.

Abb. 73:

Betrifft	Inhalt	a) pot. Abnehmer	a) tats. Abnehmer	a) Konkurrent	a) Abnehmerkunde	b) regelmäßig häufig	b) regelmäßig selten	b) unregelmäßig häufig	b) unregelmäßig selten	c) regelmäßig häufig	c) regelmäßig selten	c) unregelmäßig häufig	c) unregelmäßig selten	d) pot. Abnehmer	d) tats. Abnehmer	d) Konkurrent	d) Abnehmerkunde
a) 1Fu.K.: Informationen, die die potentiellen und tatsächlichen Abnehmer, die Konkurrenz und die Abnehmerkunden erstmalig und erneut kennzeichnen.						b) Zeitpunkte der Informationsbeschaffungsmöglichkeit				c) Zeitpunkte der Informationsnachfrage				d) Berichtszuordnung			
1. Feststellungsinformationen																	
a) Verwaltungs- u. Rechnungsanschrift	Titel	X	X		X			F[1]	F K	F K	FK[2]			PA1	TA1		TA3
	Vorname	X	X		X			F[1]	F K	F K	FK[2]			PA1	TA1		TA3
	Name/Firma	X	X	X	X			F[1]	F K	F K	FK[2]			PA1	TA1	K1	TA3
	Rechtsform	X	X	X	X			F[1]	F K	F K	FK[2]			PA1	TA1	K1	TA3
	Postleitzahl	X	X		X			F[1]	F K	F K	FK[2]			PA1	TA1		TA3
	Ort	X	X	X	X			F[1]	F K	F K	FK[2]			PA1	TA1	K1	TA3
	Straße	X	X		X			F[1]	F K	F K	FK[2]			PA1	TA1		TA3
	Hausnummer	X	X		X			F[1]	F K	F K	FK[2]			PA1	TA1		TA3
b) Lieferanschrift	Titel							F	K	F K					TA1		
	Vorname							F	K	F K					TA1		
	Name/Firma							F	K	F K					TA1		
	Rechtsform							F	K	F K					TA1		
	Postleitzahl							F	K	F K					TA1		
	Ort							F	K	F K					TA1		
	Straße							F	K	F K					TA1		
	Hausnummer							F	K	F K					TA1		
c) zuständiger Verhandlungspartner	Name							F	K	F K				PA1	TA1		
d) Zahlungsinstitut	Institut							F	K	F K					TA1		
	Ort							F	K	F K					TA1		
	Kontonummer							F	K	F K					TA1		

1 nur potentielle und tatsächliche Abnehmer

2 nur Abnehmerkunden (F u. K.)

2. Beschreibungsinformationen																	
a) Branche		X	X	X	X			F	F^4K	FK	FK^4			PA1	TA1	K1	TA1
b) Betriebstyp		X	X	X	X			F	F^4K	FK	FK^4			PA1	TA1	K1	TA1
c) Verkaufsbezirk		X	X					F	K	FK				PA1	TA1		
d) Bindung	Zusammenarbeit/Zugehörigkeit		X						F K		FK				TA3		
	Kennzeichnung		X						F K		FK				TA3		
	Firma		X						F K		FK				TA3		
e) Zulieferer (wichtige)	Konkurrenzangaben	X	X					F	K	FK				PA1	TA1		
f) vergleichbares Vertriebs- bzw. Einkaufsprogramm	vergleichbare Produktgruppen[3])	X	X	X	X			F	F^4K	FK	FK^4			PA1	TA1	K1	TA1
g) Absatzgebiet			X	X					F K	FK^5	FK				TA3	K1	
h) Abnehmerbranchen (domin.)			X	X					F K	FK^5	FK				TA3	K1	
i) Abnehmerarten (domin.)			X	X					F K	FK^5	FK				TA3	K1	
k) Abnehmer (wichtige)	Abnehmerkundenangaben		X						F K		FK				TA3		
l) Vertriebsverfahren	Verkaufsart	X	X	X				F	F^5K	FK^5	FK			PA1	TA1	K1	
	Einsatz von Fachberatern			X					F K	FK^5	FK					K1	
	eigener Kundendienst	X	X	X				F	F^5K	FK^5	FK			PA1	TA1	K1	
	Lieferart			X					F K	FK^5	FK					K1	
3. Informationen zur Kennzeichnung der Größe und Bedeutung																	
a) Zuletzt festgestellte Größe	Kapital	X	X	X			K		F		FK			PA3	TA4	K2	
	Beschäftigte	X	X	X					F K		FK			PA3	TA4	K2	
	z.B. Verkaufsfläche	X	X	X				F	F^5K		FK			PA3	TA4	K2	
	z.B. Schaufensteranzahl	X	X					F	K		FK			PA3	TA4		
	z.B. Installationen	X	X	X				F	F^5K		FK			PA3	TA4	K2	
b) Geschäftigkeit	ca. Jahresumsatz	X	X	X			K		F		FK			PA3	TA4	K2	
	ca. Jahresumsatz vergleichbarer Produkte[3])			X			K		F		FK					K2	
	ca. Jahresbedarf vergleichbarer Produkte[3])	X	X				K		F		FK			PA3	TA4		
c) Aussichten	voraussichtliche Geschäftsentwicklung	X	X	X					F K		FK			PA3	TA4	K2	
	tatsächliche oder geplante Investitionstätigkeit	X	X	X					F K		FK			PA3	TA4	K2	
d) Bonität	Vorschlag: Kreditlimit	X	X						F K		FK			PA3	TA4		

3 Bei sehr kleinem eigenen Sortiment: „vergleichbare Produkte"
4 Nur bei Abnehmerkunden (wenn FK^4 = Fu.K)
5 Nur bei Konkurrenz (wenn FK^5 = Fu.K)

kunden oder Informationen, die bestehende Lücken ausfüllen – oder erneut erbracht wurden, d. h. daß sie bereits erfaßte Informationen aktualisieren. Sie setzen sich zusammen aus Feststellungsinformationen, Beschreibungsinformationen und Informationen zur Kennzeichnung der Größe und Bedeutung.
Die *Feststellungsinformationen* sind

– die Verwaltungs- oder Rechnungsanschrift,
– wenn erforderlich, die Lieferanschrift des tatsächlichen Abnehmers
– der Name des zuständigen Verhandlungspartners und
– Informationen bezüglich des Zahlungsinstituts und der entsprechenden Kontonummer des tatsächlichen Abnehmers.

Diese Informationen dienen in erster Linie der unmißverständlichen Kommunikation mit den Abnehmern bzw. der Kenntnis um Konkurrenten und Abnehmerkunden. Die Verwaltungs- oder Rechnungsanschriften bilden in Karteien bzw. Dateien die Zuordnungsgrundlagen für alle weiteren Informationen. Aus den Anschriften allein läßt sich die Verteilung der Marktteilnehmer nach ihren Standorten feststellen, was z. B. eine wichtige Grundlage für die Einteilung von Reisendengebieten und für die noch zu erörternde Touren- oder Besuchsplanung ist.

Die *Beschreibungsinformationen* kennzeichnen die Art der Marktteilnehmer, ihre Bindungen und Verbindungen, ihr Vertriebs- bzw. Einkaufsprogramm, ihre räumlichen Aktionsbereiche und ihre Vertriebsverfahren. Diese Informationen – vorausgesetzt sie sind richtig und aktuell – beinhalten Tatbestände, die mit Hilfe von verschiedenen Auswertungsmöglichkeiten zur Transparenz des Absatzmarktes beitragen.

So setzt sich der Abnehmerstamm z. B. hauptsächlich aus weiterverarbeitenden Unternehmen einer bestimmten Branche zusammen, oder bestimmte Abnehmer arbeiten mit Unternehmen zusammen, die als potentielle Abnehmer zu betrachten sind, oder durch Gegenüberstellen der eigenen Gegebenheiten lassen sich gegenüber der Konkurrenz etwaige Parallelen, Ähnlichkeiten bzw. Unterschiede feststellen, die eine aufschlußreiche Grundlage für die Konkurrenzpolitik sind.

Die bisher aufgeführten Informationen sagen nichts darüber aus, wie groß die Bedeutung der einzelnen Teilnehmer im Markt und für das eigene Unternehmen ist. Erst Informationen über die Höhe des Kapitals, über den ungefähren Jahresumsatz und -bedarf, zusammen mit Informationen über die Beschäftigtenanzahl (evtl. festgelegt auf eine bestimmte Art von Arbeitskräften), über die Verkaufsfläche, die Schaufensteranzahl oder eine bestimmte installierte Leistung sind geeignet, über Größen und Bedarfsverhältnisse auszusagen. Hinzu kommen Angaben über die voraussichtliche Geschäftsentwicklung und über tatsächliche oder geplante Investitionstätigkeiten, die erkennen lassen, ob der betreffende Marktteilnehmer an Bedeutung zu- oder abnimmt. Schließlich ist es wichtig zu wissen, wie der Reisende die Kreditwürdigkeit des Abnehmers einschätzt. Mit wenigen Ausnahmen – z. B. der Schaufensteranzahl – haftet diesen Informationen *(Informationen zur Kennzeichnung der Größe und Bedeutung)* ein mehr oder weniger großes Unsicherheitsmoment an, da sie auf Schätzungen des Reisenden bzw. auf unter Umständen manipulierten Aussagen und Bemerkungen der Abnehmer gründen. Ein erfahrener und geschulter Reisender wird jedoch in der Regel in seinen Berichten diesbezüglich annähernd brauchbare Informationen liefern können.

9.112.2 Grundsätzliche Informationen nach jedem Besuch des Reisenden (Abb. 74)

Nach jedem Besuch sollen grundsätzlich Informationen erbracht werden, die Aufschluß darüber geben, wann wer besucht wurde, ob es sich um einen Neukunden handelt, ob der Verhandlungspartner angetroffen wurde, wie lange der Besuch dauerte, ob der Besuch zu einem Auftragsabschluß führte, ob die Auftragshöhe unter oder über dem Durchschnitt liegt, ob und welches Werbematerial ausgehändigt wurde und schließlich wann der nächste Besuch mit welchen Geschäftsaussichten voraussichtlich erfolgen wird.
Diese besuchsspezifischen Informationen sind möglicherweise von zweifacher Bedeutung. Einmal ist es im Rahmen der Marketingforschung wichtig festzustellen,
- wieviele Neukunden der Reisende im Laufe eines bestimmten Zeitraumes gewonnen hat,
- ob die Besuchsdauer in einem Zusammenhang mit der Auftragshöhe steht,
- inwieweit der Reisende durch bereits festliegende Kundenbesuche engagiert ist,
- wann und wer in einem bestimmten Zeitraum besucht wird – als Grundlage für die Besuchs- bzw. Tourenplanung.

Zum anderen muß im Rahmen der Ablauf- und Ergebniskontrolle der Einsatz des Reisenden kontrolliert werden. Dazu ist es beispielsweise notwendig zu wissen, ob der Reisende gemäß dem Besuchs- bzw. Tourenplan die Abnehmer besucht hat, wie lange seine Besuche dauerten, etc.

9.112.3 Informationen mit Anweisungscharakter (Abb. 75)

Der Reisende ist grundsätzlich ein weisungsgebundenes Ausführungsorgan – sowohl hinsichtlich seiner Vertriebsfunktion als auch in seiner Informationsfunktion. Im Rahmen seiner Informationsfunktion hat er einmal die Pflicht zu informieren und zum anderen das Recht, Informationen zu erbringen, die seine Kritik bzw. Vorschläge beinhalten, worauf an anderer Stelle noch einzugehen ist. Zu diesen Forschungs-, Kontroll- und Beratungsinformationen kommt hier eine weitere Kategorie hinzu: die Informationen mit Anweisungscharakter.

Abb. 74:

a) 2 F u.K.: Grundsätzliche Informationen nach jedem Besuch des Reisenden				b) Zeitpunkte der Informationsbeschaffungsmöglichkeit				c) Zeitpunkte der Informationsnachfrage				d) Berichtszuordnung	
Betrifft	Inhalt	pot. Abnehmer	tats. Abnehmer	regelmäßig		unregelmäßig		regelmäßig		unregelmäßig		pot. Abnehmer	tats. Abnehmer
				häufig	selten	häufig	selten	häufig	selten	häufig	selten		
a) Besuch bei	Abnehmerangaben	X	X	FK[1]				FK[1]				PA2	TA2
b) Besuch am	Datum	X	X	FK[1]				FK[1]				PA2	TA2
c) Abnehmer angetroffen	ja/nein	X	X			K[1]		K[1]				PA2	TA2
d) Neukunde	ja/nein		X			F		F					TA2
e) Abnehmerverlust	ja/nein		X			K[1]		K[1]					TA2
f) Besuchsdauer	Zeiteinheiten		X	F				F				PA2	TA2
g) Auftrag erhalten	ja/nein		X			F		F					TA2
	Auftragszunahme		X			F		F					TA2
	Auftragsabnahme		X			F		F					TA2
h) Werbematerial übergeben	Art	X	X			F		F				PA2	TA2
	Menge	X	X			F		F				PA2	TA2
i) nächster Besuch	Datum	X	X	F				F				PA2	TA2
	Geschäftsaussichten	X	X			F		F				PA2	TA2

[1]) Bei geplanten Besuchen (nur K)

a) 3 D. Informationen mit Anweisungscharakter

Betrifft	Inhalt	b) Zeitpunkte der Informationsbeschaffungsmöglichkeit				c) Zeitpunkte der Informationsnachfrage				d) Berichtszuordnung
		regelmäßig		unregelmäßig		regelmäßig		unregelmäßig		
		häufig	selten	häufig	selten	häufig	selten	häufig	selten	
1. Auftragsbezogene Informationen										
a) Produkt	Nummer			D		D				A1
	Bezeichnung			D		D				A1
	Menge			D		D				A1
b) a.o. Bedingungen	Anzahl Rechnungskopien			D		D				A1
	Liefertermin			D		D				A1
	Lieferart			D		D				A1
	Zahlungstermin			D		D				A1
2. Informationen bezüglich Maßnahmen zur Förderung der Auftragserlangung										
a) Anforderungen für den Abnehmer	Fachberater (Name)				D	D				A2
	Grund				D	D				A2
	Muster und Proben (Art)				D	D				A3
	Menge				D	D				A3
	Prospekte und Kataloge (Art)				D	D				A3
	Menge				D	D				A3
	Displaymaterial (Art)				D	D				A3
	Menge				D	D				A3
	Sonstiges Werbemat. (Art)				D	D				A3
	Menge				D	D				A3
b) Anforderung mittelbar (für den Reisenden)	Muster und Proben (Art)				D	D				A3
	Menge				D	D				A3
	Prospekte und Kataloge (Art)				D	D				A3
	Menge				D	D				A3
	Displaymaterial (Art)				D	D				A3
	Menge				D	D				A3
	Sonstiges Werbematerial (Art)				D	D				A3
	Menge				D	D				A3

Diese Informationen sind keine Anweisungen, sondern haben – abgesehen von Ausnahmen bei denen abschlägig reagiert wird – Anweisungen zur Folge. Sie lassen sich einteilen in

– *Auftragsbezogene Informationen*

Nach jedem Besuch, bei dem der Reisende einen Verkaufsabschluß tätigen konnte, wird er z. B. ein Auftragsformular ausfüllen, das über die Art und Menge der bestellten Produkte Auskunft gibt. Gegebenenfalls wird der Abnehmer über die sonst üblichen Bedingungen hinaus Wünsche haben, wie eine bestimmte Anzahl von Rechnungskopien, eine andere Lieferart, eine bestimmte Lieferzeit oder eine bestimmte Finanzierungsart.

– *Informationen bezüglich Maßnahmen zur Förderung der Auftragserlangung*

Der Reisende stellt z. B. fest, daß der Abnehmer zwar für bestimmte Produkte Bedarf hat, unter Umständen sogar offenes Interesse zeigt, jedoch von einem Auftrag absieht. Je nach den Problemen des Abnehmers, der Erklärungsbedürftigkeit der Produkte, der diesbezüglichen Konkurrenzaktivitäten und der Höhe des potentiellen Auftrages könnte der Besuch eines Fachberaters oder die Zustellung von Mustern und Proben, Prospekten und Katalogen, Display-Material oder sonstigem Werbematerial dazu beitragen, daß der Kunde sich zum Kauf entschließt.
Andererseits ist der Reisende selbst i. d. R. mit verschiedenen Demonstrations- und Werbematerial ausgerüstet, das er nach eigenem Gutdünken auftragsfördernd einsetzen soll. Er wird je nach Bedarf seine Bestände von Zeit zu Zeit auffüllen müssen. Für seine Anforderungen ist der Reisendenbericht ein geeigneter Informationsträger.

– *Informationen für die Bearbeitung von Reklamationen bzw. für den Kundendienst*

Immer wieder kommt es vor, daß ein Auftrag nicht rechtzeitig oder nicht vollständig erledigt wird, oder die gelieferten Produkte einen Schaden aufweisen, wofür die Lieferfirma verantwortlich ist. In diesen Fällen wird sich der Abnehmer an die Firma selbst oder an den Reisenden wenden, der die Reklamationen zur Bearbeitung weitergibt.
Vertreibt die Reisendenfirma Investitions- bzw. Gebrauchsgüter, dann wird sie in der Regel einen technischen Kundendienst eingerichtet haben. Installationen werden im Rahmen der Auftragserledigung ohne besonderen Hinweis erfolgen. In Reparatur-, Umbau- und Inspektionsfällen wird jedoch der Kundendienst vom Abnehmer direkt oder wie hier über den Reisenden benachrichtigt.

– *Sonstige Informationen mit Anweisungscharakter*

Der Reisende wird bei seinen Besuchen gelegentlich Beobachtungen machen können oder Auskünfte erhalten, die darauf hinweisen, daß dieser oder jener Abnehmer in Liquiditätsschwierigkeiten geraten ist. Er hat die Pflicht darüber zu berichten, damit unverzüglich die Kreditwürdigkeit des entsprechenden Kunden überprüft wird.
Eine wirksame Methode im Rahmen der Kundenpolitik ist es, abnehmerinternen Ereignissen – wie Jubiläen, aber auch Unglücks- und Todesfällen – Aufmerksamkeit zu widmen. Auch hier ist der Reisendenbericht geeignet, über diese Ereignisse zu informieren, gegebenenfalls sogar Maßnahmen vorzuschlagen.

9.112.4 Informationen, die das Vertriebsprogramm und verschiedene Verfahren kritisieren und Verbesserungsvorschläge bzw. -vorstellungen beinhalten (Abb. 76)

Eine laufende bzw. Von-Fall-zu Fall-Stellungnahme sowohl der Abnehmer als auch des Reisenden zu dem bestehenden Vertriebsprogramm und zu verschiedenen Verfahren der Unternehmung in Form von positiver und negativer Kritik, aber auch Vorschlägen und Vorstellungen schafft eine weitere Grundlage für zu treffende Entscheidungen. Es sei vorgeschlagen, daß darüber hinaus berichtet werden soll, ob hinter der Kritik gegebenenfalls ein möglicher Grund für eine Auftragsablehnung oder -abnahme, -erteilung oder -zunahme steckt.
Die hier aus Gründen der Vielfältigkeit nicht aufgeführten Forschungsinformationen können gleichzeitig der Erforschung der Konkurrenzverhältnisse dienen, wenn berichtet wird, welches Konkurrenzunternehmen welchen Vorschlägen und Vorstellungen entspricht.

– *Informationen bezüglich des Vertriebsprogrammes*

Durch diese Informationen wird die eigene Sortiments- und Produktpolitik aber auch die Preis-, Rabatt- und Werbepolitik kritisiert. So ergibt sich z. B., daß einer Reihe von Abnehmern das Sortiment nicht breit genug ist, oder ein bestimmtes Produkt schlecht aufgemacht und darüber hinaus zu teuer ist, oder der Rabattsatz auch bei großer Abnahme zu niedrig ist. Die Folge kann sein, daß die Abnehmer im Vergleich zur Vergangenheit heute weniger nachfragen, Aufträge ablehnen oder sogar schon als Abnehmer verloren gegangen sind und sich bestimmten ihren Vorstellungen entsprechenden Konkurrenten zugewandt haben oder zuwenden werden.
Häufig vertretene Vorschläge und Vorstellungen der Abnehmer können bewirken, daß z. B. ein bestimmtes Produkt etwa durch entsprechende Änderung der Verpackung und – wenn vertretbar – durch Herabsetzung des Preises zu-

Abb. 76:

4K u. F: Informationen, die das Vertriebsprogramm und verschiedene Verfahren kritisieren (K) und Verbesserungsvorschläge- bzw. -vorstellungen beinhalten (F)

a) Bezug	Kontrolle Informationen zur kritischen Beurteilung der Lage	mögl. Gründe für Aa., Ae., Ab., Az.[4])	Forschung Vorschläge u. Vorstellungen	Konkurrenz (welche) erfüllt Vorstellungen	Abnehmer	Reisender	b) Zeitpkte. der Inform.beschaf.-möglichkeit: regelmäßig häufig	b) regelmäßig selten	b) unregelmäßig häufig	b) unregelmäßig selten	c) Zeitpkte. der Inform.nachfrage: regelmäßig häufig	c) regelmäßig selten	c) unregelmäßig häufig	c) unregelmäßig selten	d) Berichtszuordnung
1. Informationen bezüglich des Vertriebsprogramms															
a) Sortimentsbezogen	Sortimentsbreite	X	div. Möglichkeiten	X	X					KF	KF				KVA
	Sortimentstiefe	X	div. Möglichkeiten	X	X					KF	KF				KVA
b) Produktbezogen	allg. Nachfrage	X			X				K		K				KVA
	saisonale Nachfrage	X			X					K	K				KVA
	Qualität	X	div. Möglichkeiten	X	X				KF		KF				KVA
	Funktionsgerechtheit	X	div. Möglichkeiten	X	X				KF		KF				KVA
	Attraktivität	X	div. Möglichkeiten	X	X				KF		KF				KVA
	Verpackungsqualität	X	div. Möglichkeiten	X	X				KF		KF				KVA
	Verpackungsattraktivität	X	div. Möglichkeiten	X	X				KF		KF				KVA
	Abpackung	X	div. Möglichkeiten	X	X				KF		KF				KVA
	Preis	X	div. Möglichkeiten	X	X				KF		KF				KVA
	Mengenrabatt	X	div. Möglichkeiten	X	X				KF		KF				KVA
	Saisonrabatt	X	div. Möglichkeiten	X	X				KF		KF				KVA
	Produktwerbung	X	div. Möglichkeiten	X	X				KF		KF				KVA

2. Informationen bezüglich verschiedener Verfahren															
a) Reisendenbesuche	Veranschlagung der Besuchszeit		div. Möglichkeiten			X				KF	KF[2]	KF			KV
	Veranschlagung der Berichtshäufigk.	X	div. Möglichkeiten	X	X[1]	X[1]				KF	KF[2]	KF			KVA/KV
b) Verkaufsbez. des Reis.	Größe, Abgrenzung		div. Möglichkeiten			X				KF	KF[2]	KF			KV
c) Entlohnung des Reis.	Entlohnungsart		div. Möglichkeiten			X				KF	KF[2]	KF			KV
	Entlohnungshöhe		div. Möglichkeiten			X				KF	KF[2]	KF			KV
d) Ausbildung des Reis.	Art		div. Möglichkeiten			X				KF	KF[2]	KF			KV
	Dauer		div. Möglichkeiten			X				KF	KF[2]	KF			KV
e) Unterstützung der Reisendentätigkeit	Beratung durch Fachleute	X	div. Möglichkeiten	X	X					KF	KF				KVA
	Unternehmungswerbung	X	div. Möglichkeiten	X	X					KF	KF				KVA
	Display	X	div. Möglichkeiten	X	X					KF	KF				KVA
f) Kundendienst	Kundendienst	X	div. Möglichkeiten	X	X					KF	KF				KVA
	Kulanz	X	div. Möglichkeiten	X	X					KF	KF				KVA
g) Versand	Lieferzeiten	X	div. Möglichkeiten	X	X					KF	KF				KVA
	Lieferart	X	div. Möglichkeiten	X	X					KF	KF				KVA
h) Finanzierung	Zahlungstermine	X	div. Möglichkeiten	X	X					KF	KF				KVA
3. Spezielle Informationen bezüglich eigener Sonderaktionen															
a) Werbeaktion	Werbewirkung				X				K[3]	K			K[3]	K	KVW
	Werbeauswirkung	X			X				K[3]	K			K[3]	K	KVW
	Werbegestaltung		div. Möglichkeiten		X				KF[3]	KF			KF[3]	KF	KVW
	Werbeinhalt		div. Möglichkeiten		X				KF[3]	KF			KF[3]	KF	KVW
b) Sonderangebote	sämtlich Produktmerkmale möglich	X	div. Möglichkeiten	X	X				KF[3]	KF			KF[3]	KF	KVS

[1]) Der Abnehmer und der Reisende können kritisieren und vorschlagen (K u. F)
[2]) Je nach dem ob der Reisende häufig oder selten kritisiert bzw. Vorschläge hat (K u. F)
[3]) Je nach dem ob häufig oder selten Sonderaktionen veranstaltet werden
[4]) Aa. = Auftragsablehnung Ab. = Auftragsabnahme
Ae. = Auftragserteilung Az. = Auftragszunahme

mindest konkurrenzfähiger wird, wenn nicht sogar Konkurrenzausschaltung bewirkt.
Umgekehrt bestätigt positive Kritik – wenn sie nicht als Außenseiterlob, d.h. von einem oder wenigen auftragsschwachen Abnehmern geübt wird – die Wahl einer Maßnahme als richtig.

– *Informationen bezüglich verschiedener Verfahren*

Diese Informationen beziehen sich auf verschiedene vertriebliche Verfahren zur Auftragserlangung, Auftragserledigung und Bevorratung des Vertriebs.

Einerseits werden auch hier die von vielen Einzelnen oder von Großabnehmern geäußerten Kritiken bzw. Vorschläge und Vorstellungen Grund geben, entsprechende Verfahren zu ändern, um zu vermeiden, daß nicht nur die Abnehmer unzufrieden sind, die Aufträge zurückgehen und Abnehmer sogar verloren gehen, sondern auch die Konkurrenz aufgrund dieser Schwachstellen profitiert.
Andererseits soll dem Reisenden Gelegenheit gegeben werden, insbesondere bezüglich seines Einsatzes Kritik zu üben und Vorschläge zu machen. Er wird z.B. mit der veranschlagten Besuchshäufigkeit oder mit der Größe seines Verkaufsbezirks nicht einverstanden sein, da er sich überlastet fühlt. Er glaubt zu schlecht bezahlt zu werden und bittet um eine Gehalts- bzw. Provisionserhöhung. Oder er möchte an Kursen oder Tagungen teilnehmen. Diese Informationen sind notwendig, um gegebenenfalls Maßnahmen ergreifen zu können, die den Reisenden als zufriedenen und leistungsfähigen Mitarbeiter erhalten, was letztenendes auch seiner Unternehmung zugute kommt.

– *Informationen bezüglich eigener Sonderaktionen*

Gerade dann, wenn eine Werbeaktion und als spezielle Maßnahme eine Sonderangebotsaktion läuft oder abgeschlossen ist, richtet sich die Aufmerksamkeit des Marketing-Managements verstärkt auf das Ausmaß des dadurch erzielten Erfolges und seine verursachenden Gründe. Auch hier ist der Reisende das geeignete, unter Umständen das einzige Berichtsorgan, das detaillierte Informationen für die Ergebniskontrolle solcher Maßnahmen liefern kann.

9.112.5 Informationen für die Reiseabrechnung des Reisenden (Abb. 77)

Der Reisende, im Gegensatz zum Handelsvertreter, ist als festangestellter Mitarbeiter verpflichtet, einen Nachweis über seine Arbeitstage, seine gefahrenen Kilometer und seine diversen Ausgaben zu erbringen.
Es sei vorgeschlagen, daß er in bestimmten Zeitabständen diese Informationen pünktlich in einer Reiseabrechnung unter Vorlage entsprechender Belege auflistet. Die Anzahl der dienstlich gefahrenen Kilometer geben z.B. einen An-

Abb. 77:

a) 5K: Informationen für die Reiseabrechnung des Reisenden		b) Zeitpkte. der Inform.beschaffungsmöglichkeit				c) Zeitpkte. der Inform.-nachfrage				d) Berichtszuordnung
Betrifft	Inhalte	regelmäßig		unregelmäßig		regelmäßig		unregelmäßig		
		häufig	selten	häufig	selten	häufig	selten	häufig	selten	
a) Arbeitsnachweis	Anzahl Reisetage	K				K				RAR
	Anzahl kranke Tage				K	K				RAR
	Anzahl Urlaubstage				K	K				RAR
	Anzahl Ausbildungstage				K	K				RAR
b) gefahrene Kilometer	Dienstkilometer	K				K				RAR
	Privatkilometer			K		K				RAR
c) Kfz.-Ausgaben	Liter u. DM Treibstoff			K		K				RAR
	Liter u. DM Öl			K		K				RAR
	DM für Inspektion			K		K				RAR
	DM für Reparaturen				K	K				RAR
d) Spesen	Übernachtung	K				K				RAR
	Verpflegung	K				K				RAR
e) sonstige Spesen	Telefon	K				K				RAR
	Porto	K				K				RAR
	Sonstiges	K				K				RAR

haltspunkt dafür, wieviele Stunden der Reisende täglich in seinem Fahrzeug verbracht hat, ohne seiner eigentlichen Aufgabe nachgehen zu können. Eine sehr hohe Kilometerleistung kann ein Indiz für eine mangelhafte Tourenplanung sein; ein typischer Fall sind Sternfahrten [1, S. 120], d.h. der Reisende legt lange Strecken zurück, um täglich an seinen Heimatort zurückzukommen, obwohl Übernachtungen zeitsparender und kostengünstiger gewesen wären.

Die Auflistung der Reisekosten rationalisieren durch Übersichtlichkeit die Reiseabrechnung und dienen als Istkosten dem Spesenbudget, der entsprechenden Plankostenstelle gegenübergestellt, zur schnellen Kontrolle. Der Reisende, der in der Regel seine tätigkeitsbedingten Auslagen nicht pauschal vergütet bekommt, sollte mit einer umgehenden Rückerstattung rechnen können.

9.112.6 Informationen bezüglich plötzlicher Konkurrenzaktivitäten (Abb. 78)

An früherer Stelle wurden bereits Vorschläge gemacht, mit welchen Informationen der Reisende zur Erforschung und Kontrolle der Konkurrenzverhältnisse – insbesondere ihrer vertriebspolitischen Maßnahmen – beitragen kann.

Abb. 78:

a) 6 F: Informationen bezüglich plötzlicher Konkurrenzaktivitäten		b) Zeitpkte. der Inform.beschaffungsmöglichkeit				c) Zeitpkte. der Inform.-nachfrage				d) Berichtszuordnung
Betrifft	Inhalt	regelmäßig		unregelmäßig		regelmäßig		unregelmäßig		
		häufig	selten	häufig	selten	häufig	selten	häufig	selten	
a) Werbekampagne	Werbeart			F[1]	F	F				KA
	gegebenenfalls vergl.bare Prod.-gruppe			F[1]	F	F				KA
	gegebenenfalls vergl.bares Prod.			F[1]	F	F				KA
b) Sonderangebotskampagne	vergl.bares Produkt			F[1]	F	F				KA
	Preis			F[1]	F	F				KA
c) Neue Produkte	vergl.bares Produkt			F[1]	F	F				KA
	Preis			F[1]	F	F				KA
	⋮									
d) Preisänderung	vergl.bares Produkt			F[1]	F	F				KA
	bisheriger Preis			F[1]	F	F				KA
	neuer Preis			F[1]	F	F				KA

[1]) Je nach der Häufigkeit der Konkurrenzaktionen

Jene Informationen gaben jedoch über regelhafte, nicht unbedingt kämpferische Maßnahmen Auskunft. Daher sei hier ergänzend vorgeschlagen, daß der Reisende über plötzliche Konkurrenzaktivitäten wie Werbekampagnen, Sonderangebotskampagnen, neue, gegen seine Unternehmung gezielt angebotene Produkte und über ungewöhnliche Preisänderungen berichten soll.

Diese konkurrenz- und kundenpolitischen Maßnahmen zielen darauf, geschaffenes Absatzpotential abzubauen und unter Umständen sogar den Abnehmerstamm zu dezimieren; ihnen muß daher durch entsprechende Gegenmaßnahmen wirksam und ebenso unverhofft begegnet werden.

9.112.7 Informationen, die die Planung unmittelbar unterstützen

Es wurde bereits vorgeschlagen, daß nicht nur der Abnehmer, sondern auch der Reisende Vorschläge äußern soll, die in die Marketingforschung eingehen und somit mittelbar der Marketingplanung als Grundlage dienen.

Hier, bei den Informationen, die die Planung unmittelbar unterstützen, handelt es sich um Beratungsinformationen, die der Reisende auf Anfrage der Planung geben soll.
Der Reisende soll Einblick bekommen in die einzelnen ihn als Ausführungsorgan betreffenden Teilpläne, um als markt- und fachkundiger Mitarbeiter seine Vorstellungen in Form von Billigung oder begründetem Einwand zu diesen Plänen äußern zu können. In der Praxis hat er diese Gelegenheit in der Regel auf Reisendentagungen. Es ist aber darüber hinaus möglich, den Reisenden schriftlich von den einzelnen Plänen zu unterrichten, um seine Stellungnahme dazu in Form eines Berichtes – eventuell sogar vorgedruckten Berichtsformulars – zu erhalten.
Die einzelnen Teilpläne hängen sehr vom individuellen Fall ab. Seine selbstverständlich unverbindlichen Beratungsinformationen können derart vielfältig sein, daß hier eine EDV-Auswertung nicht geeignet scheint. Aus diesen Gründen sollte lediglich auf eine mögliche Art von Informationen bzw. Berichten hingewiesen werden, ohne die dabei entstehenden Probleme weiter zu durchleuchten.

9.12 Zeitliches Erscheinen von Reisendenberichten

Nachdem sämtliche vorgeschlagenen Informationen, nach Herkunft und Bestimmungsgründen unterteilt, vorliegen, soll hier eine Analyse nach der Regelmäßigkeit und Häufigkeit ihrer Erbringungsmöglichkeit und ihrer Nachfrage dazu führen, verschiedene Berichtsinhalte zusammenzustellen.

9.121 Regelmäßigkeit und Häufigkeit der Erbringungsmöglichkeit der einzelnen Informationen (Abb. 79)

9.121.1 Regelmäßig erbringbare Informationen

Unter der Vielzahl der vorgeschlagenen Informationen sind nur wenige, die der Reisende regelmäßig erbringen kann:

– *Häufig erbringbare Informationen*

Unabhängig von dem Erfolg eines Abnehmerbesuches kann der Reisende in jedem Fall angeben, wann er wen besucht hat, wie lange der Besuch gedauert hat und wann er diesen Abnehmer das nächste Mal besuchen wird. Am Ende eines jeden Reisetages wird er regelmäßig über seine gefahrenen Kilometer und über einen Teil seiner Spesen abrechnen können.

Abb. 79: Zeitpunkte der Informationsbeschaffungsmöglichkeit

regelmäßig		unregelmäßig	
häufig	selten	häufig	selten
2 Fu.K. Inform. nach jedem Besuch (teilweise) 5 K Inform. für die Reiseabrechnung (teilweise)	1 K Inform. zu Kennzeichnung der Größe u. Bedeutung (teilweise)	1 F Inform. zur 1. Feststellung (teilweise) 2. Beschreibung (teilweise) 3. Kennzeichnung der Größe u. Bedeutung (teilweise) 2 F Inform. nach jedem Besuch (teilweise) 3 D Inform. mit Anweisungscharakter (teilweise) 4 Ku.F. Inform. bezüglich Vertriebsprogramm u. verschiedener Verfahren (teilweise) 5 K Inform. für die Reiseabrechnung (teilweise)	1 Fu.K Inform. zur 1. Feststellung (teilweise) 2. Beschreibung (teilweise) 3. Kennzeichnung der Größe u. Bedeutung (teilweise) 3 D Inform. mit Anweisungscharakter (teilweise) 4 Ku.F. Inform. bezüglich Vertriebsprogramm u. verschiedener Verfahren (teilweise) 5 K Inform. für die Reiseabrechnung (teilweise) 6 F Inform. bezüglich plötzlicher Konkurrenzaktivitäten (alle)

– *Selten erbringbare Informationen*

Am Ende des Geschäftsjahres – meist des Kalenderjahres – erstellt jede Unternehmung in der Regel einen Jahresabschluß und unter anderem detaillierte Umsatz- und Bedarfsstatistiken. Regelmäßig, d. h. jedes Jahr veralten somit die Angaben über Kapitalhöhe und Jahresumsatz bzw. Jahresbedarf der einzelnen Abnehmer und Konkurrenten. Sie können durch erneutes Beschaffen aktualisiert werden.

9.121.2 Unregelmäßig erbringbare Informationen

Die überwiegende Mehrzahl vorgeschlagener Berichtsinformationen sind nur unregelmäßig beschaffbar. Der Grund liegt in dem unregelmäßigen Auftreten der Berichtsgegenstände. So ist nicht von vornherein feststellbar, wann der Reisende z. B. einen Neukunden gewinnt, über den er eine Reihe Informationen erbringen soll, oder ob z. B. trotz regelmäßigem Besuch regelmäßig Aufträge erfolgen, oder wann z. B. die Konkurrenz ein neues Produkt auf den Markt bringt etc. Eine Möglichkeit besteht allenthalben darin, die Informationen in selten und häufig erbringbare zu trennen. Diese Trennung geht von Annahmen aus, die der Praxis möglichst weitgehend entsprechen sollen. Trotzdem werden in Einzelfällen Informationssituationen vorkommen, in denen hier aufgeführte häufige Informationen selten sind und umgekehrt.

– *Häufig erbringbare Informationen*

Jede Unternehmung, die aktive Kundenpolitik betreibt, wird ihre Reisenden dahingehend anhalten, möglichst viele potentielle Abnehmer aufzuspüren, zu besuchen und als Neuabnehmer zu gewinnen. Für jeden neuen potentiellen bzw. tatsächlichen Abnehmer wird der Reisende bereits nach seinem ersten Besuch sämtliche Feststellungsinformationen und einige Informationen zur Beschreibung und zur Kennzeichnung der Größe und Bedeutung beschaffen können.
Am häufigsten, aber dennoch unregelmäßig, liefert der Reisende einen Großteil der grundsätzlichen Besuchsinformationen, sowie Aufträge, die außer der Nummer, der Menge und der Bezeichnung der bestellten Produkte, Informationen bezüglich besonderer mit dem Auftrag verbundenen Bedingungen enthalten. Bei Kaufabsagen aber auch bei Kaufentschlüssen hört der Reisende sehr oft Urteile und gegebenenfalls Vorschläge, die vorwiegend produktbezogen sind. Schließlich fallen (konsequenterweise) einige Angaben für die Reiseabrechnung des Reisenden, wie „Privatkilometer", Menge und Ausgaben für Kfz-Betriebsstoffe, Ausgaben für Inspektionen und Übernachtungsausgaben in die Rubrik der unregelmäßig und häufig erbringbaren Informationen.

– *Selten erbringbare Informationen*

Es kommt in der Praxis gewöhnlich selten vor, daß eine Unternehmung nicht alle ihre Konkurrenten – bei großer Anzahl zumindest die wichtigsten – kennt. Aber auch für den seltenen Fall, daß ein Konkurrent noch nicht erfaßt ist, ist vorgesehen, daß der Reisende über ihn berichtet.
Ein großer Anteil der Informationen zur näheren Beschreibung der tatsächlichen Abnehmer einschließlich der Feststellung und Beschreibung ihrer bedeutendsten Kunden sowie die meisten Angaben über die Größe und Bedeutung der Marktteilnehmer sind häufig erst nach mehreren Besuchen und daher relativ selten beschaffbar.
Mit Ausnahme der wenigen, nur einmal im Jahr erbringbaren Informationen, werden alle übrigen aktualisierenden Informationen nur fallweise – z. B. wenn sich eine Anschrift ändert, wenn ein Abnehmer seine Verkaufsweise ändert, wenn ein Konkurrent sein Absatzgebiet ausdehnt etc. – als Änderung bzw. Streichung erbracht werden können. Im Gegensatz zum Auftrag kommen alle übrigen Tatbestände, die Informationen mit Anweisungscharakter auslösen, wesentlich weniger häufig vor.
Zur Unterstützung seiner Verkaufsgespäche und zur Förderung zukünftiger Auftragserlangung händigt der Reisende Werbematerial aus, das er in bestimmten Mengen von Zeit zu Zeit von seiner Firma anfordert. In dringenden Fällen wird er einen Fachberater anfordern, und wenn einmal nötig, läßt er zur Vorbereitung seines nächsten Besuches dem Abnehmer Werbematerial direkt zuschicken.
Der Abnehmer wird sich bei Reklamations- oder Kundendiestfällen gelegentlich an den Reisenden, in den meisten Fällen aber an die entsprechende Abteilung wenden. Auch Vorschläge zur Überprüfung der Kreditwürdigkeit sowie Hinweise auf Jubiläen, Todesfälle etc. werden relativ selten sein.
Die Breite und Tiefe des Sortiments und die verschiedenen Vertriebsverfahren der Unternehmung geben grundsätzlich weniger häufig Anlaß zur Kritik bzw. zu Vorschlägen als das einzelne Produkt. Bezüglich eigener Sonderaktionen sowie plötzlicher Konkurrenzaktivitäten lassen sich kaum allgemeingültige Aussagen machen, da die Häufigkeit der Informationsbeschaffungsmöglichkeit von der Häufigkeit der Veranstaltungen abhängt.
In die Reiseabrechnung des Reisenden gehören schließlich Angaben, die nur gelegentlich erbracht werden müssen: wenn er nicht reist, er krank ist, Urlaub hat oder auf Schulungen und Tagungen ist, oder wenn sein Fahrzeug repariert wurde.

9.122 Dringlichkeit der Nachfrage nach den einzelnen Informationen (Abb. 80)

Unter Berücksichtigung der Ergebnisse der vorangegangenen Analyse der Informationen nach Regelmäßigkeit und Häufigkeit ihrer Erbringungsmöglichkeit,

Abb. 80: Zeitpunkte der Informationsnachfrage

regelmäßig		unregelmäßig	
häufig	selten	häufig	selten
gegebenenfalls täglich 1 Fu.K Inform. zur Feststellung (alle) Inform. zur Beschreibung (teilweise) 2 Fu.K Inform. nach jedem Besuch (alle) 3 D Inform. mit Anweisungscharakter 4 Fu.K Inform. bezüglich Vertriebsprogramm u. versch. Verfahren (teilweise) 6 F Inform. bezüglich plötzl. Konkurrenzaktivitäten (alle) monatlich 5 K Inform. für die Reiseabrechnung (alle)	halbjährlich 1 Fu.K Inform. zur Beschreibung (teilweise) jährlich 1 Fu.K Inform. zur Kennzeichnung der Größe u. Bedeutung (alle)	4 Ku.F Inform. bezüglich eigener Sonderaktionen (alle)[1]	4 Ku.F Inform. bezüglich eigener Sonderaktionen (alle)[1]

[1]) Je nachdem ob häufig oder selten Sonderaktionen veranstaltet werden

sollen in den nun folgenden Ausführungen Informationsgruppen zusammengestellt werden, die der Dringlichkeit der Informationsnachfrage entsprechen.

9.122.1 Regelmäßig nachgefragte Informationen

Obwohl fast alle Informationen nur unregelmäßig zu erbringen sind, ist ihre Nachfrage – nach Dringlichkeitsstufen gestaffelt – mit wenigen Ausnahmen regelmäßig. Das soll auf keinen Fall heißen, daß unregelmäßig erbringbare Informationen vom Reisenden nur noch regelmäßig festgehalten werden sollen. Unmittelbar nach Auftreten bzw. Kenntnisnahme eines Informationsgegenstandes muß der Reisende entsprechende Informationen festhalten, die dann gemäß der Dringlichkeit der Informationsnachfrage weitergeleitet werden sollen.

– *Häufig nachgefragte Informationen*

Die überwiegende Anzahl aller vorgeschlagenen Informationen sind für die Unternehmung von so großer Bedeutung, daß sie täglich nachgefragt werden. Jeder aufgespürte potentielle Abnehmer, jeder Neukunde und jeder bisher unbekannte Konkurrent ist durch entsprechende Feststellungsinformationen und einige leicht beschaffbare Beschreibungsinformationen der Unternehmung zu melden. Diese Angaben sind deshalb so wichtig, weil hiermit eine Zuordnungsgrundlage für weitere Informationen und für wichtige Auswertungen besteht und weil die meisten dieser Informationen für den täglichen, betrieblichen Ablauf unerläßlich sind. Daher soll auch jede Veränderung der festgehaltenen Situation durch entsprechende Informationen umgehend mitgeteilt werden.
Für die Lenkung des Außendienstes durch die Verkaufsleitung ist es notwendig, ständig beiderseitigen Kontakt zu halten. Daher muß der Reisende täglich über seine geplanten und seine getätigten Besuche und deren – im Einzelfall durch Abnehmeraussagen kommentierten – Erfolge berichten.
Neben den Abnehmern muß auch der Reisende die Möglichkeit haben, hinsichtlich ihn betreffender Gegebenheiten jederzeit Kritik und Vorstellungen zu äußern.
Die erste Voraussetzung für die termingerechte Erledigung von Aufträgen, den rechtzeitigen Einsatz von Fachberatern, die schnelle Bereitstellung von Werbematerial, die umgehende Bearbeitung von Reklamationen und Kundendienstaufträgen, die unverzügliche Bonitätsprüfung bei bestimmten Abnehmern und schließlich die erste Voraussetzung für gegebenenfalls rechtzeitige Gratulation bzw. Kondolenz zu Jubiläen respektive Todesfällen bei wichtigen Abnehmern, ist, daß der Reisende diesbezüglich jeden Tag berichterstattet.

Eine letzte Gruppe vordringlich nachgefragter Informationen bezieht sich auf plötzliche Konkurrenzaktivitäten. Je früher der Reisende etwa von einer Sonderangebotsaktion eines Konkurrenten berichten kann, umso eher können Gegenmaßnahmen beschlossen und eingesetzt werden.
Weitaus weniger dringlich ist die Abgabe der Reiseabrechnung. Der Reisende hat zwar durch Ergänzungen diese Abrechnung täglich zu aktualisieren, dennoch wird es genügen, wenn er sie am Monatsende einreicht. In der Praxis gibt es Fälle, in denen eine solche Abrechnung auch wöchentlich bzw. vierzehntägig abgeschlossen wird. Ein Grund dafür kann sein, daß die Reisenden – wenn sie nicht zu Beginn der Abrechnungsperiode einen Pauschalsatz erhalten – Wert darauf legen, in möglichst kurzen Abständen ausgelegte Spesen zurückzuerhalten.

– *Selten nachgefragte Informationen*

Zur Beschreibung der tatsächlichen Abnehmer stehen noch einige Informationen aus, die einerseits gewöhnlich nur selten beschaffbar sind, die andererseits aber auch nicht so dringend benötigt werden, daß jede beschaffte Information umgehend weitergeleitet werden müßte. Hier genügt es, wenn der Reisende solche Informationen am Ende eines jeden Halbjahres weitergibt.
Jedes Jahr soll einmal über die Abnehmer und Konkurrenten erstmalig und erneut hinsichtlich ihrer Größe und Bedeutung berichtet werden. Als Zeitpunkt für die Abgabe dieser Berichte sei das Ende des ersten Quartals jedes Jahres vorgeschlagen, da damit gerechnet werden kann, daß der Reisende bis dahin alle erforderlichen Informationen, einschließlich der erst nach Jahresende beschaffbaren Informationen – wie die Höhe des Kapitals am Bilanzstichtag, die Höhe des Jahresumsatzes, etc. – gesammelt hat. Im Einzelfall, je nachdem über wieviele Abnehmer bzw. Konkurrenten zu berichten ist und/oder in welchen Abständen die Reisenden die einzelnen Abnehmer besuchen, wird eventuell ein früherer oder ein späterer Termin geeigneter sein.
Sowohl für die Halbjahresberichte als auch für die Jahresberichte soll der Reisende versuchen, bereits von Anbeginn der jeweiligen Berichtsperiode bzw. von dem Zeitpunkt der Neuerfassung eines Abnehmers oder eines Konkurrenten an möglichst viele Informationen zu beschaffen, die er im Laufe der Berichtsperiode ergänzen und aktualisieren muß. Für den Fall, daß zu einem außerordentlichen Zeitpunkt Informationen benötigt werden, kann – je nach Stand – zumindest ein Teil abgefragt werden.

9.122.2 Unregelmäßig nachgefragte Informationen

Auf eine allgemein aussagefähige Trennung unregelmäßig nachgefragter Informationen in häufig und selten nachgefragte Informationen muß hier verzichtet werden, da das nur von Einzelfall zu Einzelfall entscheidbar ist.

Unregelmäßig nachgefragte Informationen können solche sein, die zur Erforschung der Wirksamkeit geplanter oder zur Kontrolle durchgeführter Sonderaktionen erbracht werden sollen.
Über die regelmäßige Nachfrage nach Abnehmerurteilen und -vorschlägen hinaus könnten Sonderbefragungen veranstaltet werden, deren Objekte bestimmte Produkte oder Verfahren vor Neueinführung, nach Neueinführung oder bei sich anbahnenden Schwächen sind.
Die Untersuchung der vorgeschlagenen Informationen nach der Dringlichkeit ihrer Nachfrage – dem zuletzt diskutierten Merkmal – sollte zu einer möglichst rationellen Abgrenzung verschiedener Berichtsinhalte führen, die im nächsten Abschnitt in einer Übersicht zusammengestellt werden.

9.123 Vorschläge für verschiedene Reisendenberichtsinhalte (Abb. 81)

Aus der nach Herkunft und Bestimmungsmerkmalen der Informationen unterteilten und durch zeitliche Merkmale ergänzten Aufstellung lassen sich nun verschiedene Berichtsinhalte zusammenstellen.
Entsprechend der Dringlichkeit der Nachfrage werden hier
a) tägliche Berichte,
b) monatliche Berichte,
c) halbjährliche Berichte,
d) jährliche Berichte und
e) Sonderberichte
unterschieden [6, S. 89 ff.].

9.13 Formale Gestaltung von Reisendenberichten

Um in den folgenden Ausführungen Wiederholungen zu vermeiden, seien folgende generelle Vorschläge und Hinweise gemacht: Jeder Reisendenbericht soll – ungeachtet seiner Form – außer einer Überschrift ein bestimmtes kodiertes Zeichen tragen, das bei Formularen vorgedruckt, bei nicht formularisierten Berichten aufgrund einheitlicher Regelungen hinzugefügt werden muß. Der Zweck dieser Zeichengebung liegt darin, daß die Reisendenberichte eindeutig und schnell erkennbar zu unterscheiden sind, mit diesem Zeichen das Formularwesen (z. B. Formularbestellung, -anforderung, -lagerung, -ablage) rationalisiert wird und daß sie gleichzeitig für den Abruf entsprechender Eingabeprogramme bei EDV-Auswertung dienen können. Die Art der vorgeschlagenen Kodierung (vgl. Abb. 81) darf nur als eine Möglichkeit angesehen werden. Es ist im Einzelfall zu überlegen, ob bei großer Anzahl verschiedener

Abb. 81: Berichtszuordnung

regelmäßig						unregelmäßig		
häufig			selten			häufig/selten[1])		
Bez.	Berichte	s.d.Abb.	Bez.	Berichte	s.d.Abb.	Bez.	Berichte	s.d.Abb.
	a) tägliche Berichte			c) halbjährliche Berichte			e) Sonderberichte	
PA1	Grundinform.pot.Abnehmer	73(a u. d)	TA3	Beschreibung tats.Abnehmer	73 (a u. d)	KVW	Kontrolle u. Vorschläge Werbeaktion	76 (a u. d)
PA2	Besuchsbericht pot.Abnehmer	74(a u. d)				KVS	Kontrolle u. Vorschläge Sonderangebot	76 (a u. d)
TA1	Grundinform.tats.Abnehmer	73(a u. d)		d) jährliche Berichte				
TA2	Besuchsbericht tats. Abn.	74(a u. d)	PA3	Größe u. Bedeutung pot. Abnehmer	73 (a u. d)			
K1	Grundinform. Konkurrenz	73(a u. d)						
KVA	Kritik u. Vorschlag (tats. u. pot. Abnehmer)	76(a u. d)	TA4	Größe u. Bedeutung tats. Abnehmer	73(a u. d)			
KV	Kritik u. Vorschlag (Reisender)	76(a u. d)	K2	Größe u. Bedeutung Konkurrenz	73(a u. d)			
A1	Auftrag	75(a u. d)						
A2	Anforderung Fachberater	75(a u. d)						
A3	Anforderung Werbemat.	75(a u. d)						
A4	Reklamationsmeldung	75(a u. d)						
A5	Anforderung Kundendienst	75(a u. d)						
A6	Überprüfung der Kreditwürdigkeit	75(a u. d)						
A7	Jubiläum, Todesfall	75(a u. d)						
KA	Konkurrenzaktionen	78(a u. d)						
	b) monatliche Berichte							
RAR	Reiseabrechnung	77 (a u. d)						

[1]) Je nachdem, ob häufig oder selten Sonderaktionen veranstaltet werden

Formulare im gesamten Berichtswesen nicht ein einheitliches – etwa nach betrieblichen Leistungsbereichen, verschiedenen Abteilungen etc. – gegliedertes Formularsystem vorzuziehen ist [13, S. 41 f.].
Ein weiterer Vorschlag sei eine verschiedene Farbgebung der Formulare. So sollen z. B. Berichte über den potentiellen Abnehmer gelb, den tatsächlichen Abnehmer grün, die Konkurrenz rot, Kritik und Vorschlag blau und alle übrigen Berichte weiß sein. Bei allen Berichten in Formularform, die über die EDV ausgewertet (abgespeichert) werden sollen, ist die Folge ihrer einzelnen Positionen an die Folge der vorgesehenen Speicherplätze der entsprechenden Dateien angepaßt. Die einzelnen Plätze (Kästchen) der abzuspeichernden Zeichen sollen in jedem Formular durchgehend numeriert sein, um sowohl die Berichtsausstellung, als auch die Überschreibung der Berichte auf EDV-einlesbaren Zwischenspeichermedien zu erleichtern. Für den Fall, daß der Reisende Wörter, wie z. B. den Vornamen eines Abnehmers, wegen Überlänge nicht in den vorgeschriebenen Kästchen unterbringen kann, muß er abkürzen. Aufgrund der Numerierung sieht er sehr leicht, wieviele Zeichenplätze maximal zur Verfügung stehen. Bei der Überschreibung der Berichte auf EDV-lesbare Zwischenspeicher ist durch die Numerierung die Folge der einzelnen Positionen sicher abzulesen und die Vollständigkeit der übertragenen Zeichen (einschließlich „blanks") leichter zu kontrollieren.
In den vorgeschlagenen Formularen sind eine Reihe von Positionen enthalten, die mit Schlüsselzahlen bzw. bei vorgedruckten verschlüsselten Alternativen mit Kreuzen auszufüllen sind. Dem Reisenden ist nicht zuzumuten, jederzeit alle verschiedenen Verschlüsselungen zu wissen. Daher sei vorgeschlagen, entweder auf der Formularrückseite – bei kleineren Formularen auf der Vorderseite – oder in einem nach Formulartypen gegliederten Katalog alle notwendigen Schlüssel leicht verständlich und eindeutig erklärt aufzuführen. Es soll hier genügen, zu den jeweiligen Positionen in den im folgenden vorgeschlagenen Formularen Verschlüsselungsbeispiele zu nennen. Wiederholen sich bereits kommentierte Positionen in weiteren Formularen, so soll auf erneute Erklärungen verzichtet werden.

9.131 Grundberichte

Unter „Grundberichten" sollen solche Berichte verstanden werden, die Grundinformationen enthalten, d. h. Informationen über potentielle (Abb. 82) und tatsächliche (Abb. 83) Abnehmer und über Konkurrenten (Abb. 84), die einerseits für den Geschäftsverkehr und als Zuordnungsgrundlage für weitere Informationen grundsätzlich notwendig sind (z. B. Adressen) und die andererseits relativ leicht beschaffbar sind (z. B. Branche, Betriebstyp). Diese Berichte, die über die EDV ausgewertet werden sollen, dienen gleichermaßen als

Abb. 82: Formular: „Grundinformationen potentieller Abnehmer“

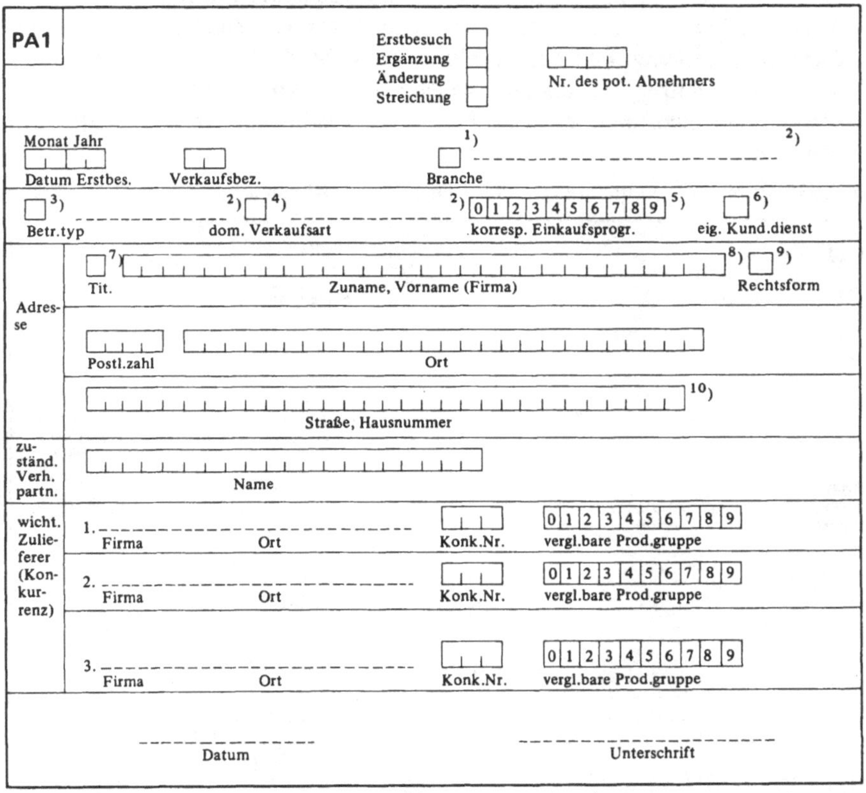
PA1

Erstbesuch
Ergänzung
Änderung
Streichung

Nr. des pot. Abnehmers

Monat Jahr
Datum Erstbes.
Verkaufsbez.
Branche [1] [2]

Betr.typ [3] [2]
dom. Verkaufsart [4] [2]
0 1 2 3 4 5 6 7 8 9 [5]
korresp. Einkaufsprogr.
eig. Kund.dienst [6]

Adresse
Tit. [7]
Zuname, Vorname (Firma) [8]
Rechtsform [9]
Postl.zahl
Ort
Straße, Hausnummer [10]

zuständ. Verh. partn.
Name

wicht. Zulieferer (Konkurrenz)
1. Firma Ort — Konk.Nr. — 0 1 2 3 4 5 6 7 8 9 vergl.bare Prod.gruppe
2. Firma Ort — Konk.Nr. — 0 1 2 3 4 5 6 7 8 9 vergl.bare Prod.gruppe
3. Firma Ort — Konk.Nr. — 0 1 2 3 4 5 6 7 8 9 vergl.bare Prod.gruppe

Datum
Unterschrift

Für folgende Formulare gilt: Felder für Eintragungen, die über die EDV abgespeichert werden, bzw. für eine EDV-Abspeicherung notwendig sind.
Zahlen sind rechtsbündig, Worte linksbündig einzutragen.

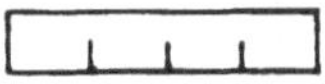

1) Branchenschlüssel hängt von der Art der Unternehmung des Reisenden ab.
2) Für nicht definierte Fälle ist hier das entsprechende Merkmal verbal einzutragen. Der Schlüssel sieht eine Alternative „Sonstige“ vor.
3) Z. B. Industrie, Handwerk, Großhandel, Einzelhandel.
4) Z. B. über Großhändler, Einzelhändler, Reisende, Vertreter, Versand, Verkauf im Hause etc.
5) Jede Kombination möglich.
6) Wenn „ja“, dann ankreuzen.
7) Z. B. Herr, Frau, Herr Dr., Frau Dr., Firma.
8) Zwischen Zuname und Vorname bzw. zwischen einzelnen Worten des Firmennamens muß je eine Leerstelle sein.
9) Z. B. OHG, KG, GmbH, AG, KGaA.
10) Zwischen Straße und Hausnummer muß eine Leerstelle sein.

- Erstberichte für die Erfassung von Neuabnehmern und Neukonkurrenten,
- Ergänzungsberichte zur Nachlieferung bisher fehlender Informationen,
- Änderungsberichte zur Korrektur veralteter Informationen und als
- Streichungsberichte, falls ein Abnehmer die Geschäftsbeziehungen zur Reisendenfirma aufgegeben hat, ein Abnehmer oder Konkurrent aus dem Markt ausscheidet oder auch nur bestimmte Positionen ersatzlos zu streichen sind.

Abb. 83: Formular: „Grundinformationen tatsächlicher Abnehmer"

TA1

Neukunde ☐ ☐ ehemals pot. Abnehmer
Ergänzung ☐
Änderung ☐
Streichung ☐
Nr. tats. Abnehmer

Monat Jahr
Datum Erstauftr. — Verkaufsbezirk — Branche

Betr.typ — dom. Verkaufsart — korresp. Einkaufsprogr. 0 1 2 3 4 5 6 7 8 9 — eig. Kund.dienst

Rechnungsadresse	Tit. — Zuname, Vorname (Firma) — Rechtsform
	Postl.zahl — Ort
	Straße, Hausnummer
Konto	Geldinstitut
	Ort — Kto.Nr.
Lieferadresse	Tit. — Zuname, Vorname (Firma) — Rechtsform
	Postl.zahl — Ort
	Straße, Hausnummer
zuständ. Verh.-partn.	Name
wichtigste Zulieferer (Konkurrenz)	1. Firma — Ort — Konk.Nr. — vergl.bare Prod.gruppe 0 1 2 3 4 5 6 7 8 9
	2. Firma — Ort — Konk.Nr. — vergl.bare Prod.gruppe 0 1 2 3 4 5 6 7 8 9
	3. Firma — Ort — Konk.Nr. — vergl.bare Prod.gruppe 0 1 2 3 4 5 6 7 8 9
	Datum — Unterschrift

Abb. 84: Formular: „Grundinformationen Konkurrenz"

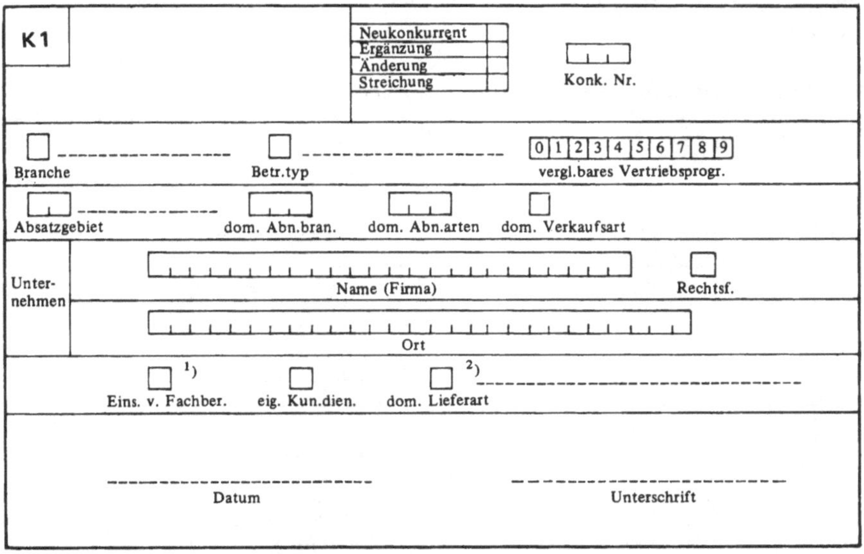

1) Wenn „ja", dann ankreuzen.
2) Z. B. Selbstabholung, per eigenem Fuhrpark, per Spedition, per Bahn.

Bei den drei letztgenannten Berichtstypen kann – wenn dem Reisenden bekannt – die Abnehmer- bzw. Konkurrentennummer angegeben werden. In jedem Fall ist es für eine eindeutige Zuordnung des Berichtsinhaltes notwendig, daß die Adresse eingetragen wird. Wird in einem Änderungsbericht über eine neue Adresse informiert, so sollen die bisher gültigen Teile der betreffenden Adresse über die ausgefüllten Kästchen geschrieben werden, damit der Sachbearbeiter im Innendienst die für eine Abspeicherung des Berichtes notwendige Nummer des betreffenden Marktteilnehmers finden kann.
Neben einigen Berichtspositionen (z. B. Branche, Betriebstyp, Verkaufsart etc.) ist Platz für Eintragungen gelassen, falls die im Schlüsselkatalog aufgeführten Alternativen nicht ausreichen, um die spezielle Informationssituation zu beschreiben.

9.132 Zusatzberichte

Mit den Grundberichten werden alle Abnehmer und Konkurrenten grundsätzlich festgehalten. Um weitere Informationen zu erhalten, soll der Reisende EDV-auswertbare Zusatzberichte erstellen. Zusatzberichte sind Berichte, die einmal die tatsächlichen Abnehmer näher beschreiben und zum anderen über die Größe und Bedeutung bestimmter Marktteilnehmer informieren sollen. Auch für diese Berichte ist es vorgesehen, daß sie über die EDV ausgewertet werden sollen.

Abb. 85: Formular: „Beschreibung tatsächlicher Abnehmer"

TA3

Neukunde ☐
Ergänzung ☐
Änderung ☐
Streichung ☐

Nr. tats. Abn.[1] — Verk.bez. — Quartal/Jahr

Adresse

Zuname, Vorname (Firma)

Postl.zahl — Ort

Straße, Hausnummer

Abs.gebiet — dom. Abn.kdenbranche — dom. Abn.kdenart (Betr.typ)

Abn.kden Nr. — Branche — Betr.typ — vergl.bares Einkaufsprogr.

Tit. — Zuname, Vorname (Firma) — Rechtsf.

Postl.zahl — Ort

Straße, Hausnummer

Abn.kden Nr. — Branche — Betr.typ — vgl.bares Einkaufsprogr.

Tit. — Zuname, Vorname (Firma) — Rechtsf.

Postl.zahl — Ort

Straße, Hausnummer

Abn.kden Nr. — Branche — Betr.typ — vergl.bares Einkaufsprogr.

Tit. — Zuname, Vorname (Firma) — Rechtsf.

Postl.zahl — Ort

Straße, Hausnummer

☐[2] ☐[3]
Bindg. Kennz. — Firma

Datum — Unterschrift

[1]) Branchenschlüssel hängt von der Art der Unternehmung des Reisenden ab.
[2]) Z. B. Zusammenarbeit, Zugehörigkeit.
[3]) Bei Zugehörigkeit: untergeordnet, gleichgeordnet, übergeordnet (Firmenangabe bei letzterem überflüssig).

9.132.1 Berichte zur näheren Beschreibung von tatsächlichen Abnehmern

Der Bericht zur näheren Beschreibung tatsächlicher Abnehmer (Abb. 85) ist wie der Grundbericht in einer Form als Erst-, Ergänzungs-, Änderungs- und Streichungsbericht zu verwenden. Zu Beginn eines jeden Halbjahres soll der Reisende weitgehend ausgefüllte Formulare dieser Art erhalten. Handelt es sich um einen Neukunden, der näher beschrieben werden soll, dann kann das Formular nur mit Abnehmernummer, Verkaufsbezirksnummer, Quartals- und Jahresangabe sowie der Abnehmeradresse bereits vorgedruckt werden. Ist der

Abb. 86: Formular: „Größe und Bedeutung potentieller Abnehmer"

PA3	Nr. pot. Abn. ☐ · Verk.bez. ____ · Jahr ____
Adresse	Zuname, Vorname (Firma) ____ Postl.zahl ____ Ort ____ Straße, Hausnummer ____
derzeit. Größe	Kapital (Tsd) ☐ · Beschäft. (Az) ☐ · Verk.fl. (qm) ☐ · Schauf. (Az) ☐ · Installat. ☐
Geschäftigkeit	ca. Gesamtumsatz (Tsd) ☐ ca. Bedarf von vergl.barer Prod.gruppe (Tsd)[1]: 0 ☐ 1 ☐ 2 ☐ 3 ☐ 4 ☐ 5 ☐ 6 ☐ 7 ☐ 8 ☐ 9 ☐
Aussichten	voraussichtl. Geschäftsentw. ☐[2]) · Investitionstätigkeit ☐[3])
Bonität	Vorschlag Kreditlimit (Tsd) ☐
	Datum ____ · Unterschrift ____

[1]) Wert des Bedarfs nach den Produkten, die mit den angebotenen Produkten der eigenen Unternehmung vergleichbar sind.
[2]) Zurückgehend, gleichbleibend, steigend.
[3]) Fallend, stagnierend, expandierend.

Kunde aber schon durch frühere Berichte dieser Art näher beschrieben, dann soll der Reisende das Formular mit jeder Position, für die Angaben gespeichert sind, vorgedruckt erhalten. Im ersten Fall des Neukunden hat er das vorgegebene Formular möglichst weitgehend auszufüllen. Im zweiten Fall hat er die vorgedruckten Angaben auf ihre Aktualität hin zu überprüfen und gegebenenfalls zu ergänzen. Sind Änderungen oder Streichungen vorzunehmen, muß er ein neues, leeres Formular dieser Art in allen Positionen aktualisiert ausfüllen. In jedem Falle sind die ausgefüllten Formulare am Ende des Halbjahres einzureichen.

Abb. 87: Formular: „Größe und Bedeutung tatsächlicher Abnehmer"

TA4	Nr. tats. Abn. □□□□ · Verk.bez. ____ · Jahr ____
Adresse	Zuname, Vorname (Firma) ____ Postl.zahl ____ · Ort ____ Straße, Hausnummer ____
derzeit. Größe	Kapital (Tsd) □□□□□□□ · Besch. (Az.) □□□□ · Verk.fl. (qm) □□□ · Schauf. (Az.) □□ · Installat. □□□
Geschäftigkeit	ca. Gesamtumsatz (Tsd) □□□□□□□□ ca. Bedarfswert von vergl.barer Prod.gruppe[1]) (Tsd): 0 □□□□□□ · 1 □□□□□□ · 2 □□□□□□ · 3 □□□□□□ · 4 □□□□□□ · 5 □□□□□□□ · 6 □□□□□□□ · 7 □□□□□□□ · 8 □□□□□□□ · 9 □□□□□□□
Aussichten	vorauss. Geschäftsentw. □ · Expansion (Investitionstätigkeit) □
Bonität	Vorschlag Kreditlimit (Tsd) □□□
	Datum ---------- · Unterschrift ----------

[1]) Wert des Bedarfs nach den von der eigenen Unternehmung und vergleichbaren, von der Konkurrenz angebotenen, Produkten.

9.132.2 Berichte über die Größe und Bedeutung von Abnehmern und Konkurrenten

Vor Jahresende soll der Reisende für jeden potentiellen Abnehmer (Abb. 86), tatsächlichen Abnehmer (Abb. 87) und Konkurrenten (Abb. 88), über dessen Größe, Beschäftigung, Aussichten und Bonität er informieren soll, ein entsprechendes Formular erhalten, auf dessen Kopf die Nummer des Marktteilnehmers und des Verkaufsbezirks, das Jahr und die Adresse, bereits vorgedruckt sind. Dasselbe Formular ist auszufüllen und zum angewiesenen Zeitpunkt zurückzuschicken.

9.133 Besuchsberichte

Die hier vorgeschlagenen EDV-auswertbaren Besuchsberichte (Abb. 89 u. Abb. 90) sind in zweierlei Weise verwendbar. Der Reisende hat für die Berichterstattung nach Erstbesuch ein leeres, d. h. nicht individuell vorbereitetes

Abb. 88: Formular: „Größe und Bedeutung Konkurrenz"

K 2			Nr.Konk.	Jahr
Unternehmen	Name (Firma)			
	Ort			
derzeit. Größe	Kapital (Tsd)	Besch. (Az)	Verk.fl. (qm)	Installat. . . . (vergl.bare)
Geschäftigkeit	ca. Gesamtumsatz (Tsd)		0	5
	ca. Umsatz vergl.bare Prod.gruppe (Tsd)		1	6
			2	7
			3	8
			4	9
Aussichten	vorauss. Geschäftsentw. ☐		Expansion (Investitionstätigkeit) ☐	
		Datum		Unterschrift

Abb. 89: Formular: „Besuchsbericht potentieller Abnehmer"

PA2	Nr. pot. Abn. ☐☐☐☐ Reis. ☐☐ 1) Verk.bez. ☐☐ 1)
Adresse	Zuname, Vorname (Firma) Postl.zahl Ort Straße, Hausnummer
Hinweise zu diesem Besuch	am ____________
einzelne Informationen über diesen Besuch	angetroffen _________ Besuchsdauer 2) ☐ Näheres Anlagen 3): A2 ______ A3 _______
	Werbematerial ausgehändigt 4) Pkte ☐☐ 5)
Hinweise zum nächst. Besuch	am ☐☐ ☐☐ ☐☐ Geschäftsaussichten: ______________________
	Datum Unterschrift

Werbematerial ausgehändigt:

Bezeichnung	Stk	Mat.Nr.	

1) Nummer des Reisenden = Nummer des ständigen Verkaufsbezirks des Reisenden. (Wenn Nummern nicht übereinstimmen, handelt es sich um einen Besuch im Vertretungsverkaufsbezirk.)

2) Jede angebrochene Viertelstunde = eine Besuchseinheit.

3) Hinweis auf Anforderungsberichte.

4) Bei Werbeträgern mit geringem Wert ist die letzte Ziffer der Materialnummer eine Null. Kostspielige Werbeträger sind mit der letzten Ziffer bewertet (Werbeeinsatzpunkte).

5) Hier Eintrag der Werbeeinsatzpunkte (gesamt).

Formular dieser Art auszufüllen. Für jeden weiteren Besuch erhält er ein entsprechendes teilausgefülltes Formular. Neben der Abnehmernummer und -adresse sollen unter der Rubrik „Hinweise zum nächsten Besuch“ Anmerkungen erscheinen, die durch entsprechende Programmierung automatisch im

Abb. 90: Formular: „Besuchsbericht tatsächlicher Abnehmer“

TA2			Nr. tats. Abn. — Reis. — Verk.bez.
Adresse	Zuname, Vorname (Firma) Postl.zahl — Ort Straße, Hausnummer		
Hinweise zu diesem Besuch	am ----------		
einzelne Informationen über diesen Besuch	Neukunde ☐ angetroffen _____ Besuchsdauer ☐ Auftrag ☐		
	Näheres:		
	Anlagen: A2--- A3--- A4--- A5--- A6--- A7---		
	Werbematerial ausgehändigt (siehe Tabelle) — Pkte ☐		
Hinweise zum nächst. Besuch	am ☐ Geschäftsaussichten: ------------------------------		
	-------------------- Datum	-------------------- Unterschrift	

Werbematerial ausgehändigt

Bezeichnung	Stk	Mat.Nr.

Abb. 91: Formular: „Kritik und Vorschlag Abnehmer“

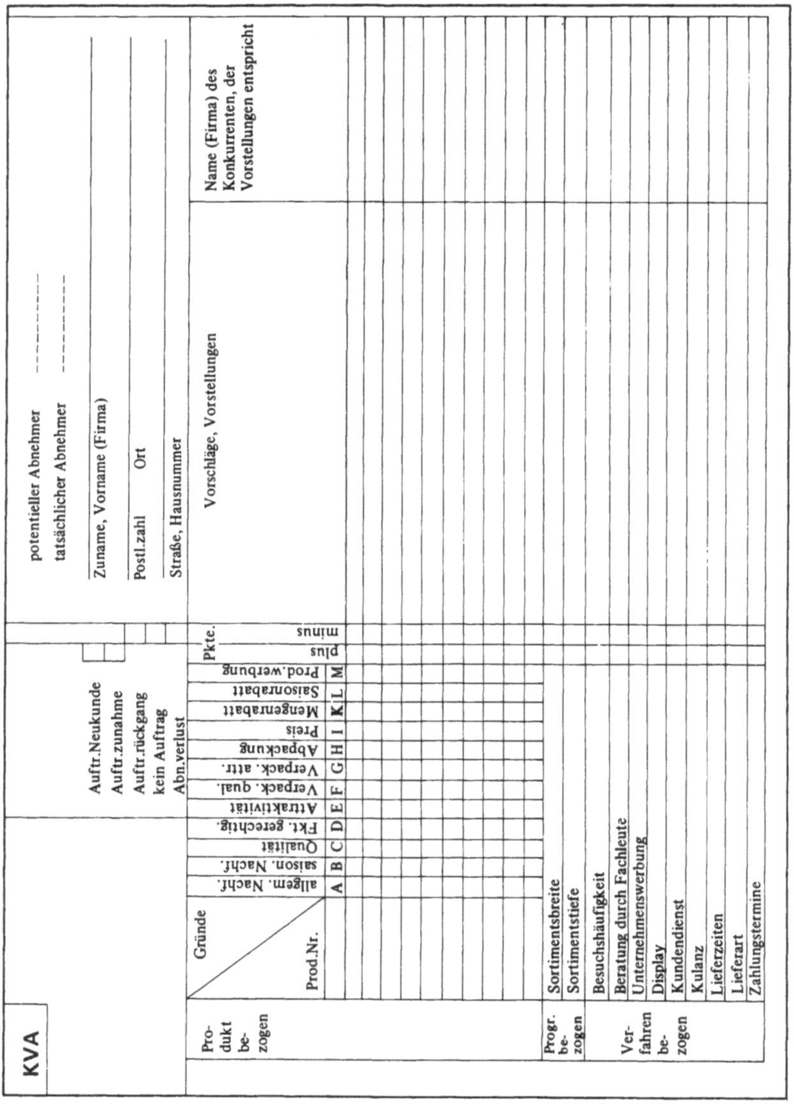

Rahmen der Formularvorbereitung über die EDV ausgedruckt werden und/ oder auch manuell eingesetzt werden können [12, S. 19].

4.134 Berichte über kritische Beurteilungen und Vorschläge [11, S. 1404]

Diese Berichtsart ist zwar in Formularform vorgeschlagen (Abb. 91), eine Auswertung über die EDV wird jedoch nur teilweise möglich sein. Das Formular ist in seinem eigentlichen Inhalt aufgebaut in produkt-, programm- und verfahrensbezogene Positionen. Wie bei den meisten vorgeschlagenen Formularen, so sind auch hier die Positionen im Einzelfall gegebenenfalls einzuschränken bzw. zu erweitern.
Je nachdem, ob ein Neukunde gewonnen bzw. eine über das Normale hinausgehende Auftragszunahme zu verzeichnen ist, oder ob der erteilte Auftrag gegenüber früheren Aufträgen merklich kleiner ist, kein Auftrag gegeben wurde, ja sogar ein Abnehmer als Kunde verloren geht, soll der Reisende die dafür verantwortlichen Gründe erforschen und durch entsprechende Eintragungen festhalten. Für positive und negative Kritik hat der Reisende nach bestimmten Bewertungsregeln dem für diese Kritik verantwortlichen Gegenstand Plus- bzw. Minuspunkte zuzuschreiben. Die Bewertungsskala soll der Einfachheit wegen von eins bis maximal neun Punkte gehen. Als Bewertungskriterium sei z. B. der gewonnene bzw. entgangene, geschätzte Jahresauftragswert genannt.
Insbesondere – aber nicht ausschließlich – dann, wenn negative Kritik geübt wurde, soll der Reisende (Gegen-)Vorschläge und Vorstellungen des Abnehmers erforschen, in kurzer Form verbal niederschreiben und gegebenenfalls den Namen und die Nummer des Konkurrenten angeben, der diesen Vorstellungen entspricht.

9.135 Anweisungsberichte

9.135.1 Auftragsformulare

Für Aufträge, die über die EDV ausgewertet werden sollen, sind hier zwei Vorschläge gemacht:
Im ersten Fall (Abb. 92) handelt es sich um ein EDV-gerecht aufgebautes aber nicht maschinenlesbares Formular [3, S. 84 f.]. Dieser Vorschlag soll für solche Fälle gelten, in denen eine mittlere oder große Anzahl von Produkten angeboten wird und außerdem mit jedem Auftrag gegebenenfalls Bedingungen und Wünsche hinsichtlich seiner Erledigung gestellt werden.

Im zweiten Fall (Abb. 93) wird ein maschinenlesbares Markierungsformular vorgeschlagen [3, S. 86 f.]. Die Voraussetzung für diese Auftragsform ist, daß nur eine geringe Anzahl (hier z. B. neun) verschiedener Produkte angeboten wird. Aus Vereinfachungsgründen ist hier angenommen worden, daß besondere Liefer- und Zahlungsbedingungen und -wünsche nicht berücksichtigt werden.

Abb. 92: Formular: „Auftrag"

A1	Nr. 0000001
	Auftragsdatum · Reis. · Verk.bez. · Abnehmer Nr.
Adresse	Zuname, Vorname (Firma) Postl.zahl · Ort Straße, Hausnummer
Auftrag	Produkt Nr. · Menge · Bezeichnung · Einzelverk.preis
Bedingungen	gew. Liefertermin · Versand an Rechnungsadresse ☐ 1) · Lieferart ☐ 2)
	Unterschrift des Auftraggebers

1) Wenn „ja", dann ankreuzen.
2) Z. B. Selbstabholung, Zuschicken.

Selbstverständlich ist das Formular auch um entsprechende Positionen erweiterbar.

Abb. 93: Markierungsformular: „Auftrag"

A1 Nr. 0000001

0== 1== 2== 3== 4== 5== 6== 7== 8== 9== 0== 1== 2== 3== 4== 5== 6== 7== 8== 9== 0== 1== 2== 3== 4== 5== 6== 7== 8== 9== 0== 1== 2== 3== 4== 5== 6== 7== 8== 9== 0== 1== 2== 3== 4== 5== 6== 7== 8== 9== 0== 1== 2== 3== 4== 5== 6== 7== 8== 9== 0== 1== 2== 3== 4== 5== 6== 7== 8== 9==	Auftrag Nr.
10== 20== 30== 1== 2== 3== 4== 5== 6== 7== 8== 9== J== F== M== A== M== J== J== A== S== O== N== D== 70== 71==	Datum[1]
0== 1== 2== 3== 4== 5== 6== 7== 8== 9== 0== 1== 2== 3== 4== 5== 6== 7== 8== 9== 0== 1== 2== 3== 4== 5== 6== 7== 8== 9== 0== 1== 2== 3== 4== 5== 6== 7== 8== 9== 0== 1== 2== 3== 4== 5== 6== 7== 8== 9==	Abnehmer Nr.
0== 1== 2== 3== 4== 5== 6== 7== 8== 9== 0== 1== 2== 3== 4== 5== 6== 7== 8== 9==	Reis. Nr.
0== 1== 2== 3== 4== 5== 6== 7== 8== 9== 0== 1== 2== 3== 4== 5== 6== 7== 8== 9==	Verk. bez.

10== 20== 30== 40== 50== 60== 70== 80== 90== 1== 2== 3== 4== 5== 6== 7== 8== 9==	0	Bestellte Menge von Produkt:
10== 20== 30== 40== 50== 60== 70== 80== 90== 1== 2== 3== 4== 5== 6== 7== 8== 9==	1	
10== 20== 30== 40== 50== 60== 70== 80== 90== 1== 2== 3== 4== 5== 6== 7== 8== 9==	2	
10== 20== 30== 40== 50== 60== 70== 80== 90== 1== 2== 3== 4== 5== 6== 7== 8== 9==	3	
10== 20== 30== 40== 50== 60== 70== 80== 90== 1== 2== 3== 4== 5== 6== 7== 8== 9==	4	
10== 20== 30== 40== 50== 60== 70== 80== 90== 1== 2== 3== 4== 5== 6== 7== 8== 9==	5	
10== 20== 30== 40== 50== 60== 70== 80== 90== 1== 2== 3== 4== 5== 6== 7== 8== 9==	6	
10== 20== 30== 40== 50== 60== 70== 80== 90== 1== 2== 3== 4== 5== 6== 7== 8== 9==	7	
10== 20== 30== 40== 50== 60== 70== 80== 90== 1== 2== 3== 4== 5== 6== 7== 8== 9==	8	

Auftraggeber

Zuname (Firma)

Vorname

Postl.zahl Ort

Straße, Hausnummer

Unterschrift

[1]) „J", „F", „M" etc. = Januar, Februar, März etc.

Abb. 94: Markierungsformular: „Anforderung Werbematerial“

A3		
10== 20== 30== 1== 2== 3== 4== 5== 6== 7== 8== 9== J== F== M== A== M== J== J== A== S== O== N== D== 70== 71==	Datum	Für Reisenden:
Reisender== pot.Abn.== tats. Abn.==	Be-zieh.	Name
0== 1== 2== 3== 4== 5== 6== 7== 8== 9== 0== 1== 2== 3== 4== 5== 6== 7== 8== 9==	Reis.-Nr.	Für pot. Abnehmer: Zuname, Vorname Postl.zahl Ort Straße, Hausnummer
1== 2== 3== 4== 5== 6== 7== 8== 9== 0== 1== 2== 3== 4== 5== 6== 7== 8== 9== 0== 1== 2== 3== 4== 5== 6== 7== 8== 9== 0== 1== 2== 3== 4== 5== 6== 7== 8== 9== 0== 1== 2== 3== 4== 5== 6== 7== 8== 9==	Abnehmer Nr.	
1== 2== 3== 4== 5== 6== 7== 8== 9== 10==	Anz	
0== 1== 2== 3== 4== 5== 6== 7== 8== 9== 0== 1== 2== 3== 4== 5== 6== 7== 8== 9== 0== 1== 2== 3== 4== 5== 6== 7== 8== 9== 0== 1== 2== 3== 4== 5== 6== 7== 8== 9==	Material Nr.	Für tats. Abnehmer: Zuname, Vorname Postl.zahl Ort Straße, Hausnummer
1== 2== 3== 4== 5== 6== 7== 8== 9== 10==	Anz.	
0== 1== 2== 3== 4== 5== 6== 7== 8== 9== 0== 1== 2== 3== 4== 5== 6== 7== 8== 9== 0== 1== 2== 3== 4== 5== 6== 7== 8== 9== 0== 1== 2== 3== 4== 5== 6== 7== 8== 9==	Material Nr.	
1== 2== 3== 4== 5== 6== 7== 8== 9== 10==	Anz.	
0== 1== 2== 3== 4== 5== 6== 7== 8== 9== 0== 1== 2== 3== 4== 5== 6== 7== 8== 9== 0== 1== 2== 3== 4== 5== 6== 7== 8== 9== 0== 1== 2== 3== 4== 5== 6== 7== 8== 9==	Material Nr.	
1== 2== 3== 4== 5== 6== 7== 8== 9== 10==	Anz.	
0== 1== 2== 3== 4== 5== 6== 7== 8== 9== 0== 1== 2== 3== 4== 5== 6== 7== 8== 9== 0== 1== 2== 3== 4== 5== 6== 7== 8== 9== 0== 1== 2== 3== 4== 5== 6== 7== 8== 9==	Material Nr.	
1== 2== 3== 4== 5== 6== 7== 8== 9== 10==	Anz.	
0== 1== 2== 3== 4== 5== 6== 7== 8== 9== 0== 1== 2== 3== 4== 5== 6== 7== 8== 9== 0== 1== 2== 3== 4== 5== 6== 7== 8== 9== 0== 1== 2== 3== 4== 5== 6== 7== 8== 9==	Material Nr.	Unterschrift

[1]) Nur eintragen, wenn Reisender Bezieher des Werbematerials ist.

9.135.2 Sonstige Anweisungsberichte

Zu den sonstigen Anweisungsberichten gehören die Berichte
- „Anforderung Fachberater" (A 2),
- „Anforderung Werbematerial" (A 3),
- „Reklamationsmeldung" (A 4),
- „Anforderung Kundendienst" (A 5),
- „Überprüfen Kreditwürdigkeit" (A 6) und
- „Jubiläum, Todesfall" (A 7).

Außer dem Bericht „Anforderung Werbematerial" ist allen übrigen Berichten gemein, daß sie zwar weitgehend formularisierbar sind, jedoch einen für jeden Einzelfall individuellen erklärenden Text erfordern. Da ihre Gestaltung relativ problemlos ist, soll auf diesbezügliche Vorschläge verzichtet werden.

Abb. 95: „Reiseabrechnung Reisender"

RAR — Monat — Jahr — Reis. Nr. — Reis. Nr. — Name — Kfz.Nr. — pol. Kennzeichen

Datum	Tagesnachweis				gefahrene km		Betriebsstoff			Inspektion Reparat. etc.	Über-nachtung	Ver-pflegung	Telefon u. Porto	sonstige Spesen	
	Reise	krank	Urlaub	Ausb. Tagng	Dienst	Privat	Treibst. (l)	Öl (l)	DM, Pf.	DM, Pf.	DM, Pf.	DM, Pf.	DM, Pf.	DM, Pf.	Erklärung
1															
2															
3															
4															
5															
6															
7															
8															
9															
10															
11															
12															
13															
14															
15															
16															
17															
18															
19															
20															
21															
22															
23															
24															
25															
26															
27															
28															
29															
30															
31															
Σ							X	X							

Anzahl Übernachtungen ☐ — Σ ⟶ Σ ⟶ 1)

Unterschrift

1) Telefon, Porto und sonstige Spesen sollen zusammengezählt werden.

Der Bericht „Anforderung Werbematerial" ist geeignet, in Form eines maschinenlesbaren Formulars erstellt zu werden. Der Formularvorschlag (Abb. 94) sieht vor, daß der Reisende bis zu fünf verschiedene Werbeträger für seine eigene Disposition anfordern kann, bzw. einem potentiellen oder tatsächlichen Abnehmer zukommen lassen kann.
Für die Fälle, in denen mehr als fünf verschiedene Werbeträger für einen Empfänger angefordert werden sollen, müssen weitere Formulare ausgefüllt werden.

9.136 Reiseabrechnungsformulare des Reisenden

Für die am Monatsende einzureichende Reiseabrechnung [5, S. 208] des Reisenden ist hier ein einziges Formular vorgeschlagen (Abb. 95), in das der Reisende täglich entsprechende Informationen einzutragen hat. Dieses Formular enthält eine Anzahl von Positionen, deren Eintragungen durch beigefügte Rechnungen in der Anlage belegt sein müssen. In der Rubrik „sonstige Spesen" ist Raum für Bemerkungen gelassen, die den Verwendungszweck hier aufgeführter Ausgaben erklären.
Die Eintragungen sollen am Monatsende von einem Sachbearbeiter auf ihre Übereinstimmung mit den entsprechenden Rechnungsbelegen und den unter Umständen vorgeschriebenen Höchstsätzen kontrolliert und gegebenenfalls korrigiert werden. Die Zahlenkolonnen sind sodann aufzuaddieren, und die Summen in die dafür vorgesehenen Summenfelder einzutragen. Für eine Auswertung der Reiseabrechnung des Reisenden über die EDV genügt es, nur diese Summen abzuspeichern.

9.137 Berichte über Konkurrenzaktivitäten

Plötzliche Konkurrenzaktivitäten, die die Absatzbemühungen der Unternehmung des Reisenden beeinträchtigen können, sind unverzüglich zu melden.
Da die Möglichkeiten für absatzpolitische Maßnahmen der Konkurrenz zu vielfältig sein können, um als Alternativen von vornherein festgelegt zu werden und da jede dieser Maßnahmen in der Regel nicht mit wenigen Worten hinreichend beschreibbar ist, muß auf eine weitgehend formularisierte Berichterstattung verzichtet werden. Statt dessen sei vorgeschlagen, verbale schriftliche Berichte auf Formularen erstellen zu lassen, die außer Überschrift und Formularzeichen (KA) Positionen vorgedruckt haben, in denen das Datum, die Reisendennummer und der Name der Konkurrenz eingetragen werden soll. In sehr dringenden Fällen soll der Reisende dazu angehalten sein, telephonisch Bericht zu erstatten.

9.138 Sonderberichte

Sonderberichte sind Berichte, die – entsprechend ihrer Veranlassung – unregelmäßig erstellt und nachgefragt werden. Die Möglichkeiten für eine Sonderberichterstattung sind einerseits zu sehr vom einzelnen Fall abhängig, als daß hier generalisierende Formvorschläge gemacht werden könnten, zum anderen so zahlreich daß auf konkrete Einzelvorschläge verzichtet werden muß. Es soll daher genügen, auf o. g. Möglichkeiten der formellen Gestaltung von Reisendenberichten hinzuweisen.

9.2 Auswertung der vorgeschlagenen Reisendenberichte

In Anbetracht dessen, daß die Reisendenberichte nur eine Informationsquelle im Rahmen des vertrieblichen Berichts- bzw. Informationswesens darstellen, soll hier nur auf einige Möglichkeiten hingewiesen werden, die – soweit sie nicht bereits an anderer Stelle analysiert wurden – speziell für die Auswertung der vorgeschlagenen Reisendenberichte offenstehen.

9.21 Aufbau von Dateien

Grundsätzlich lassen sich für die Speicherung und Verarbeitung vorgegebener Reisendeninformationen folgende Dateien einrichten:
- Potentielle-Abnehmer-Datei
- Tatsächliche-Abnehmer-Datei
- Konkurrenz-Datei
- Abnehmerkunden-Datei
- Reisenden- bzw. Personal-Datei
- Produkt-Datei.

Je nach dem betriebsindividuellen Umfang an Reisendenberichtsinformationen, dem Umfang an diesbezüglichen Informationen aus anderen Quellen und je nach Art und Häufigkeit der Auswertung der abgespeicherten Daten lassen sich o.g. Dateien zusammenfassen bzw. unterteilen. So mag es gegebenenfalls angebracht sein, die Potentielle-Abnehmer-, Tatsächliche-Abnehmer- und Abnehmerkunden-Datei aus rationellen Gründen zu einer gesamten Kundendatei zusammenzulegen. Andererseits besteht die Möglichkeit bei einem großen Datenanfall und je nachdem ob seriell verarbeitet oder wahlfrei zugegrif-

Abb. 96: Übersicht: Vorschläge für Dateiarten und -formen

	Stammdateien	Bewegungsdateien	Archivdateien	Plandateien	Laufende Dateien
potentielle Abnehmer	B (67)	B (67)	B (67)		
tatsächliche Abnehmer	P (68a)	B (68b)	B (68c)	B (68c)	
Konkurrenten	B (69)		B (69)		
Abnehmerkunden	B (70)				
Reisende	? (71a)	P (71b)	B (71c)	B (71c)	
Produkte	P (72a)	P (72b)	B (72c)	B (72c)	
Berichtsinhalte					E

B = Magnetband
P = Magnetplatte
E = Eingabesätze gemäß abzuspeichernder Formularinhalte
? = nicht festgelegt
(. . .) = siehe dazu Abb. . . .

fen werden soll, einzelne o.g. Dateien in verschiedene Teildateien auf verschiedenen peripheren Großspeichern wie Magnetplatte und -band zu unterteilen. Grundsätzlich können hier vier Dateiarten unterschieden werden:
- Stammdateien, deren Datenbestände nie oder nur selten verändert werden,
- Bewegungsdateien, die einer laufenden Aktualisierung unterliegen,
- Archivdateien, die verdichtete Daten vergangener Perioden beinhalten und
- Plandateien, in denen Sollvorgaben aus der Planung – speziell der Absatzplanung – gespeichert sind.

Im folgenden sollen in einer Reihe von Übersichten die Inhalte vorgeschlagener Dateien dargestellt werden. Diese Dateien enthalten Felder, in denen sowohl originäre, aus den vorgeschlagenen Reisendenberichten bekannte Informationen, als auch verdichtete Informationen, auf deren Zustandekommen in späteren Ausführungen eingegangen werden soll, gespeichert werden sollen. In der Annahme, daß die aufgeführten Übersichten genügend aussagefähig sind, befassen sich die jeweiligen Erläuterungen vorwiegend mit Vorschlägen für die Wahl der Dateiarten und -formen (vgl. Abb. 96).

9.211 Potentielle-Abnehmer-Dateien (Abb. 97)

Für die Speicherung von originären und transformierten Informationen, die den potentiellen Abnehmer betreffen, sollen drei Dateien eingerichtet werden: eine Stammdatei, eine Bewegungsdatei und eine Archivdatei. Der Aufbau dieser Dateien ist dem der entsprechenden Tatsächlichen-Abnehmer-Dateien bewußt angeglichen. Der Grund dafür ist, daß sämtliche Dateisätze eines potentiellen Abnehmers, von dem der Reisende einen ersten Auftrag erhalten hat, ohne Schwierigkeiten in die entsprechenden Dateien der tatsächlichen Abnehmer übernommen werden können.
Die Potentiellen-Abnehmer-Dateien lassen sich zwar logisch trennen; sie sollen aber ungetrennt gespeichert werden, indem alle drei Dateiensätze eines jeden potentiellen Abnehmers zu einem Satz zusammengezogen werden. Eine Trennung wäre unrationell, da die einzelnen Dateien sowohl hinsichtlich der Satzlängen als auch der Anzahl der Sätze von relativ geringem Umfang sind und somit auch in zusammengefaßter Form Ausmaße von untergeordneter Bedeutung annehmen.
Diese zusammengefaßte Datei soll auf Magnetband gespeichert werden.

9.212 Tatsächliche-Abnehmer-Dateien (Abb. 98)

Zur Speicherung von Informationen über die tatsächlichen Abnehmer soll eine Stamm-, eine Bewegungs-, eine Archiv- und eine Plandatei eingerichtet werden.

Abb. 97: Satzinhalte der Potentiellen-Abnehmer-Datei

a) Stammdaten	b) Bewegungsdaten	c) Archivdaten
1. Laufende Nr. des potentiellen Abnehmers – Abnehmernummer 2. Statistischer Schlüssel – Datum erster Besuch (Monat, Jahr) – Verkaufsbezirk – Branche[1] – Betriebstyp[1] – Verkaufsart[1] – korrespon. Einkaufsprogramm[1][2] – eigener Kundendienst 3. Adresse – Titel – Zuname (Firma) – Vorname – Rechtsform – Postleitzahl – Ort – Straße – Hausnummer 4. Zuständiger Verhandlungspartner – Name 5. Wichtigste Zulieferer – Konkurrenznummer – vergl.bare Prod.-gruppen[3] ⋮	1. Besuchsdaten – Besuchshäufigkeit[4] – Besuchsdauer[5] 2. Beratungsinanspruchnahme – Punkte[6] 3. Werbeeinsatz – Punkte[6] 4. Nächster Besuch – Datum	1. Zuletzt festgestellte Größe – Kapitel (in Tsd) – Anzahl Beschäftigte – z.B. Verkaufsfläche (qm) – z.B. Anzahl Schaufenster – z.B. Anzahl Installationen 2. Geschäftigkeit – ca. Jahresgesamtumsatz (in Tsd) – ca. Jahresbedarfswert (in Tsd) PG 0[7] ⋮ PG 9 3. Aussichten – Geschäftsentwicklung – Expansion (Investitionstätigkeit) 4. Bonität – Kreditlimit (in Tsd)

[1]) Ergeben zusammen den Werbeschlüssel

[2]) Einkaufsprogramm des potentiellen Abnehmers, das mit dem Vertriebsprogramm der eigenen Unternehmung korrespondiert

[3]) Die Produktgruppe(n), aus der (denen) die Konkurrenz vergleichbare Produkte vertreibt.

[4]) Besuchszähler

[5]) Zähler der Besuchseinheiten

[6]) Je nach Umfang der Leistung wird der potentielle Abnehmer mit Bewertungspunkten belastet. Jeder Punkt stellt eine Aufwandseinheit dar.

[7]) Wert des Bedarfs an Produkten, die mit denen der eigenen Unternehmung vergleichbar sind.
PG = Produktgruppe

Die Stammdatei, die die am häufigsten benötigten Tatsächlichen-Abnehmer-Informationen enthält, soll, um jederzeit schnell zugriffsbereit zu sein, auf einer Magnetplatte gespeichert sein. Die Bewegungsdatei nimmt in der Regel täglich eine große Anzahl von Informationen auf, die zu bestimmten Zeitpunkten seriell, d. h. aus jedem Abnehmersatz, abgefragt, verdichtet und gegebenenfalls gestrichen werden. Es liegt daher nahe, das Magnetband als Speicher zu wählen. Die Archiv- und Plandatei soll in zusammengefaßter Form ebenfalls auf ein Magnetband gespeichert werden, da auch ihre Sätze vorwiegend periodisch und seriell „upgedatet" werden.

9.213 Konkurrenz-Dateien (Abb. 99)

Nicht bei jeder Unternehmung sind die Konkurrenzverhältnisse derart, daß es nahe liegt, im Rahmen der Rationalisierung der Auswertung von Reisendenberichten Konkurrenz-Dateien einzurichten. Das darf aber nicht heißen, daß auch eine Reisendenberichterstattung hinsichtlich der Konkurrenzsituation im Einzelfall in Frage gestellt wird.
Hat eine Unternehmung wenige Konkurrenten mit einem jeweils übersehbaren Vertriebsprogramm, dann wird es genügen, die erbrachten Informationen in manuell geführten Karteien einzutragen. In den Fällen jedoch, in denen die Konkurrenzverhältnisse unübersichtlich sind, weil sehr viele Konkurrenten im eigenen Absatzmarkt agieren, seien hier EDV-gespeicherte Konkurrenz-Dateien in Form einer Stamm- und einer Archivdatei vorgeschlagen. Auch diese Dateien sollen zu einer Datei zusammengefaßt auf Magnetband gespeichert werden.

9.214 Abnehmerkunden-Datei (Abb. 100)

Die Abnehmerkunden-Datei ist eine Stammdatei mit verhältnismäßig kleinen Sätzen. Sie wird hauptsächlich deshalb eingerichtet, um bei Werbeaktionen nicht nur die potentiellen und tatsächlichen Abnehmer, sondern auch die wichtigsten Abnehmerkunden mit Werbematerial beschicken zu können. Für die hierbei anfallende Adressenschreibung über die EDV werden die Abnehmerkundensätze seriell verarbeitet. Daher soll diese Datei auf ein Magnetband gespeichert werden.

9.215 Reisenden-Dateien (Abb. 101)

Es sei vorgeschlagen, daß jedem Reisenden ein ganz bestimmtes Verkaufsgebiet als eigener Bezirk zugeteilt wird. In der Zeit, in der der Reisende Urlaub hat, krank oder z. B. auf Schulung ist, soll, damit dieses Gebiet weiterhin bearbeitet wird, ein von vornherein festgelegter Reisender eines benachbarten Verkaufsbezirks dieses Gebiet zusätzlich übernehmen. Mit anderen Worten: Jeder Reisende hat einen eigenen Verkaufsbezirk und gegebenenfalls einen Vertretungsverkaufsbezirk zu betreuen.

Abb. 98: Satzinhalte der Tatsächlichen-Abnehmer-Dateien[1]

a) Stammdaten	b) Bewegungsdaten[5]	c) Archivdaten
1. Laufende Nr. des tatsächlichen Abnehmers – Abnehmernummer 2. Statistischer Schlüssel – Datum erster Auftrag (Mo., Jahr) – Verkaufsbezirk – Branche[2] – Betriebstyp[2] – Verkaufsart[2] – korresp. Einkaufsprogr.[2][3] – eigener Kundendienst 3. Rechnungsadresse – Titel – Zuname (Firma) – Vorname – Rechtsform – Postleitzahl – Ort – Straße – Hausnummer 4. Konto – Geldinstitut – Ort – Kontonummer 5. Lieferadresse – Titel – Zuname (Firma) – Vorname – Rechtsform – Postleitzahl – Ort – Straße – Hausnummer 6. Zuständiger Verhandlungspartner – Name 7. Wichtigste Zulieferer – Konkurrenznummer – vergl.bare Prod.gruppen[4] ⋮ 8. Absatzgebiet – Absatzgebiet	1. Besuchsdaten allgemein – Besuchshäufigkeit[6] – Besuchsdauer[6] – Auftragshäufigkeit[7] 2. Beratungsinanspruchnahme – Punkte[8] 3. Werbeeinsatz – Punkte[8] 4. Reklamationen – Punkte[8] 5. Kundendienstinanspruchnahme – Punkte[8] 6. Bonität – Kreditlimit (in Tsd) 7. Debitorenkonto – Kontostand ⋮ 8. Mahnungen – Bearbeitungsnummer – Betrag – Sendedatum – Fälligkeitsdatum ⋮ – Punkte[8] 9. Nächster Besuch – Datum 10. Umsätze – PG 0 ⋮ – PG 9 – 1. Quartal ⋮ – 4. Quartal	1. Zuletzt festgestellte Größe – Kapital (in Tsd) – Anzahl Beschäftigte – z.B. Verkaufsfläche (qm) – z.B. Anzahl Schaufenster – z.B. Anzahl Installationen 2. Geschäftigkeit – ca. Jahresumsatz (in Tsd)[9] – ca. Jahresbedarfswert (in Tsd) PG 0[10] ⋮ PG 9 3. Aussichten – Geschäftsentwicklung – Expansion (Investitionstätigkeit) 4. Bonität – Kreditlimit 5. Vorjahresdaten – Erfolg[11] – Umsatz (in Tsd) PG 0 ⋮ PG 9 – Umsatz (in Tsd) 1. Quartal ⋮ 4. Quartal 6. Daten 19 . . (vor 2 J.) – Erfolg – Umsatz (in Tsd) PG 0 ⋮ PG 9 – Umsatz (in Tsd) 1. Quartal ⋮ 4. Quartal

Abb. 98: Fortsetzung

a) Stammdaten (Fstzg.)	b) Bewegungsdaten[5]) (Fstzg.)	d) Plandaten
9. Abnehmerkunden – dom. Branche – dom. Betriebstyp – Abnehmerkunden-nummer ⋮ 10. Bindung – Bindung – Kennzeichnung der Bindung – Firma		1. Umsatzwert (in Tsd) – PG 0 ⋮ – PG 9 – 1. Quartal ⋮ – 4. Quartal

1) Vgl. dazu auch [10, S. 58f]
2) Ergeben zusammen den Werbeschlüssel
3) Einkaufsprogramm des tatsächlichen Abnehmers, das mit dem Vertriebsprogramm der eigenen Unternehmung korrespondiert.
4) Die Produktgruppe(n), aus der (denen) die Konkurrenz vergleichbare Produkte vertreibt.
5) Vgl. dazu auch [10, S. 58f]
6) Besuchszähler
7) Zähler von Besuchseinheiten
8) Je nach dem Umfang der Leistung wird der tatsächliche Abnehmer mit Bewertungspunkten belastet. Jeder Punkt stellt eine Aufwandseinheit dar.
9) Umsatz, den der tatsächliche Abnehmer gemacht hat.
10) Wert des Bedarfs nach den von der eigenen Unternehmung und vergl.baren von der Konkurrenz angebotenen Produkten.
PG = Produktgruppe
11) Der aus der Geschäftsverbindung hervorgegangene Erfolg

Abb. 99: Satzinhalt der Konkurrenzdatei

a) Stammdaten	b) Archivdaten
1. Konkurrenznummer – Nummer 2. Statistischer Schlüssel – Branche – Betriebstyp – vergl.bares Vertriebsprogramm – Absatzgebiet – dom. Abnehmerbranchen – dom. Abnehmerarten – Verkaufsart 3. Unternehmen – Name (Firma) – Rechtsform – Ort 4. Verfahren – Einsatz Fachberater – eigener Kundendienst – Lieferart	1. Zuletzt festgestellte Größe – Kapital (in Tsd) – Anzahl Beschäftigte – z.B. Verkaufsfläche (qm) – z.B. vergl.bare Installationen – ca. Jahresgesamtumsatz (in Tsd)[1]) 2. Geschäftigkeit – ca. Jahresumsatz (in Tsd) PG 0[2]) ⋮ PG 9 3. Aussichten – Geschäftsentwicklung – Expansion (Investitionstätigkeit)

1) Umsatz, den der Konkurrent mit seinem gesamten Sortiment gemacht hat.
2) Umsatz, den der Konkurrent mit gleichen bzw. vergleichbaren Produkten gemacht hat.
PG = Produktgruppe

Abb. 100: Satzinhalt der Abnehmerkundendatei

Stammdaten
1. Abnehmerkundennummer – Nummer 2. Statistischer Schlüssel[1]) – Branche – Betriebstyp – Vergleichbares Einkaufsprogramm 3. Adresse – Titel – Zuname – Vorname – Rechtsform – Postleitzahl – Ort – Straße – Hausnummer

[1]) Ist als Werbeschlüssel verwendbar

Abb. 101: Satzinhalte der Reisendendateien

a) Stammdaten	b) Bewegungsdaten	c) Archivdaten
1. Statistischer Schlüssel – Reisendennr. (Nr. EVB)[1]) – Nr. VVB[2]) 2. Persönliche Daten – Name – Vorname ⋮ – Einstellungsdatum – Gehaltsklasse ⋮ 3. Kfz.-Daten – interne Kfz.-Nummer – Erstzulassungsdatum ⋮	Quartal 1 (2, 3, 4)[3]) 1. Gewonnene Neukunden EVB[4]) – Neukundenanzahl[5]) 2. Besuchsdaten EVB – getätigte Besuche[6]) – Besuchsdauer[7]) 3. Aufträge EVB – Auftragsanzahl[8]) 4. Umsätze EVB – PG 0[9]) ⋮ – PG 9 5. Gewonnene Neukunden VVB[10]) – Neukundenanzahl[5]) 6. Besuchsdaten VVB – getät. Besuche[6]) – Besuchsdauer[7]) 7. Aufträge VVB – Auftragsanzahl[8])	1. Vorjahresumsätze EVB – PG 0 ⋮ – PG 9 – 1. Quartal ⋮ – 4. Quartal 2. Vorjahresumsätze VVB – PG 0 ⋮ – PG 9 – 1. Quartal ⋮ – 4. Quartal 3. Umsätze vor 2 Jahren EVB – PG 0 ⋮ – PG 9

Abb. 101: Fortsetzung

<table>
<tr><th>a) Stammdaten (Fstzg.)</th><th>b) Bewegungsdaten (Fstzg.)</th><th>c) Archivdaten (Fstzg.)</th></tr>
<tr><td rowspan="3"></td><td rowspan="3">8. Umsätze VVB
– PG 0[9]
⋮
– PG 9
9. Tätigkeitsnachweis
– Reisetage
– kranke Tage
– Urlaubstage
– Ausbildungs-, Tagungstage
10. Gefahrene Kilometer
– gefahrene Kilometer Dienst
– gefahrene Kilometer Privat
11. Kfz.-Kosten
– Betriebsstoffkosten
– Inspektionen, Reparaturen, etc.
12. Reisespesen
– Anz. Übernachtungen
– Übernachtungskosten
– Verpflegungskosten
– sonstige Kosten
13. Vergütungen
– Gehälter
– Umsatzprovisionen
– sonstige Provisionen
– Gratifikationen
⋮</td><td>– 1. Quartal
⋮
– 4. Quartal
4. Umsätze vor 2 Jahren VVB
– PG 0
⋮
– PG 9
– 1. Quartal
⋮
– 4. Quartal</td></tr>
<tr><td>c) Plandaten</td></tr>
<tr><td>1. Umsatzwert (in Tsd)
– PG 0
⋮
– PG 9
– 1. Quartal
⋮
– 4. Quartal</td></tr>
</table>

[1]) Reisendennr. = Nr. EVB
EVB = Eigenverkaufsbezirk

[2]) VVB = Vertretungsverkaufsbezirk

[3]) Zu Beginn jedes neuen Quartals wird eine neue Bewegungsdatei eröffnet

[4]) EVB = Eigenverkaufsbezirk

[5]) Neukundenzähler

[6]) Besuchszähler

[7]) Zähler von Besuchseinheiten

[8]) Auftragszähler

[9]) PG = Produktgruppe

[10]) VVB = Vertretungsverkaufsbezirk

Abb. 102:

a) Stammdaten	b) Bewegungsdaten	c) Archivdaten
1. Produktschlüssel I (Produktnummer) – Produktgruppe – Nummer[1]) 2. Bezeichnung – verbal 3. Produktschlüssel II – derzeitiger Einzelverkaufspreis – differenzierte Preise[2]) ⋮ 4. Produktschlüssel III – Maße – Gewicht – Abpackung ⋮ 5.*(Hersteller)[3]) – Zulieferernummer ⋮ – derzeitiger Bezugspreis ⋮ – max. Lieferzeit 6. Lagerdaten – max. Bereitstellungsdauer[4]) ⋮ 7. Ersatzteile[5]) – Ersatzteilgruppe ⋮	1. detaillierte Daten – Anfangsbestand/Menge[6]) – Anfangsbestand/Wert – Zugänge/Menge[7]) – Zugänge/Wert – Eigenverbrauchsmenge – Eigenverbrauchswert – Retourenmenge – Retourenwert – Retourenhäufigkeit – Menge Garantieverlust – Wert Garantieverlust – Menge Kulanzverlust – Wert Kulanzverlust ⋮ 2. Istkosten – Positionen z.B. nach der Kostenträgerrechnung oder der Erzeugniskostenrechn. ⋮ 3. 1. Quartal – Umsatzmenge – Umsatzwert – Gesamtkosten 2. Quartal ⋮ 3. Quartal ⋮ 4. Quartal ⋮ 5. Positive und negative Kritik (Beispiele) – allgemeine Nachfrage : Pluspkte. – allgemeine Nachfrage : Minuspkte. – saisonale Nachfrage : Pluspkte. – saisonale Nachfrage : Minuspkte. – Qualität : Pluspkte. – Qualität : Minuspkte. – Fktionsgerechtigkeit : Pluspkte. – Fktionsgerechtigkeit : Minuspkte. – Attraktivität : Pluspkte. – Attraktivität : Minuspkte. – Verpackungsqualität : Pluspkte. – Verpackungsqualität : Minuspkte.	1. Vorjahresdaten – Zugänge[8]) – (Bezugshäufigkeit)[9]) – durchschn. Lagerbestand[10]) – Umschlagshäufigk.[11]) – Eigenverbrauchsmenge – Retourenmenge – Menge Garantieverlust – Menge Kulanzverlust ⋮ 2. Istkosten des Vorjahres ⋮ 3. 1. Quartal – Umsatzmenge – Umsatzwert – Gewinn/Stück 4. 2. Quartal ⋮ 5. 3. Quartal ⋮ 6. 4. Quartal ⋮ 7. Daten 19 . . (vor 2 Jahren, nach Quartalen) – Umsatzmenge – Umsatzwert – Gewinn/Stück 7. Daten 19 . . (vor 3 Jahren, nach Quartalen) – Umsatzmenge – Umsatzwert – Gewinn/Stück
		d) Plandaten
		1. Produktkosten – (mit der Istkostenrechnung vergleichbare Positionen) ⋮

Abb. 102: Fortsetzung

a) Stammdaten	b) Bewegungsdaten	d) Plandaten
	– Abpackung : Pluspkte. – Abpackung : Minuspkte. – Preis : Pluspkte. – Preis : Minuspkte. – Mengenrabatt : Pluspkte. – Mengenrabatt : Minuspkte. – Saisonrabatt : Pluspkte. – Saisonrabatt : Minuspkte. – Produktwerbung : Pluspkte. – Produktwerbung : Minuspkte.	2. Umsatzmengen – 1. Quartal ⋮ – 4. Quartal ⋮

1) Die Nummer kann verschiedene Merkmale verschlüsseln
2) z.B. räumliche Preisdifferenz
zeitl. Preisdiff.: Saisonpreise (Rabatte)
mengenmäßige Preisdiff.: Mengenrab. (auch Naturalrabatt)
abnehmermäßige Preisdiff.: Funktionsrabatte
3) Zulieferer des Großhandels
4) Anzahl der Tage, die max. für die Bereitstellung des Produkts anzusetzen sind, wenn es nicht am Lager vorhanden ist.
5) Bei Investitions- bzw. Gebrauchsgütern; die Ersatzteile werden gesondert geführt
6) Endbestand = Anfangsbest. + Zugänge ./. Abgänge
7) Abgänge = Umsatzmengen + Eigenverbr.mengen + Garantieverlust + Kulanzverl.
8) Großhandel: Bezugsmenge
Industrie: Produktionsmenge
9) Großhandel
10) = Anfangsbestand + Zugänge ./. Endbestand
11) Umsatz der Periode/durchschnittl. Lagerbestand.

Um einerseits die Leistungen jedes Reisenden und andererseits die Ergebnisse für jeden Verkaufsbezirk festhalten zu können, ist es notwendig – will man nicht gesonderte Verkaufsbezirks-Dateien einrichten –, die Sätze der einzelnen Reisenden-Dateien inhaltlich so zu gestalten, daß eine Trennung zwischen dem eigenen und dem Vertretungsverkaufsbezirk herrscht.
Die Stammdaten des Reisenden sollen in einer gesamten Stammdatei für Betriebsangehörige abgespeichert werden. Auf den inhaltlichen Aufbau einer solchen Datei sowie die Wahl der Speicherform soll in diesem Rahmen nicht eingegangen werden. Sowohl die vorgeschlagene Bewegungs- als auch die Archivdatei sind als kombinierte Reisenden-Verkaufsbezirks-Dateien zu verstehen. Die Bewegungsdatei soll, um eine Reihe zeitraubender und programmieraufwendiger Sortiervorgänge vor der Abspeicherung bestimmter Berichtsinformationen zu vermeiden, auf einer Magnetplatte gespeichert sein. Die Archivdatei und die Plandatei können zusammengefaßt werden; sie werden periodisch Satz für Satz auf den neuesten Stand gebracht und sind deshalb auf Magnetband einzurichten. Die Bewegungsdatei ist in einem vierteljährlichen Turnus neu zu eröffnen. Daher sollen zu Ende des ersten, zweiten und dritten Quartals die alten Bewegungssätze zu den Archiv- und Plansätzen hin-

zugefügt werden. Das geschieht in der Weise, daß die Archiv- und Plandatei mit nunmehr neuen Satzlängen auf ein anderes Band übertragen werden. Aus programmiertechnischen Gründen ist es zweckmäßig, die Bewegungssätze an die Archiv- und Plansätze anzuhängen, da sonst die satzinternen Adressen eine Verschiebung erführen.

9.216 Produkt-Dateien (Abb. 102)

Für die Speicherung und Verarbeitung von Produktdaten bzw. -informationen sind eine Stamm-, eine Bewegungs-, eine Archiv- und eine Plandatei vorgesehen. Da diese Dateien nicht nur für die Auswertung von Reisendenberichten eingerichtet werden sollen, sondern auch geeignet sind, nach den Belangen verschiedener Abteilungen im Betrieb erweitert zu werden, sind hier einige zusätzliche Positionen aufgeführt bzw. pauschal angedeutet.
Sowohl die Stammdatei als auch die Bewegungsdatei sollen rationellerweise auf Magnetplatte gespeichert sein. Die Möglichkeit des direkten Zugriffs zu jedem Satz erweist sich sowohl bei häufig vorkommenden Einzelbewegungen von Daten als auch bei der Verarbeitung sehr vieler unsortierter Daten als vorteilhaft.
Die Archivdatei und die Plandatei sollen – wie bei den Reisenden- und den Tatsächlichen-Abnehmer-Dateien – zusammengefaßt auf Magnetband gespeichert werden.

9.217 Laufende Dateien

Im Gegensatz zu den bisher vorgeschlagenen Dateien haben die Laufenden Dateien Sätze mit variabler, an dem Umfang des jeweiligen Auftrages bzw. der jeweiligen Anforderung orientierter Länge, die möglichst bald nach ihrer Speicherung wieder abgearbeitet werden sollen.
Der inhaltliche Aufbau dieser Dateiensätze entspricht dem Aufbau der in Abb. 92 oder Abb. 93 dargestellten Auftragsformulare bzw. dem in Abb. 94 dargestellten Anforderungsformular für Werbematerial.

9.22 Auswertung der Reisendeninformationen

Die Analyse der Reisendenberichte erfolgt über die Abspeicherung ihrer Informationen mittels der EDV. Dieser Vorgang beginnt mit der Prüfung der ein-

gebrachten Berichte auf formale Richtigkeit, der Korrektur bei Unrichtigkeit und der Ergänzung durch gegebenenfalls fehlende Daten. Je nach Anzahl der jeweils pro Formularart (nichtmaschinenlesbare und maschinenlesbare Formulare) anfallenden Berichte, werden diese manuell bzw. maschinell nach der Abspeicherung auf ein Eingabeband sortiert und möglicherweise noch einmal durch ein spezielles Prüfprogramm auf formale Richtigkeit überprüft. Erst dann beginnt die eigentliche Abspeicherung in die verschiedenen gekennzeichneten Dateien.
Mit der Abspeicherung der Reisendeninformationen auf periphere Speicher ist die Auswertung der Reisendenberichte über die EDV im engeren Sinne bereits vollzogen. Alle weiteren Operationen sind als eine Auswertung der Reisendeninformationen – nur im weiteren Sinne der Reisendenberichte – zu betrachten, da nicht mehr die Reisendenberichte selbst, sondern nunmehr verschiedene Dateien die Grundlage möglicher Auswertungen sind.
In den Fällen, in denen z. B. wöchentlich, monatlich, vierteljährlich oder jährlich aufgelaufene Zahlen erfaßt werden sollen, können – möglicherweise im Rahmen der Abspeicherung – bestimmte Teile des Datenmaterials durch spezielle (Zusatz-)Programme aufbereitet und dateiintern auf dafür vorgesehene zusätzliche Archivdateien abgespeichert werden.
Sämtliches Datenmaterial in Form von sowohl originären als auch transformierten Informationen stellt nunmehr – zumindest soweit es sich um Reisendeninformationen handelt – die Grundlage für eine Fülle von Auswertungen im Rahmen der Marketingforschung, -planung und -kontrolle dar und dient somit der Entscheidungsvorbereitung und -findung im Marketing.

Es darf davon ausgegangen werden, daß „jede Arbeit, bei der die benötigten Daten erfaßt und geordnet, die Regeln zu ihrer Verarbeitung festgestellt, und die gewünschten Ergebnisse klar bezeichnet werden können“ [10, S. 21], mit Hilfe der EDV ausgeführt werden kann. Im vorliegenden Fall heißt das, daß die Anzahl der automatisierbaren Auswertungsmöglichkeiten aufgrund des Umfangs des zugrundeliegenden Datenmaterials, der Vielfalt der möglichen Auswertungsverfahren sowie der Vielzahl der möglichen individuellen Auswertungsgründe derart groß ist, daß es den Rahmen dieses Beitrags sprengen würde, sollte auf jede Möglichkeit eingegangen werden. Vielmehr soll auf einzelne Möglichkeiten beispielhaft hingewiesen werden, wobei die Analyse der Reisendentätigkeit im Vordergrund steht.

9.221 Auswertungen im Rahmen der Marketingforschung

Die Marketingforschung richtet sich auf markt-, produkt- und unternehmensbezogene Gegebenheiten, die zu einem bestimmten Zeitpunkt (Strukturanalysen) bzw. über einen bestimmten Zeitraum (Entwicklungsanalysen) unter-

sucht werden. Je nach Auswertungszweck lassen sich hier Einzel-, Teil- und Gesamtanalysen nach zeitlichen, quantitativen, qualitativen und räumlichen Kriterien erstellen.
Wie an anderer Stelle vorgeschlagen, soll zu Beginn jedes Quartals die Bewegungsdatei des Reisenden neu eröffnet werden. Mit der Übertragung der alten Bewegungssätze (Abb. 101 b) in die Archiv- und Plandatei kann quasi simultan eine Strukturanalyse der Reisendentätigkeit im abgelaufenen Quartal erstellt werden. Hier lassen sich eine Fülle von verschiedenen Untersuchungen anstellen. Je nach Auswertungszweck können alle oder nur einzelne, aufgelaufene Satzpositionen für jeden Reisenden und/oder alle Reisenden aufaddiert und aufgelistet werden. Ferner lassen sich Durchschnitts- und Verhältniszahlen errechnen und Rangfolgen aufstellen. Ein Beispiel dafür gibt das Listenbild in Abb. 103. Der Programmablauf ist durch eine Vielzahl gleicher, sich ständig wiederholender Operationen gekennzeichnet. Auf nahezu gleiche Weise können Halbjahres- bzw. Jahresanalysen erstellt werden, indem vor der eigentlichen Verarbeitung die einzelnen Quartalssätze zu einem Halbjahres- bzw. Jahressatz verdichtet werden.
Für Analysen der Entwicklung der Reisendentätigkeit bieten sich eine Reihe von Möglichkeiten an, die detailliert Zeiträume von einem halben bis zu einem Jahr und – nur umsatzbezogen – bis zu drei Jahren umfassen können.
Für detaillierte Auswertungen können einerseits die lediglich aufgelaufenen Zahlen und andererseits verdichtete Kennzahlen aus den Quartalssätzen entnommen werden. Für längerfristige Untersuchungen lassen sich die vom Reisenden getätigten Umsätze für jedes Quartal oder – aufgeteilt auf die Produktgruppen – für jedes Jahr aus den Bewegungs- und den Archivsätzen entnehmen. Wie bei allen Entwicklungsanalysen, so kann auch hier der Auswertungszweck die Erstellung von Statistiken sein, die die Entwicklung außer durch eine bloße Aneinanderreihung aufgelaufener bzw. verdichteter Zahlen durch Indexzahlen verdeutlichen. Über die tabellarische Darstellung hinaus ist es möglich, Bildstatistiken in Form von Punkt-, Strich- oder Kurvendiagrammen über sogenannte „plotter" erstellen zu lassen.
Die Möglichkeiten zur Untersuchung der Struktur und der Entwicklung in den verschiedenen Verkaufsbezirken wurden zum Teil bereits im Zusammenhang mit den Abnehmer-Analysen erwähnt. Da in den Abnehmerstammsätzen die Position „Verkaufsbezirk" enthalten ist, läßt sich die Abnehmerzahl, ihr Bedarf und der mit den Abnehmern getätigte Umsatz übergeordnet auf Verkaufsbezirke und je nach Auswertungszweck untergliedert auf verschiedene Abnehmergruppen unterteilen. Die Ergebnisse können wiederum in bereits beschriebener Weise verdichtet werden.
Da jeder Reisende außer seinem Verkaufsbezirk gegebenenfalls einen bestimmten Vertretungsverkaufsbezirk zu bearbeiten hat, enthalten die Reisendenbewegungs- und Archivsätze für jeden Verkaufsbezirk gleichermaßen aufge-

Abb. 103: Beispiel für das Listenbild einer Strukturanalyse der Reisendentätigkeit[1])

Reisendennamen												ϕ =
	Kz[2])	Rz[3])	Kz	Rz	Kz	Rz	Kz	Rz	Kz	Rz	Σ	$\frac{\Sigma}{\text{Anzahl Reis.}}$
Reisetage												
Besuchsanzahl												
Aufträge												
Umsätze												
Reisekosten												
Besuche/Tag												
Aufträge/Tag												
Umsatz/Tag												
Reisekosten/Tag												
Dienstkm/Tag												
Besuchsdauer/Besuch												
Umsatz/Besuch												
Reisekosten/Besuch												
Dienstkm/Besuch												
Besuchsanz./Auftrag												
Besuchsdauer/Auftr.												
Umsatz/Auftrag												
Dienstkm/Auftrag												
Reisekosten/Auftrag												

Anfang ← → Ende

1) Vgl. dazu auch [6, S. 214 f.]
2) Kz = Kennzahl
3) Rz = Rangzahl
4) Je nachdem, für wieviele Reisende die Auswertung gemacht wird, muß die Statistik ein- oder mehrmals untereinandergesetzt werden.

baute Segmente. Damit sind die Voraussetzungen für weitere Auswertungsmöglichkeiten hinsichtlich Verkaufsbezirksanalysen geschaffen. Bei allen diesen. Untersuchungen in Form von Auswertungen des in den Reisendenbewegungs- und Archivsätzen gespeicherten Datenmaterials wird nach Einlesen des ersten Satzes aufgrund der Nummer des Vertretungsverkaufsbezirks der Satz jenes Reisenden abgerufen, dem dieser Bezirk als Eigenverkaufsbezirk zugeordnet ist. Da sich jeweils zwei Reisende vertreten sollen, können die Vertretungsverkaufsbezirksdaten gegenseitig in das Eigenverkaufssegment übertragen werden. Die nunmehr zur Verfügung stehenden Daten bieten eine Reihe von möglichen Auswertungen, wie sie analog in den Ausführungen zu den Analysen der Reisendentätigkeit bereits erwähnt wurden. Die Konfiguration der Ausgangsdaten ist in beiden Fällen gleich.

9.222 Auswertungen im Rahmen der Marketingplanung

Der Zweck der Marketingplanung ist die Erstellung eines aus mehreren Teilplänen zusammengesetzten optimalen Marketingplans; d.h. daß die geplanten Ziele und Maßnahmen unter Beachtung der Wirtschaftlichkeitsprinzipien an die Bedingungslage im Marketing angepaßt werden und, mit den übrigen betrieblichen Teilplänen koordiniert, der Realisierung der unternehmerischen Zielsetzungen soweit wie möglich dienen sollen.
Unter Zugrundelegung der in den Bewegungs- und Archivdateien gespeicherten Vergangenheitswerte in Form von z. B. Umsatz- und Bedarfswerten und gegebenenfalls Umsatz- und Bedarfsmengen und mit Hilfe von verschiedenen Berechnungsverfahren (vgl. Abschnitt 4.2) lassen sich Prognosen erstellen. Die endgültigen Umsatzplanzahlen können erst nach Sichtung dieser Prognosewerte und gegebenenfalls weiterer Unterlagen aufgrund der Erfahrung sowohl verantwortlicher Organe als auch kundiger Mitarbeiter – so z. B. der Reisenden – und schließlich nach Koordination mit den übrigen Teilplänen festgelegt werden. Die Ergebnisse sollen sodann in den dafür vorgesehenen Plandateien abgespeichert werden. Zur Steuerung der Reisendentätigkeit liegt es nahe einen Plan aufzustellen, aus dem hervorgeht, wann welche Abnehmer besucht werden sollen. Hier ist es jedoch häufig nicht angebracht, die Planung allein mit Hilfe der EDV durchzuführen. Es sei vorgeschlagen, für jeden zukünftigen Besuch ein weitgehend vorgedrucktes Berichtsformular auszudrucken, auf dem außer einigen Stammdaten – wie die Abnehmer- und Verkaufsbezirksnummer, die Abnehmeradresse und der Name des zuständigen Verhandlungspartners – und dem Besuchsdatum eine Reihe von Hinweisen über den Abnehmer stehen sollen. Diese Hinweise sollen in Form von Kennziffern Auskunft über die Leistungsstärke dieser Geschäftsverbindung geben. Für Besuche bei potentiellen Abnehmern ist aufgrund der bisher aufgelaufenen Anzahl an erfolglosen

Besuchen, Besuchseinheiten (Kennzahl für die aufgewendete Besuchszeit) etc. die Höhe der bisher ungefähr aufgewendeten Kosten zu errechnen und dieser Wert bzw. eine entsprechende Kennzahl auszudrucken. Für Besuche bei tatsächlichen Abnehmern soll die bis dahin gültige Erfolgskennziffer ermittelt werden. Ist der Kunde angemahnt, so ist ein diesbezüglicher Vermerk einzusetzen. Darüberhinaus soll für jeden Verkaufsbezirk eine Liste aufgestellt werden, in der die Besuche chronologisch geordnet aufgeführt sind. Diese Listen und die dazugehörigen Besuchsformulare werden an die zuständigen Verkaufsleiter weitergereicht. Diese prüfen den Plan und ergänzen gegebenenfalls die Hinweise. Wenn aus vertriebs- bzw. kundenpolitischen Gründen erforderlich, können sie den Plan ändern, ja sogar die Einstellung weiterer Besuche bei bestimmten Abnehmern veranlassen. Den nunmehr endgültigen Besuchsplan erhalten die Reisenden.

9.223 Auswertungen im Rahmen der Marketingkontrolle

Durch die Erfassung und Abspeicherung von Reisendeninformationen ist ein großer Teil der Daten bereitgestellt, die in originärer und verdichteter, quantitativer bzw. quantifizierter Form geeignet sind, für eine Reihe von Marketingkontrollzwecken bestimmten Kontrollgrößen gegenübergestellt zu werden. Diese ausschließlich aus den Bewegungsdateien erhaltbaren Ist-Daten spiegeln die Leistung der auf den Absatz gerichteten Maßnahmen wider. Die Kontrollgrößen sind Soll-Größen, die von der Planung vorgegeben wurden und – wie vorgeschlagen – in Plandateien gespeichert sind. Gegebenenfalls lassen sich auch aus bestimmten Bewegungsdaten errechnete Durchschnittsgrößen als Soll-Größen definieren.

Die Auswertungen lassen sich nach verschiedenen Methoden durchführen. Es können alle Kontrollergebnisse, nur die negativen bzw. positiven Abweichungen oder die Ergebnisse, die keine Abweichungen aufweisen und schließlich nur die Abweichungen, die „außerhalb des im spezifischen Fall des Unternehmens als normal oder tragbar vorgesehenen liegen“ [7, S. 23], ausgedruckt werden. Die zuletzt genannte Möglichkeit ist eine Methode des management by exception.

Die Auswertungszeitpunkte sollen aus Rationalisierungsgründen so gewählt sein, daß sie mit den Zeitpunkten von Auswertungen, mit denen die Kontrollauswertungen Gemeinsamkeiten haben, zusammenfallen. Diese Gemeinsamkeiten können darin liegen, daß dieselben Dateien, Sätze oder Daten benötigt werden und daß gemeinsame Teilprogramme verwendet werden können. In den meisten Fällen wird es der Auswertungszweck ohnehin erfordern, daß Kontrollen Analysen voraussetzen, bzw. daß Kontrollergebnissen in Form von Abweichungen Analysen zur Begründung ihrer Ursachen folgen müssen.

Zum Beispiel läßt sich die Leistungsstärke jeder Geschäftsverbindung an der Höhe des Gewinns bzw. des Verlustes, der durch diese Verbindung entsteht, messen. Dafür ist es notwendig, die Leistungen des Abnehmers – festgehalten in den aufgelaufenen Umsatzwerten – den dafür aufgewendeten Leistungen der Unternehmung gegenüberzustellen. Die für die tatsächlichen Abnehmer geplanten und in der Plandatei abgespeicherten Umsatzwerte schließen in der Regel ein, daß mit der Realisierung des Planzieles die Leistungsstärke der Geschäftsverbindung positiv ist. Somit kann ein Auswertungszweck darin gesehen werden, daß die aufgelaufenen Ist-Umsätze mit den Soll-Umsätzen verglichen werden, um etwaige Abweichungen feststellen zu können. Der Vorteil dieser Auswertung ist es, daß der hierfür erforderliche Arbeits- und Zeitaufwand aufgrund der einfachen und kurzen Programme relativ gering ist. Die Auswertungsergebnisse mögen zwar für Grobkontrollen genügen, ihre Aussagefähigkeit ist jedoch beschränkt.

Um die Leistungsstärke der jeweiligen Geschäftsverbindungen genauer feststellen zu können, sei eine weitere Auswertungsmöglichkeit vorgeschlagen. Für jeden tatsächlichen Abnehmer lassen sich durch eine Bewertung der Besuchsanzahl, der aufgewendeten Besuchszeit und anderer den Abnehmer betreffenden betrieblichen Maßnahmen die tatsächlich entstandenen anteiligen Verwaltungs- und Vertriebskosten errechnen. Dieser Wert, dem aufgrund der Umsatzhöhe durchschnittlich vorgegebenen Soll-Kostenwert gegenübergestellt, sagt aus, inwieweit der Soll-Gewinn geschmälert bzw. vergrößert wurde.

Die Leistungsstärke der Geschäftsverbindung zu potentiellen Abnehmern ist in jedem Falle negativ. Eine Kontrolle kann hier nur in der Weise erfolgen, daß die aufgrund der Besuchsdaten und der Punktwerte für Beratung und Werbung errechenbaren Kosten mit einer Kontrollgröße in Form eines Kostenlimits verglichen werden. Die Leistungsstärke der Produkte äußert sich darin, ob und inwieweit die Ist-Umsatzmenge von der Soll-Umsatzmenge abweicht. Das Kontrollergebnis ist der Indikator für die Leistungsstärke der einzelnen dieses Produkt unmittelbar und auch nur mittelbar betreffenden Maßnahmen. Um die Auswirkungen bestimmter Maßnahmen auf den Absatz des Produktes feststellen zu können, wurde vorgeschlagen, daß allgemeine bzw. spezielle positive und negative Kritiken durch Minus- bzw. Pluspunkte von den Reisenden festgehalten und in die betreffenden Produktbewegungssätze abgespeichert werden sollen. Durch Eingabe von Kontrollgrößen lassen sich hier schwerpunktmäßig die für eine Umsatzabnahme bzw. -zunahme verantwortlichen Ursachen feststellen, die einerseits den Anlaß für die gezielte Vorgabe regulierender Maßnahmen geben können, die andererseits aber auch die Richtigkeit der Wahl ergriffener Maßnahmen bestätigen können.

Grundsätzlich läßt sich auch die Leistungsstärke des Reisenden durch eine Gegenüberstellung der aufgelaufenen Ist-Umsätze und der in der Plandatei gespeicherten Soll-Umsätze grob kontrollieren. Hat der Reisende das gesetzte

Umsatzziel nicht erreicht, dann ist es notwendig – soll der Reisendeneinsatz gezielt gesteuert werden – mit Hilfe von einzelnen detaillierten Kontrollen die als Ursache in Frage kommenden Schwachstellen aufzudecken. Dafür müssen mit dem Auswertungsprogramm Kontrollgrößen eingegeben werden, die – nach Art der zu überprüfenden Ist-Daten Untergrenzen, Obergrenzen oder Unter- und Obergrenzen darstellen. Darüber hinaus besteht die Möglichkeit Durchschnittszahlen errechnen zu lassen, die als Kontrollgrößen definiert werden. Soweit nicht bei der Vorgabe von Soll-Größen einbezogen, erfordert die Beurteilung der Kontrollergebnisse die Berücksichtigung der Eigenarten des betreffenden Verkaufsbezirks. Für eine gezielte Lenkung des Außendienstes ist es notwendig, auch bei Erreichen oder sogar Überschreiten des Soll-Umsatzes derartige Kontrollen durchzuführen.

10. EDV und Auftragserledigung

Die Auftragserledigung im Vertrieb umfaßt den gesamten organisatorischen Arbeitsablauf, der durch einen Kundenauftrag, sobald er angenommen ist, ausgelöst wird. Sie erstreckt sich von der Auftragseinholung und dem Auftragseingang über die Auftragsaufbereitung und Auftragskontrolle. Diesen Bereichen schließt sich die Auftragsdatenerfassung, die maschinelle Auftragsdatenprüfung und die Bonitätsprüfung, u. U. in Verbindung mit diversen Auftragseingangsstatistiken, an. Der Kreis der Auftragsbearbeitung wird durch den Komplex Fakturierung und durch die Bearbeitung der aus den ausgeführten Aufträgen entstehenden Forderungen geschlossen.
Die folgenden Ausführungen befassen sich mit dem Problem, welche verwaltungstechnischen Aktionen ein eingehender Auftrag in einem Unternehmen auslöst, und wie diese Aktionen durch den Einsatz des Organisationsmittels EDV, zum Teil in Verbindung mit Speichermedien, die einen wahlfreien, direkten Zugriff erlauben, automatisiert abgewickelt werden können. Die Lagerbestandsführung und das Bestellwesenmittel EDV wird dabei als gegeben angenommen, d. h., daß auf Ergebnisse dieser Bereiche bei Bedarf zurückgegriffen wird.
Die einzelnen Arbeitsabläufe werden gemäß den verschiedenen Funktionen innerhalb der Auftragserledigung behandelt, wobei eine scharfe Trennung aufgrund der notwendigen Integration beim Einsatz der EDV nicht immer ganz eingehalten werden kann. Die vorgeschlagenen Lösungen für die verschiedenen Funktionskreise stellen immer nur eine von oft sehr vielen Lösungsmöglichkeiten dar, die je nach dem Grad der Automatisierung mehr oder weniger anspruchsvolle Maschinenkonfigurationen voraussetzen. Es soll versucht werden, die allgemeingültigen Regeln in ihren Grundzügen zu erfassen, um aus dieser Erkenntnis weitgehend standardisierte Arbeitsabläufe zu bilden, wobei in einigen Fällen zum besseren Verständnis und wegen der sehr unterschiedlichen Handhabung in verschiedenen Unternehmen auf konkrete Tatbestände zurückgegriffen werden muß.

10.1 Auftragseinholung und Auftragseingang

Die Formen des Auftragseinganges werden durch eine Vielzahl von Kriterien bestimmt. Die Art der Übermittlung des Auftrages vom Auftraggeber zum Lieferanten, das Verhältnis der auftraggebenden Person zum Lieferanten und

die gewählten Vertriebswege sind nur einige Faktoren, die die Form des Auftragseinganges beeinflussen. Man kann zwei große Gruppen von Formen des Auftragseinganges unterscheiden.
Im ersten Fall geht die Initiative zum Bestellen vom Kunden aus, und es wird ein formloser Kundenauftrag ausgelöst. Im zweiten Fall geht die Initiative vom Lieferanten aus, es kommt in der Regel schon vor dem Auftragsabschluß zum Kontakt zwischen Kunden und Lieferanten und es entsteht gewöhnlich ein verarbeitungsgerechter Auftrag, dessen Daten durch einen Mitarbeiter des Lieferanten aufgezeichnet werden.

10.11 Formlose Kundenaufträge

Der formlose Kundenauftrag erreicht das Unternehmen auf dem Postweg oder durch einen Boten. Als Datenträger kommt ein Kundenbriefbogen oder ein kundeneigener Bestellsatz zur Verwendung. Die einzelnen Daten sind uneinheitlich angeordnet und unter Umständen einer bestimmten Position nicht eindeutig zurechenbar, was oft zeitraubende Rückfragen an den Auftraggeber auslöst. Durch die Uneinheitlichkeit der Datenanordnung wird eine Übertragung auf ein firmeneigenes, ablochfähiges oder maschinenlesbares Auftragsformular notwendig. Der Übertragungsvorgang, der beim ablochfähigen Beleg zweimal und beim maschinenlesbaren Beleg einmal durchgeführt werden muß, wirft allerdings gleichzeitig neue Fehlerquellen auf. Dem Datenerfassungspersonal kann nicht zugemutet werden, die für die weitere Bearbeitung des Auftrages erforderlichen Daten in einer bestimmten Reihenfolge auf dem formlosen Kundenauftrag zusammenzusuchen und auf einen maschinenlesbaren Datenträger (z. B. Lochkarte) zu übertragen. Das Zusammensuchen der Daten wird in vielen Fällen die Leistungsfähigkeit des Datenerfassungspersonals übersteigen und den Erfassungsprozeß unnötig verlängern. Diese Form des Auftragseinganges, die in der Regel auf Kundeninitiative zurückgeht und in unregelmäßigem Rhythmus auftritt, finden wir bei häufig wechselndem Kundenstamm, bei weniger erklärungsbedürftigen Gütern oder bei Bestellun gen, die außerhalb von Verkäuferbesuchen liegen. Ein Unternehmen kann die Zahl der formlosen Kundenaufträge zugunsten von Kundenaufträgen auf einem verarbeitungsgerechten, firmeneigenen Beleg herabsetzen, indem es einem möglichst breiten Kundenkreis Bestellformulare, eventuell in Verbindung mit einem Katalog oder Preisliste, überläßt, und unter Umständen für eine Bestellung auf einem exakt ausgefüllten, verarbeitungsgerechten Auftragsformular einen Sonderrabatt gewährt.
Eine Bearbeitung im verwaltungstechnischen Sinn von formlosen Kundenaufträgen, ohne Umsetzung auf einen verarbeitungsgerechten Beleg, kann unter

Vorbehalt durchgeführt werden, wenn ein Unternehmen nur eine sehr beschränkte Anzahl von Artikeln oder Artikelvarianten in seinem Vertriebsprogramm führt, und wenn es sich um unkomplizierte Bestelldaten handelt.

10.12 Kundenaufträge auf verarbeitungsgerechten, firmeneigenen Auftragsformularen

Verarbeitungsgerechte Kundenaufträge findet man in der Regel dann vor, wenn eine direkte Verbindung zwischen Auftraggeber und Auftragnehmer besteht. Diese direkte Verbindung finden wir bei Verkauf über Verkäufer, Messen oder Telefon, oder bei Fahrverkäufern, wobei noch als eine besondere Form der direkten Verbindung der Verkauf über Katalog erwähnt werden muß; zu berücksichtigen ist beim Katalogverkauf, daß bestimmte Anforderungen bezüglich der Anordnung der Bestelldaten im Katalog und der Anordnung auf dem Auftragsformular gestellt werden müssen.

10.121 Ablochfähige Kundenaufträge

Im Gegensatz zum formlosen Kundenauftrag ist beim ablochfähigen Kundenauftrag die Anordnung der einzelnen Daten fest vorgegeben. Der Belegaufbau steht mit dem späteren Datenträger bzw. Datenzwischenträger (z. B. Lochkarte) in enger Beziehung, d. h. daß den Datentypistinnen die Reihenfolge, wie sie die einzelnen Daten auf den maschinenlesbaren Datenträger zu übertragen haben, genau vorgegeben ist. Bei dieser Form des Auftragseingangs wird entweder ein Datenträger bzw. Datenzwischenträger (z. B. Lochkarte oder Lochstreifen) erstellt, oder die Daten werden über eine Datenstation (Terminal) dem Datenverarbeitungssystem direkt eingegeben, was allerdings eine maschinentechnisch anspruchsvollere Lösung ist.

10.122 Maschinenlesbare Kundenaufträge

Die Einholung und Entgegennahme von maschinenlesbaren Kundenaufträgen wird in der Regel von Firmenangehörigen des Lieferanten wie Verkäufern oder Verkaufssachbearbeitern vorgenommen, denn die maschinentechnischen Anforderungen bezüglich der exakten Anordnung und der formellen Qualität der teilweise manuell erstellten Bestelldaten in Form von Ziffern oder Markierungen sind sehr hoch. Aus diesem Grund ist es auch erforderlich, vor der Verwendung von maschinenlesbaren Auftragsformularen intensive Personalschulungen durchzuführen, denn nur so ist eine schnelle, direkte Verarbeitung der Auftragsdaten gewährleistet. Maschinenlesbare Auftragsformulare kommen im allgemeinen dort zum Einsatz, wo eine sehr große Zahl von Aufträgen anfällt, wobei die Zahl der manuell einzutragenden Daten möglichst auf die Bestellmenge und auf einige Konditionsdaten beschränkt bleiben sollte, d. h., daß die Artikelnummern und Artikelbezeichnungen weitgehend vorgedruckt sein sollten. Überschreitet die Artikelanzahl das Fassungsvermögen von einem maschinenlesbaren Auftragsbeleg, so können für die einzelnen Artikelgruppen verschiedene Auftragsbelege zur Verwendung kommen.

10.2 Auftragsaufbereitung und Auftragskontrolle

10.21 Belegfluß und Auftragsumsetzung

Die Posteingangsstelle trennt die eingehenden Aufträge nach formlosen und verarbeitungsgerechten Kundenaufträgen. Die verarbeitungsgerechten Kundenaufträge werden direkt an die Stelle „Auftragsbearbeitung“, die sich innerhalb der Verkaufsabteilung befindet, weitergeleitet. Die formlosen Kundenaufträge werden auf firmeneigene, verarbeitungsgerechte Auftragsformulare übertragen. Da sich das Umsetzen der formlosen Kundenaufträge auf eine reine Übertragungstätigkeit beschränken sollte, kann diese Aufgabe an eine weniger qualifizierte Stelle innerhalb der Verkaufsabteilung delegiert werden, um das Auftragsbearbeitungspersonal nicht mit einfachen Schreib- und Übertragungsarbeiten zu belasten. Bei kleineren Verkaufsabteilungen kann sich eine zwangsweise Vereinigung der übertragenden und der bearbeitenden Stelle ergeben. In diesem Fall reicht die Posteingangsstelle auch die formlosen Kundenaufträge direkt an die Auftragsbearbeitung.
Die telefonische und telegraphische Auftragsannahme erfaßt die eingehenden Aufträge direkt und in der Regel manuell auf einem verarbeitungsgerechten Auftragsformular. Diese verarbeitungsgerechten Aufträge werden ebenfalls direkt der Auftragsbearbeitung weitergereicht.

10.22 Auftragsergänzung und Kontrolle

Ein Großteil der eingehenden Aufträge ist in der Regel unvollständig ausgefüllt. Um eine schnelle und reibungslose Auftragsabwicklung durchführen zu können, müssen die unvollständigen Aufträge um die fehlenden Daten ergänzt

Abb. 104: Belegfluß beim Auftragseingang und bei der Auftragsaufbereitung

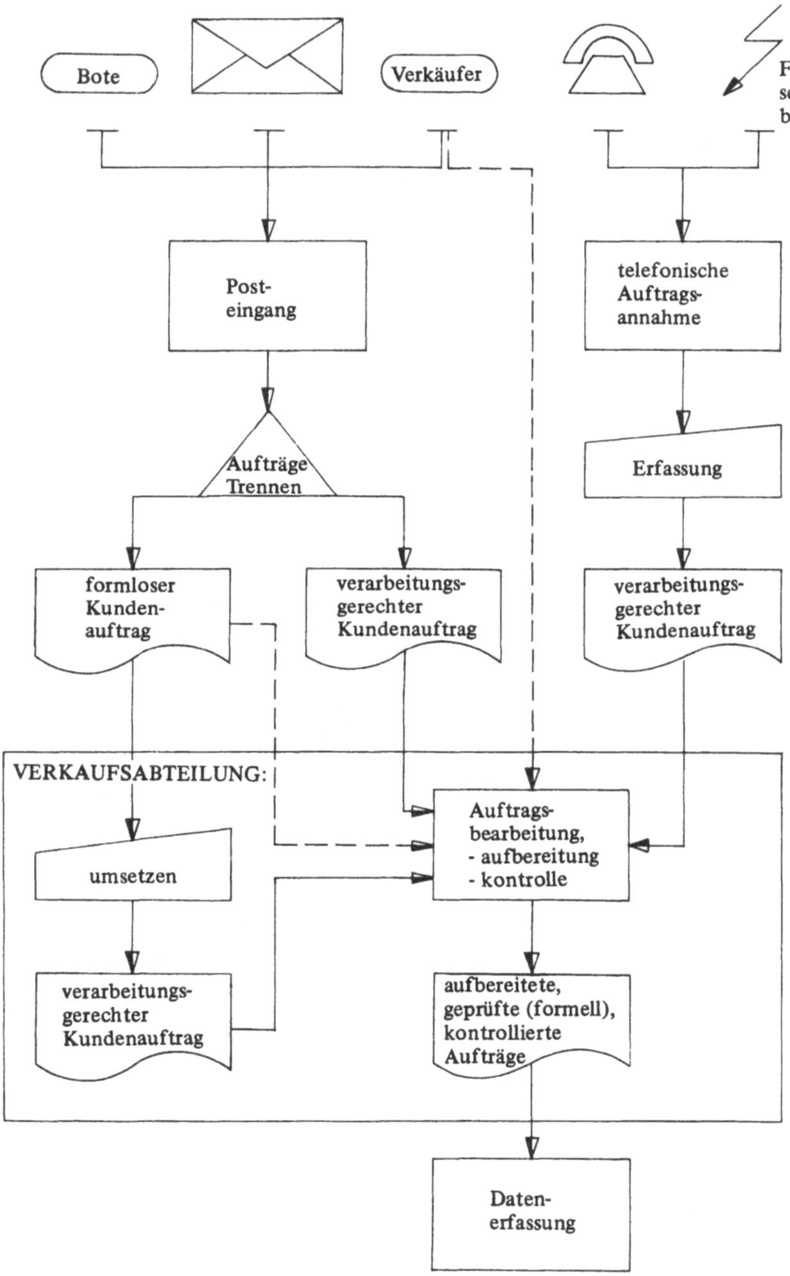

werden. Die Auftragsergänzung kann nach zwei Methoden durchgeführt werden.

10.221 Manuelle Methode

Fehlende Angaben wie Kundennummer, Artikelbezeichnung, Artikelnummer oder verschlüsselte Angaben bezüglich des Versandes, der Zahlungsbedingungen oder Lieferung sucht der Sachbearbeiter anhand von Kundenlisten (Kundenkartei), Preislisten, Katalogen oder auch anhand von Angeboten heraus und überträgt sie auf das Auftragsformular.
Diese Methode, die zwar in der Praxis sehr weit verbreitet ist, birgt große Fehlerquellen in sich, da beim Aufsuchen und Übertragen von oft mehrstelligen Nummern und Schlüsseln sehr leicht Zahlen vertauscht werden können, was zur Folge hat, daß ein Kunde Ware erhält, obwohl er gar nichts bestellt hat, oder daß dem Besteller falsche Artikel ausgeliefert werden. Zum anderen sind für diese Ergänzungsmethode Listen erforderlich, die immer dem neuesten Stand entsprechen sollten, und deren Erstellung wegen ihres Umfanges oft sehr zeit- und kostenaufwendig ist.
Durch die Einführung von Prüfziffern bei mehrstelligen Ordnungsbegriffen wie Kundennummer oder Artikelnummer kann man den Fehlern durch Vertauschen von Zahlen oder durch sogenannte Zahlendreher bei der maschinellen Auftragsdatenprüfung entgegenwirken. Auf diese Art der Auftragsprüfung wird allerdings nach Behandlung der Datenerfassung noch gesondert eingegangen.
Neben der Auftragsergänzung kann nach der gleichen Methode eine Auftragskontrolle durchgeführt werden, indem man z. B. über eine Kundennummer in der nach Kundennummern sortierten Kundenliste auf den Namen und die Anschrift des Kunden zurückgreift, und diese mit der Anschrift auf dem Auftrag vergleicht, oder über eine Artikelbezeichnung in der alphabetischen Artikelliste auf die Artikelnummer und Artikelspezifikationen zurückgreift, um diese ebenfalls mit den Auftragsdaten zu vergleichen.

10.222 Maschinenunterstützte Methode

Die Voraussetzung für eine maschinenunterstützte Auftragsergänzung und -kontrolle vor dem Erstellen eines maschinenlesbaren Datenträgers ist der ständige, direkte Zugriff über Datenstationen (z. B. Bildschirme) zu den einzelnen Dateien wie Kundenstammdatei, Artikelstammdatei oder Versanddatei. Das Nachschlagen und Blättern in den nach verschiedenen Kriterien geordneten Listen wird durch den Dialog zwischen dem Auftragssachbearbeiter und dem elektronischen Datenverarbeitungssystem ersetzt.

Durch Eingabe von Kunden- oder Artikelnummer erhält der Auftragssachbearbeiter über die Datenstation (Bildschirm) als Antwort die auf dem Auftrag fehlende oder unvollständige Adresse oder Artikelbezeichnung, um die er dann den Auftrag ergänzt. Fehlt die Kunden- oder Artikelnummer, so muß er einen bestimmten Code, einen sogenannten *Match-Code* eingeben, den er sich vor der Eingabe nach festen Richtlinien aus der Adresse bzw. Artikelbezeichnung selbständig erstellt und erhält als Antwort die gesuchte Nummer oder die Mitteilung, daß der Artikel bzw. Kunde nicht in der Datei gespeichert ist.
Seit dem Jahr 1970 wird z. B. beim Großversandhaus Quelle in Fürth/Bayern mit großem Erfolg bei einer Kundenbestellung ohne Kundennummer über einen 13stelligen Match-Code die Kundennummer ermittelt. Der im Hause Quelle verwendete Match-Code setzt sich aus folgenden Adreßteilen zusammen:

die vierstellige Postleitzahl	=	4 Stellen
die ersten drei Stellen und die letzte Stelle des Familiennamens	=	(3 + 1) Stellen
die erste Stelle des Vornamens	=	1 Stelle
die ersten beiden Stellen der Straße	=	2 Stellen
die letzten beiden Ziffern der Hausnummer	=	2 Stellen
Match-Code	=	13 Stellen

Für die angenommene Adresse

Heinrich Schmitt
8700 Würzburg
Mainkai 128

würde sich also folgender 13stelliger Match-Code ergeben: 8700SCHTHMA28 [21, S. 4 f.].
Der Sachbearbeiter gibt diesen Match-Code ein und erhält die vollständige Adresse mit der Kundennumer. Sind unter dem gleichen Code mehrere Kundenadressen gespeichert, so fordert er solange Adressen von den unter diesem Code gespeicherten Kundenadressen durch Betätigung einer Funktionstaste an, bis eine Übereinstimmung der Adresse auf dem Auftrag und der gespeicherten Adresse zustande kommt. Bei Übereinstimmung der Adressen kann er die fehlenden Kundennummern von der Datenstation auf das Auftragsformular übertragen. Kommt keine Übereinstimmung zustande, so handelt es sich um einen Neukunden oder um eine Adressenänderung, und es muß eine neue Kundennummer vergeben werden.
Die maschinenunterstützte Auftragsergänzung und Kontrolle gelangt in der Praxis dort zur Anwendung, wo durch Realzeit-Auftragsbearbeitung bzw.

Realzeit-Auftragsdatenerfassung ein ständiger, direkter Zugriff zu den einzelnen Dateien gegeben ist, und somit ein Dialogverkehr zwischen einem Sachbearbeiter und dem Datenverarbeitungssystem möglich ist. Unter Umständen kann in diesem Fall eine Zusammenlegung von Auftragsergänzung und Kontrolle mit der Auftragserfassung erfolgen, wodurch aber bestimmte Qualifikationen an das Erfassungspersonal gestellt werden müssen.

10.3 Auftragsdatenerfassung

Bei der Auftragsdatenerfassung werden die Daten eines Auftrages, die für die weitere Bearbeitung bzw. für statistische Auswertungen mittels EDV benötigt werden, in einer für die Eingabe geeigneten Form erfaßt [27, S. 117]. Obwohl zahlreiche Methoden zur Datenerfassung angeboten werden, die sich im wesentlichen durch die Dauer des Erfassungsvorganges und durch die Kosten für Erfassungspersonal und Erfassungsgeräte unterscheiden, stellt die Datenerfassung in vielen Betrieben noch immer einen Engpaß dar [9, S. 723]. Ein wesentlicher Grund hierfür ist, daß die Zahl der Aufträge und die Zahl der darin enthaltenen Bestellpositionen bei ständig sinkendem Auftragswert pro Bestellung in vielen Unternehmen zunimmt [10, S. 82].
Unabhängig von der Methode der Auftragsdatenerfassung sind einige Hauptregeln für sie zu beachten, die die Ausgangsbasis für einen gewissen Grad der Automatisierung darstellen:

„1. möglichst frühzeitige und nur einmalige Erfassung der Daten;
2. bereits erfaßte, rechnerisch ableitbare oder bei der Verarbeitung gewonnene Daten sollen automatisch eingegeben werden;
3. die Möglichkeit der Verminderung von Prüfungen (z. B. durch Bildung von Kontrollsummen durch EDV) sollen weitestgehend ausgenutzt werden“ [9, S. 724].

Im folgenden sollen die wesentlichen Verfahren einer kurzen Betrachtung unterzogen werden.

10.31 Herkömmliche Verfahren (Off-Line-Datenerfassung)

10.311 Manuelle Datenerfassung mittels Maschinen

Die Datenerfassung vollzieht sich bei diesem Verfahren in folgender Weise. Die Daten aus den anfallenden, ergänzten Bestellungen werden manuell mittels eines Kartenlochers, Streifenlochers oder Magnetbandbeschriftungsgerätes auf einen dem Erfassungsgerät entsprechenden, maschinenlesbaren Datenträger übermittelt, wobei die Übertragungsleistung zwischen 6000 und 15 000 Zeichen/Stunde je nach Qualität des Bedienungspersonals und dem Schwierigkeitsgrad der Unterlagen liegt. Obwohl diese Verfahren sehr zeitraubend und fehleranfällig bzw. mit hohen Prüfkosten verbunden sind, kommen diese Datenerfassungsverfahren auch heute noch in der Praxis am häufigsten zum Einsatz [16, S. 5].

10.312 Vorgelochte Datenträger

Unabhängig von einem Kundenauftrag werden im vorhinein Adreßkarten, Artikelkarten und Konditionskarten mit den jeweils feststehenden Stammangaben erstellt. Das Erstellen der Karten kann manuell, im Falle von Kundenadreßkarten und Konditionskarten, oder maschinell, mit Hilfe eines Stanzprogrammes aufgrund von Wareneingangsmeldungen, vorgenommen werden. Die vorgelochten Karten werden nach dem jeweiligen Ordnungsbegriff in speziellen Regalen oder Kartentrögen gelagert, wobei die erstellten Karten je nach Verwendung und Anforderungen in einer zentralen oder in mehreren dezentralen Karteien abgestellt werden können, bei Artikelkarten ist die Zuordnung der einzelnen Karten zum jeweiligen Artikel in Form von sogenannten Etikettkarten möglich. Beim Eingang von Aufträgen werden die Karten, die den Auftragsdaten bezüglich der Adresse, der Konditionen, der Artikelnummern und -mengen entsprechen, aus den einzelnen Karteien gezogen und innerhalb eines Auftrages zu einem Kartenpaket mit festgelegter Reihenfolge zusammengefügt. Diese Kartenpakete werden zur Verarbeitung an die Datenverarbeitungsabteilung weitergegeben. Werden die einzelnen Karten nach ihrer Verarbeitung wieder in die jeweilige Kartei zurücksortiert, so spricht man von einer Gebrauchskartei, werden sie nicht zurücksortiert, so spricht man von einer Verbrauchskartei.

Als Spiegelkartei bezeichnet man solche Karteien, bei denen die Anzahl der Karten, z. B. die Anzahl der Artikelkarten, der jeweils vorhandenen Menge entspricht. Bei dieser Form ist also für jeweils eine Einheit eine Karte vorhanden.

Durch die Verwendung von vorgelochten Karten wird neben der Einsparung von aufwendigen Loch- und Prüfarbeiten noch eine Begrenzung der Fehlerquellen erreicht.

Dieses Verfahren der Auftragsdatenerfassung kommt häufig im Großhandel zum Einsatz.

10.32 Neuere Verfahren

10.321 Beleglesende Geräte

Wegen des ständig anwachsenden Datenvolumens bei begrenztem Personal kommen beleglesende Geräte in der Praxis immer stärker zum Einsatz [2, S. 15]. Allerdings bleibt die Anwendungsmöglichkeit von beleglesenden Geräten für die Auftragsdatenerfassung bis heute wegen der relativ hohen Kosten einem nicht allzu breiten Anwenderkreis vorbehalten. Zum anderen stellen die beleglesenden Geräte oft noch sehr hohe Anforderungen an die Qualität der handgeschriebenen sowie gedruckten Zeichen und an die Papier- und Druckfarbenqualität.
Von den in der Praxis eingesetzten beleglesenden Geräten wie Markierungsleser, Magnetschriftleser, Klarschriftleser und Mehrfunktionsbelegleser besitzen für die Auftragsdatenerfassung nur der Markierungsleser und der Mehrfunktionsbelegleser größere Bedeutung.
Neben der Fähigkeit Belege direkt zu verarbeiten, können mit fast allen beleglesenden Maschinen, neben der Verarbeitung oder in einem gesonderten Arbeitsgang, Belegsortierungen vorgenommen werden (vgl. hierzu im einzelnen Kap. 3).

10.322 Direkteingabe über Datenstationen

Bei der Direkteingabe wird der Umweg über einen Datenzwischenträger ausgeschaltet. Die Auftragsdaten werden je nach den Bedürfnissen über eine numerische oder alpha-numerische Tastatur dem Datenverarbeitungssystem direkt eingegeben und verarbeitet. Da eine Datenstation den Dialogverkehr zwischen dem Bediener und dem Datenverarbeitungssystem erlaubt, kann der Bediener von seiten des Programmes in Form von Anweisungen, z. B. bei Bildschirmeingabe durch Bildmasken, oder Fehlerhinweisen unterstützt werden. Bei Fehlerhinweisen ist oft eine sofortige Korrektur mit Rückgriff auf den Originalbeleg möglich. Da Datenstationen auch in großen Entfernungen vom Datenverarbeitungssystem aufgestellt werden können, ist eine Direkteingabe bei dezentralem Datenanfall möglich, diese Form der Datenverarbeitung nennen wir Datenfernverarbeitung.
So können z. B. die Verkaufsbüros eines Unternehmens, die sich in verschiedenen Städten befinden und deren Datenstationen (z. B. Schreibmaschinen, Bildschirme, u. U. Satellitenrechner) über Telefonleitungen oder über spezielle Datenübertragungsleitungen mit dem zentralen Datenverarbeitungssystem verbunden sind, ihre Aufträge über die dezentralen Datenstationen eingeben und

die weitere Bearbeitung dem zentralen Datenverarbeitungssystem übertragen. Das Großversandhaus Quelle in Fürth/Bayern wickelt täglich etwa 100 000 Bestellungen mit durchschnittlich 9 Positionen pro Bestellung durch Direkteingabe über 204 Datenstationen ab, wobei vor der Direkteingabe Bestellungen ohne Kundennummer oder mit geänderter Adresse aufbereitet werden, indem die fehlenden bzw. geänderten Daten im Dialogverkehr mit dem Datenverarbeitungssystem über Bildschirme ergänzt werden.
Bei Direkteingabe kann mit einer Eingabeleistung von etwa 7000 Zeichen pro Stunde und Datenstation gerechnet werden. Eine Firma, die die Auftragserfassung seit etwa einem Jahr über optische Anzeigen vornimmt, gibt eine Fehlerrate – bezogen auf die Auftragsanzahl – mit unter 1% an [17, S. 518]. Bei einer Fehlerrate in dieser Höhe ist u. E., im Vergleich zu den Fehlerraten bei beleglesenden Geräten, der Auftragsdatenerfassung über Direkteingabe mittels Datenstationen bei entsprechendem Datenanfall eindeutig der Vorzug zu geben.

10.4 Maschinelle Auftragsdatenprüfung und Eingabe

10.41 Zweck und Arten der Auftragsdatenprüfung

Ein besonders wichtiger Punkt ist die Überprüfung der einzugebenden Auftragsdaten, denn von ihrer Richtigkeit hängt eine schnelle, reibungslose und korrekte Auftragserledigung ab. Es sollte daher neben der Kontrolle der Datenträger, z. B. in Form von Prüflochen, die Fähigkeit der Datenverarbeitungsanlage zur Überprüfung der Auftragsdaten eingesetzt werden, bevor die Daten verarbeitet und gespeichert werden [23, S. 58]. Die Prüfungen können u. a. Existenzprüfungen, Formalprüfungen, Plausibilitätsprüfungen und Formelprüfungen umfassen, wodurch ein Großteil der möglichen Fehlereingaben verhindert werden kann.
Bei einer Existenzprüfung wird überprüft, ob für den angegebenen Wert eines Ordnungsbegriffes, z. B. für den Ordnungsbegriff Kundennummer, der dazugehörige Stammsatz in der jeweiligen Datei vorhanden ist. Bei einer Formalprüfung wird überprüft, ob die Datenform korrekt ist, d. h., daß in einem numerisch definierten Feld nur Ziffern und in einem alphabetisch definierten Feld nur Buchstaben stehen.
Die Plausibilitätsprüfung überwacht, ob bestimmte Eingabewerte innerhalb bestimmter Grenzen liegen, z. B. darf die tatsächliche Bestellmenge die maxi-

male plausible Bestellmenge, die für jeden Artikel gesondert festgelegt ist und im Artikelstammsatz gespeichert wird, nicht überschreiten bzw. muß von der Verkaufsabteilung genehmigt werden.
Bei der Formelprüfung wird unter Zuhilfenahme von bestimmten Rechenformeln ein Eingabewert, der in Abhängigkeit zu anderen Werten steht, auf seine Gültigkeit überprüft.
Halten die Eingabedaten den verschiedenen Prüfungen nicht stand, so werden die fehlerhaften Karten ausgesteuert oder die fehlerhaften Sätze werden gekennzeichnet, und in einem Fehlerprotokoll wird auf die festgestellten bzw. vermuteten (durch Plausibilitätskontrolle) Fehler hingewiesen. Die fehlerfreien Daten werden auf Platte oder Band geladen und können, soweit zu ihrer weiteren Bearbeitung bzw. Zuordnung nicht die als fehlerhaft erkannten Daten notwendig sind, zur Verarbeitung freigegeben werden.

10.42 Benötigte Daten bzw. Dateien und deren Aufbau

Der Inhalt und Aufbau der einzelnen Dateien nimmt in der Praxis von Unternehmen zu Unternehmen sehr verschiedene und individuelle Formen an. Aus diesem Grund soll versucht werden, alle in dieser Arbeit verwendeten Dateien möglichst allgemein zu halten und aus solchen Angaben zusammenzusetzen, die für die Bearbeitung der folgenden Funktionskreise mittels EDV ungeachtet der Unternehmensart unerläßlich sind, wobei die Datensatzlängen bzw. die einzelnen Feldlängen eines Datensatzes in der Praxis je nach Bedingungslage des Unternehmens für die verschiedenen Dateien die unterschiedlichsten Formate annehmen können. Ebenso können, den Bedürfnissen eines Unternehmens entsprechend, bei einer Karte oder bei einem Satz bestimmte Felder hinzugefügt werden oder weggelassen werden.
Bei allen Platten- und Banddateien in dieser Arbeit bleibt die bei numerischen Datenfeldern durchführbare gepackte Speicherungsform, durch die Speicherplatz eingespart wird, unberücksichtigt, da gepackte Felder nicht sortiert werden können und die Sortierbegriffe je nach den Anforderungen der einzelnen Unternehmen wechseln.
Fragen bezüglich der Verschlüsselungsmöglichkeiten, die wegen ihres außerordentlichen Umfanges den Rahmen dieser Arbeit sprengen würden, werden nur soweit behandelt, wie sie zur weiteren Bearbeitung der einzelnen Funktionskreise und zum Verständnis der Arbeitsabläufe notwendig sind. Die in den folgenden Dateien gewählten Verschlüsselungen, wie z. B. für die Kundennummer, Artikelnummer oder Fabrikkalender, sind nur mögliche Varianten aus einer Vielzahl von Kombinationsmöglichkeiten sprechender und zählender Schlüssel.

Zum besseren Verständnis wird den einzelnen Dateien eine frei gewählte, konkrete Karten- bzw. Satzart zugeordnet. Auf einen möglichen Karten- bzw. Satzaufbau der einzelnen benötigten Karten- bzw. Satzarten wird jeweils innerhalb des Funktionskreises eingegangen, in dem die betreffende Karten- bzw. Satzart zum ersten Mal benötigt wird.

10.421 Auftragsdaten

10.421.1 Auftragskarten

Im folgenden Arbeitsablauf sollen die Kundenaufträge nach der Ablochmethode erfaßt werden.
Die aus den Kundenbestellungen abgelochten Auftragskarten, in Form von 80spaltigen Lochkarten, gliedern sich in die Konditionskarten und in die Positionskarten auf. Pro Auftragsnummer fallen eine Konditionskarte und je nach Anzahl der bestellten Artikelnummern bis zu drei Positionskarten an.
Die Konditionskarte (Kartenart 10) enthält neben den beiden Ordnungsbegriffen, Kundennummer und Auftragsnummer, die Auftragskonditionen wie Liefertermin, Sonderrabatt, Versandart usw. für eine Auftragsnummer. Außer den Konditionsangaben kann diese Karte noch bis zu fünf Artikelnummern mit den dazugehörigen Bestellmengen aufnehmen. Die Datumsangaben wie Liefertermin und Auftragsdatum werden wie die Datumsangaben in allen folgenden Dateien aus Gründen der leichteren Handhabung in programmtechnischer Hinsicht nach dem fünf- bzw. dreistelligen, einjährigen Fabrikkalender gemacht. Wird nur Tag und Monat angegeben, so sind drei Stellen erforderlich, bei Jahresangaben erhöht sich die Stellenanzahl um zwei. Die Ausgabe solcher Datumsangaben in gedruckter Form wird durch ein einmalig erstelltes Unterprogramm, das in allen erforderlichen Programmen verwendet werden kann, in die herkömmliche Datumsangabe übertragen. Der Aufbau des einjährigen Fabrikkalenders ist folgendermaßen gestaltet:

```
XX    XXX
└──────┼──────────→ Jahr
       │
       └──────────→ Tag (maximal 366)
```

z. B. 3. Februar 1972 =

```
72    034
└──────┼──────────→ Jahr 72 = 1972
       │
       └──────────→ Tag 034 = 3. Februar
```

Die Positionskarte (Kartenart 11) nimmt außer den beiden Ordnungsbegriffen sieben Artikelnummern mit den dazugehörigen Bestellmengen auf.
Ein möglicher Kartenaufbau für die beiden Auftragskarten mit der Angabe der einzelnen Feldlängen ist in den beiden folgenden Zusammenstellungen dargestellt.

Abb. 105: Konditionskarte Kartenart 10

lfd.Nr.	Feldinhalt	Stelle von	Stelle bis	Feldlänge	Summe der Feldlänge
1	Kartenart (= 10)	1	2	2	2
2	Auftragsnummer	3	7	5	7
3	Kundennummer mit Prüfziffer in Sp. 12, gebildet nach Modulus 11	8	12	(4+1)	12
4	Filialnummer	13	15	3	15
5	freie Stellen	16	18	3	18
6	Verkäufernummer	19	21	3	21
7	Auftragsdatum } nach Fabrik-Kal.	22	24	3	24
8	Liefertermin } nach Fabrik-Kal.	25	27	3	27
9	Sonderrabatt (bezieht sich auf gesamten Auftrag)	28	29	2	29
10	Versandart	30	30	1	30
11	Verkaufsart	31	31	1	31
12	Sachbearbeiternummer	32	33	2	33
13	Anzahl der Auftragspositionen (maximal 26)	34	35	2	35
14a	Artikelnummer	36	40	5	40
14b	Bestellmenge	41	44	4	44
15	Artikelnr. + Bestellmenge	45	53	(5+4)	53
16	Artikelnr. + Bestellmenge	54	62	(5+4)	62
17	Artikelnr. + Bestellmenge	63	71	(5+4)	71
18	Artikelnr. + Bestellmenge	72	80	(5+4)	80

Abb. 106: Positionskarte Kartenart 11

lfd.Nr.	Feldinhalt	Stelle von	Stelle bis	Feldlänge	Summe der Feldlänge
1	Kartenart (= 11)	1	2	2	2
2	Auftragsnummer	3	7	5	7
3	Kundennummer mit Prüfziffer in Sp. 12, gebildet nach Modulus 11	8	12	(4+1)	12
4	Filialnummer	13	15	3	15
5	freie Stellen	16	17	2	17
6a	Artikelnummer	18	22	5	22
6b	Bestellmenge	23	26	4	26
7	Artikelnr. + Bestellmenge	27	35	(5+4)	35
8	Artikelnr. + Bestellmenge	36	44	(5+4)	44
9	Artikelnr. + Bestellmenge	45	53	(5+4)	53
10	Artikelnr. + Bestellmenge	54	62	(5+4)	62
11	Artikelnr. + Bestellmenge	63	71	(5+4)	71
12	Artikelnr. + Bestellmenge	72	80	(5+4)	80

10.421.2 Vorläufiger Auftragssatz

Aus je einer fehlerfreien Auftragskarte wird ein 90stelliger vorläufiger Auftragssatz gebildet, wobei die Konditionskarte die Daten für Satzart 10 und die Positionskarte für Satzart 11 liefern. Inhalt und Aufbau des vorläufigen Auftragssatzes entsprechen im wesentlichen den Anordnungen auf den beiden Auftragskarten. Für je eine Auftragsnummer können maximal vier 90stellige Auftragssätze vorhanden sein. Bevor diese Sätze jedoch zur weiteren Bearbeitung freigegeben werden, müssen wegen der Zuordnung der Auftragskarten, die zu einer Auftragsnummer gehören, sämtliche als fehlerhaft abgewiesene Auftragskarten berichtigt werden und durch einen erneuten Lauf des Prüf- und Ladeprogrammes den ursprünglichen fehlerfreien Auftragsdaten in Form von Auftragssätzen hinzugefügt werden.
Folgende Aufstellung gibt in Verbindung mit den Aufstellungen der beiden Auftragskarten Auskunft über die Beschaffenheit und Speicherungsform des vorläufigen Auftragssatzes.

10.422 Kundenstammsatz

Für jeden Kunden bzw. Absatzstelle wird ein Kundenstammsatz gebildet. Die Kundenstammsätze aller Kunden stellen die Kundenstammdatei dar. Der Ordnungsbegriff der Kundenstammdatei setzt sich z. B. für die folgenden Ausführungen aus der fünfstelligen Kundennummer und der dreistelligen Filialnummer zusammen. Die ersten vier Stellen der Kundennummer und die drei Stellen der Filialnummer sind fortlaufende Zählnummern, die fünfte Stelle der Kundennummer ist eine nach Modulus-11 gebildete Prüfziffer.

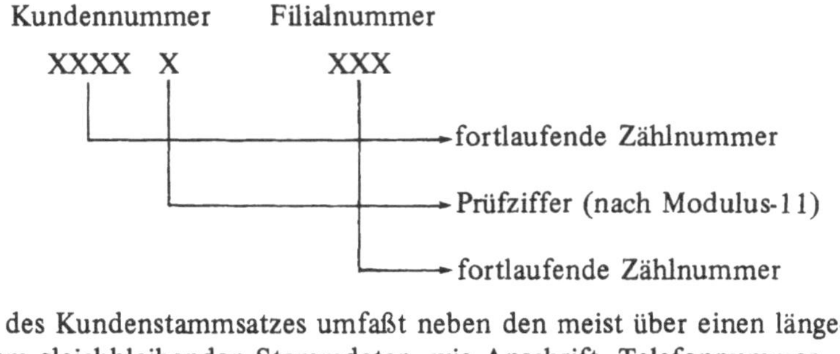

Der Inhalt des Kundenstammsatzes umfaßt neben den meist über einen längeren Zeitraum gleichbleibenden Stammdaten, wie Anschrift, Telefonnummer mit Vorwahl, Zahlungskonditionen, Versandhinweise, Rabattstufen und Bonitätskriterien, noch eine Anzahl von statistischen Angaben. Die statistischen Daten geben z. B. über die Anzahl der Rechnungen und Mahnungen im laufenden Jahr, über die Rabatt-, Skonto- und Frachtsummen im laufenden Jahr

Abb. 107: Vorläufiger Auftragssatz
Satzart 10 bei Konditionskarte
Satzart 11 bei Positionskarte
Satzeinteilung für Plattendatei
Starr-fortlaufende Speicherung
Satzlänge: 90 Bytes
Blocklänge: 270 Bytes
Blockungsfaktor: 3

lfd.Nr.	Feldinhalt	Stelle von	Stelle bis	Feldlänge	Summe der Feldlänge
1	freie Bytes	0	0	1	1
2	Inhalt der gesamten Konditionskarte oder Positionskarte einschließlich Kartenart (= Satzart)	1	80	80	81
3	freie Bytes	81	89	9	90

und über die einzelnen wert- und mengenmäßigen Umsätze und Bruttogewinne (Deckungsbeiträge) der vergangenen dreizehn Monate, des laufenden Monates, des vergangenen Jahres und des laufendes Jahres Auskunft, wobei bei den wertmäßigen Angaben aus Platzgründen nur volle DM berücksichtigt werden.
Da sich die monatlichen Umsatzangaben im Kunden-, Artikel- und Verkäuferstammsatz (die beiden letzten Stammsätze werden noch gesondert behandelt) auf die jeweils letzten dreizehn Monate beschränken, ist es erforderlich, daß am Ende jeden Monates in einem gesonderten Programm die jeweiligen Monatsumsätze und unter Umständen die Bruttogewinne um ein Feld verschoben werden müssen, d.h., daß die Umsatzangaben des Feldes des laufenden Monates-12 in das Feld des laufenden Monates-13, die Umsatzangaben des laufenden Monates-11 in das Feld des laufenden Monates-12 usw. übertragen werden, bis als letzter Wert die Umsatzangaben des laufenden Monats in das Feld des laufenden Monates-1 übertragen ist. Obwohl diese Art der Speicherung monatlich einen Programmdurchlauf erforderlich macht, spart man mit ihr erheblichen Speicherplatz ein, und es ist trotzdem noch möglich, daß neben den Umsatzzahlen des vergangenen Monates auf die Umsatzzahlen der zwölf vorangegangenen Monate zurückgegriffen werden kann, wodurch in den verschiedensten Statistiken Vergleichswerte der jeweiligen Vorjahresmonate und der dazwischenliegenden Monate herangezogen werden können. Ebenso kann eine sogenannte dynamische Jahresumsatzrabattstaffel, die den jeweiligen aufgelaufenen Umsatz der vergangenen, letzten zwölf Monate als Basis für den zu gewährenden Rabattsatz zugrunde legt, bei dieser Speicherorganisation verwendet werden.
Innerhalb eines Kundenstammsatzes wird nur eine Anschrift gespeichert, die in der Regel Rechnungs- und Versandanschrift darstellt. Unterscheidet sich die Rechnungsanschrift von der Versandanschrift, so wird die Anschrift im

eigentlichen Kundenstammsatz Versandanschrift, und zur Rechnungsanschrift greift man über eine sogenannte Rechnungskundennummer, die sich ebenfalls im Kundenstammsatz befindet, auf einen anderen Kundenstammsatz zu. Dieser Kundenstammsatz beinhaltet dann die von der Versandanschrift unterschiedliche Rechnungsanschrift. Der Vorteil hierbei liegt darin, daß bei Filialbetrieben oder bei Einkaufsverbänden mit Rechnungszentralregulierung, bei

Abb. 108: Kundenstammsatz
Satzart 91
Satzeinteilung für Plattendatei
Index-sequentielle Speicherung
Satzlänge: 486 Bytes
Blocklänge: 2430 Bytes
Blockungsfaktor: 5

lfd.Nr.	Feldinhalt	Stelle von	Stelle bis	Feldlänge	Summe der Feldlänge
1	Satzart	0	1	2	2
2	Kundennummer	2	6	5	7
3	Filialnummer	7	9	3	10
4	Abgangskennzeichen	10	10	1	11
5	Kundenart	11	12	2	13
6	Kunde seit	13	17	5	18
7	Bonitätsschlüssel	18	18	1	19
8	Limit (in 1000 DM)	19	20	2	21
9	Datum der Limitfestsetzung	21	25	5	26
10	Firma	26	43	18	44
11	Name	44	61	18	62
12	Postleitzahl	62	65	4	66
13	Ort	66	83	18	84
14	Straße/Postfach	84	101	18	102
15	Telefonnummer mit Vorwahl	102	113	12	114
16	Verkäufer	114	116	3	117
17	Ersatzverkäufer	117	119	3	120
18	statistische Ortsnummer	120	124	5	125
19	Rechnungskunden- und Filialnummer	125	132	8	133
20	Versandart	133	133	1	134
21	Postzone	134	134	1	135
22	Stückgutbahnhof	135	150	16	151
23	Frachtkilometer	151	153	3	154
24	Expressgutbahnhof	154	169	16	170
25	Expresskilometer	170	172	3	173
26	Bankleitzahl	173	180	8	181
27	Bankkonto	181	190	10	191
28	Bankadresse	191	206	16	207
29	Bankeinzugskennzeichen	207	207	1	208
30	Bankeinzugsrhythmus	208	208	1	209
31	Nachlieferungskennzeichen	209	209	1	210
32	Teillieferungskennzeichen	210	210	1	211
33	Sammelrechnung	211	211	1	212
34	Anzahl Aufträge lfd. Jahr	212	214	3	215
35	Anzahl Rechnungen lfd. Jahr	215	217	3	218

Abb. 108: (Fortsetzung)

lfd.Nr.	Feldinhalt	Stelle von	Stelle bis	Feldlänge	Summe der Feldlänge
36	Datum letzte Rechnung	218	222	5	223
37	Anzahl Gutschriften	223	224	2	225
38	Mahnsperre	225	225	1	226
39	Mahnkostenkennzeichen	226	226	1	227
40	Anzahl 1. Mahnung lfd. Jahr	227	229	3	230
41	Anzahl 2. Mahnung lfd. Jahr	230	231	2	232
42	Anzahl 3. Mahnung lfd. Jahr	232	233	2	234
43	Anzahl Hinweis zum Zahlungsbefehl lfd. Jahr	234	235	2	236
44	Rabattstufe Artikelgruppe 1	236	236	1	237
45	Rabattstufe Artikelgruppe 2	237	237	1	238
46	Rabattstufe Artikelgruppe 3	238	238	1	239
47	Rabattstufe Artikelgruppe 4	239	239	1	240
48	Rabattstufe Artikelgruppe 5	240	240	1	241
49	Bestellbestand (in vollen DM)	241	245	5	246
50	Offene Posten-Soll	246	254	9	255
51	Offene Posten-Haben	255	263	9	264
52	genutzte Skontosumme lfd. Jahr (in vollen DM)	264	267	4	268
53	Rabattsumme lfd. Jahr (in vollen DM)	268	272	5	273
54	Versand- u. Verpackungskosten lfd.J. (i.v.DM)	273	277	5	278
55a	Wertumsatz vergangenes Jahr (in v.DM)	278	284	7	285
55b	Bruttogewinn vergangenes Jahr (in vollen DM)	285	290	6	291
56	fortgeschriebene Werte (wie unter lfd.Nr. 55) für lfd. Monat – 13	291	303	(7+6)	304
57	fortg. Werte, lfd. M. –12	304	316	(7+6)	317
58	fortg. Werte, lfd. M. –11	317	329	(7+6)	330
59	fortg. Werte, lfd. M. –10	330	342	(7+6)	343
60	fortg. Werte, lfd. M. – 9	343	355	(7+6)	356
61	fortg. Werte, lfd. M. – 8	356	368	(7+6)	369
62	fortg. Werte, lfd. M. – 7	369	381	(7+6)	382
63	fortg. Werte, lfd. M. – 6	382	394	(7+6)	395
64	fortg. Werte, lfd. M. – 5	395	407	(7+6)	408
65	fortg. Werte, lfd. M. – 4	408	420	(7+6)	421
66	fortg. Werte, lfd. M. – 3	421	433	(7+6)	434
67	fortg. Werte, lfd. M. – 2	434	446	(7+6)	447
68	fortg. Werte, lfd. M. – 1	447	459	(7+6)	460
69	fortg. Werte, lfd. Monat	460	472	(7+6)	473
70	fortg. Werte, lfd. Jahr	473	485	(7+6)	486

denen im allgemeinen für mehrere Versandanschriften eine Rechnungsanschrift zutrifft, nicht für jede Versandanschrift eine gesonderte Rechnungsanschrift erfaßt und gespeichert werden muß.
Über einen möglichen Aufbau, Inhalt und Speicherungsform eines Kundenstammsatzes gibt folgende Zusammenstellung Aufschluß.

10.423 Artikelstammsatz

Der Artikelstammsatz gliedert sich wie der Kundenstammsatz in einen Stammdatenteil und in einen statistischen Teil. Die meist über einen längeren Zeitraum gleichbleibenden Stammdaten geben z. B. über die Herkunft des Artikels in Form der Lieferantennummer, die Bezeichnung, die technischen Spezifikationen wie Länge, Breite, Höhe und Gewicht, die verschiedenen Preise und Rabatte, den Versandvorrang und den Lagerplatz Auskunft. Der statistische Teil enthält die Angaben, die sich aus den laufenden Bewegungen ergeben. So wird z. B. der Umsatz in Wert und Menge und der Bruttogewinn für die jeweils letzten dreizehn Monate, für das vergangene Jahr und für das laufende Jahr, das Datum des vorletzten und des letzten Abganges, die Anzahl der Abgänge im laufenden Jahr usw. festgehalten.
Für jede Artikelnummer ist ein Artikelstammsatz notwendig, die Gesamtzahl aller Artikelstammsätze bilden die Artikelstammdatei. Den Ordnungsbegriff der Artikelstammdatei stellt die Artikelnummer dar, deren Aufbau z. B. für die weitere Bearbeitung wie folgt festgelegt ist.

Artikelnummer

X XXXX

→ Artikelgruppe

→ fortlaufende Zählnummer innerhalb einer Artikelgruppe

Abb. 109: Artikelstammsatz

Satzart 92
Satzeinteilung für Plattendatei
Satzlänge: 486 Bytes
Blocklänge: 2430 Bytes
Blockungsfaktor: 5

lfd.Nr.	Feldinhalt	Stelle von	Stelle bis	Feldlänge	Summe der Feldlänge
1	Satzart (= 92)	0	1	2	2
2	Artikelnummer	2	6	5	7
3	Artikelbezeichnung	7	39	33	40
4	Abgangskennzeichen	40	40	1	41
5	Einheit	41	45	5	46
6	Einkaufspreis pro Einheit	46	51	6	52
7	Listenpreis pro Einheit	52	57	6	58
8	Verkaufspreis des Händlers pro Einheit	58	64	7	65
9	Mehrwertsteuerschlüssel	65	65	1	66
10	Skontoberechtigung	66	66	1	67
11	Artikel wird geführt seit	67	71	5	72
12	Versandvorrang	72	72	1	73
13	Ersatzartikelnummer	73	77	5	78

Abb. 109: (Fortsetzung)

lfd.Nr.	Feldinhalt	Stelle von	Stelle bis	Feldlänge	Summe der Feldlänge
14	Rabattsatz in Stufe 1	78	79	2	80
15	Rabattsatz in Stufe 2	80	81	2	82
16	Rabattsatz in Stufe 3	82	83	2	84
17	Prov.-Satz in Stufe 1	84	85	2	86
18	Prov.-Satz in Stufe 2	86	87	2	88
19	Prov.-Satz in Stufe 3	88	89	2	90
20	Lagerplatz	90	92	3	93
21	Mindestbestand in Einheiten	93	97	5	98
22	Bestand	98	103	6	104
23	Reservierungen (Auftragsbestätigung)	104	108	5	109
24	rückständige Auslieferungen	109	113	5	114
25	ausstehende Anlieferungen	114	119	6	120
26	letzter Lieferant (Nr.)	120	124	5	125
27	letzte Lieferung (Datum)	125	129	5	130
28	vorletzter Abgang	130	134	5	135
29	letzter Abgang	135	139	5	140
30	letzte Inventur	140	144	5	145
31	Anzahl Abgänge lfd. Jahr	145	149	5	150
32	Mindestbestellmenge	150	153	4	154
33	Maximale plausible Bestellmenge	154	158	5	159
34	Länge pro Einheit	159	161	3	162
35	Breite pro Einheit	162	164	3	165
36	Höhe pro Einheit	165	167	3	168
37	Rauminhalt pro Einheit	168	172	5	173
38	Gewicht pro Einheit	173	178	6	179
39a	Wertumsatz vergangenes Jahr (in vollen DM)	179	185	7	186
39b	Mengenumsatz verg. Jahr (in Einheiten)	186	191	6	192
39c	Bruttogewinn verg. Jahr (in vollen DM)	192	197	6	198
40	fortgeschriebene Werte (wie unter lfd.Nr. 39) für lfd. Monat −13	198	216	(7+6+6)	217
41	fortgeschriebene Werte (wie unter lfd.Nr. 39) für lfd. Monat −12	217	235	(7+6+6)	236
42	fortg. Werte, lfd. M. −11	236	254	(7+6+6)	255
43	fortg. Werte, lfd. M. −10	255	273	(7+6+6)	274
44	fortg. Werte, lfd. M. − 9	274	292	(7+6+6)	293
45	fortg. Werte, lfd. M. − 8	293	311	(7+6+6)	312
46	fortg. Werte, lfd. M. − 7	312	330	(7+6+6)	331
47	fortg. Werte, lfd. M. − 6	331	349	(7+6+6)	350
48	fortg. Werte, lfd. M. − 5	350	368	(7+6+6)	369
49	fortg. Werte, lfd. M. − 4	369	387	(7+6+6)	388
50	fortg. Werte, lfd. M. − 3	388	406	(7+6+6)	407
51	fortg. Werte, lfd. M. − 2	407	425	(7+6+6)	426
52	fortg. Werte, lfd. M. − 1	426	444	(7+6+6)	445
53	fortg. Werte, lfd. Monat	445	463	(7+6+6)	464
54	fortg. Werte, lfd. Jahr	464	482	(7+6+6)	483
55	freie Bytes	483	485	3	486

Abb. 110: Datenflußplan – Auftragsdatenprüfung und Laden

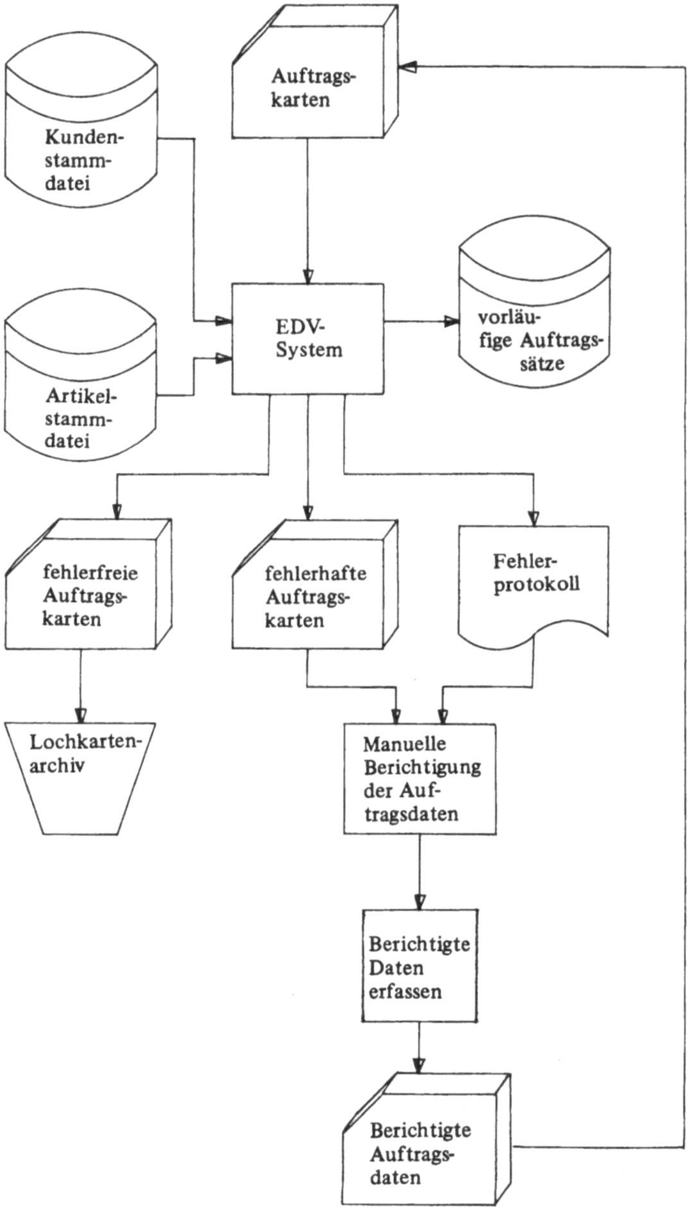

10.43 Datenfluß

Die Auftragskarten werden über eine Kartenleseeinheit, die mindestens zwei Ablagefächer besitzt, unsortiert eingegeben. Jede Karte wird auf mögliche Fehler überprüft. Ein Teil der Prüfungen wird durchgeführt, indem auf die Daten der Kundenstammdatei und Artikelstammdatei, die im wahlfreien, direkten Zugriff stehen, zurückgegriffen wird. Die fehlerfreien Auftragskarten werden in Form von vorläufigen Auftragssätzen auf eine Platte geladen. Die als fehlerhaft oder ungültig erkannten Auftragskarten werden ausgesteuert und auf einem Fehlerprotokoll mit Fehlerkennzeichnungen und Fehlerhinweisen ausgedruckt. Die Verkaufsabteilung berichtigt anhand des Fehlerprotokolls und der Auftragsbelege die fehlerhaften Daten. Nach dem Ablochen werden die berichtigten Daten erneut eingegeben, geprüft und bei Fehlerfreiheit zu den übrigen fehlerfreien Auftragsdaten auf Platte geladen.

10.44 Programm

Nachdem das Programm „Auftragsdatenprüfung und Laden" in die Zentraleinheit eingelesen bzw. aus der Programmbibliothek abgerufen worden ist, werden die unsortierten Auftragskarten, die sich aus den sogenannten Konditionskarten und den Positionskarten zusammensetzen, in das System zur Prüfung eingegeben, wobei jede Karte folgendes Programm durchläuft.
Zunächst wird zum Zwecke einer statistischen Auswertung der Zähler „Anzahl eingelesene Karten" um den Wert 1 erhöht, im Anschluß wird die Karte auf ihre Kartenart geprüft. Entspricht die Kartenart im angenommenen Fall nicht KA 10 (= Konditionskarte) oder KA 11 (= Positionskarte), so durchläuft das Programm wie bei allen folgenden Fehlermeldungen folgende Programmroutine. In den Zähler „Anzahl falsche Karten" wird der Wert 1 addiert, die als falsch erkannte Karte wird ausgesteuert, und der gesamte Karteninhalt wird unter Kennzeichnung des fehlerhaften Kartenfeldes mit einer verschlüsselten Fehlermeldung auf dem Fehlerprotokoll ausgegeben. Halten die Kartenarten der Überprüfung stand, so wird im Fall einer Konditionskarte der Zähler „Anzahl KA 10" und im Fall einer Positionskarte der Zähler „Anzahl KA 11" um den Wert 1 erhöht. Da alle Felder der beiden Kartenarten nur numerische Zeichen enthalten dürfen, wird der Inhalt auf alphabetische Zeichen überprüft. Sind alphabetische Zeichen vorhanden, dann durchläuft das Programm die oben beschriebene Programmroutine für Fehlermeldungen. Bei ausschließlich

numerischen Zeichen wird für die 5stellige Kundennummer, die in ihrer Einerstelle (= Kartenspalte 12) eine nach Modulus-11 gebildete Prüfziffer enthält, eine Modulusprüfung durchgeführt. Die Modulusprüfung läuft ab, indem die Zehnerstelle (= Spalte 11) der Kundennummer mit Faktor 2 multipliziert wird, die Hunderterstelle (= Spalte 10) mit Faktor 3, die Tausenderstelle (= Spalte 9) mit Faktor 4 und die Zehntausenderstelle (= Spalte 8) mit Faktor 5, wobei die Ergebnisse der Multiplikationen zu einer Summe addiert werden. Nun wird vom Wert des Summenfeldes solange der Wert 11 subtrahiert, bis das Summenfeld einen Wert annimmt, der kleiner als 11 ist. Hierauf wird der Wert des Summenfeldes vom Wert 11 abgezogen, und man erhält die Prüfziffer. Bei Übereinstimmung der durch das Programm errechneten und der auf der Auftragskarte angegebenen Prüfziffer wird der zugehörige Kundenstammsatz auf der Plattendatei gesucht und gelesen. Ist der zugehörige Kundenstammsatz nicht vorhanden bzw. ist er mit einem Abgangskennzeichen versehen, so erfolgt ebenso wie bei einer unplausiblen Kundennummer die Fortsetzung des Programms über die Routine für Fehlermeldungen. Entspricht der Kundenstammsatz den Anforderungen, werden die Artikelnummern der einzelnen Bestellpositionen auf das Vorhandensein eines dazugehörigen Artikelstammsatzes ohne Abgangskennzeichen auf der Plattendatei überprüft, und die tatsächlichen Bestellmengen werden mit der maximalen plausiblen Bestellmenge und mit der Mindestbestellmenge des jeweiligen Artikels aus dem Artikelstammsatz verglichen. Ist der Artikelstammsatz einer bestellten Artikelnummer nicht vorhanden, oder ist er mit einem Abgangskennzeichen versehen, so werden wie bei der Überschreitung der maximalen plausiblen Bestellmenge oder bei Unterschreitung der Mindestbestellmenge über das Fehlerprotokoll Meldungen ausgegeben. Handelt es sich um eine Karte KA 10, so durchlaufen die angegebenen Auftragskonditionen noch eine gesonderte Prüfung. Der Verkäufer auf dem Antrag wird mit den Verkäufern im Kundenstammsatz verglichen, die für die gewünschte Versandart erforderlichen Angaben wie Expreßbahnhof, Postzone usw. werden im Kundenstammsatz auf Vorhandensein geprüft, die Höhe des gewährten Sonderrabattes darf einen durch das Programm vorgegebenen Satz nicht übersteigen, das Auftragsdatum und der Liefertermin dürfen die Zahl 366 nicht überschreiten, da mit einem einjährigen Fabrikkalender gearbeitet wird, die angegebene Zahl der Bestellpositionen pro Auftragsnummer darf nicht größer als 26 sein, da das angenommene DIN A 4-Auftragsformular, das eine fortlaufende Nummer trägt, die zugleich die Auftragsnummer darstellt, nicht mehr als 26 Bestellpositionen aufnimmt. Entsprechen die Angaben der Konditionskarte nicht den aufgestellten Anforderungen, so erfolgen ebenfalls Fehlermeldungen, wobei die oben beschriebene Fehlerprogrammroutine durchlaufen wird.

Halten die Daten einer Karte allen vorgenannten Prüfungen stand, so wird in den Zähler „Anzahl fehlerfreie Karten" der Wert 1 addiert und vom gesamten

Abb. 111: Programmablaufplan „Auftragsdatenprüfung und Laden“

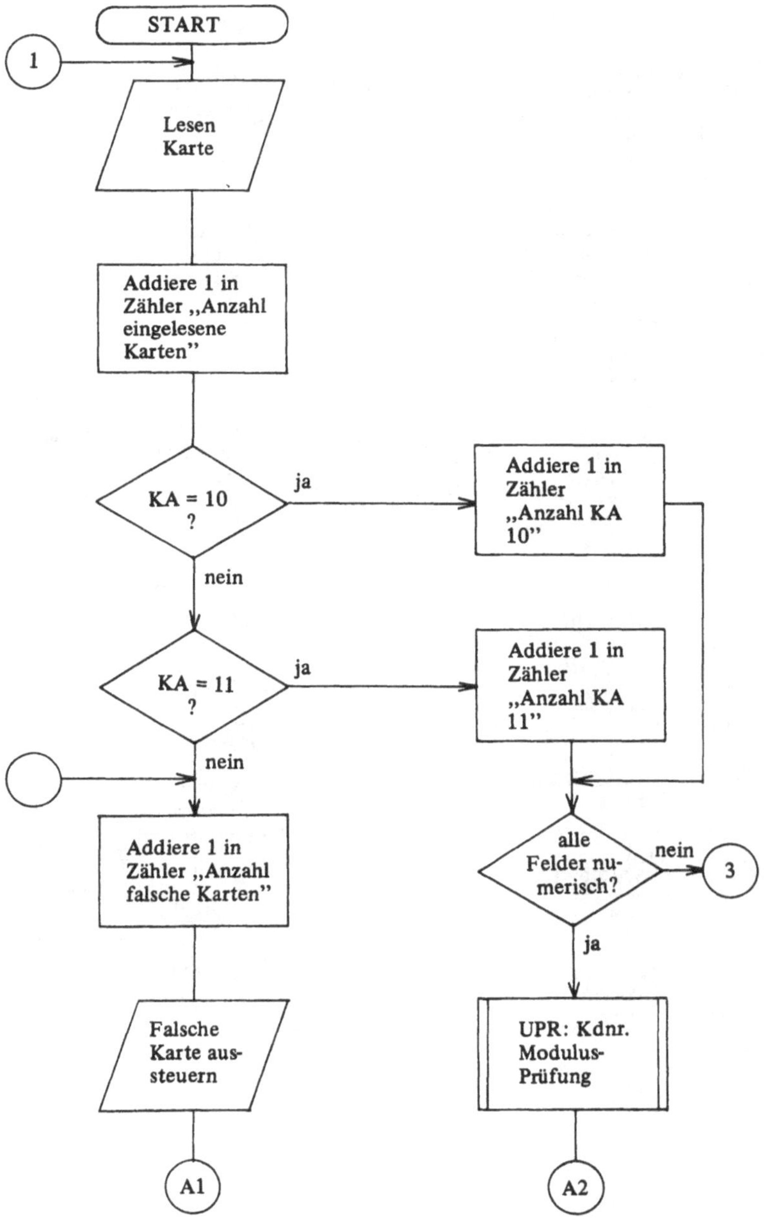

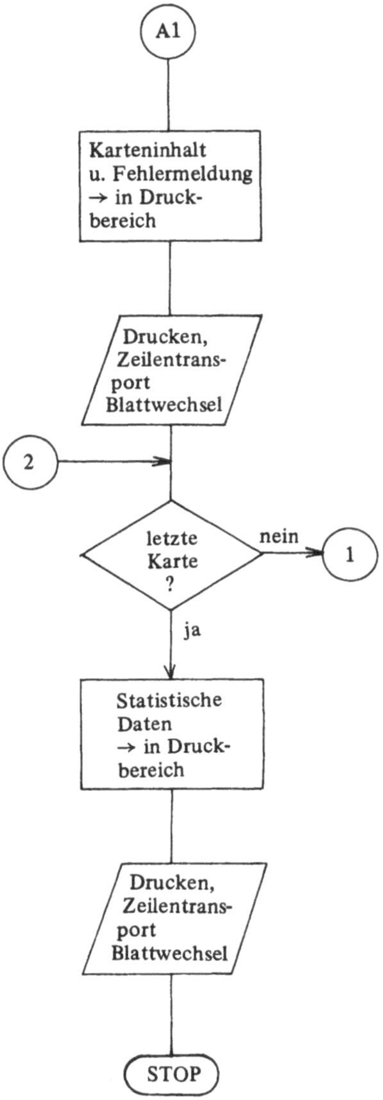
A1
Karteninhalt u. Fehlermeldung → in Druckbereich
Drucken, Zeilentransport Blattwechsel
2
letzte Karte ?
nein
1
ja
Statistische Daten → in Druckbereich
Drucken, Zeilentransport Blattwechsel
STOP

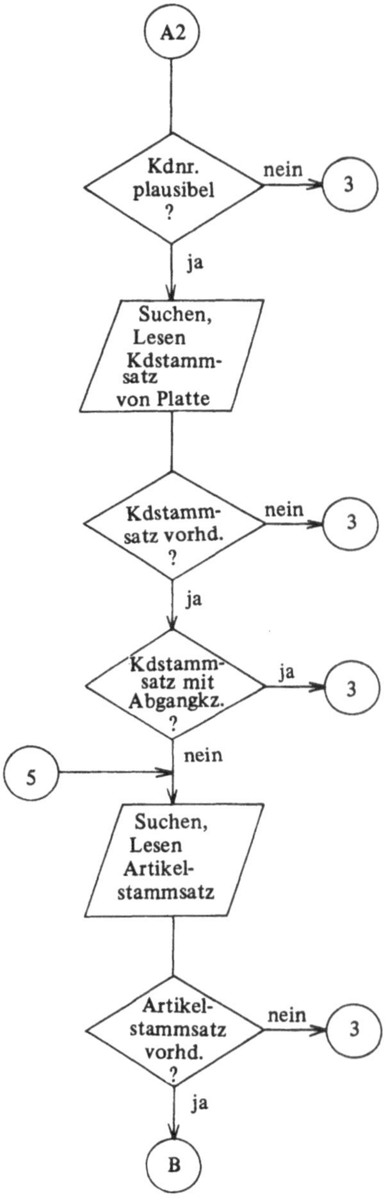
A2
Kdnr. plausibel ?
nein
3
ja
Suchen, Lesen Kdstammsatz von Platte
Kdstammsatz vorhd. ?
nein
3
ja
Kdstammsatz mit Abgangkz. ?
ja
3
nein
5
Suchen, Lesen Artikelstammsatz
Artikelstammsatz vorhd. ?
nein
3
ja
B

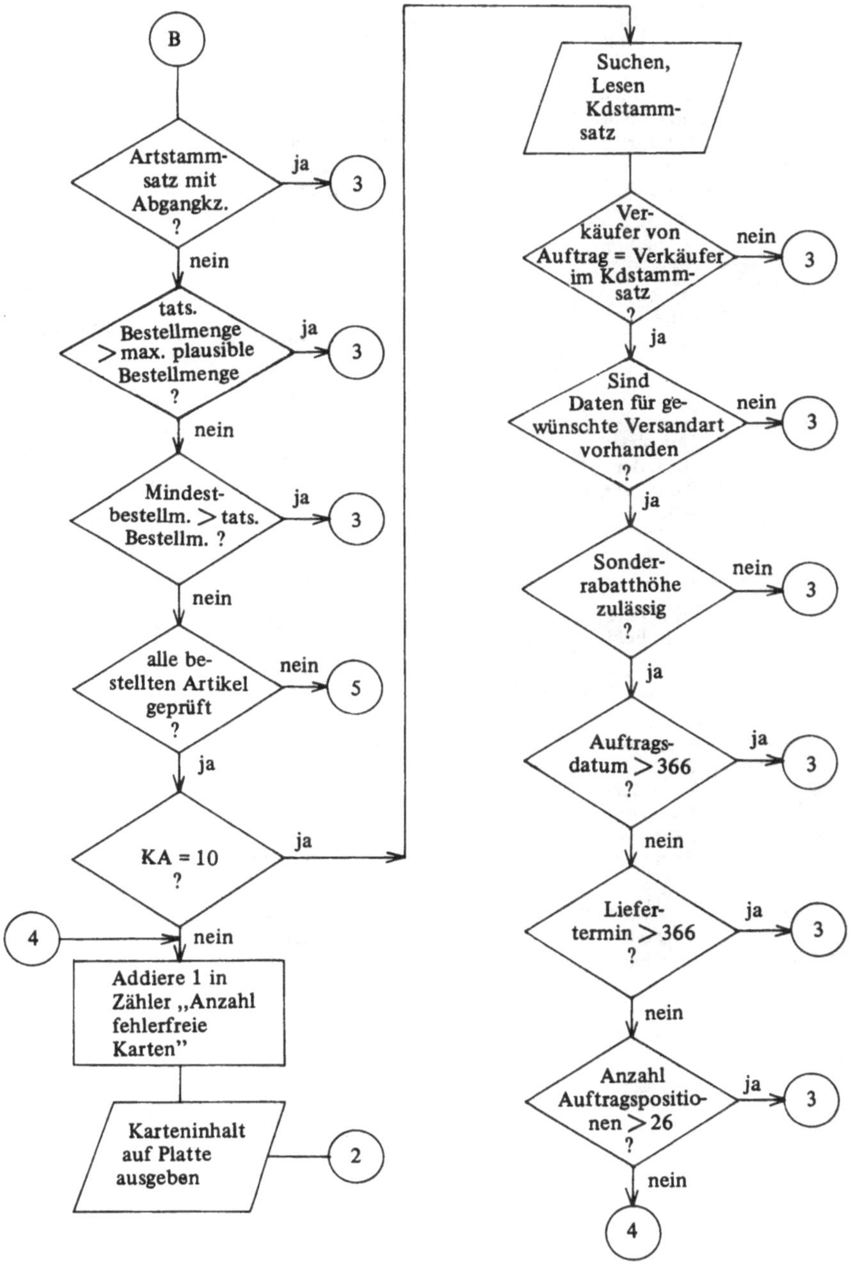
B
Artstammsatz mit Abgangkz. ?
ja
3
nein
tats. Bestellmenge > max. plausible Bestellmenge ?
ja
3
nein
Mindestbestellm. > tats. Bestellm. ?
ja
3
nein
alle bestellten Artikel geprüft ?
nein
5
ja
KA = 10 ?
ja
4
nein
Addiere 1 in Zähler „Anzahl fehlerfreie Karten"
Karteninhalt auf Platte ausgeben
2
Suchen, Lesen Kdstammsatz
Verkäufer von Auftrag = Verkäufer im Kdstammsatz ?
nein
3
ja
Sind Daten für gewünschte Versandart vorhanden ?
nein
3
ja
Sonderrabatthöhe zulässig ?
nein
3
ja
Auftragsdatum > 366 ?
ja
3
nein
Liefertermin > 366 ?
ja
3
nein
Anzahl Auftragspositionen > 26 ?
ja
3
nein
4

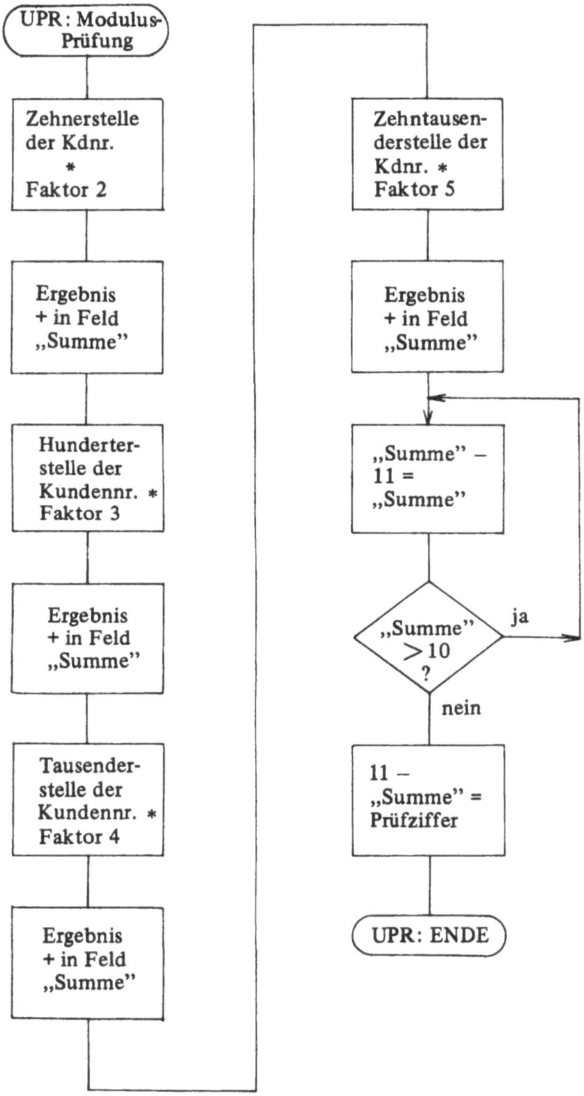
UPR: Modulus-Prüfung
Zehnerstelle der Kdnr. * Faktor 2
Ergebnis + in Feld „Summe"
Hunderterstelle der Kundennr. * Faktor 3
Ergebnis + in Feld „Summe"
Tausenderstelle der Kundennr. * Faktor 4
Ergebnis + in Feld „Summe"
Zehntausenderstelle der Kdnr. * Faktor 5
Ergebnis + in Feld „Summe"
„Summe" – 11 = „Summe"
„Summe" > 10 ?
ja
nein
11 – „Summe" = Prüfziffer
UPR: ENDE

fehlerfreien Karteninhalt wird ein 90stelliger vorläufiger Auftragssatz auf Platte ausgegeben. Nach Prüfung der letzten Karte werden die statistischen Daten wie „Anzahl eingelesene Karten", „Anzahl fehlerfreie Karten" usw. im Anschluß an das Fehlerprotokoll auf einem gesonderten Blatt ausgegeben.
Auf dem *Fehlerprotokoll* werden sämtliche als fehlerhaft oder ungültig erkannten Karten mit ihrem vollständigen Inhalt ausgedruckt. Die Daten einer fehlerhaften Karte werden in jeweils einer Zeile ausgegeben. Die Anordnung der Daten entspricht dem Kartenaufbau einer Konditionskarte oder einer Positionskarte, wobei auf dem Fehlerprotokoll wegen der besseren Übersicht zwischen den einzelnen Datenfeldern einige Druckstellen freigelassen werden. Die fehlerhaften Datenfelder werden durch Sternchen gekennzeichnet, indem in der folgenden Zeile unter dem fehlerhaften Datenfeld in der Länge des Datenfeldes Sternchen angedruckt werden. Durch diese Kennzeichnung ist es möglich, die Fehler bei der Auswertung bzw. bei der Korrektur des Fehlerprotokolles schneller zu lokalisieren [12, S. 109 ff.]. In den beiden letzten Positionen einer Zeile wird der jeweilige Fehlerschlüssel, der einen eindeutigen Hinweis auf die Fehlerart gibt, ausgewiesen.
Die Überschriftzeile zeigt neben dem Listennamen das Tagesdatum sowie die Seitenzahl. In den beiden folgenden Zeilen wird je eine Konditionskarte und eine Positionskarte dargestellt, in denen alle Datenfeldbezeichnungen der Daten, die die jeweilige Karte aufnehmen kann, angedruckt werden. Die mögliche Feldlänge der verschiedenen Datenfelder wird dargestellt, indem für jede mögliche Stelle ein X unter der jeweiligen Datenfeldbezeichnung angedruckt wird.

Abb. 112: Fehlerartenschlüssel

Fehlerschlüssel	Fehlerart
1	Falsche Kartenart
2	Numerisches Feld enthält alphabetische Zeichen
3	Kundennummer mit Prüfziffer nicht plausibel
4	Kundenstammsatz nicht vorhanden
5	Kundenstammsatz trägt Abgangskennzeichen
6	Artikelstammsatz nicht vorhanden
7	Artikelstammsatz trägt Abgangskennzeichen
8	Bestellmenge überschreitet max. plausible Bestellmenge
9	Bestellmenge unterschreitet Mindestbestellmenge
10	Verkäufer für diese Kundennummer nicht zuständig
11	Daten für gewünschte Versandart sind im Kundenstammsatz nicht vorhanden
12	Sonderrabatthöhe nicht zulässig
13	Auftragsdatum ist falsch
14	Liefertermin ist falsch
15	Zahl der Auftragspositionen ist nicht möglich (maximal 26 Auftragspositionen, bedingt durch Auftragsformular)

Die letzte Seite des Fehlerprotokolles nimmt eine sogenannte Auftragskarten-Fehlerstatistik auf. In ihr wird gezeigt, wieviel Karten eingelesen wurden, wieviel davon fehlerfrei und wieviel davon falsch waren. Weiterhin wird die Anzahl der Konditionskarten, wodurch gleichzeitig die Anzahl der Aufträge bestimmt ist, sowie der Positionskarten ausgewiesen.
Unter Umständen sollte bei jedem Fehlerprotokoll der Fehlerartenschlüssel mit den dazugehörigen Fehlerarten als erstes Blatt angedruckt werden, um die maschinengerechte Korrektur der fehlerhaften Karten zu beschleunigen und zu unterstützen.

10.5 Bonitätsprüfung und Auftragseingangsstatistik

10.51 Zweck und Arten der Bonitätsprüfung

Durch die Bonitätsprüfung sollen Lieferungen an dubiose Kunden oder an Kunden, die das eingeräumte Zahlungsziel wiederholt überschritten haben oder Zahlungen nicht nachgekommen sind und somit einer Unternehmung erhebliche Kosten in Form von Mahnungen und Zahlungsbefehlen verursachen, vermieden werden. Um dies zu erreichen, bedarf es einer ständigen Kontrolle des Auftragseinganges. „Der manuelle Vergleich jedes eingehenden Auftrages mit dem entsprechenden Kundenkonto ist eine zeitraubende und aufwendige Tätigkeit" [10, S. 90]. Aus diesem Grunde sollte in jedem Falle eine maschinelle Bonitätsprüfung unter Einbeziehung von aktuellen Daten wie des Saldos angestrebt werden. Der Zeitpunkt der Durchführung sollte so gewählt werden, daß der eingehende Auftrag im Unternehmen noch keine kostenverursachenden Aktionen ausgelöst hat, abgesehen von den Kosten für Auftragsaufbereitung und -erfassung, um im Falle einer Auftragsablehnung Kosten, denen kein Umsatz gegenübersteht, möglichst zu vermeiden.
Es sind verschiedene Arten der Bonitätsprüfung mittels EDV möglich, die sich je nach den Anforderungen der einzelnen Unternehmen und nach dem Vorhandensein bzw. nach der Verwendung von aktuellen Kontoständen, auf die direkt zugegriffen werden kann, unterscheiden.
Bei der einfachsten Art der Bonitätsprüfung werden Aufträge, die von solchen Kunden eingehen, deren Bonitätsschlüssel aus dem Kundenstammsatz bzw. aus der Kundenstammkarte auf eine schlechte Bonitätsstufe hinweist, ungeach-

tet der Auftragshöhe abgewiesen. Ebenso kann ein ergangener Zahlungsbefehl oder eine bestimmte Anzahl von ergangenen Mahnungen, deren Anzahl ebenfalls im Kundenstammsatz gespeichert ist, zu einer Auftragsablehnung führen. Diese einfacheren Arten der Bonitätsprüfung gelangen bei lochkartenorientierten Datenverarbeitungssystemen häufig zur Anwendung.

Durch den Einsatz von speicherorientierten Datenverarbeitungssystemen, die einen direkten Zugriff auf die externen Speicher erlauben, wird eine sofortige Verbuchung der Rechnungsausgänge und Zahlungseingänge möglich, was bedeutet, daß immer auf den jeweils neusten Saldo, der im Kundenstammsatz fortgeschrieben wird, zurückgegriffen werden kann. Unter Einbeziehung des jeweiligen Kundensaldos ist eine gerechtere und auf dem neusten Stand der Forderungen bzw. der zu erwartenden Forderungen basierende Bonitätsprüfung möglich.

Man bildet in diesen Fällen aus dem Saldo, dem Auftragswert und unter Umständen aus dem bereits durch die Bonitätsprüfung genehmigten Auftragsbestand eine Vergleichssumme, die das im Kundenstammsatz gespeicherte Kreditlimit, das im allgemeinen von der Verkaufsabteilung anhand von Auskünften und Erfahrungen bezüglich der Zahlungsfähigkeit und der Zahlungsmoral je Kunde festgelegt wird, nicht überschreiten darf. Wird das Kreditlimit überschritten, so wird der Auftrag gesperrt und die wichtigsten Auftragsdaten werden auf der Bonitätsprüfliste angedruckt. Wird in einem Unternehmen die Fakturierung der Aufträge erst einige Tage nach der Bonitätsprüfung durchgeführt oder können an einem Tag unter einer Kundennummer mehrere Aufträge eingehen, d.h., daß Auftragswerte vorhanden sind, die bereits durch die Bonitätsprüfung genehmigt wurden, aber noch nicht im Saldo enthalten sind, so sollte die Summe des wertmäßigen Auftragsbestandes je Kunde, die für diesen Zweck im Kundenstammsatz fortgeschrieben wird, mit in die Vergleichsgröße einbezogen werden, um das Kreditlimit mit einem möglichst aktuellen Wert zu vergleichen. Kommt die Methode der sogenannten Vorfakturierung, die in einem der folgenden Abschnitte gesondert behandelt wird, zur Anwendung, können die Bonitätsprüfung und die Fakturierung, in einem Programm vereinigt durchgeführt werden, wobei nur solche Aufträge fakturiert werden, die von der Bonitätsprüfung freigegeben werden.

Werden in einem Unternehmen die Auftragsbestätigungen separat erstellt, d.h. daß der Auftrag dem Kunden nicht in Verbindung mit dem Auftragsformular oder der Rechnung bestätigt wird, so ist die Bonitätsprüfung vor dem Erstellen der Auftragsbestätigung durchzuführen, um nicht solche Aufträge zu bestätigen, die der Bonitätsprüfung nicht entsprechen.

Neben den beschriebenen Arten der Bonitätsprüfung sind Kombinationen innerhalb dieser Möglichkeiten denkbar.

10.52 Benötigte Daten bzw. Dateien und deren Aufbau

Vor Beginn der Bonitätsprüfung werden die vorläufigen Auftragssätze, die nach Satzart, Auftragsnummer, Kundennummer und Verkäufernummer sor-

Abb. 113: Zusammengesetzter Auftragssatz
Satzart 12
Satzeinteilung für Plattendatei
Starr-fortlaufende Speicherung
Satzlänge: 360 Bytes
Blocklänge: 2160 Bytes
Blockungsfaktor: 6

lfd.Nr.	Feldinhalt	Stelle von	Stelle bis	Feldlänge	Summe der Feldlänge
1	Satzart	0	1	2	2
2	Auftragsnummer	2	6	5	7
3	Kundennummer mit Prüfziffer in Stelle 11	7	11	5	12
4	Filialnummer	12	14	3	15
5	Verkäufernummer	15	17	3	18
6	Auftragsdatum	18	20	3	21
7	Liefertermin	21	23	3	24
8	Sonderrabatt	24	25	2	26
9	Versandart	26	26	1	27
10	Verkaufsart	27	27	1	28
11	Sachbearbeiternummer	28	29	2	30
12	Anzahl der Auftragspositionen	30	31	2	32
13	Lieferstop lt. Bonitätsprüfung	32	32	1	33
14	Datum der Bonitätsprüfung	33	35	3	36
15	Auftragsbestätigung erstellt am[1]	36	38	3	39
16a	Artikelnummer	39	43	5	44
16b	Bestellmenge	44	47	4	48
16c	Lagerplatz	48	50	3	51
17	Artikelnummer, Bestellmenge, Lagerplatz	51	62	(5+4+3)	63
.		.	.	.	.
.	(max. 26 Bestellpositionen mit Artikelnummer, Bestellmenge und Lagerplatz)	.	.	.	.
.		.	.	.	.
41a	Artikelnummer	339	343	5	344
41b	Bestellmenge	344	347	4	348
41c	Lagerplatz	348	350	3	351
42	Lieferschein- bzw. Packzettelerstellung (Datum)[2]	351	353	3	354
43	freie Bytes	354	359	6	360

[1]) nur erforderlich, wenn Auftragsbestätigung gesondert erstellt wird
[2]) nur erforderlich, wenn Lieferschein bzw. Packzettel nicht als Duplikat der Rechnung bei der Fakturierung erstellt wird

tiert sein müssen, zu vollständigen Auftragssätzen zusammengefügt. Alle vorläufigen Auftragssätze, die die gleiche Auftragsnummer tragen, bilden einen sogenannten zusammengesetzten Auftragssatz. Die Speicherungsform ist für die zusammengesetzten Auftragssätze genauso wie für die vorläufigen Auftragssätze in starr-fortlaufender Form. Der Satzaufbau für den zusammengesetzten Auftragssatz ist so gestaltet, daß neben den Auftragsdaten noch eine dreistellige Lagerplatzziffer je Artikelnummer Platz findet. Die Lagerplatzziffer, die für jede Artikelnummer im Artikelstammsatz gespeichert ist, wird den einzelnen Artikelnummern der zusammengesetzten Auftragssätze beim Bonitätsprüfprogramm zugeordnet. Das Hinzufügen der Lagerplatzziffern wird zu diesem Zeitpunkt notwendig, um die einzelnen Artikelpositionen, nachdem sie innerhalb eines Auftrages nach Lagerplatzziffern sortiert worden sind, auf den folgenden Lagerentnahmeschein bzw. Packzetteln, die u. U. als Rechnungsduplikat im Fakturierungsprogramm erstellt werden, entsprechend der Lagerplatzordnung andrucken zu können. Über den möglichen Aufbau bezüglich des zusammengesetzten Auftragssatzes gibt anschließende Zusammenstellung Aufschluß.
Neben den zusammengesetzten Auftragssätzen, die durch die Bonitätsprüfung den jeweiligen Bonitätskriterien entsprechend gesperrt oder zur Lieferung freigegeben werden sollen, werden die Kundenstammdatei und die Artikelstammdatei zur Durchführung der Bonitätsprüfung benötigt. Aus der Kundenstammdatei kommen die jeweiligen Bonitätskriterien, wie Saldo, Bonitätsstufe, Anzahl der Mahnungen und Angaben zur Preisstellung. Die Artikelstammdatei liefert neben den Lagerplatzziffern die Artikelpreise sowie artikelabhängige Rabatte zur Festlegung des Auftragswertes.

10.53 Datenfluß

Die vorläufigen Auftragssätze werden nach Satzart, Auftragsnummer, Kundennummer und Verkäufernummer sortiert, um die einzelnen Daten eines Auftrages im sogenannten zusammengesetzten Auftragssatz zu vereinigen. Die Sortierung über die Kundennummer und Verkäufernummer vor der Bonitätsprüfung ist nur notwendig, wenn Bonitätsprüfung und Auftragseingangsstatistik in einem Programm integriert bearbeitet werden, da für diese beiden Sortierbegriffe in der Auftragseingangsstatistik Zwischensummen gebildet werden sollen. Für jeden zusammengesetzten Auftragssatz wird unter Zuhilfenahme der Artikelstammdatei und der Kundenstammdatei der Auftragswert errechnet und mit den Bonitätskriterien des jeweiligen Kunden verglichen. Abgelehnte Aufträge werden auf der Auftragsplatte mit einem Sperrvermerk versehen und mit dem Sperrvermerk auf eine gesonderte Platte für dubiose Aufträge zwecks eventueller späterer Freigabe archiviert.

Abb. 114: Datenflußplan – Bonitätsprüfung und Auftragseingangsstatistik

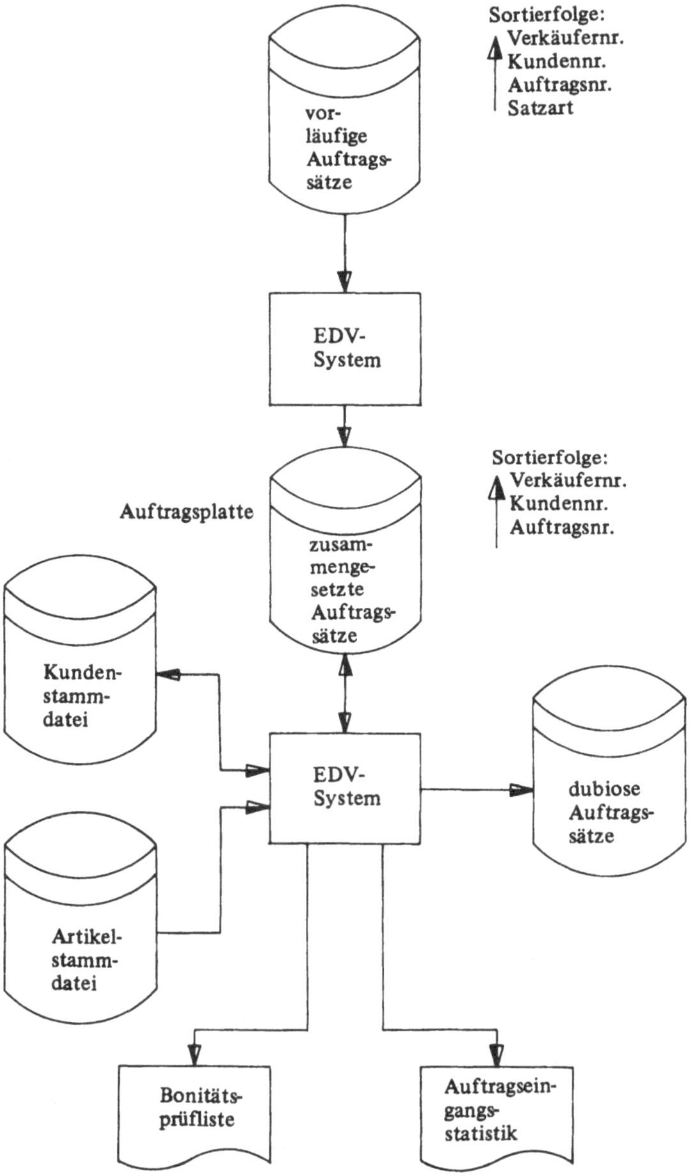

Da bei einer etwas anspruchsvolleren Bonitätsprüfung, wie sie im folgenden skizziert wird, die Errechnung des Auftragswertes erforderlich ist, sollte neben der Bonitätsprüfliste gleichzeitig eine Auftragseingangsstatistik erstellt werden. „Die schnelle und systematische Zusammenstellung der eingegangenen Aufträge stellt eine wichtige und wertvolle Information für die Unternehmensleitung dar“ [4, S. 100].
Die Auftragseingangsstatistik zeigt alle Aufträge in bewerteter Form, wobei abgelehnte Aufträge gekennzeichnet sind. Zwischensummen über den Auftragseingang und über die abgelehnten Aufträge werden je Verkäufer und für den „Auftragseingang insgesamt“ gebildet. Die sogenannte Bonitätsprüfliste enthält nur abgelehnte Aufträge mit Zwischensumme je Kundennummer und Verkäufernummer, anhand dieser Liste können vom Verkauf oder von der Buchhaltung nach besonderer Prüfung Aufträge von bestimmten Kunden freigegeben werden.
Bei der Verbindung der Bonitätsprüfung mit der Auftragseingangsstatistik zu einem Programm wird die Auftragseingangsstatistik über den Schnelldrucker und die Bonitätsprüfliste wegen ihres in der Regel wesentlich geringeren Umfanges über das langsamere Druckaggregat, z. B. über eine Konsolschreibmaschine, ausgegeben. Ist ein Datenverarbeitungssystem nur mit einem der obengenannten Druckaggregate ausgestattet, so sind zwei Programmdurchläufe erforderlich.

10.54 Programm

Das Programm „Bonitätsprüfung und Auftragseingangsstatistik“ wird aus der Programmbibliothek in die Zentraleinheit geladen. Danach durchläuft jeder Auftragssatz (Satzart 12) folgende Programmschritte. Nachdem die Satzart überprüft und für richtig befunden ist und der eingelesene Satz keinen Verkäufer- oder Kundenwechsel hervorgerufen hat, wird der Kundenstammsatz aus der Kundenstammdatei, der zur Kundennummer aus dem Auftragssatz gehört, gesucht und gelesen. Aus dem Kundenstammsatz werden neben der Kundenadresse das Kreditlimit, die kundenabhängigen Rabattstufen, der Wert des Auftragsbestandes, des OP-Sollfeldes und des OP-Habenfeldes in den Arbeitsspeicher gelesen. Danach wird für jede einzelne Bestellposition aufgrund des Ordnungsbegriffes Artikelnummer zum jeweiligen Artikelstammsatz zugegriffen und unter Berücksichtigung des kundenabhängigen und artikelabhängigen Rabattes sowie des Sonderrabattes aus dem Auftragssatz der Gesamtwert des Auftrages gebildet. Auf den programmtechnischen Ablauf, wie der Auftragswert gebildet wird, soll innerhalb dieses Programmes verzichtet werden, da dieser Programmschritt im wesentlichen wie bei der Rechnungs-

Abb. 115: Programmablaufplan „Bonitätsprüfung und Auftragseingangsstatistik"

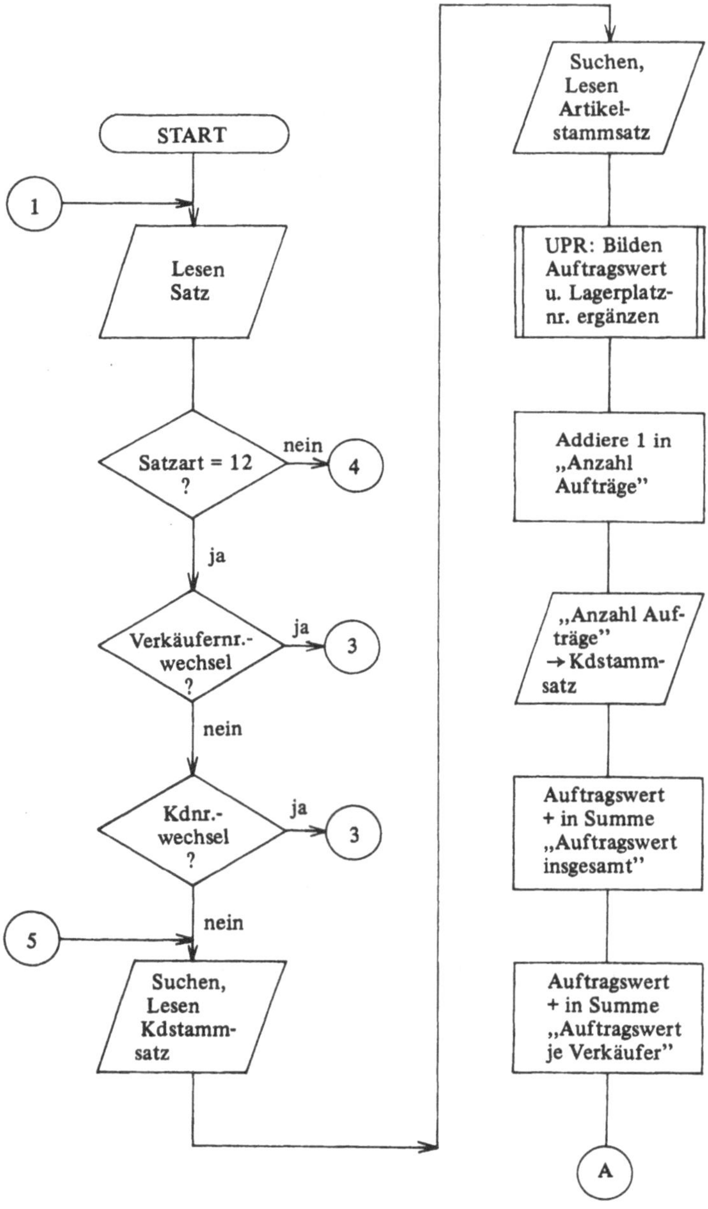

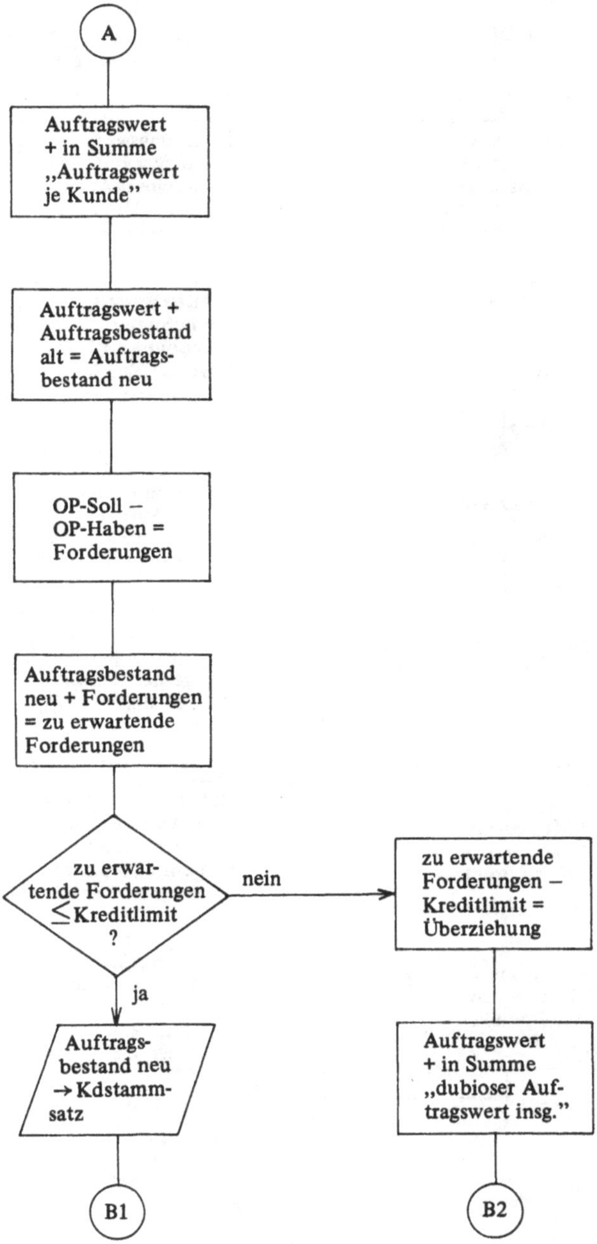
A
Auftragswert
+ in Summe
„Auftragswert
je Kunde"
Auftragswert +
Auftragsbestand
alt = Auftrags-
bestand neu
OP-Soll –
OP-Haben =
Forderungen
Auftragsbestand
neu + Forderungen
= zu erwartende
Forderungen
zu erwar-
tende Forderungen
≤Kreditlimit
?
nein
zu erwartende
Forderungen –
Kreditlimit =
Überziehung
ja
Auftrags-
bestand neu
→Kdstamm-
satz
Auftragswert
+ in Summe
„dubioser Auf-
tragswert insg."
B1
B2

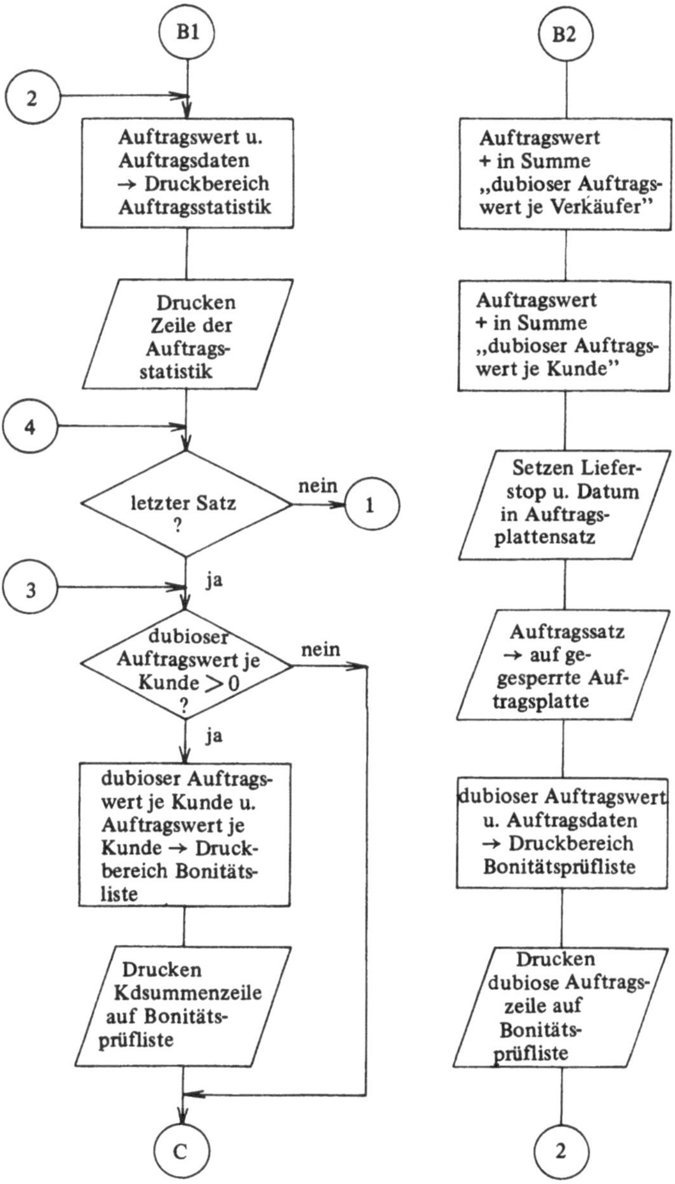
B1
2
Auftragswert u. Auftragsdaten → Druckbereich Auftragsstatistik
Drucken Zeile der Auftragsstatistik
4
letzter Satz ?
nein
1
ja
3
dubioser Auftragswert je Kunde > 0 ?
nein
ja
dubioser Auftragswert je Kunde u. Auftragswert je Kunde → Druckbereich Bonitätsliste
Drucken Kdsummenzeile auf Bonitätsprüfliste
C
B2
Auftragswert + in Summe „dubioser Auftragswert je Verkäufer"
Auftragswert + in Summe „dubioser Auftragswert je Kunde"
Setzen Lieferstop u. Datum in Auftragsplattensatz
Auftragssatz → auf gegesperrte Auftragsplatte
dubioser Auftragswert u. Auftragsdaten → Druckbereich Bonitätsprüfliste
Drucken dubiose Auftragszeile auf Bonitätsprüfliste
2

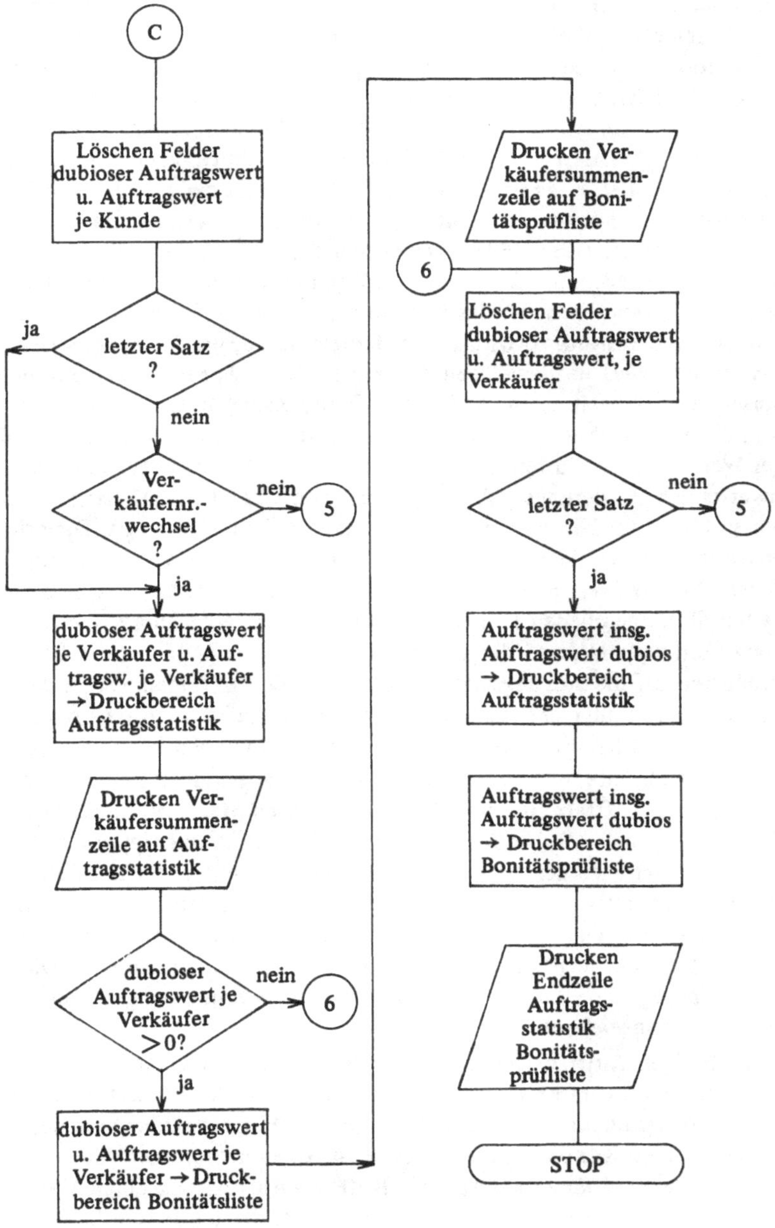
C
Löschen Felder dubioser Auftragswert u. Auftragswert je Kunde
letzter Satz ?
ja
nein
Ver-käufernr.-wechsel ?
nein
5
ja
dubioser Auftragswert je Verkäufer u. Auftragsw. je Verkäufer → Druckbereich Auftragsstatistik
Drucken Verkäufersummenzeile auf Auftragsstatistik
dubioser Auftragswert je Verkäufer >0?
nein
6
ja
dubioser Auftragswert u. Auftragswert je Verkäufer → Druckbereich Bonitätsliste
Drucken Verkäufersummenzeile auf Bonitätsprüfliste
6
Löschen Felder dubioser Auftragswert u. Auftragswert, je Verkäufer
letzter Satz ?
nein
5
ja
Auftragswert insg. Auftragswert dubios → Druckbereich Auftragsstatistik
Auftragswert insg. Auftragswert dubios → Druckbereich Bonitätsprüfliste
Drucken Endzeile Auftragsstatistik Bonitätsprüfliste
STOP

summenbildung innerhalb des Fakturierungsprogrammes, das gesondert behandelt wird, abläuft. Außerdem wird während dieses Programmschrittes jeder Bestellposition eines Auftragssatzes die Lagerplatzziffer, die im Artikelstammsatz gespeichert ist, zugeordnet und auf die Auftragsplatte zurückgeschrieben. Ist der Auftragswert ermittelt, so wird er für die Summenzeilen „Auftragswert je Kunde", „Auftragswert je Verkäufer" und „Auftragswert insgesamt" in die jeweiligen Felder addiert. Danach wird der Wert der zu erwartenden Forderungen, der sich aus dem Auftragswert, dem Wert des Auftragsbestandes und aus der Differenz des OP-Sollwertes und des OP-Habenwertes zusammensetzt, mit dem Kreditlimit des jeweiligen Kunden, das im Kundenstammsatz gespeichert ist, verglichen. Ist das Kreditlimit größer als der Wert der zu erwartenden Forderungen, so wird der Auftragsbestand, der im Arbeitsspeicher bereits um den Wert des jeweiligen Auftrages erhöht wurde, in den Kundenstammsatz zurückgeschrieben. Auf der Auftragseingangsstatistik wird eine Zeile mit den wichtigsten Auftragsdaten angedruckt. Ist das Kreditlimit kleiner als der Wert der zu erwartenden Forderungen, so wird das Kreditlimit von den zu erwartenden Forderungen abgezogen, um den Überziehungsbetrag auf der Bonitätsprüfliste für Dispositionszwecke mitandrucken zu können. Danach wird der Auftragswert für die Summenzeilen „dubioser Auftragswert je Kunde", „dubioser Auftragswert je Verkäufer" und „dubioser Auftragswert insgesamt" in die hierfür vorgesehenen Felder addiert und intern gespeichert. Der Auftragssatz wird gesperrt, und der Lieferstop wird mit dem Datum der Programmdurchführung auf die Auftragsplatte ausgegeben. Da auf Veranlassung der Verkaufsabteilung oder der Buchhaltung gesperrte Aufträge zu einem späteren Zeitpunkt zur Auslieferung freigegeben werden können, wird der gesamte gesperrte Auftragssatz auf die sogenannte dubiose Auftragsplatte übertragen, wobei gesperrte Aufträge, die innerhalb einer bestimmten Frist nicht freigegeben werden, anhand des Bonitätsprüfungsdatums in einem gesonderten Programm gelöscht werden. Für jeden als dubios erkannten Auftragssatz wird auf der Bonitätsprüfliste eine Zeile mit den wichtigsten Auftragsdaten und errechneten Werten wie Auftragswert und Überziehungsbetrag angedruckt. Auf der Auftragseingangsliste erscheinen die dubiosen Aufträge in der gleichen Form wie freigegebene Aufträge, dubiose Aufträge werden lediglich durch ein Sternchen gekennzeichnet.

Wird durch einen Auftragssatz ein Kundenwechsel hervorgerufen oder ist der letzte Auftragssatz verarbeitet worden, so werden auf der Bonitätsprüfliste unter der Voraussetzung, daß der aufgelaufene dubiose Auftragswert des zuletzt verarbeiteten Kunden größer als Null ist, Zwischensummen für den zuletzt verarbeiteten Kunden ausgegeben. Ruft ein Auftragssatz einen Verkäuferwechsel hervor, so wird vor dem Programmschritt, der durch den Verkäuferwechsel ausgelöst wird, automatisch die Verarbeitung, die bei einem Kundenwechsel abläuft, durchgeführt. Nach der Verarbeitung des Kundenwechsels werden auf der Auftragsstatistik Zwischensummen für den zuletzt verarbeiteten Verkäufer ausgegeben. Ist der aufgelaufene Wert der dubiosen Aufträge des zuletzt verarbeiteten Verkäufers größer als Null, so werden die gleichen Zwischensummen auch auf der Bonitätsprüfliste angedruckt.

Sind alle Auftragssätze verarbeitet, so werden die Endsummen über alle Auftragssätze auf beiden Listen ausgegeben. Die Zwischensummen wie die Endsummen enthalten für jeden Fall den jeweils aufgelaufenen Auftragswert, der sich aus den Werten der freigegebenen und der gesperrten Auftragswerte zusammensetzt und den jeweils dubiosen aufgelaufenen Auftragswerten, der sich aus den gesperrten Auftragswerten zusammensetzt. Über den Aufbau der Bonitätsprüfliste und der Auftragseingangsstatistik geben folgende Listbildbeschreibungen Auskunft.

Die Überschriftzeile der *Bonitätsprüfliste* beinhaltet den Listennamen, das Tagesdatum und die Seitenzahl. In der folgenden Zeile werden die Feldbezeichnungen wie Verkäufernummer, Kundennummer, Filialnummer, Kundenname, Auftragsnummer, Auftragsdatum, Liefertermin, Auftragswert und Limitüberschreitung (in DM) der Daten, die erscheinen sollen, angedruckt. Die mögliche Feldlänge der verschiedenen Datenfelder wird dargestellt, indem unter der Feldbezeichnung für jede mögliche Stelle ein X angedruckt wird. Je ein Auftrag, der das Limit überschreitet, nimmt eine Zeile ein, zwischen den einzelnen Datenfeldern werden zur besseren Übersicht einige Druckstellen freigelassen. Hat ein Kunde mehrere Aufträge getätigt und überschreiten mehrere Aufträge das Limit, so erscheint die Kunden- und Filialnummer und der Kundenname nur beim ersten Auftrag. Die Verkäufernummer erscheint ebenfalls nur bei einem Verkäuferwechsel. Je Kunde und je Verkäufer wird der sogenannte dubiose Auftragswert in aufgelaufener Form bei Gruppenwechsel ausgewiesen.

Der Aufbau der wertmäßigen *Auftragseingangsstatistik* entspricht im wesentlichen dem der Bonitätsprüfliste. Allerdings wird bei dieser Liste ein Auftrag mit einer Limitüberschreitung gekennzeichnet, indem am Ende der Zeile ein Sternchen ausgedruckt wird, es erscheint also nicht der Betrag der Limitüberschreitung.

Die Auftragseingangsstatistik zeigt alle eingegangenen Aufträge. Je Kunde und je Verkäufer wird der ‚Auftragswert insgesamt' und der darin enthaltene ‚dubiose Auftragswert' ausgewiesen.

Auf der letzten Seite der Auftragseingangsstatistik erscheint die wertmäßige Summe aller eingegangenen Aufträge und die darin enthaltene wertmäßige Summe der dubiosen Aufträge.

10.6 Fakturierung

10.61 Aufgabe der Fakturierung

„Die Aufgabe der Fakturierung ist die Ausschreibung von Rechnungen für die von einem Unternehmen erbrachten Leistungen. Durch die Fakturierung tritt der Betrieb rechnungsmäßig mit der Außenwelt in Beziehung. Das Ausschreiben von Rechnungen dokumentiert die Tätigkeit einer Unternehmung auf dem Markt und stellt die Unterlage für die Zahlungen der Abnehmer als Gegenleistung für erhaltene Waren oder Dienstleistungen dar“ [4, S. 98]. Um das Kernstück der Fakturierung, das aus der Multiplikation der gelieferten Menge mit dem Stückpreis besteht, werden in der Praxis durch zahlreiche und differenzierte Bedingungen und durch die Bestrebung zur Integration der Arbeitsabläufe oft sehr umfangreiche Programmschritte gelegt. Bedingt durch unterschiedliche Branchen, Betriebsformen und Organisationssysteme werden verschiedene Fakturierungsmethoden durchgeführt, wobei die wesentlichen Unterschiede durch die Größe der jeweils eingesetzten Datenverarbeitungssysteme bzw. deren Speicherart und -kapazität, hervorgerufen werden, durch die der Grad der Integration der angrenzenden Arbeitsgebiete wie Rechnungsausgangsbuch, Erstellen der Debitorenkarten oder Bestandsführung begrenzt ist. Die Durchführung der Fakturierung mittels EDV setzt immer eine gründliche Vorbereitung und Planung voraus, da die Fakturierungsdaten die Basis für alle nachfolgenden Arbeiten innerhalb der Verkaufsabrechnung darstellen.
Es sollte jedoch bei der Fakturierung immer angestrebt werden, eine Reihe von zusammenhängenden Arbeiten in einem Programm zu erledigen.

10.62 Rolle der Auftragsbestätigung

Da das Erstellen von Auftragsbestätigungen in der Regel von der Art der Fakturierung oder von der Länge des Zeitraumes abhängt, der zwischen Bestelltag und Rechnungs- bzw. Liefertag liegt, soll auf das Problem der Auftragsbestätigung kurz innerhalb des Fakturierungskomplexes eingegangen werden [18, S. 2]. Auftragsbestätigungen werden im allgemeinen nur dann separat erstellt, wenn es sich um Aufträge mit langfristigen Lieferterminen, um Aufträge, deren gewünschte Liefertermine nicht eingehalten werden können, oder um Aufträge mit Abruf- oder Teillieferungen handelt [10, S. 102]. Für Aufträge, die nur wenige Tage nach dem Bestelleingang ausgeliefert werden, entfällt gewöhnlich eine separate Auftragsbestätigung. Oft stellt in diesen Fällen das Auftragsfor-

mular oder im Falle der Vorfakturierung die Rechnung gleichzeitig die Auftragsbestätigung dar.
Da der Inhalt und Aufbau einer Auftragsbestätigung dem Inhalt und Aufbau einer Rechnung sehr ähnlich sind, läuft das Erstellen der Auftragsbestätigung in programmtechnischer Hinsicht ähnlich wie das eigentliche Fakturierungsprogramm ab. Aus diesem Grunde soll auf detaillierte Ausführungen bezüglich des Auftragsbestätigungsprogrammes in dieser Arbeit verzichtet werden.
Abweichend vom Fakturierungsprogramm wird bei der Auftragsbestätigung auf den Rechnungsbetrag pro Zeile sowie auf den eigentlichen gesamten Rechnungsabschluß verzichtet. Im Artikelstammsatz wird die Bestellmenge vom Bestand abgebucht und in das Feld „Reservierungen" des jeweiligen Artikelstammsatzes addiert, damit bis zum Liefertermin über die bestellte Menge nicht anderweitig verfügt werden kann. Aufgrund der Auftragsbestätigung wird weder die Summe des wertmäßigen noch des mengenmäßigen Umsatzes im Artikel- oder Kundenstammsatz verändert, ebenso werden keine Statistiksätze und keine Summenkarten gebildet. Das Datum der Auftragsbestätigung wird im zusammengesetzten Auftragssatz festgehalten, damit bei der Rechnungserstellung neben dem Bestelldatum auf das Datum der Auftragsbestätigung Bezug genommen werden kann.

10.63 Fakturierungsarten

10.631 Vorfakturierung

Bei der Vorfakturierung wird das Kommissionieren eines Auftrages im Lager erst dann durchgeführt, wenn aufgrund des Kundenauftrages ein Rechnungssatz erstellt worden ist, d.h. es werden bezüglich eines Auftrages keine Waren physisch bewegt, bereitgestellt oder auf körperlichen Bestand geprüft, bevor nicht eine vollständige Rechnung in Verbindung mit der Berechtigung zur Auftragszusammenstellung oder zur Versandbereitstellung in Form eines Packscheines oder Versandauftrages vorliegt. In der Regel wird bei der Methode der Vorfakturierung der Lieferschein, Packzettel oder Versandauftrag als Durchschlag der Rechnung oder gleichzeitig mit der Rechnung auf einem gesonderten Druckaggregat erstellt. „Das Verfahren der Vorfakturierung kann von solchen Firmen verwendet werden, die über eine exakte Lagerbestandsführung verfügen. Anhand der im Datenverarbeitungssystem gespeicherten Lagerbestände wird festgestellt, ob ein Auftrag ausgeführt werden kann" [19, S. 19]. Nicht lieferbare Artikel sollten unter entsprechender Kennzeichnung und mit dem Nachlieferdatum ebenfalls auf dem Rechnungssatz angedruckt werden, da unter Umständen auf diese Weise eine gesonderte Auftrags-

bestätigung für die nicht lieferbaren Artikel überflüssig wird. Ist das Verkaufssortiment eines Unternehmens auf einige wenige Artikel beschränkt, die immer in so ausreichender Anzahl vorhanden sind, daß alle eingehenden Aufträge erfüllt werden können, so kann trotz des Verzichtes auf eine Lagerbestandsführung mittels EDV das Verfahren der Vorfakturierung zur Anwendung kommen. Sollen innerhalb des Vorfakturierungsprogrammes die anfallenden Versand- und Verpackungskosten ermittelt und dem Rechnungsbetrag zugeschlagen werden, so muß das Gewicht der einzelnen Positionen im voraus genau bestimmbar sein.
Die Vorteile der Vorfakturierung liegen darin, daß durch die ständige vollmaschinelle Lagerbestandsführung nur solche Mengen und Positionen auf dem Rechnungssatz zur Lieferung freigegeben werden, die in ausreichender Menge vorhanden sind, daß ein Arbeitsgang eingespart wird, indem die Rechnung und der Lieferschein in einem Maschinendurchlauf erstellt werden, was eine zwingende Übereinstimmung zwischen Rechnungsinhalt und Lieferscheininhalt zur Folge hat, und daß die Rechnung zu einem Zeitpunkt vorliegt, zu dem die Auslieferung bzw. der Versand mit der Ware erfolgen kann und somit die Portokosten für den Rechnungsversand entfallen [20, S. 7 f.]. Weiterhin erwachsen einem Unternehmen Zinsgewinne, da bei diesem Fakturierungsverfahren der Zeitraum zwischen Warenauslieferung und Fälligkeit auf ein Minimum verkürzt wird.

10.632 Nachfakturierung

Werden die Rechnungen zeitlich nach der Warenzusammenstellung bzw. nach der Warenauslieferung erstellt, so spricht man von der Methode der Nachfakturierung. Beim Verfahren der Nachfakturierung wird das Zusammenstellen der Waren anhand eines Lieferscheines bzw. Packzettels durchgeführt, der nach erfolgter Bonitätsprüfung ohne Berücksichtigung der jeweiligen Warenbestände unter Verwendung der Auftragsdaten durch das Datenverarbeitungssystem erstellt wird. Beim Kommissionieren der Waren werden die Liefermengen, die von den Bestellmengen abweichen, auf dem Lieferschein vermerkt und dem Datenverarbeitungssystem eingegeben, um bei der Fakturierung die tatsächlich gelieferten Mengen zu berücksichtigen. Verzichtet ein Unternehmen auf die maschinelle Bonitätsprüfung, wodurch die Auftragsdatenerfassung unter Umständen zeitlich nach der Warenzusammenstellung erfolgt, so kann für die Kommissionierung eines Auftrages anstatt des Lieferscheines eine Durchschrift der Bestellung herangezogen werden, wobei in diesem Fall die Liefermengen, die von den Bestellmengen abweichen, neben den übrigen Auftragsdaten für die anschließende Fakturierung festgehalten und in das Datenverarbeitungssystem eingegeben werden müssen. Werden in einem Unternehmen alle Auf-

träge bestätigt, so kann zum Zwecke der Auftragskommissionierung eine Durchschrift der Auftragsbestätigung verwendet werden.
Das Verfahren der Nachfakturierung gelangt in der Praxis häufiger zur Anwendung als das Verfahren der Vorfakturierung [6, S. 168 und 20, S. 7 f.]. Der Grund hierfür dürfte darin liegen, weil viele Unternehmen noch nicht über eine exakte Lagerbestandsführung mittels EDV verfügen, weil Porto-, Fracht- und Verpackungskosten vor der Kommissionierung oft nicht ermittelt werden können und weil das Gewicht der ausgehenden Wareneinheiten oft unterschiedliche Werte annimmt [5, S. 81]. In der Regel wird beim Verfahren der Nachfakturierung die Rechnung getrennt von der Ware versendet.

10.64 Rechnungsaufbau [32, S. 98 f.]

10.641 Angaben im Rechnungskopf

Der Rechnungskopf nimmt neben den vorgedruckten Firmenangaben des Absenders die Rechnungsanschrift und die Lieferanschrift des Kunden auf. Gleiche Adreßteile der beiden Anschriften sollen möglichst in einer Zeile untergebracht werden, um eine hohe Druckleistung zu erreichen und die Zahl der Zeilentransporte bzw. Vorschübe auf einem Minimum zu halten. Ist die Rechnungsanschrift mit der Lieferanschrift identisch, so kann auf das Andrucken der Lieferanschrift verzichtet werden, da ansonsten auf einer Rechnung zwei gleiche Anschriften erscheinen würden. Unterhalb des Anschriftenteiles der Rechnung folgt eine Bezugs- und Hinweiszeile, im Bedarfsfall auch zwei, die je nach den Erfordernissen eines Unternehmens und seiner Kunden das Bestelldatum, unter Umständen das Datum der Auftragsbestätigung, die Rechnungsnummer sowie das Rechnungsdatum, die Kundennummer und einen Hinweis auf die Versandart enthält. Auf keinen Fall sollte innerhalb der Bezugs- und Hinweiszeile auf die Zahlungsbedingungen hingewiesen werden, da zu diesem Zeitpunkt der Fakturierung eine Festlegung der um das Skonto verminderten individuellen Zahlungsbeträge, die durch die Inanspruchnahme der verschiedenen möglichen Zahlungstermine bedingt sind, nicht durchführbar ist.

10.642 Rechnungspositionen

Die Positionszeilen nehmen die Angaben über die einzelnen Bestellpositionen auf. Die Angaben enthalten im allgemeinen die Artikelnummer, die bestellte Menge, die gelieferte Menge, die Mengeneinheit, die genaue Artikelbezeichnung mit Hinweisen auf Qualität, Farbe, Abmessungen und Gewicht, den Einzelpreis, eventuell den empfohlenen Wiederverkaufspreis, den Bruttogesamtpreis je Position und unter Umständen den Rabattsatz sowie -betrag und den um den Rabattbetrag verminderten Bruttogesamtpreis je Position. Betriebsinterne Angaben wie Provisionssatz und/oder Provisionsbetrag, Lagerplatz und Bruttogewinn können je Positionszeile ebenfalls angedruckt werden, jedoch dürfen diese Angaben nicht auf den Rechnungsexemplaren, die für den Kunden bestimmt sind, sichtbar sein. Entweder müssen die Angaben auf diesen Exemplaren durch Aussparung des Kohlepapieres oder durch Zahlenmeere unkenntlich gemacht werden oder die Angaben werden am Rand des Rechnungssatzes auf einer sogenannten Allonge angedruckt. Die Allonge der Rechnungsexemplare, die für den Kunden bestimmt sind, wird vor dem Versand maschinell abgetrennt. Wird der Lieferschein, Packzettel oder Versandauftrag als Rechnungsdurchschlag erstellt, sollten alle Angaben bezüglich der Preisstellung bei den Positionszeilen wie bei der Summenzeile ebenfalls unkenntlich gemacht werden oder nicht erscheinen, da diese Daten sowohl in der Lieferfirma als auch beim Empfänger dem Verwaltungsbereich vorbehalten bleiben sollten.

10.643 Schlußangaben der Rechnung

Die Schlußangaben oder Summenzeilen einer Rechnung sollen klar gegliedert sein und in übersichtlicher Weise in einer oder zwei Zeilen Platz finden. Je nach den Erfordernissen eines Unternehmens sollen außer dem Rechnungsnettobetrag, dem Mehrwertsteuerbetrag und dem Rechnungsbruttobetrag die Werte der Rabattsumme, die Umsätze und Steuerbeträge je Umsatzsteuerstufe, die Porto-, Fracht- und Verpackungskosten, das Gesamtwarengewicht und die verschiedenen Skontobeträge mit den entsprechenden Zahlungsbeträgen und Zahlungsfristen, durch die die unterschiedlichen Zahlungsbeträge bedingt sind, ausgewiesen werden. Das Ausweisen der verschiedenen Skonto- und Zahlungsbeträge für die möglichen Zahlungstermine beschleunigt den Zahlungseingang, demonstriert den Skontovorteil und vermeidet arbeitsaufwendige Korrespondenz um Pfennigdifferenzen beim Skontoabzug. Beim Erstellen der Rechnungsschlußangaben ist darauf zu achten, daß der Rechnungs- und Mehrwertsteuerbetrag den Vorschriften des Mehrwertsteuergesetzes entsprechend ausgewiesen wird [30, S. 3].

10.65 Preisstellungssysteme und ihre Durchführung mittels EDV

Bei der Preisstellung gibt es eine Fülle von Variationen und Kombinationen. Jedes Unternehmen sollte versuchen ein Preisstellungssystem zu finden und zu verwenden, durch das es den Kunden zum Kauf der eigenen Ware anreizen kann [7, S. 101]. Jedoch sollte es auch so gewählt werden, daß die maschinelle Verarbeitung nicht zu kompliziert wird, denn wenn jeder Kunde für jeden Artikel bei einer etwas umfangreicheren Artikelanzahl einen eigenen Preis erhält, kann die maschinelle Verarbeitung unter Umständen zu kostspielig und damit sinnlos werden [1, S. 469]. Im Nachfolgenden wird die Durchführung der wichtigsten Preisstellungsarten beim Einsatz einer elektronischen Datenverarbeitungsanlage erläutert. In der Praxis gelangen sehr oft Kombinationen aus mehreren Preisstellungsarten zur Anwendung (vgl. hierzu im einzelnen Kap. 7).

10.651 Kundenabhängige Preisstellung

Soll jedem Kunden ein individueller Preis bzw. Rabatt eingeräumt werden, so ist es erforderlich, daß Kennzeichen bzw. Schlüssel innerhalb des Kundenstammsatzes gespeichert werden, mit deren Hilfe sich die entsprechenden kundenindividuellen Zu- bzw. Abschläge bestimmen lassen. Der für jeden Kunden individuell festgelegte prozentuale Zu- bzw. Abschlag kann für alle Artikel zutreffen, oder es wird für jede einzelne Sortiments- bzw. Artikelgruppe eine gesonderte Größe festgesetzt und gespeichert. Eine kundenindividuelle Preisfestlegung je Artikel ist nur bei einem sehr beschränkten Sortiment möglich, da in diesem Fall für jeden Kunden ein Preis- bzw. Rabattsatz je Artikel gespeichert werden muß, wodurch bei einem etwas umfangreicheren Sortiment der Speicherbedarf und der Aufwand bei einer Preisänderung Größen annehmen würde, die den Einsatz eines elektronischen Datenverarbeitungssystems unwirtschaftlich werden ließe. Eine weniger aufwendige, dafür aber nicht so differenzierte, kundenabhängige Preisstellung kann erreicht werden, indem die Höhe der prozentualen Zu- bzw. Abschläge von bestimmten Kundenkriterien, z. B. der Kundenart oder der Bonitätsstufe, abhängig gemacht wird. In diesen Fällen kann die Preisfestsetzung meist ohne Zugriff auf extern gespeicherte Daten erfolgen, indem die Zu- bzw. Abschläge mittels konstanten Faktoren, die den jeweiligen Kundenkriterien entsprechen und in das Fakturierungsprogramm eingebaut sind, errechnet werden.
Werden die einzelnen Preise durch den jeweiligen Außendienstmitarbeiter oder durch den Verkauf bei jedem Geschäftsvorfall neu festgelegt, so ist die Übernahme der jeweiligen Einzelpreise bzw. Rabattsätze in den Auftragssatz erforderlich, um bei der Fakturierung die abgesprochenen Preise in Ansatz bringen zu können. Diese Art der Preisfestsetzung sollte beim Einsatz einer elektronischen Datenverarbeitungsanlage möglichst vermieden werden, da das notwendige Erfassen der Preise bzw. Rabattsätze je Artikel für jeden Auftrag eine zusätzliche Fehlerquelle darstellt und den Arbeitsablauf in zeitlicher Hinsicht verzögert.

10.652 Artikelabhängige Preisstellung

Kommen für jeden Artikel unterschiedliche Preise oder Preisarten in Frage, so müssen die verschiedenen Preise bzw. entsprechenden Preiskriterien für Zu- oder Abschläge im Artikelstammsatz gespeichert werden, um beim Fakturierungsprogramm darauf zurückgreifen zu können. Im allgemeinen richten sich die unterschiedlichen Preise bzw. Preisarten nach den Verpackungsmengen, Abnahmemengen und Absatzarten oder Absatzmengen. Wird eine unterschiedliche Preisstellung nur bei verschiedenen Sortiments- bzw. Artikelgruppen durchgeführt, so kann bei einer nicht zu umfangreichen Sortiments- bzw. Artikelgruppenanzahl auf eine Speicherung der Preisstellungskriterien je Artikel im Artikelstammsatz verzichtet werden, indem der Preis im Fakturierungsprogramm durch eingebaute konstante Werte, die für je eine Sortimentsgruppe zutreffen, bestimmt wird. Sollen zeitlich begrenzte Sonderrabatte auf einzelne Artikel automatisch gewährt werden, so muß neben dem Sonderrabatt das Datum der zeitlichen Begrenzung im jeweiligen Artikelstammsatz mitgespeichert werden [32, S. 97].

10.653 Wert- und mengenumsatzabhängige Preisstellung

Neben einer kunden- und artikelabhängigen Preisstellung kommt oft noch eine wert- oder mengenumsatzabhängige Preisstellung zur Verwendung, wobei eine mengenumsatzbezogene Preisstellung nur bei solchen Unternehmen durchführbar ist, deren Artikel bzw. Produkte in einer Mengeneinheit zu erfassen sind und deren einzelnen Artikelpreise keine großen Unterschiede aufweisen. Bei dieser Art der Preisstellung bestimmt die Größe des wert- oder mengenmäßigen Umsatzes die Höhe des jeweiligen Zu- bzw. Abschlages, wobei sich die Größe des wert- oder mengenmäßig bedingten Zu- oder Abschlages nach dem Umsatz des jeweiligen Geschäftsvorfalles richten kann oder nach dem über einen bestimmten Zeitraum aufgelaufenen Gesamtumsatz. Bei einzelgeschäftsbezogenen Zu- bzw. Abschlägen kann z. B. der Gesamtwert der jeweiligen Rechnung oder der Durchschnittswert je Rechnungsposition als Berechnungsgrundlage verwendet werden, bei gesamtgeschäftsbezogenen Zu- und Abschlägen z. B. der Umsatz des Vorjahres oder der aufgelaufene Umsatz der vergangenen zwölf Monate. In programmtechnischer Hinsicht wird die Höhe des Zu- oder Abschlages für eine Rechnung gebildet, indem dem jeweiligen Umsatz aus einer Tabelle Faktoren zugeordnet werden, mit deren Hilfe die Zu- bzw. Abschläge errechnet werden [7, S. 101].

10.654 Sonderzuschlag bzw. -abschlag

Oft muß oder will ein Unternehmen wegen eines bestimmten Ereignisses wie z. B. Firmenjubiläum, Räumungsverkauf, Teuerung oder Kundenzugang auf Rechnungen, ungeachtet der oben erwähnten Preisstellungssysteme, einen be-

stimmten, oft zeitlich begrenzten Sonderzu- oder Sonderabschlag gewähren. Erstreckt sich die Gewährung der Zu- bzw. Abschläge auf alle Rechnungen bzw. Aufträge, so können sie in der Regel für alle Rechnungen bestimmt werden, indem beim Laden des Programmes einige Parameterwerte miteingegeben werden. Sind aber nur einzelne Aufträge bzw. Rechnungen betroffen, so muß eine gesonderte Eingabe für jeden betroffenen Auftrag gemacht werden. Für den Fall, daß innerhalb eines Auftrages verschieden hohe Zu- bzw. Abschläge je Artikel neben den vorgenannten Preisstellungssystemen gewährt werden sollen, ist eine Eingabe je Artikelzeile notwendig.
Beim Einsatz eines Datenverarbeitungssystems sollte versucht werden, daß Zu- bzw. Abschläge, die nicht aufgrund der vorangehenden Preisstellungssysteme automatisch gebildet werden, aus Gründen der Fehlergefahr und der zeitlichen Verzögerung vermieden werden. Für alle Preisstellungssysteme ist grundsätzlich zu sagen, daß sichtbare Zuschläge für den Rechnungsempfänger störend wirken. „Psychologisch geht man dabei davon aus, daß ein sichtbarer Aufschlag auf der Rechnung mehr stört als ein unsichtbarer verlorengegangener Nachlaß. Immer mehr jedoch gewinnt das reine Nettopreissystem an Bedeutung, bei dem der Vertrieb dem Kunden einen reinen Nettopreis nennt. Für den Kunden ergibt das die beste Möglichkeit für den Angebotsvergleich“ [7, S. 101 f.].

10.66 Benötigte Daten bzw. Dateien und deren Aufbau

Für das Fakturierungsprogramm sind neben den Auftragssätzen, durch die die eigentliche Fakturierung ausgelöst wird, die Kundenstammdatei und Artikelstammdatei erforderlich. Diejenigen Auftragssätze, die aufgrund ihres Liefertermins noch nicht zur Auslieferung und somit nicht zur Fakturierung kommen, werden vor dem eigentlichen Fakturierungsprogramm durch einen Sortierlauf von den Aufträgen, die fakturiert bzw. ausgeliefert werden sollen, getrennt und auf einen gesonderten Plattenbereich übertragen. Durch die Daten des Auftragssatzes kann auf die kundenindividuellen Daten eines Kundes in der Kundenstammdatei und auf die artikelindividuellen Daten eines Artikels in der Artikelstammdatei, die für die jeweiligen Rechnungsangaben benötigt werden bzw. aus deren Werte die Rechnungsangaben rechnerisch ermittelt werden, zugegriffen werden. Ebenso können die Umsätze je Kunde und je Artikel für statistische Auswertungen im jeweiligen Stammsatz fortgeschrieben werden. Kommt eine verkäuferabhängige Provisionsberechnung in Frage oder wird eine Umsatz- bzw. Provisionsfortschreibung je Verkäufer im Fakturierungsprogramm durchgeführt, so muß die Verkäuferstammdatei ebenfalls im Zugriff stehen. Sollen aufgrund der Fakturierungsdaten detaillierte Statistiken nach den verschiedensten Gesichtspunkten und für verschiedene Zeitabschnitte

Abb. 116: Verkäuferstammsatz

Satzart 93
Satzeinteilung für Plattendatei
Index-sequentielle Speicherung
Satzlänge: 432 Bytes
Blocklänge: 2160 Bytes
Blockungsfaktor: 5

lfd.Nr.	Feldinhalt	Stelle von	Stelle bis	Feldlänge	Summe der Feldlänge
1	Satzart	0	1	2	2
2	Verkäufernummer	2	4	3	5
3	Personalnummer	5	9	5	10
4	Firmeneintrittsdatum	10	14	5	15
5	Verkäufer seit	15	19	5	20
6	Zuständigkeit für Gebiet seit	20	24	5	25
7	Name und Titel	25	40	16	41
8	Postleitzahl	41	44	4	45
9	Wohnort	45	60	16	61
10	Straße/Postfach	61	76	16	77
11	Telefonnummer mit Vorwahl	77	88	12	89
12	Bankleitzahl	89	96	8	97
13	Bankkonto	97	106	10	107
14	Bankadresse	107	122	16	123
15	Prov.-Stufe Artikelgruppe 1	123	123	1	124
16	Prov.-Stufe Artikelgruppe 2	124	124	1	125
17	Prov.-Stufe Artikelgruppe 3	125	125	1	126
18	Prov.-Stufe Artikelgruppe 4	126	126	1	127
19	Prov.-Stufe Artikelgruppe 5	127	127	1	128
20a	Wertumsatz vergangenes Jahr (in vollen DM)	128	134	7	135
20b	Bruttogewinn vergangenes Jahr (in vollen DM)	135	140	6	141
20c	Provision vergangenes Jahr (in vollen DM)	141	146	6	147
21	fortgeschriebene Werte (wie unter lfd. Nr. 20) für lfd. Monat −13	147	165	(7+6+6)	166
22	fortg. Werte, lfd. M. −12	166	184	(7+6+6)	185
23	fortg. Werte, lfd. M. −11	185	203	(7+6+6)	204
24	fortg. Werte, lfd. M. −10	204	222	(7+6+6)	223
25	fortg. Werte, lfd. M. − 9	223	241	(7+6+6)	242
26	fortg. Werte, lfd. M. − 8	242	260	(7+6+6)	261
27	fortg. Werte, lfd. M. − 7	261	279	(7+6+6)	280
28	fortg. Werte, lfd. M. − 6	280	298	(7+6+6)	299
29	fortg. Werte, lfd. M. − 5	299	317	(7+6+6)	318
30	fortg. Werte, lfd. M. − 4	318	336	(7+6+6)	337
31	fortg. Werte, lfd. M. − 3	337	355	(7+6+6)	356
32	fortg. Werte, lfd. M. − 2	356	374	(7+6+6)	375
33	fortg. Werte, lfd. M. − 1	375	393	(7+6+6)	394
34	fortg. Werte, lfd. Monat	394	412	(7+6+6)	413
35	fortg. Werte, lfd. Jahr	413	431	(7+6+6)	432

Abb. 117: Statistiksatz

Satzart 99
Satzeinteilung für Banddatei
Sequentielle Speicherung
Satzlänge: 45 Bytes
Blocklänge: 270 Bytes
Blockungsfaktor: 6

lfd.Nr.	Feldinhalt	Stelle von	Stelle bis	Feldlänge	Summe der Feldlänge
1	Satzart (= 99)	0	1	2	2
2	Rechnungsdatum	2	4	3	5
3	Verkäufernummer	5	7	3	8
4	Kunden- u. Filialnummer	8	15	8	16
5	Kundenart	16	17	2	18
6	Verkaufsart	18	18	1	19
7	Artikelnummer	19	23	5	24
8	Menge	24	27	4	28
9	Nettopreis	28	35	8	36
10	Bruttogewinn	36	42	7	43
11	freie Bytes	43	44	2	45

erstellt werden, so muß während der Fakturierung für jede verkaufte Position ein sogenannter Statistiksatz oder eine Statistikkarte gebildet werden. Der mögliche Inhalt und Aufbau eines Statistiksatzes ist in einer der folgenden Aufstellungen dargestellt.

Fragen bezüglich des Verkäufereinsatzes werden unter dem Problemkreis Auftragsbearbeitung nur behandelt, soweit sie im direkten Zusammenhang mit der Auftragsbearbeitung stehen. Eine detaillierte Betrachtung über den Einsatz und die Kontrolle der Verkäufer wird unter dem Thema Verkäufereinsatz dargestellt (vgl. Kap. 9).

Im *Verkäuferstammsatz* werden die Stammdaten eines Verkäufers gespeichert. Sie umfassen im allgemeinen die Daten, die sich über einen längeren Zeitraum nicht ändern. Es sind u. a. die Verkäufernummer, die Personalnummer, die Anschrift mit Telefonnummer, die Bankleitzahl, das Bankkonto, zeitliche Angaben wie Firmeneintrittsdatum, ‚Verkäufer seit‘ und ‚Zuständigkeit für Gebiet seit‘ und bei verkäuferabhängigen Provisionsstufen auch die Angaben bezüglich der Verprovisionierung. Neben den Stammdaten werden wie beim Kunden- und Artikelstammsatz statistische Daten gespeichert. Die statistischen Daten umfassen den wertmäßigen Umsatz, den Bruttogewinn sowie den Provisionsbetrag jeweils für das vergangene Jahr, für die vergangenen letzten dreizehn Monate, für den laufenden Monat und für das laufende Jahr. Wobei im allgemeinen die monatliche Provisionsabrechnung nicht durch diese Angaben erstellt werden sollte, da sie keinen Rückschluß auf einzelne Rechnungen, Provisionssätze und belieferte Kunden zuläßt.

Die Verkäuferstammsätze aller Verkäufer bilden die Verkäuferstammdatei, ihren Ordnungsbegriff stellt die Verkäufernummer dar. Die Verkäufernummer setzt sich für folgendes Beispiel aus einer einstelligen Gebietsnummer und aus einer zweistelligen fortlaufenden Zählnummer zusammen:

Verkäufernummer

X XX

X → Gebietsnummer

XX → fortlaufende Zählnummer innerhalb der Gebietsnummer

Über den möglichen Aufbau, Inhalt und Speicherungsform eines Verkäuferstammsatzes gibt folgende Zusammenstellung Aufschluß.

10.67 Datenfluß

Im folgenden Fakturierungsprogramm wird je Auftragssatz eine Rechnung erstellt. Die Auftragssätze befinden sich auf einem Plattenspeicher und werden sequentiell verarbeitet. Die kundenbezogenen Daten wie Lieferanschrift, Rechnungsanschrift und kundenabhängige Rabattangaben kommen aus der Kundenstammdatei, die artikelbezogenen Daten wie Artikelbezeichnung, Spezifikationen, Preis und artikelabhängige Rabattangaben aus der Artikelstammdatei.

Durch eine verkäuferabhängige Verprovisionierung, deren Angaben aus der Verkäuferstammdatei kommen, wird diese Datei ebenfalls benötigt. Die Kunden-, Artikel- und Verkäuferstammdatei sind so organisiert, daß die jeweiligen Sätze im direkten, wahlfreien Zugriff stehen. Neben der Rechnungsschreibung wird auf einem zweiten Druckaggregat das Schreiben des Rechnungsausgangsbuches (= Rechnungsausgangsjournal) durchgeführt, sowie auf einem Kartenstanzer das Stanzen einer Rechnungssummenkarte je Rechnung. Für nicht in ausreichendem Maße vorrätige Artikel wird je Kunde und Artikelnummer, falls eine Nachlieferung gewünscht wird, eine Rückstandskarte gestanzt und für jede fakturierte Auftragsposition auf einen Magnetbandspeicher ein sogenannter Statistiksatz ausgegeben. In der Kunden-, Artikel- und Verkäuferstammdatei werden neben den statistischen Angaben wie Anzahl Abgänge, letzter Abgang, Anzahl Rechnungen und letztes Rechnungsdatum, die jeweiligen Umsätze, Bruttogewinne oder Provisionsbeträge fortgeschrieben.

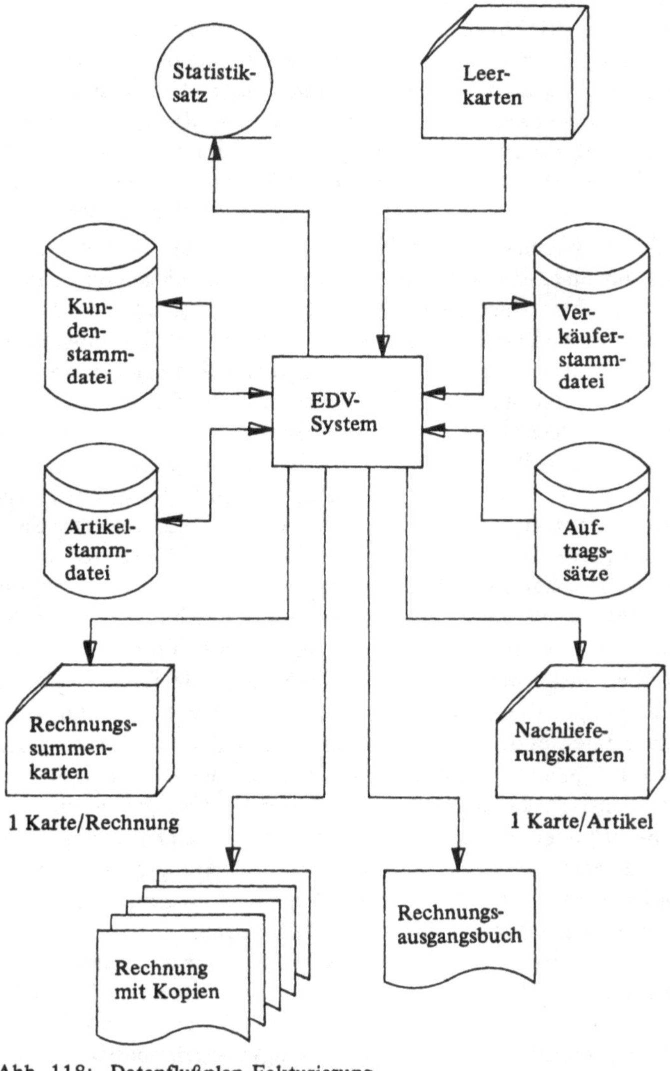

Abb. 118: Datenflußplan Fakturierung

10.68 Fakturierungsprogramm

Bevor die aus den Kundenaufträgen gebildeten Auftragssätze verarbeitet werden können, wird das Programm ‚Fakturierung' aus der sogenannten Programmbibliothek eingelesen. Die Programmbibliothek kann in Lochkartenform vorliegen oder die einzelnen Programme sind auf einer Platte oder einem Band gespeichert. Ist ein elektronisches Datenverarbeitungssystem mit Plattenspeichern ausgerüstet, so werden in der Regel die Programme, die häufiger zum Einsatz gelangen, mit dem Betriebssystem auf einer Platte gespeichert. Der Vorteil dieser Programmspeicherung liegt darin, daß das Laden des Programmes, d.h. die Zeit, die für das Übertragen des Programmes aus der Bibliothek in den Arbeitsspeicher benötigt wird, wesentlich verkürzt wird, und daß keine voluminösen Pakete von Programmkarten bewegt werden müssen.

Nachdem das Programm in den Arbeitsspeicher geladen worden ist, wird das Tagesdatum aus einer Vorlaufkarte oder vom Konsol eingelesen, danach werden die Auftragssätze eingelesen und durchlaufen folgende Programmschritte. Zuerst wird jeder Auftragssatz auf seine Satzart geprüft. Bei falscher Satzart wird der Satz nicht verarbeitet und das Programm verzweigt in die Schlußphase, d.h. es werden, wenn es sich um den letzten Satz der Auftragsdatei handelt, auf dem Rechnungsausgangsbuch Summen und Zähler ausgegeben, die aus verschiedenen Werten aller fakturierten Auftragssätze gebildet worden sind; sind allerdings noch weitere Auftragssätze vorhanden, so verzweigt das Programm zum Programmbeginn und liest den nächsten Satz. Der Satzartprüfung folgt die Frage nach dem Lieferstop. Besteht ein Lieferstop in Form eines Kennzeichens aufgrund der Bonitätsprüfung, wird der Auftragssatz nicht verarbeitet, und das Programm verzweigt wie bei falscher Satzart in die Schlußphase. Besteht kein Lieferstop, so wird, wenn es sich um den ersten Auftragssatz handelt, ein sogenannter Pseudosatz, der die letzte Rechnungsnummer enthält, gelesen. Der Pseudosatz kann den ersten Satz einer Datei, z.B. der Kundenstammdatei, bilden, die zur Durchführung der Fakturierung benötigt wird. Indem ein Pseudosatz für das Fortschreiben der Rechnungsnummer verwendet wird, entfällt die manuelle Eingabe der Rechnungsnummer, mit der die Fakturierung beginnen soll. Auf die Eingabe bzw. Speicherung der Rechnungsnummer kann verzichtet werden, wenn das Fakturierungsprogramm pro Tag nur einmal läuft und jeweils mit der gleichen Rechnungsnummer beginnen soll. Handelt es sich nicht um den ersten Auftragssatz, so wird der Programmschritt ‚Lesen Pseudosatz' übergangen. Aufgrund der Kundennummer, die der Auftragssatz trägt, wird der entsprechende Kundenstammsatz in der Kundenstammdatei gesucht und gelesen. Als erstes wird überprüft, ob der Kunde eine von der Lieferanschrift abweichende Rechnungsanschrift besitzt. Ist im Kundenstammsatz eine sogenannte Rechnungskundennummer vorhanden, die sich u.U. von der Auftragskundennummer auch nur in der dreistelligen Filialnummer unterscheiden kann, so wird der zur Rechnungskundennummer gehörige Kundenstammsatz gesucht und gelesen. Aus diesem Stammsatz wird die Anschrift als Rechnungsanschrift verwendet, die Anschrift des eigentlichen Kundenstammsatzes nimmt den Platz der Lieferanschrift ein. Sind beide Anschriften vorhanden, so werden sie in den Druckbereich Rechnung übertragen und

angedruckt. Ist keine Rechnungskundennummer vorhanden, d.h., Lieferanschrift = Rechnungsanschrift, so wird die Anschrift des eigentlichen Kundenstammsatzes in den Druckbereich Rechnung übertragen, und es wird nur eine Anschrift, die gleichzeitig Rechnungs- und Lieferanschrift darstellt, angedruckt. Nach dem Andrucken der Anschrift(en) wird die Rechnungsnummer des Pseudosatzes um 1 erhöht, hierauf wird die neue Rechnungsnummer, das Tagesdatum und einige Bezugsdaten aus dem Auftragssatz wie Bestelldatum, Versandart, Verkäufernummer, Kundennummer und eventuell das Datum der Auftragsbestätigung in den Druckbereich Rechnung übertragen, um die Bezugs- und Hinweiszeile drucken zu können. Ist der Rechnungskopf vollständig erstellt, wird anhand der Artikelnummer der ersten Position des Auftragssatzes der dazugehörige Artikelstammsatz in der Artikelstammdatei gesucht und in den Arbeitsspeicher gelesen. Bevor der Artikel auf seinen Bestand geprüft wird, wird gefragt, ob eine gesonderte Auftragsbestätigung erstellt wurde. Ist keine Auftragsbestätigung erstellt worden, so wird überprüft, ob der Bestand aus dem Artikelstammsatz groß genug ist, um die bestellte Menge fakturieren bzw. ausliefern zu können. Bei ausreichendem Bestand wird die Bestellmenge in die Liefermenge übertragen, der Bestand wird um die Liefermenge vermindert, und der neue Bestand wird in den Artikelstammsatz zurückgeschrieben. Ist eine Auftragsbestätigung erstellt worden, d.h. daß die Bestellmenge bereits vom Bestand abgebucht ist und in das Feld Reservierungen des Artikelstammsatzes addiert worden ist, wird die Bestellmenge in das Feld Liefermenge übertragen, die Liefermenge wird vom Wert Reservierungen abgezogen, und der neue Wert Reservierungen wird in den Artikelstammsatz zurückgeschrieben.
Ist der Bestand allerdings nicht mehr so groß wie die Bestellmenge, so wird, falls der Bestand nicht schon den Wert Null angenommen hat, über ein Kennzeichen im Kundenstammsatz gefragt, ob der Besteller eine Teillieferung wünscht. Soll eine Teillieferung erfolgen, so wird die Zahl des vorhandenen Bestandes in das Feld Liefermenge übertragen, und die Bestellmenge wird um die Liefermenge vermindert, woraus die Nachliefermenge entsteht. Anschließend wird der Bestand auf Null gesetzt, und das Programm wird mit der Fortschreibung des neuen Bestandes im Artikelstammsatz fortgesetzt. Soll keine Teillieferung erfolgen, oder ist kein Bestand vorhanden, so wird ebenfalls aufgrund eines Kennzeichens im Kundenstammsatz überprüft, ob eine Nachlieferung durchgeführt werden soll. Wünscht der Kunde keine Nachlieferung, so wird ein entsprechender Hinweis auf der Rechnung ausgegeben. Wünscht der Kunde hingegen eine Nachlieferung, so wird, falls keine Teillieferung erfolgt ist, die Bestellmenge zur Nachliefermenge, bei erfolgter Teillieferung stellt die Differenz aus Bestellmenge und Liefermenge die Nachliefermenge dar, und der Wert der rückständigen Auslieferung aus dem Artikelstammsatz wird um die Nachliefermenge erhöht. Die neue rückständige Ausliefermenge wird in den

Artikelstammsatz zurückgeschrieben, es wird über einen Kartenstanzer eine Nachlieferungskarte erstellt, deren Aufbau im wesentlichen dem einer Konditionskarte mit einer Bestellposition entspricht, und auf der Rechnung wird ein entsprechender Hinweis gedruckt. Ist allerdings der Bestand nicht groß genug, um die Bestellmenge ausliefern zu können, aber der Kunde wünscht eine Teillieferung, so wird die Postenberechnung mit der von der Bestellmenge abweichenden Liefermenge durchgeführt, bevor die Programmroutine für Nachlieferungen durchlaufen wird.

Nachdem die tatsächliche Liefermenge feststeht, wird die Liefermenge mit dem Listenpreis aus dem Artikelstammsatz multipliziert, woraus der Bruttowert eines Posten entsteht. Um den Postennettowert (Postenbruttowert minus Postenrabatt) zu errechnen, wird der Rabattsatz, der bei diesem Kunden für diesen Artikel zutrifft, bestimmt. Für jede Artikelgruppe gibt es im Kundenstammsatz einen Hinweis auf eine bestimmte Rabattstufe, anhand dieser Rabattstufe holt sich das Datenverarbeitungssystem aus dem Artikelstammsatz den Rabattsatz, der dieser Rabattstufe zugeordnet ist. Aus dem Rabattsatz wird der sogenannte Rabattfaktor (Rabattsatz/100) errechnet. Durch Multiplikation des Postenbruttowertes mit dem Rabattfaktor entsteht der Postenrabattwert. Dieser Postenrabattwert wird je Rechnung im Feld Rechnungsrabattwert für statistische Zwecke aufaddiert und intern gespeichert, danach wird der Postenbruttowert um den Postenrabattwert vermindert, und man erhält den Postennettowert. Dieser Postennettowert wird zur Ermittlung des Wertes aller Posten pro Rechnung zum Rechnungsnettowert hinzugezählt und intern gespeichert. Nun wird das Versandgewicht je Posten (Liefermenge * Gewicht pro Artikel) ermittelt und zum Versandgewicht je Rechnung (= Rechnungsgewicht) hinzugezählt. Das Rechnungsgewicht wird intern gespeichert, da es beim Ermitteln der Versand- und Verpackungskosten benötigt wird. Um den Bruttogewinn je Zeile errechnen zu können, ist es erforderlich, daß der tatsächlich erzielte Wert (Postenrealwert) bekannt ist, d.h., der Postenwert nach Abzug sämtlicher Rabatte, wobei die Berücksichtigung von Rabatten, die aufgrund der Höhe des Rechnungsendwertes gewährt werden, erhebliche Schwierigkeiten bereitet, da der Postenrealwert des jeweiligen Artikels im Artikelstammsatz als Umsatz fortgeschrieben werden soll. Der Postenrealwert wird berechnet, indem der Postennettowert mit dem Sonderrabattfaktor (Sonderrabattsatz/100) multipliziert wird, und das Ergebnis, der Postensonderrabattwert, vom Postennettowert subtrahiert wird. Der Postenbruttogewinn entsteht, indem vom Postenrealwert der Posteneinstandswert (Liefermenge * Einkaufspreis) abgezogen wird. Der Postenbruttogewinn wird ebenfalls für statistische Auswertungen je Rechnung zum Rechnungsbruttogewinn aufaddiert und intern gespeichert. Aufgrund eines Mehrwertsteuerkennzeichens aus dem Artikelstammsatz ist festgelegt, mit welchem Mehrwertsteuersatz der jeweilige Artikel zu versteuern ist. Der Postenrealwert läuft je nach Steuersatz im ‚Rechnungsrealwert 11%' oder im ‚Rechnungsrealwert 5,5%' zum Berechnen der jeweiligen Mehrwertsteuer, nachdem alle Postenberechnungen eines Auftragssatzes durchgeführt worden sind, auf. Zum Zwecke der Provisionsbestimmung wird der Verkäuferstammsatz, der der Verkäufernummer aus dem Auftragssatz entspricht, gesucht und gelesen. Der Verkäuferstammsatz enthält für jede Artikelgruppe einen Hinweis auf eine der möglichen Provisionsstufen im Artikelstammsatz, anhand dieses Hinweises holt sich das Datenverarbeitungssystem den der angegebenen Provisionsstufe entsprechenden Provisionssatz. Mit Hilfe des Provisionssatzes wird der Postenprovisionswert (Provisionssatz/100 * Postennettowert) ermittelt. Der Postenprovisionswert wird für statistische Zwecke und u. U. für die Provisionsabrechnung im Rechnungsprovisionswert gesammelt und intern gespeichert. Hiernach werden alle Postendaten wie Artikelnummer, Artikelbezeichnung, Bestellmenge, Liefermenge, Bruttowert, Rabattsatz, Nettowert, Gewicht, Provision und Lagerort in den Druckbereich Rechnung übertragen, und es wird eine Postenzeile angedruckt. Anschließend werden der Mengenumsatz, der Wertumsatz und der Bruttogewinn für den laufenden Monat und für das laufende Jahr, das Datum des letzten und des vorletzten Abganges sowie die Anzahl der Abgänge im laufenden Jahr errechnet und im Artikelstammsatz fortgeschrieben. Für Verkaufsauswertungen und -berichte wird ein sogenannter Statistiksatz gebildet, der die wichtigsten Angaben des fakturierten Postens enthält. Die Ausgabe des Statistiksatzes erfolgt auf Band, da je Rechnungsposten ein Satz erstellt wird und somit umfangreicher Speicherplatz benötigt wird. Handelt es sich bei der fakturierten Liefermenge um eine Teillieferung, so springt das Programm wieder zur oben beschriebenen Programmroutine Nachlieferung zurück. Handelt es sich um keine Teillieferung, so ist eine Rechnungsposition vollständig fakturiert, und im nächsten Schritt wird gefragt, ob alle Posten des Auftragssatzes verarbeitet sind. Sind noch weitere Posten innerhalb eines Auftrages zu verarbeiten, so führt das Programm die nächste Postenverarbeitung durch. Sind alle Posten eines Auftrages fakturiert bzw. verarbeitet, so wird der Rechnungsrealwert errechnet, indem vom Rechnungsnettowert der Sonderrabattwert (Rechnungsnettowert * Sonderrabattfaktor) subtrahiert wird. Für die Rabattfortschreibung im Kundenstammsatz wird der Gesamtrabattwert pro Rechnung (Rechnungsrabattwert + Sonderrabattwert) ermittelt. Um im Rechnungsausgangsbuch neben den Rechnungssummendaten den Tagesbruttogewinn (Rohertrag) ausweisen zu können, wird der Rechnungsbruttogewinn zum ‚Bruttogewinn insgesamt' addiert. Anhand des errechneten Gewichtes, der angegebenen Versandart und der Post- bzw. Frachtzone des jeweiligen Kundenstammsatzes werden in einem Unterprogramm mit Hilfe von entsprechenden Tabellen die Versand- und Verpackungskosten festgesetzt. Die Versand- und Verpackungskosten werden in das Feld „Versandkosten insgesamt" addiert und intern für die Endzeile des Rechnungsausgangsbuches gespeichert. Die Versand- und Verpackungskosten werden dem ‚Rechnungsrealwert 11%' zugeschlagen. Aus dem ‚Rechnungsrealwert 11%' wird der ‚Mehrwertsteuerbetrag 11%' (‚Rechnungsrealwert 11%' * ‚Mehrwertsteuersatz 11%'/100) und aus dem ‚Rechnungsrealwert 5,5%' der ‚Mehrwertsteuerbetrag 5,5%' (‚Rechnungsrealwert 5,5%' * ‚Mehrwertsteuersatz 5,5%'/100) ermittelt. Der je Rechnung aufgelaufene ‚Rechnungsrealwert 11%' und der je Rechnung aufgelaufene ‚Rechnungsrealwert 5,5%' werden im ‚Realwert 11% insgesamt' und ‚Realwert 5,5% insgesamt' fortgeschrieben und für die Endsummen des Rechnungsausgangsbuches intern gespeichert. Die errechneten Mehrwertsteuerbeträge werden in das Feld Rechnungsmehrwertsteuer zur Errechnung des Rechnungsendwertes addiert, ebenso der ‚Rechnungsrealwert 11%' und der ‚Rechnungsrealwert 5,5%' in das Feld ‚zu versteuernder Rechnungswert'. Der ‚zu versteuernde Rechnungswert' und der Rechnungsmehrwertsteuerbetrag bilden zusammen den Rechnungsendwert. Die ermittelten Rechnungssummendaten werden in den Druckbereich Rechnung übertragen, und die Rechnungssummenzeile wird ausgedruckt. Der Rechnungssummenzeile folgt noch eine Skontozeile, die die Fälligkeit, den Skontosatz, den Skontowert und den um den Skontowert verminderten Rechnungsendwert enthält. Die Fälligkeit errechnet sich aus dem Tagesdatum, zu dem eine bestimmte Anzahl Tage oder Monate, die im Kundenstammsatz gespeichert ist, addiert wird. Ist die Anzahl der Tage und Monate zur Errechnung der Fälligkeit und die Höhe des Skontosatzes für alle Kunden gleich, so können diese Werte als konstante Faktoren in das Programm eingearbeitet werden, u. U. sogar weggelassen werden. Unterscheiden sich aber diese Werte für die einzelnen Kunden, so müssen sie je Kunde im Kundenstammsatz gespeichert werden und zur Festlegung der Fälligkeit und des Skontowertes herangezogen werden. Nachdem die Skontozeile gedruckt ist, werden der Wertumsatz und der Bruttogewinn des laufenden Monats und des laufenden Jahres im Kundenstammsatz fortgeschrieben. Der wertmäßige Bestellbestand, der beim Bonitätsprüfprogramm Verwendung findet, wird um den Rechnungsendwert vermindert und in den Kundenstammsatz übertragen, der Wert des OP-Sollfeldes wird um den Rechnungsendwert erhöht und ebenfalls in den Kundenstammsatz übertragen. Weiterhin werden statistische Daten wie Anzahl der erstellten Rechnungen im laufenden Jahr, Datum der letzten Rechnung, Rabattsumme des laufenden Jahres und Versand- sowie Verpackungskosten im laufenden Jahr im Kundenstammsatz fortgeschrieben. Sind die Fortschreibungen im Kundenstammsatz abgeschlossen, so werden der Wertumsatz, der Bruttogewinn und der Provisionswert für den laufenden Monat und für das laufende Jahr des jeweiligen Verkäufers im Verkäuferstammsatz fortgeschrieben.

Reguliert der Kunde seine Rechnungen nach dem Bankeinzugsverfahren, so wird der Zähler „Anzahl Bankeinzugsrechnungen" um den Wert 1 erhöht, und der Rechnungsendwert wird in eine „Rechnungssumme Bankeinzug"

Abb. 119: Programmablaufplan „Fakturierung“

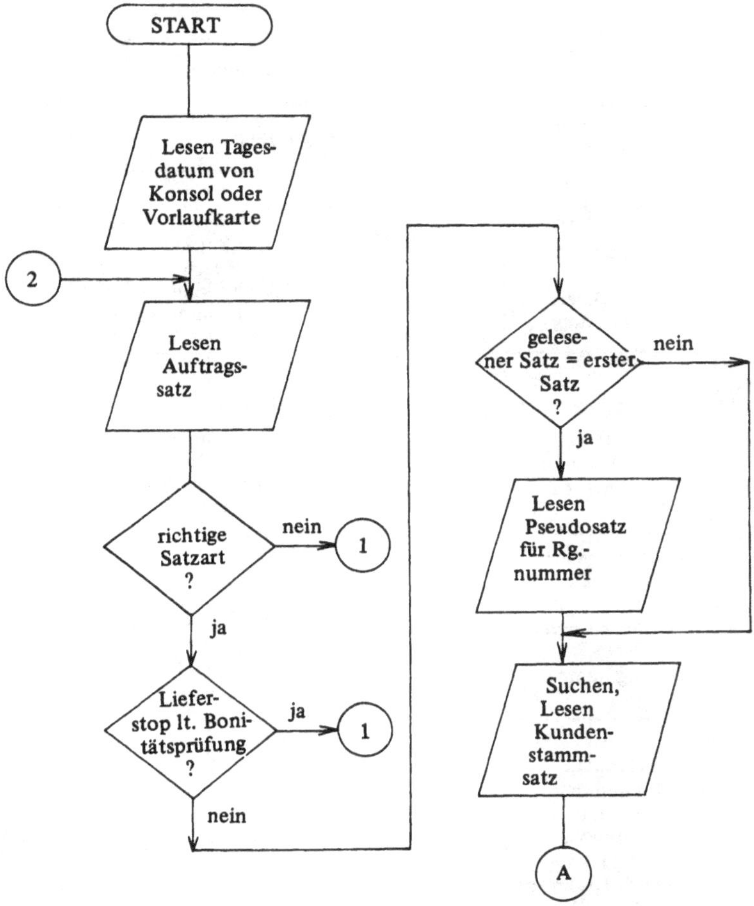

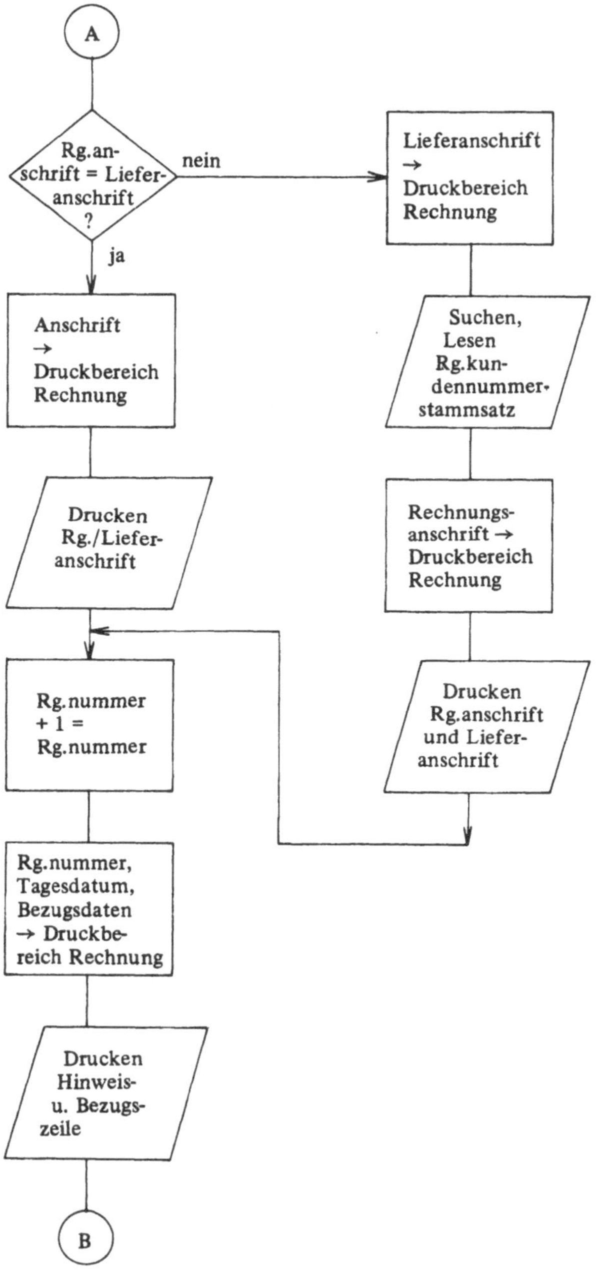

A
Rg.an-
schrift = Liefer-
anschrift
?
nein
ja
Lieferanschrift
→
Druckbereich
Rechnung
Anschrift
→
Druckbereich
Rechnung
Suchen,
Lesen
Rg.kun-
dennummer-
stammsatz
Drucken
Rg./Liefer-
anschrift
Rechnungs-
anschrift →
Druckbereich
Rechnung
Rg.nummer
+ 1 =
Rg.nummer
Drucken
Rg.anschrift
und Liefer-
anschrift
Rg.nummer,
Tagesdatum,
Bezugsdaten
→ Druckbe-
reich Rechnung
Drucken
Hinweis-
u. Bezugs-
zeile
B

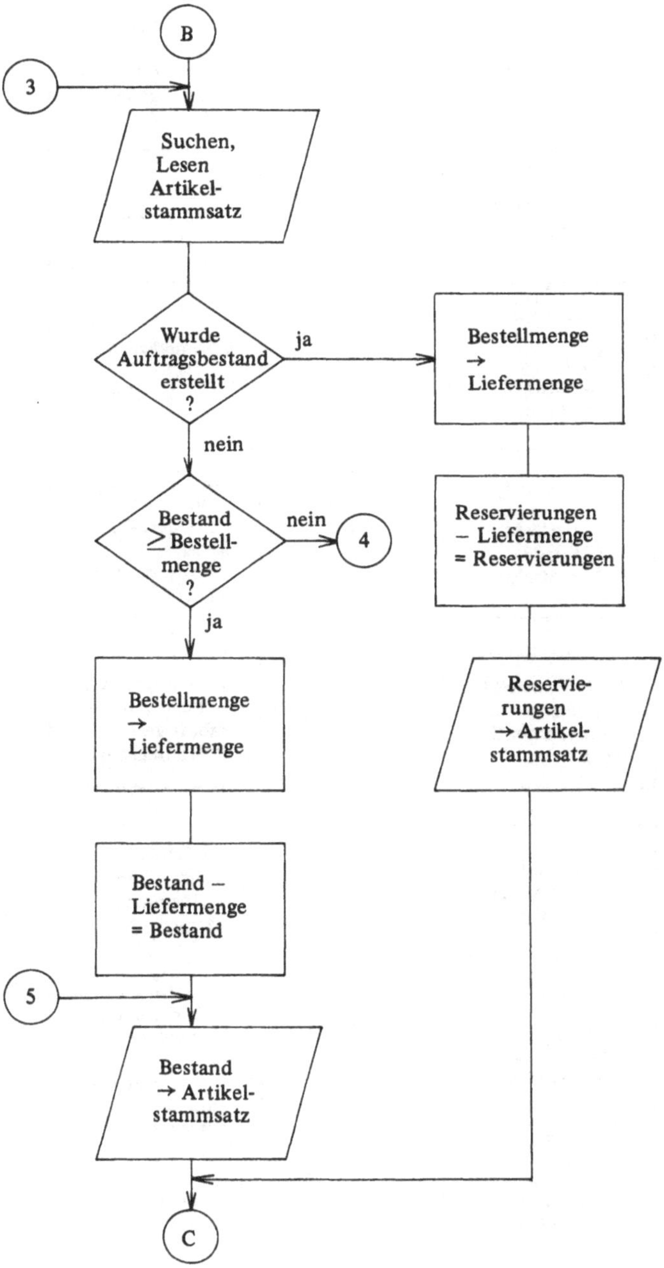
B
3
Suchen, Lesen Artikelstammsatz
Wurde Auftragsbestand erstellt ?
ja
nein
Bestellmenge → Liefermenge
Reservierungen – Liefermenge = Reservierungen
Reservierungen → Artikelstammsatz
Bestand ≥ Bestellmenge ?
nein
4
ja
Bestellmenge → Liefermenge
Bestand – Liefermenge = Bestand
5
Bestand → Artikelstammsatz
C

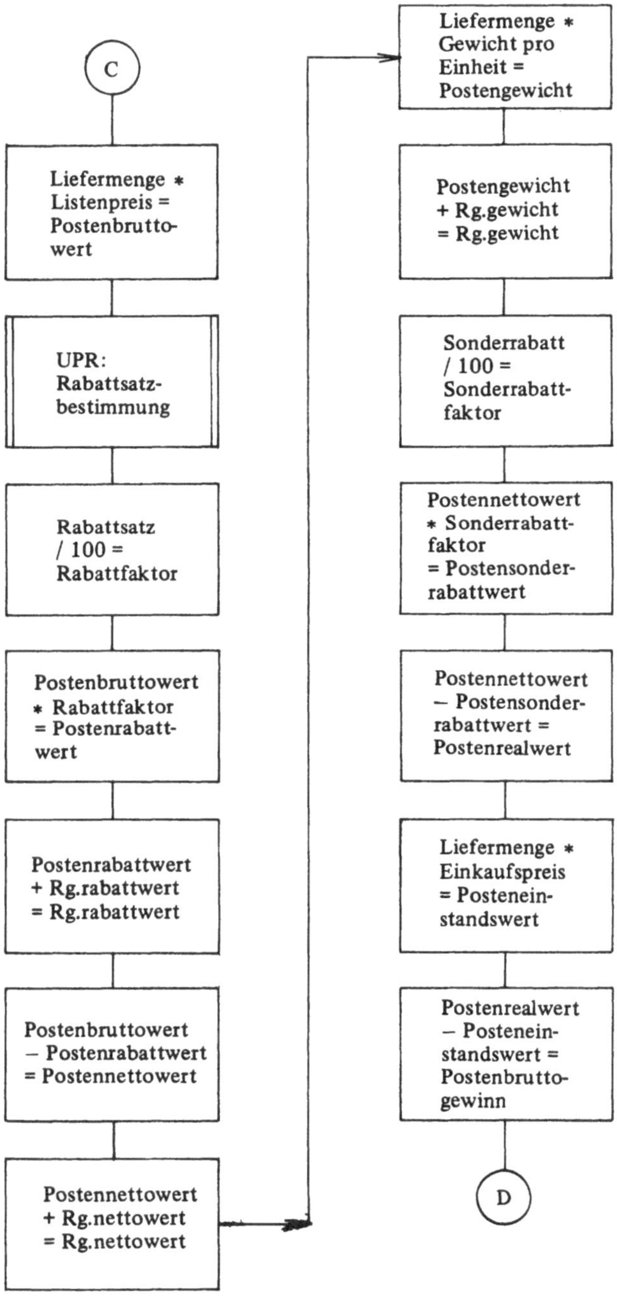
C
Liefermenge * Listenpreis = Postenbruttowert
UPR: Rabattsatzbestimmung
Rabattsatz / 100 = Rabattfaktor
Postenbruttowert * Rabattfaktor = Postenrabattwert
Postenrabattwert + Rg.rabattwert = Rg.rabattwert
Postenbruttowert – Postenrabattwert = Postennettowert
Postennettowert + Rg.nettowert = Rg.nettowert
Liefermenge * Gewicht pro Einheit = Postengewicht
Postengewicht + Rg.gewicht = Rg.gewicht
Sonderrabatt / 100 = Sonderrabattfaktor
Postennettowert * Sonderrabattfaktor = Postensonderrabattwert
Postennettowert – Postensonderrabattwert = Postenrealwert
Liefermenge * Einkaufspreis = Posteneinstandswert
Postenrealwert – Posteneinstandswert = Postenbruttogewinn
D

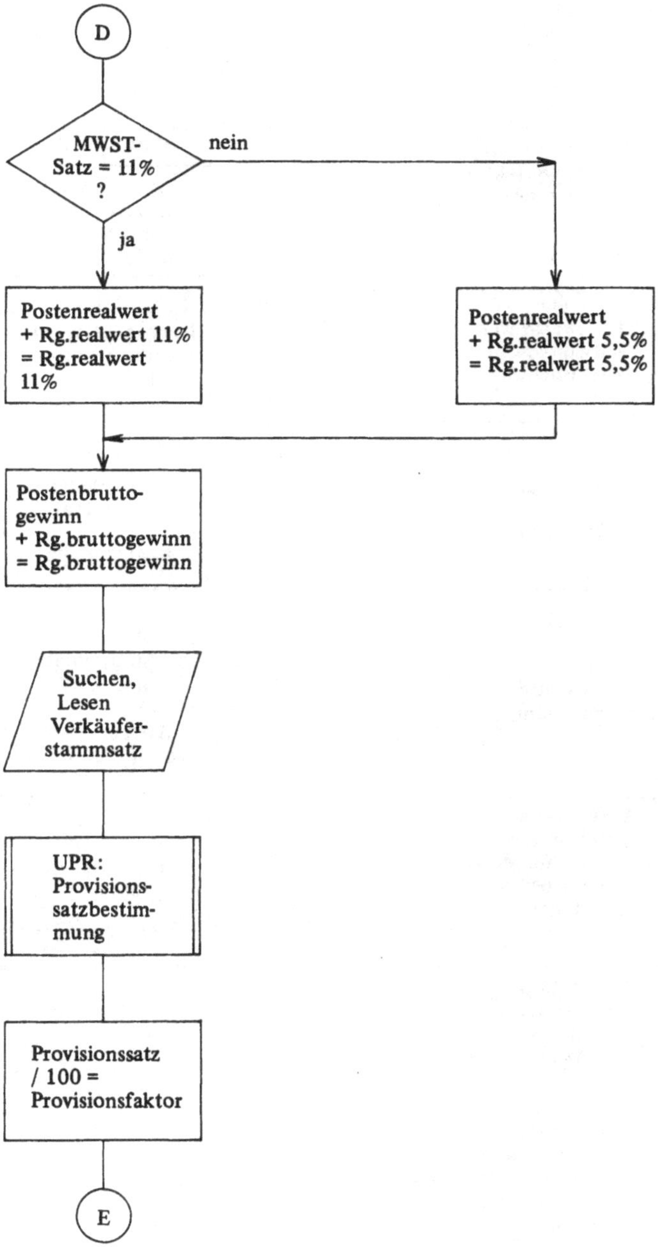
D
MWST-
Satz = 11%
?
nein
ja
Postenrealwert
+ Rg.realwert 11%
= Rg.realwert
11%
Postenrealwert
+ Rg.realwert 5,5%
= Rg.realwert 5,5%
Postenbrutto-
gewinn
+ Rg.bruttogewinn
= Rg.bruttogewinn
Suchen,
Lesen
Verkäufer-
stammsatz
UPR:
Provisions-
satzbestim-
mung
Provisionssatz
/ 100 =
Provisionsfaktor
E

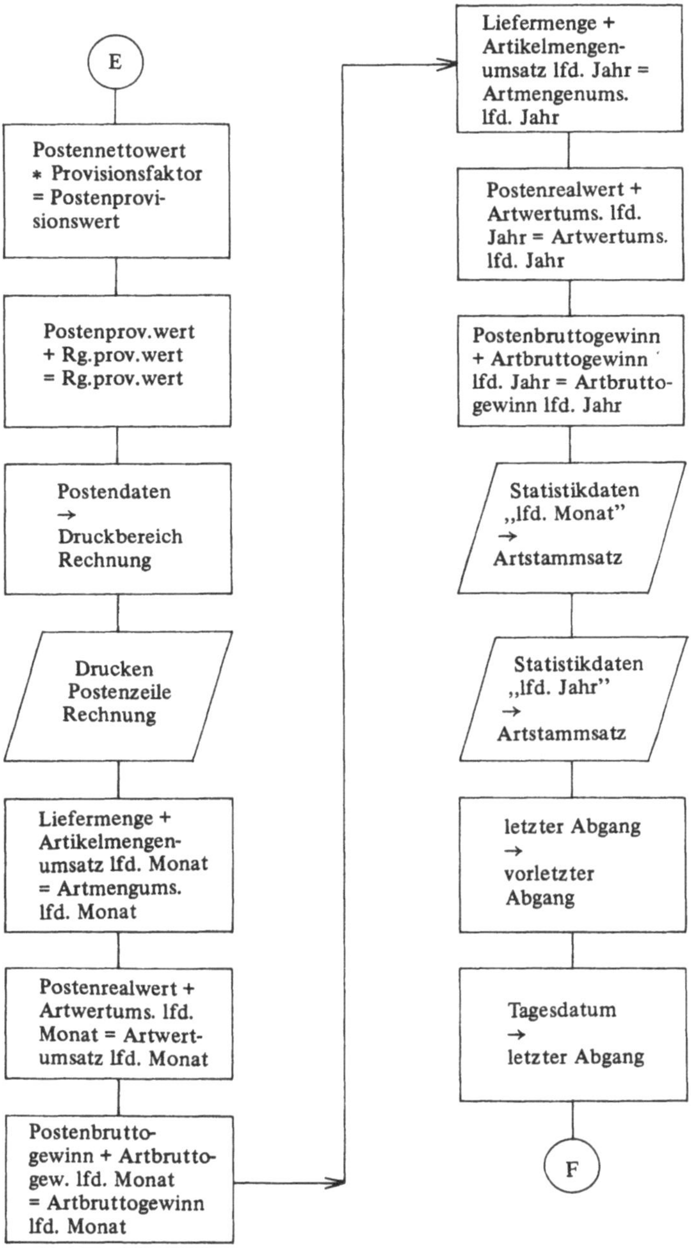
E
Postennettowert * Provisionsfaktor = Postenprovisionswert
Postenprov.wert + Rg.prov.wert = Rg.prov.wert
Postendaten → Druckbereich Rechnung
Drucken Postenzeile Rechnung
Liefermenge + Artikelmengenumsatz lfd. Monat = Artmengums. lfd. Monat
Postenrealwert + Artwertums. lfd. Monat = Artwertumsatz lfd. Monat
Postenbruttogewinn + Artbruttogew. lfd. Monat = Artbruttogewinn lfd. Monat
Liefermenge + Artikelmengenumsatz lfd. Jahr = Artmengenums. lfd. Jahr
Postenrealwert + Artwertums. lfd. Jahr = Artwertums. lfd. Jahr
Postenbruttogewinn + Artbruttogewinn lfd. Jahr = Artbruttogewinn lfd. Jahr
Statistikdaten „lfd. Monat" → Artstammsatz
Statistikdaten „lfd. Jahr" → Artstammsatz
letzter Abgang → vorletzter Abgang
Tagesdatum → letzter Abgang
F

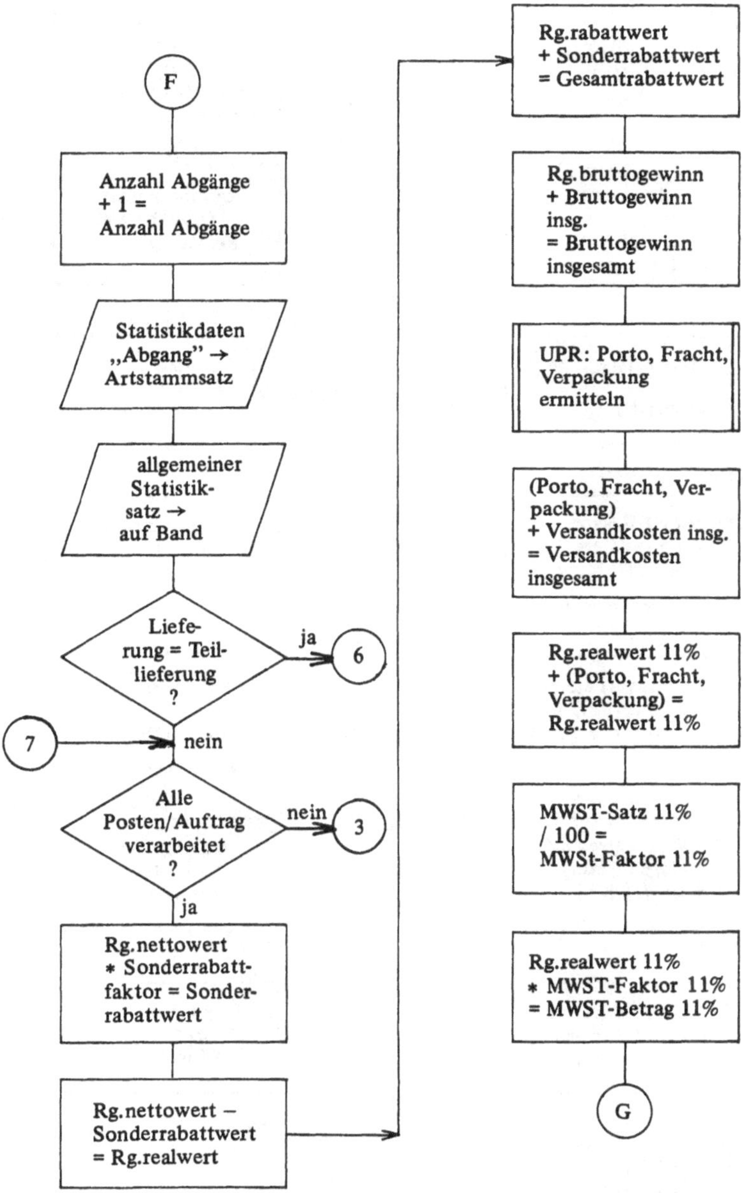
F
Anzahl Abgänge
+ 1 =
Anzahl Abgänge
Statistikdaten
„Abgang" →
Artstammsatz
allgemeiner
Statistik-
satz →
auf Band
Liefe-
rung = Teil-
lieferung
?
ja
6
7
nein
Alle
Posten/Auftrag
verarbeitet
?
nein
3
ja
Rg.nettowert
* Sonderrabatt-
faktor = Sonder-
rabattwert
Rg.nettowert –
Sonderrabattwert
= Rg.realwert
Rg.rabattwert
+ Sonderrabattwert
= Gesamtrabattwert
Rg.bruttogewinn
+ Bruttogewinn
insg.
= Bruttogewinn
insgesamt
UPR: Porto, Fracht,
Verpackung
ermitteln
(Porto, Fracht, Ver-
packung)
+ Versandkosten insg.
= Versandkosten
insgesamt
Rg.realwert 11%
+ (Porto, Fracht,
Verpackung) =
Rg.realwert 11%
MWST-Satz 11%
/ 100 =
MWSt-Faktor 11%
Rg.realwert 11%
* MWST-Faktor 11%
= MWST-Betrag 11%
G

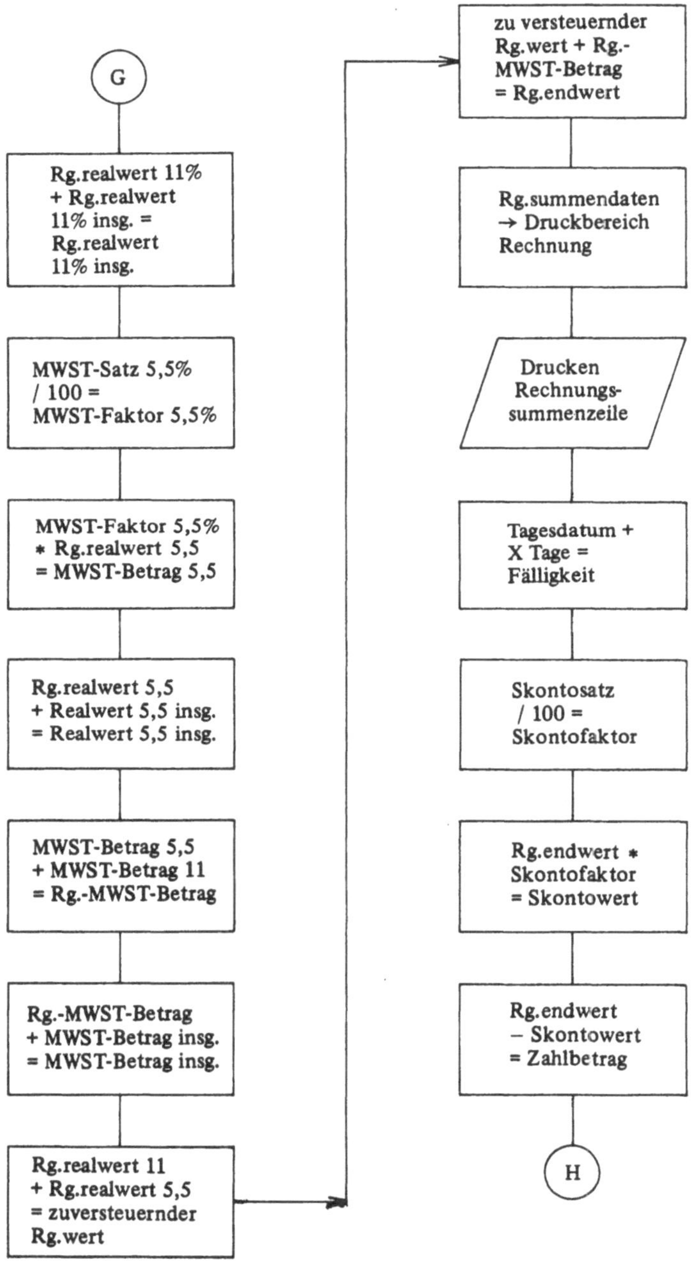
G
Rg.realwert 11%
+ Rg.realwert
11% insg. =
Rg.realwert
11% insg.
MWST-Satz 5,5%
/ 100 =
MWST-Faktor 5,5%
MWST-Faktor 5,5%
* Rg.realwert 5,5
= MWST-Betrag 5,5
Rg.realwert 5,5
+ Realwert 5,5 insg.
= Realwert 5,5 insg.
MWST-Betrag 5,5
+ MWST-Betrag 11
= Rg.-MWST-Betrag
Rg.-MWST-Betrag
+ MWST-Betrag insg.
= MWST-Betrag insg.
Rg.realwert 11
+ Rg.realwert 5,5
= zuversteuernder
Rg.wert
zu versteuernder
Rg.wert + Rg.-
MWST-Betrag
= Rg.endwert
Rg.summendaten
→ Druckbereich
Rechnung
Drucken
Rechnungs-
summenzeile
Tagesdatum +
X Tage =
Fälligkeit
Skontosatz
/ 100 =
Skontofaktor
Rg.endwert *
Skontofaktor
= Skontowert
Rg.endwert
– Skontowert
= Zahlbetrag
H

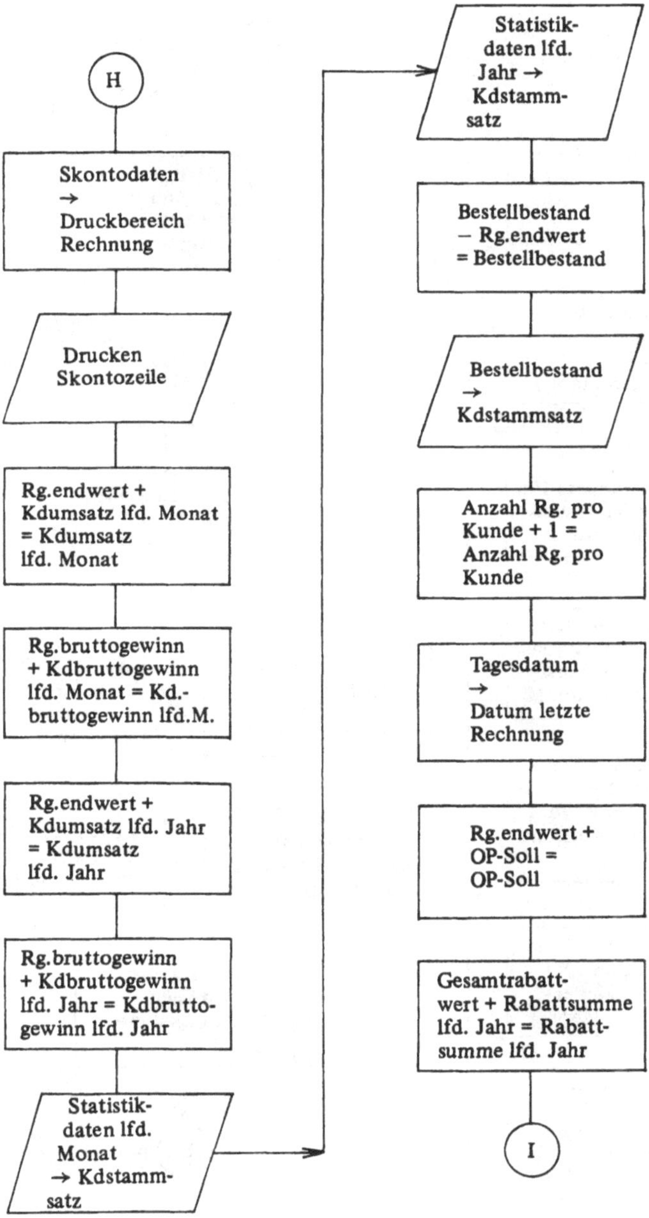
H
Skontodaten → Druckbereich Rechnung
Drucken Skontozeile
Rg.endwert + Kdumsatz lfd. Monat = Kdumsatz lfd. Monat
Rg.bruttogewinn + Kdbruttogewinn lfd. Monat = Kd.-bruttogewinn lfd.M.
Rg.endwert + Kdumsatz lfd. Jahr = Kdumsatz lfd. Jahr
Rg.bruttogewinn + Kdbruttogewinn lfd. Jahr = Kdbrutto-gewinn lfd. Jahr
Statistik-daten lfd. Monat → Kdstamm-satz
Statistik-daten lfd. Jahr → Kdstamm-satz
Bestellbestand – Rg.endwert = Bestellbestand
Bestellbestand → Kdstammsatz
Anzahl Rg. pro Kunde + 1 = Anzahl Rg. pro Kunde
Tagesdatum → Datum letzte Rechnung
Rg.endwert + OP-Soll = OP-Soll
Gesamtrabatt-wert + Rabattsumme lfd. Jahr = Rabatt-summe lfd. Jahr
I

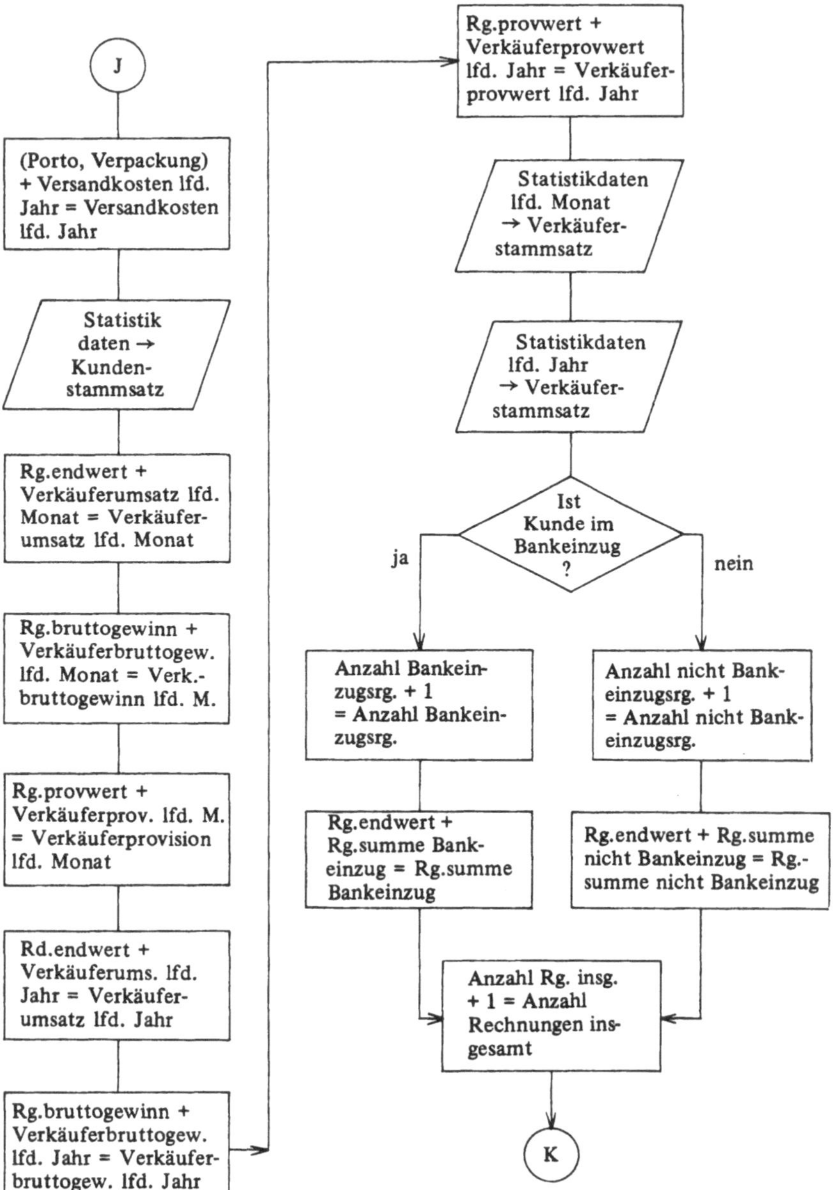
J
(Porto, Verpackung) + Versandkosten lfd. Jahr = Versandkosten lfd. Jahr
Statistik daten → Kunden- stammsatz
Rg.endwert + Verkäuferumsatz lfd. Monat = Verkäufer- umsatz lfd. Monat
Rg.bruttogewinn + Verkäuferbruttogew. lfd. Monat = Verk.- bruttogewinn lfd. M.
Rg.provwert + Verkäuferprov. lfd. M. = Verkäuferprovision lfd. Monat
Rd.endwert + Verkäuferums. lfd. Jahr = Verkäufer- umsatz lfd. Jahr
Rg.bruttogewinn + Verkäuferbruttogew. lfd. Jahr = Verkäufer- bruttogew. lfd. Jahr
Rg.provwert + Verkäuferprovwert lfd. Jahr = Verkäufer- provwert lfd. Jahr
Statistikdaten lfd. Monat → Verkäufer- stammsatz
Statistikdaten lfd. Jahr → Verkäufer- stammsatz
Ist Kunde im Bankeinzug ?
ja
nein
Anzahl Bankein- zugsrg. + 1 = Anzahl Bankein- zugsrg.
Anzahl nicht Bank- einzugsrg. + 1 = Anzahl nicht Bank- einzugsrg.
Rg.endwert + Rg.summe Bank- einzug = Rg.summe Bankeinzug
Rg.endwert + Rg.summe nicht Bankeinzug = Rg.- summe nicht Bankeinzug
Anzahl Rg. insg. + 1 = Anzahl Rechnungen ins- gesamt
K

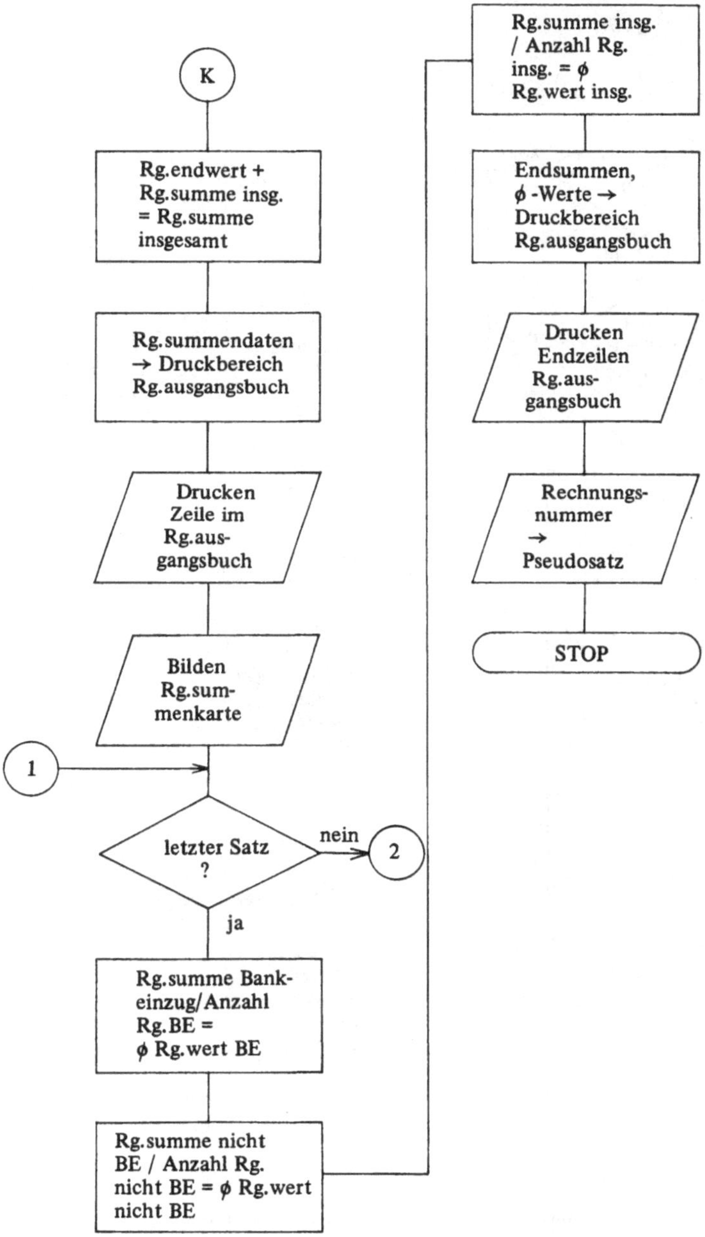
K
Rg.endwert +
Rg.summe insg.
= Rg.summe
insgesamt
Rg.summendaten
→ Druckbereich
Rg.ausgangsbuch
Drucken
Zeile im
Rg.aus-
gangsbuch
Bilden
Rg.sum-
menkarte
1
letzter Satz
?
nein
2
ja
Rg.summe Bank-
einzug/Anzahl
Rg.BE =
ϕ Rg.wert BE
Rg.summe nicht
BE / Anzahl Rg.
nicht BE = ϕ Rg.wert
nicht BE
Rg.summe insg.
/ Anzahl Rg.
insg. = ϕ
Rg.wert insg.
Endsummen,
ϕ -Werte →
Druckbereich
Rg.ausgangsbuch
Drucken
Endzeilen
Rg.aus-
gangsbuch
Rechnungs-
nummer
→
Pseudosatz
STOP

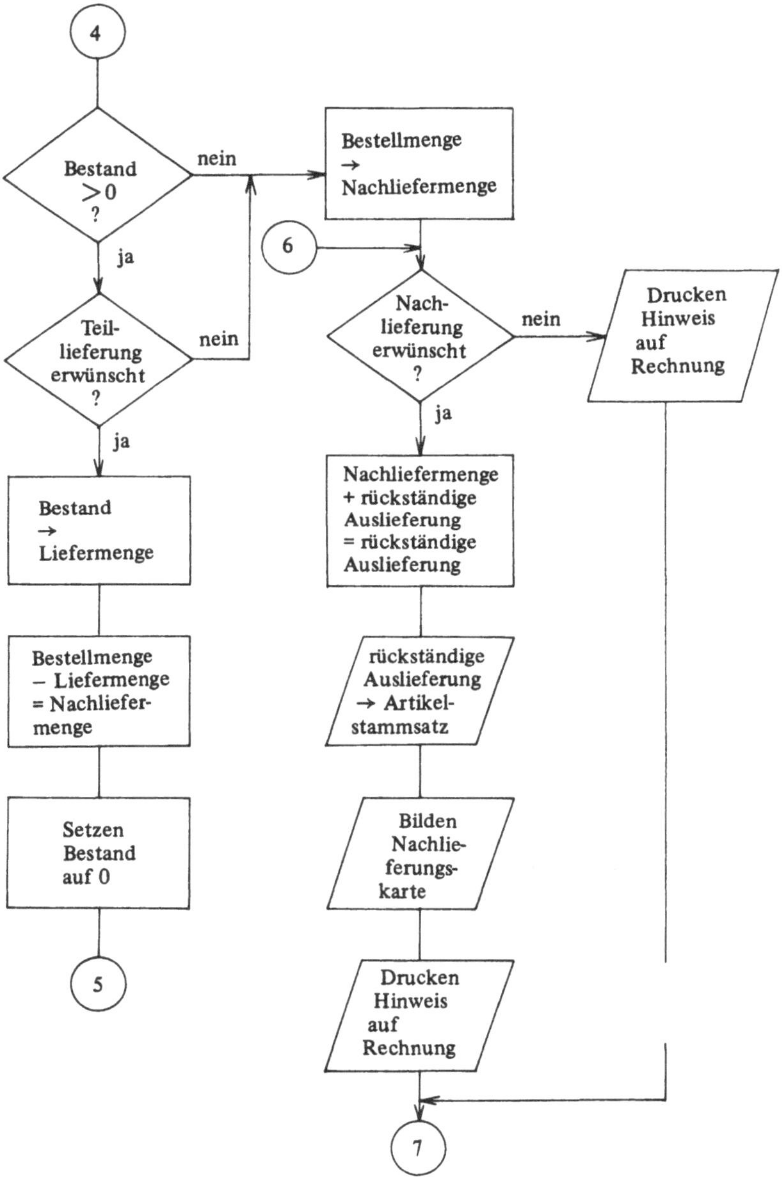

addiert, ein entsprechender Programmschritt wird bei einer Rechnung, die nicht nach dem Bankeinzugsverfahren reguliert wird, mit entsprechenden Feldern durchlaufen. Nach diesen beiden Möglichkeiten wird ein entsprechender Programmschritt bei allen Rechnungen durchlaufen, wodurch die ‚Anzahl der Rechnungen insgesamt' und die ‚Rechnungssumme insgesamt' entsteht. Danach wird über ein zweites Druckaggregat (Konsolschreibmaschine) eine Zeile des Rechnungsausgangsbuches erstellt, die die wichtigsten Rechnungsdaten wie Kundennummer, Kundenname, Rechnungsnummer, Rechnungsbetrag, Mehrwertsteuerbetrag, Warenbetrag mit 5,5% MWST, Warenbetrag mit 11% MWST und u. U. auf einer Allonge Bruttogewinn und Provisionswert enthält. Neben dem Rechnungsausgangsbuch wird auf einem Lochkartenstanzer eine Rechnungssummenkarte erstellt, deren Angaben im wesentlichen mit den Daten der entsprechenden Zeile im Rechnungsausgangsbuch übereinstimmen. Neben den üblichen Rechnungsdaten muß die Rechnungssummenkarte einer Bankeinzugsrechnung ein entsprechendes Kennzeichen beinhalten. Ist die Rechnungssummenkarte erstellt, ist ein ganzer Auftrag fakturiert und die entsprechenden Daten in den einzelnen Dateien fortgeschrieben worden, d. h., das Datenverarbeitungssystem kann zur Fakturierung des nächsten Auftragssatzes übergehen.

Sind alle Auftragssätze verarbeitet, so werden der Durchschnittswert aller Rechnungen, der Durchschnittswert der Bankeinzugsrechnungen und der Durchschnittswert der Nichtbankeinzugsrechnungen ermittelt. Die Endsummen und Durchschnittswerte werden in den Druckbereich des Rechnungsausgangsbuches übertragen, und die Endzeilen des Rechnungsausgangsbuches werden angedruckt. Mit dem Zurückschreiben der letzten Rechnungsnummer in den Pseudosatz wird das Fakturierungsprogramm abgeschlossen.

Der Kopf der *Rechnung* nimmt neben den üblichen Firmenangaben die Lieferanschrift und die Rechnungsanschrift auf. Den Anschriftenzeilen folgt eine Zeile mit allgemeinen Angaben wie Bestelldatum, Kunden- und Filialnummer, Versandart, Rechnungsnummer und Rechnungsdatum.

Nach den allgemeinen Angaben werden die Datenfeldbezeichnungen der Positionszeilen und deren mögliche Feldlängen angedruckt. Pro Positionszeile erscheint die Artikelnummer, die Artikelbezeichnung, die Einheit, die Bestellmenge, die Liefermenge, der Einzelpreis, der Rabattsatz und der Gesamtpreis. Auf einer sogenannten Allonge wird der Lagerplatz, der Provisionsbetrag und -satz und der Bruttogewinn je Rechnungsposition dargestellt. Den Abschluß einer Rechnung bilden die Schlußangaben. Die Schlußangaben beinhalten den Warenwert, den Sonderrabattsatz sowie -betrag, den Nettowarenwert, die Versandkosten wie Porto, Fracht und Verpackung, den Gesamtmehrwertsteuerbetrag und den Gesamtrechnungsbetrag. Außerdem werden die Rechnungsbeträge sowie die Mehrwertsteuerbeträge nach den Mehrwertsteuersätzen getrennt ausgewiesen.

Ein Satz weist auf das Datum hin, bis zu dem der Skontovorteil ausgenutzt werden kann, wie hoch der Skontosatz und -betrag ist, aus welchem Rech-

Abb. 120: Rechnungssummenkarte
Kartenart 20

lfd. Nr.	Feldinhalt	Stelle von	Stelle bis	Feldlänge	Summe der Feldlänge
1	Kartenart (= 20)	1	2	2	2
2	Kunden- und Filialnummer	3	10	8	10
3	Verkäufernummer	11	13	3	13
4	Rechnungsnummer	14	18	5	18
5	Rechnungsdatum	19	23	5	23
6	Rechnungsbetrag	24	30	7	30
7	Provisionsbetrag	31	36	6	36
8	Bankeinzugskennzeichen	37	37	1	37
9	Fälligkeit[1])	38	42	5	42
10	Skontobetrag[1])	43	47	5	47
11	Skontodatum[1])	48	52	5	52
12	freie Stellen	53	80	28	80

[1]) nur notwendig, wenn kundenindividuelle Fälligkeiten und Skontosätze gewährt werden

nungsbetrag (Rechnungsbetrag abzüglich der Verpackungs-, Fracht- und Versandkosten) der Skontobetrag errechnet wird und wieviel tatsächlich nach Skontoabzug zu bezahlen ist, wenn die Skontofrist eingehalten wird.

Das *Rechnungsausgangsbuch* stellt eine Auflistung der wichtigsten Rechnungsdaten aller Rechnungen dar.

Die Überschriftzeile trägt den Listennamen, das Tagesdatum und die Seitenzahl. Der Überschriftzeile folgt die Zeile, die anzeigt, um welche Werte es sich bei den angedruckten Werten handelt. Weiterhin werden in einer folgenden Zeile die möglichen Feldlängen der einzelnen Werte symbolisch dargestellt. Bei den Bezeichnungen und Werten, die angedruckt werden, handelt es sich um die Rechnungsnummer, die Kunden- und Filialnummer, den Kundennamen, die Postleitzahl, den Kundenort, den Rechnungsbetrag, den Gesamtmehrwertsteuerbetrag, den aufgeschlüsselten Rechnungsbetrag nach Mehrwertsteuersätzen und um den Gesamtbetrag für Porto und Verpackung. Auf einer Allonge wird der Bruttogewinn je Rechnung ausgewiesen.

Für jede erstellte Rechnung wird eine Zeile mit den oben erwähnten Werten im Rechnungsausgangsbuch erstellt.

Auf der letzten Seite werden alle oben erwähnten Werte, soweit es sich nicht um Nummern handelt, in aufgelaufener Form dargestellt. Außerdem wird eine Statistik angedruckt, die über die Anzahl der Rechnungen insgesamt, über den Rechnungsbetrag insgesamt und über den durchschnittlichen Rechnungswert und die entsprechenden Werte für Rechnungen, die nach dem Bankeinzugsverfahren und nach den herkömmlichen Zahlungsverfahren reguliert werden, Auskunft gibt.

10.7 Debitorenbereich

10.71 Aufgabe der Debitorenbuchhaltung

Die Debitorenbuchhaltung ist in der Regel keine Form der Buchhaltung, sondern vielmehr eine Bezeichung für die Tätigkeiten innerhalb der Buchhaltung, die sich mit der Führung, Pflege und Überwachung der Debitorenkonten befassen [8, S. 207 f.]. „Die Aufgaben der Debitorenbuchhaltung liegen im Verbuchen des Umsatzes, der Erstellung von Offenen-Posten, im Verbuchen von Zahlungseingängen, dem Auflösen von Offenen-Posten, im Mahnwesen und in der Erstellung von Unterlagen für die Ermittlung der Umsatzsteuer. Es fallen in der Debitorenbuchhaltung zwei Primärdaten an, die Umsätze und die Zahlungseingänge" [13, S. 328]. Durch die Gegenüberstellung der Primärdaten in bestimmten zeitlichen Abständen wird der Stand der einzelnen Kundenkonten aufgezeigt, der wiederum in konsolidierter Form über die zu erwartenden Zahlungseingänge bzw. Gesamtforderungen einer Unternehmung und somit über ihre Liquidität Aufschluß gibt.

10.72 Formen der maschinellen Debitorenbuchhaltung

Bei der maschinellen Durchführung der Debitorenbuchhaltung haben sich zwei Formen herausgebildet, und zwar das sogenannte Saldovortragsverfahren und die Offene-Posten-Methode. Als Grundlage für beide Formen der Debitorenbuchhaltung dienen die Rechnungssummenkarten bzw. -sätze, die während der Fakturierung erstellt werden und die jeweiligen Soll-Buchungen der Debitoren darstellen.

10.721 Saldovortragsverfahren

Beim Saldovortragsverfahren wird ein Gesamt-Debitorensaldo je Kunde im Kundenstammsatz geführt, der beim Schreiben eines Kontoauszuges zum Vortrag kommt. Zu diesem Gesamt-Debitorensaldo werden beim Erstellen eines Kontoauszuges die seit dem Schreiben des letzten Kontoauszuges angefallenen Rechnungssummen je Kunde anhand der Rechnungssummenkarten bzw. -sätze addiert und angedruckt. Die in einer Zahlungseingangdatei geführten Zahlungen, die seit dem Schreiben des letzten Kontoauszuges eingegangen sind, werden auf dem Kontoauszug angedruckt und saldiert, und es entsteht ein einziger offener Posten, der die Gesamtforderungen an einen Kunden darstellt. Diese

Gesamtforderung wird bis zum nächsten Kontoauszug im Kundenstammsatz als Gesamt-Debitorensaldo festgehalten und dient beim Schreiben des nächsten Kontoauszuges als Saldovortrag.
Die wesentlichen Vorteile dieses Verfahrens liegen in der Speicherplatzeinsparung, im vereinfachten Mahnwesen, in der Senkung der Gesamt-Debitoren, da grundsätzlich der Gesamtsaldo ausgewiesen wird und in der Zeitersparnis bei der Kontenführung, da die Zahlungseingänge nicht bestimmten Offenen-Posten zugeordnet werden müssen [14, S. 43]. Das Saldovortragsverfahren kommt im allgemeinen dann zur Anwendung, wenn sich die Kunden einer Unternehmung weitgehend aus Dauer- bzw. Stammkunden zusammensetzen oder wenn die Zahlungen der Kunden nicht den Rechnungen entsprechend, d. h. in Form von à-conto-Zahlungen, getätigt werden.

10.722 Offene-Posten-Methode

Bei der Offenen-Posten-Methode besteht für jede offene Rechnung bzw. für jeden offenen Restbetrag einer Rechnung eine Lochkarte oder im Falle des Magnetspeicherverfahrens ein entsprechender Datensatz auf einem externen Magnetspeicher. Diese sogenannten OP-Karten bzw. OP-Sätze ersetzen die bei einer Offenen-Posten-Buchhaltung üblichen Rechnungskopien der unausgeglichenen Ausgangsrechnungen. Für jede neue Ausgangsrechnung wird eine entsprechende OP-Karte erstellt und in die OP-Kartei einsortiert bzw. ein entsprechender Datensatz ausgegeben und der OP-Datei hinzugefügt. Gelangt eine Rechnung zum Ausgleich, so haben sich für die Behandlung bzw. Verbuchung des Zahlungseinganges zwei verschiedene Verfahren entwickelt und zwar das sogenannte Einkartenverfahren und das sogenannte Zweikartenverfahren.
Der Vorteil der Offenen-Posten-Methode liegt darin, daß kein Saldo fortgeschrieben werden muß, daß die einzelnen getätigten Zahlungen schnell rekonstruierbar sind, daß jederzeit ein Konto im herkömmlichen Sinn gebildet werden kann, und daß rechnungsindividuell gemahnt werden kann [25, S. 253].

10.722.1 Einkartenverfahren

Beim Einkartenverfahren wird für eine Buchung (Soll und Haben), d. h., für Rechnungsausgang und Zahlungseingang, nur eine Lochkarte benötigt, indem beim Eingang einer Zahlung die entsprechende Offene-Posten-Karte aus der OP-Kartei manuell gezogen wird und die Zahlungsdaten, wie Zahlungsbetrag, Zahlungsart, Zahlungsdatum und Skontobetrag in dieser Lochkarte erfaßt werden. Die Lochkarte, die nun neben einer Soll-Buchung auch eine Haben-Buchung enthält, wird nach dem Erstellen des Zahlungseingangsbuches den ausgeglichenen Posten hinzugefügt. Wird allerdings mit dem Zahlungsbetrag und dem eventuellen Skontobetrag die Höhe der Soll-Buchung nicht ausgeglichen, so muß eine neue OP-Karte mit dem Differenzbetrag erstellt werden, die in der Offenen-Posten-Kartei bis zum Ausgleich des Differenzbetrages verbleibt.

10.722.2 Zweikartenverfahren

Beim Zweikartenverfahren wird sowohl für die Soll-Buchung (Rechnungsausgang) und für die Haben-Buchung (Zahlungseingang) eine eigene Karte erstellt. Dieses Verfahren ermöglicht es unter bestimmten Voraussetzungen, die Arbeit des Heraussuchens der OP-Karte zu dem entsprechenden Zahlungseingang weitgehend auf Maschinen zu übertragen, indem nach vorangegangener Sortierung der beiden Kartenpakete die Haben-Karten, die aus den Zahlungseingängen entstehen, den Soll-Karten maschinell gegenübergestellt werden. Die zusammengehörigen Soll- und Haben-Karten werden in der „Ausgeglichenen-Posten-Kartei" abgestellt. Diejenigen Haben-Karten, die bei der maschinellen Gegenüberstellung ihre entsprechende Soll-Karte nicht finden, werden aussortiert und müssen den entsprechenden Soll-Karten manuell zugeordnet werden, danach gelangen sie ebenfalls in die „Ausgeglichene-Posten-Kartei".
Eine wichtige Voraussetzung für die Verwendung des Zweikartenverfahrens und somit der maschinellen Gegenüberstellung und Zuordnung ist jedoch, daß die Regulierung der Rechnungen nicht mit à-conto-Zahlungen, Voraus-, Teil- oder Überzahlungen getätigt wird, da in diesen Fällen eine maschinelle Zuordnung nur sehr schwer möglich ist. In der Praxis kommt es tatsächlich meist nicht zu klaren Rechnungsausgleichen, aus diesem Grund ist das Zweikartenverfahren ebenso wie die reine elektronische Debitorenbuchhaltung auf Magnetspeichern mit der vollautomatischen Zuordnung der Zahlungen sehr selten anzutreffen [31, S. 78 f.].
Im allgemeinen kommt in der Praxis eine Offene-Posten-Buchhaltung nach dem wirtschaftlicheren Einkartenverfahren zum Einsatz [33, S. 49].

10.73 Arbeitsablauf des Rechnungsausgleiches und der Zahlungsüberwachung

10.731 Bankeinzugs- oder Bankabbuchungsverfahren

Das sogenannte Bankabbuchungsverfahren, das immer breitere Verwendung findet, stellt eine große Hilfe bei der Beitreibung von Außenständen dar und zieht eine schnellere Verfügungsmöglichkeit über die Geldmittel nach sich.

Sehr gut bewährt es sich im Zahlungsverkehr mit regelmäßigen Beziehern. Der Kunde gibt dem Lieferanten die schriftliche Berechtigung von einem angegebenen Bankkonto des Kunden periodisch oder für jede Rechnung die berechneten Beträge abbuchen zu lassen. Der Lieferant erstellt in der Regel mittels EDV für jede Rechnung eine Lastschrift und für alle Lastschriften eine Einreicherliste, die er zusammen mit den Lastschriften an seine Bank weiterreicht. Die Bank schreibt dem Lieferanten die einzuziehenden Beträge gut und gibt die Lastschriften an die entsprechenden Kundenbanken zur Belastung der Kundenkonten weiter.

Dieses Verfahren, durch das ähnlich wie beim Rechnungsausgleich durch Nachnahme eine weitgehende Automatisierung der Debitorenbuchhaltung erreicht wird, führt zum Wegfall des Zahlungsvorganges und macht nahezu das gesamte Mahnwesen überflüssig. Weitere Vorteile liegen für den Kunden und Lieferanten darin, daß der Lieferant zum genau vorherbestimmbaren Termin ohne weiteres Zutun über sein Geld verfügen kann, wodurch Zinsverluste vermieden werden und die Finanzplanung erleichtert wird. Für den Kunden entfällt die Überwachung des Zahltermins bezüglich des Skontos wie auch der Verzugszinsen und die Verwaltungsarbeit des Zahlungsvorganges [3, S. 162 und 28, S. 1128 f.].

Die Einwilligung des Kunden zum Bankeinzugsverfahren setzt ein gewisses Maß an Vertrauen des Kunden gegenüber seinem Lieferanten voraus. Bei der Befragung eines Unternehmens der Getränkeindustrie, in dem das Bankeinzugsverfahren mittels EDV bereits seit dem Jahre 1968 mit Erfolg eingesetzt wird, wurde festgestellt, daß die Genehmigung zum Bankeinzugsverfahren in erster Linie von solchen Kunden gegeben wird, die sehr umsatzstark sind. Im befragten Unternehmen, das fast ausschließlich regelmäßige Bezieher in seinem Kundenstamm führt, stehen ca. 35% des gesamten Kundenstammes im Bankeinzugsverfahren und mit diesen 35% Bankeinzugskunden werden etwa 60% des Umsatzes getätigt. Weiterhin wurde angegeben, daß Kunden, deren Zahlungsmoral mit gut bis sehr gut zu bezeichnen ist, der Einwilligung zum Bankeinzug wesentlich positiver gegenüberstehen als Kunden mit nur ausreichender oder mangelhafter Zahlungsmoral. Im befragten Unternehmen werden von Zeit zu Zeit Aktionen gestartet, bei denen die Außendienstmitarbeiter angewiesen werden, in erster Linie zu versuchen solche Kunden auf das Bankeinzugsverfahren umzustellen, deren Zahlungsmoral zu wünschen übrigläßt, um eine Reduzierung des Mahnwesens zu erreichen.

Da in dem befragten Unternehmen der Bankeinzug der Rechnungen für jeden Kunden wahlweise innerhalb 10, 20 oder 30 Tagen nach Rechnungsdatum mit jeweils gestaffelten Skontosatz möglich ist (der Zeitraum wird einmalig in Übereinstimmung mit dem Kunden bei der Umstellung auf das Bankeinzugsverfahren festgelegt), wird bei Bankeinzug nach 20 und 30 Tagen, jeweils 3 Tage bevor die Lastschriften zur Bank gegeben werden, eine sogenannte

Bankeinzugsankündigung, die ebenfalls mittels EDV erstellt wird, mit der Höhe des einzuziehenden Betrages an den Kunden geschickt, damit der Kunde die notwendigen Dispositionen bezüglich seines Kontostandes treffen kann. Wenn auch durch das Erstellen der Bankeinzugsankündigungen ein Teil der Arbeitsersparnis, die durch den Wegfall des Mahnwesens erreicht wird, aufgezehrt wird, so werden in dem befragten Unternehmen von den erstellten Lastschriften nicht mehr als 30 Stück pro Jahr aufgrund von zu niedrigen Kontenständen der Kunden zurückgewiesen.

10.731.1 Benötigte Daten bzw. Dateien

Zur Durchführung des Bankeinzugsverfahrens werden Daten aus der Rechnungssummenkarte und Daten aus dem Kundenstammsatz benötigt. Die Rechnungssummenkarte liefert neben dem Bankeinzugskennzeichen die Kundennummer, den einzuziehenden Rechnungsbetrag, die Rechnungsnummer und das Rechnungsdatum. Aus dem Kundenstammsatz wird die Anschrift des Kunden, die jeweilige Bankadresse, die Bankleitzahl sowie die Bankkontonummer des Kunden entnommen. Wobei auf das Andrucken des Banknamens auf der Lastschrift und auf der Einreicherliste und somit auf das Speichern im Kundenstammsatz verzichtet werden kann, sobald die Einführung der achtstelligen Bankleitzahl weitgehend abgeschlossen ist.

10.731.2 Datenfluß

Nach dem Fakturierungsprogramm werden alle Rechnungssummenkarten über einen Kartenleser eingegeben. Besitzt eine Rechnungssummenkarte ein Bankeinzugskennzeichen, so wird anhand dieser Rechnungssummenkarte eine Lastschrift und eine Zeile auf der Bankeinreicherliste erstellt, ein Debitorensatz wird anhand der Daten der Rechnungssummenkarte gebildet und mit den notwendigen Zahlungsdaten wie Zahlungsart, Zahlungsdatum, Zahlbetrag, Zahlungsnummer auf das Band „Ausgeglichene Posten" ausgegeben und im Kundenstammsatz wird das Feld OP-Haben um den Rechnungsbetrag erhöht.
Trägt eine Rechnungssummenkarte kein Bankeinzugskennzeichen, d.h., daß der Kunde bei diesem Lieferanten nicht mit dem Bankeinzugsverfahren arbeitet, so wird aus einer Leerkarte eine Debitorenkarte erstellt und ein Debitorensatz gebildet, der der OP-Datei, die sich auf einer Platte befindet, hinzugefügt wird. Nach Ablauf des Programmes werden die Rechnungssummenkarten im Archiv für eventuelle statistische Auswertungen bzw. für die monatliche Provisionsabrechnung aufbewahrt. Die neu erstellten Debitorenkarten, deren Inhalt im wesentlichen dem der zugehörigen Rechnungssummenkarte entspricht, werden in der Debitorenbuchhaltung in die OP-Kartei einsortiert.

Abb. 121: Datenflußplan: Bankeinzug und Bildung der OP-Karten bzw. OP-Sätze

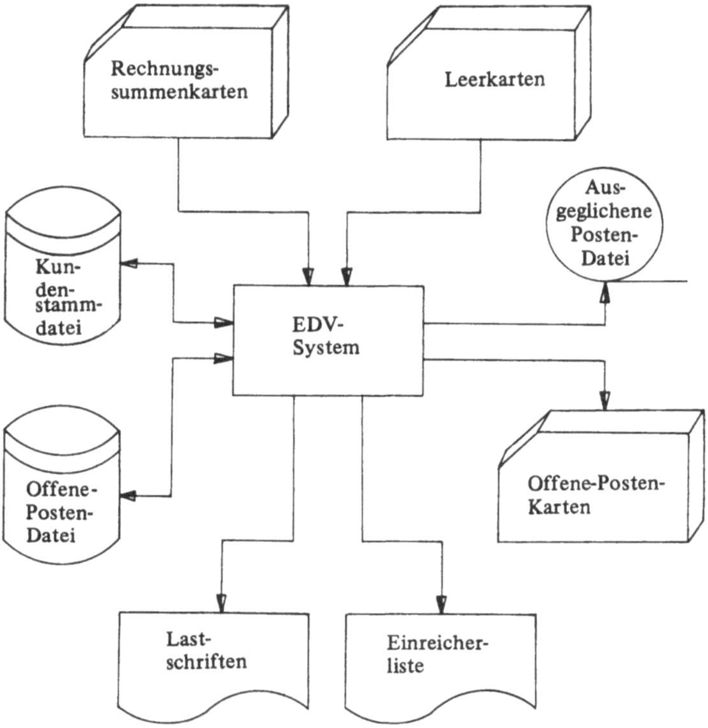

10.731.3 Bankeinzugsprogramm

Nachdem das Programm „Bankeinzug" in den Arbeitsspeicher geladen ist, werden die Rechnungssummenkarten über einen Kartenleser in das Datenverarbeitungssystem eingegeben und jede einzelne Rechnungssummenkarte durchläuft nachfolgende Programmschritte.
Wenn eine Karte gelesen worden ist, wird sie auf richtige Kartenart überprüft. Wird die Kartenart als falsch erkannt, so wird die nächste Karte eingelesen. Bei richtiger Kartenart folgt die Frage, ob der Kunde seine Rechnungen nach dem Bankeinzugsverfahren reguliert, was durch eine Kennlochung auf der Rechnungssummenkarte bestimmt ist. Reguliert der Kunde seine Rechnungen nach dem Bankeinzugsverfahren, so wird aufgrund der Kundennummer der Rechnungssummenkarte der entsprechende Kundenstammsatz in der Kundenstammdatei gesucht und gelesen. Ist im Kundenstammsatz eine Rechnungs-

kundennummer vorhanden, so wird der dementsprechende Rechnungskundenstammsatz gesucht und gelesen. Aus diesem Stammsatz werden die Anschrift und die Bankangaben zum Schreiben der Lastschrift und einer Zeile auf der Einreicherliste verwendet, weil auch an diese Anschrift die Rechnung geschickt worden ist. Ist keine Rechnungskundennummer vorhanden, so wird die Anschrift, Bankverbindung, Bankleitzahl und Kontonummer aus dem eigentlichen Kundenstammsatz verwendet. Danach wird zum OP-Haben-Feld aus dem eigentlichen Kundenstammsatz der Rechnungsbetrag addiert, und der neue Wert des OP-Haben-Feldes wird wieder in den Kundenstammsatz zurückgeschrieben.
Nun wird der einzuziehende Betrag zum „Bankeinzugsbetrag insgesamt" addiert, der am Ende des Programmes als Endsumme mit der Anzahl der erstellten Lastschriften auf der Einreicherliste erscheint und der Zähler „Anzahl Lastschriften" wird um den Wert 1 erhöht. Anhand der Daten der Rechnungssummenkarte wird ein Ausgeglichener-Posten-Satz gebildet und auf Band ausgegeben, ebenso werden die Kundendaten wie Kundenname, Kundennummer, Bankname, Bankleitzahl und Bankkontonummer und die Rechnungsdaten wie Rechnungsbetrag, Rechnungsnummer und Rechnungsdatum in die Druckbereiche übertragen, und es wird eine vollständige Lastschrift und eine Zeile auf der Einreicherliste angedruckt. Trägt die Rechnungssummenkarte jedoch kein Bankeinzugskennzeichen, so wird aus den Daten der Rechnungssummenkarte ein OP-Satz gebildet und der OP-Datei hinzugefügt. Der OP-Satz und der Ausgeglichene-Posten-Satz haben den gleichen Aufbau. Beim OP-Satz sind lediglich die Felder, die die Zahldaten aufnehmen nicht belegt. Neben dem OP-Satz wird über einen Kartenstanzer eine OP-Karte erstellt, deren Aufbau im wesentlichen dem des OP-Satzes entspricht. Nach dem Erstellen des OP-Satzes bzw. der OP-Karte wird gefragt, ob es sich bei der verarbeiteten Karte um die letzte Karte gehandelt hat. War es nicht die letzte Karte, so wird eine weitere Karte eingelesen, die ebenfalls obige Programmschritte durchläuft. Ist die letzte Karte verarbeitet, so wird das Programm beendet, indem auf der Einreicherliste die Endsummen „Bankeinzugsbetrag insgesamt" und die „Anzahl der erstellten Lastschriften" angedruckt werden.
Der Aufbau und Inhalt der *Lastschriften* ist fest vorgegeben, in der Regel werden sie von den Banken bzw. Sparkassen, bei denen die Lastschriften eingereicht werden sollen, den Unternehmen als Endlossätze zur Verfügung gestellt. Der Inhalt, der von der EDV erstellt wird, beschränkt sich im allgemeinen auf den Namen und die Adresse, auf die Kontonummer des Zahlungspflichtigen, auf die dazugehörige Bankleitzahl sowie Bankadresse und auf den einzuziehenden Rechnungsbetrag. Weiterhin wird ein Hinweis, der sich auf den Geschäftsvorfall bezieht, wie Rechnungsnummer und/oder Rechnungsdatum gegeben. Sind die Lastschriften nicht schon mit einer vorgedruckten Kontonummer des Zahlungsempfängers sowie der vorgedruckten Anschrift des Zahlungsempfängers versehen, müssen diese Angaben ebenfalls angedruckt werden.

Abb. 122: Programmablaufplan „Bankeinzug und Bilden der OP-Sätze bzw. OP-Karten"

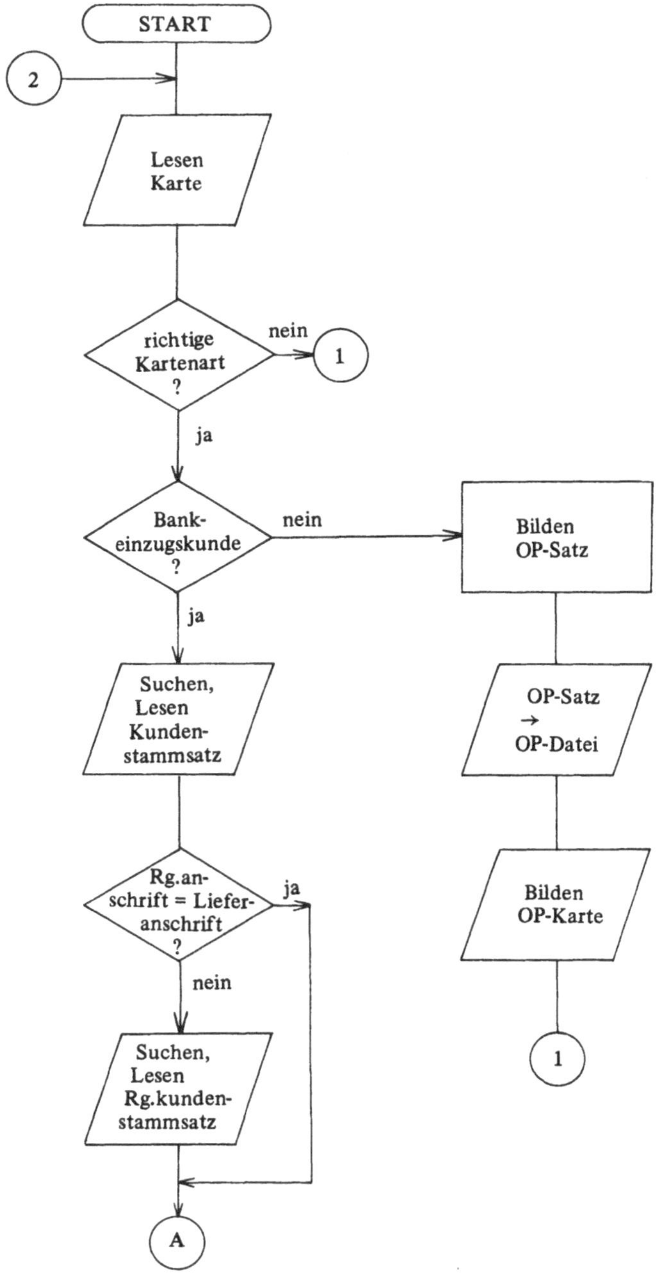

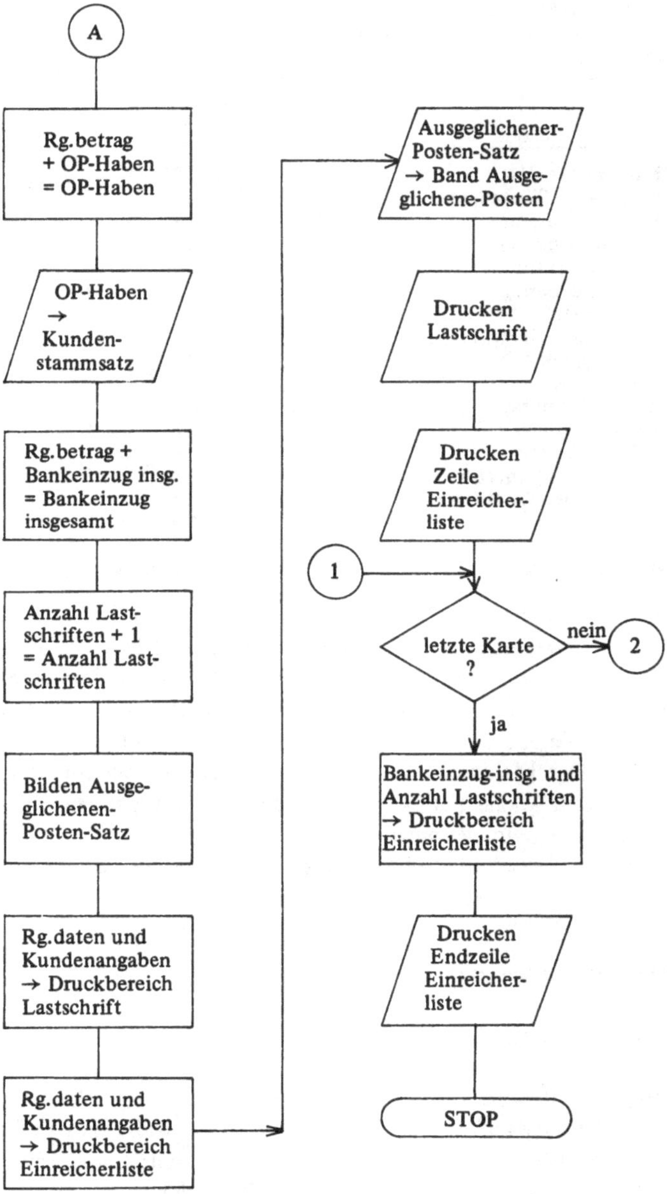
A
Rg.betrag
+ OP-Haben
= OP-Haben
OP-Haben
→
Kunden-
stammsatz
Rg.betrag +
Bankeinzug insg.
= Bankeinzug
insgesamt
Anzahl Last-
schriften + 1
= Anzahl Last-
schriften
Bilden Ausge-
glichenen-
Posten-Satz
Rg.daten und
Kundenangaben
→ Druckbereich
Lastschrift
Rg.daten und
Kundenangaben
→ Druckbereich
Einreicherliste
Ausgeglichener-
Posten-Satz
→ Band Ausge-
glichene-Posten
Drucken
Lastschrift
Drucken
Zeile
Einreicher-
liste
1
letzte Karte
?
nein
2
ja
Bankeinzug-insg. und
Anzahl Lastschriften
→ Druckbereich
Einreicherliste
Drucken
Endzeile
Einreicher-
liste
STOP

Abb. 123: Debitorenkarte
(OP-Karte bzw. Ausgeglichene-Posten-Karte)
Kartenart 21

lfd.Nr.	Feldinhalt	Stelle von	Stelle bis	Feldlänge	Summe der Feldlänge
1	Kartenart (= 21)	1	2	2	2
2	Kunden- u. Filialnummer	3	10	8	10
3	Verkäufernummer	11	13	3	13
4	Rechnungsnummer	14	18	5	18
5	Rechnungsdatum	19	23	5	23
6	Rechnungsbetrag	24	30	7	30
7	Fälligkeit[1])	31	35	5	35
8	genehmigter Skontobetrag[1]	36	40	5	40
9	Skontodatum[1])	41	45	5	45
10	Zahlungsart	46	47	2	47
11	Zahlungsnummer	48	52	5	52
12	Zahlungsdatum	53	57	5	57
13	Zahlungsbetrag	58	64	7	64
14	abgezogener Skontobetrag	65	69	5	69
15	Kennzeichen für Differenzbetrag	70	70	1	70
16	freie Stellen	71	80	10	80

[1]) nur notwendig, wenn kundenindividuelle Fälligkeiten und Skontosätze gewährt werden.

Die *Einreicherliste* stellt eine Zusammenstellung der wichtigsten Daten einer jeden erstellten Lastschrift dar. Die Daten der Einreicherliste beschränken sich pro Lastschrift auf das Bankkonto, die Bankleitzahl, die Bankadresse und den Lastschriftbetrag. Je Lastschrift wird eine Zeile mit den obigen Daten erstellt. Die Überschriftzeile enthält den Listennamen sowie das Tagesdatum. Dieser Zeile folgen die Datenfeldbezeichnungen der Daten, die angedruckt werden, und die jeweilige mögliche Feldlänge, die dargestellt wird, indem für jede mögliche Stelle ein X angedruckt wird.
Die Endzeile der Einreicherliste beinhaltet die Summe der Lastschriftbeträge sowie die Anzahl der erstellten Lastschriften.

10.732 Zahlungseingang und Zahlungsüberwachung

10.732.1 Zahlungseingang

Der Zahlungseingang wird aufgrund der Daten des Zahlungsbeleges in der Debitorenbuchhaltung auf den jeweiligen OP-Karten erfaßt. In der Regel enthält der Zahlungsbeleg neben den Zahlungsdaten die Kundennummer und Rechnungsnummer, durch die die erfolgte Zahlung einem Offenen-Posten zugeordnet werden kann.
Beim Einkartenverfahren wird anhand eines Suchkriteriums (Kundennummer und/oder Rechnungsnummer) die entsprechende unausgeglichene Debitoren-

karte aus der OP-Kartei manuell gesucht und die Zahlungsdaten werden in die vorgesehenen Felder auf der Debitorenkarte eingetragen. In der Praxis werden, soweit das Einkartenverfahren zum Einsatz gelangt, für diese Zwecke fast ausschließlich Verbundlochkarten, d.h., Lochkarten, die gleichzeitig als Ablochbeleg und nach dem Ablochen der eingetragenen Daten als maschinell lesbarer Datenträger dienen, verwendet.
Beim Zweikartenverfahren werden die Zahlungsdaten auf einem gesonderten Ablochbeleg bzw. auf einer Verbundlochkarte erfaßt. Der Nachteil des Zweikartenverfahrens liegt darin, daß bei der Haben-Buchung neben den Zahlungsdaten auch Zuordnungsbegriffe wie Kundennummer und Rechnungsnummer erfaßt werden müssen, um eine maschinelle Zuordnung durchführen zu können.
Für alle Methoden der Debitorenbuchhaltung ist eine Forderung unbedingt einzuhalten, und zwar sollen die eingehenden Zahlungen so schnell wie möglich verbucht werden, um auf eine aktuelle Offene-Posten-Kartei bzw. -Datei zurückgreifen zu können, wodurch das Anmahnen der bereits vom Kunden ausgeglichenen, vom Lieferanten aber noch nicht verbuchten Posten weitgehend vermieden werden kann.

10.732.2 Mahnwesen

„Eine sichere und reibungslose Überwachung des vollständigen und rechtzeitigen Einganges aller Außenstände ist eine besondere Sorge bei jeder Buchhaltungsform. Ihre Schwierigkeiten und Gefahren sind bei der personenkontenlosen Buchhaltung wohl größer, sollten aber nicht überschätzt werden“ [22, S. 107].
Bei einer Debitorenbuchhaltung nach dem Lochkartenverfahren ist es notwendig, daß für die Erstellung der Mahnungen zu jedem Mahntermin alle Offene-Posten-Karten aus der Debitorenbuchhaltung in die Datenverarbeitungsabteilung gebracht werden müssen, um dort mittels einer Sortiermaschine, u.U. mittels des EDV-Systems, geprüft zu werden, ob das jeweilige Fälligkeitsdatum, das sich in der Regel bei kundenindividueller Festlegung der Fälligkeit in der OP-Karte befindet, und bei einem Zahlungsziel, das für alle Kunden gleich ist, errechnet werden muß, bereits überschritten ist. Im Falle einer Überschreitung wird die Karte aussortiert bzw. es wird eine Mahnung erstellt. Sind alle Debitorenkarten auf ihre Fälligkeit überprüft worden und für die fälligen Offenen-Posten sind Mahnungen erstellt worden, so werden sie wieder in die Debitorenbuchhaltung zurückgestellt. Diese Form der Offenen-Posten-Buchhaltung hat zum Nachteil, daß die gesamte Offene-Posten-Kartei für die Zeit, in der die OP-Karten auf ihre Fälligkeit überprüft werden, der Debitorenbuchhaltung entzogen sind. Da aber die OP-Karten im allgemeinen einer Debitorenbuchhaltung nicht allzu häufig vorenthalten werden können, wird nur in einem be-

Abb. 124: Debitorensatz
(OP-Satz bzw. Ausgeglichener-Posten-Satz)
Satzart 21
Satzeinteilung für Platten- bzw. Banddatei
Sequentielle Speicherung
Satzlänge: 75 Bytes
Blocklänge: 1350 Bytes
Blockungsfaktor: 18

lfd.Nr.	Feldinhalt	Stelle von	Stelle bis	Feldlänge	Summe der Feldlänge
1	Satzart (= 21)	0	1	2	2
2	Kunden- u. Filialnummer	2	9	8	10
3	Verkäufernummer	10	12	3	13
4	Rechnungsnummer	13	17	5	18
5	Rechnungsdatum	18	22	5	23
6	Rechnungsbetrag	23	29	7	30
7	Fälligkeit[1])	30	34	5	35
8	genehmigter Skontobetrag[1])	35	39	5	40
9	Skontodatum[1])	40	44	5	45
10	Zahlungsart	45	46	2	47
11	Zahlungsnummer	47	51	5	52
12	Zahlungsdatum	52	56	5	57
13	Zahlungsbetrag	57	63	7	64
14	abgezogener Skontobetrag	64	68	5	69
15	Kennzeichen für Differenzbetrag	69	69	1	70
16	Mahnkennzeichen	70	70	1	71
17	freie Bytes	71	74	4	75

[1]) nur notwendig, wenn kundenindividuelle Fälligkeiten und Skontosätze gewährt werden.

stimmten Turnus gemahnt (z. B. alle 14 Tage), wodurch an den Mahnterminen innerhalb der EDV-Abteilung ein arbeitsmäßiger Engpaß entstehen kann und ein Offener-Posten u. U. erst einige Tage nach dem geplanten Mahntermin angemahnt wird.
Eine weitergehende Automatisierung der Debitorenbuchhaltung wird erreicht, indem die Offenen-Posten auf externen Magnetspeichern geführt werden. Durch diese Speicherungsform der Offenen-Posten ist ein kontinuierliches Mahnverfahren möglich, d.h., daß Stoßarbeiten innerhalb der EDV-Abteilung vermieden werden. Ebenso wird die Arbeit der Abteilung Debitorenbuchhaltung in keiner Weise behindert und die Mahnungen werden zwangsläufig genau zum festgelegten Mahntermin erstellt [31, S. 105 ff.].

10.732.3 Benötigte Daten bzw. Dateien

Zur Verbuchung der Zahlungseingänge bzw. zum Erstellen des Zahlungseingangsbuches werden die Daten aus den mit den Zahlungseingangsdaten versehenen OP-Karten benötigt. Den ausgeglichenen OP-Karten wird die Kundennummer, die Rechnungsnummer, der Rechnungsbetrag, der Zahlbetrag, die

Zahlungsart und der Skontobetrag entnommen. Ein eventuell auftretender Differenzbetrag wird im Programm aus dem Rechnungsbetrag, dem Zahlungsbetrag und dem Skontobetrag ermittelt. Die Kundenstammdatei wird benötigt, um den OP-Haben-Betrag fortschreiben zu können. Wird wie im folgenden Programmbeispiel neben der OP-Kartei und der Ausgeglichenen-Posten-Kartei spiegelbildlich noch eine OP-Datei und eine Ausgeglichene-Posten-Datei auf externen Magnetspeichern geführt, wodurch das Mahnwesen aktueller und ohne Behinderung der Debitorenbuchhaltung durchgeführt werden kann, so werden diese beiden Dateien ebenfalls benötigt. Sollen wie im folgenden Beispiel neben dem Verbuchen der Zahlungseingänge noch gleichzeitig Mahnungen erstellt werden, so wird ebenfalls die OP-Datei und die Kundenstammdatei benötigt. Anhand der Sätze der OP-Datei wird überprüft, welche Offene-Posten angemahnt werden müssen und mit welcher Mahnstufe. Aus der Kundenstammdatei werden die den jeweiligen Kunden entsprechenden Mahnkriterien wie Mahnsperre oder Mahngebühren sowie die Kundenanschrift entnommen und für statistische Zwecke bzw. zur Bonitätsfestlegung eines Kunden die Anzahl der Mahnungen fortgeschrieben.

10.732.4 Datenfluß

Im folgenden sollen der Zahlungseingang und das Mahnwesen gleichzeitig bearbeitet werden, d.h. daß die Offenen-Posten ausgeglichen und das Zahlungseingangsbuch sowie die notwendigen Mahnungen erstellt werden.
Die nach Kundennummern und Rechnungsnummern sortierten, ausgeglichenen OP-Karten, die neben den Rechnungsdaten die Zahldaten beinhalten, werden über einen Lochkartenleser eingegeben. Die zugehörigen OP-Sätze aus der OP-Datei, die ebenfalls nach Kundennummern und Rechnungsnummern sortiert sind, werden mit den Zahlungsdaten der ausgeglichenen OP-Kartei versehen und auf das Band Ausgeglichene-Posten ausgegeben. Je Zahlung wird auf dem Zahlungseingangsbuch eine Zeile mit den wichtigsten Rechnungs- und Zahldaten ausgedruckt. Im Kundenstammsatz wird der OP-Haben-Betrag fortgeschrieben. Wird ein Rechnungsbetrag durch die erfolgte Zahlung plus dem abgezogenen Skontobetrag nicht voll ausgeglichen, so wird über den Differenzbetrag eine neue OP-Karte und auf der OP-Datei ein neuer OP-Satz erstellt, wobei der OP-Karte und dem OP-Satz ein Kennzeichen hinzugefügt wird, das erkennen läßt, daß es sich um einen Differenzbetrag handelt. Außerdem wird jeder OP-Satz, wenn er nicht durch eine Zahlung ausgeglichen wird, überprüft, ob der Posten nicht bereits überfällig ist. Für jeden überfälligen Betrag wird eine Mahnung erstellt, die je nach dem Zeitraum, wie lange der Posten bereits überfällig ist, mit einem entsprechenden Text versehen wird. Ist eine Rechnung bereits dreimal angemahnt worden und nach einer bestimmten Frist ist immer noch kein Ausgleich erfolgt, so wird eine besondere Hinweis-

Abb. 125: Datenflußplan – Zahlungseingang und Mahnwesen

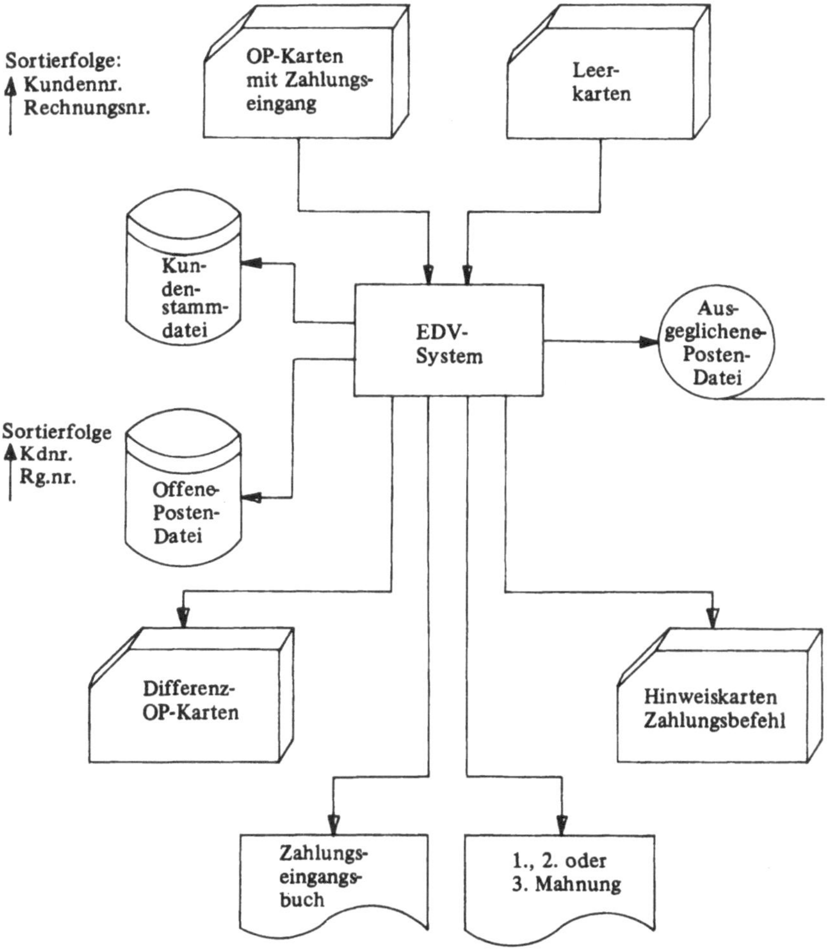

karte gestanzt. Die Hinweiskarte enthält die Kundennummer, den Kundennamen, die Rechnungsnummer, den Rechnungsbetrag und das Rechnungsdatum. Anhand dieser Hinweiskarte kann die Debitorenbuchhaltung oder Rechtsabteilung entscheiden, welche Schritte gegen den säumigen Zahler unternommen werden sollen, u. U. kann diese Hinweiskarte in einem gesonderten Programm die Ausgangsdaten zur Erstellung eines Zahlungsbefehles liefern [31, S. 85].

10.732.5 Zahlungseingangs- und Mahnprogramm

Nach dem Laden des Programmes ‚Zahlungseingang und Mahnwesen' werden die nach Kundennummern und Rechnungsnummern sortierten OP-Sätze der OP-Datei, die in sequentieller Form auf einer Magnetplatte gespeichert sind, in das Datenverarbeitungssystem eingelesen. Gleichzeitig werden die ebenfalls nach Kundennummern und Rechnungsnummern sortierten ausgeglichenen OP-Karten über einen Kartenleser eingegeben, wobei folgende Programmschritte durchlaufen werden.
Zuerst wird ein OP-Satz eingelesen. Ist die zuletzt eingelesene, ausgeglichene OP-Karte verarbeitet worden, d.h., der Zahlungseingang, der in der OP-Karte festgehalten ist, konnte dem vorher eingelesenen OP-Satz zugeordnet werden, so wird ebenfalls eine ausgeglichene OP-Karte eingelesen. Konnte sie allerdings nicht verarbeitet werden, so wird das Einlesen einer weiteren OP-Karte übersprungen, und die Daten der nicht verarbeiteten OP-Karte laufen erneut in das Programm ein. Durch den Vergleich der Rechnungsnummer aus dem OP-Satz und der Rechnungsnummer aus der OP-Karte teilt sich das Programm in seine beiden großen Arbeitsgebiete auf; denn durch diesen Vergleich wird festgelegt, mit welchem Programmschritt fortzufahren ist.
Sind die beiden Rechnungsnummern ungleich, d.h., es steht dem OP-Satz der OP-Datei keine Zahlung gegenüber, so verzweigt das Programm in die Programmroutine Mahnwesen. Sind sie gleich, so wird die Verbuchung des Zahlungseinganges sowie die Erstellung des Zahlungseingangsbuches vorgenommen, indem das Programm mit der Überprüfung des Skontoabzuges in Bezug auf den korrekten Skontoabzug und auf das einzuhaltende Skontodatum fortgesetzt wird. Ist das Zahldatum größer als das Skontodatum, das aus der OP-Karte entnommen wird bzw. anhand des Rechnungsdatums errechnet werden kann, so besteht keine Berechtigung mehr zum Skontoabzug, wodurch der geleistete Zahlungsbetrag als Haben-Betrag angenommen wird, indem der Zahlungsbetrag in das Haben-Betragsfeld übertragen wird. Ist hingegen das Zahldatum kleiner als das Skontodatum, d.h. daß der Ausgleich innerhalb der Skontofrist vorgenommen wurde, wird der abgezogene Skontobetrag aus der mit den Zahlungsdaten versehenen OP-Karte mit dem genehmigten Skontobetrag, der bei kundenindividueller Gewährung von Zahlungsbedingungen im OP-Satz bzw. in der OP-Karte festgehalten wird, ansonsten aber errechnet wird, verglichen. Ist der abgezogene Skontobetrag größer als der genehmigte Skontobetrag, stellt die Summe des Zahlbetrages und des genehmigten Skontobetrages den Haben-Betrag dar, anschließend wird der genehmigte Skontobetrag für die Errechnung der ‚Skontosumme insgesamt' in das Feld ‚tatsächlicher Skontobetrag' übertragen. Nimmt der abgezogene Skontobetrag einen kleineren Wert als der genehmigte Skontobetrag ein, so wird der Haben-Betrag aus der Summe des Zahlbetrages und dem abgezogenen Skontobetrag dargestellt,

auch in diesem Fall wird zur Errechnung der ‚Skontosumme insgesamt' der abgezogene Skontobetrag in das Feld ‚tatsächlicher Skontobetrag' übertragen. Danach wird der entsprechende Kundenstammsatz in der Kundendatei gesucht und gelesen. Der Wert OP-Haben wird um den Haben-Betrag erhöht und der Wert ‚genutzte Skontosumme', die beide aus dem Kundenstammsatz kommen, um den tatsächlichen Skontobetrag, um anschließend wieder in den Kundenstammsatz zurückgeschrieben zu werden. Die Zahldaten der OP-Karte werden in den OP-Satz der OP-Datei übertragen, der wiederum nun als ausgeglichener Posten-Satz auf die Banddatei Ausgeglichene Posten übertragen wird. Diesem Programmschritt schließt sich die Errechnung eines eventuellen Differenzbetrages (Rechnungsbetrag – Haben-Betrag) an. Besteht ein Differenzbetrag, d.h. daß der Rechnungsbetrag nicht völlig durch den Haben-Betrag ausgeglichen worden ist, so werden die Zahldaten im OP-Satz gelöscht, der errechnete Differenzbetrag wird in das Feld des Rechnungsbetrages übertragen, und auf dem OP-Satz wird ein Kennzeichen gesetzt, das darauf hinweist, daß es sich bei dem neuen Offenen-Posten um einen Differenzbetrag handelt. Durch das Setzen eines Differenzkennzeichens ist es bei der Erstellung einer Mahnung möglich, den angemahnten Betrag als Restbetrag kenntlich zu machen. Weiterhin wird eine neue Offene-Posten-Karte erstellt, die im Feld Rechnungsbetrag den Wert der Differenz ausweist und ansonsten die ursprünglichen Rechnungsdaten wie Rechnungsnummer und Rechnungsdatum zeigt. Auch bei der neuen OP-Karte macht ein Kennzeichen deutlich, daß es sich um einen Differenzbetrag handelt. Nun wird für die Erstellung der Endsummenzeile des Zahlungseingangsbuches der errechnete Differenzbetrag zum Wert ‚Differenz insgesamt' addiert, und die Programmroutine Differenzverarbeitung schließt an den üblichen Programmablauf an.

Hat das Ergebnis der Differenzberechnung Null ergeben, wird der ausgeglichene OP-Satz in der OP-Datei gelöscht. Für jede mit einer Zahlung versehenen OP-Karte wird der tatsächliche Skontobetrag zum Wert Skonto insgesamt und der Zahlbetrag zum Wert Zahlungen insgesamt für die Erstellung der Endsummenzeilen des Zahlungseingangsbuches addiert. Hiernach wird der jeweilige Zahlbetrag aufgrund der angegebenen Zahlungsart in eine für jede Zahlungsart verschiedene Summe addiert. Diese Summen je Zahlungsart werden auf dem Zahlungseingangsbuch am Ende angedruckt, um eine Verbuchung auf den jeweiligen Konten wie Kasse, Postscheck oder Bank vornehmen zu können.

Für jede Möglichkeit des Zahlungseinganges muß eine eigene Zahlungsart festgelegt werden, um die erfolgten Zahlungseingänge der richtigen Summe und somit dem richtigen Konto zuordnen zu können. Nun werden die Rechnungsdaten und Zahldaten, die auf dem Zahlungseingangsbuch erscheinen sollen, in den Druckbereich Zahlungseingangsbuch übertragen, und es wird eine Zeile im Zahlungseingangsbuch erstellt.

Ist der letzte Satz verarbeitet worden, werden die errechneten Endsummen wie Zahlungen insgesamt, Differenz insgesamt, Skonto insgesamt und die Summen der verschiedenen Zahlarten in den Druckbereich übertragen, und die Endzeilen des Zahlungseingangsbuches werden erstellt. Handelt es sich nicht um den letzten Satz, so durchläuft das Programm mit dem nächsten OP-Satz und u. U. mit der nächsten OP-Karte das beschriebene Programm.
Die Programmroutine Mahnwesen läuft wie folgt ab. Zunächst wird anhand der Kundennummer des OP-Satzes der entsprechende Kundenstammsatz gesucht und gelesen. Trägt der Kundenstammsatz ein Kennzeichen für eine Mahnsperre, verzweigt das Programm ohne weitere Überprüfung und Verarbeitung des OP-Satzes zum Programmbeginn und verarbeitet den nächsten Satz. Ist keine Mahnsperre vorhanden, so wird das Fälligkeitsdatum des OP-Satzes bestimmt bzw. bei kundenindividueller Zahlungsfrist aus dem OP-Satz entnommen. Ist das Fälligkeitsdatum nicht kleiner als das Tagesdatum, d. h., daß der OP-Satz noch nicht zur Zahlung fällig ist, verzweigt das Programm wie bei einer vorhandenen Mahnsperre zum Programmbeginn, um den nächsten OP-Satz zu verarbeiten. Ist es allerdings kleiner als das Tagesdatum, was bedeutet, daß der Offene-Posten fällig ist, so wird gefragt, ob bereits im OP-Satz ein Mahnkennzeichen besteht. Dieses Mahnkennzeichen gibt Auskunft, ob der gelesene OP-Satz bereits angemahnt worden ist und mit welcher Mahnstufe. Besteht kein Mahnkennzeichen, fährt das Programm mit der Erstellung der 1. Mahnung fort, wobei zunächst der Wert ‚Anzahl 1. Mahnung', der aus dem Kundenstammsatz kommt, um den Wert 1 erhöht und wieder in den Kundenstammsatz zurückgeschrieben wird. Danch wird das Mahnkennzeichen im OP-Satz auf 1. Mahnung gesetzt, und die Frage wird gestellt, ob Mahnkosten berechnet werden sollen, was aufgrund eines Mahnkostenschlüssels aus dem Kundenstammsatz bestimmt ist. Werden Mahnkosten berechnet, so werden sie anhand einer Tabelle und des anzumahnenden Betrages errechnet, oder es kommt ein Festbetrag, der unabhängig von der Höhe des anzumahnenden Betrages ist, in Ansatz. Anschließend werden die Mahndaten in den Druckbereich ‚Mahnung' übertragen, und die 1. Mahnung wird erstellt. Das Programm wird fortgesetzt, indem der nächste OP-Satz eingelesen wird.
Besteht ein Mahnkennzeichen im OP-Satz, wird es überprüft, ob es sich um das Mahnkennzeichen ‚1. Mahnung' handelt. Ist dies der Fall, wird die Fälligkeit errechnet, zu der der bereits einmal angemahnte Betrag zum zweiten Mal gemahnt werden soll. Ist die errechnete Fälligkeit ‚2. Mahnung', die im dargestellten Programm 30 Tage nach der eigentlichen Fälligkeit liegt, kleiner als das Tagesdatum, verläuft das Programm wie bei der 1. Mahnung, nur daß die der 2. Mahnung entsprechenden Daten verwendet bzw. verarbeitet werden. Handelt es sich bei dem im OP-Satz angegebenen Mahnkennzeichen nicht um das Mahnkennzeichen ‚1. Mahnung', wird gefragt, ob es das Mahnkennzeichen ‚2. Mahnung' ist, wenn ja, wird die Fälligkeit errechnet, die im angenomme-

Abb. 126: Programmablaufplan – „Zahlungseingang und Mahnung“

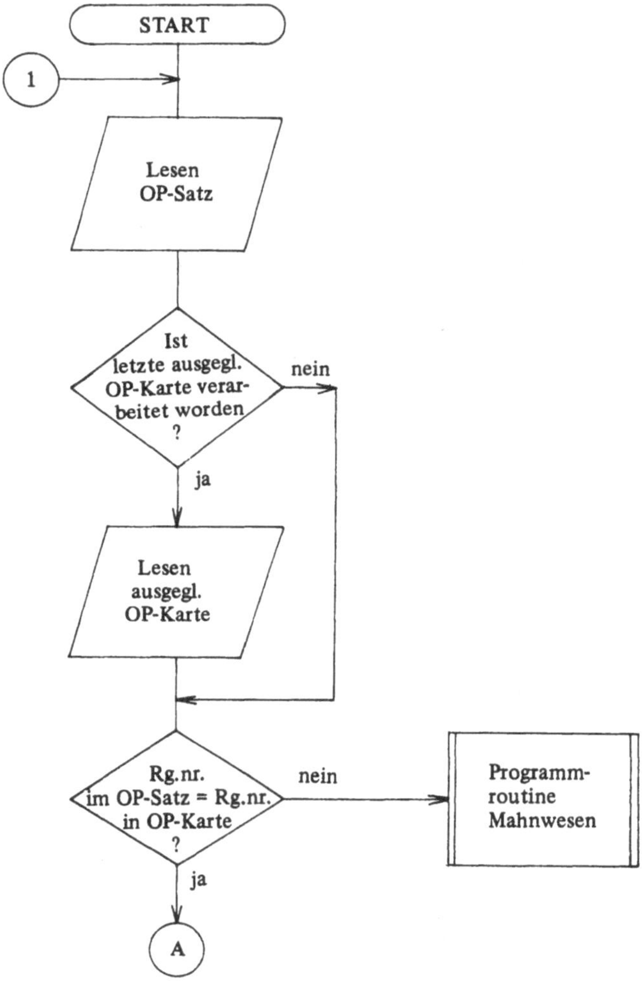

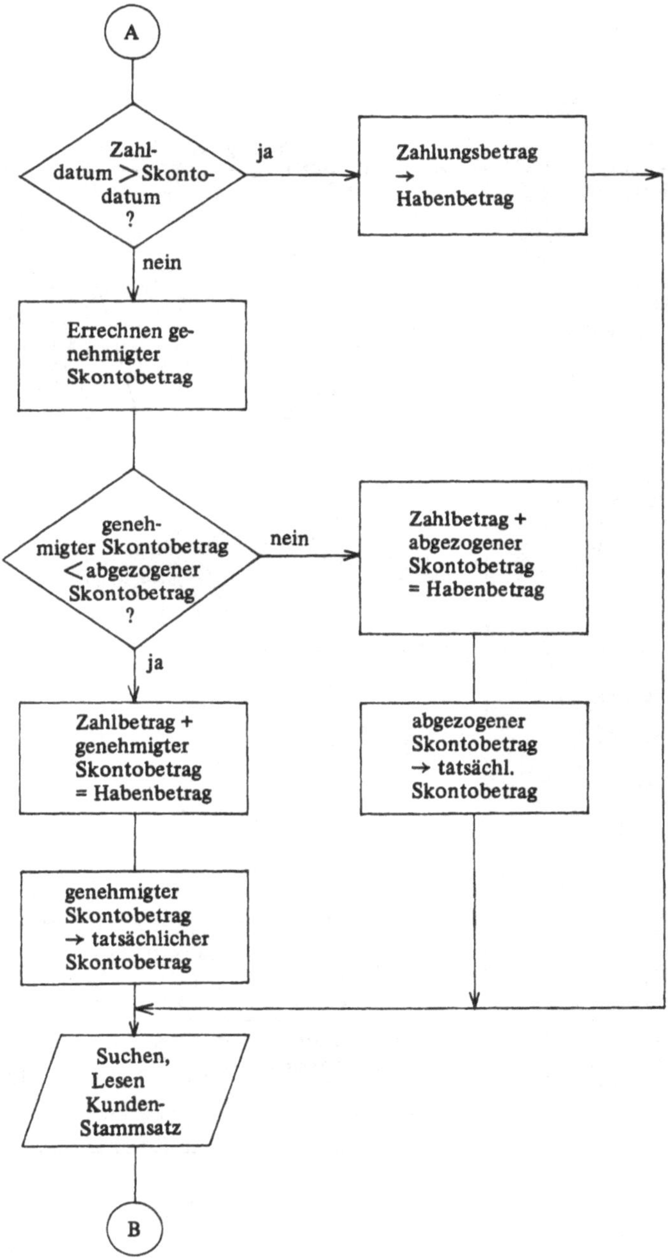
A
Zahl-
datum > Skonto-
datum
?
ja
Zahlungsbetrag
→
Habenbetrag
nein
Errechnen ge-
nehmigter
Skontobetrag
geneh-
migter Skontobetrag
< abgezogener
Skontobetrag
?
nein
Zahlbetrag +
abgezogener
Skontobetrag
= Habenbetrag
ja
Zahlbetrag +
genehmigter
Skontobetrag
= Habenbetrag
abgezogener
Skontobetrag
→ tatsächl.
Skontobetrag
genehmigter
Skontobetrag
→ tatsächlicher
Skontobetrag
Suchen,
Lesen
Kunden-
Stammsatz
B

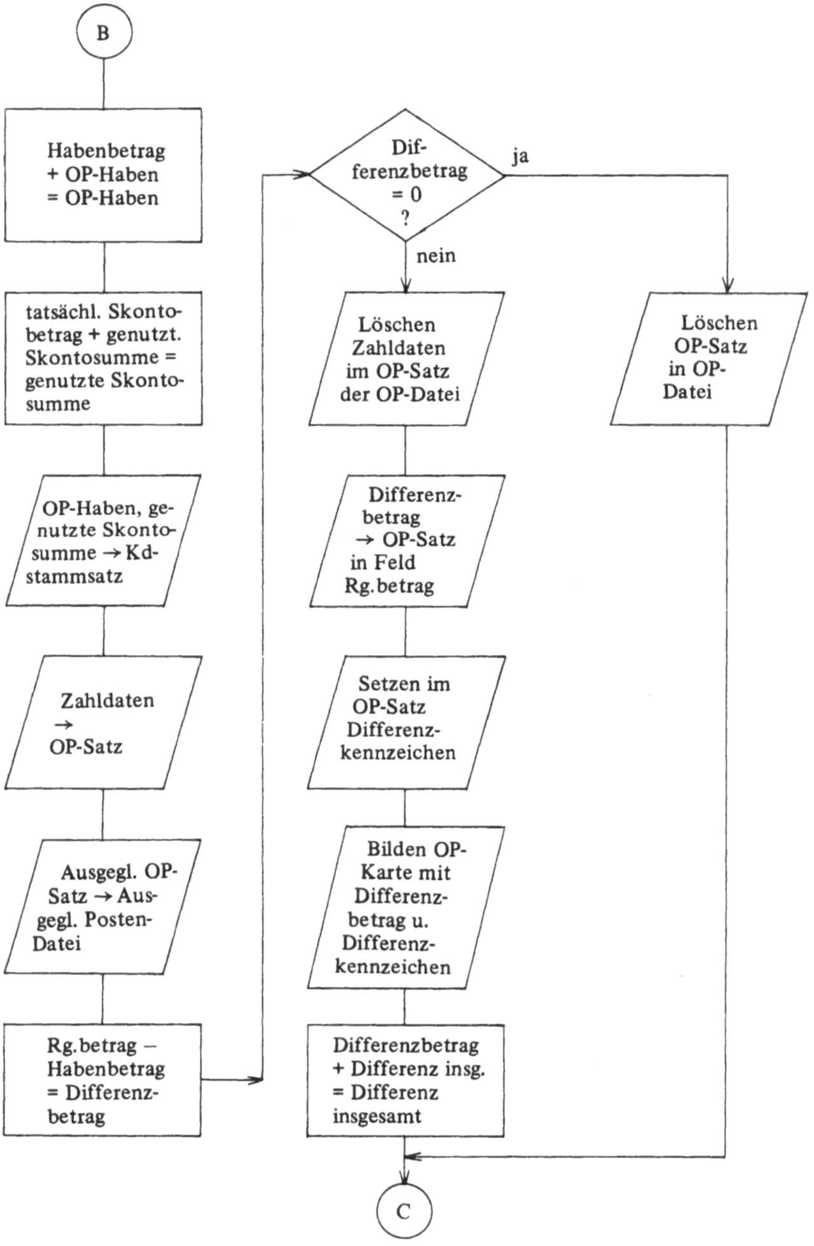
B
Habenbetrag + OP-Haben = OP-Haben
tatsächl. Skontobetrag + genutzt. Skontosumme = genutzte Skontosumme
OP-Haben, genutzte Skontosumme → Kd-stammsatz
Zahldaten → OP-Satz
Ausgegl. OP-Satz → Ausgegl. Posten-Datei
Rg.betrag – Habenbetrag = Differenzbetrag
Differenzbetrag = 0 ?
ja
nein
Löschen Zahldaten im OP-Satz der OP-Datei
Differenzbetrag → OP-Satz in Feld Rg.betrag
Setzen im OP-Satz Differenzkennzeichen
Bilden OP-Karte mit Differenzbetrag u. Differenzkennzeichen
Differenzbetrag + Differenz insg. = Differenz insgesamt
Löschen OP-Satz in OP-Datei
C

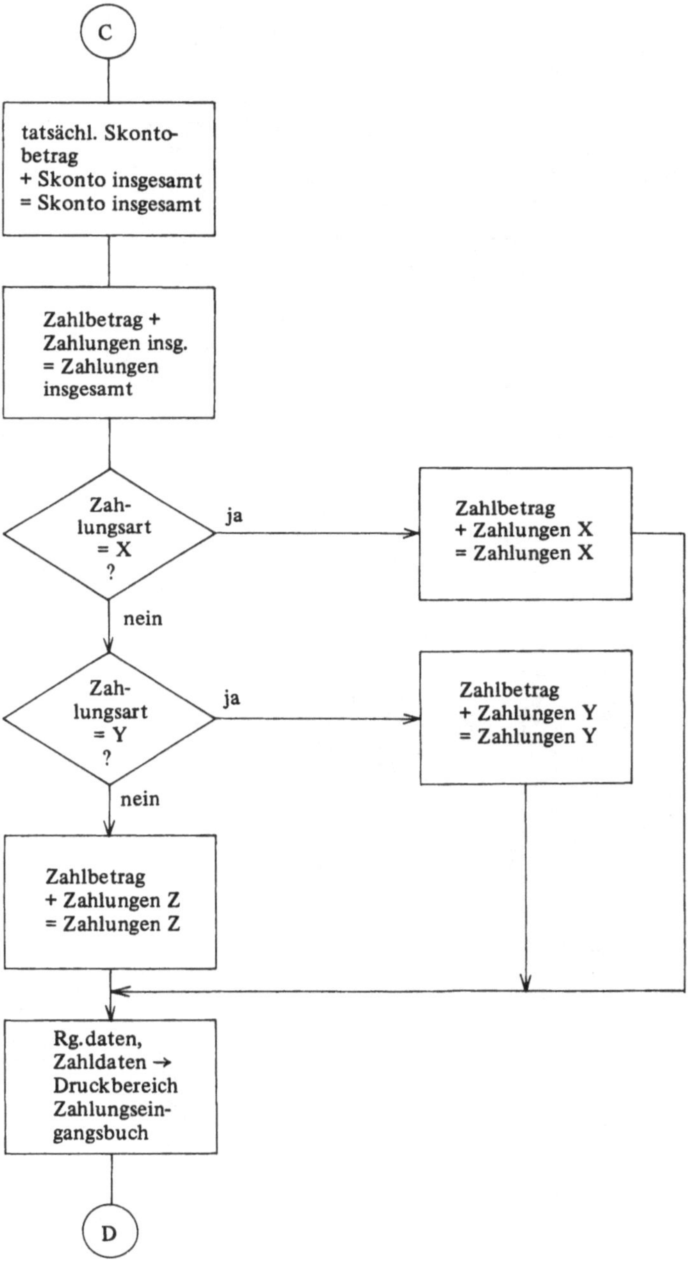
C
tatsächl. Skontobetrag
+ Skonto insgesamt
= Skonto insgesamt
Zahlbetrag +
Zahlungen insg.
= Zahlungen
insgesamt
Zahlungsart
= X
?
ja
Zahlbetrag
+ Zahlungen X
= Zahlungen X
nein
Zahlungsart
= Y
?
ja
Zahlbetrag
+ Zahlungen Y
= Zahlungen Y
nein
Zahlbetrag
+ Zahlungen Z
= Zahlungen Z
Rg.daten,
Zahldaten →
Druckbereich
Zahlungseingangsbuch
D

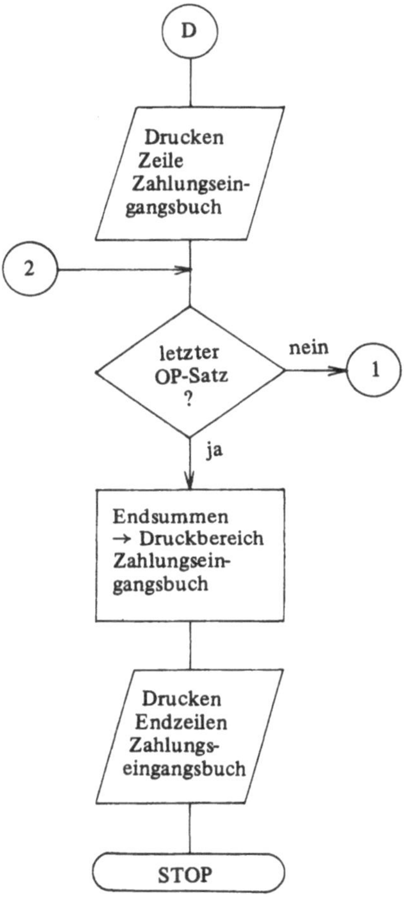
D
Drucken Zeile Zahlungsein- gangsbuch
2
letzter OP-Satz ?
nein
1
ja
Endsummen → Druckbereich Zahlungsein- gangsbuch
Drucken Endzeilen Zahlungs- eingangsbuch
STOP

Programmroutine Mahnwesen:

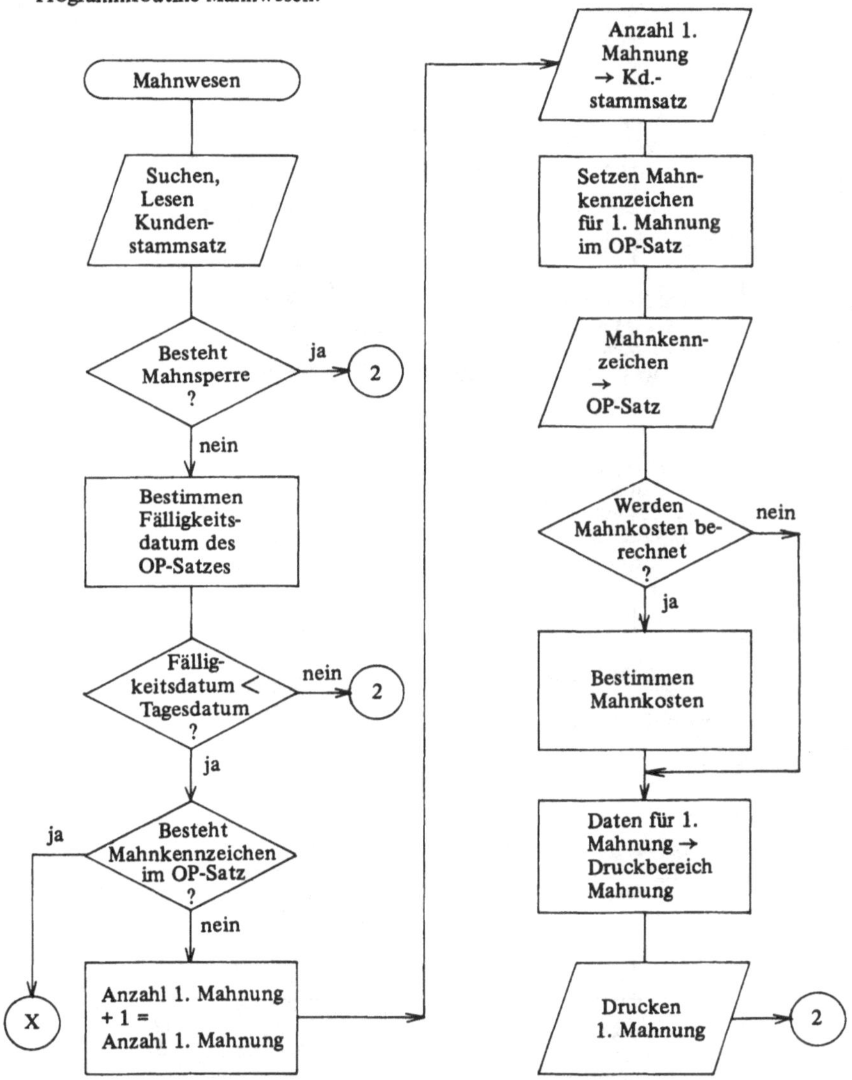

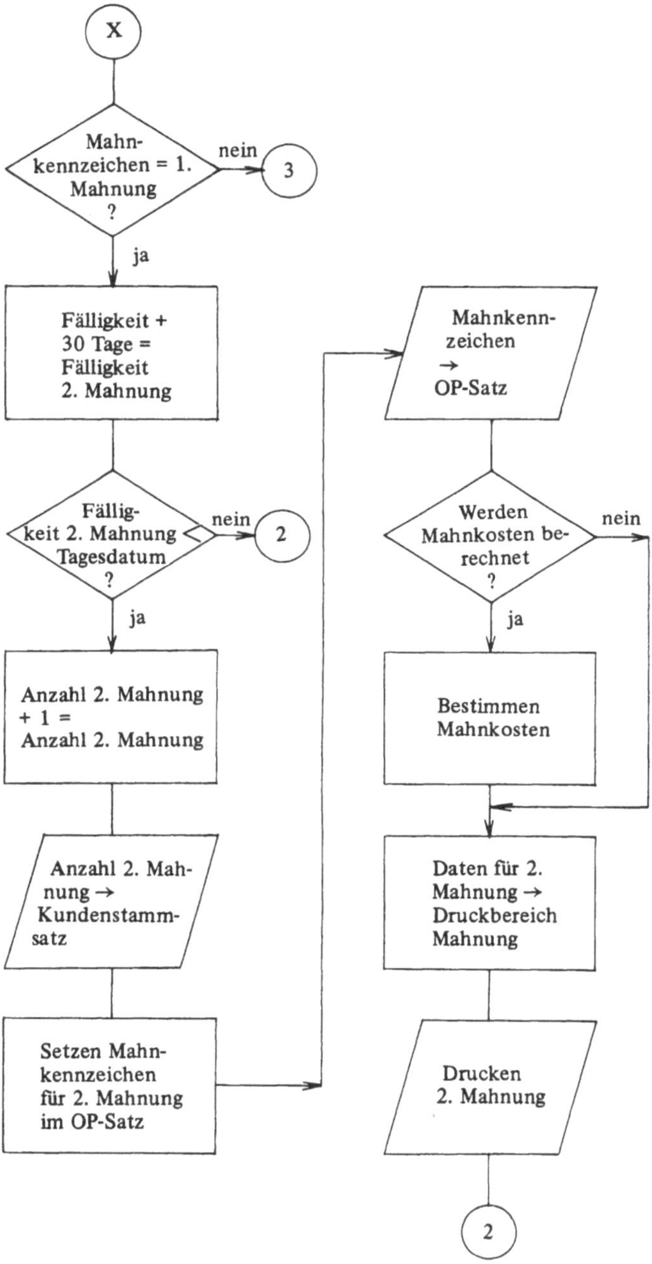
X
Mahn-
kennzeichen = 1.
Mahnung
?
nein
3
ja
Fälligkeit +
30 Tage =
Fälligkeit
2. Mahnung
Fällig-
keit 2. Mahnung <
Tagesdatum
?
nein
2
ja
Anzahl 2. Mahnung
+ 1 =
Anzahl 2. Mahnung
Anzahl 2. Mah-
nung →
Kundenstamm-
satz
Setzen Mahn-
kennzeichen
für 2. Mahnung
im OP-Satz
Mahnkenn-
zeichen
→
OP-Satz
Werden
Mahnkosten be-
rechnet
?
nein
ja
Bestimmen
Mahnkosten
Daten für 2.
Mahnung →
Druckbereich
Mahnung
Drucken
2. Mahnung
2

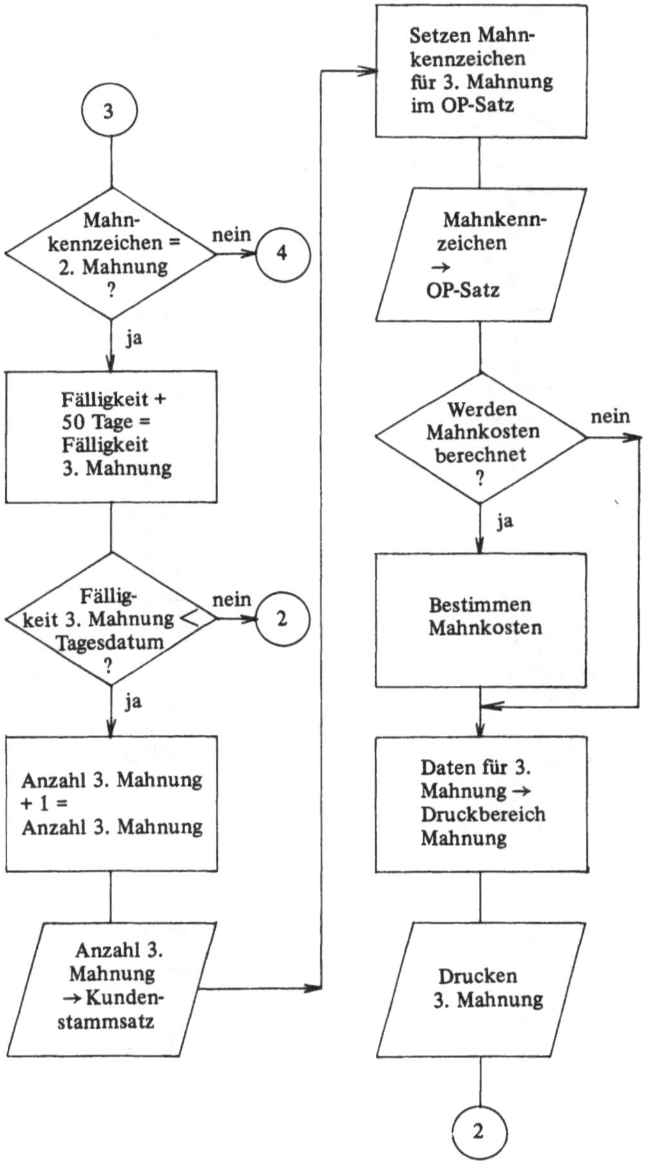
3
Mahn-
kennzeichen =
2. Mahnung
?
nein
4
ja
Fälligkeit +
50 Tage =
Fälligkeit
3. Mahnung
Fällig-
keit 3. Mahnung <
Tagesdatum
?
nein
2
ja
Anzahl 3. Mahnung
+ 1 =
Anzahl 3. Mahnung
Anzahl 3.
Mahnung
→ Kunden-
stammsatz
Setzen Mahn-
kennzeichen
für 3. Mahnung
im OP-Satz
Mahnkenn-
zeichen
→
OP-Satz
Werden
Mahnkosten
berechnet
?
nein
ja
Bestimmen
Mahnkosten
Daten für 3.
Mahnung →
Druckbereich
Mahnung
Drucken
3. Mahnung
2

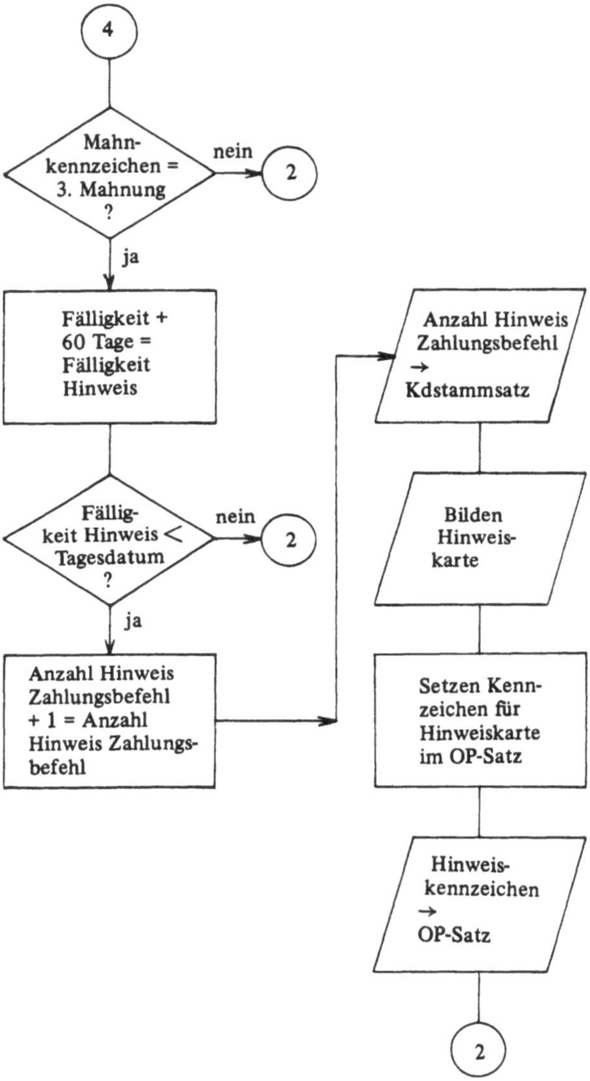
4
Mahn-
kennzeichen =
3. Mahnung
?
nein
2
ja
Fälligkeit +
60 Tage =
Fälligkeit
Hinweis
Fällig-
keit Hinweis <
Tagesdatum
?
nein
2
ja
Anzahl Hinweis
Zahlungsbefehl
+ 1 = Anzahl
Hinweis Zahlungs-
befehl
Anzahl Hinweis
Zahlungsbefehl
→
Kdstammsatz
Bilden
Hinweis-
karte
Setzen Kenn-
zeichen für
Hinweiskarte
im OP-Satz
Hinweis-
kennzeichen
→
OP-Satz
2

nen Fall 50 Tage nach dem eigentlichen Fälligkeitsdatum liegt und zu der der Offene-Posten zum dritten Mal angemahnt werden soll. Ist die Fälligkeit ‚3. Mahnung' kleiner als das Tagesdatum, fährt das Programm wie bei der 1. und 2. Mahnung fort. Es werden lediglich die bei der 3. Mahnung entsprechenden Daten geändert bzw. verarbeitet. Ist es allerdings auch kein Mahnkennzeichen 2. Mahnung, d. h., daß dieser Betrag bereits drei Mal angemahnt worden ist, wird das Mahnkennzeichen auf 3. Mahnung überprüft. Handelt es sich auch nicht um ein Mahnkennzeichen ‚3. Mahnung', was bedeutet, daß es sich nur um das Mahnkennzeichen ‚Hinweiskarte' handeln kann, was besagt, daß für diesen Offenen-Posten bereits eine Hinweiskarte in einem früheren Programmlauf gebildet worden ist und die weitere Bearbeitung in manueller Form durch die Debitoren- bzw. Rechtsabteilung getätigt werden muß, wird der gelesene OP-Satz nicht weiter verarbeitet, und das Programm wird mit dem Lesen und Verarbeiten eines neuen OP-Satzes und der bereits eingelesenen OP-Karte fortgesetzt. Entspricht aber das Mahnkennzeichen dem für die 3. Mahnung, wird die Fälligkeit errechnet, zu der eine Hinweiskarte erstellt werden soll. Im dargestellten Programmbeispiel soll eine Hinweiskarte für einen Offenen-Posten 60 Tage nach der eigentlichen Fälligkeit bzw. 10 Tage nachdem die 3. Mahnung ausgeschrieben worden ist, gebildet werden. Ist das Fälligkeitsdatum ‚Hinweis' kleiner als das Tagesdatum, wird der Wert ‚Anzahl Hinweis zum Zahlungsbefehl' aus dem Kundenstammsatz um den Wert 1 erhöht und in den Kundenstammsatz zurückgeschrieben. Danach wird eine Hinweiskarte, die die wichtigsten Kunden- und Rechnungsdaten trägt, gebildet. Weiterhin wird das Mahnkennzeichen auf ‚Hinweis' gesetzt und in den OP-Satz übertragen. Fortgesetzt wird das Programm am Programmbeginn, indem ein neuer OP-Satz gelesen wird.

Ist das Fälligkeitsdatum ‚Hinweis' größer als das Tagesdatum, d. h. daß seit dem Erstellen der 3. Mahnung noch keine zehn Tage vergangen sind, löst der Offene-Posten-Satz keine weiteren Schritte aus, und das Programm wird mit dem Lesen eines neuen OP-Satzes fortgesetzt.

Das *Zahlungseingangsbuch* zeigt alle Daten, die eine eingehende Zahlung betreffen. Die Überschriftzeile beinhaltet den Listennamen, das Tagesdatum sowie die Seitenanzahl. In der folgenden Zeile werden die Datenfeldbezeichnungen der Daten einer Zahlung angedruckt. Die Datenfeldbezeichnungen umfassen die Kunden- und Filialnummer, die Rechnungsnummer, das Rechnungsdatum, den Rechnungsbetrag, die Zahlart, die Zahlnummer, den Zahlbetrag, das abgezogene Skonto, das genehmigte Skonto und den Differenzbetrag. Unter den Datenfeldbezeichnungen werden die möglichen Feldlängen der einzelnen Datenfelder dargestellt, indem für jede mögliche Stelle ein X angedruckt wird.

Jede eingehende Zahlung wird in einer einzelnen Zeile dargestellt. Die letzte Seite des Zahlungseingangsbuches zeigt die aufgelaufenen Summen der Rech-

nungsbeträge, der Zahlbeträge, der genehmigten Skontobeträge sowie der Differenzbeträge. Weiterhin werden die aufgelaufenen Beträge der Eingangszahlungen nach den jeweiligen Zahlarten unterteilt ausgewiesen.
Der obere Teil der *Mahnung* beinhaltet die Anschrift des Empfängers sowie die Firmenangaben (z. B. Firmennamen, Firmenadresse, Firmenzeichen) des Absenders. Neben der Empfängeranschrift erscheint die Kunden- und Filialnummer und das Tagesdatum.
Nach diesen Angaben kommt der Mahntext, der je nach der zutreffenden Mahnstufe, die in der ersten Zeile des Mahntextes angegeben wird, in unterschiedlichen Fassungen angedruckt wird. Dem Mahntext folgen die Angaben, auf die sich die Mahnung bezieht. Die Angaben umfassen das Rechnungsdatum, die Rechnungsnummer, das Fälligkeitsdatum, den Rechnungsbetrag und erläuternde Bemerkungen wie Skontodifferenz oder Restbetrag, die sich auf den anzumahnenden Betrag beziehen. Eventuell zu verrechnende Mahnkosten werden unter dem angemahnten Rechnungsbetrag angedruckt und in der folgenden Zeile zusammen mit dem Rechnungsbetrag als Endsumme ausgewiesen.
Die letzte mittels EDV erstellte Zeile der Mahnung stellt einen Hinweis dar, bis zu welchem Datum die Eingangszahlen berücksichtigt wurden.
Unterhalb dieser Hinweiszeile befindet sich noch Platz für Firmenangaben wie Bankverbindung oder Telegrammadresse.

10.733 Angrenzende Arbeitsgebiete

Neben der weitgehend automatisierten Durchführung bzw. Verbuchung des Zahlungseinganges sowie des Mahnwesens, wie sie in den vorangehenden Abschnitten dargestellt ist, kann eine Reihe von angrenzenden Arbeitsgebieten wie das Erstellen von Kontenübersichten, Kontoauszügen und Offenen-Posten- bzw. Saldenlisten ohne besondere Schwierigkeiten und ohne größeren Aufwand von der EDV übernommen werden.
Als Ausgangsdaten für diese Arbeitsgebiete dienen ebenfalls die Daten, durch die die jeweiligen Soll- oder Haben-Buchungen hervorgerufen wurden.
Durch das chronologische Auflisten der Rechnungssummenkarten (Soll-Buchung) und der Ausgeglichenen-Posten-Sätze (Haben-Buchung), die für einen Kunden innerhalb eines bestimmten Zeitraumes (z. B. Monat oder Vierteljahr) angefallen sind, erhält man eine exakte Übersicht über den Stand und die Entwicklung eines Kundenkontos. Dabei muß für die Erstellung eines solchen Kundenkontos der jeweilige Endsaldo, der bei der vorangegangenen Kontenübersicht entstanden ist, festgehalten und als Vortrag eingegeben werden.
Durch das Zusammenfügen von mehreren Kontenübersichten eines Kunden, die die Rechnungsausgänge und Zahlungseingänge eines Kunden aufzeigen,

kann das Kundenkonto in seiner herkömmlichen Form ersetzt werden. In fast allen Unternehmen werden diese Kontenübersichten ausschließlich für innerbetriebliche Zwecke verwendet.
Verlangt ein Kunde eine Übersicht über seinen Kontostand, wird ein Kontoauszug erstellt, der in der Regel keinen so weitreichenden Zeitraum wie bei einer Kontoübersicht umfaßt, sondern oft nur solche Posten ausweist, die noch nicht bzw. noch nicht ganz ausgeglichen sind. Für diesen Fall reichen die OP-Sätze des jeweiligen Kunden zur Erstellung eines Kontoauszuges aus. Ebenso kann eine Auflistung und Summierung der OP-Sätze in Form einer Offenen-Posten-Liste, die u. U. noch nach Fälligkeitstagen gegliedert sein kann, innerbetrieblich Aufschluß über die Salden der einzelnen Kunden und der zu erwartenden Zahlungseingänge geben.

11. EDV und vertriebliche Lagerhaltung

11.1 Entscheidungsprobleme der vertrieblichen Lagerhaltung

Das Lagerproblem ist seit altersher eines der dringendsten Probleme der Unternehmung und wird in fast allen ‚Allgemeinen Betriebswirtschaftslehren' und in vielen besonderen Schriften erwähnt. Nur selten aber wurde es bisher als abgeschlossener Fragenkreis in seinem ganzen Umfang erfaßt und systematisch behandelt [4, S. 15]. Auch dieser Abschnitt wird nur einen bestimmten Aspekt der Lagerhaltung behandeln: den Einsatz von Modellen als Entscheidungshilfen bei der vertrieblichen Lagerhaltung.

Ein Lager ist eine Ansammlung von Waren, die ‚warten'. Die vertriebliche Lagerhaltung bezweckt den Ausgleich von Spannungen zwischen der Beschaffung bzw. bei Eigenproduktion zwischen der Fertigung und dem Vertrieb. Die Ausgleichsfunktion kann qualitativer, quantitativer, räumlicher oder zeitlicher Art sein.

Die Lagerbewirtschaftung muß als ein System und als Teil des gesamtbetrieblichen Organisationssystems gesehen werden. Die Abgrenzung des Bereiches der Lagerbewirtschaftung von der gesamtbetrieblichen Organisation ist nicht eindeutig und mit den individuellen Aufgaben und der individuellen Struktur der Unternehmen unterschiedlich.

Meistens können folgende Probleme als zum Bereich der Lagerbewirtschaftung gehörend bezeichnet werden: Welche Waren sind einzulagern? Wo sollen die Waren bezogen werden? Wo sollen sie eingelagert werden? Wann sollen sie eingelagert werden? Wieviel von ihnen soll eingelagert werden? Welche Abwicklung hinsichtlich Waren- und Informationsfluß soll gewählt werden?
Es handelt sich zusammengefaßt um die Probleme der Produktauswahl, der Lieferantenauswahl, der Wahl des Einlagerungsortes, der Wahl des Einlagerungszeitpunktes, die Entscheidung über die einzulagernde Menge und die Entscheidung über die Abwicklung. Im speziellen Fall können einzelne Entscheidungen entfallen oder noch weitere notwendig sein.

Die hier genannten Probleme sind Entscheidungsprobleme, d. h. sie sind durch einen bewußt vorgenommenen Wahlakt zwischen mehreren Alternativen zu lösen. Zur Bewältigung dieser Entscheidungsprozesse werden in steigendem Maße Modelle eingesetzt.

Ein Teil dieser Lagerbewirtschaftungsmodelle und ihre Arbeitsweise werden im folgenden vorgestellt.

11.2 Lagerbewirtschaftungssystem und Modell

Zuerst sollen die Grundzüge der Modelle und ihre Ableitung aus dem System der Lagerbewirtschaftung dargestellt werden, um anschließend auf einige spezielle Modelle einzugehen.

Die Lagerbewirtschaftung kann hierbei als komplexes probabilistisches System im kybernetischen Sinne aufgefaßt werden. Die Bestandteile des Systems sind das Ziel und Faktoren, die unabhängig oder abhängig voneinander variieren und beeinflußbar oder unbeeinflußbar sein können. Durch die Entscheidung über die Veränderung der beeinflußbaren Faktoren wird versucht, das Ziel zu erreichen.

Das Lagerbewirtschaftungsmodell ergibt sich als Abbildung des Lagerbewirtschaftungssystems [5, S. 384]. Es wird durch die Abstraktion aus der komplexen Realität gewonnen. Der Weg vom betrieblichen Problem zu dessen Lösung durch ein Entscheidungsmodell kann in drei Schritte zerlegt werden. Die Formulierung des Problems, die Lösung des Modells und die Lösung des betrieblichen Problems [9, S. 32].

Die Lagerbewirtschaftungsmodelle können wie folgt charakterisiert werden: Die Zielfunktion ist meist als Kostenminimierung oder Bedarfsdeckung formuliert. Sie ist von unbeeinflußbaren Variablen – wie der Nachfrage, der effektiven Lieferzeit und der Kostenparameter – und von beeinflußbaren Variablen – wie der Bestellmenge und dem Bestelltermin – abhängig. Es bestehen zusätzlich meist weitere einschränkende Nebenbedingungen wie Mindestbestellmengen oder eine vorgegebene Lieferbereitschaft.

Es ist die Aufgabe der Modelle, eine Entscheidung über die beeinflußbaren Variablen zu treffen, d.h. festzulegen, wann und wieviel von einem bestimm-

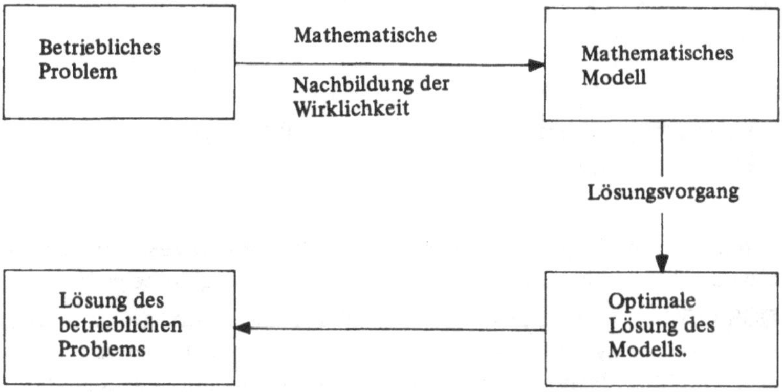

Abb. 127: Phasen beim Aufbau von Entscheidungsmodellen

ten Artikel bestellt werden soll. Die Lösung des Problems geschieht meistens mittels der Differentialrechnung.
Im folgenden sollen die Lösungsgrundsätze einiger Modelle vorgestellt werden. Es handelt sich dabei um Modelle von EDV-Herstellern. Die Ausführungen stützen sich dabei auf eine unveröffentlichte Untersuchung von W. Gutberlet aus dem Jahre 1970.
Bevor die einzelnen Modelle genannt werden, sollen mittels verschiedener Klassifikationsmöglichkeiten der Lagerbewirtschaftungsmodelle ihre Merkmale herausgearbeitet werden.
Die Lagerbewirtschaftungsmodelle können unterteilt werden in dynamische und statische. Bei den hier zu behandelnden Modellen handelt es sich ausnahmslos um statische Modelle, auch Einperiodenmodelle genannt. Das heißt, es werden nicht mehrere Perioden, sondern nur eine einzige Periode in die Optimierung einbezogen.
Eine weitere Unterteilung ist die in stetige und diskrete Modelle. Die hier erwähnten Modelle korrigieren ihre Kenntnis über die Wirklichkeit nicht stetig, sondern nur in gewissen Zeitabständen. Es handelt sich deshalb um Periodenmodelle.
Die Lagerbewirtschaftungsmodelle können weiterhin nach ihrer Stufenzahl klassifiziert werden [12, S. 368 ff.]. Unter der Stufenzahl versteht man die Anzahl der vertikal hintereinander angeordneten Läger eines Lagerbewirtschaftungssystems, sofern zwischen den einzelnen Stufen ein Engpaß liegt. Ein Engpaß liegt vor, wenn die Übertragung von Waren von einem Lager in ein anderes Zeit erfordert oder Kosten verursacht. Die hier zu behandelnden Modelle berücksichtigen nur eine Stufe.
Eine weitere wichtige Unterteilung ist die in deterministische und stochastische Modelle. Die hier genannten Modelle beinhalten sowohl deterministische als auch stochastische Elemente. Da sie aber die Unsicherheit der zukünftigen Nachfrage berücksichtigen, können sie als stochastisch bezeichnet werden.

11.3 Lösungsansätze einiger Lagerbewirtschaftungsmodelle

Die Lösungen der im folgenden genannten Modelle werden zusammengefaßt dargestellt, um Möglichkeiten der praktischen Bewältigung zu zeigen:

1. ALDOS [13] (Automatisches Lager-, Dispositions- und Optimierungssystem), ein Modell von UNIVAC Deutschland,
2. HOREST [11] (Handelsorientiertes Einkaufs-Dispositionssystem mit Trendberücksichtigung), Siemens AG,

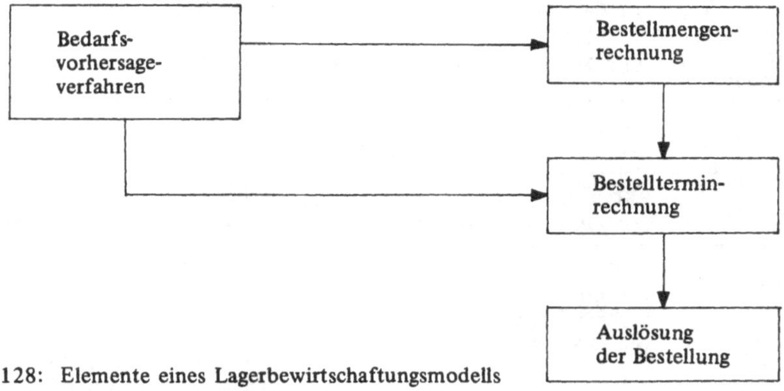

Abb. 128: Elemente eines Lagerbewirtschaftungsmodells

3. IMPACT [6] (Inventory Management Program and Control Techniques), ein Modell von IBM Deutschland,
4. SCAN [7] eine Entwicklung von ICL,
5. LOG [1] (Lager optimal gestalten), das von Bull/GE seinen Kunden zur Verfügung gestellt wird.

Jedes der genannten Lagerbewirtschaftungsmodelle kann in drei Teile zerlegt werden: Die Bedarfsvorhersage, die Bestellterminrechnung und die Bestellmengenrechnung. Die Bestellterminrechnung ermittelt den Bestellpunkt. Über die dazugehörige Bestellmenge entscheidet die Bestellmengenrechnung. Beide, die Bestellmengen- und die Bestellterminrechnung bauen auf der Prognose der zukünftigen Nachfrage auf, die von dem Bedarfsvorhersageverfahren geliefert wird. Beim Auslösen der Bestellung handelt es sich um die Durchführung der Entscheidung. Dieser Teil gehört daher nicht mehr zum eigentlichen Modell. Es bleiben somit drei Problemkreise – Bedarfsvorhersage, Bestellterminrechnung und Bestellmengenrechnung – deren Lösungsansätze für die oben genannten Modelle dargestellt werden sollen.

11.31 Bedarfsvorhersage

Die Modelle arbeiten bei der Prognose mit verschiedenen Vorhersageverfahren, die sie mittels der Simulation entsprechenden Nachfrageverläufen zuordnen. Die folgende Abb. 129 zeigt, daß allen Verfahren die exponentielle Glättung erster oder zweiter Ordnung zugrunde liegt. Sie soll deshalb kurz erklärt werden. [Vgl. 14, S. 3 ff. u. 3, S. 107 ff.].

Die exponentielle Glättung wird verwendet, weil sie die Vorteile eines gleitenden, fortgeschriebenen, gewogenen arithmetischen Mittels bei sehr einfach gestalteter Rechnung vereint.

Abb. 129: Vorhersageverfahren verschiedener Lagerbewirtschaftungsmodelle

Nachfrage-verlauf	ALDOS	HOREST	IMPACT	LOG	SCAN
sporadisch	EG 1 $\alpha = 0{,}1$	EG 1	EG 1 $\alpha = 0{,}1; 0{,}2$	EG 1	EG 1
horizontal	EG 1 $\alpha =$ opt.	$\alpha =$ opt. $0{,}1 \leqq \alpha \leqq 0{,}4$	0,5 od. $\alpha =$ opt.	$0{,}01 \leqq \alpha = 0{,}3$	$\alpha =$ opt.
trendartig	EG 2 $\alpha =$ opt.		EG2 $\alpha =$ opt.	EG 2	EG 1 + T
saisonal mit Trend	EG2 + SF				
saisonal ohne Trend	EG1 + SF	EG 10 + T + SF			
saisonbedingt mit Trend	EG2 + SF + SI		EG1 + T + SF	EG2 + T + SF	EG10 + T + SF
saisonbedingt ohne Trend	EG1 + SF + SI				

EG1 – exponentielle Glättung 1. Ordnung
EG2 – exponentielle Glättung 2. Ordnung
opt. – optimiert durch Simulation
T – Trendfaktor
SF – Saisonfaktor
SI – Saisonindikator

Das kann wie folgt gezeigt werden: Wenn α der Glättungsparameter mit $0 \leqslant \alpha \leqslant 1$ und n = 1,23 . . . die Zeit ist, so läßt sich ein gleitender Mittelwert $\bar{x}$ folgendermaßen fortschreiben:

$$\bar{x}_n = (1 - \alpha)\,\bar{x}_{n-1} + \alpha x_n \;.$$

Die Gewichtung der zurückliegenden Perioden ist abhängig von α und nimmt in Form einer geometrischen Reihe ab. Dies erkennt man, wenn man in $\bar{x}_n$ rekursiv $\bar{x}_{n-1}$, $\bar{x}_{n-2}$ usw. einsetzt. Hierbei erkennt man auch, daß immer ein Anfangswert vorhanden sein muß. Dieser kann durch Schätzung erhalten werden.

Die Formel für die exponentielle Glättung erster Ordnung ergibt sich unmittelbar aus der oben angeführten Formel für den fortgeschriebenen Mittelwert. Wenn V die Vorhersage, N die Nachfrage und n die Zeit sind, kann diese folgendermaßen geschrieben werden: $V_n^{(1)} = V_{n-1}^{(1)} + \alpha(N_n - V_{n-1}^{(1)})$. Die Anwendung der exponentiellen Glättung erster Ordnung ist theoretisch nur bei horizontalem Nachfrageverlauf gerechtfertigt. Für trendartigen Nachfrageverlauf hinkt ihre Vorhersage immer hinter der Nachfrageentwicklung her. Deshalb muß bei trendartigem Nachfrageverlauf die exponentielle Glättung zweiter Ordnung verwendet werden [2, S. 65]. Sie benötigt im Gegensatz zur exponentiellen Glättung erster Ordnung zwei Punkte der Geraden zur Berechnung. Den ersten Punkt erhält man durch die exponentielle Glättung erster Ordnung. Der zweite Punkt ($V^{(2)}$) ergibt sich als Mittelwert der Mittelwerte: $V_n^{(2)} = V_{n-1}^{(2)} + \alpha (V_n^{(1)} - V_{n-1}^{(2)})$. Man kann nachweisen, daß $V^{(2)}$ genauso stark hinter $V^{(1)}$ herhinkt wie $V^{(1)}$ hinter der Nachfrage. Somit läßt sich die trendgerechte Vorhersage VT errechnen, indem zu $V^{(1)}$ die Differenz zwischen $V^{(1)}$ und $V^{(2)}$ hinzu addiert wird: $VT_n = V_n^{(1)} + (V_n^{(1)} - V_n^{(2)})$. Die exponentielle Glättung höherer als zweiter Ordnung wird in den Modellen nicht verwendet. Die letzte Abbildung zeigt, daß für sporadische und horizontale Nachfrageverläufe von den Modellen immer die exponentielle Glättung erster Ordnung angewendet wird. Unterschiedliche Auffassung herrscht über die Glättungsparameter. Diese sollen entweder durch Simulation optimiert – wobei als Maß die Größe des Vorhersagefehlers verwendet wird – oder durch Probieren ermittelt werden. Dabei werden α-Werte von 0,01 bis 0,5 vorgeschlagen.

Für die Prognose von trendartigen Nachfrageverläufen verwenden ALDOS, IMPACT und LOG die exponentielle Glättung zweiter Ordnung. Die sorgfältige Ermittlung von α ist hier sehr wichtig, da das Verfahren sonst zu erheblichen Vorhersagefehlern führen kann [2, S. 67]. Weil das Verfahren leicht instabil werden kann, ziehen HOREST und SCAN auch für die Vorhersage bei Trend die exponentielle Glättung erster Ordnung vor. Sie korrigieren das Ergebnis der Basisprognose dann mit einem Trendfaktor, der aus der Summe der Vorhersagefehler der vorangegangenen Perioden abgeleitet wird.

Bei saisonaler Nachfrage verwendet nur LOG die exponentielle Glättung zweiter Ordnung. Die anderen Modelle benutzen als Basisvorhersage die exponentielle Glättung erster Ordnung. Allen gemeinsam ist, daß die Basisvorhersage mittels eines Trendfaktors und eines Saisonfaktors korrigiert wird. Die Trendfaktoren sind unterschiedlich aufgebaut. Sie setzen die Nachfrage in Beziehung zur Entwicklung in den letzten vorangegangenen Perioden und werden im allgemeinen ebenfalls exponentiell geglättet fortgeschrieben. Die Saisonfaktoren setzen die Nachfrage in Beziehung zu der entsprechenden Periode der vorangegangenen Saison.

Zur Sicherung enthalten die Modelle ein sogenanntes Abweichungssignal, das bei über eine gewisse Grenze steigenden Vorhersagefehlern die automatische Disposition des Artikels abbricht.

Die Bedarfsvorhersage erfolgt immer für eine bestimmte begrenzte Periode und wird am Ende dieser Periode erneut durchgeführt. Für die Länge der Vorhersageperiode werden die Zeiträume der Woche oder des Monats vorgeschlagen.

11.32 Bestellterminrechnung

Die Bestellterminrechnung legt den Zeitpunkt der Bestellung beim Lieferanten fest. Dabei unterscheidet man zwei Fälle:

a) Der Bestellzeitpunkt kann frei gewählt werden, er ist variabel.
b) Der Lieferant nimmt Bestellungen nur zu bestimmten Terminen entgegen; der Bestellzeitpunkt ist fest und unbeeinflußbar.

Entsprechend unterscheidet man das Bestellpunkt- und das Bestellrhythmusverfahren. Alle hier genannten Modelle basieren auf der Idee des Bestellpunktes und beziehen den Fall des fixen Bestelltermins durch die Verlängerung der Wiederbeschaffungszeit um die Länge des Bestellrhythmus in das Bestellpunktverfahren ein.

Der Bestellpunkt ist jene Menge, die erforderlich ist, um den Bedarf abzudekken, der zwischen dem Auslösen einer Bestellung und deren Verfügbarkeit am Lager voraussichtlich auftreten wird. Bei Erreichen bzw. Unterschreiten des Bestellpunkts ist eine Nachbestellung erforderlich. Diese Nachbestellung muß am Lager verfügbar sein, wenn der Mindestbestand erreicht wird.

Grundlage der Ermittlung des Bestellpunktes ist die Kenntnis des Sicherheitsbestandes. Dieser dient als Puffer gegen evtl. Umsatzverluste, die aus zufälligen Bedarfsschwankungen resultieren. Seine Errechnung basiert auf der vorgegebenen Lieferbereitschaft und den Abweichungen der effektiven Nachfrage von der Vorhersage, den Vorhersagefehlern. Als Maß für die annähernd normalverteilten Vorhersagefehler wird in den Modellen der mittlere absolute Fehler (MAF) verwendet, der annähernd proportional der Standardabweichung ist. Wird z. B. eine Lieferbereitschaft von 84,13% gewünscht – das entspricht beim einseitigen Problem σ –, so errechnet sich der Sicherheitsbestand (S) zu: $S = 1{,}253 \cdot \text{MAF}$, wobei 1,253 der erwähnte Proportionalitätsfaktor ist. Der mittlere absolute Fehler wird wie die Vorhersage mittels der exponentiellen Glättung errechnet.

Die Formel wird durch die Einführung eines Sicherheitsfaktors (K) verfeinert, der es erlaubt, jede beliebige Lieferbereitschaft, bestimmt durch das gewünschte Verhältnis von ausgelieferter zu nachgefragter Menge in einem Zeitraum, vorzugeben. Weiterhin muß die Länge der Wiederbeschaffungszeit gegenüber der Länge der Vorhersageperiode Berücksichtigung finden. Einige Modelle beachten auch die Größe der Bestellmenge, da eine große Bestellmenge von sich aus schon eine gewisse Absicherung gegen Bedarfsschwankungen darstellt.

Die Höhe des Sicherheitsbestandes beeinflußt die Höhe des durchschnittlichen Lagerbestandes und somit die Lagerkosten. Deren Betrag hängt so entscheidend von der Genauigkeit der Bedarfsvorhersage ab, da die Höhe des Sicherheitsbestandes durch den Vorhersagefehler bestimmt wird.

Der Bestellpunkt (BP) wurde als Warenmenge definiert, die erforderlich ist, um die Nachfrage zwischen dem Auslösen der Bestellung und dem Eintreffen der Ware zu decken. Dieser Zeitraum wird Wiederbeschaffungszeit (WZ) genannt. Der Bestellpunkt ergibt sich dann als Bedarfsvorhersage für die Wiederbeschaffungszeit: $BP = V \cdot \frac{WZ}{VP}$, wobei V die Bedarfsvorhersage, WZ die Wiederbeschaffungszeit in Tagen und VP die Länge der Vorhersageperiode – ebenfalls in Tagen – bedeuten. Da mit Bedarfsschwankungen gerechnet werden muß, wird hierzu der Sicherheitsbestand addiert, und der Bestellpunkt ergibt sich dann zu: $BP = V \cdot \frac{WZ}{VP} + S$. Entsprechend den verschiedenen Bedarfsvorhersageverfahren wird der Bestellpunkt für horizontale, trendartige und saisonale Nachfragen verschieden berechnet. Für horizontale Nachfragen verwenden alle Modelle die eben abgeleitete Bestellpunktformel. Korrekturen für trendartige oder saisonale Nachfragen erfolgen durch die Bedarfsvorhersage über alle Perioden innerhalb der Wiederbeschaffungszeit oder durch Multiplikation mit Saisonfaktoren und Trendfaktor.

Bestellt wird dann, wenn der verfügbare Bestand den Bestellpunkt unterschritten hat. Unter verfügbarem Bestand (VB) wird dabei der augenblickliche Lagerbestand (LB) zuzüglich der bestellten Menge (BB), die noch vor Ende der Wiederbeschaffungszeit eintrifft, verstanden: $VB = LB + BB$. Das Bestellkriterium läßt sich kurz wie folgt formulieren: $VB \leqslant BP$. Eine Überprüfung kann täglich oder wöchentlich erfolgen. Der Bestelltermin ist damit in Form einer Bedingung festgelegt.

11.33 Bestellmengenrechnung

Bei der Berechnung der Bestellmenge lassen sich zwei Methoden der Ermittlung unterscheiden, denen ganz verschiedene Ideen zugrunde liegen. Die eine sei mit Bevorratungsmodus bezeichnet, da sie darauf abzielt, durch die Bestell-

Modell / Rechenart	ALDOS	HOREST	IMPACT	LOG	SCAN
optimierte Bestellmenge	X	X	X	X	X
Bevorratungsmodus	X				X

Abb. 130: Bestellmengenerrechnung bei verschiedenen Lagerbewirtschaftungsmodellen

menge die Nachfrage eines bestimmten Zeitraums abzudecken. Im Gegensatz dazu steht bei der zweiten Methode, der Errechnung der optimalen Bestellmenge, nicht die Bevorratung, sondern die Minimierung der Lagerhaltungskosten im Vordergrund. Abb. 130 soll zeigen, wie sich die Methoden auf die Modelle verteilen.

Eine ausführliche Besprechung der optimalen Bestellmenge und die Ableitung ihrer Formel unterbleiben. Sie wird meistens unter den Begriffen optimale Einkaufsmenge oder optimale Losgröße in der betriebswirtschaftlichen Literatur reichlich behandelt. Die Errechnung der optimalen Bestellmenge (Q) erfolgt im Rahmen einer Extremalaufgabe, die gelöst folgende Form hat:

$$\text{Q (in Stück)} = \sqrt{\frac{200 \cdot \text{Jahresbedarf (Stück)} \cdot \text{Beschaffungsk. (DM)}}{\text{Einstandspreis pro Einheit (DM)} \cdot \text{(Zinss. + Lagerkostensatz) (\%)}}}$$

Hierbei sollen die Beschaffungskosten, als die durch eine Bestellung entstehenden Kosten definiert sein, und die Lagerhaltungskosten als durch die Lagerung in der Zeit entstehend.

Die Errechnung der optimalen Bestellmenge nach dieser Gleichung baut auf mehreren Annahmen auf, die der tatsächlichen Situation nicht entsprechen. Es hat sich jedoch gezeigt, daß die Optimierung ausreichend genau ist und sich der Aufwand einer exakten Rechnung nicht lohnt [8, S. 10 ff.; 9, S. 32; 10, S. 8 ff.]. Einige Modelle versuchen die Genauigkeit noch zu verbessern, indem sie die Existenz von mengenabhängigen Stufenrabatten für einzelne Artikel oder eine Artikelgesamtheit berücksichtigen.

Dem Bevorratungsmodus liegt die Idee zugrunde, daß das Ergebnis einer Kostenminimierung zweifelhaft ist und Lieferbereitschaft und Lagerbestand so vorrangige Bedeutung haben, daß eine Berücksichtigung anderer Einflüsse außer Acht gelassen werden kann. Lieferbereitschaft und Lagerbestand aber werden durch die Wahl der Eindeckzeit gestaltet. Das ist die Zeit, für die eine Bevorratung vorgenommen werden soll.

Die Bestellmenge (Q) ergibt sich dann als Bedarfsvorhersage für die vorher festgelegte Eindeckzeit (EZ): $Q = V \cdot \frac{EZ}{VP}$.

Für Artikel mit trendartiger oder saisonaler Nachfrage wird eine Steigerung der Genauigkeit erreicht, indem für sie bei der Ermittlung des Bestellpunktes die Vorhersage für alle Perioden innerhalb der Eindeckzeit durchgeführt wird, oder die einfache Vorhersage mittels der Saisonfaktoren und Trendfaktoren korrigiert wird.

Da Bestellungen meist nur in ganzzahligen Vielfachen von Verpackungseinheiten aufgegeben werden können, müssen die so erhaltenen Bestellmengen auf- oder abgerundet werden.

Aus betrieblichen oder außerbetrieblichen Gründen können weitere Nebenbedingungen, wie Limitierung des Bestandes oder der Bestellmenge nach oben oder unten notwendig oder gewünscht sein.

11.4 Gesichtspunkte zur Beurteilung der Modelle als Entscheidungshilfe

Die Beurteilung des Wertes der Modelle als Entscheidungshilfen für die vertriebliche Lagerhaltung soll in folgende drei Teile gegliedert werden: Es soll zuerst untersucht werden, welche Entscheidungsprobleme durch die Lösungsansätze der Modelle aufgegriffen werden. In einem weiteren Punkt sollen Gesichtspunkte zur Qualität der Entscheidung aufgezeigt werden. Drittens soll auf die Praktikabilität der Modelle im Unternehmen eingegangen werden.

Die Untersuchung zeigt, daß die Modelle nur zwei Fragen beantworten können: Wann soll bestellt werden und wieviel soll bestellt werden. Beide Fragen werden für ein vorher genau definiertes Produkt beantwortet. Um den Wert des Einsatzes eines Lagerbewirtschaftungsmodells für ein Unternehmen als Entscheidungshilfe für diese beiden Fragen beurteilen zu können, muß einmal geklärt werden, ob der Einsatz des Modells zur Lösung dieses Entscheidungsproblems wirtschaftlich ist, zum anderen, ob sich die beiden Entscheidungen von den sonstigen im vertrieblichen Lagerbereich zu treffenden Entscheidungen isolieren und getrennt bearbeiten lassen.

Beide Fragen lassen sich nur betriebsindividuell beantworten. Jedoch sollen zum zweiten Punkt einige Anmerkungen gemacht werden: Als typisch für den Bereich der vertrieblichen Lagerhaltung wurden zu Beginn der Arbeit folgende Entscheidungsprobleme vorgestellt: Die Produktauswahl, die Lieferantenauswahl, die Wahl des Einlagerungsortes, die Wahl des Einlagerungszeitpunktes, die Entscheidung über die einzulagernde Menge und die Entscheidung über die Abwicklung. Diese einzelnen Entscheidungen stehen im allgemeinen in gegenseitiger Abhängigkeit. In den Modellen werden die Parameter Preis, Lagerkosten, Nachfrage, Lieferzeit, Bearbeitungszeit, die Art des zu beschaffenden Produkts als unbeeinflußbare Variable behandelt. Tatsächlich werden ihre Werte jedoch erst durch die Entscheidungen über das Produkt, den Lieferanten, den Einlagerungsort und auch die Abwicklung bestimmt. Das Problem der Minimierung der Kosten für die vertriebliche Lagerhaltung müßte demnach die Festlegung des Produktes, insbesondere aber des Lieferanten, des Einlagerungsortes und der Abwicklung als beeinflußbare Variable behandeln.

Der Benutzer eines Lagerbewirtschaftungsmodells muß diese Grenzen der Modelle sehen und die Lösungen unter diesem Aspekt beurteilen.

Die zweite Frage ist die nach der Qualität der Entscheidungen über Bestellmenge und Bestellzeitpunkt, die von den Modellen getroffen werden.
In der vertrieblichen Lagerhaltung muß davon ausgegangen werden, daß die Nachfrage – der Absatz – nicht determiniert und vorher bekannt, sondern ein Erwartungswert ist. Entscheidend für die Bestellmengen- und Zeitpunktermittlung ist daher eine Vorhersage über die zukünftige Nachfrage. Die Prognoseverfahren der Modelle wurden besprochen. Ihre theoretische Rechtfertigung ist wenig entscheidend. Entscheidend dagegen ist, daß sie in der Lage sind, die in der betrieblichen Praxis auftretenden Nachfrageverläufe möglichst genau vorherzusagen. Es ist notwendig, vor der Einführung eines Modells durch Simulationsläufe zu testen, inwieweit die Vorhersageverfahren hierzu in der Lage sind. Die Auswahl der Vorhersageverfahren muß sich darüberhinaus an der zur Verfügung stehenden Rechenzeit und an der Speicherkapazität orientieren. Verfahren der Zeitreihenanalyse mit Berücksichtigung vieler Einflußfaktoren überschreiten schnell diese Kapazitätsgrenzen.
Der Vorhersagerhythmus muß auf den betrieblichen Rhythmus abgestimmt sein. Aus Gründen der Bedeutung der Vorhersage für das gesamte Modell empfiehlt es sich, eine Korrektur der Prognose in möglichst kurzen Zeitabständen durchzuführen. Die Bedeutung der Vorhersage für das Modell liegt in folgenden Gründen: Eine genaue Vorhersage bewirkt erstens einen dem Absatz angepaßten Bestand und zweitens einen geringen Sicherheitsbestand, da dessen Höhe entscheidend von den Vorhersagefehlern abhängt.
Sicherheitsbestand und Prognose bestimmen den Bestelltermin. Durch das Festlegen des Bestelltermins wird wieder die Lieferbereitschaft gesteuert. Im Sicherheitsbestand werden aber in den Modellen nur die Ungenauigkeiten der Vorhersage berücksichtigt. Je nach der Bedeutung für den Betrieb empfiehlt es sich hier zusätzlich, die sich aus der Unsicherheit der Lieferzeit sowie der Fehlerhaftigkeit der der Prognose zugrunde liegenden Daten und der Bestandsdaten ergebenden Abweichungen zu berücksichtigen.
Häufig erfolgt die Belieferung einer Unternehmung nur in fest vorgegebenen Zyklen, z. B. jeden Mittwoch oder jeden zweiten Mittwoch. Die Bestellung muß in diesen Fällen häufig in einem festgesetzten zeitlichen Abstand vor dem Liefertermin aufgegeben werden. In diesen Fällen ist auch der Bestelltermin fest, da es nicht richtig ist, früher als notwendig zu bestellen, um nicht auf zusätzliche Informationen zu verzichten und andererseits eine spätere Bestellung nicht möglich ist. Beim Bestellpunktverfahren würde das bedeuten, daß sich die Wiederbeschaffungszeit von Tag zu Tag ändert.
Die Entscheidung über die Bestellmenge wird mittels der Losgrößenformel oder der Bevorratung über einen fest vorgegebenen Zeitraum getroffen. Es wurde bereits gesagt, daß die Verwendung der Losgrößenformel theoretisch anfechtbar ist, daß jedoch die Ergebnisse für die Praxis ausreichend genau sind. Dabei muß berücksichtigt werden, daß die Lagerkosten und die Bestell-

kosten meistens nicht genau ermittelt werden können, vor allen Dingen bei einer großen Anzahl von Artikeln und unterschiedlichen Werten für die einzelnen Artikel.
Ob die Qualität der Entscheidungen, die durch die Modelle getroffen werden, ausreichend ist, muß letztlich an der Entwicklung der Lieferbereitschaft, des Bestandes und der Lagerkosten gemessen werden. Liegen die notwendigen Daten aus der Vergangenheit vor, so läßt sich eine Beurteilung der wirtschaftlichen Einsatzmöglichkeit eines Modells mit Hilfe der Simulation erreichen. Es ist dann ein Vergleich der tatsächlichen Werte und der Werte, die beim Einsatz des Modells hätten erzielt werden können, möglich.
Bei der Entscheidung über den Einsatz eines Lagerbewirtschaftungsmodells muß weiterhin folgendes bedacht werden: das Sortiment eines Betriebes unterliegt einer starken Fluktuation und Umstrukturierung. Vielfach sind gerade Aktualität und Flexibilität des Sortimentes ein entscheidendes Verkaufsargument. Wenn der Einsatz eines Modells den Verwaltungsaufwand für Sortimentsänderungen und -anpassungen zu groß werden läßt, so wird die Bequemlichkeit der Mitarbeiter dazu führen, daß die Sortimentsanpassung verlangsamt, Aktualität und Flexibilität des Sortimentes nachlassen und die Zahl der Innovationen im Sortimentsbereich zurückgeht. Bei der Entscheidung über den Einsatz eines Lagerbewirtschaftungsmodells ist zu berücksichtigen, daß hieraus Gewinnschmälerungen entstehen können. Eine möglichst einfache Handhabung des Modells, insbesondere, daß der Wechsel zwischen manueller Bestellung und Bestellung durch das Modell leicht möglich und koordiniert ist, vermindert diese Gefahr.
Voraussetzungen für den Einsatz eines Modells sind neben den Nachfragedaten eine exakte Bestandsfortschreibung für den einzelnen Artikel. Hierbei ist zu empfehlen, daß diese Bestandsfortschreibung ca. ein Jahr vor dem Modell eingeführt wird, um die Fehlerquote zu senken.
Betreffend der Nachfragedaten ist zu berücksichtigen, daß die Vergangenheitswerte fast immer die tatsächlichen Auslieferungen darstellen und nicht die Mengen enthalten, die wegen fehlendem Warenbestand nicht verkauft werden konnten.
Der Einsatz eines Modells erfordert die Bereitschaft der Mitarbeiter, mit dem Modell zu arbeiten. Psychologische Hemmnisse, insbesondere bei dem Personenkreis, der vorher mit der Disposition beauftragt war, müssen abgebaut werden. Eine intensive Information und eine gute Schulung der Mitarbeiter sind erforderlich.
Bis heute werden Lagerbewirtschaftungsmodelle nur in relativ geringem Umfange in der Praxis eingesetzt. Obwohl auch die Modelle erst am Anfang der Entwicklung stehen und verbessert werden können und müssen, liegen die entscheidenden Hemmnisse für deren Einsatz im personellen Bereich, den Schwierigkeiten der Anpassung der Modelle an die betriebliche Bedingungslage und der Integration in die bestehende Organisation.

12. EDV und Distribution

12.1 Distribution als logistisches Problem

Aufgabe der Distribution im Unternehmen ist die Versorgung der richtigen Stellen zum richtigen Zeitpunkt mit den richtigen Produkten. Diese Aufgabe wird in der Fertigung mittels Methoden der Fertigungssteuerung weitgehend erfüllt, eine kostenoptimale Fertigung wäre sonst nicht denkbar. Mit Abschluß des Produktionsprozesses stehen die Erzeugnisse für die Kunden (z. B. bei Kundenauftragsfertigung) unmittelbar zur Verfügung oder sie werden dem Vertriebslager übergeben, wenn z. B. aufgrund von Bedarfsvorhersagen eine Lagerfertigung vorgenommen wird. Dieser Schritt in die Vertriebslagerhaltung wirft besonders dann eine Vielzahl von Problemen auf, wenn aus unternehmensinternen Gründen oder aus Gründen der Marketingpolitik eine Anzahl eventuell hierarchisch gegliederter Außenläger an verschiedenen geografischen Standorten existiert.
Entscheidungen zur Optimierung der quantitativen und zeitlichen Versorgung von Außenlägern haben insbesondere in Unternehmen der Nahrungsmittelindustrie große Bedeutung. Wegen des Zwanges zur Sicherstellung eines verbrauchsnahen Versorgungsnetzes entstehen dort erhebliche Kosten durch den Transport der Waren in die Außenläger, die Lagerhaltung in den Außenlägern und die Auslieferung an die Abnehmer [3, S. 46 ff.].

Entscheidungen im Distributionsbereich betreffen:

- Anzahl und Standorte der Außenläger,
- Typ des einzelnen Lagers (Produktionslager, Zentrallager, eigenes Auslieferungslager, Speditionslager),
- Sortiment in den Außenlägern,
- Befüllungsrhythmus,
- Transportmittel, Transportkapazitäten und Transportwege,
- gemeinsame Belieferung mehrerer Außenläger.

Alle Entscheidungen zu den einzelnen Punkten sind interdependent. Sie berühren einerseits die Kostenseite des Unternehmens, andererseits sind sie bedeutsam für die Servicepolitik gegenüber den Kunden. Sie sind beeinflußt durch die Konkurrenzsituation im Markt und von der Art der zu lagernden Produkte.

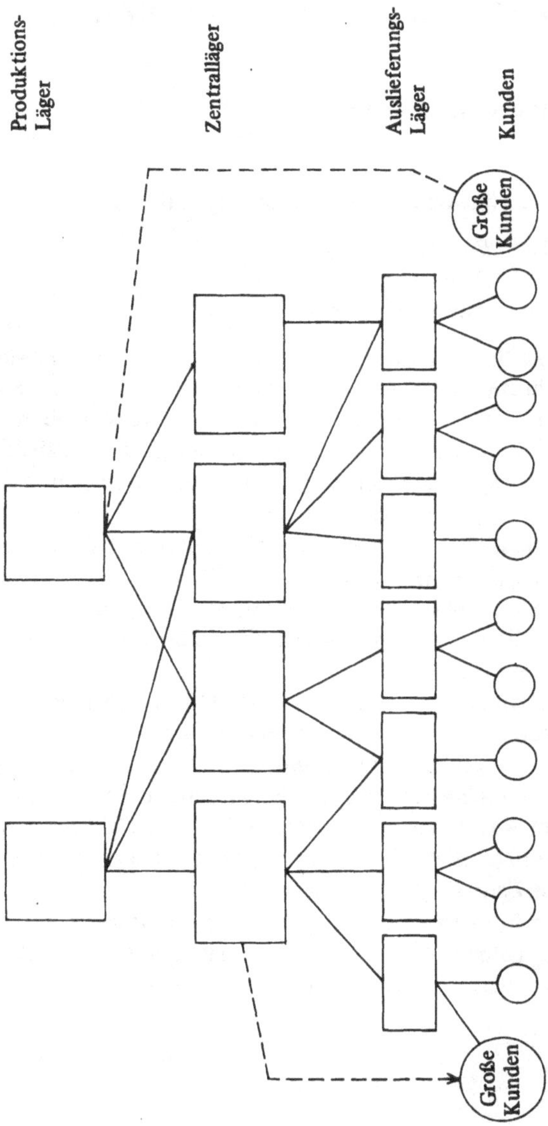

Abb. 131: Distributionsstruktur

12.2 Problemkreise der Distribution

12.21 Die Distributionsstruktur

Ein mehrstufiges Distributionssystem umfaßt folgende Lagerstufen:

Stufe 1: Produktionsläger
Stufe 2: Zentralläger
Stufe 3: Auslieferungsläger

Die Produktionsläger für Fertigprodukte haben zwei Funktionen: sie nehmen als Puffer den Produktionsausstoß auf und von ihnen aus werden gegebenenfalls Großabnehmer direkt beliefert. Produktionsläger können auch als Zollläger fungieren und damit die Verzollung der Waren (Kaffee, Tabak, Spirituosen) bis zur Auslieferung zurückhalten. Produktionsläger enthalten im allgemeinen nur das am Ort produzierte Sortiment.
Werden an unterschiedlichen Produktionsstätten unterschiedliche Teilsortimente gefertigt und das Vertriebsprogramm noch durch Handelsware (Produktion fremder Hersteller, Importe usw.) ergänzt, so erfolgt eine Zusammenfassung zum Gesamtsortiment in Zentrallägern. Ihre Bevorratung erfolgt also aus einer Anzahl von Lieferquellen.
Kundennahe Auslieferungsläger können vom Hersteller selbst oder in fremder Regie (z. B. von Spediteuren als Kommissionären) geführt werden. Die Belieferung der Auslieferungsläger erfolgt von den Zentrallägern oder vom Produktionsort. Sie führen im allgemeinen das volle Sortiment; häufig wird aber auch die Lagerhaltung im Auslieferungslager auf die besonders gängigen Artikel (z. B. A-Positionen) beschränkt, während Ergänzungsartikel, weniger gängige Artikel usw. nur im Zentrallager vorrätig sind.
Die Kunden werden im Normalfall aus dem Auslieferungslager der Region beliefert. Großkunden nehmen häufig eine Sonderstellung ein, ihre Belieferung erfolgt ab Produktionsort oder vom Zentrallager.

12.22 Bedarfsentwicklung an den Distributionspunkten

Auf jeder Lagerstufe und an jedem Distributionspunkt hängt die Bedarfsentwicklung von unterschiedlichen Faktoren ab. Die Einwirkung der einzelnen Faktoren auf die Bevorratungspolitik ist unterschiedlich. Standort des Lagers,

Kapazität des Lagers, Nachfragestruktur und -intensität und unternehmensinterne Faktoren kommen zum Tragen.
Es ist grundsätzlich zu unterscheiden zwischen einer Bevorratung der Läger in Abhängigkeit von der unternehmensinternen Politik der Lagerversorgung und der bedarfsabhängigen (= nachfrageabhängigen) Politik. Erstere wird als Push-Politik bezeichnet und ist abhängig von den Fertigungs- und Einkaufsmöglichkeiten und von der Marketingstrategie des Unternehmens. Es erfolgt dann eine Bevorratung der Läger mit den Mengen, die wegen der Fertigungsart, den Einkaufsmöglichkeiten (Preisentwicklungen am Weltmarkt) eine Übernahme bestimmter Mengen durch die Läger erzwingen. Ferner wird vor oder bei Einleitung von Marketingmaßnahmen (Aktionen, Verkaufsförderungsmaßnahmen) eine strategieabhängige Lagerbevorratung vorgenommen, um der Nachfrage unverzüglich durch entsprechende Warenlieferungen begegnen zu können.
Die bedarfsabhängige Politik der Lagerversorgung (Pull-Politik) wird durch die Entwicklung des Normalbedarfs und durch Terminaufträge bestimmt. Der Normalbedarf setzt sich aus den sehr stark zufallsbedingten Abnahmen der Kleinkunden zusammen. Terminaufträge sind in Menge und Liefertermin für einen bestimmten Zeitraum bekannt, für sie sind zu den definierten Terminen durch die Lagerdisposition die erforderlichen Mengen bereitzustellen.
Für die Bevorratung der Läger ist es notwendig, den Gesamtbedarf in seine Komponenten zu zerlegen: Normalbedarf, Terminaufträge, Bedarf aus Verkaufsförderungsmaßnahmen. Damit wird die Abhängigkeit des Gesamtbedarfs von den unterschiedlichen Einflußfaktoren deutlich und eine Disposition an den einzelnen Distributionspunkten mit dem Ziel einer kostenminimalen Lagerhaltungs- und Distributionspolitik ermöglicht. Hierzu ist zunächst eine Analyse der Kostenfaktoren in der Distribution erforderlich.

12.23 Kostenfaktoren der Distribution

12.231 Lagerhaltungskosten

Die Lagerhaltungskosten in den Außenlägern sind im allgemeinen höher als in den Produktionslägern. Zusätzlich zu den auch in den Produktionslägern anfallenden Kosten (Zinsen, Steuern, Versicherungen, Raumkosten, Kosten des innerbetrieblichen Transports) entstehen in den Außenlägern – insbesondere bei den in fremder Regie geführten Lägern (z. B. Speditionsläger) – weitere Kosten. Dies sind: Ein- und Auslagerungsgebühren des Lagerhalters und Gebühren für die Lagerung in Abhängigkeit vom in Anspruch genommenen Lagerraum und von der Lagerzeit. Hieraus ergibt sich die Tendenz, Außenläger mit geringstmöglichen Mengen für kürzestmögliche Zeiten zu bevorraten.

Die Kosten für die Ein- und Auslagerung in den Außenlägern können beeinflußt werden, wenn eine Palettierung der Produkte möglich ist. Allerdings führt sie im allgemeinen zu höheren Lagerbeständen. Eine optimale Raumausnutzung im Außenlager durch palettierte Produkte kann die Kostensituation positiv beeinflussen.

12.232 Kosten der Sicherheitsbestände

Schwankungen in der Bedarfsentwicklung sind normal und höchstens in gewissen Grenzen vorhersehbar. Um diese Schwankungen auffangen zu können, ist es erforderlich, in den Lägern Sicherheitsbestände zu führen. Die Höhe der Sicherheitsbestände muß von den artikelindividuellen Schwankungen der Nachfrage abhängig gemacht werden und darf nicht für alle Läger pauschal festgesetzt werden. Eine Pauschalierung führt zu Überbevorratungen oder zu mangelnder Lieferbereitschaft. Es ist erforderlich, die Sicherheitsbestände permanent der Bedarfsentwicklung anzupassen. Die gewünschte Lieferbereitschaft und die Sicherheit in der Wiederbevorratung der Läger beeinflussen die Höhe und damit die Kosten der Sicherheitsbestände.

12.233 Transportkosten

Die Transportkosten zur Befüllung der Außenläger sind abhängig
- von der Art des Transportmittels,
- von der Kapazität des Transportmittels,
- vom Transportweg je transportierter Einheit,
- vom Gewicht der transportierten Produkte.

Die Transportkosten fallen insbesondere in der Markenartikelindustrie mit 70% der gesamten Distributionskosten [2, S. 123] sehr stark ins Gewicht.
Ist es möglich, Außenläger zu Lagergruppen zusammenzufassen, so kann durch gruppenweise Belieferung eine höhere Gesamttonnage erreicht werden. Dies führt zu kostengünstigeren Frachttarifen und damit zu niedrigeren Kosten je transportierter Einheit. Hierbei ist zu klären:
- für welche Läger die Anlieferungen kombiniert werden können,
- in welcher Reihenfolge die Läger angefahren werden sollen.

Ziel muß es sein, die Liefermengen so abzustimmen, daß die Belieferung der zu Lagergruppen zusammengefaßten Außenläger im gleichen Zyklus möglich ist. Hierbei ist das Umsatzverhältnis der Läger mitbestimmend für das Zusammenstellen der optimalen Tonnage. Zusätzliche Probleme – und evtl. auch zusätzliche Kosten – können auftreten bei einem Transportmittelwechsel innerhalb der Belieferung einer Lagergruppe. Ferner können sperrige Produkte die maximale Tonnage beschränken, da die obere Gewichtsgrenze des Transportmittels wegen des großen Raumbedarfs der Ladung nicht ausgenutzt werden kann.

12.234 Versandkosten

Die Versandkosten setzen sich zusammen aus den

- Verwaltungskosten (Kosten der Auftragsbearbeitung, Ausstellen der Versandpapiere, Disposition der Transportmittel, Versand der erstellten Belege, Übermittlung von Informationen per Leitung)
- Kommissionierungskosten (Kosten für das Zusammenstellen der Sendung aus verschiedenen Positionen)
- Kosten für das Bereitstellen und Beladen des Transportmittels.

12.24 Produktion an unterschiedlichen Standorten

Führen alle Außenläger das volle Sortiment, so muß jedes Außenlager jeder Produktionsstätte zugeordnet sein, wenn ein Produkt nur an einem Ort hergestellt wird. Die Lieferungen von unterschiedlichen Produktionsorten dürfen aber nicht ohne Berücksichtigung der im allgemeinen begrenzten Gesamtlagerkapazität des einzelnen Außenlagers erfolgen. Eine Abstimmung der Lieferungen ist erforderlich, da insbesondere bei der Einlagerung leicht verderblicher Produkte hohe Verluste bei Fehlen der entsprechenden Lagermöglichkeiten entstehen.

Werden gleiche Produkte an unterschiedlichen Standorten gefertigt, so müssen bei der Entscheidung über die Zuordnung von Lieferungen aus den unterschiedlichen Produktionen zu den einzelnen Lägern die Produktionskapazitäten, die Lagerkapazitäten und die Unterschiede der Herstellkosten berücksichtigt werden.

Der Abriß der unterschiedlichen die Distribution im Unternehmen beeinflussenden Faktoren läßt den hohen Grad der Interdependenz erkennen. Manuelle Verfahren konnten in der Vergangenheit nur auf Teilgebieten annähernd optimale Ergebnisse bringen, da es unmöglich ist, die Vielzahl von Einflußfaktoren der Lagerhaltung und Distribution ohne entsprechende Speicher- und Rechenverfahren zu überwachen und zu bearbeiten.

Darüber hinaus ließ sich bisher die Fülle von Informationen für die Distribution aus den verschiedenen Unternehmensbereichen nur durch die Beschränkung auf einige wesentliche Größen berücksichtigen [2, S. 122]. Ein Lösungsmodell für den Distributionsbereich muß zur Minimierung der Summe der auf den verschiedenen Distributionsstufen anfallenden Kosten führen. Dies wird z. B. durch das EDV-Programmsystem „DIOS“ = Distributions-Informations- und Optimierungs-System erreicht [4, S. 14].

12.3 Lösung der Distributionsprobleme durch ein EDV-Programmsystem

Grundlagen der Darstellung eines Modells zur Lösung von Distributionsproblemen sollen hier die durch das Programmsystem „DIOS“ gebotenen Möglichkeiten sein [4]. „DIOS“ löst die aufgezeigten Probleme unter der Zielsetzung, die Summe der auf den verschiedenen Distributionsstufen anfallenden Verteilungskosten zu minimieren [4, S. 14].

12.31 Übersicht des Lösungssystems

„DIOS“ geht davon aus, daß die grundsätzlichen Fragen der Sortimentsgestaltung, der Standortwahl, der Auftragsbearbeitungsmethoden usw. geklärt sind. Für Entscheidungen in diesem Bereich, welche die strategische Marketingpolitik betreffen, sind Hilfen in organisatorischer Hinsicht durch ein Programmsystem DSS = The Distribution System Simulator [1] gegeben (s. dort auch Literaturhinweise zur Standortwahl, zum Transportproblem und zur Lagertheorie). Hier werden mit Hilfe der Fragebogen- und Entscheidungstabellentechnik die Charakteristika des geforderten Distributionsmodells definiert.

„DIOS“ gliedert seine Lösungsmöglichkeiten in langfristige und kurzfristige, deren Erledigung in sogenannten Subsystemen erfolgt. In einem mittelfristig planenden Teil werden durch „DIOS“ die kostengünstigste Lieferstrategie und die Dispositionsregeln für die ausführenden Stellen im Unternehmen entwikkelt. Die konkreten Dispositionsregeln enthalten den Lieferort, die Lagergruppe, die Liefermenge und das Transportmittel. Der Gültigkeitszeitraum für diese Strategien beträgt im allgemeinen 3–12 Monate. Da Kontrollroutinen die Kosten- und Umsatzentwicklungen überwachen und bei signifikanten Änderungen Hinweise ausgegeben werden, kann im Bedarfsfall ein häufigerer Durchlauf veranlaßt werden. Im Subsystem 1 werden die mittelfristigen Fragen der Bedarfsvorhersage gelöst, im Subsystem 2 wird eine optimale Verteilstrategie auf der Grundlage der im Subsystem 1 entwickelten Jahresumsätze ermittelt. Der kurzfristig ausführende Teil realisiert die ausgewählte Strategie und schlägt die entsprechenden Auslieferungen vor. Er umfaßt die Bedarfsvorhersage und

die Anpassung der Sicherheitsbestände, die Disposition und den Liefertermin, berücksichtigt die Lagerkapazität, disponiert die Mengen und die Belieferung von Großkunden. Durch Zu- und Abgänge werden die Bestände fortgeschrieben, und es wird fortlaufend eine Kontrolle der Bedarfsabweichungen vorgenommen. Diese Aktivitäten werden normalerweise täglich durchgeführt. Subsystem 3 löst die kurzfristigen Fragen der Bestandsfortführung, die laufende Bedarfsvorhersage und die Ermittlung des optimalen Liefertermins. Mit Subsystem 4 werden unter Verwendung der im Subsystem 3 errechneten Lagerkapazitäten die Einzelmengen pro Artikel ermittelt.
Durch Darstellung der Problemlösungen des Distributionsbereichs innerhalb der 4 Subsysteme und Darlegung der Zusammenhänge in „DIOS“ werden die Lösungsmöglichkeiten von Distributionsproblemen mit der EDV aufgezeigt.

12.32 Mittelfristige Bedarfsvorhersage

Alle Maßnahmen in einem Distributionsmodell beruhen auf der Beurteilung einer zukünftigen Situation. Die zukünftige Situation kann in erheblichem Maße aus der bisherigen Entwicklung abgeleitet werden, so daß eine Extrapolation der Vergangenheitsdaten der Nachfrage in die Zukunft erforderlich ist. Die Bedarfsvorhersage bezieht sich auf jeden Artikel in jedem Lager und hat das Ziel, zu einer möglichst geringen Abweichung zwischen Vorhersage und tatsächlicher Nachfrage zu kommen. Hierzu wird eine Analyse der Nachfragestrukturen vorgenommen.
Die historischen Daten des Gesamtbedarfsverlaufs werden gegliedert in Daten des deterministischen Bedarfs (z. B. Terminaufträge von Großkunden), des kurzfristig aufgetretenen Mehrbedarfs aus Verkaufsförderungsaktionen und des stochastischen Bedarfs (aus den zufällig verteilten Einzelnachfragen der Kunden). Der Bedarfsverlauf kann konstant (horizontal), trendförmig oder saisonabhängig sein. Weisen die historischen Daten eine gewisse Gesetzmäßigkeit auf und stehen genügend Daten zur Verfügung, so ist die Anwendung mathematischer Modelle für die Voraussage möglich. Das Subsystem 1 bietet dem Anwender Hilfen, die historischen Daten schnell und sicher aufzubereiten und zu analysieren:

- die historischen Daten werden wahlweise auf 1, 2 oder 4 Wochen verdichtet,
- ist in mindestens 5 Wochen für einen Artikel keine Nachfrage aufgetreten, so wird der Artikel mit den „Null-Perioden“ angedruckt,
- das System errechnet je Artikel, unter Ansatz der t-Verteilung in Abhängigkeit von der Anzahl der vorhandenen Werte, die zulässige Schwankungsbreite der Nachfrage, Über- oder Unterschreitungen durch Extremwerte werden angedruckt,

– Artikel, die sich in der Anlaufphase befinden, können aus der mittelfristigen Bedarfsvorhersage eliminiert oder erst von einem bestimmten Zeitpunkt ab für die Vorhersage zugelassen werden.

Das Subsystem 1 verarbeitet maximal 104 Wochenwerte, als Minimum sind 6 Wochenwerte gefordert. Das Vorhersagemodell wird mit den Methoden der Regressionsanalyse ermittelt.

Schritt 1: die Struktur der Daten wird auf trendförmigen Verlauf untersucht,

Schritt 2: das System faßt die Daten der gleichen Zeitabschnitte zweier Folgejahre zusammen und prüft auf Saisonalität.

Die Zuordnung der einzelnen Artikel zu einem horizontalen, trendförmigen oder trendsaisonalen Vorhersagemodell wird durchgeführt und dem Subsystem 3 für die laufende Bedarfsvorhersage zur Verfügung gestellt.

Es besteht die Möglichkeit, das Subsystem durch Parameter zu beeinflussen. Ein Modell, z. B. horizontal, kann erzwungen werden, wenn nicht eliminierte Verkaufsförderungen vorliegen. Ferner können zusätzliche Umsatz-Planzahlen (Steigerungsprozent) vorgegeben werden. Diese Prognosewerte können für beliebige Teile des Vorhersagezeitraumes differenziert werden. Saisonfaktoren für bewegliche Feiertage können vom Anwender ebenfalls verändert werden. Die Daten werden an die Dateien für die laufende Vorhersage weitergegeben. Die Vorhersagewerte werden ausgedruckt. Eine Selektion nach einzelnen Artikeln, bestimmten Artikeln in allen Lägern oder einzelnen Lägern ist möglich.

12.33 Optimale Verteilstrategie

Die prognostizierten Jahresumsätze sind die Grundlage der Ermittlung einer optimalen Verteilstrategie durch das „DIOS“-Subsystem 2. Es werden

– unter Berücksichtigung der Restriktionen (Begrenzung der Transportmittelkapazitäten, nicht zulässige Lieferorte, beschränkte Produktionskapazität) optimale Verteilstrategien mit dem Ziel der Verteilkostenminimierung errechnet,
– konkrete Dispositionsregeln ausgegeben.

Außer der optimalen Strategie können bis zu 20 Alternativen angegeben werden. Die Ausgabe der Strategien enthält die Zuordnung der Auslieferungs- und Zentralläger zu den Produktionsstätten (Berücksichtigung der Produktionskapazität) und Sammellieferungen für jeden möglichen Transportweg und jedes auf diesem Weg mögliche Transportmittel. Um die Kombinationsmöglichkeiten in vertretbaren Grenzen zu halten, werden Artikel zu Verteilungsgruppen zusammengefaßt. Eine Verteilungsgruppe umfaßt sämtliche Artikel mit gleichen zulässigen Lieferorten und mit gleichen zulässigen Transportmitteln. Das gesamte Absatzgebiet wird in Regionen aufgeteilt. Die Größe einer Region ist von der Anzahl der Verteilungsgruppen in einem Lager abhängig, sie kann maximal 20 Läger umfassen. Das Subsystem 2 fordert hierfür folgende Daten:

- zulässige Transportmittel mit Mindest- und Maximalkapazität für jede Strecke des Distributionsnetzes,
- zulässige Transportmittel je Lieferort, Lagerkostensätze, Vorgangskosten je Auftrag bzw. je Artikelposition,
- die transportmittelabhängigen Frachtsätze für jede Strecke des Distributionsnetzes,
- die Kapazität und Herstellkostendifferenz je Produktionsstätte,
- die zulässigen Transportmittel und Lieferorte je Verteilungsgruppe,
- die zulässige Gruppierungsmöglichkeit mit anderen Lägern bzw. möglichen Lieferorten je Lager.

Die Gesamtstrategie ergibt sich aus den gebildeten Unterstrategien, d.h. der Errechnung der optimalen Lieferung auf jeder Strecke des Distributionsnetzes unter Berücksichtigung der entsprechenden Beschränkungen. In der zulässigen Strategie werden außerdem die Zentralläger den Produktionsstätten zugeordnet und das optimale Transportmittel für den Weg Produktion–Zentrallager ermittelt. Die ausgegebenen Dispositionsregeln enthalten für die ersten 20 errechneten Strategien je Region pro Lager den Lieferort, die Gruppierung mit anderen Lägern, die Transportmittel, die optimale Tonnage und den Lieferzyklus. Die Verteilungskosten je transportierten Tonne werden angegeben. Das Subsystem 2 liefert ferner eine Reihe zusätzlicher Informationen als Entscheidungshilfen:

- die Belastung der Versandabteilungen in den einzelnen Produktionen und Zentrallägern im Jahr für jedes Transportmittel,
- die erforderliche Produktion je Produktionsstätte und den Jahresumsatz für die Zentralläger,
- die Differenz zwischen Ist- und Planbestand je Artikel und Lager,
- den insgesamt erforderlichen Platz- bzw. Raumbedarf je Lager bei beschränkter Lagerraumkapazität,
- die kostenmäßigen Auswirkungen alternativer (vorgegebener) Soll-Lieferbereitschaft je Artikel und Lager.

Als Hilfsmittel für längerfristige Entscheidungen kann das Subsystem 2 zur Simulation verschiedener Strukturen eingesetzt werden. Anwendungsmöglichkeiten sind gegeben für Entscheidungen

- zum Einsatz anderer Transportmittel,
- zur Einrichtung oder Auflösung von Zwischenlägern,
- zu Standortbestimmungen für neue Produktionsstätten.

Mit diesen Möglichkeiten bietet das „DIOS"-Subsystem 2 umfangreiche Möglichkeiten, die komplexen Zusammenhänge in der Distribution zu analysieren und zu optimieren.

12.34 Bestandsführung, Bedarfsvorhersage, Liefertermine

Das „DIOS"-Subsystem 3 verarbeitet in seinem Bestandsführungsteil, dessen Aufgabe die Unterstützung der operierenden Funktionen im Unternehmen ist, die Zu- und Abgänge je Lager, überwacht die noch auf dem Transportweg befindlichen Positionen (Unterwegsbestände), speichert und überwacht die noch nicht realisierten Versandanweisungen, ordnet Abgänge termingerecht den historischen Daten zu und schreibt die Durchschnittsbestände je Artikel und Lager fort.
Die kurzfristige Bedarfsvorhersage dieses operierenden Teils des Distributionssystems basiert auf den durch das „DIOS"-Subsystem 1 ermittelten Modellen und Anfangswerten. Die angewendeten Verfahren bilden einen Kompromiß zwischen der Forderung nach hoher Genauigkeit der Vorhersage und der Zulässigkeit eines vertretbaren Rechenaufwandes. „DIOS" ermöglicht sowohl die Anwendung der Verfahren der exponentiellen Glättung (nach R. G. Brown) als auch den Einsatz aufwendigerer Vorhersageverfahren wie z. B. der adaptiven Glättung. Die Bedarfsvorhersage in „DIOS" wird für jeden Distributionspunkt (Produktionsläger, Zentralläger, Auslieferungsläger) durchgeführt. Für die Produktionsläger wird die Vorhersage auf 8, 12, 26 oder 52 Wochen extrapoliert. Für die übrigen Läger kann zwischen 1, 2 und 4wöchigen Vorhersageintervallen für jeden Artikel gewählt werden. Damit ergibt sich die Möglichkeit einer Anpassung des Vorhersageintervalls an den Wiederbevorratungszyklus des Lagers. Bei Artikeln mit sporadischer Nachfrage wird durch ein langes Vorhersageintervall eine ruhige Vorhersage erreicht. Wird bei Artikeln mit horizontalem Bedarfsverlauf eine wöchentliche Vorhersage durchgeführt, so ist eine schnelle Reaktion auf die tatsächliche Entwicklung möglich.
Die zufälligen Abweichungen vom Vorhersagewert erfordern keinen Eingriff in das System durch den Disponenten, da der Vorhersagefehler durch den Sicherheitsbestand abgedeckt ist. Strukturelle Veränderungen dagegen werden vom System erkannt (z. B. Auswirkungen von Verkaufsförderungen, Änderung des horizontalen Verlaufs in einen absteigenden Trend bei auslaufenden Artikeln), sie werden dem Disponenten gemeldet. Greift der Disponent nicht ein, so führt das System eine Korrektur durch. Ungewöhnliche Abweichungen einzelner Bedarfswerte von der Vorhersage werden aufgrund der vom Benutzer artikelindividuell definierten Filtergrenzen vom System erkannt, und es wird ein Abweichungssignal als Hinweis ausgegeben.
Im allgemeinen ist es zweckmäßig, aus Kostengründen die Bestände des empfangenden Lagers niedrig zu halten und so spät wie möglich die Wiederbevorratung des Lagers vorzunehmen. Hierzu wird vom System jede Gruppe von Artikeln, die gemeinsam ans Lager geliefert werden sollte, daraufhin untersucht, ob durch spätere Lieferung die geforderte Lieferbereitschaft noch ge-

währleistet ist. Der Aufschub der Lieferung wird tageweise untersucht. Das System gibt die Ist-Lieferbereitschaft jedes Artikels und die Anzahl Tage an, für die der Lagerbestand unter Berücksichtigung der voraussichtlichen Nachfrage und der Unterwegsbestände noch ausreicht.
Zusätzlich wird von „DIOS" im Subsystem 3 für jedes Lager eine Bestandssimulation durchgeführt, um für die geplanten Lieferungen Hinweise auf nicht ausreichenden Lagerplatz zu erhalten.

12.35 Liefermengendisposition

Aus den Vorgaben der optimalen Lieferstrategie und den kurzfristigen Bedarfswerten und Terminangaben werden im „DIOS"-Subsystem 4 die Liefermengen der effektiven Bestandssituation vorgeschlagen. Ist der Bedarfsverlauf gleichmäßig, so wird die kurzfristige Liefermenge mit den Vorgaben der optimalen Lieferstrategie aus Subsystem 2 übereinstimmen. Treten aber durch Terminaufträge und Verkaufsförderungen starke Bedarfsschwankungen auf, so müssen kurzfristig die Liefermengen den geänderten Voraussetzungen angepaßt werden. Durch die „umsatzanpassende Losgröße" wird der geänderte Bedarfsverlauf in Abhängigkeit von der Zeit in die Rechnung einbezogen.
Durch die Bedarfsschwankungen und die Möglichkeit des Wareneingangs von einem anderen Lieferort ergibt sich täglich ein unterschiedliches Kapazitätsbild im Lager, das die Verwendung fester Liefermengen nicht zuläßt. „DIOS" errechnet daher durch die umsatzanpassende Losgrößenformel für den zukünftigen Bedarfsverlauf und die voraussichtliche Kapazitätssituation im Lager die optimale Liefermenge.
Diese Mengenoptimierung unterliegt in der Praxis einer Vielzahl von Restriktionen: Transportmittel (Kapazität, Tarif, Vereinbarungen mit Verladern), Lagerdauer (Haltbarkeitsgrenzen bei verderblichen Produkten), Palettierungsmöglichkeiten, Saisonabhängigkeit, Änderungen im Produktionsvolumen (Kontingentierung).
Während der Disposition wird vom System laufend geprüft, ob die vorgeschlagenen Mengen von der Produktion auch geliefert werden können. Ist von der Marketingabteilung zu übersehen, daß neue Produkte oder Produkte, für die eine Verkaufsförderung geplant ist, die Bedarfsstruktur anderer Produkte beeinflussen, so müssen von dieser Stelle entsprechende Korrekturen vorgenommen werden.
Das Ergebnis der Disposition im „DIOS"-Subsystem 4 ist ein Vorschlag zur Belieferung eines Einzellagers oder einer Lagergruppe. Dieser Vorschlag enthält:
- den optimalen Liefertermin bzw. den zulässigen Lieferaufschub in Tagen,
- den Lieferort,

- das empfangende Lager,
- das Transportmittel,
- das Gesamtladegewicht und die Kapazitätsgrenzen des Transportmittels,
- den Eindeckungszeitraum,
- die Kapazität des Lagers,
- die einzelnen Artikelmengen.

Dieser Vorschlag muß vom Disponenten geprüft werden, Änderungen sind dem System zu melden und führen zur endgültigen Versandanweisung. Die neuen (geplanten) Lieferungen werden als geplante Abgänge vom Lieferort und geplante Zugänge am empfangenden Lager im System gespeichert.
Spezielle Vorschläge betreffen die Belieferung von Großkunden. Das System untersucht, ob die Belieferung von Großkunden mit der Belieferung von Einzellägern oder Lagergruppen kostengünstig ist und gibt die entsprechenden Vorschläge für die Kombination von Lager- und Großkundenlieferungen aus.

12.36 Einsatz des Systems und speziell erforderliche Daten

Durch den Einsatz von „DIOS“ zur Lösung der Distributionsprobleme mit der EDV wird den verschiedenen Bereichen im Unternehmen die Möglichkeit gegeben, sich schnell an ständig wechselnde Anforderungen und Ziele im Distributionsbereich anzupassen und das Gesamtziel der Kostenminimierung und die Ziele der Marketingpolitik zu erreichen. Wichtig ist, daß der Informationsfluß zwischen den beteiligten Stellen schnell und vollständig ist:

- das Auslieferungslager meldet laufend die Abgangsmengen und bestätigt den Eingang der Zugänge,
- die Lieferorte bestätigen die Abgänge,
- die Marketingabteilung schätzt die Mehrmengen bei Verkaufsförderungsmaßnahmen,
- die Disponenten überarbeiten die Bestellvorschläge und geben Großkundenaufträge ein.

Den möglichen Ablauf und den Informationsfluß innerhalb des Systems zeigt das Schaubild [4, S. 40] (Abb. 132).

Für die Installation von „DIOS“ und die Anwendung des Programmsystems sind folgende Daten speziell erforderlich:

Nachfragedaten:

Vergangenheitswerte aus 2 Jahren für saisonale Artikel (evtl. Schätzungen), 6 Wochenwerte für horizontal- oder trendförmig verlaufende Artikel.

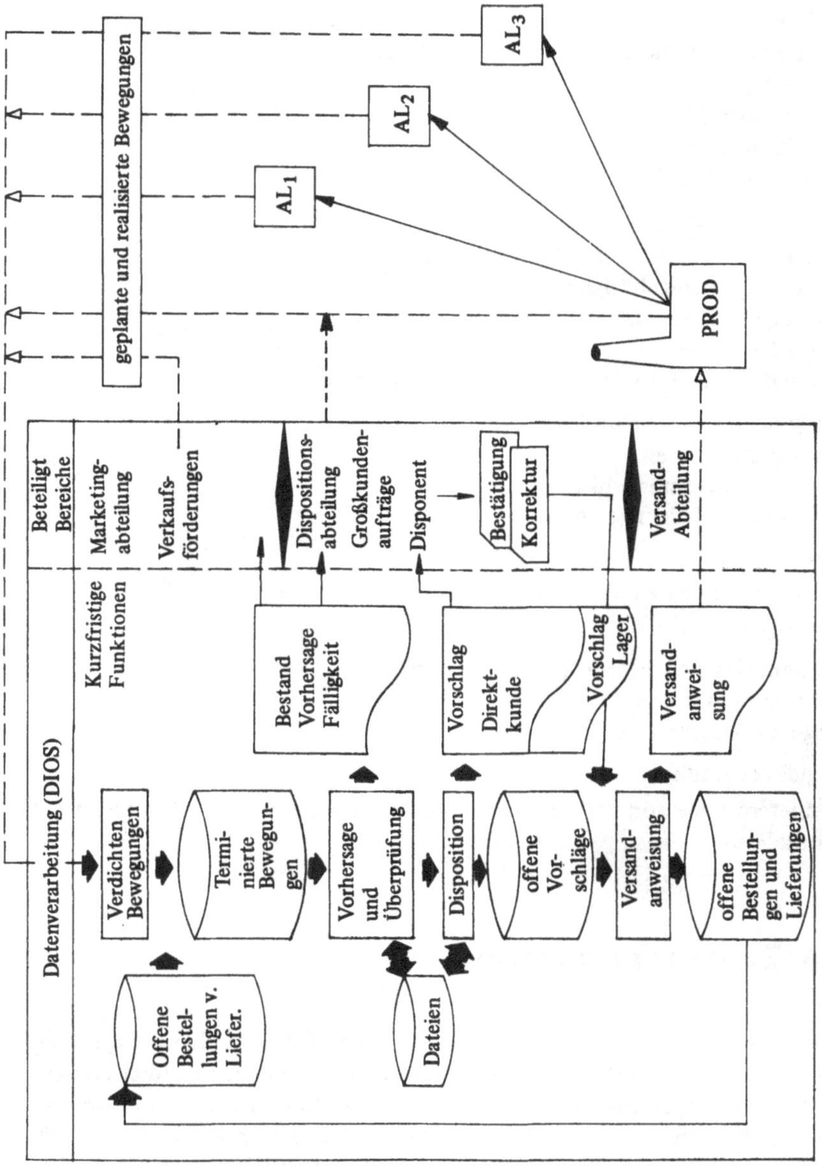

Abb. 132: Eingliederung des Systems in die Unternehmensstruktur

Artikeldaten:

Einstandswert und Deckungsbeitrag im Lager,
Gewicht,
Platzbedarf,
maximale Lagerdauer,
Lieferbereitschaft.

Distributionsnetz:

je Lager und je Kunde zulässige Lieferorte,
Lagergruppenzugehörigkeit,
zulässige Transportmittel,
spezielle Tarife,
spezielle Restriktionen (z. B. Mindestmengen).

Lagerdaten:

Lagerplatzangaben,
spezielle Lagermöglichkeiten,
Ent- oder Beladeinöglichkeiten.

Kundendaten:

für Großkunden zusätzlich die zulässigen Lieferorte.

Lagerkostensatz:

Prozent des Lagerwertes (Kapitalkosten),
Einlagerungskosten,
Lagerpauschalen (bei Fremdlägern).

Versandkostensatz:

je Lieferort die von der Anzahl der Anlieferungen und den Positionen je Auslieferung abhängigen Kosten.

12.4 Zusammenfassung

Distributionsprobleme im Unternehmen sind auch für hierarchisch organisierte Lagerstrukturen mit Hilfe der EDV lösbar. Kostensenkungen werden erreicht, und die Marketingpolitik des Unternehmens wird durch aktuelle und umfassende Informationen aus diesem steuernden und operierenden System „DIOS“ stark unterstützt. Die Informationen aus „DIOS“ waren bisher in diesem Umfang und in dieser Genauigkeit bei manuellen Lösungen der Distributionsprobleme nicht verfügbar. Damit ist die hier aufgezeigte Lösungsmöglichkeit der Distributionsprobleme durch Einsatz eines EDV-Systems als wichtiges Element innerhalb eines integrierten Marketing-Informationssystems zu sehen.

Literaturverzeichnis

Literatur zu Kapitel 1

[1] Baldus, Th., E. Grochla und G. Nagel: Betriebsinformatik und Wirtschaftsinformatik als notwendige anwendungsbezogene Ergänzung einer allgemeinen Informatik. Köln 1969.

[2] Bauer, F. L. und G. Goos: Informatik. 2 Bände. Berlin–Heidelberg–New York 1971.

[3] Berthel, J.: Informationen und Vorgänge ihrer Bearbeitung in der Unternehmung. Berlin 1967.

[4] Bierfelder, W. H.: Optimales Informationsverhalten im Entscheidungsprozeß der Unternehmung. Berlin 1968.

[5] Blau, H.: Die Planung von Management-Informations-Systemen. Nachdruck einer Artikelserie. In: Bürotechnik & Automation, 1967.

[6] Dearden, J. und McFarlan: Management Informations Systems. Text and Cases. Homewood/Ill. 1966.

[7] Dworatschek, S.: Management-Informations-Systeme. Berlin–New York 1971.

[8] Gäfgen, G.: Theorie der wirtschaftlichen Entscheidung. Tübingen 1963.

[9] Gallagher, J. D.: Management Information Systems and the Computer, New York 1961.

[10] Hansen, H. R.: Elektronische Datenverarbeitung in Handelsbetrieben. Berlin 1970 (insbes. Kapitel 2.3).

[11] Hellfors, S.: Management – Datenverarbeitung – Operations Research. München und Wien 1967.

[12] Hodge, B. und R. N. Hodgson: Management and the Computer in Information and Control Systems. New York 1969.

[13] IBM-Deutschland (Hrsg.): Informatik. Ausbildungsmodelle auf dem Gebiet der Datenverarbeitung. Sindelfingen 1970.

[14] Kalscheuer, H. D.: Integrierte Datenverarbeitungssysteme für die Unternehmensführung. 2. Aufl. Berlin 1969.

[15] Koreimann, D. S.: Methoden und Organisation von Management-Informations-Systemen. Berlin–New York 1971.

[16] Kramer, R.: Information und Kommunikation. Berlin 1962.

[17] Lutz, Th. und H. Beutler: „Management Information Systems" (MIS). Begriffe und Konzeption für Management Informationssysteme. In: IBM Nachrichten, 18. Jg. (1968), Nr. 191, S. 367 ff.

[18] Lutz, Th. und H. Klimesch: „Management Information Systems" (MIS). Die Datenbank und ihre Probleme. In: IBM Nachrichten, 18. Jg. (1968), Nr. 192, S. 457 ff.

[19] Lutz, Th. und P. Miottke: „Management Information Systems" (MIS). Der Weg zu einem MIS. In: IBM Nachrichten, 19. Jg., Nr. 193, S. 534 ff.

[20] Martin, F. u. a.: Optimale Planung und Führungsinformation. Mellingen o. J.

[21] Meyer, C. W.: Grundzüge moderner Vertriebspolitik. Marketing-Maßnahmen. Berlin 1967.

[22] –: Die Koordination von Unternehmung und Markt. Ein systematischer Grundriß. Berlin 1959.

[23] –: Marktforschung und Absatzplanung. 2. Aufl. Herne–Berlin 1970.

[24] –: Vertrieb – Marketing – Sales Promotion. Eine vergleichende Untersuchung. In: Zeitschrift für Betriebswirtschaft, 28. Jg. (1958).

[25] Mertens, P.: Industrielle Datenverarbeitung. Wiesbaden 1969 (insbes. Kap. 3).

[26] Müller, W.: Die Simulation betriebswirtschaftlicher Informationssysteme. Wiesbaden 1969.

[27] Niederberger, A. R. V.: Das betriebliche Informationssystem. Wiesbaden 1967.

[28] Prince, T. R.: Information Systems for Management Planning and Control. Homewood/Ill. 1966.

[29] Rosove, P. E.: Developing Computer Based Information Systems. New York 1967.
[30] Schulz, A.: Strukturanalyse der maschinellen betrieblichen Informationsbearbeitung. Berlin 1970.
[31] Speiser, A. P.: Digitale Rechenanlagen. Berlin–Göttingen–Heidelberg 1961.
[32] Steinbuch, K. (Hrsg.): Taschenbuch der Nachrichtenverarbeitung. 2. Aufl. Berlin–Heidelberg–New York 1967.
[33] Wahl, M. P.: Grundlagen eines Management-Informationssystems. Neuwied und Berlin 1969.
[34] –: Grundlagen des Management-Informationssystems. Einige wesentliche Definitionen. In: IBM Nachrichten, 19. Jg. (1969).
[35] Wittmann, W.: Unternehmung und unvollkommene Information. Köln und Opladen 1959.

Literatur zu Kapitel 2

Selbständige Schriften

[1] Acker, H.: Die organisatorische Stellengliederung im Betrieb. Wiesbaden 1961.
[2] –: Organisationsanalyse. Baden-Baden 1963.
[3] Arnold, G.: Organisation der Betriebsstruktur. Berlin 1967.
[4] Bergmann, J. und W. Zapf: Kommunikation im Industriebetrieb. Frankfurt 1965.
[5] Berthel, J.: Informationen und Vorgänge ihrer Bearbeitung in der Unternehmung. Berlin 1967.
[6] Bierfelder, W. H.: Optimales Informationsverhalten im Entscheidungsprozeß der Unternehmung. Berlin 1968.
[7] Blohm, H. und L. Heinrich: Schwachstellen der betrieblichen Berichterstattung. Baden-Baden, Bad Homburg 1965.
[8] Bössmann, E.: Die ökonomische Analyse von Kommunikationsbeziehungen in Organisationen. Berlin 1967.
[9] Cherry, C.: Kommunikationsforschung – eine neue Wissenschaft. 2. Auflage 1967.
[10] Churchman, C. W., R. L. Ackoff und E. L. Arnoff: Operations Research. Wien und München 1961.
[11] Coenenberg, A. G.: Die Kommunikation in der Unternehmung. Wiesbaden 1966.
[12] Dichtl, E.: Über Wesen und Struktur absatzpolitischer Entscheidungen. Berlin 1967.
[13] Domeier, M.: Beurteilungskriterien formeller Kommunikationssysteme. Dissertation. Köln 1966.
[14] Grochla, E.: Automation und Organisation. Wiesbaden 1966.
[15] Groß, H. F.: Mensch und Organisation in der Unternehmung. Wiesbaden 1966.
[16] Grün, O.: Informale Erscheinungen in der Betriebsorganisation. Berlin 1966.
[17] Gutenberg, E.: Unternehmensführung, Organisation und Entscheidung. Wiesbaden 1962.
[18] –: Grundlagen der Betriebswirtschaftslehre. Band I: Die Produktion. 14. Auflage. Berlin–Heidelberg–New York 1968.
[19] –: Grundlagen der Betriebswirtschaftslehre. Band II: Der Absatz. 9. Auflage. Berlin–Heidelberg–New York 1966.
[20] Häusler, J.: Grundlagen der Betriebsführung. Wiesbaden 1966.
[21] Heinen, E.: Einführung in die Betriebswirtschaftslehre. Wiesbaden 1968.
[22] Holzinger, D.: Die organisatorischen Verbindungswege und Probleme ihrer allgemeinen und gegenseitigen Abhängigkeiten in kaufmännischen Unternehmungen. Berlin 1962.
[23] Kosiol, E.: Organisation der Unternehmung. Wiesbaden 1962.
[24] Koch, W.: Grundlagen und Technik des Vertriebs. Band 1.;2. Auflage. Berlin 1958.
[25] Kramer, R.: Die betriebswirtschaftliche Bedeutung von Information und Kommunikation, insbesondere für die Struktur des Betriebes. Dissertation Mannheim 1962.
[26] Linhardt, H.: Grundlagen der Betriebsorganisation. Essen 1954.

[27] Luhmann, N.: Funktionen und Folgen formaler Organisation. Berlin 1964.
[28] Martin, F., H. Kempe und Dieckow: Optimale Vertriebsgestaltung. Marketingkonzeption und elektronische Datenverarbeitung. Radevormwald, Baden–Zürich, o. J.
[29] March, J. G. und H. A. Simon: Organizations. New York 1959.
[30] Mayntz, R.: Die soziale Organisation des Industriebetriebes. Stuttgart 1966.
[31] Meier, A.: Organisation der Unternehmensführung. 2. erweiterte Auflage. Stuttgart 1957/65.
[32] Meyer, C. W.: Grundzüge moderner Vertriebspolitik. Marketing-Maßnahmen. Berlin 1967.
[33] –: Grundsatzentscheidungen der Vertriebsführung. Berlin 1961.
[34] Newman, W. H., C. E. Summer und E. K. Warren: Management-Prozesse. Stuttgart 1968.
[35] Nordsieck, F.: Betriebsorganisation, Lehre und Technik. Textband und Bildband. Stuttgart 1961.
[36] –: Die schaubildliche Erfassung und Untersuchung der Betriebsorganisation. 6. Auflage. Stuttgart 1962.
[37] Pietzsch, J.: Die Information in der industriellen Unternehmung. Köln 1964.
[38] Prince, T. R.: Informations Systems for Management Planning and Control. Homewood, Ill. 1966.
[39] R.K.W. (Ausschuß für wirtschaftliche Verwaltung): Organisation in amerikanischen Unternehmen. Wiesbaden 1963.
[40] Samuelson, P. A.: Volkswirtschaftslehre. 2 Bde. Köln 1965.
[41] Schnutenhaus, O.- R.: Allgemeine Organisationslehre. Berlin 1951.
[42] –: Die Entscheidungsanalyse der Unternehmensführung für das systematische Gewinnmachen im Markt und die Typologie der Unternehmung. Berlin 1969.
[43] Schriftenreihe des Instituts für Betriebswirtschaft an der Hochschule St. Gallen, Organisationsbrevier. Bern, Köln und Opladen 1965.
[44] Schweitzer, M.: Probleme der Ablauforganisation in Unternehmungen. Berlin 1964.
[45] Simon, H. A.: Administrive Behavior. 2nd ed. New York 1961.
[46] Stahlmann, J.: Organisation, Entscheidung und Kommunikation. Dissertation Göttingen 1960.
[47] Stern, M. E.: Marketing Planung. Berlin 1968.
[48] Ulrich, H.: Betriebswirtschaftliche Organisationslehre. Bern 1949.
[49] Weinhold-Stünzi, H.: Grundlagen wirtschaftlicher Absatzführung. Bern 1964.
[50] Wild, J.: Neuere Organisationsforschung in betriebswirtschaftlicher Sicht. Berlin 1967.
[51] Vieweg, R.: Datenverarbeitung und Management. Frankfurt/Berlin 1968.
[52] Zander, E.: Taschenbuch für betriebliches Informationswesen. Heidelberg 1968.

Beiträge zu Sammelwerken und Handbüchern

[53] Albach, H.: Entscheidungsprozeß und Informationsfluß in der Unternehmensorganisation. In: E. Schnaufer u. K. Agthe (Hrsg.): Organisation, TfB-Handbuchreihe, Bd. 1. Berlin, Baden-Baden 1961.
[54] Bleicher, K.: Zur Zentralisation und Dezentralisation des Entscheidungsprozesses in der Unternehmensorganisation. In: E. Grochla (Hrsg.): Organisation und Rechnungswesen, Festschrift für E. Kosiol. Berlin 1964.
[55] Disch, W. K. A.: Netzplantechnik im Marketing. Bearb. von W. K. A. Disch. Veröffentlichung des hamburgischen Welt-Wirtschafts-Archivs 1968.
[56] Eisler, R.: Wörterbuch der philosophischen Begriffe. 4. Auflage. Berlin 1930.
[57] Hansen, H. R.: Die elektronische Datenverarbeitung als Mittel zur Unterstützung der Vertriebsführung. In: H. R. Hansen (Hrsg.): Unternehmung und Markt. Festschrift für C. W. Meyer. Berlin 1969.
[58] Hummer, W.: Die neuen Management-Techniken der Ideenfindung sowie des schöpferischen Denkens und Mitdenkens. In: Die neuen Management-Techniken. München 1967.

[59] Kluge, M.: Zentralisation und Dezentralisation im diversifizierten Unternehmen. In: F. Scharpenack (Hrsg.): Strukturwandel der Wirtschaft im Gefolge der Computer. Basel/Tübingen 1966.
[60] Kosiol, E. (und Mitarbeiter): Kollegien als Organisationsform der Entscheidung, Beratung und Information. In: E. Kosiol (Hrsg.): Organisation des Entscheidungsprozesses, Berlin 1959.
[61] Kosiol, E. (und Mitarbeiter): Die Organisation von Investitionsentscheidungen. In: E. Kosiol (Hrsg.): Organisation des Entscheidungsprozesses. Berlin 1959.
[62] Leitherer, E.: Ansätze zu einer Analyse der Absatzorganisation neuer Produkte unter informationstheoretischen Gesichtspunkten. In: E. Kosiol und E. Sundhof (Hrsg.): Betriebswirtschaft und Marktpolitik, Festschrift für R. Seyffert. Köln 1968.
[63] Marschak, J.: Effective and Viable Organizational Forms. In: Mason Haire (Ed.): Modern Organization Theory. New York/London 1959.
[64] Meyer, C. W.: Werbepolitik als Unternehmerische Aufgabe. In: E. Kosiol und E. Sundhof (Hrsg.): Betriebswirtschaft und Marktpolitik, Festschrift für R. Seyffert. Köln 1968.
[65] Neubert, H.: Der Einfluß der elektronischen Datenverarbeitung auf Aufgabenstellung und Organisation des Rechnungswesens. In: E. Grochla (Hrsg.): Organisation und Rechnungswesen. Festschrift für E. Kosiol. Berlin 1964.
[66] Reuss, G. E.: Der Computer als Werkzeug und Bestandteil der Unternehmensführung. In: F. Scharpenack (Hrsg.): Strukturwandel der Wirtschaft im Gefolge der Computer. Basel/Tübingen 1966.
[67] Schramm, W.: How Communication Works. In: W. Schramm (Ed.): The Process and Effects of Mass Communication. Urbana, Ill. 1955.
[68] Spethmann, D.: Organisationsprobleme in Großunternehmen. In: F. Scharpenack (Hrsg.): Strukturwandel der Wirtschaft im Gefolge der Computer. Basel/Tübingen 1966.
[69] Witte, E.: Analyse der Entscheidung. In: E. Grochla (Hrsg.): Organisation und Rechnungswesen. Festschrift für E. Kosiol. Berlin 1964.
[70] –: Entscheidungsprozesse. In: E. Grochla (Hrsg.): Handwörterbuch der Organisation. Stuttgart 1969.

Aufsätze in Zeitschriften

[71] Albach, H.: Zur Theorie der Unternehmensorganisation. In: Zeitschrift für handelswissenschaftliche Forschung, 11. Jg. 1959.
[72] Beckmann, M. J.: Decision and Team Problems in Airline Reservations. In: Econometrica 1958.
[73] Bendixen, P.: Die Komplexität von Entscheidungssituationen – Kritik am Formalismus der betriebswirtschaftlichen Entscheidungstheorie. In: Kommunikation, Vol. 1, 1967.
[74] Egli, W.: Funktionsgerechte Anordnung der Büros im Verwaltungsgebäude. In: Büro und Verkauf, Januar 1968.
[75] Guetzkow, H. und H. A. Simon: The Impact of Certain Communication Nets upon Performance in Taskoriented Groups. In: Management Science, Vol. 1, 1954/55.
[76] Hansen, H. R.: Rationaler Vertrieb durch Marketing-Informationssysteme. In: Büro und Verkauf, Juni 1968.
[77] Jacobi, H. P.: Einführung in die Theorie der Graphen. In: Kommunikation (Zeitschrift für Planungs- und Organisationskybernetik), Vol. 1, IV, 1968.
[78] IBM-Nachrichten: Management-Informations-Systems. Sonderdruck aus Heft 191, 192, 193.
[79] McGuire, C. B.: Some Team Models of a Sale Organization. In: Management Science, Vol. 7, 1961.
[80] Meyer, C. W.: Absatzorganisation. In: Betriebswirtschafts-Akademie, Wiesbaden o. J. (1962).
[81] –: Das Marketing in der Büromaschinenindustrie. In: Schriftenreihe der Fachgemeinschaft Büromaschinen und Datentechnik im VDMA, Heft 20, März 1968.

Literatur zu Kapitel 3

[1] AG Institut für Automation (Hrsg.): Computer Indices. Zürich 1967.

[2] Carlsen, E.: Permanente Abschlußbereitschaft – ein Kriterium der mittleren Datentechnik. In: Rechnungswesen, Datentechnik, Organisation (RDO), 17. Jg. (1971), 11 S. 354–358.

[3] Futh, H.: Elektronische Datenverarbeitungsanlagen, Bd. I: Einführung in Aufbau und Arbeitsweise. 2. Aufl. München, Wien 1966.

[4] Hansen, H. R.: Elektronische Datenverarbeitung in Handelsbetrieben. Berlin 1970.

[5] –: Bestimmungsfaktoren für den Einsatz elektronischer Datenverarbeitungsanlagen in Unternehmungen. Berlin 1970.

[6] Heilmann, W.: Auswahlkriterien für Datenverarbeitungsanlagen. In: Zeitschrift für Organisation (ZfO), 40. Jg. (1971), 8, S. 413–422.

[7] Heinrich, L. J.: Mittlere Datentechnik. 2. Aufl. der Datenverarbeitungspraxis. Bd. 47. Köln–Braunsfeld 1970.

[8] Herholz, H.: Mit Datenverarbeitung organisieren. Beispiele aus der Betriebspraxis. München 1969.

[9] IBM-Deutschland (Hrsg.): IBM-System/360. IBM Form 79 905-2.

[10] –: Datenfernübertragung. IBM Form 74 182-1.

[11] Jakob, H.: Kleincomputer kommen groß heraus. In: Der Erfolg, 20. Jg. (1971), 6, S. 17–23.

[12] Mertens, P.: Industrielle Datenverarbeitung. Wiesbaden 1969.

[13] Müller, Peter (Hrsg.): Lexikon der Datenverarbeitung. 2. Aufl. München 1969.

Literatur zu Kapitel 4

Bücher

[1] Alderson, W. and P. E. Green: Planning and Problem Solving in Marketing. Homewood 1964.

[2] Balderston, F. E. and A. C. Hoggat: Simulation of Market Processes. Berkeley, Calif. 1962.

[3] Beer, S.: Kybernetik und Management. Hamburg 1962.

[4] Beckmann, M. J.: Dynamic Programming of Economic Decisions. Berlin 1968.

[5] Bellmann, R. E.: Dynamic Programming. Princeton 1957.

[6] Bellmann, R. E. and S. Dreyfus: Applied Dynamic Programming. Princeton 1962.

[7] Bellmann, R. E.: Dynamische Programmierung und selbstanpassende Regelprozesse. München 1967.

[8] Bowman and Fetter: Analysis for Production and Operations Management. Homewood 1967.

[9] Claycamp, H. J. and A. E. Amstütz: Simulation Techniques in the Analysis of Marketing Strategy. In: F. M. Bass, C. W. King a. E. A. Pressemier (Eds.): Applications of the Sciences in Marketing Management. New York 1968, p. 113–150.

[10] Dichtl, E.: Über Wesen und Struktur absatzpolitischer Entscheidungen. Berlin 1967.

[11] Fletcher, A. und G. Clarke: Mathematische Hilfsmittel der Unternehmensführung. München 1966.

[12] Gutenberg, E.: Grundlagen der Betriebswirtschaftslehre. Bd. I: Die Produktion. 14. Aufl. Berlin 1966.

[13] –: Grundlagen der Betriebswirtschaftslehre. Bd. II: Der Absatz. 9. Aufl. Berlin 1966.

[14] Hadley, G.: Nichtlineare und dynamische Programmierung. Würzburg 1969.

[15] Hertz, Edison: Publication in Operations Research, Vol. 9. New York 1964.

[16] Howard, R. A.: Dynamische Programmierung und Markov-Prozesse. Zürich 1965.

[17] Kaufmann, A.: Methodes et modeles de la recherche operationelle. Tome 2. Paris 1964.

[18] Koller, H.: Simulation und Planspieltechnik – Betriebsexperimente in der Betriebswirtschaft. Wiesbaden 1969.
[19] Koxholt, R.: Die Simulation – ein Hilfsmittel der Unternehmensforschung. Begriff, Methodik und Technik der Anwendung. München 1967.
[20] Künzi, Müller und Nievergelt: Einführung in die dynamische Programmierung. Zürich 1969.
[21] Kulhavy, E.: Operations Research. Wiesbaden 1963.
[22] Lindemann, P.: Unternehmensführung und Wirtschaftskybernetik. Neuwied 1970.
[23] McLaren, K. G. and E. L. Buesnel: Network Analysis in Project Management. London 1969.
[24] Meyer, C. W., unter Mitarb. von H. R. Hansen, V. Peemöller und G. Saval: EDV als Mittel des Marketing. Zur Entwicklung von Marketing-Informationssystemen. Herne 1972.
[25] Mertens, P.: Simulation. Stuttgart 1969.
[26] Montgomery, D. B. and G. L. Urban: Management Science in Marketing. Englewood Cliff, N.J. 1969.
[27] Müller, W.: Die Simulation betriebswirtschaftlicher Informationssysteme. Wiesbaden 1969.
[28] Müller-Merbach, H.: Operations Research. Methoden und Modelle der Optimalplanung. Berlin, Frankfurt/M. 1970.
[29] –: Optimale Reihenfolgen. Berlin, Heidelberg, New York 1970.
[30] Nemhauser, G. L.: Einführung in die Praxis der dynamischen Programmierung. München 1969.
[31] –: Introduction to dynamic Programming. New York 1966.
[32] Nieschlag, Dichtl und Hörschgen: Einführung in die Lehre der Absatzwirtschaft. Berlin 1968.
[33] Pichler, J.: Einführung in die dynamische Optimierung. Leipzig 1968.
[34] Preston, L. E. and N. R. Collins: Studies in a Simulated Market. Berkeley, Calif. 1966.
[35] Sasieni, Yaspan und Friedman: Methoden und Probleme der Unternehmensforschung. Würzburg 1965.
[36] Saaty, T. L.: Mathematical Methods of Operations Research. New York 1959.
[37] Saval, G.: Rationale Absatzplanung. Wiesbaden 1972.
[38] Schriftenreihe Datenverarbeitung: Mathematische Modelle und Verfahren der Operationsforschung. Hrsg. vom Institut für Datenverarbeitung, Dresden. 1968.
[39] Vaszoniy, A.: Die Planungsrechnung in Wirtschaft und Industrie. Wien 1962.
[40] Wentzel, J. S.: Elemente der dynamischen Programmierung. München 1966.

Zeitschriften

[41] Beckmann, M. J.: Dynamic Programming and Inventory Control. In: Operations Research Quarterly, 15 (1964), S. 389–400.
[42] Cani, S. J. de: A Dynamic Programming Algorithm for embedded Markov Chains when the Planning Horizon is at infinity. In: Management Science, Vol. 10 (1964), S. 716–733.
[43] Dreyfus, S.: Computational Aspects of Dynamic Programming. In: Operations Research, 5 (1957), S. 409–415.
[44] Egert, P.: Über ein dynamisches Programmierungsverfahren zur Kostenminimalisierung bei vorgegebenen Auftragsstückzahlen. In: Unternehmensforschung 5 (1962), S. 111–118.
[45] Falkenhausen, v. H.: Der Howard-Algorithmus in Dynamic Programming. In: Ablauf- und Planungsforschung, 4 (1963), S. 184–190.
[46] –: Optimallösungen für Entscheidungsfolgen, IBM-Form 78105.11.63.
[47] Foullon-Matzenauer, H.: Netzplantechnik im Marketing. In: IBM-Nachrichten, 202 (1970), S. 334–338.

[48] Grosse-Oetringhaus, W.: Ist Netzplantechnik ein Verfahren der Unternehmensforschung? Betriebswirtschaftliche Forschung und Praxis, 21 (1969), S. 172.
[49] Hanssmann, F.: Optimierung der Organisationsstruktur. In: Zeitschrift für Betriebswirtschaft, 1 (1970), S. 17–30.
[50] Hastings, N. A. J.: Some Notes on Dynamic Programming and Replacement. In: Operations Research Quarterly, 19 (1968), S. 453–464.
[51] Held, M., M. Karp, R. Shareshian: Assembly-Line Balancing-Dynamic Programming with Precedence Constraints. In: Operations Research, 11 (1963), S. 442–459.
[52] Hytha, R. K.: Die 25 EDV-Techniken der Madison Avenue in 1969. In: ADL-Nachrichten, 60/70, S. 6–19.
[53] IBM-Form 80529-0, Grundlagen der dynamischen Programmierung.
[54] IBM-Form H 20-0345-2, 1130 Linear Programming Mathematical Optimization Subroutine System (1130 LP – MOSS).
[55] IBM-Form H 20-8167, The Travelling Salesman Problem: An Application of Dynamic Programming.
[56] Kotler, Ph.: Marketing Mix Decisions for New Products. In: Journal of Marketing Research, 1 (1964).
[57] Magee, J. F.: Decision Trees for Decision Making. In: Harvard Business Review, 42 (1964), H. 4, S. 126 ff.
[58] Mertens, P.: Prognoserechnung und Theorie der Warteschlangen, Spieltheorie. In: ABWL-PU/K18/3 OR3, LE 149–212.
[59] Nemhauser/Ullmann: Discrete Dynamic Programming and Capital Allocation. In: Management Science, 15 (1969), S. 494–505.
[60] Wedekind, H.: Das dynamische Programmieren als eine Methode zur Auswertung von Verkaufsstatistiken in der Konsumgüterindustrie. In: Zeitschrift für Betriebswirtschaft, 1 (1966), S. 19–28.
[61] White, D. J.: Dynamic Programming and Equipment Resetting Decision Rule. In: Operations Research Quarterly, 15 (1964), S. 133–137.

Literatur zu Kapitel 5

[1] Bobsin, R.: Elektronische Deckungsbeitragsrechnung. Grundlagen, Praxis und Erstellung. München 1969.
[2] Böhm, H.-H. und F. Wille: Deckungsbeitragsrechnung und Programmoptimierung. München 1965.
[3] Eichholz, R.: Die quantitativen Grundlagen der Absatzplanung. In: Der Marktforscher 1968.
[4] Futh, H.: Elektronische Datenverarbeitungsanlagen, Band II: Organisation der Datenverarbeitung. München–Wien 1966.
[5] Geisser, H. O.: Kunde und Markt. In: Schriftenreihe des Forschungsinstituts für Absatz und Handel an der Hochschule St. Gallen. Bern/Stuttgart 1968.
[6] Geist, M.: Die Entscheidung im Vertrieb. In: RKW: „Industrieller Vertrieb und Einkauf", Heft 2. Hamburg/Berlin/Düsseldorf 1961.
[7] Hessenmüller, B.: Selektive Absatzpolitik. Stuttgart 1963.
[8] Jancke, W.: Verkaufen, aber mit Gewinn. Düsseldorf/Wien 1962.
[9] Lettau, H.-G.: Geplante Verkaufserfolge. Marketing in der täglichen Praxis. Düsseldorf/Wien 1969.
[10] Meyer, C. W.: Grundzüge moderner Vertriebspolitik. Marketing-Maßnahmen. Berlin 1967.
[11] –: Merkmale moderner Absatzpolitik. In: Unternehmungsführung auf neuen Wegen. Wiesbaden 1967.
[12] –: Über aktuelle Kostenprobleme. In: „Betriebswirtschaftliche Umschau", 33. Jg. (1963), Heft 3.
[13] Pietzsch, J.: Die Information in der industriellen Unternehmung. Grundzüge einer Informationstheorie für EDV. Köln–Opladen 1964.

[14] Schnutenhaus, O. R.: Die Entscheidungsanalyse der Unternehmungsführung für das systematische Gewinnmachen im Markt und die Typologie der Unternehmung. Herne/Berlin 1969.
[15] Schwarz, H.: Kostenträgerrechnung und Unternehmungsführung. Herne/Berlin 1969.
[16] Ulbricht, H. W.: Elektronenrechnen. Hamburg 1957.
[17] Weide, E.: Automatische Datenverarbeitung im Betrieb. Baden-Baden/Bad Homburg 1966.
[18] –: Organisation der automatischen Datenverarbeitung. Baden-Baden/Bad Homburg 1965.

Literatur zu Kapitel 6

Selbständige Schriften

[1] Aghte, K.: Kostenplanung und Kostenkontrolle im Industriebetrieb. Baden-Baden 1963.
[2] Berner, G.: Anwendungsmöglichkeiten der elektronischen Datenverarbeitung bei kurzfristigen Absatzprogrnosen. Zürich 1967.
[3] Bobsin, R.: Elektronische Deckungsbeitragsrechnung. München 1969.
[4] Deyhle, A.: Gewinnmanagement. München 1967.
[5] Fischer, H.: Moderne Vertriebsführung mit Datenverarbeitung. München 1969.
[6] Gutenberg, E.: Grundlagen der Betriebswirtschaftslehre, Band I: Die Produktion. 15. Aufl., Berlin–Heidelberg–New York 1969.
[7] –: Grundlagen der Betriebswirtschaftslehre, Band II: Der Absatz. 11. Aufl. Berlin–Heidelberg–New York 1968.
[8] Gümbel, R.: Die Sortimentspolitik in den Betrieben des Wareneinzelhandels. Köln und Opladen 1963.
[9] Hansen, H. R.: Elektronische Datenverarbeitung in Handelsbetrieben. Berlin 1970.
[10] –: Bestimmungsfaktoren für den Einsatz elektronischer Datenverarbeitungsanlagen in Handelsbetrieben. Berlin 1970.
[11] Hüttner, M.: Grundzüge der Marktforschung. Wiesbaden 1965.
[12] IBM-Deutschland (Hrsg.): Einführungsschrift IMPACT – Wirtschaftliche Lagerhaltung mit wissenschaftlichen Methoden. IBM-Form 74 899. Sindelfingen 1963.
[13] Kalscheuer, H. D.: Integrierte Datenverarbeitungssysteme für die Unternehmensführung. Berlin 1969.
[14] Löffelholz, J.: Repetitorium der Betriebswirtschaftslehre. 2. Aufl. Wiesbaden 1967.
[15] Meyer, Carl W.: Grundzüge moderner Vertriebspolitik. Marketing-Maßnahmen. Berlin 1967.
[16] –: Grundsatzentscheidungen der Vertriebsführung. Berlin 1961.
[17] –: Die Koordination von Unternehmung und Markt. Berlin 1959.
[18] –: Marktforschung und Absatzplanung. Berlin 1964.
[19] Meyer, W. M.: Sortimentsplanung und Sortimentskontrolle in der Einzelhandelsunternehmung, Diss., Bern 1959.
[20] Mertens, P.: Industrielle Datenverarbeitung. Wiesbaden 1969.
[21] Nowak, P.: Kostenrechnungssysteme in der Industrie. 2. Aufl. Köln und Opladen 1961.
[22] Schade, H. C.: Planvolle Absatzförderung. München 1964.
[23] Schneider, Erich: Einführung in die Wirtschaftstheorie, II. Teil: Wirtschaftspläne und wirtschaftliches Gleichgewicht in der Verkehrswirtschaft. Tübingen 1967.
[24] Schnutenhaus, O. R.: Absatzpolitik und Unternehmensführung. Freiburg i. Br. 1961.
[25] Schulz, A.: Strukturanalyse der maschinellen betrieblichen Informationsbearbeitung. Berlin 1970.
[26] Städter, K.-H.: Gewinn, Gewinnquellen, Gewinnoptimale Unternehmensführung. Diss. Berlin 1969.

[27] Trautmann, W. P.: Praktische Absatzplanung. Ludwigshafen 1965.
[28] Wöhe, G.: Einführung in die Allgemeine Betriebswirtschaftslehre. 7. Aufl. Berlin und Frankfurt/M. 1967.

Beiträge zu Sammelwerken

[29] Adelmann, F.: Grundzüge der taktischen, konkurrenzorientierten Vertriebsplanung für Markenartikel. In: H. R. Hansen (Hrsg.): Unternehmung und Markt. Festschrift für Carl W. Meyer. Berlin 1969.
[30] Dorn, G.: Aussagemöglichkeiten moderner Kostenrechnungsverfahren. In: F. E. Grochla: Organisation und Rechnungswesen. Festschrift für E. Kosiol. Berlin 1964.
[31] Gerlinger, R.: Zur Diversifikation des Vertriebsprogramms industrieller Unternehmen. In: Unternehmung und Markt, a. a. O.
[32] Grundmann, H.: Koordinierung von Betrieb und Vertrieb durch Sortimentsanalyse. In: G. Bergler u. W. Vershofen (Hrsg.): Jahrbuch der Absatz- und Verbrauchsforschung, Band 5. Kallmünz/Opf. 1959.
[33] Jacobi, H.: Werbung und Absatzpolitik. In: Bidlingmeier/Jacobi/Uherek (Hrsg.): Absatzpolitik und Distribution. Festschrift für Karl Chr. Behrens. Wiesbaden 1967.
[34] Langen, H.: Der Betrieb als Regelkreis. In: E. Grochla (Hrsg.): Organisation und Rechnungswesen. Festschrift für E. Kosiol. Berlin 1964.

Zeitschriftenaufsätze

[35] Christen, H.: Organisation des Informationswesens. In: Bürotechnik und Organisation, Jg. 1969, Heft 2.
[36] Eichholz, R.: Die quantitativen Grundlagen der Absatzplanung. In: Der Marktforscher, Jg. 1968, Heft 1.
[37] Kern, W.: Der Impulsbezug dynamischer Fragestellungen in der Betriebswirtschaftslehre. In: Zeitschrift für Betriebswirtschaft, 39. Jg., 1969, Heft 6.
[38] Koller, H.: Systeme der Kostenrechnung. Sonderdruck aus IBM-Nachrichten 18 (1968), IBM-Form 782387.68.
[39] Meyer, C. W.: Die Kunst des Möglichen. In: Der Volkswirt, 21. Jg. 1967, Nr. 31.
[40] –: Über das Rechnen mit strukturellen Kosten. In: Zeitschrift für Betriebswirtschaft, 27. Jg. 1957.
[41] –: Über aktuelle Kostenprobleme. In: Betriebswirtschaftliche Umschau, 33. Jg. 1963, Heft 3.
[42] –: Vom Kostendenken zur Preisbildung?, In: „Bulletin" des Wirtschaftsring e. V., Bonn 1965/IX.
[43] –: Kostenrechnung und Kalkulation in der Marktwirtschaft. In: Zeitschrift für das gesamte Rechnungswesen, Heft Nr. 9, September 1969.
[44] –: Möglichkeiten der Konkurrenzpolitik. Sonderdruck aus „Betriebswirtschaftliche Forschung und Praxis", Heft 9, Jg. 1961.
[45] Poth, L.: Auch Kreative brauchen den Computer. In: Die Absatzwirtschaft, 2. Novemberausgabe, Düsseldorf 1967.

Sonstige Quellen und Hilfsmittel

[46] Dr. Gablers Wirtschaftslexikon, Band I und II. Hrsg.: H. Sellien, R. Sellien, 7. Aufl. Wiesbaden 1967.
[47] Grochla, E. (Hrsg.): Handwörterbuch der Organisation. Stuttgart 1969.
[48] Koller, H.: Plankostenrechnung. Vorlesung gehalten an der Universität Würzburg. Wintersemester 1971/72.
[49] Lang, H.: Vorschläge zur Rationalisierung von Reisendenberichten und einer möglichst weitgehenden Auswertung über die elektronische Datenverarbeitung. Diplomarbeit (unveröffentlichte), Univ. Würzburg 1971.

Literatur zu Kapitel 7

Selbständige Schriften

[1] Alderson, W. und St. J. Shapiro: Marketing and the Computer. Englewood Cliffs 1963.
[2] Amstutz, A. E.: Computer Simulation of Competitive Market Response. Cambridge und London 1967.
[3] Behrens, K. Ch.: Demoskopische Marktforschung. Wiesbaden 1966.
[4] Berner, G.: Anwendungsmöglichkeiten der EDV bei kurzfristigen Absatzprognosen. Zürich 1967.
[5] Churchman, C. W., R. L. Ackoff und E. L. Arnoff: Operations Research. 2. Aufl. Wien/München 1964.
[6] Cooley, W. W. u. P. R. Lohnes: Multivariate Procedures for the Behavioral Sciences. New York, London 1962.
[7] Cordes, Helmut: Unternehmensforschung und Absatzplanung. Wiesbaden 1968.
[8] Cyert, R. M. u. J. G. March: A Behavioral Theory of the Firm. Englewood 1963.
[9] Dichtl, Erwin: Über Wesen und Struktur absatzpolitischer Entscheidungen. Berlin 1967.
[10] Fischer, Hellmuth: Moderne Vertriebsführung mit Datenverarbeitung. München 1969.
[11] Green, P. E. u. R. E. Frank: A Manager's Guide to Marketing Research. New York 1967.
[12] Gutenberg, E.: Grundlagen der Betriebswirtschaftslehre, Band II: Der Absatz. 11. Aufl. Berlin, Heidelberg, New York 1968.
[13] Hansen, H. R.: Elektronische Datenverarbeitung in Handelsbetrieben. Berlin 1970.
[14] Koch, Waldemar: Grundlagen und Technik des Vertriebs. Band 1, 2. Aufl. Berlin 1958.
[15] –: Grundlagen und Technik des Vertriebs. Band 2, 2. Aufl. Berlin 1958.
[16] Koller, Horst: Simulation und Planspieltechnik. Wiesbaden 1969.
[17] Kosiol, E.: Kostenrechnung und Kalkulation. Berlin 1969.
[18] Kühn, Richard: Möglichkeiten rationaler Entscheidungen im Absatzsektor unter besonderer Berücksichtigung der Unsicherheit der Information. Bern und Stuttgart 1969.
[19] March, J. G. u. H. A. Simon: Organizations. 2. Aufl. New York und London 1959.
[20] Mertens, P.: Simulation. Stuttgart 1969.
[21] Meyer, C. W.: Grundzüge moderner Vertriebspolitik. Marketing-Maßnahmen. Berlin 1967.
[22] Montgomery, D. B. u. G. L. Urban: Management Science in Marketing. Englewood Cliffs 1969.
[23] Müller, Wolfgang: Die Simulation betriebswirtschaftlicher Informationssysteme. Wiesbaden 1969.
[24] Nieschlag, R., E. Dichtl, H. Hörschgen: Marketing. 4. Aufl. Berlin 1971.
[25] Petermann, G.: Marktstellung und Marktverhalten des Verbrauchers. Wiesbaden 1963.
[26] Plaut, H. G., H. Müller, W. Medicke: Grenzplankostenrechnung und Datenverarbeitung. München 1968.
[27] Schäfer, Erich: Grundlagen der Marktforschung. 4. Aufl. Köln und Opladen 1966.
[28] Scheele, W.: Richtiger Preis – besserer Absatz. München 1962.
[29] Schnutenhaus, O.: Absatzpolitik und Unternehmungsführung. Freiburg i. Br. 1961.
[30] Simon, Herbert A.: The Shape of Automation for Men and Management. New York 1965.
[31] Sisson, R. L. u. R. G. Canning: A Manager's Guide to Computer Processing. New York, London, Sydney 1967.
[32] Still, Richard D. u. E. W. Cundiff: Sales Management. 2nd. ed. Englewood Cliffs 1969.
[33] Vormbaum, H.: Differenzierte Preise. Köln und Opladen 1960.
[34] Wahl, Manfred: Die Grundlagen eines MIS. Neuwied und Berlin 1969.

Beiträge in Sammelwerken

[35] Claycamp, H. J. u. A. E. Amstutz: Simulation Techniques in the Analysis of Marketing Strategy. In: Applications of the Sciences in Marketing Management. Hrsg. Bass, F. M., King, Ch. W. Pessemier, E. A. New York, London, Sydney 1968, S. 113 ff.
[36] Ehrhardt, Klaus: Preis- und Rabattpolitik. In: Management Enzyklopädie, Band IV., S. 1172–1186, München 1971.
[37] Frank, Ronald E.: Market Segmentation Research: Findings and Implications. In: Applications of the Sciences in Marketing Management [vgl. 35], S. 39–68.
[38] Hewitt, Charles M.: Pricing – An Area of Increasing Importance. In: Price Policies and Practices. Hrsg.: Paranka, St., Mulvihill, D. F. New York, London, Sydney 1967.
[39] Meffert, H.: Die Anwendung mathematischer Modelle im Marketing. In: Schriften zur Unternehmensführung Band 14, S. 93–117, Wiesbaden 1971.
[40] Meyer, C. W.: Absatzorganisation. In: Betriebswirtschaftsakademie. Wiesbaden o. Jg. (1962).
[41] –: Marktorientierte Preisentscheidungen. In: Wissenschaftliche Betriebsführung und Betriebswirtschaftslehre; Festschrift für O. R. Schnutenhaus, Berlin 1969.
[42] Morgenroth, William M.: A Method for Understanding Price Determinants. In: Price Policies and Practices [vgl. 38], S. 231–245.
[43] Welsh, Stephan W.: A Planned Approach to New Product Pricing. In: Price Policies and Practices [vgl. 38].
[44] Dr. Gabler's Wirtschaftslexikon. Hrsg. Sellien, R. und Sellien, H. 7. Aufl. Wiesbaden 1967.

Zeitschriftenaufsätze

[45] Frank, R. E. u. W. F. Massy: Computer Programs for the Analysis of Consumer Panel Data. In: Journal of Marketing Research (Chicago), Mai 1968, S. 210–217.
[46] Grochla, E.: Die Bedeutung der automatischen Datenverarbeitung für die Unternehmensführung. In: IBM-Nachrichten 1968, S. 86 ff.
[47] Irmscher, Klaus: SIAM. In: Data Report 5, 1970. Heft 1, S. 24 ff.
[48] Köhler, Richard: Das Problem „richtiger" preispolitischer Entscheidungen bei unvollkommener Voraussicht. In: Zeitschrift für betriebswirtschaftliche Forschung, 20. Jg., S. 249 ff.
[49] Koller, Horst: Simulation als Methode in der Betriebswirtschaft. In: Zeitschrift für Betriebswirtschaft, 1966, S. 95–110.
[50] Kotler, Ph.: Competitive Strategies for New Product Marketing Over the Life Cycle. In: Management Science, Vol. 12, No. 4 (Dec. 1965), S. B-104–B-119.
[51] –: Corporate Models: Better Marketing Plans. In: Harvard Business Review July/Aug. 1970.
[52] Lewandowsky, R.: Analyse von Markt- und Konkurrenzpolitiken mit Hilfe von Markov'schen Ketten. In: Elektronische Datenverarbeitung, Heft 1/1969, 11. Jg., S. 1–8.
[53] Linnert, P.: Preispolitik: Bessere Preisdifferenzierung durch EDV. In: Marketing Journal, Heft 3/1969, S. 128 ff.
[54] Meyer, W. u. A. Fischer: Modell einer Konkurrenzanalyse in der Investitionsgüterindustrie. In: Der Marktforscher, 1967, S. 222–228.
[55] Olf, F. K.: Maschinen lesen Handschriften. In: IBM-Nachrichten 1969, S. 486 ff.
[56] Poths, W.: Zur Frage der Gestaltung eines entscheidungsorientierten ADV-Systems. In: Elektronische Datenverarbeitung, Heft 1/1969, S. 9–16.
[57] Ufer, Jörg: Direkte Datenerfassung mit dem Mehrfunktionsbelegleser IBM 1287... In: IBM-Nachrichten, Nr. 199, S. 35 ff.
[58] Wells, William D.: Computer Simulation of Consumer Behavior. In: Harvard Business Review, Vol. 41, No. 3, S. 93–98.
[59] Windolf, Horst: Computer steuert Autoverkauf – Vertriebsoptimierung durch Einsatz der EDV. In: BTO, 8/1970, S. 658–659.

Firmenbroschüren und Sonstiges

[60] Miottke, Peter: Das Marktmodell des Unternehmungsspieles TOPIC I. IBM-Fachbibliothek 1969.
[61] Peckham, J. O.: Das Marketing-Rad. In: Nielsen's Beobachter, Sondernummer o. Jg.

Literatur zu Kapitel 8

[1] AZ-Adressen-Zentrale: Reinhard Mohn OHG, Adress Report Nr. 3, Güterloh 1970.
[2] Behrens, K. C.: Absatzwerbung, Bd. X. 1. Aufl. Wiesbaden 1963.
[3] Bull-General Electric: Elektronische Datenverarbeitung. Köln o. J.
[4] Egon Faber, Direktwerbedienst: Fibel für Direktwerbung. Kassel 1971.
[5] G. F. H.: PR für Media-Planung mit Computern – Doch was können die Programme? In: Absatzwirtschaft, 1. Märzausgabe 1968.
[6] Heuer, G. F.: Elemente der Werbeplanung, Köln/Opladen 1968.
[7] Hundhausen, C.: Wirtschaftswerbung – Wesen und Formen der Werbung. Essen 1963.
[8] IDV-Team des Großversandhauses QUELLE: Realzeit-Auftragsbearbeitung im Großversandhaus Quelle, Sonderdruck aus „IBM-Nachrichten" 21. Jg., Heft 205.
[9] Das System IMMA – imd., Infratest, München 1971.
[10] Kull, G.: Zum Glauben verpflichtet? Die subjektive Wahrheit in der Mediaentscheidung. In: Absatzwirtschaft, Heft 9/70.
[11] Lange, G.: Computereinsatz in der Werbewirtschaft, Zeitschrift für Datenverarbeitung, Heft 8, Dez. 1969.
[12] Media-Selektions-Programme: GWA-Seminar in Frankfurt, 8. und 9. April 1968.
[13] Merkur Direktwerbegesellschaft: Kursbuch der Direktwerbung. Einbeck 1971.
[14] Verlagsgruppe Bauer (Hrsg.): Rangreihenprogramme. Hamburg/München 1970.
[15] Mertens, P.: Industrielle Datenverarbeitung. Wiesbaden 1969.
[16] Rost, D.: Werbung und Verkauf. In: Technische Mitteilungen, 64. Jg., Heft 4 (1971).
[17] Seyffert, R.: Wirtschaftliche Werbelehre. 2. Aufl., Wiesbaden 1952.
[18] Scheinder, K. u. K. Hellwig: PERLE 20, Programm für Direktwerbung mit Computerbriefen. IBM Deutschland, Sindelfingen, Sept. 1970.
[19] Vogdt, M.: Daumen und Computer. In: Absatzwirtschaft, Heft 15/16, 1971.
[20] Wagner, P. A.: Der Markt als Ausgangsdatum der Werbeplanung. Berlin 1968.
[21] Weeser-Krell, L.: Totale Mediaplanung – Fortschritt oder Spielzeug?. In: DIE WELT, Hamburg, 2. März 1970.
[22] Wendt, F.: Funktionen und Bewertungsmaßstäbe von Media-Selektions-Modellen. In: Absatzwirtschaft, 2. Septemberausgabe 1968.
[23] Zacharias, G.: Ernste Spiele am Modell-Baukasten. In: Absatzwirtschaft, 1. Juniausgabe 1969.

Literatur zu Kapitel 9

Bücher

[1] Bulach, K.: Verkaufsquoten für Reisende und Vertreter richtig festlegen. München 1965.
[2] De Voe, M.: Verkaufsaußendienst richtig organisieren. München 1966.
[3] Fischer, H.: Moderne Vertriebsführung mit Datenverarbeitung. München 1969.
[4] Haas, K. B.: Reisende und Vertreter richtig führen. 2. Aufl. München 1959.
[5] Joschke, H. K.: Formular-Handbuch für die kaufmännische Verwaltung. München 1964.
[6] Linnert, P.: Berichtswesen und Vertreter richtig organisieren. München 1969.
[7] Meyer, C. W.: Grundzüge moderner Vertriebspolitik. Marketing-Maßnahmen. Berlin 1967.
[8] –: Marktforschung und Absatzplanung. 2. Aufl. Berlin 1970.

[9] Schober, W.: Der Anstellungsvertrag des Reisenden. 2. Aufl. München 1965.
[10] Weide, E.: Automatische Datenverarbeitung im Betrieb. Baden-Baden 1964.
[11] Werneburg, R.: Lehrbuch der Rationalisierungsmöglichkeiten, Bd. III. Darmstadt 1964.

Zeitschriftenaufsätze

[12] Blohm, H.: Eine neuer Denkansatz: Kybernetische Aspekte des Absatzes. In: Marketing Journal, 1 (1969).
[13] Conrad, H.: Nummern-System für Formularwesen. In: Das rationelle Büro 3 (1968).
[14] Krüger, B. M.: Alle Maßnahmen auf den Markt ausrichten. In: Die Absatzwirtschaft, 17 (1967).
[15] RKW-Auslandsdienst: Reisendenberichte geben Marktinformationen. In: Rationalisierung, 10 (1966).
[16] Schürbert, H.: Das betriebliche Vorschlagswesen. In: Zeitschrift für betriebswirtschaftliche Fertigung, 10 (1969).

Sonstiges

[17] Lang, H.: Vorschläge zur Rationalisierung von Reisendenberichten und einer möglichst weitgehenden Auswertung über die elektronische Datenverarbeitung. Diplomarbeit, unveröffentlicht, Univ. Würzburg 1971.

Literatur zu Kapitel 10

[1] Beßler, O.: Anwendungen der Datenverarbeitungen in der Praxis, Branchenorientierte Anwendungen, Großhandel. In: Handbuch der automatischen Datenverarbeitung für die gesamte betriebliche Praxis. Hrsg. v. H. Fischer u. S. Gahse. München 1970.
[2] –: Fortschritte in der Datenerfassung. In: Rationeller Handel, 11. Jg. (1968), Heft 2.
[3] Boje, A.: Moderne Buchhaltungsorganisation. 2. Aufl. München 1964.
[4] Brenneis, J., W. Roth u. R. Schultheiß: EDV für das gesamte Rechnungswesen. 2. Aufl. Köln 1969.
[5] Brock, K.: Die Betriebsorganisation im Großhandel. Köln und Opladen 1964.
[6] Christen, H.: Verkaufsabrechnung. In: Die Lochkarte in der Praxis. 2. Teil. Hrsg. v. Ausschuß für wirtschaftliche Verwaltung (AWV), Fachausschuß Lochkartenverfahren. 2. überarb. Aufl. Frankfurt am Main 1963.
[7] Dieckow, M.: Innendienst einschließlich Kalkulations- und Preispolitik. In: Optimale Vertriebsgestaltung. Hrsg. v. Deutschen Institut für Betriebswirtschaft (DIB), Frankfurt/Main. Radevormwald und Baden-Zürich o. J.
[8] Eckart, H.: Lexikon der modernen Wirtschaftspraxis. München 1968.
[9] Erbach, F. K.: Einführung in die elektronische Datenverarbeitung. In: Organisationsleiterhandbuch. Hrsg. v. A. Degelmann. München 1968.
[10] Fischer, H.: Moderne Vertriebsführung mit Datenverarbeitung. München 1969.
[11] Futh, H.: Die Technik der elektronischen Datenverarbeitung. München 1970.
[12] Futh, H. u. R. Katzsch: Problemanalyse und Entwicklung eines EDV-Systems. In: Schriften zur Unternehmensführung, Band 13. Hrsg. Jacob. Wiesbaden 1970.
[13] Gahse, S.: Anwendungen der Datenverarbeitungen in der Praxis, Funktionsbezogene Anwendungen, Rechnungswesen. In: Handbuch der automatischen Datenverarbeitung für die gesamte betriebliche Praxis. Hrsg. v. H. Fischer u. S. Gahse. München 1970.
[14] Galgenmüller, S. W.: Rahmenvorschlag IBM System/3 im Einsatz bei Brauereien. Hrsg.: IBM-Deutschland. Sindelfingen o. J.
[15] Hartmann, B.: Betriebswirtschaftliche Grundlagen der automatisierten Datenverarbeitung. Freiburg i. B. 1961.
[16] Honeywell Bull (Hrsg.): Unser Computerprogramm. Firmennummer: P 1163, 3/70. Köln o. J.

[17] Humme, H.-J. u. J. Wintermantel: Auftragserfassung über Optische Anzeigen IBM 2260 bei der DLW AG, Bietigheim. In: IBM-Nachrichten. 20. Jg. (1970), Heft 204.
[18] IBM-Deutschland (Hrsg.): Computergesteuerte Programmierhilfe für Auftragsbestätigung und Rechnungsschreibung 2. IBM-Form E 12-3022-0. Sindelfingen o. J.
[19] –: Computergesteuerte Programmierhilfe, IBM System /3 (Karte), Einführungsschrift. IBM-Form GH 12-3001-0. Sindelfingen o. J.
[20] –: Der Einsatz des IBM-Lochkartenverfahrens im Lebensmittelgroßhandel. IBM-Form 71 381. Sindelfingen 1964.
[21] IDV-Team des Großversandhauses Quelle: Realzeit-Auftragsbearbeitung im Großversandhaus Quelle. IBM-Form 78 329. Hrsg.: IBM-Deutschland. Sindelfingen 1970.
[22] Jähnke, F.: Kaufmännische Buchführung, Offene-Posten-Buchhaltung und Steuern. Freiburg i. B. 1965.
[23] Kalscheuer, H. D.: Integrierte Datenverarbeitungssysteme für die Unternehmensführung. Berlin 1967.
[24] Kiel, U.: Auftragserfassung und -abwicklung mit dem Mehrfunktionsbelegleser IBM 1287 bei der TRIUMPH INTERNATIONAL. IBM-Form 78 261. Hrsg.: IBM-Deutschland. Sindelfingen 1970.
[25] Krüger, E.: Offene-Posten-Buchhaltung. In: Die Lochkarte in der Praxis. 2. Teil. Hrsg. v. Ausschuß für wirtschaftliche Verwaltung (AWV), Fachausschuß Lochkartenverfahren. 2. überarb. Aufl. Frankfurt am Main 1963.
[26] Meyer, C. W.: Grundzüge moderner Vertriebspolitik, Marketing-Maßnahmen. Berlin 1967.
[27] Müller, P.: Lexikon der Datenverarbeitung. München 1969.
[28] Müller, W.: Finanzen und Rechnungswesen. In: Organisationsleiterhandbuch. Hrsg. v. A. Degelmann. München 1968.
[29] Müller-Lutz, H. L.: Automation der Büroarbeiten. 3. Aufl. Karlsruhe 1970.
[30] Singer Friden Division (Hrsg.): Der Fortschritt beim Fakturieren. Firmennummer: SP 1634. Nürnberg o. J.
[31] Vieweg, R.: Buchhaltung mit mechanischen und automatischen Datenverarbeitungsverfahren. 4. erweiterte Aufl. Herne/Berlin 1969.
[32] Weide, E.: Automatische Datenverarbeitung im Betrieb. 2. erweiterte Aufl. Baden-Baden und Bad Homburg 1966.
[33] Weiß, G.: Die Offene-Posten-Buchhaltung mit Lochkarten. In: Die Lochkarte. 33. Jg. (1969), Heft 206.

Literatur zu Kapitel 11

[1] Bull GE: Handbuch der Lagerbewirtschaftung. Hrsg.: Industriegruppe der Datenverarbeitungsabteilung. Ref.-Nr. CM OO.SO.7840. 1968.
[1a] –: LOG, Modell für eine optimale Lagerhaltung. September 1966. Ref.-Nr. 00.60.580D.
[2] Brown, R. G.: Statistical Forecasting for Inventory Control. New York–Toronto–London 1959.
[3] –: Smoothing Forecasting and Prediction of Discrete Time Series. Prentice Hall 1963.
[4] Gebhardt-Seele, P.: Rechenmodelle für wirtschaftliches Lagern und Einkaufen. München und Wien 1962.
[5] Grochla, E.: Modelle als Instrument der Unternehmensführung. In: Zeitschrift für betriebswirtschaftliche Forschung, 21. Jg. (1969), Heft 6.
[6] IBM-Deutschland: IMPACT – Wirtschaftliche Lagerhaltung mit wissenschaftlichen Methoden. IBM-Form 74899. 1963.
[7] ICL-Deutschland: SCAN, Standardprogramm für die optimale Lagerhaltung mit dem ICL-System 1900. O. J.

[8] Jöhnk, M. D., G. Rubow und W. Wetzel: Stochastische Lagerbestandsplanung nach dem Bestellpunktverfahren. Würzburg 1967.
[9] Müller-Merbach, H.: Optimale Einkaufs- und Lagerdisposition mit mathematischen Methoden. In: Zeitschrift für das gesamte Rechnungswesen, 12. Jg. (1966), H. 2.
[10] –: Sensibilitätsanalyse der Losgrößenbestimmung. In: Unternehmensforschung, 6. Jg. (1962).
[11] Siemens: Wirtschaftliche Lagerhaltung mit HOREST, Grundlagen. Schriftenreihe „data praxis" Bestell-Nr. 2-2600-491.
[11a] –: Wirtschaftliche Lagerhaltung mit HOREST-Spezialprobleme. Schriftenreihe „data praxis". Bestell-Nr. 2-2600-768.
[12] Trux, W.: Einkauf und Lagerdisposition mit Datenverarbeitung. München 1968.
[13] UNIVAC, Remington Rand: ALDOS, Automatisches Lager-, Dispositions- und Optimierungssystem. Frankfurt am Main 1969, BA 13100.
[13a] –: Scientific Inventory Management System. International Division, USA IN-7716.
[14] Wiese, K.-H.: Exponential Smoothing – eine Methode der statistischen Bedarfsvorhersage. In: IBM-Fachbibliothek, IBM-Form 78129. Sindelfingen 1968.

Literatur zu Kapitel 12

[1] Conners, Coray, Cuccaro, Green, Low, Markowitz: „The Distribution System Simulator", in: Management Science, Vol. 18, No. 8, Apr. 1972, S. B-425 ff.
[2] Ischebeck, Ratsch: „Simultane Lagerhaltungs- und Distributionsplanung mit EDV-Anlagen", in: Schriften zur Unternehmensplanung, Wiesbaden 1972, S. 114 ff.
[3] Snyder, R. E.: „Physical Distribution Costs, a two Year Analysis", in: Distribution Age, Vol. 62, Jan. 1963, S. 46 ff.
[4] Wieland, Röder, Brencher: „Distributions-, Informations- und Optimierungssystem, Minimierung der Verteilungskosten im Markenartikelbereich, Anwendungsbeschreibung", IBM-Deutschland, 1971.

Sachregister

FSC
www.fsc.org
MIX
Papier | Fördert
gute Waldnutzung
FSC® C083411

Kolibri 360 GmbH
Ferdinand-Jühlke-Straße 7
99095 Erfurt, Deutschland
produktsicherheit@kolibri360.de